二战日军暴行
报刊资料汇编

国家图书馆　选编

5

國家圖書館出版社

第五册目录

敌机昨袭长沙，渐复繁荣市面又疮痍满目，赣会各地昨亦遭敌机肆扰 《华西日报》，1939 年 4 月 5 日 …… 1

敌机昨袭湘，劫后长沙再被炸：小吴门一带又呈凄凉之象，衡阳落弹近百损失甚微 《时事新报》（重庆），1939 年 4 月 5 日 …… 1

烬余之长沙，又迭遭日机轰炸 《新闻报》（上海），1939 年 4 月 5 日 …… 2

敌机又狂炸西安，上月敌曾炸赤坎死伤百□ 《南宁民国日报》，1939 年 4 月 5 日 …… 2

敌机袭湘，长沙衡阳被炸 《新华日报》（汉口），1939 年 4 月 5 日 …… 3

日机炸毁美天主堂，美向日提出抗议，此为二周来之第四次抗议 《每日译报》，1939 年 4 月 6 日 …… 3

日机轰炸粤陕，毁民房毙平民 《中美日报》（上海），1939 年 4 月 6 日 …… 3

日军用机炸美在华产业，美第四次提出抗议 《中美日报》（上海），1939 年 4 月 6 日 …… 4

日机轰炸赣省各地，贵溪沙溪吉安等处均被肆虐 《新闻报》（上海），1939 年 4 月 6 日 …… 4

敌机扰萧山江山，狂炸衢州城，死伤五六十毁屋百余间 《东南日报》（金华），1939 年 4 月 6 日 …… 5

日机狂炸衡阳等地 《大晚报》（上海），1939 年 4 月 7 日 …… 6

衡阳昨被惨炸，全城大火损失极重，人民死伤在调查中 《时事新报》（重庆），1939 年 4 月 7 日 …… 6

敌机狂炸衡阳，空袭大火全市精华付之一炬，商务书馆湘南日报均被炸毁 《华西日报》，1939 年 4 月 8 日 …… 7

日机滥炸外国教会，各国将强硬抗议，各教会向各该国政府施行压力 《每日译报》，1939 年 4 月 8 日 …… 7

日机炸长沙教堂，美国向日抗议 《新闻报》(上海)，1939年4月8日 …………… 8
昨日敌机袭湘，芷江被炸 《观察日报》，1939年4月8日 …………… 8
昨日敌机六架又飞龙州肆虐，本市曾发空袭警报戒备 《南宁民国日报》，1939年4月8日 …………… 9
恐怖——敌机下面，孩子们发抖了 《时事新报》(重庆)，1939年4月8日 …………… 9
敌机飞扰湘赣粤，吉安又遭滥炸，城内商店民房被毁二十余处 《时事新报》(重庆)，1939年4月8日 …………… 10
日寇在江南 《新华日报》(汉口)，1939年4月8日 …………… 11
日机昨晨炸金华，市区大火前未有迄晚始熄 《每日译报》，1939年4月9日 …… 13
日机昨袭上饶 《每日译报》，1939年4月9日 …………… 13
侵入南昌之敌惨杀我难民二千余，近郊民众自动武装抗敌 《泸县民报》，1939年4月9日 …………… 13
敌在豫省占领区种种行为皆令人发指，强征壮丁奸淫妇女，勒索款项破坏金融 《泸县民报》，1939年4月9日 …………… 14
日机连日轰炸豫鄂湘赣 《新闻报》(上海)，1939年4月9日 …………… 15
敌机七架昨飞宾阳肆虐，二批寇机廿余架飞袭昆明，本市曾发出警报二次戒备 《南宁民国日报》，1939年4月9日 …………… 15
皖南玉山惨遭轰炸，伤亡二百余人 《每日译报》，1939年4月10日 …………… 15
敌机狂炸后的一瞥 《观察日报》，1939年4月10日 …………… 16
敌机四出肆虐，在合浦投弹被我机围击，昨午再度飞袭昆明未逞 《时事新报》(重庆)，1939年4月10日 …………… 17
敌机兽行：粤鄂浙皖豫晋被空袭，滥炸我南北各地平民 《新华日报》(汉口)，1939年4月10日 …………… 17
日机袭民航机，欧亚十九号落滇边，德机师微伤乘客安 《时报》(上海)，1939年4月15日 …………… 18
蒙自被炸起火，伤亡綦重 《时报》(上海)，1939年4月15日 …………… 18
日机轰炸五原 《新闻报》(上海)，1939年4月15日 …………… 19
昨日寇机八架两次飞钦肆虐，本市发出空袭警报戒备 《南宁民国日报》，1939年4月15日 …………… 19

日机肆虐蒙自,死伤平民百余,被击欧亚机将抵昆明 《中美日报》(上海),
1939 年 4 月 16 日 …… 19
寇机八架昨飞龙州肆虐,本市曾发出紧急警报 《南宁民国日报》,1939 年 4 月
16 日 …… 20
南昌已成人间地狱,暴敌大肆兽行无恶不作,同胞不堪蹂躏纷起抵抗 《泸县
民报》,1939 年 4 月 17 日 …… 20
云端被攻一小时,欧亚机乘客历险谈,落地投下八炸弹 《时报》(上海),
1939 年 4 月 20 日 …… 21
敌机袭湘,狂炸芷江 《新华日报》(汉口),1939 年 4 月 22 日 …… 21
万竹小学被袭,日军拆四周民房,难民数百无处安身 《新闻报》(上海),
1939 年 4 月 23 日 …… 22
日机轰炸豫南内乡,贵溪亦被轰炸 《新闻报》(上海),1939 年 4 月 23 日 …… 22
敌机炸伤葡商轮,并轮番轰炸浙境各地 《华西日报》,1939 年 4 月 24 日 …… 23
日机骚扰浙东 《新闻报》(上海),1939 年 4 月 24 日 …… 24
衡阳被炸之惨 《新闻报》(上海),1939 年 4 月 24 日 …… 24
芷江被炸死四百人 《南宁国民日报》(上海),1939 年 4 月 24 日 …… 25
寇机到处肆虐,内乡永嘉乐清浙赣路均被炸 《南宁民国日报》,1939 年 4 月
24 日 …… 25
敌机疯狂滥炸下金华又遭大蹂躏,投弹廿余毁屋达二百余间 《东南日报》
(金华),1939 年 4 月 24 日 …… 26
敌机四出狂炸,金华建瓯上高均遭轰炸,福州救济院全部亦被炸 《时事
新报》(重庆),1939 年 4 月 24 日 …… 27
日机炸温州 《每日译报》,1939 年 4 月 25 日 …… 27
日机故意轰炸晋沁州英教会 《每日译报》,1939 年 4 月 25 日 …… 27
金华上高建瓯,惨遭敌机轰炸 《南宁民国日报》,1939 年 4 月 25 日 …… 27
敌机遍扰浙境,三炸永嘉市,毁屋百余间幸人无死伤 《东南日报》(金华),
1939 年 4 月 25 日 …… 28
日机四批轰炸温州 《新闻报》(上海),1939 年 4 月 27 日 …… 29
宜昌市区被炸 《时报》(上海),1939 年 4 月 27 日 …… 29

福州一日中遭三次轰炸，闽江口外日舰增至十艘，空气紧张人民加紧疏散
《新闻报》（上海），1939 年 4 月 27 日 …………………………………… 29
瓯海敌舰无异动，寇机狂炸永嘉城 《东南日报》（金华），1939 年 4 月 27 日 …… 30
豫东敌大肆烧杀，常营集血流成渠 《东南日报》（金华），1939 年 4 月 28 日 …… 31
敌机袭温台，狂炸长汀蹂躏厦大 《东南日报》（金华），1939 年 4 月 28 日 ……… 32
日机炸厦大 《每日译报》，1939 年 4 月 28 日 ……………………………… 33
汉口撤退美侨缕述在汉遭遇之痛苦：外人之自由遭日方剥夺无遗，日伪领导
“仇外”运动抬头 《华美晨报》，1939 年 4 月 28 日 ………………………… 33
日机轰炸荆门，宜昌前日被炸损失颇重 《新闻报》（上海），1939 年 4 月 28 日 … 34
炮轰空袭之下温州形势仍稳定 《新闻报》（上海），1939 年 4 月 28 日 ……… 34
日机狂炸厦门大学，死伤多人损失惨重，汕头澠池垣曲亦遭空袭 《新华日报》
（汉口），1939 年 4 月 28 日 ……………………………………………… 34
滥行肆虐残杀无辜，日机狂炸宁波，灵桥两堍被投弹死伤百余人，市廛发生
大火受灾区域甚广 《每日译报》，1939 年 4 月 29 日 ……………………… 35
日机炸长汀，厦大全毁 《晶报》（上海），1939 年 4 月 29 日 ………………… 36
日机昨袭宜城，民房多被炸毁损失极重 《中美日报》（上海），1939 年 4 月
29 日 ………………………………………………………………………… 36
航界电沪报告：日机五架昨晨滥炸宁波市区，投弹十七枚死伤甚多，灵桥两岸
大火已扑灭，旅沪甬人异常关切 《中美日报》（上海），1939 年 4 月 29 日 …… 37
日机袭赣州 《新闻报》（上海），1939 年 4 月 29 日 ………………………… 39
日军不断摧毁中国文化，厦大被炸损失惨重，无辜平民死伤甚多 《新闻报》
（上海），1939 年 4 月 29 日 ……………………………………………… 39
毁屋近千死伤逾百，宁波惨遭大轰炸，临海永嘉宜昌昨亦被袭击 《东南
日报》（金华），1939 年 4 月 29 日…………………………………………… 40
敌机二十余架昨分三批袭宜昌，两批入市区投弹毁屋百余栋，市民早疏散
死伤仅卅余 《时事新报》（重庆），1939 年 4 月 29 日 ……………………… 42
航业界续接电告：宁波被炸受损惨重，灵桥一带房屋被毁达千余间，死无辜
平民二百余厥状殊惨 《每日译报》，1939 年 4 月 30 日 …………………… 42
宁波市区被炸实录，昨晨日机又飞甬侦察 《晶报》（上海），1939 年 4 月 30 日 … 43

在长沙上空散传单，日机飞湘肆虐，邵阳辰溪均被投弹 《晶报》(上海)，1939年5月1日 …… 43
敌机又袭甬，死伤百余人毁屋二百间 《东南日报》(金华)，1939年5月1日 …… 44
敌机三十七架昨飞湘肆虐，辰溪被滥炸落八十余弹 《时事新报》(重庆)，1939年5月1日 …… 44
日机肆虐，昨又炸甬市，本市甬同乡会特派专员遄赴本乡实地调查灾情 《晶报》(上海)，1939年5月2日 …… 45
庐山换得重代价，倭寇大屠杀平民 《东南日报》(金华)，1939年5月3日 …… 45
敌机犯榕甬，福州四次被炸死伤近千，宁波又遭蹂躏投弹十余 《东南日报》(金华)，1939年5月3日 …… 46
敌机昨狂炸福州，全市精华化为灰烬 《华西日报》，1939年5月3日 …… 47
镇海要塞昨激烈炮战，日机六架再轰炸宁波 《上海日报》，1939年5月3日 …… 47
重庆被炸详情：敌机投下重量炸弹燃烧弹，并投下新月牌香烟数百包，西四街等处起火延烧甚久 《华西日报》，1939年5月4日 …… 48
福州宁波屡遭轰炸 《每日译报》，1939年5月4日 …… 48
重庆发生激烈空战，市区被炸损失颇重，日机击落七架，大公报等被毁 《新闻报》(上海)，1939年5月4日 …… 49
日兵在海州逮捕天主教神父 《新闻报》(上海)，1939年5月4日 …… 50
敌军飞机轰炸重庆 《少年中国晨报》，1939年5月4日 …… 50
寇机狂炸福州，镇海口外敌舰开炮十余发 《南宁民国日报》，1939年5月4日 …… 50
□机昨午狂炸重庆，全市大火死伤惨重，避难壕中弹生埋三百，报馆四家被炸 《南华日报》(香港)，1939年5月4日 …… 51
Hundreds Killed in Chungking Raid, Other Hundreds Injured as 45 Japanese Planes Cause Huge Damage in China's Capital, U. S. Embassy Suffers, Windows There Broken—Fires Spring up in City—300 Are Buried by One Bomb 《纽约时报》(The New York Times)，1939年5月4日 …… 52
垂死前的挣扎，敌机昨狂炸重庆，无辜民众伤亡极众，繁华市区多处焚毁，残暴兽行更坚定我抗战决心 《新华日报》(汉口)，1939年5月4日 …… 53
北培上空发生激烈空战，日机昨又袭重庆，被华机击落一架，民众死千人

《晶报》(上海),1939 年 5 月 5 日 …………………………………………………… 55
日机肆虐粤南,汕头等地被投弹 《晶报》(上海),1939 年 5 月 5 日 ……………… 56
敌机轰炸福州惨剧:全市变为平地,平民死伤千余名 《少年中国晨报》,
1939 年 5 月 5 日 ………………………………………………………………… 56
敌机轰炸宁波惨剧 《少年中国晨报》,1939 年 5 月 5 日 ……………………… 56
Chungking Again Bombed, 800 Casualties, Damage to Foreign Property
《泰晤士报》(The Times),1939 年 5 月 5 日 ……………………………………… 57
×机八架昨狂炸汕头,毁民房百余并飞潮揭肆虐,英驻华舰队司令昨日抵汕
《工商日报》(香港),1939 年 5 月 5 日 …………………………………………… 58
×机八架三度炸汕头,投重弹数十枚灾区广阔,吉安亦被×机两度侵扰
《工商日报》(香港),1939 年 5 月 5 日 …………………………………………… 58
重庆遭敌机狂袭,北碚有激烈空战,窜扰玉山并肆虐英德翁源 《东南日报》
(金华),1939 年 5 月 5 日 ………………………………………………………… 59
敌机七架昨又滥炸金华城,投弹廿一枚毁屋百余间 《东南日报》(金华),
1939 年 5 月 5 日 ………………………………………………………………… 60
汕头又遭狂炸,吉安亦两度被袭 《华西日报》,1939 年 5 月 6 日 ………………… 61
渝市昨日空袭,英法领馆均遭轰炸 《每日译报》,1939 年 5 月 6 日 ……………… 61
日机炸汕头,汕港外日舰增至五艘,英法教会亦均遭波及 《每日译报》,
1939 年 5 月 6 日 ………………………………………………………………… 62
小评:重庆惨遭轰炸 《每日译报》,1939 年 5 月 6 日 …………………………… 62
重庆市区遭兽机大蹂躏,人民死伤估计达五千人,居民二十万人已于昨晚开始
疏散,我军维持最佳秩序外人备极赞扬,蒋委座与夫人迭巡灾区指挥工作
《南洋商报》,1939 年 5 月 6 日 …………………………………………………… 63
日机连日狂炸粤北,图威胁华军之反攻准备,粤南日舰移泊汕头厦门
《大晚报》(上海),1939 年 5 月 6 日 ……………………………………………… 64
日机狂炸汕头 《上海日报》,1939 年 5 月 6 日 …………………………………… 64
□机昨晨两度空袭,汕市中心区被狂炸,毁屋逾百死伤平民百余,汕市民在
大规模疏散中 《南华日报》(香港),1939 年 5 月 6 日 ………………………… 65
重庆被炸惨剧详志 《少年中国晨报》,1939 年 5 月 6 日 ………………………… 66

英德在渝领馆遭敌轰炸,外侨教堂住宅亦多波及,难民收容所焚死百余人
《河南民国日报》,1939年5月6日 …… 66
敌机疯狂滥炸重庆,德法英领馆毁坏,袭汕英法教会弹片如雨下 《东南日报》(金华),1939年5月6日 …… 67
敌机暴行,各处肆虐 《华西日报》,1939年5月7日 …… 68
广东西江方面,日机狂炸高明,东江我袭攻虎门等地 《时报》(上海),1939年5月7日 …… 68
日机到处滥炸市区,并以机枪扫射平民 《华美晨报》,1939年5月7日 …… 69
□机昨晨狂炸高明,泉州前日两遭肆虐 《南华日报》(香港),1939年5月7日 …… 69
欧亚机由渝抵港,客谈渝市被炸惨状,机场未被炸毁,全城在焚烧中 《南华日报》(香港),1939年5月7日 …… 69
重庆被炸惨剧三志 《少年中国晨报》,1939年5月7日 …… 70
汕头灾象 《南华日报》(香港),1939年5月7日 …… 70
敌机十二架狂炸南郑,投弹百余枚死伤百余人,广东高明亦遭敌机狂炸
《河南民国日报》,1939年5月7日 …… 71
4 000 Casualties in Chungking, Mass Evacuation 《泰晤士报》(The Times),1939年5月8日 …… 72
More Bombings by Japanese, Appeal for Refugee Camp 《泰晤士报》(The Times),1939年5月9日 …… 72
敌机真类疯狗,炸避暑胜地莫干山,外侨佥认该处无我军踪迹,未解敌机肆虐目的及需要 《南洋商报》,1939年5月9日 …… 73
敌机犯延平与福州,毁我房屋杀我平民,福州民报办公室被击中 《南洋商报》,1939年5月9日 …… 73
日机空袭西安,南郑再被轰炸 《新闻报》(上海),1939年5月9日 …… 73
日机滥炸闽南各地,日舰不时向沿海发炮 《新闻报》(上海),1939年5月9日 …… 73
美教士脑五德电告:日机轰炸莫干山,请褒克门与领团接洽,使该山仍作为中立地 《新闻报》(上海),1939年5月9日 …… 74

日机狂炸南郑,重庆昨晨有警报 《晶报》(上海),1939 年 5 月 9 日 ………… 74
夏县居民二百被投井淹毙 《晶报》(上海),1939 年 5 月 9 日 ………… 74
敌机到处肆虐,西安南郑襄樊均遭惨炸 《南宁民国日报》,1939 年 5 月 9 日 …… 75
日机袭宁波福州,清远英德佛岗龙门亦遭投弹 《每日译报》,1939 年 5 月 10 日 ………… 75
日机夜袭宜昌 《新闻报》(上海),1939 年 5 月 10 日 ………… 76
日机炸福州,延平亦被袭 《新闻报》(上海),1939 年 5 月 10 日 ………… 77
昨晨日机六架轰炸宁波市区,落弹十三枚伤犯人五名,被毁房屋达一百数十间 《大晚报》(上海),1939 年 5 月 10 日 ………… 77
寇机逞凶,宜昌两次遭夜袭 《南宁民国日报》,1939 年 5 月 10 日 ………… 78
寇机狂炸重庆,完全恐怖行为,沪各外报多著论抨击 《南宁民国日报》,1939 年 5 月 10 日 ………… 78
福州浩劫,日机两度狂炸 《晶报》(上海),1939 年 5 月 10 日 ………… 79
敌机继续轰炸各地 《少年中国晨报》,1939 年 5 月 10 日 ………… 79
敌机迭向福建轰炸 《少年中国晨报》,1939 年 5 月 10 日 ………… 79
被炸后的永嘉 《东南日报》(金华),1939 年 5 月 10 日 ………… 80
日机袭宁波金华,福建沿海亦遭空袭 《新闻报》(上海),1939 年 5 月 11 日 …… 81
Air Terror in China, Prison Bombed, Escaping Convicts Shot Down 《泰晤士报》(The Times),1939 年 5 月 11 日 ………… 82
□机数日前炸莫干山,少数妇孺被炸受伤,山上财产损失颇重 《南华日报》(香港),1939 年 5 月 11 日 ………… 83
敌炸莫干山,沪工部局疗养院被毁,通和轮在长江被敌扣留,现英舰驶该处从事调查,料将向日提出严重抗议 《南宁民国日报》,1939 年 5 月 11 日 ………… 83
日机袭甬详情,江东各地被炸 《新闻报》(上海),1939 年 5 月 12 日 ………… 84
抗战以来□机袭韶关六十次,投弹逾千伤亡九百余人,毁屋七七间,沉船七四艘 《南华日报》(香港),1939 年 5 月 12 日 ………… 84
敌机轰炸泉州惨剧 《少年中国晨报》,1939 年 5 月 12 日 ………… 85
重庆被炸后之见闻 《少年中国晨报》,1939 年 5 月 12 日 ………… 85
敌机袭击永安 《东南日报》(金华),1939 年 5 月 12 日 ………… 86

日机袭泉州，飞闽西窥察 《每日译报》，1939 年 5 月 13 日 …… 86
随县被炸惨重，教会医院中弹 《新闻报》(上海)，1939 年 5 月 13 日 …… 86
社论：重庆浩劫 《南华日报》(香港)，1939 年 5 月 13 日 …… 87
□机狂炸闽南闽西，泉州铺屋被毁数百 《南华日报》(香港)，1939 年 5 月 13 日 …… 88
日机又轰炸宁波，毁屋一百八十间，死伤平民十余人 《新闻报》(上海)，1939 年 5 月 14 日 …… 88
日机前日袭渝，死伤又有数千人，击落日机已寻获一架 《新闻报》(上海)，1939 年 5 月 14 日 …… 88
对敌机残忍轰炸任何人不容中立，渝民炸死逾六千惨绝人寰，天主教良心呼吁共遏暴行 《东南日报》(金华)，1939 年 5 月 14 日 …… 89
重庆被炸景象(图) 《大晚报》(上海)，1939 年 5 月 14 日 …… 90
日机又炸重庆 《上海日报》，1939 年 5 月 14 日 …… 90
敌机滥炸我平民，美向倭提出抗议，美国务卿赫尔发表谈话 《华西日报》，1939 年 5 月 15 日 …… 91
敌机昨口狂炸漳州 《华西口报》，1939 年 5 月 15 口 …… 91
汕头被炸惨纪 《新闻报》(上海)，1939 年 5 月 15 日 …… 92
美训令驻日大使抗议日机滥炸中国城市，法比代办视察渝灾险遭不测 《南华日报》(香港)，1939 年 5 月 15 日 …… 92
被炸后的重庆 《南华日报》(香港)，1939 年 5 月 15 日 …… 93
敌机轰炸重庆近郊 《少年中国晨报》，1939 年 5 月 15 日 …… 94
闽南敌机肆虐，漳泉等地市面已成废墟，福州汕头各地亦遭狂炸 《华西日报》，1939 年 5 月 16 日 …… 94
日机连日狂炸闽浙沿海各城市 《新闻报》(上海)，1939 年 5 月 16 日 …… 94
日机又轰炸宁波 《新闻报》(上海)，1939 年 5 月 16 日 …… 95
Japanese Demands at Amoy, Control in Kulangsu 《泰晤士报》(The Times)，1939 年 5 月 16 日 …… 95
宁波八次被炸，毁屋一百余间 《每日译报》，1939 年 5 月 17 日 …… 96
福州昨日被炸，闹市中弹大火损失重大，闽海日舰集积形势甚紧 《每日译报》，

1939 年 5 月 17 日 …………………………………………………………………… 96
日机连日袭渝,平民死亡一万人——全国救济会发表 《新闻报》(上海),
1939 年 5 月 17 日 …………………………………………………………………… 96
浙东情形安谧,宁波福州遭炸惨重 《晶报》(上海),1939 年 5 月 17 日 ………… 97
敌机轰炸重庆余闻 《少年中国晨报》,1939 年 5 月 17 日 …………………… 97
日机惨炸粤省 《上海日报》,1939 年 5 月 17 日 ……………………………… 97
"五三"的重庆惨遭非人道蹂躏,炸弹烧夷弹落遍了市区,我们誓死要报复这
仇恨 《东南日报》(金华),1939 年 5 月 17 日 ……………………………… 98
敌机袭汕头,四会高要亦遭轰炸 《华西日报》,1939 年 5 月 18 日 …………… 99
温州被炸之后:死伤者皆平民,破坏者为商务 《新闻报》(上海),1939 年 5 月
18 日 ……………………………………………………………………………… 100
日机三度轰炸汕头 《新闻报》(上海),1939 年 5 月 18 日 …………………… 100
汕头情势又紧,日机三次投弹,平民死伤多人 《新闻报》(上海),1939 年 5 月
19 日 ……………………………………………………………………………… 100
日机滥炸中国,灭绝人类良知 《循环日报》,1939 年 5 月 19 日 ……………… 101
□机狂炸后渝市现状一瞥,政府机关学校银行纷纷迁郊外,被炸区内商店未
复业物价高涨,川大城市奉命疏散 《南华日报》(香港),1939 年 5 月
19 日 ……………………………………………………………………………… 101
炸后之福州,商业萧条改为夜市 《晶报》(上海),1939 年 5 月 21 日 ………… 101
敌机四十五架狂炸渝市 《少年中国晨报》,1939 年 5 月 21 日 ……………… 102
市区数十处中弹焚毁,重庆四度被惨炸,华空军迎战击落两日机 《晶报》
(上海),1939 年 5 月 26 日 ………………………………………………… 103
日机空袭漳浦,英教堂被炸,英籍牧师赴鼓报告,请电政府提出抗议
《新闻报》(上海),1939 年 5 月 27 日 …………………………………… 104
日机炸韶关翁源 《新闻报》(上海),1939 年 5 月 27 日 ……………………… 104
潮汕又遭狂炸 《新闻报》(上海),1939 年 5 月 27 日 ………………………… 104
日机炸镇海 《新闻报》(上海),1939 年 5 月 27 日 …………………………… 105
日机六十九架轰炸粤各地,潮汕损失最重 《晶报》(上海),1939 年 5 月
27 日 ……………………………………………………………………………… 105

宁波八次被炸损失统计:死伤五百余人,损失九百万元 《时报》(上海),
1939 年 5 月 27 日 …… 105
温州海门亦遭空袭 《时报》(上海),1939 年 5 月 27 日 …… 106
镇海又遭轰炸,大教场一带投弹十六枚 《时报》(上海),1939 年 5 月 27 日 …… 106
炸后市区尸骸狼藉,惨象不忍卒睹,路透记者实地视察报告 《华美晨报》,
1939 年 5 月 27 日 …… 106
□机大队再炸重庆,投弹百枚灾情惨重,韶关英德翁源各处亦被惨炸 《南华
日报》(香港),1939 年 5 月 27 日 …… 107
×机再袭重庆,被我击落七架 《星岛晚报》,1939 年 5 月 27 日 …… 107
一篇新血账,×机袭闽两旬记:四十六次轰炸,四百余枚炸弹 《星岛晚报》,
1939 年 5 月 27 日 …… 108
敌机狂炸韶关,粤北各地昨亦遭袭,汕头民气异常激奋 《华西日报》,1939 年
5 月 29 日 …… 109
蒲田美教堂被日机炸毁,损失奇重 《新闻报》(上海),1939 年 5 月 29 日 …… 109
三月底止日机轰炸统计,平民死伤七万余人 《新闻报》(上海),1939 年 5 月
29 日 …… 109
永嘉又遭空袭,萧山几成废墟 《东南日报》(金华),1939 年 5 月 29 日 …… 110
有计划的毁我重庆,自嘉陵长江合流处起先毁商业区次及机关 《时报》
(上海),1939 年 5 月 30 日 …… 110
日炸重庆四次,伤亡九千余人,未登记者为数尚不少 《时报》(上海),1939 年
6 月 1 日 …… 111
日机袭慈溪 《新闻报》(上海),1939 年 6 月 2 日 …… 111
劫后之宁波 《新闻报》(上海),1939 年 6 月 2 日 …… 112
日机在闽江轰炸客轮,全船乘客仅三人幸存 《大晚报》(上海),1939 年 6 月
2 日 …… 112
□业界电讯:宁波遭八次轰炸后,昨又遭空袭,黄主席视察灾区 《晶报》
(上海),1939 年 6 月 4 日 …… 113
徐州日军逮捕基督徒,被捕者三百余人,受刑者七十余人 《新闻报》(上海),
1939 年 6 月 5 日 …… 113

日机又轰炸宁波，毁屋百余间死伤五人 《新闻报》(上海)，1939 年 6 月 5 日 … 113
重庆再遭敌机空袭，死伤平民约三千人，市内惨状触目惊心 《三民晨报》，1939 年 6 月 5 日 …… 114
日机轰炸上饶贵溪 《新闻报》(上海)，1939 年 6 月 6 日 …… 114
日机分批轰炸吉安 《新闻报》(上海)，1939 年 6 月 6 日 …… 115
寇机肆虐汇志，吾人应以其人之道还诸其人之身 《南宁民国日报》，1939 年 6 月 6 日 …… 115
敌机昨狂炸洛阳，投弹数十枚毁屋五百余间 《华西日报》，1939 年 6 月 7 日 …… 116
寇机分两批昨炸恩施万县，本市亦发出预行警报 《华西日报》，1939 年 6 月 8 日 …… 116
日机首次炸恩施 《新闻报》(上海)，1939 年 6 月 8 日 …… 117
敌机各地肆虐，镇海我击落敌机一架 《南宁民国日报》，1939 年 6 月 9 日 …… 117
一月半来敌机狂炸福建统计，死伤千余毁房四百余所，闽人宜记此血债雪此仇 《河南民国日报》，1939 年 6 月 9 日 …… 117
重庆又遭空袭，日机三架击落，宜昌恩施均被轰炸 《新闻报》(上海)，1939 年 6 月 10 日 …… 118
福建三十余城市尽遭日机轰炸，死伤及损毁数字惊人 《新闻报》(上海)，1939 年 6 月 10 日 …… 119
资敌之害：寇以美国炸弹炸闽美国教堂，高能夫人极表愤慨，函请美人禁止资倭 《南宁民国日报》，1939 年 6 月 10 日 …… 119
敌机袭镇乐海滨，一架受伤堕洞头，傅逆筱庵祖先坟墓亦炸毁 《东南日报》(金华)，1939 年 6 月 11 日 …… 120
日机前晚袭渝，居民仅伤亡九人，市内居民仍将继续疏散 《新闻报》(上海)，1939 年 6 月 11 日 …… 121
重庆前午两遭空袭，□机四架被我击坠 《南华日报》(香港)，1939 年 6 月 11 日 …… 121
日机昨晚袭蓉，华西大学亦遭炸毁，并有西籍职员二人受伤，传华机曾击落日机三架 《大晚报》(上海)，1939 年 6 月 12 日 …… 122
日机五十四架昨袭击重庆成都，渝市中国空军击落两日机，成都方面被投

烧夷弹甚多 《晶报》(上海),1939 年 6 月 12 日 …………………………………… 122
日机轰炸金华 《新闻报》(上海),1939 年 6 月 13 日 ………………………………… 122
日机前晚夜袭渝蓉,两处击落日机五架,蓉市伤亡必甚重大 《新闻报》
(上海),1939 年 6 月 13 日 ……………………………………………………………… 123
成都惨炸结果,死伤五百人,渝使馆区落弹甚多 《晶报》(上海),1939 年 6 月
13 日 ……………………………………………………………………………………… 123
日机炸余姚 《新闻报》(上海),1939 年 6 月 13 日 …………………………………… 123
重庆前晚空袭,使馆区落弹甚多,疏散及添筑防空壕成功,死伤人数已大见
减少 《时报》(上海),1939 年 6 月 13 日 …………………………………………… 124
日机轰炸湘西,常德桃源均被扰害 《新闻报》(上海),1939 年 6 月 14 日 ……… 126
日机袭吉安赣县 《新闻报》(上海),1939 年 6 月 14 日 …………………………… 126
旧恨未雪来新恨:寇机八架昨滥炸本市,盲目投弹十二枚,毁民房二十余间
《南宁民国日报》,1939 年 6 月 14 日 ………………………………………………… 126
重庆被炸之续闻:德大使馆全部炸毁,法大使馆附近落弹 《新闻报》(上海),
1939 年 6 月 15 日 ……………………………………………………………………… 127
日机两度炸益阳 《新闻报》(上海),1939 年 6 月 15 日 …………………………… 127
福州等处被轰炸 《新闻报》(上海),1939 年 6 月 15 日 …………………………… 128
重庆外人忧虑,日机如往空袭,外人亦无保障 《新闻报》(上海),1939 年 6 月
16 日 ……………………………………………………………………………………… 128
日机轰炸吉安时孙家杰等罹难 《新闻报》(上海),1939 年 6 月 17 日 ………… 129
日机再袭慈溪 《新闻报》(上海),1939 年 6 月 17 日 ……………………………… 129
江苏泰县初次被炸 《新闻报》(上海),1939 年 6 月 17 日 ………………………… 130
国际鸦片会派员来华,调查日毒化政策,一行数人现已离沪 《新闻报》
(上海),1939 年 6 月 17 日 ……………………………………………………………… 130
日军昨在闸北拘捕华人十余名 《新闻报》(上海),1939 年 6 月 17 日 ………… 131
寇机暴行录 《南宁民国日报》,1939 年 6 月 17 日 ………………………………… 131
日军搜索岱山,岛民生活大苦,渔盐市场被侵夺无遗 《晶报》(上海),1939 年
6 月 18 日 ………………………………………………………………………………… 131
日机轰炸绍兴 《新闻报》(上海),1939 年 6 月 21 日 ……………………………… 132

敌摧残文化,三藏秘典遭浩劫 《南宁民国日报》,1939 年 6 月 21 日 ………………132
临湘敌兵兽行,奸妇女劫耕牛,我游击队驰救杀一擒一 《南宁民国日报》,
1939 年 6 月 23 日 ……………………………………………………………132
日机狂炸常德,投弹五百余枚 《新闻报》(上海),1939 年 6 月 24 日 ………………133
日机窜扰湘赣,衡阳被炸两次 《时报》(上海),1939 年 6 月 25 日 ………………133
敌机肆虐:常德损失惨重,旅常英籍牧师亦被焚毙,湘阴赣州亦再次被轰炸
《南宁民国日报》,1939 年 6 月 26 日 ………………………………………………134
日机四出轰炸 《新闻报》(上海),1939 年 6 月 28 日 ……………………………134
日机四十五架空袭梁山 《新闻报》(上海),1939 年 7 月 1 日 ……………………134
日机炸协和中学,美提交涉,赫尔昨向报界发表谈话,谓国务院业已接获情报
《大晚报》(上海),1939 年 7 月 1 日 ……………………………………………134
英妇车经虹桥遭日哨兵枪击,枪弹随后飞来击中后轮,传日军正与游击队交绥
《中美日报》(上海),1939 年 7 月 1 日 …………………………………………135
兽机逞凶之下福州美国学校炸毁,英兵登陆保护英侨财产,川梁山浙镇海亦被
轰炸 《南宁民国日报》,1939 年 7 月 1 日 ……………………………………135
南阳满城瓦砾,日机轰炸挪教堂亦落弹,赣境亦遭空袭 《中美日报》(上海),
1939 年 7 月 3 日 ……………………………………………………………136
粤海被封锁后渔民损失惨重,死万人丧资二千万元 《中美日报》(上海),
1939 年 7 月 3 日 ……………………………………………………………136
日机六十余架昨又袭渝市,为五四后最大之轰炸,一处起火幸损失不巨
《晶报》(上海),1939 年 7 月 8 日 ………………………………………………137
日机前夜袭渝,使馆外舰附近均曾落弹,一日机坠陕境 《中美日报》(上海),
1939 年 7 月 8 日 ……………………………………………………………137
敌机肆虐,巴东黄岩被炸 《南宁民国日报》,1939 年 7 月 12 日 ………………138
日机两次袭桂 《新闻报》(上海),1939 年 7 月 22 日 ……………………………138
日机轰炸兰州 《新闻报》(上海),1939 年 7 月 23 日 ……………………………139
日机三袭桂境,柳林南宁等处被炸 《新闻报》(上海),1939 年 7 月 23 日 ………139
寇机五架昨窜本市肆虐,在南郊投弹四枚倒民房四间,柳州宁明等地亦遭寇机
袭炸 《南宁民国日报》,1939 年 7 月 23 日 ……………………………………140

常桃被炸惨状 《新闻报》(上海),1939 年 7 月 24 日 …………………………… 141
闽东南沿海日舰骚扰,日艇开枪窥探三都澳,日机投弹轰炸 《中美日报》(上海),1939 年 7 月 24 日 …………………………………………………… 141
敌机昨炸芷江南宁,明港中牟及桐柏固县镇亦有敌机侵入投弹肆虐 《河南民国日报》,1939 年 7 月 24 日 ……………………………………………… 142
日机前日袭渝,火势达两小时 《上海日报》,1939 年 7 月 26 日 ……………… 142
西大教授萧诚遭寇机惨炸逝世,该校将开会追悼并为请恤 《南宁民国日报》,1939 年 7 月 26 日 …………………………………………………………… 143
敌寇残无人道,决口淹没冀中广大平原,民众溺毙者无数 《华西日报》,1939 年 7 月 27 日 …………………………………………………………… 143
日机袭扰川东,两度炸梧市内起大火 《中美日报》(上海),1939 年 7 月 27 日 ………………………………………………………………………… 143
日机轰炸泰县,商业区受灾最重 《新闻报》(上海),1939 年 7 月 28 日 ………… 143
日机炸苏北,兴化损失颇重 《中美日报》(上海),1939 年 7 月 29 日 ………… 144
沪西发生激战,敌机滥炸石湾 《东南日报》(金华),1939 年 7 月 29 日 ………… 144
梧州被炸损失甚重 《新闻报》(上海),1939 年 7 月 30 日 ……………………… 144
日本对西部中国之轰炸徒激起民众愤怒,黄金的西部中国为国家命脉中心 《中美日报》(上海),1939 年 7 月 30 日 ……………………………………… 145
日机炸梧州,美教会学校被毁 《新闻报》(上海),1939 年 7 月 31 日 ………… 145
日机炸九龙附近,英界内可闻炸声,所炸区域大致系广九铁路 《大晚报》(上海),1939 年 7 月 31 日 ……………………………………………………… 145
日机昨扰鄂,洛阳亦遭轰炸 《中美日报》(上海),1939 年 7 月 31 日 ………… 146
在日机威胁下深圳的动态:防奸宄举行户口总调查 《大晚报》(上海),1939 年 8 月 1 日 …………………………………………………………… 146
昨晨日机五架狂炸广九铁路 《上海日报》,1939 年 8 月 1 日 ………………… 146
日机昨袭广九路沿站,深圳平湖布吉被炸,二次飞深圳未有投弹 《南华日报》(香港),1939 年 8 月 1 日 ……………………………………………… 147
昨敌机袭桂林,粤省防城亦遭寇机袭炸,本市曾发空袭警报戒备,寇机昨炸武鸣略有死伤 《南宁民国日报》,1939 年 8 月 1 日 ……………………… 148

倭机狂炸重庆英美侨区 《三民晨报》,1939 年 8 月 2 日 …………………………… 148
敌机昨炸横县,投弹多枚毁屋多间,重轻伤者计共十人 《南宁民国日报》,
1939 年 8 月 2 日 …………………………………………………………………… 148
桂林昨被炸惨情补志 《南宁民国日报》,1939 年 8 月 2 日 ……………………… 149
血海深仇:上月廿六日敌机惨炸梧州详情,死伤人数共六七百人以上,美国
侵信会圣经学院全毁,省府电汇法币二万元救济 《南宁民国日报》,
1939 年 8 月 2 日 …………………………………………………………………… 149
敌机昨日袭宁明,并窥探龙州上金凭祥等地,本市共发出两次空袭警报
《南宁民国日报》,1939 年 8 月 3 日 ……………………………………………… 150
昨敌机分批两次在凭祥投弹,本市均发出空袭警报戒备 《南宁民国日报》,
1939 年 8 月 4 日 …………………………………………………………………… 150
敌机昨炸龙州情形补志 《南宁民国日报》,1939 年 8 月 4 日 …………………… 150
重庆频遭轰炸,前夜两次被袭,击落日机一架,使领馆区域中多弹发生大火
《中华日报》(上海),1939 年 8 月 5 日 …………………………………………… 151
日机分袭桂林株州 《中华日报》(上海),1939 年 8 月 5 日 ……………………… 151
日机昨晨袭渝炸使领区,多数外人死里逃生,击落两架日机 《中美日报》
(上海),1939 年 8 月 5 日 …………………………………………………………… 152
重庆法德领事馆被轰炸 《三民晨报》,1939 年 8 月 5 日 ………………………… 152
敌机昨又分批袭桂林凭祥镇南关,置国际公法于不顾,竟侵法属越境窥探
《南宁民国日报》,1939 年 8 月 5 日 ……………………………………………… 153
上月廿六日敌机荼毒梧市惨情补志,难民已达六千余人,县府电请省府赈济
《南宁民国日报》,1939 年 8 月 5 日 ……………………………………………… 153
冀境敌惨无人道:决河淹我人民,高阳等数十县灾情奇重,田野尽成泽国哀鸿
遍野 《华西日报》,1939 年 8 月 6 日 …………………………………………… 155
本周连续第四次,日机分两批袭渝,炸弹集中于市之西北郊山地,华空军与
高射炮队奋力击退 《晶报》(上海),1939 年 8 月 6 日 ………………………… 155
昨敌机又分批狂炸凭祥镇南关,本市适时发出防空警报戒备 《南宁民国
日报》,1939 年 8 月 6 日 …………………………………………………………… 156
敌机轰炸桂林,西巷天主堂全毁,损失港币约五万元左右,该堂主教呈美领事

办理 《南宁民国日报》,1939 年 8 月 6 日 …………………………………… 156
敌机滥炸重庆,击袭比国大使馆,炸毁英法德领署 《东南日报》(金华),
1939 年 8 月 6 日 ………………………………………………………………… 157
日机公然炸毁英轮两艘,地点在扬子江上游宜昌 《大晚报》(上海),1939 年
8 月 7 日 ………………………………………………………………………… 158
寇机昨狂炸武鸣,投弹十五枚毁民房二十七间,轻重伤男女共六人死男二人
《南宁民国日报》,1939 年 8 月 7 日 ……………………………………… 158
半年中统计日机袭粤:毁房屋四千余间 《中华日报》(上海),1939 年 8 月
8 日 ……………………………………………………………………………… 159
前日敌机四次轰炸浙东海门,共投弹卅四枚毁民房卅余间,粤遂溪亦被炸
并以机枪扫射 《南宁民国日报》,1939 年 8 月 8 日 ……………………… 159
寇机前日袭宜昌,轰炸亚细亚火油公司,落弹数枚伤英侨一人,英向倭提出
严重抗议 《南宁民国日报》,1939 年 8 月 8 日 …………………………… 159
日机炸临海,毁民房百余 《中美日报》(上海),1939 年 8 月 9 日 ………… 160
敌机昨窜合浦投弹,本市适时发出空袭警报,宁明凭祥被炸损失续志 《南宁
民国日报》,1939 年 8 月 9 日 …………………………………………………… 160
日机八架轰炸台州,毁民屋百幢 《中华日报》(上海),1939 年 8 月 10 日 ……… 160
东江情势渐和缓,河源博罗两县被炸,投炸弹数十枚损失颇重,海丰设救济所
收容难民 《南华日报》(香港),1939 年 8 月 10 日 ………………………… 161
日机轰炸奉化 《中华日报》(上海),1939 年 8 月 11 日 ……………………… 161
日机袭浙东,轰炸奉化青田 《中美日报》(上海),1939 年 8 月 11 日 ………… 161
日机炸韶关,深圳亦两发警报 《南华日报》(香港),1939 年 8 月 11 日 ……… 162
寇机前日狂炸博白续志 《南宁民国日报》,1939 年 8 月 14 日 ……………… 162
敌机分批昨袭本省各地肆虐,廿二架袭柳投弹百余枚,本市及宁明亦遭受惨炸
《南宁民国日报》,1939 年 8 月 15 日 ……………………………………… 163
敌机昨窜梧龙等地投弹,粤属北海市亦遭狂炸,寇机日前袭本省续志 《南宁
民国日报》,1939 年 8 月 16 日 ………………………………………………… 163
慈溪观海卫俱遭轰炸 《中华日报》(上海),1939 年 8 月 17 日 ……………… 164
日机扰陕北,日机在包坠落全毁,慈溪遭炸毁屋伤人 《中美日报》(上海),

1939 年 8 月 17 日 …… 164
寇机八架昨窜龙扶肆虐，敌机日前炸梧州龙州各地续志 《南宁民国日报》，1939 年 8 月 17 日 …… 164
日机袭洛阳，西安亦遭投弹 《中美日报》(上海)，1939 年 8 月 18 日 …… 165
宜昌英轮被炸，敌强词狡赖 《中央日报》(重庆)，1939 年 8 月 18 日 …… 165
敌机八架昨窜凭祥隘口投弹，寇机前日袭龙州北海补志 《南宁民国日报》，1939 年 8 月 18 日 …… 165
敌在濮阳投毒井中，查为伤寒病菌，用心实为狠毒 《河南民国日报》，1939 年 8 月 18 日 …… 166
日轰炸机百架大举袭击四川，重庆未被袭嘉定□轰炸，一部日机飞袭湖南浏阳 《中华日报》(上海)，1939 年 8 月 20 日 …… 166
日机昨袭川省，成都亦被炸，飞返之际遭遇华机迎击，传曾被击落三架或五架 《大晚报》(上海)，1939 年 8 月 20 日 …… 167
日海军施扰下，闽东南的几个岛屿因无防御设备致遭失陷，民众奋起抗战业有收复 《中美日报》(上海)，1939 年 8 月 20 日 …… 167
日机昨晨空袭海康 《南华日报》(香港)，1939 年 8 月 20 日 …… 169
日机两架轰炸茂名，毁民房数间死伤六人 《南华日报》(香港)，1939 年 8 月 20 日 …… 169
敌机昨两次狂炸上饶，死伤百余人 《国民公报》(重庆)，1939 年 8 月 21 日 …… 169
日机昨炸粤北各地，渝传日军将攻宜昌 《南华日报》(香港)，1939 年 8 月 21 日 …… 169
日机昨飞湘赣狂炸 《大晚报》(上海)，1939 年 8 月 22 日 …… 170
日机轰炸四川嘉定，全城精华尽付一炬 《南华日报》(香港)，1939 年 8 月 22 日 …… 170
四川嘉定綦江被袭炸，嘉定城内多处起火 《三民晨报》，1939 年 8 月 22 日 …… 170
十五日敌机六架狂炸梧州惨况 《南宁民国日报》，1939 年 8 月 23 日 …… 171
日机昨袭渝，狂炸郊外难民区域 《中美日报》(上海)，1939 年 8 月 24 日 …… 172
凶焰未戢：敌机昨又袭本市，投弹十八枚毁屋廿间死伤各一 《南宁民国日报》，1939 年 8 月 24 日 …… 172

日机前日又袭重庆 《南华日报》(香港),1939 年 8 月 25 日 …………………… 173
敌机廿七架昨滥炸沅陵,城郊落弹二百余枚 《时事新报》(重庆),1939 年
8 月 28 日 ……………………………………………………………………………… 173
敌机昨窜本市肆虐,明江庆远亦遭轰炸 《南宁民国日报》,1939 年 8 月 29 日 … 174
敌机日前袭桂各地续讯 《南宁民国日报》,1939 年 9 月 3 日 …………………… 174
敌机昨袭贵县,粤省梅菉亦遭寇机轰炸,本市适时发出空袭警报 《南宁民国
日报》,1939 年 9 月 3 日 ……………………………………………………………… 174
敌机袭炸重庆市郊 《三民晨报》,1939 年 9 月 5 日 ……………………………… 174
敌机昨袭本省各地,上午第一批窜宾阳芦墟投弹,柳州被炸两度窜玉林肆虐
《南宁民国日报》,1939 年 9 月 5 日 ………………………………………………… 175
日机昨又袭川,渝医药队飞泸救治 《新闻报》(上海),1939 年 9 月 13 日 ……… 175
泸县被炸惨状,人民死伤各四百人 《新闻报》(上海),1939 年 9 月 14 日 ……… 176
日飞机轰炸泸州 《南华日报》(香港),1939 年 9 月 15 日 ……………………… 177
日机空袭宁夏,投弹四十余枚 《新闻报》(上海),1939 年 9 月 16 日 …………… 177
敌机又窜闽西南肆虐,晋江永春永安被惨炸,永安起火毁民房百余间 《南宁
民国日报》,1939 年 9 月 20 日 ……………………………………………………… 177
敌机三十六架炸西安 《中央日报》(重庆),1939 年 9 月 21 日 ………………… 177
大队日机袭湘,沅陵受灾最重 《新闻报》(上海),1939 年 9 月 22 日 …………… 178
日机炸福州 《新闻报》(上海),1939 年 9 月 22 日 ……………………………… 178
父母死于日机炸弹下,男童投浦自杀,先推下两不相识日人,日人能游泳未遭
灭顶,童被救起经捕房起诉 《新闻报》(上海),1939 年 9 月 22 日 …………… 178
日机袭湘豫,洛阳被炸 《中华日报》(上海),1939 年 9 月 23 日 ………………… 179
敌机连日窜湘闽滥施轰炸,闽海敌图福清海口登陆被轰退 《南宁民国日报》,
1939 年 9 月 26 日 …………………………………………………………………… 179
日机袭榆林,投弹百余枚 《新闻报》(上海),1939 年 9 月 28 日 ………………… 180
日军焚渔船,渔民请港政务司救济 《新闻报》(上海),1939 年 9 月 29 日 ……… 180
日机炸温州,新北京新祥泰均被弹片波及 《新闻报》(上海),1939 年 9 月
29 日 …………………………………………………………………………………… 180
新北京轮在温遭空袭,轮身略受弹伤 《新闻报》(上海),1939 年 9 月 29 日 …… 180

日机昨两袭重庆 《新闻报》(上海),1939 年 9 月 30 日 …………………………… 180
日机轰炸西南交通线 《新闻报》(上海),1939 年 9 月 30 日 ……………………… 181
日机炸南宁 《南华日报》(香港),1939 年 9 月 30 日 ……………………………… 181
兴化:日机轰炸城区市廛 《中华日报》(上海),1939 年 10 月 1 日 ……………… 182
日海空军肆虐 《新闻报》(上海),1939 年 10 月 1 日 ……………………………… 182
大队日机又乘月夜袭川,并侵入成都投弹轰炸 《新闻报》(上海),1939 年
10 月 3 日 ……………………………………………………………………………… 183
日机夜袭川西,泸县宜宾被炸 《新闻报》(上海),1939 年 10 月 4 日 …………… 183
中山重要机关被炸,日舰昨晨又炮轰张家边 《南华日报》(香港),1939 年
10 月 6 日 ……………………………………………………………………………… 184
日机又炸毁美教产,美方已提出抗议 《新闻报》(上海),1939 年 10 月 8 日 …… 184
中山被炸灾情奇重 《新闻报》(上海),1939 年 10 月 8 日 ………………………… 184
我军猛攻广九路,敌机狂炸石岐市 《东南日报》(金华),1939 年 10 月 8 日 …… 185
日机轰炸桂林西郊 《南华日报》(香港),1939 年 10 月 10 日 …………………… 185
日机狂炸西安,益增市民敌忾同仇心,桂林昨亦被炸 《中美日报》(上海),
1939 年 10 月 13 日 …………………………………………………………………… 186
敌机袭炸成都贵阳等处 《三民晨报》,1939 年 10 月 13 日 ……………………… 186
敌机四批袭川湘,南川昨日被狂炸 《华西日报》,1939 年 10 月 14 日 ………… 187
日军大败之后派机四出滥炸,陕川湘等省均遭肆虐,无辜平民死伤极惨重
《中美日报》(上海),1939 年 10 月 14 日 ………………………………………… 188
血债:暴敌在湘北杀平民五千 《中央日报》(重庆),1939 年 10 月 15 日 ……… 188
湘北空前浩劫:倭寇大败溃窜时惨杀民众五千,奸死妇女剖腹剜胎割乳,残忍
暴戾亘古中外罕闻,我当局拨款米赶办赈济 《东南日报》(金华),1939 年
10 月 15 日 …………………………………………………………………………… 189
沪寇强劫文物,侵占交行楼屋 《东南日报》(金华),1939 年 10 月 15 日 ……… 189
日机昨扰陕 《中美日报》(上海),1939 年 10 月 17 日 …………………………… 189
日机袭南川,法教堂被炸,无辜人民死伤甚多 《新闻报》(上海),1939 年
10 月 20 日 …………………………………………………………………………… 190
日机空袭桂省平南 《新闻报》(上海),1939 年 10 月 24 日 ……………………… 190

闽振济会统计:日机轰炸闽省,伤亡八百六十人被难二千余户,财产损失五百十一万六千余元 《南宁民国日报》,1939 年 10 月 25 日 …………………………… 190
敌机七架昨袭龙州宁明,并在隘口机枪扫射损失未详 《南宁民国日报》,1939 年 10 月 26 日 ……………………………………………………………………… 191
敌机昨由陕袭川,窥察南充并未投弹,汉中沅陵昨被炸 《中央日报》(重庆),1939 年 10 月 26 日 ……………………………………………………………………… 191
敌机犯温青,闽湘陕各地亦同遭蹂躏 《东南日报》(金华),1939 年 10 月 26 日 ……………………………………………………………………………… 192
日机袭湘陕 《新闻报》(上海),1939 年 10 月 27 日 ………………………………… 193
昨敌机七架,炸老口驮芦扶南,略有死伤并窜抵本市盘旋 《南宁民国日报》,1939 年 10 月 27 日 ……………………………………………………………………… 193
雄伟之北平城墙,竟被日人拆毁矣,东长安市将辟作日人住宅区 《新闻报》(上海),1939 年 10 月 29 日 ……………………………………………………… 194
敌机滥炸洛阳,昨并分批袭陕甘各地,西安南郑平凉均被炸 《华西日报》,1939 年 10 月 31 日 ……………………………………………………………………… 194
木棉榄冈日军焚杀农户,伪军有断炊之虞四出抢掠谷米,日舰在广利附近河面触我水雷 《循环日报》,1939 年 10 月 31 日 …………………………………… 195
顺德我团队已完成大良包围线,大良日军炮击西边村,毁屋五间死伤十余人,冯宅一家三死五伤,日伪军一百五十人由广州开抵容奇增援 《循环日报》,1939 年 10 月 31 日 ……………………………………………………………………… 195
日机袭西安洛阳,掷下大批炸弹,平凉受损最重 《新闻报》(上海),1939 年 11 月 1 日 …………………………………………………………………………… 196
日机轰炸赣省各地 《新闻报》(上海),1939 年 11 月 1 日 ……………………………… 196
寇机到处逞凶,粤豫甘陕同被肆扰,粤开平三埠航澳轮渡悉遭炸毁,豫洛阳被寇机三十七架更番轰炸,陕甘各地寇机六五分五批投弹 《南宁民国日报》,1939 年 11 月 1 日 ……………………………………………………………………… 196
日机炸慈利南宁 《新闻报》(上海),1939 年 11 月 3 日 ………………………………… 197
日军犯湘北伤亡惨重,又获一明证 《中美日报》(上海),1939 年 11 月 3 日 …… 197
敌机骚扰闽各地,炸毁莆田美医院,津美商不堪敌寇压迫,电本国报告请提

抗议 《华西日报》,1939 年 11 月 4 日 …………………………………………………… 197
日机多架轰炸闽省兴化,莆田美医院被炸 《新闻报》(上海),1939 年 11 月 4 日 …………………………………………………………………………………… 198
日机炸毁闽美医院,并伤毙病人各两名,英商船附近亦中弹,蔑视各国权益 《中美日报》(上海),1939 年 11 月 4 日 ………………………………………… 198
敌机肆虐:昨柳州北海被炸,柳市郊外落弹百余损失甚微,本市先后发出两次警报戒备 《南宁民国日报》,1939 年 11 月 4 日 …………………………………… 199
敌机到处肆虐,都安龙州等地被炸,都安投九弹毁屋一间死一人,龙州凭祥隘口茅岭损失未详,本市曾发两次空袭警报戒备 《南宁民国日报》,1939 年 11 月 6 日 ………………………………………………………………………… 199
日兵因疑心枪伤一男子,性命甚危 《新闻报》(上海),1939 年 11 月 7 日 ……… 200
日机昨三次袭湘,桂浙各地均被投弹 《中美日报》(上海),1939 年 11 月 8 日 …………………………………………………………………………………… 200
中国渔船被日击毁总数在港政府注册者至少有七十六艘 《中美日报》(上海),1939 年 11 月 8 日 …………………………………………………… 200
日机施用空中爆炸弹,川省府通令防范 《中美日报》(上海),1939 年 11 月 9 日 …………………………………………………………………………………… 201
敌机十一架昨又窜都安肆虐 《南宁民国日报》,1939 年 11 月 9 日 ………… 201
英飞船经涠洲时被敌强迫降落,加教联会澈查被害教士 《东南日报》(金华),1939 年 11 月 9 日 ………………………………………………………… 202
被日军枪击之传教士神父发表声明,投函法文日报馆,驳斥日方之诬蔑 《新闻报》(上海),1939 年 11 月 10 日 ……………………………………… 202
义教会被日机炸毁 《中华日报》(上海),1939 年 11 月 13 日 ……………………… 203
日机两袭汉中,义教堂中弹被毁,损失五十万元以上 《新闻报》(上海),1939 年 11 月 13 日 ………………………………………………………………… 203
日军用汽艇猛撞渡轮,溺毙数十人 《新闻报》(上海),1939 年 11 月 14 日 …… 204
黄浦江敌寇暴行:汽艇撞沉渡船见死不救,六十余女工菜贩遭没顶 《华西日报》,1939 年 11 月 15 日 ……………………………………………………… 204
上月敌机扰陕各地,南郑天主教堂被炸毁,损失甚重意已向日提出抗议

《南宁民国日报》,1939 年 11 月 16 日 …… 205
日机昨又夜袭重庆,轰炸机廿七架仅在郊外投弹 《新闻报》(上海),1939 年 11 月 19 日 …… 205
大同空前惨剧:敌逼民夫冒险入矿工作,误触水源淹毙二千余人 《中央日报》(重庆),1939 年 11 月 20 日 …… 205
日机袭扰南宁,两架被华方击落,海军中尉安田毙命,日机狂炸平民死多 《中美日报》(上海),1939 年 11 月 24 日 …… 206
日舰屠杀渔民,死亡已达一万余人,渔船被毁七百余艘 《中美日报》(上海),1939 年 11 月 30 日 …… 206
敌机再犯西安,三次夜袭兰州,绕飞青海川北等地窥探 《东南日报》(金华),1939 年 12 月 1 日 …… 207
日机大炸兰州,毁屋数千幢发生大火 《晶报》(上海),1939 年 12 月 2 日 …… 207
粤北敌窜龙塘,东江我攻增城,敌焚大同圩延烧两昼夜 《东南日报》(金华),1939 年 12 月 3 日 …… 208
日机十八架轰炸桂林柳州,每地共投六十余弹 《晶报》(上海),1939 年 12 月 4 日 …… 208
敌机袭击歙县,狂炸桂境,宾阳桂林等均遭肆虐 《东南日报》(金华),1939 年 12 月 4 日 …… 209
航空委员会公布日机在华罪行:七个月内掷弹三万二千枚,无辜平民死伤几达四万人 《中美日报》(上海),1939 年 12 月 5 日 …… 209
赣敌施放毒气,湘我袭羊楼司 《东南日报》(金华),1939 年 12 月 6 日 …… 210
敌机屠杀曲江两年来血债:死伤一零九零人,毁屋八九六间 《星洲日报》(新加坡),1939 年 12 月 8 日 …… 211
成都空战纪实:敌爆击之王奥田大佐遭我击毙 《三民晨报》,1939 年 12 月 8 日 …… 212
敌机肆虐全州,滥炸衢丽,赣东玉山昨亦遭空袭 《东南日报》(金华),1939 年 12 月 8 日 …… 213
日机炸毁徽州法教堂 《新闻报》(上海),1939 年 12 月 9 日 …… 213
日机轰炸绍兴 《新闻报》(上海),1939 年 12 月 11 日 …… 213

敌机夜袭四川一周记 《三民晨报》,1939 年 12 月 11 日 …………………………… 214
敌机夜袭四川一周记(二) 《三民晨报》,1939 年 12 月 12 日 ……………………… 214
敌机窜袭丽衢:狂炸枫桥,桐庐城内外亦遭蹂躏 《东南日报》(金华),1939 年 12 月 12 日 ………………………………………………………………………… 215
日机袭烟溪 《新闻报》(上海),1939 年 12 月 13 日 ………………………………… 215
敌机夜袭四川一周记(三) 《三民晨报》,1939 年 12 月 13 日 ……………………… 216
敌机袭击新登,滥炸溪口,湘烟溪亦遭疯狂轰炸 《东南日报》(金华),1939 年 12 月 13 日 ………………………………………………………………………… 216
晋北敌军兽行:进医院去包管你被活埋,勾引赌博赢了即遭暗杀,强奸妇女劫掠财物无恶不作 《星洲日报》(新加坡),1939 年 12 月 14 日 ………………… 217
敌机夜袭四川一周记(四) 《三民晨报》,1939 年 12 月 14 日 ……………………… 218
平湖来人谈日机轰炸乍浦:投掷炸弹达十余枚,平民死伤三十余人 《中美日报》(上海),1939 年 12 月 15 日 ………………………………………………… 218
铁蹄下的三水:民众不堪掠夺蹂躏,复仇之火普遍燃烧 《中美日报》(上海),1939 年 12 月 15 日 ……………………………………………………………… 219
日机炸肇庆 《新闻报》(上海),1939 年 12 月 16 日 ………………………………… 220
歙县遭日机轰炸,伤亡平民百余人,民房被毁五六十间 《新闻报》(上海),1939 年 12 月 17 日 ……………………………………………………………… 220
诸暨枫桥惨遭日机轰炸,死伤五十余人 《大晚报》(上海),1939 年 12 月 18 日 ……………………………………………………………………………… 220
敌机扰皖南投毒气弹,鄂西沙市昨遭空袭 《东南日报》(金华),1939 年 12 月 21 日 ……………………………………………………………………………… 221
广州敌军惨无人道,拉我同胞充“肉堡垒”,不论老弱被拉者达四五万人,芦苞妇孺遭屠杀者达数百人 《星洲日报》(新加坡),1939 年 12 月 22 日 ………… 221
西报记者南京所见:阔别经年景物全非,烟铺娼寮随地皆是 《新闻报》(上海),1939 年 12 月 23 日 ………………………………………………………… 222
法当局抗议敌机炸广州湾,柳州空战被我击落一架 《东南日报》(金华),1939 年 12 月 23 日 ……………………………………………………………… 223
我分路紧迫南昌,敌放毒图挽颓势 《中央日报》(重庆),1939 年 12 月 25 日 … 224

敌图垄断沪市蔬果，筹设批发市场强征税收，米价又告飞涨　《中央日报》（重庆），1939 年 12 月 25 日 …… 225
日机炸毁河曲教堂，挪籍教士丧生，安阳教会医院遭摧残，加籍教士谈被逐经过　《中美日报》（上海），1939 年 12 月 29 日 …… 225
日机狂炸洛阳，昨整日在警报声中，陕甘亦遭空袭　《中美日报》（上海），1939 年 12 月 31 日 …… 226
日舰机频犯粤南，沿海岸线备受骚扰，桂林武鸣象县遭殃，防城展开陆海激战　《中美日报》（上海），1939 年 12 月 31 日 …… 226
英商焦作煤矿公司被敌压迫停业　《国民公报》（重庆），1940 年 1 月 3 日 …… 227
山东英医院被敌焚毁，青岛英总领提抗议　《国民公报》（重庆），1940 年 1 月 6 日 …… 227
敌焚毁我渔船，渔民千余遭难　《国民公报》（重庆），1940 年 1 月 13 日 …… 227
鼓浪屿来客谈寇军摧残华侨：借口防疫注射慢性毒药，返国侨胞多遭劫杀掳掠　《星洲日报》（新加坡），1940 年 1 月 22 日 …… 228
血泪话冀东　《星洲日报》（新加坡），1940 年 1 月 24 日 …… 230
敌军毒化广州：大批海洛英与烟条先后运到，各烟窟大书有打波场女招待　《星洲日报》（新加坡），1940 年 2 月 5 日 …… 232
苏北口岸敌军登陆全镇遭浩劫，焚烧抢掠民众被杀数百，汉奸引路泰兴亦告沦陷　《星洲日报》（新加坡），1940 年 2 月 5 日 …… 233
敌机炸滇越路，法极表愤激，达拉第正与倭使交涉中，美国亦极为关切　《时事新报》（重庆），1940 年 2 月 5 日 …… 234
滇越路被炸案法再向倭交涉，法方公布死伤达二百余　《时事新报》（重庆），1940 年 2 月 7 日 …… 235
晋东南敌放毒弹，确系糜烂性毒气，敌寇残暴之明证　《国民公报》（重庆），1940 年 2 月 9 日 …… 235
敌机分批袭柳州，并屡飞绥西散放毒气　《时事新报》（重庆），1940 年 2 月 24 日 …… 236
敌兵源无法补充，竟捕我壮丁，沪民众被拘者达三百余人　《时事新报》（重庆），1940 年 3 月 5 日 …… 236

沪敌暴行揭开:进行奴隶贸易,强拉壮丁,诱捕妇女 《国民公报》(重庆),1940年3月7日 ······ 237
粤敌亦大捕民众,陆续由敌轮装载北运 《时事新报》(重庆),1940年3月11日 ······ 237
河北大饥荒:存粮被敌搜劫一空,民众多以树皮果腹 《时事新报》(重庆),1940年3月14日 ······ 238
沪敌捕壮丁数逾千人,均被拘禁集中营内 《时事新报》(重庆),1940年3月18日 ······ 238
敌在桂南大施残酷兽行,十四岁少女惨被轮奸,药油掺饭迫妇女吞食 《华西日报》,1940年3月19日 ······ 239
潮汕敌给养奇窘,四出掠夺焚毁民房,江新伪军纷纷投诚 《时事新报》(重庆),1940年3月20日 ······ 239
敌机轰炸滇越路,目击者谈话:炸中隧道死伤二百余,英兵仗义撕衣服救护 《国民公报》(重庆),1940年3月21日 ······ 240
敌人的武器——毒品 《国民公报》(重庆),1940年3月23日 ······ 241
敌机狂炸西安,一反战日人睹状愤激致死 《时事新报》(重庆),1940年4月5日 ······ 243
敌侵略手段毒辣,利用汪逆欺骗民众,宣传交还强占工厂 《国民公报》(重庆),1940年4月12日 ······ 243
敌积极图谋毒化上海 《国民公报》(重庆),1940年4月14日 ······ 243
豫敌两军官强奸幼女,被伪兵击毙 《国民公报》(重庆),1940年4月15日 ······ 243
阿部将抵沪,京沪居民不挂怪旗被枪杀 《时事新报》(重庆),1940年4月18日 ······ 244
沪郊敌暴行,侵入诸翟大肆烧杀,二百同胞悉遭毒手 《时事新报》(重庆),1940年4月20日 ······ 244
暴日在我国文化侵略,虚伪宣传已失败,方法及暴行无不有损人类文化,伎俩已穷尽决无人赞助伪组织——美国调查委员会报告 《国民公报》(重庆),1940年4月24日 ······ 245
暴日在我国文化侵略,虚伪宣传失败,方法及暴行皆有损人类文化,伎俩

穷尽决无人赞助伪组织——美国调查委员会报告(续) 《国民公报》(重庆),1940 年 4 月 25 日 …… 246
皖南敌暴行:铁蹄所至为所欲为,奸掠烧杀惨绝人寰 《时事新报》(重庆),1940 年 4 月 27 日 …… 246
冀中严重水灾后,敌迫灾民饿毙,禁止运送粮食并阻教士救济,近年棉产均被敌没收 《国民公报》(重庆),1940 年 4 月 29 日 …… 247
报复我游击队攻击,沪郊敌寇大举屠杀,无辜村民被杀达千余人,焚毁村落七十余处 《华西日报》,1940 年 4 月 30 日 …… 248
被侵害之中国,简特博士向美报界谈话(续) 《时事新报》(重庆),1940 年 5 月 1 日 …… 249
沪西敌大屠杀,尸骸遍郊野,无数村落庐舍为墟 《时事新报》(重庆),1940 年 5 月 2 日 …… 251
沪西敌无人性,惨杀居民逾千,受伤者已不计其数 《华西日报》,1940 年 5 月 3 日 …… 251
中央医院迁筑后复遭敌机惨炸,职员数人殉职,病人无死伤 《时事新报》(重庆),1940 年 5 月 12 日 …… 252
渝市昨空袭,敌机复肆虐,一百六十余架在郊外投弹,遭我空军猛击溃逃 《时事新报》(重庆),1940 年 5 月 28 日 …… 252
敌机昨又袭渝,被我击落两架,许世英刘峙等视察灾区 《时事新报》(重庆),1940 年 5 月 29 日 …… 253
敌机一批昨袭渝未逞,陈教长等分别慰问连日被炸文化机关 《时事新报》(重庆),1940 年 5 月 31 日 …… 254
社评:敌人的“轰炸攻势” 《时事新报》(重庆),1940 年 5 月 31 日 …… 254
敌机炸西北医学院,教务主任杨世昌殉职 《时事新报》(重庆),1940 年 6 月 11 日 …… 256
敌机昨又大举袭渝,苏联大使馆被炸,我击落敌机一架,多架负伤窜逃,蒋委员长躬临灾区抚慰 《国民公报》(重庆),1940 年 6 月 12 日 …… 256
日军入宜昌,重庆又遭炸 《南华日报》(香港),1940 年 6 月 14 日 …… 257
敌机昨四批袭渝,被我击落六架,在新市区一带投弹多枚,我防空设备渐完善

《华西日报》,1940 年 6 月 17 日 …… 258
敌机狂炸重庆,投弹八百枚,毁屋三千余所,我空军迎战击落敌机六架 《大汉公报》,1940 年 6 月 17 日 …… 260
日机昨炸重庆,毁屋三千余间,外宾招待所全部被毁 《星岛晚报》,1940 年 6 月 17 日 …… 261
敌机七十五架昨分三批袭渝,敌机一架因伤坠落陕境 《华西日报》,1940 年 6 月 18 日 …… 261
日机前午空袭重庆,渝繁华区大火,深夜未熄毁屋三千余间 《南华日报》(香港),1940 年 6 月 18 日 …… 262
敌机昨袭渝市,炸毁英大使馆,英法总领事住宅均中弹,美参事痛斥敌暴行 《华西日报》,1940 年 6 月 25 日 …… 262
日军昨午又炸重庆,英法领馆全炸毁 《南华日报》(香港),1940 年 6 月 25 日 …… 263
敌机昨又大举袭渝:英大使馆炸毁,法领馆亦中弹震毁,我空军击伤敌机多架 《国民公报》(重庆),1940 年 6 月 25 日 …… 264
敌机昨又袭渝,被我击落三架,梁山上空亦发生空战,苏联使馆被炸毁 《华西日报》,1940 年 6 月 27 日 …… 265
日机百余架昨又袭击,向城内外投弹,引起火头数个 《南华日报》(香港),1940 年 6 月 27 日 …… 265
敌机昨日袭渝,又轰炸文化区,中央大学被炸并无死伤,被我击落一架 《国民公报》(重庆),1940 年 6 月 28 日 …… 266
敌机昨袭渝市,两架被击落,中央大学再度被炸 《时事新报》(重庆),1940 年 6 月 30 日 …… 266
敌机昨袭渝,被我击落两架,中大又被投弹 《华西日报》,1940 年 7 月 1 日 …… 267
渝临参会通电痛斥敌寇暴行 《华西日报》,1940 年 7 月 1 日 …… 268
敌机昨日袭渝,滥炸我文化区,中大重大共被投弹二百枚 《华西日报》,1940 年 7 月 5 日 …… 269
敌机又轰炸重庆 《少年中国晨报》,1940 年 7 月 5 日 …… 269
平敌捕学生,教职员亦多失踪 《时事新报》(重庆),1940 年 7 月 6 日 …… 270

敌军飞机向川西轰炸 《少年中国晨报》,1940 年 7 月 6 日 ························ 270
敌机百余架轰炸重庆 《少年中国晨报》,1940 年 7 月 9 日 ························ 270
倭机廿二次炸重庆 《大汉公报》,1940 年 7 月 10 日 ·································· 270
昨日渝市空战,击落四敌机,另有五架重伤难飞返,市区狂炸天主堂被毁
《时事新报》(重庆),1940 年 7 月 10 日 ·· 271
倭在上海扣留英船 《大汉公报》,1940 年 7 月 10 日 ································ 271
敌机又轰炸重庆 《少年中国晨报》,1940 年 7 月 10 日 ···························· 272
重庆被敌机轰炸大损失 《少年中国晨报》,1940 年 7 月 11 日 ···················· 272
重庆连日被炸惨状 《大汉公报》,1940 年 7 月 12 日 ································ 272
敌机轰炸重庆大学 《大汉公报》,1940 年 7 月 18 日 ································ 273
敌机百余架向四川轰炸 《少年中国晨报》,1940 年 7 月 23 日 ···················· 273
沭阳敌寇惨无人道,公然炮轰河堤,河南尽成泽国淹毙无算 《国民公报》
(重庆),1940 年 7 月 23 日 ·· 273
敌机轰炸东川惨剧 《少年中国晨报》,1940 年 7 月 24 日 ························ 274
倭贼拘英名人九名 《大汉公报》,1940 年 7 月 31 日 ································ 274
倭机昨又炸我重庆 《大汉公报》,1940 年 8 月 1 日 ·································· 275
倭虐杀英记者续讯 《大汉公报》,1940 年 8 月 1 日 ·································· 275
敌机又向重庆轰炸 《少年中国晨报》,1940 年 8 月 1 日 ·························· 275
贼机又炸重庆外围 《大汉公报》,1940 年 8 月 3 日 ·································· 275
倭贼在沪买凶横行 《大汉公报》,1940 年 8 月 3 日 ·································· 275
倭机又轰炸我重庆 《大汉公报》,1940 年 8 月 9 日 ·································· 276
敌机昨袭渝,又狂炸市区,被我空军击伤三架 《时事新报》(重庆),1940 年
8 月 10 日 ·· 276
敌机三次轰炸重庆,不入防空洞之平民死伤约一千名 《少年中国晨报》,
1940 年 8 月 10 日 ·· 277
渝空战奏捷音,击落敌机五架,苏联大使馆又遭轰炸 《华西日报》,1940 年
8 月 11 日 ·· 277
敌机九十架狂炸重庆 《少年中国晨报》,1940 年 8 月 12 日 ······················ 278
倭第廿九次炸重庆 《大汉公报》,1940 年 8 月 20 日 ······························ 278

倭贼炸我重庆惨状 《大汉公报》,1940年8月20日 …… 278
敌机一百架狂炸重庆 《少年中国晨报》,1940年8月20日 …… 278
敌机滥炸平民区,渝市大火,万千难民无家可归,外侨财产损失惨重,总裁慰问被灾难胞 《华西日报》,1940年8月21日 …… 279
敌机暴行,某外侨将公诸世界 《华西日报》,1940年8月21日 …… 280
敌机昨复炸渝市,蒋委长抚慰灾黎,拨一百万元办理急振,我击落四敌机俘三驾驶员 《时事新报》(重庆),1940年8月21日 …… 281
社评:由敌人狂炸说起 《时事新报》(重庆),1940年8月21日 …… 283
某外人目击谈敌机滥炸暴行,竟以屠杀平民为快事 《时事新报》(重庆),1940年8月21日 …… 284
倭贼又大车炸重庆 《大汉公报》,1940年8月21日 …… 284
敌机一百架狂炸重庆 《少年中国晨报》,1940年8月21日 …… 285
敌滥炸平民果何所得,徒然增强我仇日心理,残酷暴行实犯杀人及放火罪——某外人目击之谈话 《国民公报》(重庆),1940年8月21日 …… 285
倭炸重庆教会被毁 《大汉公报》,1940年8月22日 …… 286
重庆被炸后之情状 《大汉公报》,1940年8月23日 …… 286
重庆被敌机轰炸之损失 《少年中国晨报》,1940年8月23日 …… 286
倭机又白昼炸重庆 《大汉公报》,1940年8月24日 …… 286
重庆德使馆被敌机轰炸 《少年中国晨报》,1940年8月25日 …… 287
十九、二十两日重庆被焚惨状 《少年中国晨报》,1940年8月27日 …… 287
文艺界抗敌协会发告全世界作家书,宣布敌机狂炸行都暴行 《华西日报》,1940年8月28日 …… 287
敌机狂炸重庆惨闻 《少年中国晨报》,1940年8月28日 …… 288
川天主教徒服务团电罗马教皇,历述敌机暴行 《时事新报》(重庆),1940年8月30日 …… 288
日机百架昨又空袭四川,广海汶川瑞宁等县被炸 《南华日报》(香港),1940年9月4日 …… 289
重庆附近各县被敌机轰炸 《少年中国晨报》,1940年9月4日 …… 289
敌机两度袭渝,在南岸投弹死伤数人,时事新报馆被炸毁 《华西日报》,

1940 年 9 月 13 日 …… 289
敌机昨袭渝:在市郊南岸盲目投弹,本报新社址被炸毁 《时事新报》(重庆),1940 年 9 月 13 日 …… 290
敌机昨日两度袭渝,炸毁房屋卅余栋死伤数人,时事新报中弹仍继续出版 《新华日报》(重庆),1940 年 9 月 13 日 …… 291
敌机百二十架轰炸重庆 《少年中国晨报》,1940 年 9 月 13 日 …… 291
敌机昨袭渝:先后在南岸及市郊投弹,时事新报馆中弹被炸 《国民公报》(重庆),1940 年 9 月 13 日 …… 292
渝空战我告捷,敌机昨袭渝被击落六架,德大使馆亦被炸毁 《华西日报》,1940 年 9 月 14 日 …… 292
日机前午又袭重庆,向市区及近郊投弹,宁波温州亦遭空袭 《南华日报》(香港),1940 年 9 月 14 日 …… 293
敌用轻便飞机轰炸重庆 《少年中国晨报》,1940 年 9 月 14 日 …… 293
敌机炸毁重庆美教堂续志 《少年中国晨报》,1940 年 9 月 19 日 …… 293
敌机昨袭昆明,死平民二百余毁屋百余间,外人财产受害綦重 《华西日报》,1940 年 10 月 2 日 …… 294
敌机狂炸昆明,系从越南新根据地飞来,外人在昆财产损失颇大 《新华日报》(重庆),1940 年 10 月 2 日 …… 294
敌垄断华北贸易,将调查棉毛等存货,各国商人受大影响 《国民公报》(重庆),1940 年 10 月 4 日 …… 295
敌机轰炸四川成都 《少年中国晨报》,1940 年 10 月 5 日 …… 295
敌机昨复袭蓉,有三架被我击中 《时事新报》(重庆),1940 年 10 月 6 日 …… 295
至足痛心之如此抗战,日机炸蓉机场 《南华日报》(香港),1940 年 10 月 6 日 …… 296
敌机二次轰炸成都 《少年中国晨报》,1940 年 10 月 6 日 …… 296
敌机昨袭渝,滥炸平民住宅区,英使馆震毁一部 《时事新报》(重庆),1940 年 10 月 7 日 …… 297
日机昨午又袭重庆,向市中心区投弹 《南华日报》(香港),1940 年 10 月 7 日 …… 297

敌机一日内两次狂炸重庆 《少年中国晨报》,1940 年 10 月 8 日 …………………… 298
日机前午轰炸渝境 《南华日报》(香港),1940 年 10 月 8 日 …………………… 298
日机前日空袭昆明 《南华日报》(香港),1940 年 10 月 9 日 …………………… 299
日机又袭重庆近郊及扬子江南岸 《南华日报》(香港),1940 年 10 月 12 日 …… 299
敌机廿七架昨日再度袭蓉,西城住宅区域惨被轰炸,法国圣修医院亦被炸毁
《华西日报》,1940 年 10 月 13 日 …………………………………………… 299
敌机复袭蓉,遭我高射部队猛击 《时事新报》(重庆),1940 年 10 月 13 日 …… 300
本月四日万县被炸情形 《华西日报》,1940 年 10 月 16 日 …………………… 300
敌在虹口区滥捕我同胞,公共租界工潮仍未解决 《国民公报》(重庆),
1940 年 10 月 16 日 ………………………………………………………… 300
敌机日前袭昆明,文化机关多被毁 《华西日报》,1940 年 10 月 17 日 …………… 301
敌机复袭渝,在市区内投弹多枚 《时事新报》(重庆),1940 年 10 月 18 日 …… 301
日机昨午又袭重庆,全城多处落弹 《南华日报》(香港),1940 年 10 月 18 日 … 302
敌机昨袭渝,损失情形较前日为重,电动警报器发生障碍,修复前以信号球
代替 《国民公报》(重庆),1940 年 10 月 18 日 ……………………………… 302
敌军飞机轰炸昆明 《少年中国晨报》,1940 年 10 月 19 日 …………………… 303
敌机昨袭渝,美舰英轮均被炸伤,并在住宅区投烧夷弹 《时事新报》(重庆),
1940 年 10 月 26 日 ………………………………………………………… 303
敌机狂炸重庆惨闻 《少年中国晨报》,1940 年 10 月 26 日 …………………… 303
仇恨的种子——敌机昨再袭渝记 《国民公报》(重庆),1940 年 10 月 26 日 …… 304
敌机二十四架昨又袭渝,投弹多枚损害较重 《新华日报》(重庆),1940 年
10 月 27 日 …………………………………………………………………… 305
敌机昨袭昆明 《国民公报》(重庆),1940 年 10 月 29 日 ……………………… 306
敌寇狠毒无耻袭我中航客机,机师乘客等八人遇难,敌机昨分批袭滇 《华西
日报》,1940 年 10 月 31 日 …………………………………………………… 306
三年前血债未清,敌机又袭中航机,重庆号前日在滇被击落,美籍机师及六
旅客遇难,敌寇残暴令人发指 《国民公报》(重庆),1940 年 10 月 31 日 …… 307
敌机暴行徒留世人追恨,中航线照常通航,名工程师钱品淦亦遇难,鲁美音
女士因伤重逝世,沪大美晚报痛斥敌机暗杀行为 《国民公报》(重庆),

1940年11月1日 …… 307
寇机残暴,击落邮航机 《西康国民日报》,1940年11月3日 …… 308
广州大火,敌竟禁人民救火,市面情形极混乱,敌突开放中山澳门交通
《国民公报》(重庆),1940年11月6日 …… 308
人间地狱:沪西歹土敌寇暴行录 《华西日报》,1940年11月13日 …… 309
敌寇贪欲难填,沪美商横遭压迫,缴特别费后仍不许出口 《国民公报》
(重庆),1940年11月15日 …… 309
敌军之暴行:粤军火库工人二百余被杀,沪虹口敌军白昼开枪伤人 《时事
新报》(重庆),1940年11月18日 …… 310
飞机制造厂被敌机轰炸 《少年中国晨报》,1940年11月23日 …… 310
沪敌宪兵拆毁民房,三千人无家可归 《时事新报》(重庆),1940年11月
26日 …… 310
大亚湾敌舰麕集,南海敌寇施放毒弹,从化西南敌遭痛击 《华西日报》,
1940年11月27日 …… 311
敌在临汾残杀无辜,洪洞一村民手格两敌 《时事新报》(重庆),1940年11月
27日 …… 312
粤南历格海面敌舰派机肆扰,在鲨鱼涌西坑投弹并以机枪扫射乡民 《时事
新报》(重庆),1940年11月27日 …… 312
血泪话武汉 《华西日报》,1940年12月1日 …… 313
浙赣边境战事,近仍猛烈继续中,鄂西之敌施放毒瓦斯 《华西日报》,1940年
12月9日 …… 314
平敌挨户搜查,逮捕大批市民,城外曾发生兵变 《国民公报》(重庆),1940年
12月10日 …… 315
我军各线迭有斩获,敌寇残暴施用毒气,杭州敌工厂被我炸毁 《西康国民
日报》,1940年12月24日 …… 316
敌机连袭葵涌,教堂被毁瑞士牧师炸毙 《时事新报》(重庆),1940年12月
27日 …… 317
敌机扰川鄂,成都毫无损失,恩施毁房数栋 《时事新报》(重庆),1940年
12月31日 …… 317

敌机又袭昆明,同济大学宿舍炸毁 《国民公报》(重庆),1941年1月6日 …… 317
敌机十八架昨分两批袭川,一批在渝用机枪扫射 《华西日报》,1941年1月15日 …… 318
敌机播鼠疫病菌,行辕令注意防范 《华西日报》,1941年1月21日 …… 318
敌机昨午袭渝,一批西窜某地盘旋 《华西日报》,1941年1月23日 …… 318
敌在晋西北沦陷区中又有屠杀新花样,恶毒不堪闻所未闻,足增倭寇"仁风",利用烟赌妓来麻醉同胞,犹其余事 《星洲日报》(新加坡),1941年1月23日 …… 319
最近的北平:无辜同胞备受凌辱,均盼抗战早日胜利 《国民公报》(重庆),1941年1月27日 …… 321
敌机狂炸昆明:繁华市区均中弹,西南联大周围落弹多枚 《国民公报》(重庆),1941年1月30日 …… 322
沦陷区内寇夺民食,米粮将更恐慌 《星洲日报》(新加坡),1941年2月24日 …… 322
汕敌禁米入内地,沦陷区饿殍载道,潮南吃草根者日凡数百,归侨万勿轻易返沦陷区 《星洲日报》(新加坡),1941年3月6日 …… 323
敌机狂炸,荒凉满目 《星洲日报》(新加坡),1941年3月7日 …… 323
容奇敌军"扫荡"霞村 《少年中国晨报》,1941年4月6日 …… 324
台山失陷经过惨状:侵台日军千三百余人,全县损失不下数千万元 《少年中国晨报》,1941年4月8日 …… 324
敌机廿七架昨袭昆明 《华西日报》,1941年4月9日 …… 326
台山失陷经过惨状(二) 《少年中国晨报》,1941年4月9日 …… 326
香港惠阳商会报告敌蹂躏惠阳宝安惨状 《少年中国晨报》,1941年4月10日 …… 327
香港惠阳商会报告敌蹂躏惠阳宝安惨状(续) 《少年中国晨报》,1941年4月11日 …… 327
沪市敌军夺取美商汽油,沪敌断绝虹桥区交通 《华西日报》,1941年4月14日 …… 328
宝安第五区被敌蹂躏吁请筹款急赈函 《少年中国晨报》,1941年4月14日 …… 328

倭寇偷运鸦片输闽各地　《少年中国晨报》,1941 年 4 月 17 日 ……………………… 329
敌犯台开战事拾零　《少年中国晨报》,1941 年 4 月 17 日 ………………………… 330
荻海被焚惨状续闻　《少年中国晨报》,1941 年 4 月 19 日 ………………………… 330
敌军榨取花县人力物力　《少年中国晨报》,1941 年 4 月 21 日 ……………………… 331
敌犯浙江劫掠粮食　《少年中国晨报》,1941 年 4 月 22 日 ………………………… 331
敌寇威胁下的沪银行　《华西日报》,1941 年 4 月 23 日 …………………………… 332
粤被敌寇封锁几酿饥灾　《少年中国晨报》,1941 年 4 月 23 日 ……………………… 333
浙东沦陷区之惨况　《少年中国晨报》,1941 年 4 月 24 日 ………………………… 333
台山北坑族人在台城商业之损失　《少年中国晨报》,1941 年 4 月 26 日 ………… 333
三洪奇敌艇肆虐,蛋民三人遭枪击毙　《少年中国晨报》,1941 年 4 月 27 日 …… 334
敌入福州残杀民众,汕尾我军与敌激战　《华西日报》,1941 年 4 月 28 日 ……… 334
敌机九架轰炸昆明　《少年中国晨报》,1941 年 4 月 28 日 ………………………… 335
敌寇横暴:福州同胞遭劫,无辜死者达数千人,敌蹂躏宜沙我同胞　《华西日报》,1941 年 4 月 29 日 …………………………………………………………… 335
敌军复犯新会各地受创　《少年中国晨报》,1941 年 4 月 29 日 ……………………… 335
敌军复犯新会各地受创(二)　《少年中国晨报》,1941 年 4 月 30 日 ……………… 336
敌机轰炸昆明惨闻　《少年中国晨报》,1941 年 5 月 1 日 ………………………… 336
敌军复犯新会各地受创(三)　《少年中国晨报》,1941 年 5 月 1 日 ……………… 337
敌军复犯新会各地受创(四)　《少年中国晨报》,1941 年 5 月 2 日 ……………… 337
沦陷区到处米荒,万千民众将成饿殍,敌军加紧搜刮军粮,人民益增苦痛,饥饿压迫下到处发生抢米　《星洲日报》(新加坡),1941 年 5 月 3 日 ……………… 338
敌军复犯新会各地受创(五)　《少年中国晨报》,1941 年 5 月 3 日 ……………… 342
敌机肆虐皖南　《时事新报》(重庆),1941 年 5 月 3 日 …………………………… 342
敌机六十三架昨狂炸渝市,投弹二百余枚毁房多栋,振济委会急赈失家难胞《时事新报》(重庆),1941 年 5 月 4 日 …………………………………………… 343
沪敌逞横:又在闸北捕我同胞　《国民公报》(重庆),1941 年 5 月 5 日 ………… 344
敌在闽暴行,福州妇女千余人惨遭蹂躏,沪敌又滥捕同胞　《时事新报》(重庆),1941 年 5 月 5 日 …………………………………………………………… 344
敌寇的文化侵略　《华西日报》,1941 年 5 月 7 日 ………………………………… 345

沪敌大规模搜捕行人,虹口将实行连坐制 《国民公报》(重庆),1941 年 5 月 7 日 …… 346
敌机袭陕,宁波英教堂被敌炸毁 《时事新报》(重庆),1941 年 5 月 7 日 …… 346
敌机轰炸陕西西安惨剧 《少年中国晨报》,1941 年 5 月 9 日 …… 346
粤南东兴再遭日机狂炸 《少年中国晨报》,1941 年 5 月 9 日 …… 347
暴日压迫下的上海租界 《时事新报》(重庆),1941 年 5 月 9 日 …… 348
敌机轰炸重庆惨剧 《少年中国晨报》,1941 年 5 月 10 日 …… 351
敌扰粤省沿岸志在劫掠 《少年中国晨报》,1941 年 5 月 10 日 …… 351
敌机再袭渝:毁屋二百栋死伤百余人,本报附近落弹房屋受震 《时事新报》(重庆),1941 年 5 月 10 日 …… 351
重庆两日被炸之损失 《少年中国晨报》,1941 年 5 月 11 日 …… 352
日军竟以茶叶筑路 《少年中国晨报》,1941 年 5 月 11 日 …… 352
敌机五十四架昨再袭渝市,毁房百余间死伤十余人,英大使住宅亦被炸 《时事新报》(重庆),1941 年 5 月 11 日 …… 352
敌寇肆意□劫下,福州已成饿城,饿殍遍地日死数百,敌奸杀掳掠日益加甚 《国民公报》(重庆),1941 年 5 月 13 日 …… 353
敌机袭昆明,两大学被炸,英领馆受震加教堂全毁 《时事新报》(重庆),1941 年 5 月 13 日 …… 353
敌机五十余架轰炸重庆 《少年中国晨报》,1941 年 5 月 17 日 …… 354
禺北敌军窜扰虎头岭 《少年中国晨报》,1941 年 5 月 17 日 …… 354
敌机昨袭渝:投弹二百余毁房百栋,洛阳昨被炸六次 《时事新报》(重庆),1941 年 5 月 17 日 …… 354
十六日重庆被炸之损失 《少年中国晨报》,1941 年 5 月 18 日 …… 354
敌机狂炸西安渭南 《国民公报》(重庆),1941 年 5 月 20 日 …… 355
敌机袭陕,龙主席救济云大员生 《时事新报》(重庆),1941 年 5 月 20 日 …… 355
敌机扰川鄂,在梁山宜宾及五峰投弹,蓉击落敌机一架 《时事新报》(重庆),1941 年 5 月 21 日 …… 355
海口斗山又遭敌机轰炸 《少年中国晨报》,1941 年 5 月 22 日 …… 356
中山敌军搜掠木材,为盖搭军营及作燃料之用 《少年中国晨报》,1941 年

5 月 23 日 …………………………………………………………………………………… 356
敌机昨扰川,四批六十八架分袭蓉万,蒋委长拨款赈济洛灾民 《时事新报》(重庆),1941 年 5 月 23 日 …………………………………………………… 356
敌机狂袭昆明,市区被炸,龙主席亲督各消防人员扑救 《少年中国晨报》,1941 年 5 月 24 日 ……………………………………………………………… 357
劫后阳江县损失之调查,当局加紧善后办理联防,乡长英勇抗日县府嘉奖 《少年中国晨报》,1941 年 5 月 25 日 ………………………………………………… 357
陪都浩劫(图) 《少年中国晨报》,1941 年 5 月 25 日 ……………………………… 359
日贼再向昆明轰炸(图) 《少年中国晨报》,1941 年 5 月 25 日 ………………… 361
京沪沪杭沿线敌暴行加甚,反映敌厌战情绪愈浓,沪敌又滋扰南市 《国民公报》(重庆),1941 年 5 月 26 日 ……………………………………………………… 361
敌机狂炸桐城 《国民公报》(重庆),1941 年 5 月 26 日 …………………………… 362
敌机扰甘,连日被我空军击落两架 《时事新报》(重庆),1941 年 5 月 26 日 …… 362
中国客机被敌机炸毁 《少年中国晨报》,1941 年 5 月 27 日 ……………………… 363
敌机窜扰陕甘 《时事新报》(重庆),1941 年 5 月 28 日 …………………………… 363
倭寇铁蹄下广州如地狱,情愿死为他乡魂,不甘活做敌顺民(一) 《少年中国晨报》,1941 年 5 月 28 日 ………………………………………………………… 363
倭寇铁蹄下广州如地狱,情愿死为他乡魂,不甘活做敌顺民(二) 《少年中国晨报》,1941 年 5 月 29 日 ………………………………………………………… 364
深圳敌军分股犯清溪常平 《少年中国晨报》,1941 年 5 月 30 日 ………………… 364
敌军掠夺下之碣石湾 《少年中国晨报》,1941 年 5 月 30 日 ……………………… 365
敌军又在西江一带肆虐 《中西日报》,1941 年 6 月 1 日 …………………………… 365
重庆的灾黎(图) 《少年中国晨报》,1941 年 6 月 1 日 …………………………… 366
倭传昭通城被炸 《中西日报》,1941 年 6 月 2 日 …………………………………… 366
倭机廿七架炸重庆 《中西日报》,1941 年 6 月 2 日 ………………………………… 366
敌机袭渝,滇黔均有空袭 《时事新报》(重庆),1941 年 6 月 2 日 ……………… 366
敌机廿七架昨日又袭陪都,外侨财产损失极重 《华西日报》,1941 年 6 月 3 日 …………………………………………………………………………………… 367
暴日飞机狂炸重庆,防空地窖被炸中,死人六十三,伤数百,英大使馆□损伤

《中西日报》,1941 年 6 月 3 日 …………………………………………………… 367
Chungking Suffers Severe Air Attack, British Embassy Damaged in What Is Called Heaviest Raid of This Year, Casualties at Least 300, Japanese Retiring From Bias Bay Area—Moscow Reports Them Beaten at Chuchow 《纽约时报》(The New York Times),1941 年 6 月 3 日 …………………………………… 368
敌机两日轰炸重庆惨剧 《少年中国晨报》,1941 年 6 月 3 日 ………………………… 369
广州倭寇任意焚毁邮件 《少年中国晨报》,1941 年 6 月 3 日 ………………………… 369
暴日飞机炸大湖镇,炸毙日本伤兵 《中西日报》,1941 年 6 月 3 日 ………………… 369
昆明市被日机狂炸 《中西日报》,1941 年 6 月 4 日 ……………………………………… 370
敌机轰炸重庆续闻 《少年中国晨报》,1941 年 6 月 4 日 ……………………………… 371
博惠敌军分路窥紫金河源(一) 《少年中国晨报》,1941 年 6 月 4 日 ……………… 371
敌机向福建大湖轰炸 《少年中国晨报》,1941 年 6 月 4 日 …………………………… 372
博惠敌军分路窥紫金河源(二) 《少年中国晨报》,1941 年 6 月 5 日 ……………… 372
倭机炸重庆历五小时 《中西日报》,1941 年 6 月 6 日 ………………………………… 373
日机数十架狂炸陪都 《中西日报》,1941 年 6 月 6 日 ………………………………… 373
Japanese Drop Lindbergh Speech Leaflets Along With Bombs in Attack on Chungking 《纽约时报》(The New York Times),1941 年 6 月 6 日 ……………… 374
敌机轰炸开平苍城 《少年中国晨报》,1941 年 6 月 6 日 ……………………………… 374
倭炸重庆历五小时续訊 《中西日报》,1941 年 6 月 7 日 ……………………………… 374
700 Chinese Killed in Air Raid Shelter, Suffocate or Die Fighting for Air During Night Bombing of Chungking by Japanese, U. S. Embassy Near Blast, Invaders´Abandoning of Day Attacks Said to Be Caused by Fear of U. S. Pilots 《纽约时报》(The New York Times),1941 年 6 月 7 日 ………………… 375
敌机轰炸重庆五小时 《少年中国晨报》,1941 年 6 月 7 日 …………………………… 376
倭机袭渝一架被击伤 《中西日报》,1941 年 6 月 8 日 ………………………………… 376
敌机六十余架犯重庆 《中西日报》,1941 年 6 月 8 日 ………………………………… 376
60 Planes Attack Chungking Center, Japanese Again Hit British Embassy and Protest to Tokyo Is Expected, Hundreds Are Homeless, Destruction of the Catholic Cathedral Reported in Appeal From Bishop 《纽约时报》(The New

York Times),1941 年 6 月 8 日 …………………………………………………………… 377
敌机六十架轰炸重庆 《少年中国晨报》,1941 年 6 月 8 日 ……………………… 378
一架遭受重创,敌机昨袭渝,市区毁屋百余间死伤十三人,新民报社远东
新闻社被毁 《国民公报》(重庆),1941 年 6 月 8 日 ……………………………… 378
七日重庆被炸续闻 《少年中国晨报》,1941 年 6 月 9 日 ……………………… 379
倭寇攻福州之内幕 《少年中国晨报》,1941 年 6 月 9 日 ……………………… 379
敌机八十架狂炸重庆 《中西日报》,1941 年 6 月 10 日 …………………………… 380
福州沦陷两月,暗无天日,敌寇奸掠有增无已,民心不死迭起杀敌 《国民
公报》(重庆),1941 年 6 月 10 日 ………………………………………………… 380
沦陷后之福州已成人间地狱,敌人屠杀奸淫令人发指,南京惨剧又重现于
今日 《星洲日报》(新加坡),1941 年 6 月 11 日 ………………………………… 381
中山县八区北澳村沦陷惨况 《少年中国晨报》,1941 年 6 月 11 日 ………… 381
日机五十三架炸重庆 《中西日报》,1941 年 6 月 12 日 …………………………… 382
敌机炸毁重庆天主教堂 《少年中国晨报》,1941 年 6 月 12 日 ……………… 382
敌机七十二架昨三批袭渝,西郊南郊遭炸损失极微 《时事新报》(重庆),
1941 年 6 月 12 日 …………………………………………………………………… 382
沦陷后之福州已成人间地狱,敌人屠杀奸淫令人发指,南京惨剧又重现于
今日(续) 《星洲日报》(新加坡),1941 年 6 月 13 日 …………………………… 383
日机六十三架轰炸陪都,昆明亦遭空袭 《中西日报》,1941 年 6 月 14 日 ……… 383
敌军又炸芦苞 《少年中国晨报》,1941 年 6 月 14 日 ……………………………… 384
日军攻势愈趋下游 《少年中国晨报》,1941 年 6 月 14 日 ……………………… 384
敌机两批袭渝,毁房屋百余间死伤十余人,恩施来凤亦被炸 《国民公报》
(重庆),1941 年 6 月 15 日 ………………………………………………………… 385
敌机昨午又袭渝,毁房屋百余间死伤廿余人,昆明长沙同时被袭 《华西
日报》,1941 年 6 月 16 日 …………………………………………………………… 385
敌机轰炸公益埠之死伤 《中西日报》,1941 年 6 月 16 日 ……………………… 386
敌机廿七架轰炸重庆 《少年中国晨报》,1941 年 6 月 16 日 …………………… 386
敌机袭渝,美使馆一部被震毁 《时事新报》(重庆),1941 年 6 月 16 日 ………… 386
重庆美实业被炸已提抗议 《少年中国晨报》,1941 年 6 月 17 日 ……………… 387

重庆清除未爆发炸弹　《少年中国晨报》,1941 年 6 月 17 日 ………………………… 387
敌机昨袭梁山,本市曾发空袭警报,美孚油公司前日遭损害　《国民公报》
(重庆),1941 年 6 月 17 日 ………………………………………………………… 387
敌人在沪罪行敌报均招认,被勒令回国者四十七名,沪工部局日副总巡被刺
《时事新报》(重庆),1941 年 6 月 18 日 ……………………………………… 388
敌机炸美使馆事,敌外务省调查中　《时事新报》(重庆),1941 年 6 月 18 日 …… 388
沦陷经年的中山(一)　《少年中国晨报》,1941 年 6 月 19 日 ……………………… 389
沦陷经年的中山(二)　《少年中国晨报》,1941 年 6 月 20 日 ……………………… 389
倭军劫夺下的海陆丰(一)　《少年中国晨报》,1941 年 6 月 20 日 ………………… 390
敌机昨扰陕甘,兰州西安均被投弹　《时事新报》(重庆),1941 年 6 月 20 日 …… 391
敌机十六架昨分批扰川鄂,江津永川重庆被□枪扫射,二批在恩施投弹
《华西日报》,1941 年 6 月 21 日 ……………………………………………………… 391
大批日机袭洛阳　《中西日报》,1941 年 6 月 21 日 ……………………………………… 391
敌军飞机队轰炸西安　《少年中国晨报》,1941 年 6 月 21 日 ………………………… 391
倭军劫夺下的海陆丰(二)　《少年中国晨报》,1941 年 6 月 21 日 ………………… 392
倭军劫夺下的海陆丰(三)　《少年中国晨报》,1941 年 6 月 22 日 ………………… 392
日军空袭川陕甘等省　《中西日报》,1941 年 6 月 23 日 ……………………………… 393
敌机昨袭川康,雅安广元及陕甘被投弹　《时事新报》(重庆),1941 年 6 月
23 日 …………………………………………………………………………………………… 393
倭炸青海四川甘肃　《中西日报》,1941 年 6 月 24 日 ………………………………… 393
敌机向西北各城市轰炸　《少年中国晨报》,1941 年 6 月 24 日 ……………………… 394
敌军扰鸡洲　《少年中国晨报》,1941 年 6 月 24 日 …………………………………… 394
敌机向青海四川甘肃轰炸　《少年中国晨报》,1941 年 6 月 25 日 ………………… 394
日机窜扰陕境各地,云南大学再度被炸　《中西日报》,1941 年 6 月 26 日 ……… 394
倭寇铁蹄下广州惨况:掳劫压榨敌伪无恶不作,搜捕悬赏难制游击行动(一)
《少年中国晨报》,1941 年 6 月 26 日 ……………………………………………… 395
倭寇铁蹄下广州惨况:掳劫压榨敌伪无恶不作,搜捕悬赏难制游击行动(二)
《少年中国晨报》,1941 年 6 月 27 日 ……………………………………………… 396
倭寇铁蹄下广州惨况:掳劫压榨敌伪无恶不作,搜捕悬赏难制游击行动(三)

《少年中国晨报》,1941 年 6 月 28 日 …………………………………………………… 397
倭机炸毁英大使馆 《中西日报》,1941 年 6 月 29 日 …………………………………… 398
敌舰炮轰阳江防城东兴形势略紧 《少年中国晨报》,1941 年 6 月 29 日 ………… 398
敌机袭川,首批渝郊投弹 《时事新报》(重庆),1941 年 6 月 29 日 ……………… 399
倭机今日又来袭重庆 《中西日报》,1941 年 6 月 30 日 ………………………………… 399
廿八、廿九两日敌机轰炸重庆,英大使馆竟被炸毁,英参赞及秘书二人
均被炸伤 《少年中国晨报》,1941 年 6 月 30 日 ………………………………………… 399
敌机四十八架昨分两批袭渝,一架被击落三架受伤,我被毁贫民住宅百余
《华西日报》,1941 年 7 月 1 日 …………………………………………………………… 399
敌机昨日两次袭川,重庆梁山均被投弹,又在皖滇等地肆扰 《华西日报》,
1941 年 7 月 5 日 ……………………………………………………………………………… 400
敌机昨两度袭川,本市及梁山被炸 《时事新报》(重庆),1941 年 7 月 5 日 …… 400
日机续炸重庆,英大使馆被投多弹损失重大 《中西日报》,1941 年 7 月 6 日 …… 401
敌机昨晚袭渝,在市郊投弹百余枚 《国民公报》(重庆),1941 年 7 月 6 日 …… 402
八日倭机空袭重庆 《中西日报》,1941 年 7 月 8 日 …………………………………… 402
敌机多批昨袭渝,外籍记者住宅多被炸毁,炸弹多枚未爆死伤甚少 《华西
日报》,1941 年 7 月 8 日 ……………………………………………………………………… 402
敌机日夜袭渝,分批先后在市区投弹,日前袭滇被我击落一架 《时事新报》
(重庆),1941 年 7 月 8 日 …………………………………………………………………… 403
重庆英大使住宅被炸 《中西日报》,1941 年 7 月 9 日 ………………………………… 403
敌机再袭渝,昨炸领事巷,英大使馆全部被炸毁,卡尔大使私寓亦遭震毁
《国民公报》(重庆),1941 年 7 月 9 日 …………………………………………………… 403
敌机袭渝,英大使馆全部被炸毁,警报期间菜园坝大火 《时事新报》(重庆),
1941 年 7 月 9 日 ……………………………………………………………………………… 404
倭机连日不断袭渝 《中西日报》,1941 年 7 月 12 日 ………………………………… 404
六月十五敌机袭渝详情 《中西日报》,1941 年 7 月 13 日 …………………………… 405
敌寇残暴兽性,炸我重伤医院,日前敌机两度投弹肆虐,院长应变有方伤胞
出险 《国民公报》(重庆),1941 年 7 月 13 日 ………………………………………… 405
敌机昨袭渝,英使馆又被波及,救委会督导处开始办公 《时事新报》(重庆),

1941 年 7 月 19 日 …………………………………………………………………… 406
倭机第廿次空袭重庆 《中西日报》,1941 年 7 月 19 日 ………………………… 406
日机窥扰四邑并炸牛湾 《中西日报》,1941 年 7 月 20 日 …………………… 406
福清沦陷惨状,奸淫劫杀无所不为,五龙乡受害最惨酷 《星洲日报》
(新加坡),1941 年 7 月 26 日 ……………………………………………………… 407
今昨两日倭机凶炸四川 《中西日报》,1941 年 7 月 28 日 …………………… 407
敌机八十架昨袭扰蓉市,三台等地均被投弹 《时事新报》(重庆),1941 年
7 月 28 日 …………………………………………………………………………… 408
倭机今日又狂炸重庆 《中西日报》,1941 年 7 月 30 日 ……………………… 408
倭机炸毁渝商店住宅数百 《中西日报》,1941 年 7 月 30 日 ………………… 408
敌机九十余架昨四批袭川,渝新市区及自流井被炸,本市警报长达九小时
《国民公报》(重庆),1941 年 7 月 30 日 ………………………………………… 409
苏大使馆亦被炸 《国民公报》(重庆),1941 年 7 月 30 日 ………………… 409
敌机昨四批扰川,渝市警报长达九小时,服务队供应各洞干粮 《时事新报》
(重庆),1941 年 7 月 30 日 ……………………………………………………… 409
敌机百三十架昨又分批袭渝,本报被炸宿舍全毁,美舰图图拉号亦被波及
《时事新报》(重庆),1941 年 7 月 31 日 ………………………………………… 410
日机又袭重庆 《中西日报》,1941 年 8 月 4 日 ………………………………… 411
敌机袭湘,湘南湘西投弹 《时事新报》(重庆),1941 年 8 月 4 日 ………… 411
日机炸毁桂林美国教堂 《中西日报》,1941 年 8 月 5 日 ……………………… 411
日机两批轰炸渝郊 《中西日报》,1941 年 8 月 6 日 …………………………… 411
敌机肆虐,昨袭陕甘湘 《时事新报》(重庆),1941 年 8 月 6 日 …………… 412
日机滥炸邕江 《中西日报》,1941 年 8 月 7 日 ………………………………… 412
敌机袭湘,投弹范围甚广 《时事新报》(重庆),1941 年 8 月 7 日 ………… 413
陕皖赣亦被袭 《时事新报》(重庆),1941 年 8 月 7 日 ……………………… 413
倭机百余架凶袭重庆 《中西日报》,1941 年 8 月 8 日 ………………………… 413
七十架倭机炸重庆 《中西日报》,1941 年 8 月 8 日 …………………………… 413
日机连迭狂炸茂名安铺 《中西日报》,1941 年 8 月 8 日 ……………………… 414
敌机滥炸,湘赣鄂陕昨均被袭 《时事新报》(重庆),1941 年 8 月 8 日 …… 415

本年重庆被炸廿六次 《中西日报》,1941 年 8 月 9 日 …………………………… 415
敌机昨袭渝,滥炸贫民区当日放急振,常德长时空袭恩施被炸 《时事新报》(重庆),1941 年 8 月 10 日 …………………………………………………… 415
日机再炸重庆英大使馆 《中西日报》,1941 年 8 月 11 日 ………………………… 416
敌机昨六批袭渝,市区外侨财产多被炸毁,永安击落一敌机,昆明昨亦遭空袭 《国民公报》(重庆),1941 年 8 月 11 日 ……………………………………… 416
倭炸重庆九小时半 《中西日报》,1941 年 8 月 12 日 …………………………… 417
倭炸重庆西部乡村 《中西日报》,1941 年 8 月 12 日 …………………………… 417
日机再炸重庆英大使馆 《中西日报》,1941 年 8 月 12 日 ………………………… 417
日机轰炸西北情形 《中西日报》,1941 年 8 月 12 日 …………………………… 418
倭机猛炸重庆西部 《中西日报》,1941 年 8 月 13 日 …………………………… 418
敌机百余昨竟日扰川 《时事新报》(重庆),1941 年 8 月 13 日 ………………… 418
倭机继续犯渝 《中西日报》,1941 年 8 月 15 日 ………………………………… 418
敌机袭洛阳,滥炸各国教会,湘桂昨亦有敌机袭扰 《时事新报》(重庆),1941 年 8 月 21 日 ……………………………………………………………… 419
敌机昨袭渝市,文化区遭滥炸,十九日我击伤敌机一架,敌广播承认在宜昌坠落 《国民公报》(重庆),1941 年 8 月 23 日 ………………………………… 419
寇机昨又肆虐,蓉垣附近我空军升空驱逐,两批袭渝某平民住区被炸 《时事新报》(重庆),1941 年 8 月 24 日 …………………………………………… 420
寇机空袭川湘陕各城市,滥炸文化机关 《星洲日报》(新加坡),1941 年 8 月 28 日 ……………………………………………………………………… 420
敌机狂炸昆明记 《星洲日报》(新加坡),1941 年 8 月 30 日 ………………… 421
敌机昨袭渝:益世报被炸毁,编辑印刷两部全毁,决不畏葸继续出版 《华西日报》,1941 年 9 月 1 日 …………………………………………………… 422
敌机昨又袭渝,滥炸市区,益世报全毁,成都亦被投弹 《国民公报》(重庆),1941 年 9 月 1 日 ……………………………………………………………… 422
敌机昨再袭渝,在郊外投弹□逸去 《国民公报》(重庆),1941 年 9 月 2 日 …… 422
敌机昨袭吉县宜川 《国民公报》(重庆),1941 年 9 月 4 日 …………………… 422
敌机曾惨炸灵川与兴安 《国民公报》(重庆),1941 年 9 月 5 日 ……………… 423

敌机昨袭陕 《国民公报》(重庆),1941 年 9 月 5 日 ………………………………… 423
血的记录——二十二日惨炸记 《国民公报》(重庆),1941 年 9 月 7 日 ………… 423
强拉壮丁防我反攻,广州敌恐慌万状,十日内被拉充数者逾三万人,各街道
俱筑工事,军器迁河南 《星洲日报》(新加坡),1941 年 9 月 9 日 ……………… 425
敌寇暴行:六十余同胞被机枪射杀 《时事新报》(重庆),1941 年 9 月 11 日 …… 425
敌机肆虐,昨炸西安巴东 《国民公报》(重庆),1941 年 9 月 13 日 ………………… 426
敌机袭陕川 《时事新报》(重庆),1941 年 9 月 13 日 ……………………………… 426
敌机袭湘,在湘阴营田投弹 《国民公报》(重庆),1941 年 9 月 19 日 …………… 426
敌机昨袭渝,在郊外扫射 《国民公报》(重庆),1941 年 9 月 25 日 ……………… 426
敌机狂炸长沙,并窥察吉安浮梁,横岭湖击沉敌舰 《国民公报》(重庆),
1941 年 9 月 27 日 …………………………………………………………………… 427
孤岛绑案迭出,敌在沪滥行捕人 《华西日报》,1941 年 9 月 29 日 ……………… 427
敌机袭韶关,美国学校遭波,及并窥察湘境 《国民公报》(重庆),1941 年 9 月
29 日 …………………………………………………………………………………… 428
衡阳竟日空袭,敌机分五批轰炸,并窥察吉安市空 《国民公报》(重庆),
1941 年 10 月 1 日 …………………………………………………………………… 428
河内日军暴行,法向日抗议,要求防止同样情事发生,电越督保护我领馆侨民
《国民公报》(重庆),1941 年 10 月 3 日 ………………………………………… 429
增城敌军使用毒气 《星洲日报》(新加坡),1941 年 10 月 4 日 ………………… 429
台城物资被掠一空 《星洲日报》(新加坡),1941 年 10 月 7 日 ………………… 430
逃难民众惨遭滥炸 《星洲日报》(新加坡),1941 年 10 月 7 日 ………………… 430
我军攻入宜昌后,寇机非法投毒气弹,城内尚有千余残寇亟待肃清,湘北阵地
全复,豫北无大变化 《星洲日报》(新加坡),1941 年 10 月 12 日 …………… 430
兽行! 敌如此杀我青年 《时事新报》(重庆),1941 年 10 月 13 日 …………… 432
日军溺毙华工人数千 《中西日报》,1941 年 10 月 13 日 ………………………… 432
寇在宜昌使用毒气,英得确报并加调查 《星洲日报》(新加坡),1941 年
10 月 24 日 …………………………………………………………………………… 432
沪敌滥捕妇女,米价飞涨每石一百九十元,倭银行数家投机失败 《华西
日报》,1941 年 10 月 26 日 ………………………………………………………… 433

敌机袭赣 《国民公报》(重庆),1941 年 10 月 26 日 …… 433
宜昌中毒士兵谈寇施放毒气 《星洲日报》(新加坡),1941 年 10 月 28 日 …… 434
港边界敌军枪击我孩童,港府向日提强硬抗议 《国民公报》(重庆),1941 年 10 月 31 日 …… 435
皖敌暴行:在铜陵乡南茗山冲毒毙我同胞数百人 《国民公报》(重庆),1941 年 11 月 3 日 …… 435
敌机扰金华 《国民公报》(重庆),1941 年 11 月 6 日 …… 435
敌机炸兰溪,窥滇桂湘境 《时事新报》(重庆),1941 年 11 月 7 日 …… 435
敌在占领区实行毒化政策 《华西日报》,1941 年 11 月 10 日 …… 436
中牟寇被创入城困守,又非法使用毒气弹,晋西寇败窜闻喜我已克古城 《星洲日报》(新加坡),1941 年 11 月 11 日 …… 437
敌机袭湘浙赣,分十三批扰闽境 《国民公报》(重庆),1941 年 11 月 15 日 …… 437
敌机活动:衡阳西安均有空袭 《国民公报》(重庆),1941 年 12 月 6 日 …… 438
日机再袭九龙 《时事新报》(重庆),1941 年 12 月 10 日 …… 438
鄂荆门敌乱窜扰,中牟城关仍激战,敌机连日分批袭陕 《国民公报》(重庆),1941 年 12 月 11 日 …… 439
兽行!敌军摧残港沪书业 《国民公报》(重庆),1942 年 1 月 13 日 …… 439
敌在槟榔屿搜括居民财产,遍设赌窟娼寮,改英币为日币,如此“东亚新秩序” 《国民公报》(重庆),1942 年 1 月 22 日 …… 440
仰光空袭,死伤甚众 《国民公报》(重庆),1942 年 1 月 23 日 …… 440
敌大肆掠夺:在南洋占领区内传德助日向维琪勒索 《国民公报》(重庆),1942 年 1 月 28 日 …… 441
所谓优待俘虏,神明子孙的德政,惨!毒! 《国民公报》(重庆),1942 年 2 月 7 日 …… 442
敌机轰炸澳洲,达尔文港损失颇重,澳揆演说警惕国人,并颁布总动员法令 《华西日报》,1942 年 2 月 21 日 …… 443
星洲敌暴行,侨胞八万被敌虐待 《国民公报》(重庆),1942 年 3 月 5 日 …… 443
英官方发表日军在港暴行,与南京屠杀之行为无异,士兵被戳毙妇女遭侮辱 《时事新报》(重庆),1942 年 3 月 11 日 …… 444

桂粤湘等省被敌机窥扰 《中西日报》,1942 年 3 月 17 日 …………………………………… 445
绥远倭军又用毒气 《中西日报》,1942 年 3 月 19 日 ………………………………………… 445
沦陷区内之饿殍 《中西日报》,1942 年 3 月 19 日 …………………………………………… 445
敌伪蹂躏下鲁省灾重,鲁临参会电中央请赈 《国民公报》(重庆),1942 年
3 月 23 日 …………………………………………………………………………………… 445
防范敌人播毒菌 《中西日报》,1942 年 3 月 23 日 …………………………………………… 446
敌军在华北强征民工,先后驱迫千万人赴东北受苦 《中西日报》,1942 年
3 月 29 日 …………………………………………………………………………………… 447
倭寇施放疫菌已证实 《中西日报》,1942 年 3 月 31 日 ……………………………………… 447
沪敌之掠夺:重要商业产业机构一律强占没收接管 《时事新报》(重庆),
1942 年 4 月 4 日 …………………………………………………………………………… 447
香港九龙陷敌之前后 《中西日报》,1942 年 4 月 10 日 ……………………………………… 448
四年来重庆被炸之报告 《中西日报》,1942 年 4 月 17 日 …………………………………… 448
敌机五批昨日轰炸衢县 《中西日报》,1942 年 4 月 22 日 …………………………………… 449
敌机昨又空袭赣浙各地 《中西日报》,1942 年 4 月 23 日 …………………………………… 449
香港倭寇暴行之又一报告 《中西日报》,1942 年 4 月 23 日 ………………………………… 450
敌机昨日再袭赣浙各地 《中西日报》,1942 年 4 月 24 日 …………………………………… 450
彭泽敌活埋我乡民 《时事新报》(重庆),1942 年 4 月 30 日 ………………………………… 450
敌机犯再西安 《中西日报》,1942 年 5 月 1 日 ……………………………………………… 450
敌机扰湘赣闽,分次窜沅陵芷江侦察,另□两□窜赣州投弹 《华西日报》,
1942 年 5 月 8 日 …………………………………………………………………………… 450
飞机施放之毒气 《中西日报》,1942 年 5 月 8 日 …………………………………………… 451
倭军在豫北用毒气作战 《中西日报》,1942 年 5 月 10 日 …………………………………… 451
敌投疫弹湖南发现新症 《三民晨报》,1942 年 5 月 13 日 …………………………………… 451
敌机骚扰中国东部各地 《三民晨报》,1942 年 5 月 13 日 …………………………………… 451
敌寇南进后越南回国侨生谈西贡寇军动态及暴行实录,伪逆暴徒假借虎威
欺迫侨胞 《三民晨报》,1942 年 5 月 18 日 ………………………………………………… 452
敌寇南进后越南回国侨生谈西贡寇军动态及暴行实录,伪逆暴徒假借虎威
欺迫侨胞(续) 《三民晨报》,1942 年 5 月 19 日 …………………………………………… 453

敌机袭桂林 《时事新报》(重庆),1942 年 5 月 20 日 ………………………… 454
敌寇南进后越南回国侨生谈西贡寇军动态及暴行实录,伪逆暴徒假借虎威
欺迫侨胞(续) 《三民晨报》,1942 年 5 月 20 日 ………………………… 454
敌寇南进后越南回国侨生谈西贡寇军动态及暴行实录,伪逆暴徒假借虎威
欺迫侨胞(续) 《三民晨报》,1942 年 5 月 21 日 ………………………… 455
日寇滥用绿气炸弹犯陕 《三民晨报》,1942 年 5 月 22 日 …………………… 455
浙东战事益激烈,敌增援达十万人,敌机轮番轰炸金华城郊,我人民建筑物
颇有损失 《华西日报》,1942 年 5 月 25 日 ………………………………… 456
敌机昨在湘肆虐,三次轰炸衡阳城 《华西日报》,1942 年 5 月 26 日 ……… 457
倭飞机迭向浙湘赣肆虐 《三民晨报》,1942 年 5 月 26 日 …………………… 457
Japanese Plunder All Occupied China, Move in as Partners′ and Qust Chinese
Proprietors and of Shops and Factories, Best Farms Are Seized, Owners Forced
to Turn Over Tools and Livestock and Work at Menial Tasks 《纽约时报》
(The New York Times),1942 年 5 月 28 日 ………………………………… 458
敌在浙江建德用毒气 《中西日报》,1942 年 5 月 28 日 ……………………… 459
敌在金华施放毒气进攻 《三民晨报》,1942 年 5 月 29 日 …………………… 459
日机突袭西安,三原及富平亦遭炸 《南华日报》(香港),1942 年 5 月 30 日 …… 459
赣敌无恶不作,奸淫抢掠令人发指 《时事新报》(重庆),1942 年 6 月 9 日 …… 460
敌机扰皖赣湘,桂林西南郊被炸 《时事新报》(重庆),1942 年 6 月 10 日 ……… 460
敌军暴行:滥烧安庆民居,虐待缅甸和尚 《国民公报》(重庆),1942 年 6 月
23 日 ……………………………………………………………………………… 461
敌机昨炸常德,投弹百余,微有死伤,民房百余间被炸毁 《华西日报》,
1942 年 7 月 1 日 ………………………………………………………………… 461
日寇暴行:追□滇边难胞,五十人遭惨杀 《华西日报》,1942 年 7 月 22 日 ……… 462
日军进行文化侵略 《三民晨报》,1942 年 9 月 5 日 ………………………… 462
敌机数架向福建省肆虐 《三民晨报》,1942 年 9 月 8 日 …………………… 462
敌在浙赣两省焚杀暴行 《三民晨报》,1942 年 9 月 9 日 …………………… 462
敌在沦区施行毒化政策 《三民晨报》,1942 年 9 月 10 日 …………………… 463
浙赣线倭寇之焚劫暴行 《三民晨报》,1942 年 9 月 11 日 …………………… 463

敌军迫被俘盟军作苦工 《三民晨报》,1942 年 9 月 16 日 …………………………… 463
日寇夺取上海一切资源 《三民晨报》,1942 年 10 月 1 日 …………………………… 464
上海日寇强迫民众捐款 《三民晨报》,1942 年 10 月 3 日 …………………………… 464
劫后浙东满目疮痍,正谋善后处置 《时事新报》(重庆),1942 年 10 月 18 日 … 465
敌在河南南阳散播疫菌 《中西日报》,1942 年 10 月 18 日 ………………………… 466
香港倭寇虐待俘虏英军 《三民晨报》,1942 年 10 月 20 日 ………………………… 466
香港倭寇虐待俘虏英军(续) 《三民晨报》,1942 年 10 月 21 日 ………………… 467
敌在晋南,残杀幼童 《时事新报》(重庆),1942 年 10 月 22 日 ………………… 467
倭机从安南境窜炸蒙自 《三民晨报》,1942 年 10 月 23 日 ………………………… 467
敌军飞机向我各地肆虐 《三民晨报》,1942 年 10 月 26 日 ………………………… 467
敌机昨日两次空袭桂林 《中西日报》,1942 年 10 月 30 日 ………………………… 468
倭机十一架袭击广西 《三民晨报》,1942 年 10 月 30 日 …………………………… 468
敌军惨杀人民一页血帐 《中西日报》,1942 年 10 月 31 日 ………………………… 468
倭机在我各省肆虐近讯 《三民晨报》,1942 年 10 月 31 日 ………………………… 468
敌机两处肆扰 《华西日报》,1942 年 11 月 2 日 ……………………………………… 469
倭寇蹂躏我浙赣之惨况 《三民晨报》,1942 年 11 月 4 日 ………………………… 469
倭军犯浙平民死伤数万 《三民晨报》,1942 年 11 月 6 日 ………………………… 470
日寇最近经济侵略阴谋 《三民晨报》,1942 年 11 月 6 日 ………………………… 470
盘踞越南倭军虐待法人 《三民晨报》,1942 年 11 月 7 日 ………………………… 470
敌飞机十三架袭炸赣州 《三民晨报》,1942 年 11 月 7 日 ………………………… 470
敌在湘残杀平民二千余,广东我军突袭三水敌军 《三民晨报》,1942 年 11 月
11 日 ……………………………………………………………………………………… 470
赣省敌人出犯焚烧民房 《三民晨报》,1942 年 11 月 18 日 ………………………… 471
敌军飞机肆虐湘桂两省 《三民晨报》,1942 年 11 月 20 日 ………………………… 471
倭寇残杀岳阳附近乡民 《三民晨报》,1942 年 11 月 25 日 ………………………… 471
沦陷区敌军施行毒政,李仲公讲播调查实况 《三民晨报》,1942 年 11 月
28 日 ……………………………………………………………………………………… 471
日寇暴行:在新加坡屠杀我侨胞,九千少女被迫入妓院 《华西日报》,1942 年
12 月 1 日 ………………………………………………………………………………… 472

上海倭寇拘捕美国教士 《三民晨报》,1942 年 12 月 11 日 …………………………… 472
敌机向我陵零桂林肆虐 《三民晨报》,1942 年 12 月 19 日 …………………………… 472
遭敌劫掠后浙赣灾情□ 《华西日报》,1942 年 12 月 23 日 …………………………… 472
敌兵源已枯竭,在我沦陷区抽壮丁,图在苏浙皖抽六十万人,汾阳人民多遭
敌寇捕杀 《国民公报》(重庆),1942 年 12 月 23 日 ……………………………… 473
湖南岳州敌军大肆焚杀 《三民晨报》,1942 年 12 月 24 日 …………………………… 473
敌机窜扰云南祥云一带 《三民晨报》,1942 年 12 月 29 日 …………………………… 473
敌抢掠华北物资,北平物价大涨民不聊生,傀儡大小官员贫乏不堪 《国民
公报》(重庆),1942 年 12 月 30 日 ……………………………………………… 474
今日上海!人间何世?每日每户只准购米升半,饿毙满街日有三百余具
《国民公报》(重庆),1943 年 1 月 5 日 ………………………………………… 474
粤桂空袭:敌机炸梧州韶关,韶关志锐中学中弹 《国民公报》(重庆),
1943 年 1 月 10 日 ……………………………………………………………… 474
劫后赣东:粮食被掠一空又遭旱灾,省府拨放农贷二千万元,国际救济会在赣
设分会 《国民公报》(重庆),1943 年 1 月 20 日 ……………………………… 475
一笔血债!晋敌残杀知识分子实录 《时事新报》(重庆),1943 年 2 月 17 日 … 476
敌机昨袭川,有二十四架在万县投弹,蓉今年初次发注意情报,倭深惧我机
报复 《华西日报》,1943 年 3 月 17 日 …………………………………………… 478
罗斯福极为注视敌在华使用毒气 《南京晚报》(重庆),1943 年 3 月 24 日 …… 478
防空部订定毒气紧报暂行办法,各防毒分队设备皮鼓警戒旗,敌机施放毒气
在毒气区击鼓 《南京晚报》(重庆),1943 年 4 月 20 日 ……………………… 478
日寇惨杀飞行员,美朝野痛加谴责,罗斯福发表斥责文告,美报主张炸暴日
本土 《华西日报》,1943 年 4 月 23 日 …………………………………………… 479
台湾敌横征暴敛,去年被征壮丁一万五千调往南洋前线充当炮灰 《南京
晚报》(重庆),1943 年 6 月 1 日 ………………………………………………… 480
暴行惨剧!敌在南县大屠杀,柳林县尸四千余 《时事新报》(重庆),1943 年
6 月 19 日 ………………………………………………………………………… 481
滇西敌暴行:我被俘副保长遭焚毙,二十余村寨烧掠一空 《时事新报》
(重庆),1943 年 6 月 27 日 ……………………………………………………… 481

沪人祖先遗骸被敌军蹂躏 《南京晚报》(重庆),1943 年 8 月 22 日 …………… 482
沪存棉纱棉布敌全部攫夺,二百余家银楼歇业,金融界陷入混乱中 《南京晚报》(重庆),1943 年 8 月 31 日 …………… 482
晋境战斗中,敌机昨又袭建瓯 《南京晚报》(重庆),1943 年 9 月 5 日 …………… 483
魔掌下之华北:敌掠夺食粮棉花,陷区人民衣食无着 《时事新报》(重庆),1943 年 9 月 29 日 …………… 483
日寇毁灭基督教,中国宗教联谊会通电抗议 《时事新报》(重庆),1943 年 11 月 22 日 …………… 483
日机袭加尔各答,死三百三十四人 《南京晚报》(重庆),1943 年 12 月 15 日 … 483
一篇血债,敌在常德蹂躏纪录:残害掳掠男女共万余人,毁损财物四十七万万元 《时事新报》(重庆),1943 年 12 月 23 日 …………… 484
禽兽不如之倭寇! 《时事新报》(重庆),1943 年 12 月 24 日 …………… 485
常德劫后见闻:全城难见一片未破之瓦,幼女老妪亦被敌军奸淫 《时事新报》(重庆),1943 年 12 月 26 日 …………… 487
敌伪强迫我民众献金,寇兵乘势搜夺男女身上金□物 《少年中国晨报》,1944 年 1 月 1 日 …………… 487
倭寇蹂躏常德罪恶史 《少年中国晨报》,1944 年 1 月 1 日 …………… 487
劫后常德巡礼 《国民公报》(重庆),1944 年 1 月 6 日 …………… 488
敌方施放毒气阴谋揭露,“三十八号作战命令”原来如此 《中西日报》,1944 年 1 月 6 日 …………… 490
敌寇搜括江西沦陷区,每保月缴大小麦二十二石 《少年中国晨报》,1944 年 1 月 7 日 …………… 490
敌机袭炸河南省广武城 《少年中国晨报》,1944 年 1 月 8 日 …………… 490
湘鄂战役敌用毒气七十四次 《少年中国晨报》,1944 年 1 月 10 日 …………… 490
敌机屡向豫南广武肆虐 《少年中国晨报》,1944 年 1 月 11 日 …………… 490
河南广武被敌机轰炸 《少年中国晨报》,1944 年 1 月 12 日 …………… 491
香港倭军虐待盟国人民 《少年中国晨报》,1944 年 1 月 17 日 …………… 491
敌劫持民营工业,百余公司被迫造飞机,指定后即受政府管理 《时事新报》(重庆),1944 年 1 月 19 日 …………… 491

沪敌暴行,续捕文化界人士 《国民公报》(重庆),1944 年 1 月 20 日 …………… 492
上海敌军极力摧残文化界 《少年中国晨报》,1944 年 1 月 21 日 ………………… 492
湖北各县被敌蹂躏惨史 《少年中国晨报》,1944 年 1 月 23 日 …………………… 492
暴敌毒化闽粤,强迫沿海居民种鸦片,闽东南一带受害颇烈 《国民公报》
(重庆),1944 年 1 月 24 日 ……………………………………………………… 493
敌人积极毒化闽粤各地 《少年中国晨报》,1944 年 1 月 25 日 …………………… 493
日寇残忍,借词枪杀被俘美军 《国民公报》(重庆),1944 年 1 月 26 日 ………… 493
伊静报告日军残杀俘虏 《中西日报》,1944 年 1 月 28 日 ………………………… 493
日寇虐害美菲俘虏逾二万 《中西日报》,1944 年 1 月 28 日 ……………………… 493
Ruin Japan! Is Cry. Hull Says Tokyo Even Balks Red Cross Aid to War
Prisoners. Bombing of Tokyo Urged. Senator Hatch Proposes Isolating
Japanese on Homeland Forever 《纽约时报》(The New York Times),
1944 年 1 月 29 日 ……………………………………………………………… 494
Japan Blocks Aid to War Prisoners, British Red Cross Chairman Says Horrible
Little Japs' Refuse to Permit Help 《纽约时报》(The New York Times),
1944 年 1 月 29 日 ……………………………………………………………… 497
倭寇苛待菲岛美俘之暴行(一) 《少年中国晨报》,1944 年 1 月 29 日 ………… 498
敌寇残杀美英战俘,美国抗议迄无效果,国会议员主张对日充分报复,众院
军委会主席主立攻东京 《国民公报》(重庆),1944 年 1 月 30 日 …………… 499
日寇惨杀虐待战俘,英美朝野极表愤怒,一致决为死难者复仇 《时事新报》
(重庆),1944 年 1 月 30 日 ……………………………………………………… 500
目击残暴一斑:刺杀,斩首,活埋,裸曝,鞭笞,禁食,苦役,碾尸……脱险美军官
立誓为证 《时事新报》(重庆),1944 年 1 月 30 日 ………………………… 501
鲍委路谓日暴行警惕国人 《中西日报》,1944 年 1 月 30 日 ……………………… 501
Japanese Employ Torture as Spur, Use Suffering of Allied Captives to Incite
Their Own Men to Fight to the Death 《纽约时报》(The New York Times),
1944 年 1 月 30 日 ……………………………………………………………… 502
倭军强迫战俘筑路惨况 《少年中国晨报》,1944 年 1 月 30 日 …………………… 503
倭寇苛待菲岛美俘之暴行(二) 《少年中国晨报》,1944 年 1 月 30 日 ………… 503

港缅马来等地日寇残暴罪行:成年妇女迫充营妓,教堂住宅洗劫一空 《时事新报》(重庆),1944 年 1 月 31 日 …… 504
社论:严惩倭寇暴行 《中西日报》,1944 年 1 月 31 日 …… 505
言论:倭贼戕害被俘之美军 《少年中国晨报》,1944 年 1 月 31 日 …… 506
倭寇苛待菲岛美俘之暴行(三) 《少年中国晨报》,1944 年 1 月 31 日 …… 506
英人愤激,艾登在下院宣布日方暴行,伦敦各报均以大标题刊载 《时事新报》(重庆),1944 年 2 月 1 日 …… 507
尽量禁锢民智,放任赌祸弥漫,沪敌控制收音机包庇赌窟 《时事新报》(重庆),1944 年 2 月 1 日 …… 507
美抗议日暴行,列举虐待战俘暴行百项,参予其事者战后必受惩 《国民公报》(重庆),1944 年 2 月 2 日 …… 508
英报严厉斥敌暴行,主张战后日寇隔离 《国民公报》(重庆),1944 年 2 月 2 日 …… 509
日寇狰狞丑恶,梁部长谈敌军暴行,战后澈底除敌军阀 《国民公报》(重庆),1944 年 2 月 3 日 …… 510
日寇在华暴行 《时事新报》(重庆),1944 年 2 月 4 日 …… 511
倭寇铁蹄下的香港:百万同胞度着非人生活,盼望国军反攻拯民水火(一) 《少年中国晨报》,1944 年 2 月 4 日 …… 512
日寇在华暴行(续) 《时事新报》(重庆),1944 年 2 月 5 日 …… 513
滨湖灾重,民众死伤十七万,湘省府请政院善后 《时事新报》(重庆),1944 年 2 月 5 日 …… 514
倭寇铁蹄下的香港:百万同胞度着非人生活,盼望国军反攻拯民水火(二) 《少年中国晨报》,1944 年 2 月 5 日 …… 514
倭寇铁蹄下的香港:百万同胞度着非人生活,盼望国军反攻拯民水火(三) 《少年中国晨报》,1944 年 2 月 6 日 …… 515
敌机向鄂北老河口肆虐 《少年中国晨报》,1944 年 2 月 7 日 …… 515
敌伪压榨原料缺乏,上海工业濒绝境——新由孤岛逃来之某君谈话 《时事新报》(重庆),1944 年 2 月 7 日 …… 516
敌寇□行饥饿政策,陷区同胞仰待国军——监察委员何基鸿谈话 《国民

公报》(重庆),1944 年 2 月 8 日 …… 517
敌迫东北学生从事军事生产 《时事新报》(重庆),1944 年 2 月 8 日 …… 517
敌舰掳劫帆船,迫装木材运倭 《时事新报》(重庆),1944 年 2 月 9 日 …… 518
数不尽的血债——日寇暴行录 《国民公报》(重庆),1944 年 2 月 10 日 …… 518
日本幽禁英俘十四万人 《少年中国晨报》,1944 年 2 月 10 日 …… 519
敌机轰炸陕西南城 《少年中国晨报》,1944 年 2 月 11 日 …… 519
敌机空袭陕西西安 《少年中国晨报》,1944 年 2 月 12 日 …… 520
敌机八架空袭粤北南雄 《少年中国晨报》,1944 年 2 月 13 日 …… 520
敌毒化闽粤,勒令挨户种烟 《时事新报》(重庆),1944 年 2 月 14 日 …… 520
敌在粤闽沿海散布毒种 《少年中国晨报》,1944 年 2 月 15 日 …… 520
倭寇捕杀东北大学学生 《少年中国晨报》,1944 年 2 月 16 日 …… 521
敌机十八架向河南肆虐 《少年中国晨报》,1944 年 2 月 19 日 …… 521
敌寇罪行益厉:鄂中强迫推销毒品,在沪大肆搜括金属 《国民公报》(重庆),1944 年 2 月 21 日 …… 521
敌加深毒化,鄂中强销"金花红" 《时事新报》(重庆),1944 年 2 月 21 日 …… 522
敌人在湖北推行毒化政策 《少年中国晨报》,1944 年 2 月 23 日 …… 522
敌虐待我战俘,每月百名中死数十人,周副营长脱险归来谈 《时事新报》(重庆),1944 年 2 月 27 日 …… 522
敌在华北加紧掠夺物资,铁道货车增载 《华西日报》,1944 年 2 月 28 日 …… 523
敌伪统治下之青岛:物价暴涨商业凋敝,全市人口大见减少 《时事新报》(重庆),1944 年 3 月 2 日 …… 523
敌机向赣湘粤桂肆虐 《少年中国晨报》,1944 年 3 月 16 日 …… 523
沪敌虐待英美侨民:横加侮殴并迫令自杀,扬州设有集中营三所 《国民公报》(重庆),1944 年 3 月 17 日 …… 523
缅敌罪恶一斑:以伪组织掠夺壮丁物质,筑泰缅路牺牲盟俘两万 《时事新报》(重庆),1944 年 3 月 20 日 …… 524
敌伪劫持下上海新闻界近况 《时事新报》(重庆),1944 年 3 月 21 日 …… 525
倭机五架袭炸湖南衡阳 《少年中国晨报》,1944 年 3 月 21 日 …… 525
倭寇掠夺黄金出卖为非法 《少年中国晨报》,1944 年 3 月 22 日 …… 526

美总统近一再提及敌寇在我南京暴行 《国民公报》(重庆),1944年3月26日 …… 526
倭寇大批病菌炸弹运华 《少年中国晨报》,1944年3月26日 …… 526
重庆防空部训练市民防毒 《少年中国晨报》,1944年3月27日 …… 526
沪敌掠夺纱布,造成物资内移——最近上海经济态势 《时事新报》(重庆),1944年4月13日 …… 527
北平敌军暴行:焚毙饥民三百余人 《国民公报》(重庆),1944年4月14日 …… 528
在敌伪宰割下的东北 《时事新报》(重庆),1944年4月15日 …… 529
敌机七架昨袭西安,在市区投弹 《时事新报》(重庆),1944年4月26日 …… 531
敌停止配给,港民食恐慌 《时事新报》(重庆),1944年4月26日 …… 531
日寇暴行变本加厉,残杀我战俘二百余 《国民公报》(重庆),1944年5月12日 …… 531
日寇如此待遇俘虏 《国民公报》(重庆),1944年6月2日 …… 532
敌搜括我沦陷区物资,济徐等地仓库货栈遭查封 《国民公报》(重庆),1944年6月14日 …… 532
日寇榨取下之河北:搜括物资奴役我同胞,百孔千疮灾情极严重——詹朝阳张宝树对燕友社报告 《时事新报》(重庆),1944年7月3日 …… 533
商震在美报告敌使用毒气,我非不得已不以毒气报复,望美以防毒供应品援华 《时事新报》(重庆),1944年7月8日 …… 533
日寇又施暴行:声言处决被俘美空军 《国民公报》(重庆),1944年7月17日 …… 534
敌兽性行动,广播称美空军俘虏被斩,伞兵如落倭境均将枪决 《时事新报》(重庆),1944年7月17日 …… 534
敌放毒事实昭彰,我军事发言人谈话 《时事新报》(重庆),1944年7月18日 …… 535
日寇处决美俘,美人极度愤懑,美报主张以毒气攻倭 《国民公报》(重庆),1944年7月19日 …… 536
敌将再大规模放毒,诬我曾用毒气以为借口,军委会发言人斥敌造谣 《时事新报》(重庆),1944年7月23日 …… 537

日寇控制下之缅甸 《国民公报》(重庆),1944 年 8 月 10 日 …………………………… 538
敌寇暴行愈厉:在桂境焚杀我民众数千,陷区台籍居民被敌强征 《国民公报》(重庆),1944 年 10 月 6 日 …………………………………………………… 539
倭毒化沦陷区:鼓励种植诱迫售吸,广设机构强行配给 《国民公报》(重庆),1945 年 1 月 5 日 ……………………………………………………………………… 539
敌人铁蹄下上海之状况 《少年中国晨报》,1945 年 1 月 7 日 …………………………… 540
敌人铁蹄下上海之状况(二) 《少年中国晨报》,1945 年 1 月 8 日 ……………………… 540
敌人铁蹄下上海之状况(三) 《少年中国晨报》,1945 年 1 月 9 日 ……………………… 540
八万人病死一半,敌虐待菲美战俘,现已将残余俘虏移往日本 《时事新报》(重庆),1945 年 1 月 26 日 ……………………………………………………………… 541
Manila's Business District Burned by Trapped Enemy 《纽约时报》(The New York Times),1945 年 2 月 7 日 ………………………………………………… 542
Manila Is Ravaged by Fire and Shell, Many Landmarks Destroyed While Looting Adds to Misery of Hungry Populace 《纽约时报》(The New York Times), 1945 年 2 月 9 日 ……………………………………………………………………… 544
Japan Is Assailed on Prison Camps, Arbitrary Course in Allowing Red Cross to Visit Only Few May Stiffen Our Policy 《纽约时报》(The New York Times), 1945 年 2 月 9 日 ……………………………………………………………………… 545
Japanese Brutal in Ruling Manila. Son of Osmena in City All the Time, Tells of Slappings in Clubs, Craft, Murders 《纽约时报》(The New York Times), 1945 年 2 月 10 日 ………………………………………………………………… 546
Filipino Civilians Massacred by Foe, Bayoneted Bodies Abound in Streets—Homes Fired and Fleeing Inmates Shot 《纽约时报》(The New York Times), 1945 年 2 月 15 日 ………………………………………………………………… 547
敌军在韶关肆行劫掠 《少年中国晨报》,1945 年 3 月 8 日 ……………………………… 550
敌伪蹂躏下四邑近态(一) 《少年中国晨报》,1945 年 3 月 8 日 ……………………… 550
敌伪蹂躏下四邑近态(二) 《少年中国晨报》,1945 年 3 月 9 日 ……………………… 550
倭寇在荷印残杀平民 《少年中国晨报》,1945 年 3 月 10 日 …………………………… 550
惨绝人寰:罗慕洛氏谈敌在菲暴行 《时事新报》(重庆),1945 年 3 月 17 日 …… 551

福建厦门倭寇搜劫物资 《少年中国晨报》,1945 年 3 月 25 日 …………………… 551
敌寇虐待战俘,英籍战俘返国后报导真象,愿再来远东与日军决雌雄 《时事新报》(重庆),1945 年 4 月 5 日 …………………………………………………… 552
江南陷区敌寇暴行 《国民公报》(重庆),1945 年 6 月 23 日 …………………… 553
柳州惨劫:可怜一炬荡然无存,敌寇又记下一笔血债 《时事新报》(重庆),1945 年 7 月 21 日 ……………………………………………………… 553

敵機昨襲長沙

漸復繁榮市面又瘡痍滿目

贛皖各地昨亦遭敵機肆擾

（中央社）上饒四日電「此間今日曾發出警報三次、十時八分、敵轟炸機四架、由南昌方面向贛東飛行、在貴溪車站投彈八枚、多落空地、我無損失、投彈後飛弋陽偵察、仍將原路飛去、下午一時三十百一分敵輕轟炸機二架、由南昌方面再度竄至貴溪、投彈枚、平民死傷、一繼沿浙贛路東飛、在上饒之沙溪車站投彈枚、當傷路工四名、餘無損失、旋飛經上饒上空、向西北飛去、下午三時〇九分、敵機二架一度飛弋陽偵察、未投彈、

（中央社）長沙四日電 四日晨一一時敵機十八架由北竄經長沙上空南於十一時半在衡陽江東岸及南站投彈損失正調查中、

（中央社）長沙四日電、敵重轟炸機二架、四日午由贛北方面竄抵長沙上空在小吳門一帶投彈、并盤旋歷半小時始去按小吳門一帶在火刦後遭敵機之轟炸、此爲第二次該處漸復繁榮之市容、又成創痍滿目、

（中央社）長沙四日電、敵重轟炸機二架、四日午由贛北方面竄抵長沙在北門一帶兩度投彈、炸毀甫經修復之民房三十餘棟、死傷平民四十餘、敵機在市空盤旋歷半小時始逸去、按本市在火刦後遭敵機轟炸此爲第二次、漸復繁榮之市面、又復瘡痍滿目、

（中央社）南陽四日電 敵機十八架四日上午十時許襲衡、投彈八十餘枚、我損失甚微、江東江西兩岸均落彈、

（中央社）吉安四日電、敵機八架、四日上午十一時許空襲吉安、當侵入市區時、我高射部隊猛烈射擊、敵機在郊外和市五里長塘神崗山等處投彈二十餘枚、向北遁去、死傷平民二十餘人、

——摘自《华西日报》，1939年4月5日

敵機昨襲湘

刼後長沙再被炸

小吳門一帶又呈悽涼之象

衡陽落彈近百損失甚微

本報長沙四日專電 敵重轟炸機二架、今午由贛竄抵本市上空、盤旋歷半小時、在小吳門一帶投彈多枚、炸燬民房三十餘棟、死傷四十餘人、長沙大火後被轟炸、此爲第二次、漸復繁榮之地、又呈滿目悽涼之象、

中央社衡陽四日電 敵機十八架、內驅逐機九架、沿粵漢路南飛、於十時四十八分進襲衡陽、濫施轟炸、投彈約八十餘枚、我損失甚微、江東江西兩岸均落彈、

中央社常德四日電 防空部訊、本日有敵機十八架、竄入湘境、飛至湘陰、分兩批、一批由長沙經淥口向南飛行、一批由靖港往寧鄉朱良橋向南飛行、會合後、竄至衡陽投彈、旋分三路逸去、一路由醴陵向東北逸去、一路由瀏陽經萬載向東逸去、一路二架竄入長沙、兩次投彈後、向東北逸去、

中央社衡陽四日電 敵機今襲衡、有一架被我高射砲命中、負傷而逸、此間防空部已電沿途各縣注意、探查墜落地點、

——摘自《时事新报》（重庆），1939年4月5日

燼餘之長沙
又迭遭日機轟炸

▲長沙四日電　日重轟炸機二架、四日午由韓北方面竄抵長沙上空、在小吳門一帶投彈、並盤旋歷半小時始、按小吳門一帶、在火刼後遭日機之轟炸、此爲第二次、該處漸復繁榮之市容、又成瘡痍滿目、

▲長沙四日電　四日晨十一時、日機十八架、由北竄經長沙上空南飛、於十一時半在衡陽江東岸及南站投彈、損失正調查中、

▲美聯社重慶四日電　據華方報告稱、今日上午十時半、日機十八架、飛往衡山與衡陽轟炸、投下炸彈一百餘枚、死傷平民六百餘人、

——摘自《新闻报》（上海），1939年4月5日

敵機又狂炸西安
上月敵曾炸赤坎死傷百

西安三日電：敵機十七架，三日上午九時五十分，再度狂炸西安市區，投彈四十五枚，向東逸去，掠過渭南時，在該縣巴邑鎮投彈一枚，遺落空處，事後調查本部被災區域，因市民均已自動疏散，故損傷甚微，平民死七人，傷卅餘，炸毀及震毀房屋百廿餘間

連縣三日電：敵機六架，上月廿九日侵襲廣州灣之赤坎，投彈十數枚，死傷平民百餘人，炸聲廣州灣猶斷可聞。

長沙四日電：四日晨十一時，敵機十八架，由北竄經長沙，空南飛，於十一時半在衡陽江東岸南端投彈，損失正調查中

——摘自《南宁民国日报》，1939年4月5日

敵機襲湘
長沙衡陽被炸

中央社長沙四日電：敵轟炸機二架，四日午由贛北方面竄抵長沙，在北門一帶兩度投彈，炸毀南經緯街之民房卅餘棟，死傷平民四十餘。

中央社衡陽四日電：敵機十八架，內驅逐機一架，沿粵漢路南飛，於十時四十八分進襲衡陽，濫施轟炸，投彈約八十餘枚，我損失甚微。江東江西兩岸，均落彈。

——摘自《新华日报》（汉口），
1939 年 4 月 5 日

日機炸毀美天主堂
美向日提出抗議
此爲二週來之第四次抗議

（美聯北平四日電）此間美使館，今日向日本大使館提出，關於日機炸毀廣東羅定美國天主教會之抗議。按該教會被擊時，爲一月二十五日，房屋至多爲破壞，美籍神父金奈利，身受彈片傷數處。

（路透北京四日電）美大使館今日向日當局抗議日本軍用飛機轟炸在華美國產業事，此爲兩週以內第四次提出抗議，此次抗議係涉及二月二十五日羅定美國天主教會被炸事，建築物一幢損壞頗重，美籍神甫一人亦受傷。

——摘自《每日译报》，1939 年 4 月 6 日

日機轟炸粵陝
燬民房斃平民

【翁源四日電】三日午、日機三架分三批轟炸翁源從化新豐公路沿線、先後在清遠屬下岳鄉新豐西門外丘暮佛崗屬萬安崗從化屬牛背脊等地投彈、燬民房數間、死一人、

【快訊社天津五日電】據華人方面消息、昨晨又有一批日機、飛往西安轟炸、惟因天時不佳、故其所擲之彈、多落郊外、華方無所損失、又在山西中部之武鄉與沁縣一帶、近以華方游擊隊、益形活躍、故日機亦飛往轟炸、但關所擲之彈、多未中的或爆炸、

——摘自《中美日报》（上海），1939 年 4 月 6 日

日機轟炸贛省各地

貴溪沙溪吉安等處均被肆虐

▲上饒四日電　此間四日曾發出警報三次、十時八分日轟炸機四架、由南昌方面向贛東飛行、在浙贛路之貴溪車站投彈八枚、無損失、投彈後飛弋陽偵察、仍循原路飛去、下午一時三十五分、日輕轟炸機二架、由南昌方面再度竄至貴溪投彈二枚、平民死一傷二、繼沿浙贛路東飛、在上饒之沙溪車站投彈二枚、當傷路工四名、餘無損失、旋飛經上饒上空、向西北飛去、下午三時零六分、日機二架三度飛弋陽偵察、未投彈、

▲吉安四日電　日機八架、四日上午十一時許、空襲吉安、當侵入市區時、華軍高射部隊猛烈射擊、日機在郊外永和市五里長塘神崗山等處、投彈廿餘枚後逸去、死傷農民廿餘人、

——摘自《新闻报》（上海），1939 年 4 月 6 日

日軍用機炸美在華產業

美第四次提出抗議

【路透社四日北平電】美大使館、今日向日當局抗議、日本軍用飛機轟炸在華美國產業事、此爲兩週以內第四次提出抗議、此次抗議、係涉及二月二十五日樂亭（譯音）美國天主教會被炸事、建築物二幢損壞頗重、美籍神甫一人亦受傷、

——摘自《中美日报》（上海），1939 年 4 月 6 日

敵機擾蕭山江山

狂炸衢州城

死傷五六十毀屋百餘間

襲◇浙

（本報五日衢縣電）敵機四架五日午後一時濫炸不設防城市之衢縣城區、共投彈十七枚、內雜有燃燒彈五六枚、共炸斃平民廿一人、傷者三十餘人、燬屋一百三十餘間、此次被炸、物質損失重大、民衆死傷尤慘、馬站底十八號某姓一家大小八口、竟完全炸斃、厥狀淒其、令人憤慨、茲錄投彈地點如下、新橋街一九八號馬路中落一彈、毀屋八間、新橋街補習中學大禮堂落二彈、毀屋八間、城隍巷醋坊巷間之一號落一彈、炸斃六人、毀屋十間、醋坊巷三號落一彈、毀屋七間、五號落一彈、毀屋七間、炸斃二人、長竿街十三號落一彈、毀屋十間、惠民巷十五號、落一彈、毀屋八間、馬站底十八號落一彈、毀屋廿餘間、炸斃八人、通仙街十二號、落一枚、炸斃三人、毀屋廿間、衢州中學大操場落二彈、小南門外草舍落二彈、炸斃一人、魁星亭十五號左側、落一彈、毀屋五間、炸斃一人、東河沿七號落二彈、毀屋三十餘間、

（國民五日金華訊）五日自上午八時許起至下午一時餘止、浙省境內共發現敵機六批、分犯蕭山江山衢縣、並不斷窺伺蕭山、計上午八時二十八分、敵轟炸機三架侵入蕭山西北方盤旋約半小時、投彈三枚、至九時三刻又竄來敵偵察機二架、窺察約一小時半、始向北逸去、十時另二分、十一時四十三分、敵機各二架、再度窺察蕭山西北方、或一小時許或四十分鐘、中午十二時另六分、華埠（屬開化）發現敵轟炸機二架、竄入衢縣後、又折至江山境內、在水塔底（離城十餘里）投彈四枚、傷民衆三人、毀屋一間、旋向贛境逸去、敵轟炸機四架、由贛

境窺來、於十二時三刻、侵入江山、旋即闖至衢縣、在城內外無的投彈十五枚、（詳見前電）下午一時十九分、蕭山西北方又窺來敵偵察機一架、盤旋約八十分鐘、後向北逸去

（本報五日臨安電）敵機日來迭擾臨安、四日晨十時許、敵機一架在西門外投彈七枚、傷民衆二人、下午一時許、又來敵機一架、投一彈、下午二時許、更肆凶暴、在城內投彈七枚、橫畈投彈二枚、下官及張村各投彈一枚、共毀民房十六間、五日自晨迄午、敵機一架、兩次窺伺臨安、又在城內投彈四枚、

擾粵

（中央四日翁源電）三日午、敵機三架、分三批遍炸翁源從化新豐公路沿線、先後在清遠屬下庑鄉、新豐、西門外、丘新、佛崗屬萬安崗、從化屬牛背春等地投彈、燬民房數間、死一人、

——摘自《东南日报》（金华），1939年4月6日

衡陽昨被慘炸

全城大火損失極重
人民死傷在調查中

中央社韶關六日電　敵機三架今日上午十一時十五分飛襲粵漢路琶江汙、投十五彈、毀民房十一間、傷男女各二人、另有三架分批飛佛崗以南地帶、往來伺察、又上午十二時十三分敵機十八架向衡陽投彈甚多、市區大火、電話線桿全毀、損失情形未詳、

中央社衡陽六日電　敵機十八架、今日由贛入湘、到達萍鄉後、則改入衡陽、經攸縣安仁耒陽而侵入衡陽附近、於十二時在衡陽上空任意狂炸、全城各街衢均落有重量炸彈及燒夷彈、彈落頃刻火起、陷入空前未有之大火、衡陽精華、均付之一炬、尤以衡陽市文化機關、如商務印書館、各大書局、達濟小學、勤中附小、均亦中彈焚燬、中央社衡陽辦事處、湘南日報亦被炸燬、財產損失約數百萬元、人民死傷甚衆、現正清查中

——摘自《时事新报》（重庆），1939年4月7日

日機狂炸衡陽等地

（本報今日香港專電）日機三架昨十一時十五分飛襲粵漢路琶江圩，投十五彈，毀民房十一間，傷男女各二人，另有三架分批飛佛岡以南地帶往來伺察，又十二時十三分日機十八架，向衡陽投彈甚多，市區大火，電話線桿全毀，損失情形未詳。

——摘自《大晚报》（上海），1939年4月7日

敵機狂炸衡陽

全城大火、市精華付之一炬

商務印書館湘南日報均被炸燬

（中央社）衡陽六日電、敵機十八架、今日由萍鄉攸縣安仁耒陽而侵入衡陽附近、於十二時在衡陽上空任意狂炸、全城各街衢均有重量炸彈及燒夷彈、全城陷入空前未有之大火、精華地付之一炬、尤以衡陽市文化機關、如商務印書館、各大書局、達濟小學、勤中附小、中央社衡陽辦事處、湘南日報、均被炸燬、死傷正清查中、

（中央社）沅陵七日電、敵機三十九架、七日晨分兩批襲芷江、首批十八架、第二批十一架、在該縣郊外共投彈百餘枚、燬民房廿餘棟、死五人、傷五六人、

（中央社）常德七日電、敵機又向常德肆虐、晨十時許、敵機二架、竄入常城上空、投彈七餘枚、內有燒夷彈多枚、共計死傷廿餘人、敵機本日投彈地點、純係無目的濫炸、本城居民、莫不痛恨譏嘲、

（中央社）梧州七日電、七日上午敵機六架由北海起飛沿明江襲龍州、十時三十五分、在市內投彈多枚、

（中央社）吉安七日電、敵機四架、七日晨濫炸吉安城內商店民房被燬廿餘處、中央銀行吉安分行落一彈、行員吳啓賢及警役十三人炸斃、又南新華光新報社警衛在吉街刊、今亦遭敵機空襲、廣告主任印刷領班均不幸遇難、

（中央社）東鄉六日電、浙贛間之梁家渡及温家圳、五日敵機十餘架、更番輪流狂炸、但我損失甚微、

——摘自《华西日报》，1939 年 4 月 8 日

日機濫炸外國教會

各國將强硬抗議

各教會向各該國政府施行壓力

（美聯重慶七日電）據與英法美三國大使館當局，對日機在中國各處轟炸外國教堂一事，殊爲關切，認此係日本對各國貸款予華之軍事上之答復。目下各國對日本之抗議，僅限於由各出事處之領事所提出，但如日方繼續亂炸，則各國政府，將根據彼等駐重慶大使館所收集之消息，向日本提出最强硬之抗議。據悉：最近在中國之各國教會，已向彼等之國內政府施行壓力，要求對日本有所行動。又英國外交界，對日本在華北鼓動反英情緒，俾阻止英國對中國作更一步之經濟上的援助，與促使英國對日本採取較和平之政策一事，共爲關懷。

——摘自《每日译报》，1939 年 4 月 8 日

日機炸長沙教堂

美國向日抗議

▲美聯社漢口七日電 此間美領署因本月四日日機轟炸長沙美國教堂產業事、昨日已向日本總領事提出抗議、

▲美聯社北平七日電 此間美國大使署因本月四日日機轟炸長沙美國教會產業事、業於昨日向此間日本大使館抗議、

▲美聯社重慶七日電 據傳英法美三國大使館當局對日機在中國各處轟炸外國教堂一事、殊爲關切、認此係日本對各國貸款予華之軍事上之答復、目下各國對日本之抗議、僅限於由各出事處之領事所提出、但如日方繼續亂炸、則各國政府將根據彼等駐重慶大使館所收集之消息 向日本提出最强硬之抗議、據悉最近在中國之各國教會已向彼等之國內政府施行壓力、要求對日本有所行動 又英國外交界對日本在華北鼓動反英情緒俾阻止英國對中國作更進一步之經濟上的援助、與促使英國對日本採取較和平之政 策一事甚爲

關懷、

——摘自《新闻报》（上海），1939年4月8日

◇◇……… 昨日敵機襲湘

芷江被炸

【邵陽防空指揮部訊】本（七）日上午八時許、有敵機分兩批襲湘、一批十八架、一批十二架、先後經常德、桃源、沅陵、於九時許、到達芷江投彈後、向邵陽方向飛行、本市卽於九時二十五分、發放空襲警報、後來探悉那兩批敵機、先後經過黔陽、洪江、由溆浦、安化、向北飛去、本市卽於十時四十五分、解除警報。

——摘自《观察日报》，1939年4月8日

昨日敵機六架

又飛龍州肆虐

本市曾發空襲警報戒備

本市訊（七日）上午敵機六架，進襲龍州，發[illegible]時許，本市曾發空襲警報戒備，旋敵機[illegible]龍州市空，[illegible]彈後，即轉回[illegible]，經過江[illegible]思向南飛出海，至十一時左右，本市始解除警報云。

[illegible]午敵機三架，由海南島起飛，經潿洲島及欽縣、永淳、[illegible]縣，[illegible]向東北飛，[illegible]緊急警報，敵機經由榴江、桂平[illegible]南寧[illegible]

——摘自《南宁民国日报》，1939 年 4 月 8 日

恐怖

——敵機下面，孩子們發抖了

茂修

清晨，晴空已露出了蒼灰色的破絮的雲塊，緋紅的陽光，從浮雲崗的後面放射在清朗的空際。桅峯和次平兩個小孩子在院子喧嚷得令人睡不熟覺，因爲昨天我替他們買了許多新的玩具，他們是第一次的欣賞，難怪疲憊得像豬一般笨拙的老陳都輕佻的活躍了。

當我由學校下班回來，貼近門的時候，他們的勇氣仍未稍殺；烏黑的眸子，肥膩殷紅的臉龐，浮現出他歡悅的神情。可惜我不是畫家，我更不能靜心地咀嚼這幅諧的場面。

我正想夥着一塊弄一下捉漢奸，打日本的玩意，調濟悒鬱的心思；在我下決心的霎間，樓閣激起了凄楚的呼嘯，掃清了人世間一切煩瑣。我們聽慣這人禍的悲鳴，知道牠在這長長的呼嘯中將喚醒起沈淪氣餒的少數同胞……這時院子裏暫時恬靜下來。

——這家庭的扭子，這兩個蜉蝣似的生命。老是盤旋着我的整個思潮，顫簸着我不安穩的身軀。……

今天拉「緊急警報」的時間，彷彿和從前要快的多了；街頭奔馳的逃亡的呻喚聲和車馬哽咽的聲音，還沒有喝止，就可隱約的傳過來猛虎般的怒吼！我敏捷的分配他（她）們用棉被放在方棹上，急迅的纔完竣了這簡捷的「防空洞」。兩個孩子聽着嗡隆的聲音，越逼近了市空，又降落我們的頭頂，他們兩個靈巧的鑽進了「防空洞」。我依舊莊重地凝視着破絮的晴空，祗聽着嗡隆的聲音！代替大地的呼吸！引起我昏憒的情緒。

誰關心你這一剎那的生命呵！

在破片，磚石擊中我的房頂，瓦塊宛如被捲去了的時候，我緊縮失常的靈魂，禁不住流淚了，桅峯失却了活潑，忘記了素性的天眞，睜大圓闊的眼睛，他不曉得他的渺小的生命，可以託給誰人保護，唉！我實在不忍看他的兩手縷抱着棹脚的姿態，我更沒有工夫隨着他的視線譴責，咒詛天空逞兇的劊子手。

濃厚的烽烟，從轟炸的地區，竄入雲霄，佈滿了失去和平景象的天，從這火花，灰燼中，我跨過去救起我的親戚朋友，可是我光着身子，我沒有寸鐵——劊子手阻斷了我的進路。

轟的又是一響，窗櫺的玻璃「乒乓砰匕」的碎了，紫花紛紛的墜落，飄舞滿院，桅峯他還是顫抖着，雙手掩着耳朵，縮着頭凝視那變色的天。……

——摘自《时事新报》（重庆），1939 年 4 月 8 日

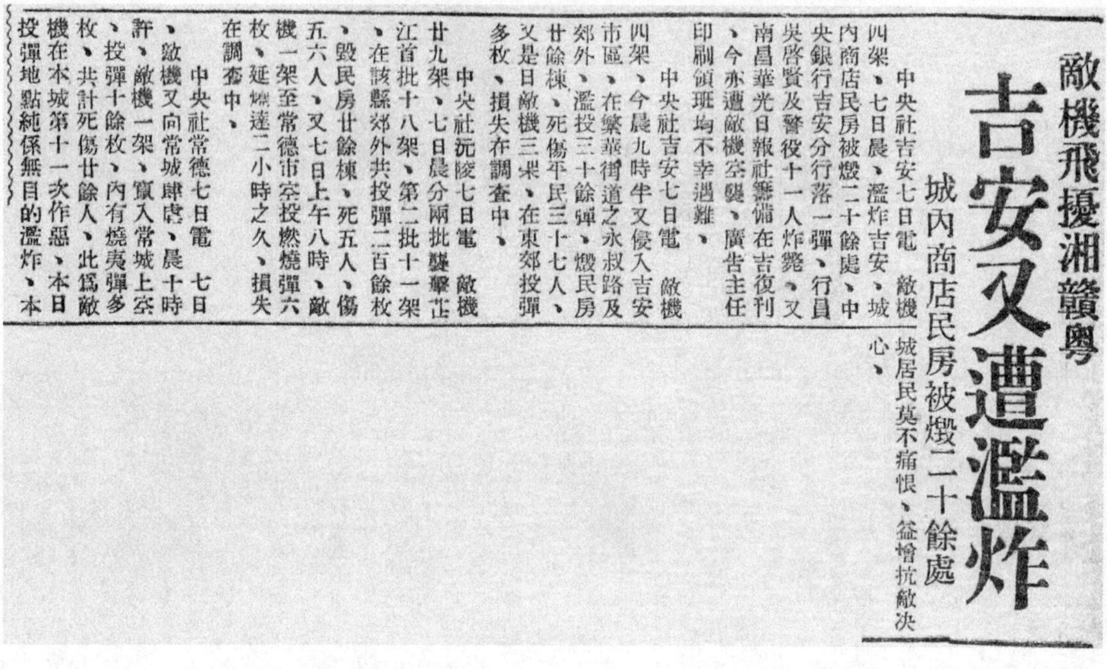

敵機飛擾湘贛粵

吉安又遭濫炸

城內商店民房被燬二十餘處

城居民莫不痛恨、益增抗敵決心、

中央社吉安七日電 敵機四架、七日晨、濫炸吉安、城內商店民房被燬二十餘處、中央銀行吉安分行落一彈、行員吳啓賢及警役十一人炸斃、又南昌華光日報社籌備在吉復刊、今亦遭敵機空襲、廣告主任印刷領班均不幸遇難、

中央社吉安七日電 敵機四架、今晨九時半又侵入吉安市區、在欒華街道之永叔路及郊外、濫投三十餘彈、燬民房廿餘棟、死傷平民三十七人、又是日敵機三架、在東郊投彈多枚、損失在調查中、

中央社沅陵七日電 敵機廿九架、七日晨分兩批襲擊芷江首批十八架、第二批十一架、在該縣郊外共投彈二百餘枚、毀民房廿餘棟、死五人、傷五六人、又七日上午八時、敵機一架至常德市空投燃燒彈六枚、延燒達二小時之久、損失在調查中、

中央社常德七日電 七日、敵機又向常城肆虐、晨十時許、敵機一架、竄入常城上空、投彈十餘枚、內有燒夷彈多枚、共計死傷廿餘人、此爲敵機在本城第十一次作惡、本日投彈地點純係無目的濫炸、本

——摘自《时事新报》（重庆），1939年4月8日

日寇在江南

屠殺便是宣揚「皇道」

林植夫

日本軍閥對於侵略的口實說是來宣揚「皇道」，所謂皇道宣揚之結果，當寇軍走進南京城的時候殺了我數萬的同胞，並姦殺我無數婦女，這個消息想來是很早就傳到我同胞的耳朶裏了，同時英人田伯烈所著的日軍暴行一書，也證明日寇遍殺同胞的暴行了罷！這確是事實，他們殘殺了我的同胞不算，還把殺我同胞的行爲及殺死後的人頭陳列起來，拍成照片以作紀念，有的還把這些相片寄回國內，向家人親友誇示呢！我們的第一支隊有一次打游擊，得到兩本相片本和二百幾十封信，送到軍部，我們發見在那相片上儘見了五張慘殺我同胞的相片，等到一行檢查信件，也在信中發見了幾封關於說野蠻相片的信。有一封是妻子寫給丈夫的信，信中明白寫着收到了殘殺敵兵的相片。有一對是妹妹寫給哥哥的信說道，像這樣殘酷的相片，實不忍觀(大寇)，現有一封是朋友寫的說道，這樣的人頭，在你們是看慣了罷，像我們在後方的人看見是會毛骨悚然的(大寇)，請他們在後方的日本人都說用這樣的話，他們在前方的是如何的殘忍，不難想像而知了，這便是寇軍在江南所宣揚的「皇道」了。

最近有一位新加入我們軍隊的兵，他名叫李先才，是山東人，曾在某軍被日寇俘去當城，被留在那裏兩個月，最近逃了出來，投到我們這裏，據他說：當日寇將他俘去的時候，便把他當作人挑子去打，不知道怎樣，一連打了幾槍，都沒有打中他，後把他放回來，曾在日軍官身邊當勤務。他在敵軍中兩個月，曾親眼看見敵軍慘害我同胞的慘狀。有兩個老百姓的米被他搶了，要老百姓挑米，還要把老百姓留下使喚，一個不肯，敵軍官說：好你們去好了，那個老百姓剛剛離了他向後轉身，走不了幾步，那無情的子彈已經口由槍發出了。除下那一個嚇得不敢回去了，便留下替他作苦工，過了好幾天，以爲是無事的了，那裏想到敵軍官的宣揚「皇道」的殺機發作了，拿着槍躲在門後面，等他走進門的時候，便當胸給他一刺刀，於是這一位老百姓，也被「皇道」宣揚得嗚呼哀哉了。還有一次他們捉到一個五六十歲的老太婆來輪姦，等得獸慾滿足之後卻拿到一根木棍，向這位老太婆的陰戶中戳了進去。像這樣殘暴的獸行，也是宣揚「皇道」嗎？

我曾走到敵軍後方的幾個大市鎮，鄉村，有好些地方，都被敵軍燒毀了，如水湯鎮，如烏溪鎮，如馬家橋鎮，(還是最近才被燒的，當我初次走過的時候，還是完整的)都被放火燒得片瓦無存，(水湯鎮賸有十分之一不到)還有許多山鄉村更多不勝數了。據老百姓說水湯鎮不但被焚，老百姓還被殺死了有四五百人，小丹陽未燒，卻有七個婦女被姦死了。

敵軍不但在陸地上宣揚「皇道」就是在空中也在宣揚。在後方的同胞們，或者還以爲敵機的轟炸，只是炸的我們的後方，又誰知就是敵人的後方，他也要轟炸的。有一個小鄉村，我們在那裏駐紮的時候，老百姓告訴我們，在不久以前，忽有敵機飛到那裏，丟下了六個炸彈，命中雖然不準，都落到山凹裏，沒有炸壞一間屋，炸傷一個人，只飽吃了一頓虛驚，這算是大大的僥倖呢！這個鄉村是離開敵線不遠的地方，是敵人佔領的地方。像這樣的亂炸，所謂「皇道」的具體的內容，也十分明瞭了。江南的民衆現在都知道日寇與他的漢奸走狗所揚的所謂「皇道」其實即是姦淫燒殺，因此，我軍因戰略關係自某地退卻時，那個地方便能做清野工作，損失的犧牲減少了。同時人民自動參加新×軍的乃非常之多，在地方組織起來的也不少，只××一路，加入大刀會的就有二萬人，若參加會部壯丁參加總數則在五萬人以上。可惜他們沒有槍枝，如果有槍枝，再好好訓練起來，江南一帶要動員二百萬的民衆武裝抗日，實在是一件容易的事情。

民衆識破漢奸的鬼計

在江南方面，最大的漢奸組織，爲地方維持會等，始終不能發生很大的力量，不能得到民衆的最低限度的信任，然而他們對於抗戰，仍還不無阻礙。像江南溧錫一帶大湖水，如太湖石臼溧錫地帶，四面皆水，圩堤縱多，不是本地人，是無法在裡面活動的，但是漢奸便會替敵軍帶路，於是有不少的地方民衆，便遭到大災，房屋被焚燒，人口被殺戮，牲畜資財被搶劫了。而我們的游擊隊也因之而發生困難，鄉×支隊司令部有一次被敵軍包圍，結果傷亡了五個同志，便是因爲漢奸活動的緣故，漢奸的可恶的在於他能帶着民衆的假面具，進行破壞抗戰的陰謀活動：在江南除區，我們是在進行着這工作的：我們得一面打敵人，一面肅清漢奸。

在宣城當塗蕪湖一帶的漢奸隊伍，大都已被我們消滅了，如盧徹和的部隊，竹簧橋方面的漢奸部隊等都是。盧徹和本人且已被我們打死了，但是朱永祥及金家遜的殘部，尚未消滅，據說他們現在一面作土匪，一面無恥的爲敵軍服務。他們已惹起人民的極大的憤恨。蕪湖的僞維持會則極盡忘親事仇的能事。其會長係張發棠（他的副會長已被我們捉來了）下面還有好多料，有一料專門替敵人徵發物資人力的，欺騙壓迫民衆的，因此各地民衆對這個僞維持會無不切齒痛恨。他們還對民衆欺騙宣傳，日本人之焚殺，是因爲老百姓同游擊隊混在一起的緣故，現在日本人，只要消滅游擊隊，尤其是要消滅新×軍，只要老百姓不幫助新×軍，老百姓便可過太平日子。但是這種欺騙宣傳，絲毫不能掩飾敵人一貫的暴行，民衆愈明瞭敵人的陰謀，便愈增加了對敵人的憎恨。

僞軍在動搖中

江南一帶的僞軍，多是僞滿軍，他們同敵人一起從事於燒殺，他們的戰鬥力並不甚強，據友軍的川軍方面人說：他們在陣地的時候，常常聽見對面是，老鄉我們的槍是朝天放的啊！請一起的話，他們爲甚麼不投過來，就因爲日本人是把他們的家族附作當頭的緣故。有一僞營者百姓在蕪湖親眼看見他們相聚而哭，等得日本人的官長一走過來，便趕緊收淚不敢作聲了。還有一個老百姓被敵人拉去修公路，遇着一個東北兵在路談話，正說到他是東北那裡人，家中還有甚麼人，看見日本人的官長走來，便趕緊對老百姓搖手，不再說了。還有一次，僞滿軍開到一個地方，這一家有兄弟三人都在家中，僞滿軍中有一位青年長官生氣的罵道：「我們是被逼而來，是因於不得已，你們有三個弟兄，既不去抗戰，也不逃跑，還想做順民，非懲戒你們一下不可」。說着，便把其中的一人殺死。由着這些事實可知：（一）僞軍是非常動搖的，（二）敵人之監視非常之嚴；（三）僞軍內部不少有覺悟愛國心的份子在等待時機反正；（四）僞軍是不斷地有被我們反正過來的，只要我們有良好的方法；（五）就是他們一時不能反正過來，他們也不會替敵人真正拼命的。因此我們大家對於爭取僞軍反正的工作，均應十分注意。

此外僞組織方面，據報載江江南本地人，組織了一些江南鋤奸隊，據說有二十多的鋤。但是江南人既大受[illegible]

[illegible]大打擊！

——摘自《新华日报》（汉口），1939 年 4 月 8 日

日機昨晨炸金華

市區大火前未有迄晚始熄

（金華八日電）日轟炸機四架，八日晨九時許，分兩次轟炸金華，向城區鬧市濫投爆炸彈，共四十五枚，燃燒彈二枚，被炸地點，大部爲文化機關及平民住宅，計有三清小學，八邀女中，金中附小念餘處，市區大敗，空前未有，迄晚始熄。死平民五十三人，傷一九九人，毀屋一九四間。

——摘自《每日译报》，
1939 年 4 月 9 日

日機昨襲上饒

（上饒八日電）日轟炸機六架，戰鬥機三架，八日午，又竄至上饒肆虐。在城廂內外，漫無目的，濫施轟炸。共投彈三十餘枚，震毀民房二百餘間，已發現屍體五十餘具，重傷卅餘人，輕傷三十餘人。

——摘自《每日译报》，
1939 年 4 月 9 日

侵入南昌之敵

慘殺我難民二千餘

近郊民衆自動武裝抗敵

中央社樟樹六日電，據南昌逃出難民稱，自敵侵入南昌市[illegible]，市區及近郊未及逃出之貧苦難民，被敵慘殺者，達二千餘人，青年婦女，又多被捕供敵獸行，中正橋沿江路及撫河新洲潮王洲等處房屋，多被敵縱火焚燒，現南昌近郊民衆，以不堪敵軍蹂躪，自動踴躍組織游擊隊，武裝抗日

——摘自《泸县民报》，1939 年 4 月 9 日

敵在豫省佔領區
種種[illegible]人髮指
強征壯丁姦淫婦女
勒索款項破壞金融

重慶□訊 軍息：豫省敵在佔領區域內，強迫征款征人，及破壞我金融，種種無恥行為，無所不用其極，其實在情形，茲將關係方面而發表如左，(甲)征款，(一)本年元月，郾鄲敵按比兩丁銀征洋二元，(二)二月汴敵利用漢奸調查富戶及大商家，勒借款項，不遂及毒打或槍斃，(三)二月十八日詹店敵召集保甲長開會，強索洋三千元以供軍用，(四)沁陽敵每月強迫每保捐十元，「五」二月二日沁陽敵小由召集保甲長開會規定每戶地強征洋六元，(六)同□博愛敵因強征款項多未齊，竟押商民及逃匿者甚多，(乙)征人(一)元月偽安陽新會強選青年二十餘名一送往北平，(二)二月八日惟陽敵擄幼女十餘名運送開封，(三)汴敵強征民衆七八千供敵使用，四，二月十八日詹店敵迫令每保選送青年婦女二十五名，成立軍樂隊，嗣經民衆跪請，改為每保八名，其餘十七名每名洋四百元，六，二十五日新鄉敵，并關令汲淇輝等縣征壯丁一萬二千人，七，沁陽敵迫令每日派夫一名，八，三月五日沁陽敵限令崇義西向柏香等處各選壯丁二十名，丙，破壞金融，一，二月三日獲嘉敵運到偽準備銀行鈔票二十萬元，強迫民衆兌換法幣，二，二月十一日新鄉敵成立偽準備銀行，以九折收買我法幣，并佈告三月一日起禁用我法幣，三，十六日焦作敵由新鄉偽銀行運到偽鈔二萬元，并宣佈我法幣暫按九折兌換二十日以後即按六折兌換四，十九日沁陽敵竭力推行偽鈔，我法幣不准民衆使用，五，二十七日沁陽敵佈告自三月二日起，法幣一律作廢，六、二十八日博愛敵令偽鈔強迫收買我法幣按九折兌換，

——摘自《泸县民报》，1939 年 4 月 9 日

日機連日轟炸豫鄂湘贛

▲南陽六日電　連日日機在豫鄂邊境各縣、肆意轟炸、炸死平民炸燬民房至為慘重、五日下午二時二十分、有日機二十二架、分批侵入隨縣、更番轟炸後、並向各縣窺伺、六日上午十時五十五分、日機一架、襲入南陽上空、盤旋後飛去、另有日機六架、六日下午一時在棗陽投彈、並飛入附近各縣、

▲上饒八日電　日轟炸機六架、戰鬥機三架、八日午又在上饒城廂內外投彈三十餘枚、震毀民房二百餘間、已發現屍體五十餘具、重傷三十餘人、輕傷三十餘人、

▲東鄉八日電　七日午日機三架、飛東鄉、在城區投彈二十餘枚、縣政府被毀一角、

▲沅陵七日電　日機廿三架、七日晨分兩批襲擊芷江（在湘西）、首批十八架、第二批十一架、在該縣郊外共投彈二百餘枚、焚去民房二十餘間、死五人傷五六人、

——摘自《新闻报》（上海），1939年4月9日

敵機七架昨襲賓陽肆虐

二批敵機廿餘架飛襲邕明

本市曾發出警報二次戒備

昨（八）日上午敵機七架，濫轟賓陽，本市於九時左右，曾先後發佈空襲警報及緊急警報，除戒備[illegible]賓陽市空投彈[illegible]一枚外，[illegible]飛[illegible]後[illegible]南道去，十一時許本市即解除警報，又敵機二十一架，由南寧向北飛，十一時十一分，本市二次發出空襲警報，十二時許，本市發緊急警報，旋敵機飛襲邕明，在邕明[illegible]投彈[illegible]，[illegible]沿原路飛[illegible]，至下午六時左右，本市始解除警報。

桂林九日電　八日晨[illegible]時[illegible]刻，敵機七架侵入賓陽上空，投彈廿[illegible]枚後逸去，損失未[illegible]。

——摘自《南宁民国日报》，1939年4月9日

皖南玉山慘遭轟炸

傷亡二百餘人

（玉山九日電）日機九架，九日由杭起飛，經富陽金華衢縣，於九時四十三分竄至玉山（浙贛路之一站）肆虐，在城廂內投彈六十餘枚，傷斃民衆二百餘人，震毀民房三百餘間，損失慘重。

——摘自《每日译报》，1939年4月10日

敵機狂炸後的一瞥

本報長沙特派記者鄧評

大約十點多鐘光景，正是弄飯吃的時候，忽然有兩架敵機盤旋在我們的頭上，因爲大火後敵機很少幾次來過長沙，從前慘炸的印象，已經被拋到腦後去了，雖然警笛放過了兩次，人們還是漠不關心的做着他們的事。

然而，殘酷的敵機，畢竟又在這焦土上面逞其野蠻的獸性了！敵機去了以後，由一位剛從外面回來的朋友的口中，知道北正街炸得最慘，民衆俱樂部後面去了一隻角，死了幾個人，記者連忙向北正中街走去，看看災區。

走到聖公會附近有兩位穿長袍的女人，手挽着手，一面走一面哭訴着說道：「可憐的天哪！我們的命爲什麼這樣苦，恰好製了一點東西，又同我炸得精光；現在只救了身上的衣服，今晚住到那裏去，以後怎樣活命呀！」

再向前走，就看見有許多着白制服掛紅十字袖章的青年警察和士兵，以及許多各色各樣的人，把整個街道，擠得水洩不通。

由人縫中看到了右手邊的一塊門板直躺着一個小脚女人，頭面用一個紅色紙盒蓋遮住了，左手邊磁石上躺着一位穿青衣的青年，口中的血不斷的向腔下流，從腰部到腳灣處，全被血液浸着。

頭上包了白布的，手上或腳上包了白布的，口還能說話，眼眼還能左右移動的，被人抬着很快的向「華僑救國協會」的救護車上送去。

視線朝前面望去，只見一股股的白烟，不到十分鐘，白煙漸漸消散了，人們又隨着朝前湧去，平日茅棚密密的地方，剎那間又變成了瓦礫枯草！

一間被炸燬了一半的茅棚底下，有的破板上面，睡着一位中年女人，手脚不能動，眼珠呆着，淚水從她的眼眶內，一滴一滴的源源滾到她的面頰上面，口一開一閉的好像在咒駡日本強盜的殘酷！横的破板上面，坐着一位十二三歲的男孩，左手抱一個兩三歲的小孩，右手扶一個四五歲的小姑娘，不斷的向着圍觀的人們一喊道：「何得了呵！我的爹爹死了，一家人如何活命呀」！記者向他：「你的爹爹怎樣死的」？他咬緊牙很回答：「可惡的日本鬼子，日本鬼子殺死了我的爹爹，我要替爹爹報仇；妹妹」！他側過頭去，將視線射在他右手扶的小姑娘身上，「我們都要去替爹爹報仇，我們打日本鬼子去」！

經過這里，又有兩個救護隊員，抬着一個十四五歲的男孩，上衣和小衣的中間，堆了一大堆濃血，後面跟着一位老者，帶着慘痛的聲調喊道：「我五十歲了，只有這一個孩子，被炸死了，何得了哩」！旁邊有一位十二三歲的女孩子，聽得他這樣的聲音，便小聲說道：「什麼何得了，只有大家去打日本鬼子，替死的人報仇」，

右邊的草堆上，圍着十多個一位穿黑短衣服的中年人，背着五齒的鋤頭，很小心的在挖着，挖去一片成板的泥塊，發現有一個能夠動彈的女人的頭，旁觀者都高興的喊起來，「還活着！還活着！不要拖！小心點挖」！

記者親眼看到的死屍有十多具，傷者眞是不計其數，這血海的深仇，要大家起來洗刷！

——摘自《观察日报》，1939年4月10日

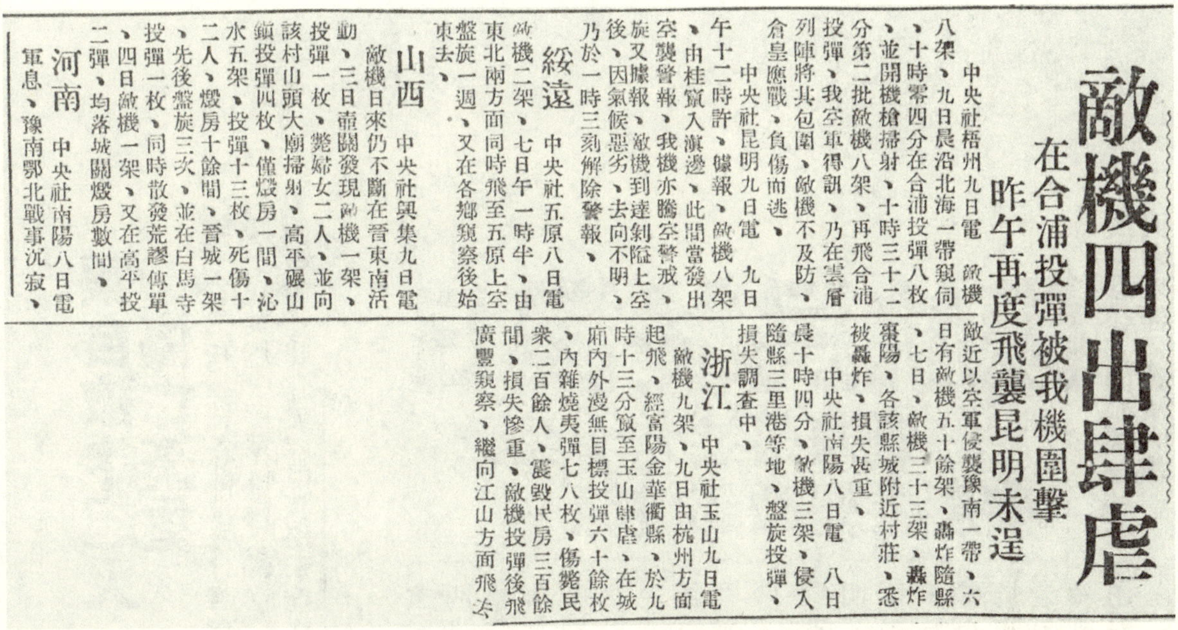

敵機四出肆虐

在合浦投彈被我機圍擊

昨午再度飛襲昆明未逞

中央社梧州九日電 敵機八架、九日晨沿北海一帶窺伺、十時零四分在合浦投彈八枚、並開機槍掃射、十時三十二分第二批敵機八架、再飛合浦投彈、我空軍得訊、乃在雲層列陣將其包圍、敵機不及防、倉皇應戰、負傷而逃、

中央社昆明九日電 九日午十二時許、據報、敵機八架、由桂竄入滇邊、此間當發出空襲警報、我機亦騰空警戒、旋又據報、敵機到達剣隘上空後、因氣候惡劣、去向不明、乃於一時三刻解除警報、

綏遠 中央社五原八日電 敵機二架、七日午一時半、由東北兩方面同時飛至五原上空盤旋一週、又在各鄉窺察後始東去、

山西 中央社興集九日電 敵機日來仍不斷在晉東南活動、三日壺關發現敵機一架、投彈一枚、斃婦女二人、並向該村山頭大廟掃射、高平礙山鎮投彈四枚、僅燬房一間、沁水五架、投彈十三枚、死傷十二人、燬房十餘間、晉城一架、先後盤旋三次、並在白馬寺投彈一枚、同時散發荒謬傳單、四日敵機一架、又在高平投二彈、均落城關燬房數間、

河南 中央社南陽八日電 軍息、豫南鄂北戰事沉寂、敵近以空軍侵襲豫南一帶、六日有敵機五十餘架、轟炸隨縣、七日、敵機三十三架、轟炸襄陽、各該縣城附近村莊、悉被轟炸、損失甚重、

中央社南陽八日電 八日晨十時四分、敵機三架、侵入隨縣三里港等地、盤旋投彈、損失調查中、

浙江 中央社玉山九日電 敵機九架、九日由杭州方面起飛、經富陽金華衢縣、於九時十三分竄至玉山肆虐、在城廂內外漫無目標投彈六十餘枚、內雜燒夷彈七八枚、傷斃民衆二百餘人、震燬民房三百餘間、損失慘重、敵機投彈後飛廣豐窺察、繼向江山方面飛去

——摘自《时事新报》（重庆），1939年4月10日

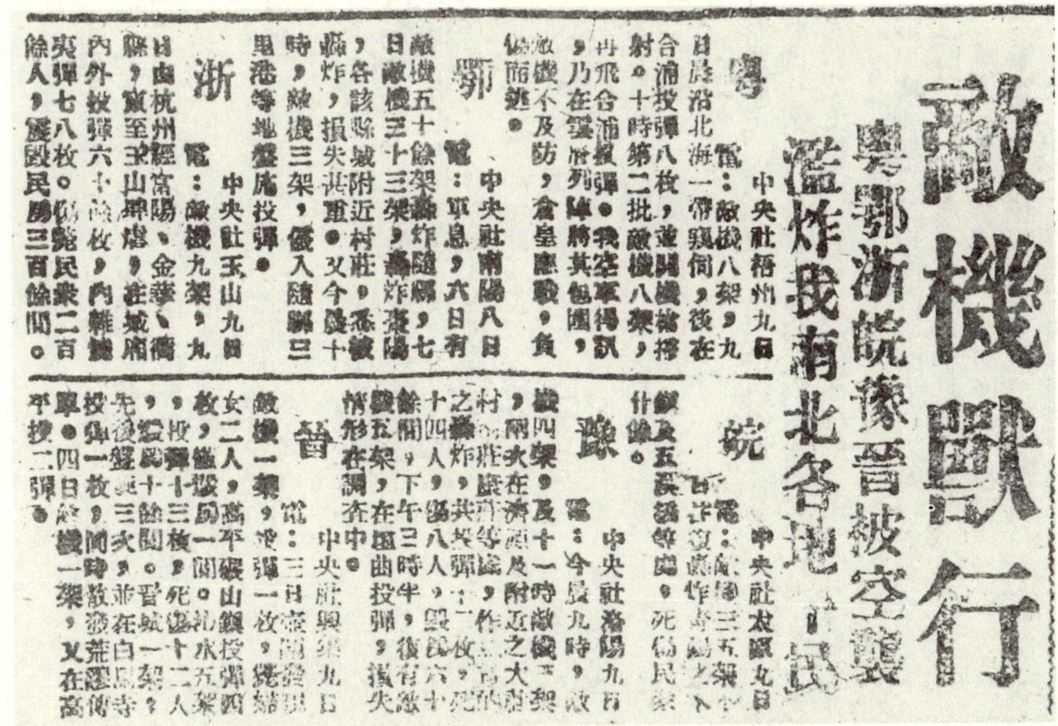

敵機[illegible]行

粵鄂浙皖豫晉被空襲

濫炸我南北各地

粵 中央社梧州九日電：敵機八架，九日晨沿北海一帶窺伺，後在合浦投彈八枚，並開機槍掃射。十時第二批敵機八架，再飛合浦投彈。我空軍得訊，乃在雲層列陣將其包圍，敵機不及防，倉皇應戰，負傷而逃。

鄂 中央社南陽八日電：軍息，六日有敵機五十餘架轟炸隨縣，七日敵機三十三架，轟炸襄陽，各該縣城附近村莊，悉被轟炸，損失甚重。又今晨十時，敵機三架，侵入隨縣三里港等地盤旋投彈。

浙 中央社玉山九日電：敵機九架，九日由杭州經富陽、金華、衢縣，竄至玉山肆虐，在城廂內外投彈六十餘枚，內雜燒夷彈七八枚。傷斃民衆二百餘人，震燬民房三百餘間。

皖 中央社太和九日電：敵機三五架，[illegible]作[illegible]，損及五[illegible]，死傷民衆什餘。

豫 中央社南陽九日電：今晨九時，敵機四架，及十一時敵機三架，兩次在沁陽附近之大[illegible]村莊，[illegible]等[illegible]投彈[illegible]十餘枚，炸斃八人，[illegible]四十餘人，[illegible]下午三時半，又有敵機五架在[illegible]投彈，損失情形在調查中。

晉 中央社興集九日電：三日壺關發現敵機一架，投彈一枚，斃婦女二人，高平礙山鎮投彈四枚，燬房一間，沁水五架，投彈十三枚，死傷十二人，燬房十餘間，晉城一架，先後盤旋三次，並在白馬寺投彈一枚，散發荒謬傳單。四日敵機一架，又在高平投二彈。

——摘自《新华日报》（汉口），1939年4月10日

蒙自被炸起火 傷亡綦重

重慶十四日路透社電、外間接華方電訊、雲南東南部滇越鐵路上之蒙自、昨日午後遭日機十九架二度轟炸、初次襲擊係在午後三時四十五分、日機十五架在該城各部投彈、四時二十五分日機四架復來轟炸、兩大街曾起火、昨晚猶在焚燒中、衆信傷亡綦重、又悉昨日昆明發出空襲警報、中國驅逐機升空準備截擊進襲日機、但日機未飛往昆明、

——摘自《时报》（上海），1939年4月15日

日機襲民航機

歐亞十九號落滇邊 德機師微傷乘客安

重慶十四日路透社電、此間官方證實、自河內飛往昆明之歐亞公司客機一架、昨日在滇邊老街附近被日機擊落、旅客名單、雖不可得、惟信或有一部份外籍乘客在內、據官方宣布、德籍駕駛員賴斯奇受微傷、旅客均安全無恙、此間交通部今日發表文告稱、昨日午後自河內飛往昆明之歐亞機一架、飛於滇越邊陲附近之老街近郊天空時、遇日本轟炸機三架、遭其密集機關鎗火射擊、今已證實旅客皆無恙、僅駕駛員受微傷、衆信襲擊歐亞航機之三日機、即爲昨日下午進襲蒙自十九架日機之一部、

◎香港十四日路透社電、據重慶消息、由河內飛往昆明之歐亞公司航機一架、已被日方擊落於雲南邊境、德籍機師賴斯奇、聞受輕傷、各乘客之命運如何、尙未宣明、

◎重慶十四日電、歐亞航空公司渝河班第十九號機、於十三日下午二時、由河內起飛、詎飛至滇越交界之老街附近上空、遭遇日機三架追逐、被逼降落、德籍機師一人受傷、旅客詳情正在確實調查中、歐亞公司於得悉後、即派機飛往老街附近設法營救、查十三日下午滇境各地有警報、所遭遇者或即係襲滇日機、

——摘自《时报》（上海），1939年4月15日

日機轟炸五原

▲五原十三日電　日機兩架十二日午後由安北方面飛至五原東北七十里之烏蘭腦包、連續投彈廿餘枚、華方毫無損失、

▲五原十三日電　日機八架十三日午後二時半、由包頭方面飛抵五原肆虐、擲彈廿四枚、炸斃華平民一人、傷九人、並毀房屋廿二間、

——摘自《新闻报》（上海），1939年4月15日

昨日寇機八架

兩次飛欽肆虐

本市發出空襲警報戒備

昨（十四）日正午敵機八架，由三娘灣向北飛，本市於十二時左右發出空襲警報戒備，旋敵機到欽州市空盤旋，在欽二次投彈肆虐後，卽向南遁出海，一時許本市隨解除警報云。

——摘自《南宁民国日报》，1939年4月15日

日機肆虐蒙自

死傷平民百餘

被擊歐亞機將抵昆明

【昆明十四日電】省府據蒙自李縣長報告、昨日機襲蒙自民房多被炸毀、平民死傷約百餘人、此間防空部定十五日派員前往蒙自慰問災民、並調查被炸詳情、妥籌善後救濟辦法云、

【路透社十五日重慶電】此間證實歐亞公司飛機一架、於四月十三日遭空襲蒙自之日本轟炸機襲擊、降落於距老街五十里之柳林（譯音）聞德籍駕駛員賴斯奇頭部受傷、

【海通社重慶十五日電】據歐亞航空公司重慶辦事處人員稱、前日午後在中越邊境被日機襲擊之該公司載客飛機、將於今晚抵達昆明、所有乘機之旅客以及駕駛員烏爾勃里區及史勃林伐愛勃、皆安然無恙、惟駕駛員刺特傑頭部受有微傷、堪謂不幸之幸也、

——摘自《中美日报》（上海），1939年4月16日

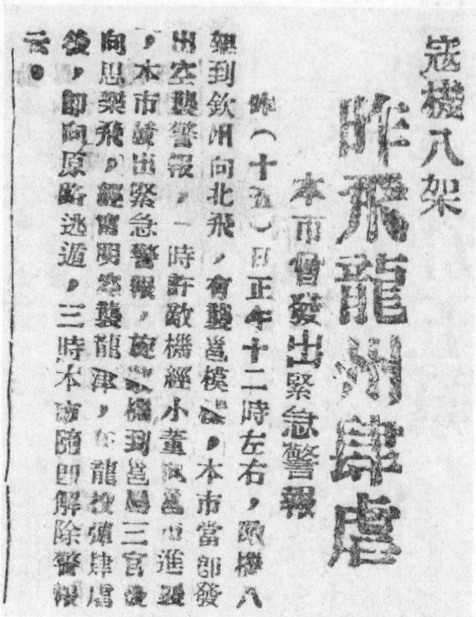

寇機八架

昨飛龍州肆虐

本市曾發出緊急警報

昨（十五）日正午十二時左右，敵機八架到欽州向北飛，有襲邕模樣，本市當局發出空襲警報，一時許敵機經小董入邕市進襲，本市續出緊急警報，旋敵機到邕屬三官後向思樂飛，經寧明空襲龍津，在龍投彈肆虐後，即向原路逃遁，三時本市隨即解除警報云。

——摘自《南宁民国日报》，1939年4月16日

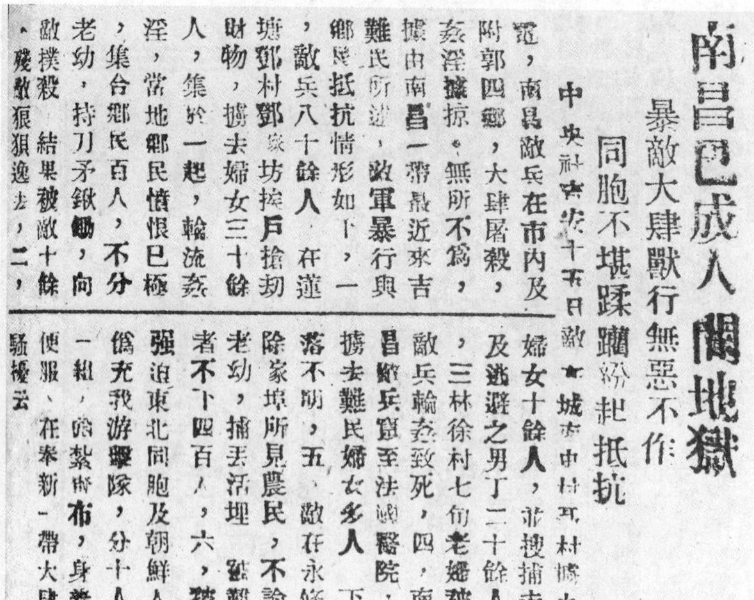

南昌已成人間地獄

暴敵大肆獸行無惡不作

同胞不堪蹂躪紛起抵抗

中央社吉安十五日電，南昌敵兵在市內及附郭四鄉，大肆屠殺，姦淫擄掠。無所不為，據由南昌一帶最近來吉難民所述，敵軍暴行與鄉民抵抗情形如下，一，敵兵八十餘人，在蓮塘鄧村鄧家坊挨戶搶劫財物，擄去婦女三十餘人，集於一起，輪流姦淫，當地鄉民憤恨已極，集合鄉民百人，不分老幼，持刀矛鍬鋤，向敵撲殺，結果被敵十餘，殘敵狼狽逸去，二，敵在城東中村瓦村擄去婦女十餘人，並搜捕未及逃避之男丁二十餘人，三，林徐村七旬老婦被敵兵輪姦致死，四，南昌敵兵竄至法國醫院，擄去難民婦女多人，下落不明，五，敵在永修除家埠所見農民，不論老幼，捕去活埋，被難者不下四百人，六，被強迫東北同胞及朝鮮人偽充我游擊隊，分十人一組，內繫藍布，身著便服、在奉新一帶大肆騷擾云

——摘自《泸县民报》，1939年4月17日

雲端被攻一小時◇落地投下八炸彈

歐亞機乘客歷險談

◎開遠十七日電、歐亞航空公司第十九號郵機、於十三日在河內附近被日機追擊降落、機上僅有乘客李權梅者一人、記者今晚特往晤訪、談及當時之情形極詳、李君業商、年卅五歲、郵機降落時受輕傷、現已逐漸痊愈、據稱機上共七人、六人係歐亞公司職員、內德籍者四人、此次七人之得以不死、實賴德籍機師之臨事鎮靜駕駛技術精良、是日郵機由河內飛滇、下午三時十五分、遭遇日機三架、向之追擊、未幾復遇日機三架、計共六架、機師見狀、即將郵機飛入雲際躲藏、於是一方追逐、一方躲避、幾達一小時之久、郵機有時飛行甚高、惟曾一度受日機六架之上下夾擊、機師最後以精巧之駕駛術、使機身逃出重圍、向高山中之山谷下強迫降落、得免於難、本人遇險時、即平臥機上、當時心情極爲紛亂、惟日機向郵機掃射之鎗聲、則瀝瀝可聞、機身被擊中者數處、降落後、日機猶向之投下炸彈八枚、幸機身僅受微損、修理後仍可飛行、降落之地點、係在茅坪鎮界內、距法屬安南邊境僅二里、機師踝骨折斷、李君因降落後、即跳出機外、故皮膚亦被擦破數處、降落後立即設法通知茅坪鎮當局、茅坪距降落地點約十英里、而當局竟能於一小時親來援救、並派人護送離境、機上人員步行三日、於十六日抵法屬安南之府林車站（譯音在勞開以南）、途中備嘗艱苦、某次僅有雞蛋充食、且曾涉一深至腰之小溪、本人抵府林後、即乘火車赴滇、於今晚抵開遠、其他機上人員、仍留越醫治云、

——摘自《时报》（上海），1939 年 4 月 20 日

敵機襲湘

狂炸芷江

中央社長沙廿一日電：敵機十八架，自鄂飛經沅江，於下午一時許抵芷江，投彈百餘枚，四城大火，民衆死傷甚多，尤以南門受害最烈，荼毒肆虐後向北逸去。

——摘自《新华日报》（汉口），1939 年 4 月 22 日

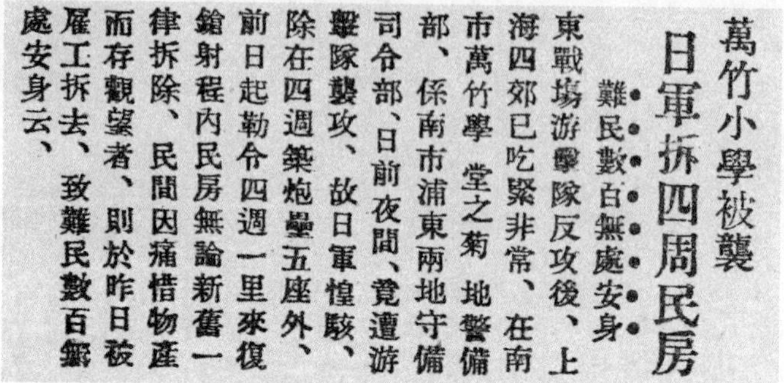

萬竹小學被襲
日軍拆四周民房
難民數百無處安身

東戰場游擊隊反攻後、上海四郊已吃緊非常、在南市萬竹學堂之菊地警備部、係南市浦東兩地守備司令部、日前夜間、覺遭游擊隊襲攻、故日軍惶駭、除在四週築炮壘五座外、前日起勒令四週一里來復鎗射程內民房無論新舊一律拆除、民間因痛惜物產而存觀望者、則於昨日被雇工拆去、致難民數百無處安身云、

——摘自《新闻报》（上海），1939 年 4 月 23 日

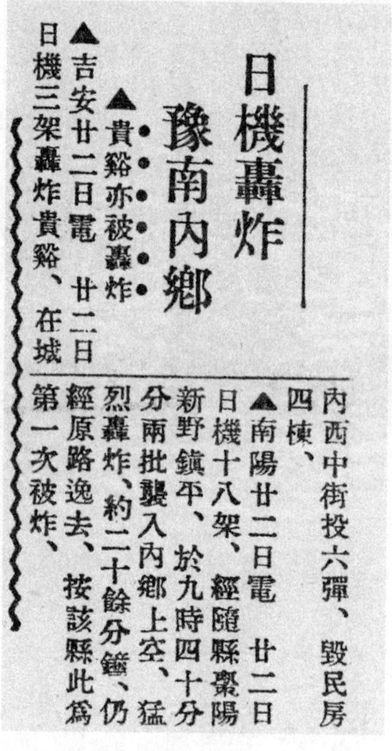

日機轟炸豫南內鄉
貴谿亦被轟炸

▲吉安廿二日電 廿二日日機三架轟炸貴谿、在城內西中街投六彈、毁民房四棟、

▲南陽廿二日電 廿二日日機十八架、經隨縣棗陽新野鎮平、於九時四十分分兩批襲入內鄉上空、猛烈轟炸、約二十餘分鐘、仍經原路逸去、按該縣此爲第一次被炸、

——摘自《新闻报》（上海），1939 年 4 月 23 日

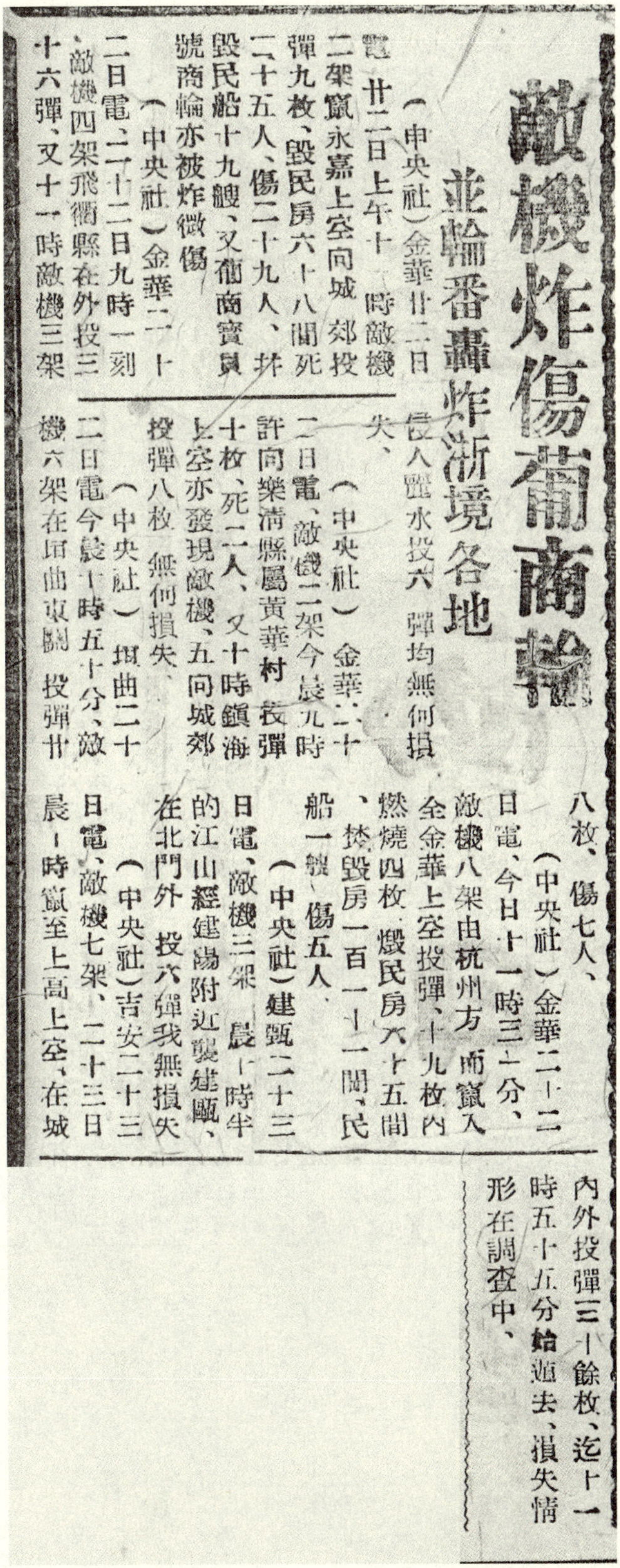

敵機炸傷甯商輪

並輪番轟炸浙境各地

（中央社）金華廿二日電　廿二日上午十一時敵機二架竄永嘉上空向城郊投彈九枚、毀民房六十八間死二十五人、傷二十九人、并毀民船十九艘、又甯商寶員號商輪亦被炸微傷

（中央社）金華二十二日電、二十二日九時一刻、敵機四架飛衢縣在外投三十六彈、又十一時敵機三架侵入麗水投六彈均無何損失、

（中央社）金華二十二日電、敵機二架今晨九時許向樂清縣屬黃華村投彈十枚、死一人、又十時鎮海上空亦發現敵機、五向城郊投彈八枚、無何損失、

（中央社）埧曲二十二日電今晨十時五十分、敵機六架在埧曲東關投彈廿八枚、傷七人、

（中央社）金華二十二日電、今日十一時三十分、敵機八架由杭州方面竄入全金華上空投彈、十九枚內燃燒四枚、燬民房六十五間、焚毀房一百一十一間、民船一艘、傷五人、

（中央社）建甌二十三日電、敵機三架晨十時半的江山經建陽附近襲建甌、在北門外投六彈我無損失

（中央社）吉安二十三日電、敵機七架、二十三日晨十時竄至上高上空、在城內外投彈三十餘枚、迄十一時五十五分始逝去、損失情形在調查中、

——摘自《华西日报》，1939年4月24日

日機騷擾浙東

▲金華廿二日電　日機二架、今晨九時許向樂清縣屬黃華村投彈十枚、死二人、又十時鎭海上空、亦發現日機五架、向城郊投彈八枚、無大損失、

▲金華廿二日電　十一時日機二架、竄永嘉上空、向城郊投彈九枚、毀民房六十八間、死廿五人、傷廿九人、並毀民船十九艘、又甯商寶貝號商輪、亦被炸微傷、

▲金華廿二日電　廿二日上午九時一刻、日機四架飛衢縣、在城外投卅六彈、又十一時日機三架侵入麗水、投六彈、均無何損失、

▲金華廿三日電　今日十一時卅分、日機八架由杭州方面竄入金華上空、投彈十九枚、內燃燒彈四枚、毀民房六十五間、焚燬一百十一間、民船一艘、傷五人、

——摘自《新闻报》（上海），1939 年 4 月 24 日

衡陽被炸之慘

字林西報載衡陽英國教士嘉伯勒、致書寓滬家屬、述及四月六日日本飛機轟炸衡陽情形云、先兩日、即有日本飛機一隊、繞城一匝、旋即悄然飛去、並未投彈、六日上午十時、警報又作、謂有日機將至、十一時許、先有一機自東方來窺察一周、未幾、機聲大作、飛機十八架、隆隆而至、教會中避難之人、忽遽避入地窖俄而炸彈聲轟然、飛機落彈如雨、彈盡始去、城中到處火燒、嘉伯勒教士出窖看視、見兩婦滿身泥土、幾不可識、謂教會房屋、兩次被轟、當即偕其他兩醫士前往、見房屋牆壁尙存、屋已下墮、其中被壓多人、呼號未絕、後即逐一設法扒出、一人因傷重、於次日身死、衡陽遭此浩劫、全邑殆成灰燼、後查得電報局●郵政局●及一中國醫院、均遭炸燬、醫院中傷病之人數百、逃出者不過數人、餘皆埋沒其中、醫院屋頂、本有紅十字旗章、亦所不免、教會醫院中、以受傷求治者多、醫學應用之物、當時即用盡一空、十五分鐘間、繁盛之城邑、幾化爲邱墟云、

——摘自《新闻报》（上海），1939 年 4 月 24 日

芷江被炸死四百人

▲美聯社重慶廿三日電、據此間所接華方報告、日機十八架、上星期五炸湘黔邊境之芷江、結果、平民四百人被炸慘死、日機投下炸彈計數百枚、（其中不少係燃燒彈）、城中數處起火、同時、豫省東南之內鄉（距陝省邊境東六十英里）亦於昨日遭日機慘炸、

又正太及平漢路日軍運輸極忙、

——摘自《南宁民国日报》，1939年4月24日

寇機到處肆虐

南潯嘉興及浙贛路均被炸

上饒二十二日電：今日敵機分四批進襲浙贛路東段，第一次上午十時，敵機一架，自南昌方面東飛饒，玉山，常山等縣窺察，[illegible]原路折返，第二次十一時許，敵轟炸機二架，飛玉山肆虐，在城內關廂投彈八枚，損失未詳，第三次十二時許，敵機四架，復自南昌方面東飛，[illegible]十[illegible]里處投彈，我無損失。[illegible]，玉山[illegible]折回[illegible]面逸去。

[illegible]一時敵機二架，竄永[illegible]向城郊投彈九[illegible]毀民房六十八間[illegible]五人，傷廿九人

二十二日電：二十二日敵機三架轟炸貴溪，在城內西中街投彈六枚，毀民房四棟。

南陽廿二日電：廿二日敵機十八架，經隨縣，棗陽，新野，于九時四十分竄平，[illegible]分批竄入內鄉上空，猛烈轟炸，約二十餘分鐘，仍經原路逸去，共投彈百餘枚，人民傷亡房舍損失在調查中，按該縣此為第一次被炸。

金華廿二日電：[illegible]

，並毀民船十九艘，又衢商口口被炸，傷[illegible]

金華廿二日電：敵機二架，今晨九時許向樂清縣屬黃華村投彈十枚，死二人，又十時鎮海上空亦發現敵機五架，向城郊投彈八枚，無何損失。

——摘自《南宁民国日报》，1939年4月24日

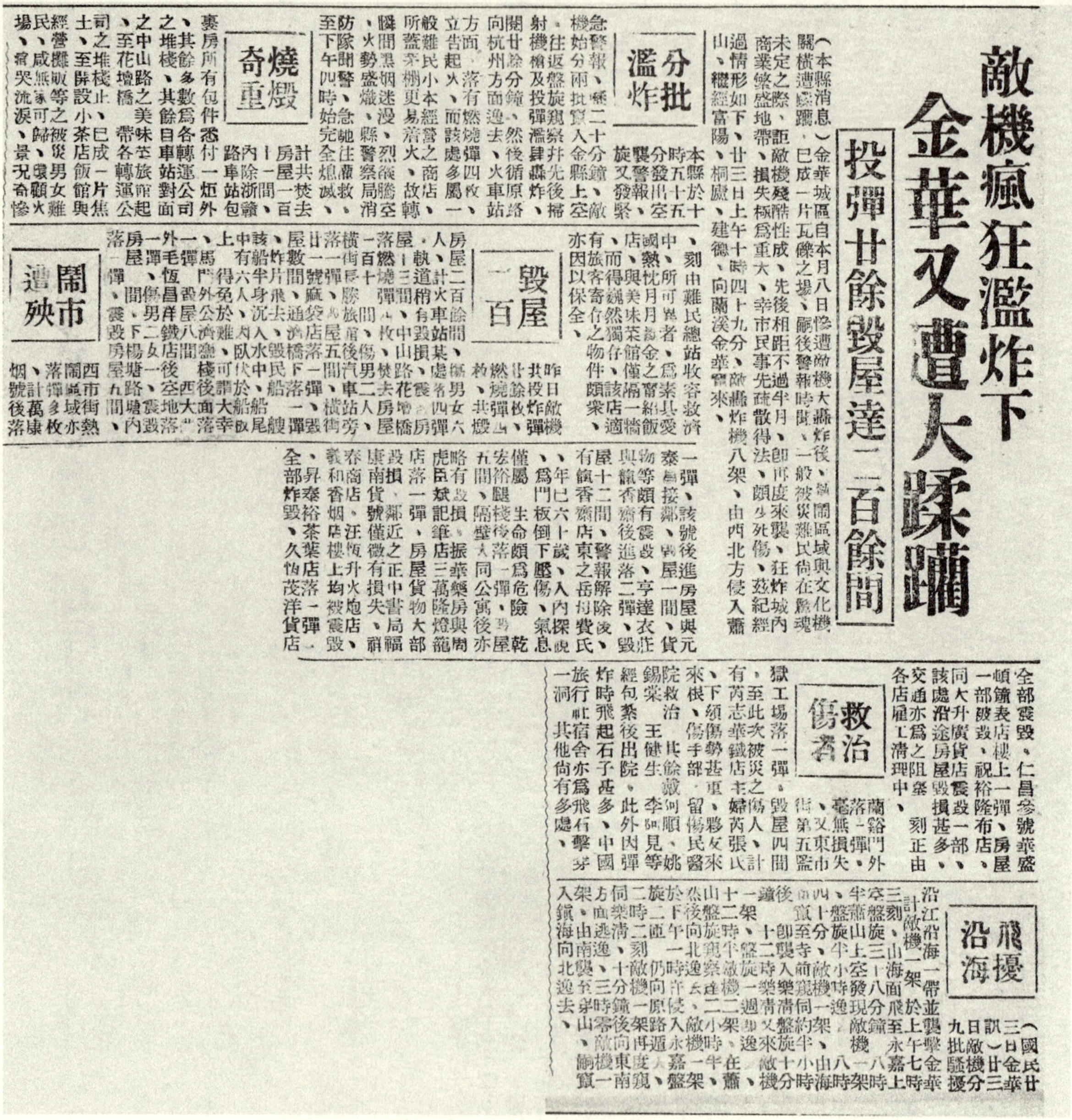

敵機瘋狂濫炸下
金華又遭大蹂躪
投彈廿餘毀屋達二百餘間

（本縣消息）金華城區自本月八日慘遭敵機大轟炸後、熱鬧區域與文化機關橫遭蹂躪、已成一片瓦礫之場、厥後警報時聞、一般被災難民尚在驚魂未定之際、詎敵機殘酷性成、先後相距不過半月、即再度來襲、狂炸城內商業繁盛地帶、損失極爲重大、幸市民事先疏散得法、頗少死傷、玆紀經過情形如下、廿三日上午十時四十九分、敵轟炸機八架、由西北方侵入蕭山、經富陽、桐廬、建德、向蘭溪金華竄來、

分批濫炸

本縣於十時五十五分發出空襲警報、旋又發緊急警報、越二十分鐘、敵機始分兩批竄入金縣上空、往返盤旋窺察并先後掃射機槍及投彈濫肆轟炸、閱廿餘分鐘、然後循原路向杭州方面逸去、火車站方面、落有燃燒彈四枚、立告起火、而該處多屬一般難民小本經營之商店、所蓋茅棚、更易着火、故轉瞬間黑烟迷漫、烈燄騰空、火勢盛熾、縣警察局消防隊聞警、急馳往灌救、至下午四時始完全熄滅、

燒燬奇重

計共焚去房屋一百十一間、內除浙贛路車站包裹房所有包件悉付一炬外、其餘多數爲各轉運公司之堆棧、其餘自車站對面之中山路之美味芸旅館起、至花壇橋帶各轉運公司之堆棧止、巳成一片焦土、至屏設小茶店飯館與經營攤販等之被災男女難民、咸無家可歸、環顧火場、啼哭流淚、景況奇慘

毀屋一百

鬧市遭殃

救治傷者

飛擾沿海

——摘自《东南日报》（金华），1939 年 4 月 24 日

敵機四出狂炸

金華建甌上高均遭轟炸
福州救濟院全部亦被炸

本報福州二十一日專電（遲到）閩江口敵艦兩艘、載機四架、二十一日晨八時、至晚五時、三次進襲本市、一次在中山路投九彈、毀屋兩座、救濟院全部被炸、死傷老人十餘、二次在尚賓路、投八彈、毀屋十餘座、傷三人、在台江汎投二彈、毀屋一座、三次在台江汎投七彈、毀屋三座、餘無損失、

中央社金華二十三日電　今日上午十一時三十分、敵機八機、由杭州方面竄入金華上空、投彈十九枚、內燃燒彈四枚、炸毀民房六十五間焚燬民房一百一十一間、民船一艘、傷五人、

中央社建甌二十三日電　敵機三架、晨十時半、由江山經建陽附近襲甌、在北門外投六彈、均落荒地、我無損失、

中央社吉安二十三日電　敵機七架、二十三日晨十時、竄至上高上空、在城內外投彈三十餘枚、迄十一時五十五分、始逸去、損失情形在調查中、

中央社宜昌二十三日電　敵機九架、二十三日晨、轟炸沙洋、投彈二十枚、燬屋數間、傷民衆數人、

——摘自《时事新报》（重庆），1939年4月24日

日機炸溫州

（金華廿四日電）日機三架，今日分三次轟炸永嘉，投彈十一枚，毀民房百餘間，人民無死傷。

——摘自《每日译报》，1939年4月25日

日機故意轟炸
晉沁州英教會

（路透重慶二十四日電）據遲到之消息稱，晉南沁州之英教會，於四月四日，爲日機有意擲彈轟炸，但無死傷。

——摘自《每日译报》，1939年4月25日

金華上高建甌
慘遭敵機轟炸

金華廿三日電：今十一時卅分，敵機八架由杭州方面竄入金華上空，投彈十九枚，內燃燒彈四枚，毀民房六十五間，焚燬屋廿一間，民船一艘，傷五人。

吉安廿三日電：敵機七架，廿三日晨十時竄至上高上空，在城內外投彈卅餘枚，迄十一時五十五分始逸去，損失情形在調查中。

建甌廿三日電：敵機三架晨十時半，由山江經建陽附近襲甌，在北門外投六彈，我無損失，

——摘自《南宁民国日报》，1939年4月25日

敵機遍擾浙境

二炸永嘉市

毀屋百餘間幸無死傷

（本報廿四日永嘉電）敵機廿四日三次襲擊永嘉市、晨九時半、十一時半、午後一時許、敵機各一架、轟炸永嘉城區及郊外、共投彈十二枚、毀屋百餘間、溫州中學亦遭炸毀、二時許、敵機一架又在樂清南岙投彈三枚、

（本報廿五日樂清電）敵機一架、廿四日下午一時半、在樂清西南之盤石衞投六彈、旋竄沙頭村、以機槍掃射平民、

（國民廿四日金華訊）廿四日浙省境內共發現敵機十五批、計廿一架、遍擾各地、幷三度襲擊永嘉、幸人無死傷、惟物質稍有損失、本縣亦於十二時三刻發出空襲警報、至十二時五十一分又發緊急警報、直至三時許始解除、茲誌情形於后、

襲擊市區

敵機一架、於上午六時五十分侵入寺前、旋至樂清盤旋四十分鐘後、又竄永嘉窺伺二十分鐘至八時半、寺前又來敵機一架、盤旋五分鐘、經樂清向海面逸去、九時一刻、敵機一架再入寺前、經樂清至永嘉、在西門外下營昌林火柴公司投彈一枚、毀屋十間、廣茂木板行投一彈、毀屋二間、五倫頭投彈二枚　毀屋十三間、十一時三刻敵機一架、再至永嘉盤旋半小時後、在西門外處史巷永嘉火柴公司投二彈、毀屋廿間、裕生碼頭投一彈、毀屋十間、甌大利板廠投一彈、毀屋廿間、久廣大米廠被焚、燬屋六間、十二時五十分、敵機一架三度犯永嘉、先盤旋廿分鐘後在中山馬路福通號商店投彈一枚、毀屋一間　倉橋溫州中學投彈一枚、毀屋十餘間、倉橋裏投彈一枚、毀民房十餘間、某地亦投一

彈、無損失、十二時半及下午一時五十分、敵機各一機、均經寺前樂清向南逸去、另有敵機一架於二時半侵入樂清、在南岙投彈三枚、我無損失、嗣經寺前向海面逸去、

騷擾各縣

敵機四架、由西北方襲來、於八時三刻侵入蕭山盤旋廿分鐘後逸去、十一時廿分敵機四架、再竄入蕭山、盤旋約半句鐘、九時五十分敵機一架、在石浦發現、經穿山鎮海向北逸去、十二時四十分敵機二架、由贛闖入江山、旋經衢縣龍游又折至遂昌松陽宣平永康新昌嵊縣上虞紹興百官、至臨山後向北逸去、十二時三刻、敵機三架、再由贛境竄入廿八都（江山）飛經嶺頭衢縣蘭谿、一時零越過本縣上空、再經浦江諸暨臨浦、向杭州方面逸去、敵機一架、於十一時三刻、侵入華埠　經馬金上方遂安壽昌建德桐廬新登富湯向北逸去、有敵機一架、於一時半至馬金、過遂安淳安建德蘭谿浦江諸暨嵊縣上虞、至臨山後向北遁去、

濫炸芷江

（中央廿四日重慶電）廿一日下午、敵機飛芷江濫炸平民區及各內地會、咸中彈多枚　炸燬該處內地會傳教士白克特電孫夫人報告芷江各平民機關被炸之情形、據稱、蔣夫人在芷江所創設之戰時保育院、中彈數枚、完內有兒童二百人、幸均未受傷、內地會會所住宅、亦被毀多所、外僑幸無死傷、後各兒童乃不得不至近郊棲身　白克氏最後尚、彼能與中國友、甘患難、衷心至爲欣慰云

——摘自《东南日报》（金华），1939 年 4 月 25 日

日機四批轟炸溫州

▲金華二十六日電　連日溫州沿海日艦、不時騷擾炮擊、溫滬航線二十五日已無形中斷、二十五日午大門山日艦二艘、續犯黃華(屬樂清)、炮戰一小時、日艦一艘、命中二彈、負創逃去、二十六日日爲報復起見、自晨至午、有水上飛機十一架、分四批飛永嘉、投彈三十餘枚、毀屋一百一十餘間、死七人傷六人、

——摘自《新闻报》（上海），
1939 年 4 月 27 日

宜昌市區被炸

◎宜昌二十六日電、二十六日正午日機八架襲宜、在市空盤旋一週、續有日機六架侵入、分別在市內平民區及河西一帶濫施轟炸、市區落燃燒彈甚多、死傷平民數十人、河西方面損失尙微、

——摘自《时报》（上海），
1939 年 4 月 27 日

福州一日中遭三次轟炸

閩江口外日艦增至十艘
空氣緊張人民加緊疏散

(福州快函)福州於本(廿一)日遭日機三次轟炸、第一次爲早間八時四十分、由停泊白犬洋日艦上起飛日機四架、本市即發出第一次警報、該機經長門川石琯頭閩安鎮等地、至九時侵入市空、即向北庫巷省立救濟及縣政人員訓練所附近投八彈、傷救濟院職員林友桂李子琴等數人、及傷在院撫養之小孩二十餘名、旋各機續向該院之養老部投六彈、死老人林天官馬炎官三名、傷十餘名、該救濟院之辦公廳及養老部屋簷完全燬壞、附近民房亦震倒數間、幸人民已先躱避、尙無死傷、該機最後再向中山路××及警官訓練所等處投彈九枚、無甚損失、至九時零三分、始經馬尾琯頭返白犬洋艦上、甫降落片刻、即續於九時四十五分起飛、分在連江長樂長門川石一帶環飛偵察、並有一次警報解除未久、而二次警報繼響、迨十時十五分、該機下降艦上、本市始發二次解除警報、距午後一時零五分、三次警報又作、仍由白犬洋日艦上飛起、日機四架、一時十五分侵入市空、於東南角繞飛三匝後、即向城內尙賓路及舊按司前省府印刷所都司巷警局戒烟所等處投彈十餘枚、傷十餘人、燬屋十餘間、嗣飛至南台、分向新港及江濱路投千磅重彈一枚、及二百磅者三枚、僅傷船戶一名、餘無損失、該機轟炸畢、即循原路飛返、二時十五分、本市發第三次解除警報、乃未及一小時、而第四次警報又作、此次祇有三機侵入市空、向江濱路投彈四枚、中兩枚係琉璜彈、焚燬同亭號貨倉一所、餘無損失、該三機旋有一機飛至新港、向電燈公司投五百磅重彈一枚、中煤炭堆上、無甚損失、餘二機分飛城內、向光復路及泉山投三彈、損失甚微、(死傷情形在調查中)至四時十分、三機始離市空、四時三十分、本市發第四次解除警報、此竟日三次轟炸、四次聽聞空襲警報、實爲本市自抗戰後之僅有情形、因此造成空氣之極度緊張、至閩江口外、據報現有日艦十艘、流動巡泊於白犬洋馬祖澳及川石封鎖線附近、且有四烟筒巨型艦一艘、華沿海守軍已嚴陣以待、當局對於各機關學校、已令全部疏散、中學悉向北移、小學或移或解散、日來均已開始遵辦、人民亦經加緊疏散、據外人觀測、福州及沿長連迄閩南閩東各縣防務、本已異常鞏固、現更有極充實之配備、隨時隨地足應事變、一切抗戰力量、已非昔日可比、日果輕舉來犯、必遭重大打擊、查閩江口外現泊有英美艦各一、據謂係備必要時保僑之用、但英美領署尙未承認此說、教會及慈善界主辦之難民收容所、前以閩局緩和停頓、現則已繼續積極籌辦云、

——摘自《新闻报》（上海），1939 年 4 月 27 日

甌海敵艦無異動
寇機狂炸永嘉城

（本報廿六日永嘉電）廿六日甌江口外敵艦無異動、烏[illegible]嶼（在黃大岙西北）敵艦廿五日擄刦商船廿隻、縱火焚燬、船夫百餘人生死不明、廿四日大門山敵艦亦焚燬漁船一艘、廿六日敵機殊爲猖獗、自晨六時起至下午一時止、敵機十三架、分五次襲擊溫州、四次實施濫炸城區、並以機槍掃射、落彈地點以東門西門爲最多、計在府前街世界書局、化魚巷潭、前坦園、裕源南貨店、淘化公司、福祿林舊貨店、象門、西門內五侖頭、天窗巷、元興南貨店、甌江鋸板廠、麻行等處共投彈廿五枚、民宅店屋被毀者在二百間以上、死傷待查。

（本報廿六日甯波電）敵機五架、廿六日晨十時襲鎮海、投彈十二枚、毀汰江中民船數隻其中兩架飛甬市窺察、並擲荒謬傳單

蹂躪永嘉

（國民二十六日金華訊）二十六日自清晨六時許起、至下午一時半止、浙沿海沿江一帶、共發現敵機十三批、永嘉又被慘炸、鎮海亦遭襲擊、本縣於十時許曾發警報一次、詳情誌后、敵機四架、於六時二十四分由海面窺來、經寺前襲入永嘉、在城區投彈十枚、毀屋六十六間、八時半又來敵機二架、仍在城區東門及西門一帶投彈四枚、毀屋九間、[illegible]時一刻、敵處三架、三度窺入、在東門外及天窗巷等處投彈六枚、毀屋五十三間、死七人、傷六人、十時五十八分、敵機二架、越過寺前、又闖入永嘉、窺伺三十五分鐘、仍循原路逸去、十二時半、敵機二架四次犯永嘉、在象門西門二處投彈五枚、毀屋五間、下午一時廿五分、敵機二架、至寺前盤旋三刻鐘、旋向海面逸去、

襲擊鎮海

敵機二架、於十時半侵入穿山、旋經鎮海至龍山後、仍折回鎮海、在新山北碼頭江邊及招寶山各投一彈、傷二人、後至甯波、再度折回鎮海、在江南荒地投二彈、無損失、十一時一刻、敵機二架經穿山至鎮海向北逸去、

騷擾各地

八時半後、敵機各二架、先後由杭方侵入蕭山、盤旋良久、向原路逸去、九時許敵機一架、再窺蕭山窺伺三刻鐘、九時一刻敵機二架、襲入臨安、後卽向東北逸去、九時半敵機三架侵入濟山、經餘姚天台至仙居、旋卽折循原路逸去、

——摘自《东南日报》（金华），1939 年 4 月 27 日

豫東敵大肆燒殺
常營集血流成渠

豫

◇東部

（中央廿七日洛陽電）連日敵數路猛犯我豫東常營集（在太康西北、與扶溝接境）經數晝夜之血戰、共斃敵五六百、廿三日拂曉、敵又增援、藉飛機大炮之掩護、復向我猛攻、乃得竄入該鎮、對我民衆大肆燒殺、一日內殺我無辜民衆千餘人、全鎮血流成渠、慘酷情況、無異地獄、鎮上房屋、則被焚毀十之七八、自我軍到達某有利地帶後、即向敵側後猛攻、敵腹背受擊、乃狼狽向淮（陽）太（康）通（許）方面潰退、我正分途追擊中、

◇北部

（中央廿七日洛陽電）駐新鄉之敵軍井關司令部、近發表一統計、自二月迄今、豫北敵軍被我擊斃者計二千餘名、傷者亦有二千餘、此項統計、出自敵方、當屬可靠、而豫北自二月來並無大戰、敵傷亡達四千餘人、亦可觀矣

晉

◇南部

（中央廿七日瀧關電）翼城敵連日仍在城郊與我某部激戰、至廿三日止、敵共傷亡七八百名、屍體陸續向曲沃轉運、廿五日我某部突出奇兵、猛襲翼（城）曲（沃）間重要據點秦田鎮、翼曲交通被我阻斷、刻我軍仍猛攻翼城中、

（中央廿七日興集電）月來我猗氏警察隊、配合游擊部隊、在嵋陽鎮附近、與僞皇協軍尙老西部時有激戰、我獲步槍四十餘支、尙部翟乃孝率人槍七十餘反正、已受我某司令收編、

（中央廿七日垣曲電）晉南安邑運城一帶之敵、近因我軍進擊、遭受重傷、現積極增强各據點工事、並揚言於廿九日向我反攻

◇中部

（中央廿七日興集電）洪洞西迄萬安三十餘里之公路、爲我澈底破壞、趙城永樂間鐵路、再度炸毀、廿二日敵我在趙城以北之申村張戶窯等地激戰時、我某支隊由後店裏以南側擊、敵遂向北石明（在趙城西北）稽村（在霍縣西北）等處潰退、我追擊

至稽村、敵以猛烈炮火掩護、渡汾河東撤、廿二日午後三時、敵一部再犯好義村（在趙城西南）、經我痛擊後、退回趙城外、

綏

（中央廿七日五原電）廿二日晨十時、敵汽車廿餘輛、炮四門、猛犯烏蘭腦包（在五原東北）、我某部一面抵抗、另出奇兵、一部迂迴敵側翼、猛予襲擊、當毀敵汽車一輛、內載炮彈等物極多、旋敵增援反攻、井施放催淚性毒彈槍、廿三日晨、我軍全部出擊、斃敵甚多、殘敵竄逃、

——摘自《东南日报》（金华），1939年4月28日

敵機襲溫台

狂炸長汀蹂躪廈大

擾◇浙 （國民廿七日金華訊）連日來敵機不斷濫炸我不設防城市、幸我民衆鎮靜應付、故僅受物質損失而已、廿七日敵機又分竄臨海永嘉施虐、慈善團體及私人醫院、同遭蹂躪、敵機如此暴行、可謂滅絕人性、計敵機一架、於八時一刻竄至樂清、經寺前向東逸去、敵機二架、於八時半侵入蕭山、盤旋一刻鐘、向北逸去、八時三十三分、敵機六架、發現於龍山、旋經鎮海甯海至臨海、

在城內育嬰堂等處投彈十五枚、死一人傷二人、毀屋廿餘間、民船七艘、敵機一架、於八時許闖入永嘉、先盤旋一小時餘、後在西門投彈一枚、毀屋廿六間、十時左右敵機一架、至樂清經寺前向東北竄去、敵機三架、於十時三刻窺察蕭山、盤旋三十四分鐘後、向北逸去、十時零敵機一架、經玉環至松門海門黃岩等處窺伺、十一時又有敵機一架、在海門發現、嗣越過黃岩臨海樂清抵永嘉、在城內百爾氏醫院及西門外一帶、投彈四枚、毀屋十七間、餘無損失、

侵◇閩 （中央廿七日延平電）廿七日午後三時半、敵機三架、侵入閩西長汀、狂炸廈門大學、投彈十五枚、死傷多人、損失慘重、敵摧殘我教育文化機關、狂暴獸性、久爲中外所切齒、廈大再度被毀、論者莫不髮指、

襲◇鄂 （中央廿七日宜城電）敵機十五架、廿七日晨七時轟炸荊門及宜城南之紅土坡、兩處死傷平民三十餘人、毀屋五十餘棟、

——摘自《东南日报》（金华），1939年4月28日

日機炸廈大

（延平廿七日電）廿七日午後三時半，日機三架，侵入閩西長汀，狂炸廈門大學，投彈十五枚，死傷多人，損失慘重。日軍摧殘華方教育文化機關，久為中外所切齒。廈大再度被毀，論者莫不髮指。

——摘自《每日译报》，1939 年 4 月 28 日

漢口撤退美僑縷述

在漢遭遇之痛苦

外人之自由遭日方剝奪無遺

日偽領導「仇外」運動抬頭

被困於漢口之美國僑民一行四十三名、業於二十六日由美艦「依賽保爾」與「歐湖」兩艦載送來滬、其中除美僑二十三名外、另有俄使館人員十一名、瑞士僑民四名、瑞威輸僑民二名、波等所以不欲僑居於漢口之原因、實基於該地環境惡劣、商業已瀕絕境、據漢口撤退來滬之僑民語記者稱、「漢口乃中國最優勝之地、惟自華軍撤退後、該處即遭日偽盤踞、外商在漢、深感苦痛、並臚舉七點告記者、據稱（一）漢口無自來水、該地當局管理自來水、每日上午九時至十時、下午一時至三時、僅開放三小時、（二）商業備形殘壞、中國與外國商人均受打擊、（三）日本商船僅載日商貨物、對於外商貨物、一概禁止發運、（四）排外組織、頗形抬頭、對於僑居漢口之外人、偽組織傀儡大事「仇外」、此種「仇外」工作、到處接踵而起、（五）日人在漢口約束外人之自由、遇見日軍時、須行按手禮、（六）漢口無處可求娛樂、（七）商業低落云、又據漢口亞細亞火油公司費旋森君談、日海軍所需火油、均由運輸艦裝來、每日所需、為數殊鉅、漢口近來缺乏燃料、取求頗不易、復經凡立夫氏談、漢口之唯一大旅館名「都會旅館」者、現已無人問津、可謂十室九空、該大旅館原屬瑞士人所有、自日軍佔據漢口後、幾無法營業、按凡立夫氏為漢口外商中之領袖、僑漢已歷有年數、日本閥體、在漢口所使用幣制、係為日圓、現居於漢口之日僑、大概在三千名至五千名左右、記者向撤退之外僑以「是否日人准許中外人士經商」、據答稱「僅日人而已」、事實已昭示、日人在漢之商業、已壟斷外人之貿易、殆無異議矣、

——摘自《华美晨报》，1939 年 4 月 28 日

日機轟炸荊門

宜昌前日被炸損失頗重

▲宜城廿七日電　日機十五架、今晨七時、轟炸荊門及宜城南之紅土坡兩處、死傷軍民三十餘人、燬屋五十餘棟、

▲路透社廿六日宜昌電　日本驅逐機八架與轟炸機十二架、今日襲宜昌、在此間東部長江對岸郊外轟炸、毀房數百幢、大半起火焚燒、死傷約七十

——摘自《新闻报》（上海），
1939 年 4 月 28 日

炮轟空襲之下

溫州形勢仍穩定

▲寗波廿七日電　溫州日艦二艘、廿五日十二點又向黃華關砲轟二百餘發、經華方還擊、一艘負創退溫州口靈崑峯、廿五日下午一點、有日五百登陸、但旋退、鎮海廿六日十點來日機三架偵察、十一點又來五架、在城郊投九彈、一架飛甬盤旋、復飛鎮投五彈、傷五人、

▲新新社訊　滬航業界續接電告　溫州黃華洋面二十五二十六兩日均有砲戰　二十六日日機十餘架、分批在永嘉投彈二十餘枚、房屋被燬一百十餘間、死平民七人、受傷六人、

——摘自《新闻报》（上海），
1939 年 4 月 28 日

敵機狂炸廈門大學

死傷多人損失慘重

汕頭澠池垣曲亦遭空襲

中央社延平廿七日電：二十七日午後三時半，敵機三編，侵入閩西長汀，狂炸廈門大學，投彈十五枚，死傷多人，損失慘重。敵摧殘我教育文化機關，狂施獸性，大爲中外所切齒，廈大再度被毀，聞者莫不髮指。

中央社汕頭二十七日電：敵機一架，今日上午三次來襲，在市區繁盛地點共投十餘彈，傷十餘人。

中央社洛陽二十七日電：本日先後敵機共二十架，分七次至澠池縣屬南村附近投彈，九時四十分敵機六架至垣曲投彈，損失待查。

——摘自《新华日报》（汉口），1939 年 4 月 28 日

濫行肆虐殘殺無辜

日機狂炸甯波

靈橋兩塊徽投彈死傷百餘人
市廛發生大火受災區域甚廣

據航業界消息，甯波於廿六日晨，曾遭日機三架空襲，在鎮海口招商碼頭投彈五六枚，圖炸老太平輪，但多落江心，故無甚損害。詎昨午本市德商禮和洋行船務部，又接甬分公司電告云：「今晨日機五架襲甬，在靈橋兩塊投彈十七枚，傷人頗多，房屋焚燒，發電時，火尚未熄，詳情續告，十一點發。」依據上面所稱，則昨晨空襲情形，似屬相當嚴重。記者復於昨日下午六時許，向德商禮和洋行船務部探悉，該行於下午五時許，續接甬分公司電告，謂死傷人數，達百餘人以上，受災區域頗廣，大火至三時餘尚未停止，江東後塘街，及天后宮至靈橋小菜場止，一帶房屋均波災。一般旅滬甬人聞訊後，均關切異常。據探悉，靈橋即係老江橋，靈橋之東塊為江東街，西塊則為鹹河頭，(即半邊街)該處商肆林立，市廛繁盛，故此次遭日機轟炸，死傷定較衆多，但甯波純為不設防城市，日機之濫行肆虐，殘殺無辜，實愈益暴露其猙獰之面目云。

——摘自《每日译报》，1939年4月29日

日機炸長汀
廈大全毀

（重慶廿八日美聯電）昨日下午三時卅分、日轟炸機三架、飛往福建省西部之長汀轟炸、向厦門大學投入炸彈十五枚、該校全部摧毀、死傷甚衆、又昨日日機一架、飛往汕頭轟炸三次、在營業區投下炸彈多枚、結果摧毀房屋多所、

（宜昌廿八日電）日機十三架、倫晨分兩批空襲、向西壩一帶平民區域、瘋狂轟炸、被燬房屋百廿餘棟、死傷卅餘人、

——摘自《晶报》（上海），1939 年 4 月 29 日

日機昨襲宜城

民房多被炸毀損失極重

【常德廿八日電】防空部消息、廿八日晨十時半日機十三架、竄至宜城上空投彈轟炸、損失不詳、

【宜昌廿八日電】日機十三架、廿八日晨分兩批襲宜、首批六架、投彈後逸去、旋日機七架、又由原方向竄來竟向西壩一帶平民區域狂炸、午後復有日機十餘架襲宜未逞、事後據查被毀房屋百廿餘棟、此次因市民早已疏散、故死傷僅三十餘人、

【連縣廿八日電】二十七日上午十時九分、日機兩架飛襲贛州、投四彈、又同日上午一時卅分日機兩架飛福州長汀投六彈、燬民房十餘間、傷小童二人、

——摘自《中美日报》（上海），1939 年 4 月 29 日

航界電滬報告

日機五架 昨晨濫炸甯波市區

投彈十七枚死傷甚多 靈橋兩岸大火已撲滅

旅滬甬人異常關切

意商中意輪船公司昨日下午二時接寧波分公司電告、日機五架、於昨晨九時飛甯波市區、向靈橋（即老江橋）兩岸投彈十七枚、死傷市民甚多、當局正在救護中、兩岸發生大火、當局正在撲滅中、又新聲社記者昨向航業界探悉、甯波靈橋兩岸大火、昨日午後已撲滅、當局設法辦理善後、死傷市民達百餘名、至於外傳二十五日日機向甯波江北岸投彈、圖炸老太平輪之說不確、老太平輪向泊在鎮海招商新江天碼頭、並非泊在甯波江北岸云、

一般旅滬甬人、聞日機炸甬訊、因事關桑梓安寧、故均關切異常、紛紛向同鄉會等各關係方面探詢、尤以靈橋之是否被毀爲念、按靈橋即係老江橋、民國二十四年時、由旅滬甬紳金廷蓀・張繼光・孫梅堂・袁履登・劉鴻生・徐懋堂・方椒伯等發起集資七十萬元、重行改建、全部以水泥鋼骨構成、工程極爲偉大、於二十五年五月落成、該項橋樑、純係便利甬城車輛交通、並壯市容觀瞻、在軍事上無絲毫意義、靈橋之東堍爲江東街、西堍則爲鹹河頭、（即半邊街）該處商肆林立、市廛繁盛、

定甬航行准予恢復

自浙東溫州寧波海門等處禁航後、滬浙交通全斷、惟甯波定海內地航線、今甯波防守司令部已奉第十集團軍總司令劉梗電、准予恢復甬定間航行、仍飭依照通航辦法辦理等因、至於行駛船隻、除葡商利寶輪被扣不能行駛外、已指定德商天寶高登兩輪行駛云、

郵件昨日裝甬一批

上海郵政管理局、爲維持上海與浙東各地郵件、以便民衆起見、經上海郵政管理局長乍配林、向美孚行磋商獲允、由昨日自滬開甬之該行美南號油船、裝往一批、惟均屬輕件信函云、

採辦洋米外匯早准

甯波旅滬同鄉會、爲接濟桑梓食糧起見、採辦洋米五萬石、業經該會通過、並決定採辦西貢米、上項洋米外匯、因去年上春、已經向財政部請准米行採購、此次即作購辦西貢米之用、故手續極爲簡單、祇須滬甬航運一通、即可裝甬接濟云、

甌江關員奉令撤退

浙東之溫州甌海關關員奉令撤退、與停泊在溫之葡商萬國航務公司明和輪接洽、擬由該輪專載關員駛滬、該輪船主已電滬向公司請示、該滬公司因日方濫扣葡輪、故正考慮明和駛滬之安全問題、所以明和輪何日啓椗駛滬、須得滬公司考慮後決定云、

三門灣市面突繁榮

自浙東鎮海口甌江口相繼封鎖後、浙東航行斷絕、據航業界消息、有少數運輸業商人、因浙東洋貨價貴、近僱用帆船、由滬裝貨運往三門灣海游鎮採辦貨物、三門灣市面、因突見繁榮云、

——摘自《中美日报》（上海），1939年4月29日

日機襲贛州

▲連縣廿八日電　廿七日上午十時九分、日機兩架飛襲贛州、投彈四枚、又同日上午十時卅分、日機兩架飛福州長汀、投六彈、燬民房十餘間、傷小童二人、

▲美聯社重慶廿八日電　昨日下午二時二十分日轟炸機三架飛往福建省西部之長汀轟炸、向厦門大學投入炸彈十五枚、幾將該校全部摧毀、死傷甚衆、

——摘自《新闻报》（上海），1939 年 4 月 29 日

日軍不斷摧毀中國文化

厦大被炸損失慘重

無辜平民死傷甚多

▲香港二十八日電　據悉、昨有日機三架、在厦門市區轟炸、向厦門大學投彈十五枚、該校全部炸毀、死傷平民甚多、

▲延平二十七日電　二十七日午後三時半、日機三架、侵入閩西長汀狂炸厦門大學、投彈十五枚、死傷多人、損失慘重、日軍摧殘華方教育文化機關、久爲中外所切齒、厦大再度被毀、論者莫不髮指、

——摘自《新闻报》（上海），1939 年 4 月 29 日

燬屋近千死傷逾百

寗波慘遭大轟炸

臨海永嘉宜昌昨亦被襲擊

（本報廿八日甯波電）敵機六架、廿八日上午八時半襲甬、先投荒謬傳單、繼向靈橋兩岸繁盛商區、投燃燒及爆炸彈二十餘枚、靈橋路東渡路兩地大火、延燒四小時、燬市房五百餘間、死傷百餘人、

（本報廿七日甯波電）（遲到）、德商天寶輪、二十六日由甬開定、在瀝港被敵艦擄赴上海、旅客五十餘人、均失自由、

（本報廿八日臨海電）廿八日下午一時二十分、敵機七架由東南方飛來、又炸臨海城區、投彈十四枚、停泊木龍港民船一艘被炸沉、死民衆一人、民房被燬數十間、

（本報廿七日臨海電）（遲到）廿七日晨九時、敵機六架由甯波飛來、在臨海東門南門內外投彈十五枚、並以機槍向野外難民掃射、死一人傷二人、燬船六隻、十一時、又有敵機一架由海門飛來窺探、

（本報廿八日永嘉電）甌江口外大門山海面、廿八日泊有敵大型艦一艘、小型艦三艘、汽艇七隻、日前敵機竄擾沿海、中有一架機件損毀、墮落翁垟街附近海面、現敵擬設法打撈、

抗戰發生後、我不設防城市之遭敵轟炸者、指不勝屈、敵閥往往於前線失利之時、老羞成怒、更逞其兇暴、濫炸我商業區、最近我軍反攻、各線均捷、而今日（四月廿九日）又爲敵國天長節、倭閥爲掩飾其侵略失敗之戰果、並爲刺激國內人心或竟對我後方民衆更施荼毒、亦難預料云、

犯◇浙

（國民廿八日金華訊）本旬以還、敵機一再狂炸金華、永嘉、鎮海、臨海等縣鬧市區域、祇永嘉一處、被災竟達五六次之多、物質損失亦較其他各地爲重、商業精華、幾全炸毀、廿八日敵機又分批襲擊甯波、臨海、永嘉三地、落彈地點均在城區、損失以甯波最爲慘重、人民死傷逾百、房屋共炸毀千餘間、永嘉因線路受阻、損失情形未詳、詳情於次、

窺◇蕭 廿八日上午八時許、有敵機三架、侵入蕭山、盤旋五十五分鐘後、向北逸去、旋於八時半又竄來敵機三架、在城西北上空盤旋一小時後逸去、

襲◇甬 敵機七架、由東北闖來、經龍山鎮海、於八時五十五分飛至甯波、在城區後塘街、靈橋路、半邊街、車橋弄等處、投彈廿餘枚、死傷一百餘人、毀民房一千餘間、嗣循原路逸去、

犯◇台 敵機七架、飛經玉環、溫嶺、海門、黃巖、仙居、於下午一時一刻侵入臨海、在城區竹江岸、三扶基、商辦臨黃汽車公司後面空地、大田港口一帶投彈十二枚、毀民房六十餘間、

侵◇溫 敵機一架、於一時左右至樂清窺察一週、即向海面竄去、四時一刻、永嘉闖入敵機八架、在城內投彈十餘枚後、向東逸去、

襲◇贛

（中央廿八日連縣電）廿七日上午十時九分、敵機兩架飛襲贛州、投四彈、又同日上午十時三十分、敵機兩架飛福州長汀投、彈、毀民房十餘間、傷小童二人、

炸◇鄂

（中央廿八日宜昌電）敵機十三架、廿八日晨分兩批襲宜、首批六架、投彈後逸去、旋敵機七架、又由原方向竄來、竟向西壩一帶平民區域瘋狂轟炸、午後復有敵機十餘架襲宜、未逞、事後據查被燬房屋百廿餘棟、此次因市民早已疏散、故死傷僅二十餘人云

——摘自《东南日报》（金华），1939年4月29日

敵機二十餘架
昨分三批襲宜昌
兩批入市區投彈燬屋百餘棟
市民早疏散死傷僅卅餘

本報金華二十八日專電　敵津崎少佐指揮之海軍敵飛機隊、近常至衢州等地肆虐、昨晨該隊擬飛金華、被我高射砲隊在江山附近擊落一架、當即焚毀、

中央社宜昌二十八日電　敵機十三架、二十八日晨分兩批襲宜、首批六架、投彈後逸去、旋敵機七架、又由原方向竄來、竟向西壩一帶平民區域瘋狂轟炸、午後復有敵機十餘架襲宜未逞、事後據查、被燬房屋百二十餘棟、此次因市民早已疏散、故死傷僅三十餘人云、

中央社連縣二十八日電　二十七日上午十時九分、敵機兩架、飛襲贛州、投四彈、又同日上午十時三十分、敵機兩架飛福州長汀投六彈、燬民房十餘間、傷小童二人、

中央社洛陽二十八日電　二十七日、敵機先後二十架、在垣曲河南岸及澠池縣屬南村等處轟炸、據調查、計在垣曲投彈三十餘枚、死十六人、傷十三人、毀房九十餘間、並毀民船九隻、

——摘自《时事新报》（重庆），1939 年 4 月 29 日

航業界續接電告
寗波被炸受損慘重
靈橋一帶房屋被毀達千餘間
死無辜平民一二百餘厥狀殊慘

本市航業界昨午續接甬方電告，稱前晨靈橋一帶，遭日機轟炸，投彈達十七枚之多，且多係燒夷彈，兩岸房屋中彈後，立卽起火焚燒，經當局努力撲救，結果大火，直至下午五時左右，始告熄滅。所有江東後塘街，半邊街，天后宮一帶房屋，被燬達千間，損害極爲慘重，無辜平民慘遭炸斃，經當局查明者、計二百十一人，傷者尚未統計。該處被災人民衆多，均露宿街頭，厥狀之慘，殊不忍睹云。

靈橋中一彈路面略損

至靈橋之是否被毀，經向各關係方面多方探詢結果，始悉靈橋確於日機投彈時中彈一枚，但因炸力不大，且該橋建築鞏固，故路面略受損毀。現時當局對被災各戶，正竭力撫慰援救，並竭力安定人心，故秩序業已逐漸恢復。

——摘自《每日译报》，1939 年 4 月 30 日

寗波市區被炸實錄

昨晨日機又飛甬偵察

寗波於前日、爲日機五架、投彈十七枚後、昨日寗波旅滬同鄉會等團體、已接被炸詳情之電告略云、

廿八日被炸詳情、計靈橋內小菜場十一眞巷三號、濠河街七十二號、新寶華餘記草紙店、恆成泰碗店各一彈、單街江邊落四彈、江東後塘安源齋店、聚興秤店、演武街廿四號邱姓各一彈、江中落四彈、雜燃燒彈、落靈橋、兩岸即起火、至下午四時熄、計落江路廿六號至六十五號、單街東渡路一百十三號至一百六十三號、宮前望江街一號至三十二號、薄城巷二十號至三十四號、柴行街一號至二十五號、靈橋門後塘路一號至六十五號、百丈街二號四號六號、忠介街一號至六號、共焚燬店二百三十四家、屋六百餘間、炸燬四十餘間、死傷三百餘人、靈橋亦投一彈、冷藏公司亦焚燬、

記者昨向航業界探悉、寗波防空機關、昨日上午十時、發出警報、謂日機又飛甬、當即準備一切設施、旋即見日機兩架、飛入市區、並未投彈、似係偵察、至十二時、始解除警報、

——摘白《晶报》（上海），1939 年 4 月 30 日

在長沙上空散傳單

日機飛湘肆虐

邵陽辰谿均被投彈

（長沙三十日電）大批日機、趁天晴來湘肆虐、卅日晨有日機廿七架、自鄂境南竄、十時許抵邵陽在東門外投彈廿餘枚北去、又一批日機九架、經常德竄往辰谿、投彈多枚後、循原路飛逸、另有日機一架、在長沙湘潭上空、散發荒謬傳單、

（常德三十日電）日機三十七架、三十日晨分三批襲擾湘境、上午九時廿分、日軍偵察機一架、由鄂境飛至本城及益陽寗鄉長沙一帶偵察、並散發荒謬傳單、十一時日機九架竄至辰谿縣上空投彈、轟炸後經常德上空、旋向東北飛逸、另一批廿七架、亦於同時侵入邵陽肆虐、投彈後、經寗鄉等地向北飛去、十二時四十分、又有日機三架在鄂境公安縣空窺察、盤旋數匝即去、

——摘自《晶报》（上海），1939 年 5 月 1 日

敵機又襲甬

死傷百餘人毀屋二百間

（本報一日甯波電）一日晨九時、敵機六架、在龍山發現、侵越鎮海、十時許襲甬、又在靈橋兩岸投彈十七枚、靈橋路百丈路新河路大戴街等地起火、燬屋二百餘間、死傷百餘人、

（國民一日金華訊）一日上午八時許、有敵機四架、至蕭山西北角盤旋半小時後、向北逸去、

（本報一日甯波電）行駛甯波定海間之高登輪、於三十日下午二時許、在林大山附近被敵艦二艘扣留、同時有民船七八艘、亦被擄去、

——摘自《东南日报》（金华），1939年5月1日

敵機三十七架

昨飛湘肆虐

辰溪被濫炸落八十餘彈

中央社常德三十日電　敵機三十七架、三十日晨、分批襲擾湘境、上午九時二十分、敵偵察機一架、由鄂境飛至本城及益陽寧鄉長沙一帶窺察、並散發荒謬傳單、十一時、敵機九架、竄至辰谿縣上空、旋向東北飛逸、另一批二十七架、亦於同時侵入邵陽肆虐、投彈後、經寧鄉等地向北飛去、十二時四十分、又有敵機三架、在鄂境公安縣空窺察、盤旋數匝即去、

中央社沅陵三十日電　三十日上午、敵機三十七架、分批襲湘、首批敵機一架、飛常德上空窺察、二批廿七架、竄入邵陽上空投彈、損失未詳、三批九架、侵入辰谿上空、分批輪迴轟炸四次、共投彈八十餘枚、內多燃燒彈、損害詳情待查、該批敵機於襲擊辰谿後、歸途並在本市附近盤旋、窺察良久始去

中央社衡陽三十日電　防空部消息、三十日晨十時三十分、有敵機廿七架、沿洞庭湖南飛、經湘陰寧鄉、竄入邵陽、投彈約四十枚、毀民房廿餘間、死傷平民廿餘人、敵機投彈後、仍循原路逸去、同時有敵機九架、於十時二十五分在辰谿投彈、損失不詳、

——摘自《时事新报》（重庆），1939年5月1日

日機肆虐

昨又炸甬市

本市甬同鄉會特派專員
遄赴本鄉實地調查災情

確訊、日機於昨晨、又飛甬轟炸、投彈十餘枚、市區四五處、發生火災、延至下午二時、尚在燃燒中、

爲救濟被炸同鄉 德平輪昨日駛甬

甯波[illegible]鄉會爲救濟被炸同鄉起見、經執監委員會議決、募集救濟費九萬元、充作甬地救濟之用、並派意商中意公司德平輪、裝載藥品等物及派醫生看護駛甬救護、該德平輪、於昨日下午四時、由滬直放甯波、並派穆子湘爲慰專員、實地調查災情、

——摘自《晶报》（上海），1939 年 5 月 2 日

廬山換得重代價 倭寇大屠殺平民

（中央二日桂林電）據確報、敵此次犯廬山、死傷共一千六百、聯隊長於十七日在土壩嶺爲我軍擊斃、

（中央二日桂林電）廬山失陷後、敵爲所欲爲、盡性屠殺我無辜民衆二千餘、間法教士羅德功亦被敵戕殺、

——摘自《东南日报》（金华），1939 年 5 月 3 日

敵機犯榕甬

福州四次被炸死傷近千

甯波又遭蹂躪投彈十餘

襲◇閩（本報二日福州電）二日晨八時、敵機七架轟炸福州城區、在道山路投六彈、倒屋十二間、死八人、傷三人、中山路投一彈，鼓樓前投三彈、倒屋三間、午十一時、又有敵機五架、侵襲福州、在鼓樓前投四彈、毀屋三間、傷二人、白湖亭投二彈北塔巷投六彈、省府路投一彈、各倒屋一間、

（中央二日福州電）福州市二日又遭敵機第四次慘炸、詳情待査、福州市經上月廿一日廿五日及一二兩日四次狂炸後、全市精華、化爲灰燼、死傷平民已近千人、

（本報一日福州電）（遲到）一日午敵機七架、在福州城內三民路中山路東門偉湯井巷九彩園投三十餘彈、倒屋十餘、死二人，傷五人、下午二時又在中洲路江濱路投十餘彈、毀店屋十餘間、死傷正在發掘中

（中央一日福州電）敵機一日二次狂炸福州市、晨十時許、敵機七架、由口外侵入市空、在城內外投彈十餘枚、六處被炸、死平民四十餘、傷者倍之、午後二時、敵機八架、又冒雨來襲、在居民密集之中洲投爆炸燃燒夷彈約三十枚、該地房屋起火燃燒、煙火蔽空、死傷慘重、

侵◇甬（本報二日甯波電）敵機五架、二日上午九時五十分又襲甬市、在城中住宅區投彈十四枚、錢業會館葆眞醫院等房屋震燬、死傷三十餘人、

（國民二日金華訊）二日上午七時五十三分、敵機五架、竄入蕭山上空、盤旋一時許始逸去、又敵機五架、經龍山鎮海、於九時半至甯波、在城區投彈十四枚、毀屋十餘間、計縣學街中心醫院內落一彈、死病人四人、傷二人、戰船街落一彈，死一人、傷三人、餘均落空地池沼內、無損失、十時一刻、蕭山又發現敵機一架、旋經臨浦諸暨楓橋紹興等處、然後向北逸去、本縣於十時許會發空襲警報、繼發緊急警報、至十一時許解除、

——摘自《东南日报》（金华），1939 年 5 月 3 日

敵機昨狂炸福州

全市精華化爲灰燼

（中央社）福州二日電、福州市二日又遭敵機第四次慘炸、詳情待查、福州市經上月廿一日廿五日及昨今四次狂炸後、全市精華、化爲灰燼、死傷平民已近千人

（中央社）福州一日電、敵機一日二次狂炸福州市、晨十時許、敵機七架由口外侵入市空、在城內外投彈十餘枚六處處炸、死平民四十餘、傷者倍之、午後二時敵機八架、又冒雨來襲、在居民密集之中洲、投爆炸燒夷彈約三十枚、該地房屋起火、燃燒烟火蔽空、死傷慘重。

（中央社）金華二日電、敵機五架、於九時四十分、竄寧波、在城區投彈十四枚、燬房十餘間、縣學街中心醫院落一彈、死病人四人傷二人、餘均落空地池沼內無損失。

——摘自《华西日报》，1939 年 5 月 3 日

鎮海要塞昨激烈炮戰

日機六架再轟炸寧波

日機於上月念七日，及本月一日，先後轟炸寧波市區後，地方損失，市民死傷綦重，日艦昨晨七時起，向鎮海要塞放炮，當地駐軍當予猛烈之回擊，於是發生炮戰。寧波旅滬同鄉會裝載藥品等救濟專輪，意商中意公司之德平輪，原定九時抵甬，今因鎮海口砲戰，被阻於鎮海口外之七里磯洋面。

寧波電　日轟炸機六架，一日上午十時，侵入市空，盤旋數匝後，即投彈十四枚。裏濠河（按在靈橋西）及江東灰街，新河頭，大校場（按均在靈橋東），均落彈，發生大火，燬屋二百餘間，死傷百餘人。

——摘自《上海日报》，1939 年 5 月 3 日

重慶被炸詳情

敵機投下重量炸彈燃燒彈
並投下新月牌香煙數百包
西四街等處起火延燒甚久

（中央社）重慶三日電 三日十一時二十五分此間防空司令部據沅陵報告，敵機多架由東向西飛行，十二時三十分，復接酉陽報告，敵機兩批各十八架向西北飛，當於十二時四十五分發出空襲警報，我機當即昇空迎擊，十二時五十五分發緊急警報，敵機於下午一時十七分侵入市空，其投彈目標、但爲某某軍事機關、但軍事機關皆早已疏散鄉間，而敵機師技術又極惡劣，遂致附近商店民居慘遭狂炸，投擲炸彈外、并有多數燃燒彈，西四街左營街等處，立即起火、延燒甚久、此時我防護團及各救護團體、均於爆炸聲中出發施救，於極端憤慨中精神奮發，工作緊張其悲壯情緒與負任觀念，充分表現無遺，一般市民亦極鎮定、遵守秩序毫未紊亂，尤見人民已具有最大決心、現死傷人數、及公私損失、正在積極發掘清查，同時防空部并與空襲緊急救濟聯合辦事處、會同辦理善後，至敵機經我猛烈攻擊、即於下午 時三十分倉皇逸去，聞曾被我擊落一架，正在鄰近各地搜索中、又本日敵機并投下紅紙包之大號新月牌香煙數百包，其中是否含有毒質，現正檢驗中

——摘自《华西日报》，1939 年 5 月 4 日

福州寧波屢遭轟炸

（路透重慶三日電）據福州發出華方電訊，福州於四月二十一日及二十五日，五月一日及二日，連遭日機轟炸後，商業區已成灰燼，傷亡共逾千人。又稱五月一日，日機十五架兩度轟炸福州，其中七架，於是晨投彈二十枚。午後另有八架，在傾盆大雨中，向人烟最稠密之區，投下燒夷彈三十枚，同時日機繼續空襲寧波。昨晨又有日機五架轟炸該城，日艦每日與鎮海華方炮台，開炮互轟。昨晨德平輪由滬駛甬，載有醫藥隊赴甬，救護傷者，卒因鎮海砲戰，被迫折回上海。

（鄞縣二日電）今晨九時許日水上轟炸機四架，自白龍山方面侵入寧波上空，大肆轟炸，計燬中心醫院等處市房二十餘間，死傷十餘人。同時日艦三艘，在鎮海口外向華方砲轟十餘發。

——摘自《每日译报》，1939 年 5 月 4 日

重慶發生激烈空戰

市區被炸損失頗重

日機擊落七架大公報等被燬

▲重慶三日電　三日上午十一時廿分、此間防空司令部據沅陵報告、日機多架、由東向西飛行、十二時三十分左右、復接酉陽報告、日機兩批、共四十五架、向西北飛、當於十二時四十五分、發出空襲警報、華機亦昇空迎擊、十二時五十五分、發緊急警報、日機於下午一時十七分侵入市空、其投彈目標似爲某某軍事機關、但軍事機關皆早已疏散鄉間、遂致附近商店民居慘遭狂炸、投重量炸彈外、並有多數燃燒彈、西四街左營街等處、立卽起火、延燒甚久、此時華防護團警察及各救護團體、均於爆炸聲中出動施救、一般市民亦極鎮定、現死傷人數及公私損失、正在積極發掘清查、同時防空部並與空襲緊急救濟聯合辦事處、會同辦理善後、至日機經華機猛烈攻擊、於下午一時三十分倉惶逸去、被華軍擊落多架、現正在鄰近各地搜索中、又本日日機並投下紅紙包之(大號新月牌)烟數白包、其中是否含有毒氣、現正檢驗中、

▲重慶四日電　空戰結果、日機三架被擊中、在空中着火、墜於廣陽壩東方山谷中、又×隊長於進攻之際、見日機四架、冒濃烟下落、墜於重慶迤東一帶、另據某隊員目睹、見日機三十八架東飛、日共損失七架、復據石柱情報、在石柱以東、日機因油箱擊中、續有墜落、正詳查中、華機兩架跳傘、一架迫降警官學校附近、此役頗爲激烈、爲近來空戰所罕有、

▲重慶三日電　日機襲渝、迄發電時、火尚未熄、電線炸斷甚多、電話已有一部份修復、平民死傷均重、日機襲渝、此次最慘、當局已撥巨款善後、下午七時警報聲重作、惟旋卽解除、

▲路透社三日重慶電　重慶市人烟最稠密之區域、今日甫經過午、第一次遭日機猛烈轟炸、衆信必有鉅數傷亡、日轟炸機在長江北岸之熱鬧街道投彈甚多、致起大火、法商中法聯合航業公司辦公處中彈、該處房屋已被炸成平地、汽車間中所停放之汽車一輛被燬、華人四名、均葬身瓦礫中、目下只掘出兩人、距該處百碼之處、情形尤爲悽慘、因有木料造成之房屋數十幢、中燒夷彈起火、延燒甚速、大公報館亦被焚燬、江邊碼頭適聚有多人、登船渡至南岸、船未解纜而炸彈已下、炸斃者至少在七十人左右、

▲海通社重慶三日電　自本年一月十五日後、重慶久未遭過空襲、今日午後一時十五分、突有日機廿七架飛臨重慶之上空、華方驅逐機多架、當卽飛起應戰、擊落日本轟炸機一架、但有日機若干架擲落燃燒彈及炸彈多枚、烟焰四起、損失未詳、

——摘自《新闻报》(上海),1939年5月4日

日兵在海州

逮捕天主教神父

▲快訊社訊　法文上海日報載、天津電訊、據海州傳來消息、當地天主教神父法國人黑爾孟、今年已六十七歲、不知何故、竟被日兵處死、又有二名法籍神父、一爲巴盎、今年已七十二歲、一爲那爾哉、年事較輕、則被日軍捕去、據此間天主教會所得之簡短報告、則在前星期三(二十六日)之夜、突有日兵五十餘人、侵入海州郊外之天主教堂、即由黑爾孟神父出而向之詢問侵入之理由、詎日兵竟舉鎗射擊、彈中腹部、黑爾孟隨即身死、另有二名神父、即巴盎及那爾哉二人、聞聲出視、亦被日兵擄去、聞駐漢法領方面、已亟派人前往海州調查、並預備對日提出抗議云、

——摘自《新闻报》（上海），1939 年 5 月 4 日

▲敵軍飛機轟炸重慶

二日重慶電。是日有日軍飛機二十二架　飛到重慶轟炸。投下炸彈甚多。當時曾有七處起火。平民死傷多名。。華軍飛機出而應戰。曾將日機一架擊落　其他日機即行逃遁。

——摘自《少年中国晨报》，1939 年 5 月 4 日

寇機狂炸福州

鎮海口外敵艦開砲十餘發

福州一日電：敵機一日二次狂炸福州市，晨十時許敵機七架，由口外侵入市空，在城內外投彈十餘枚，六處被炸，死平民四十餘，傷者倍之，午後二時敵機八架，又冒雨來襲，在居民密集之中洲，投爆炸燒夷彈約三十枚，該地房屋起火燃燒，延火蔽空，死傷慘重，

鄞縣二日電：二日晨九時敵水上轟炸機□□架，侵入甯波上空，大肆轟炸，計燬中心醫院等處炸燬房屋甚多，死傷廿餘人，同時敵艦三艘，在鎮海口外向我砲轟十餘發。

金華二日電：敵機五架，於九時四十分竄甯波，在城區投彈十七枚，燬屋十餘間，縣學街中心醫院落彈一枚，死病人四人，傷二人，餘均落空地池沼內，無損失，

——摘自《南宁民国日报》，1939 年 5 月 4 日

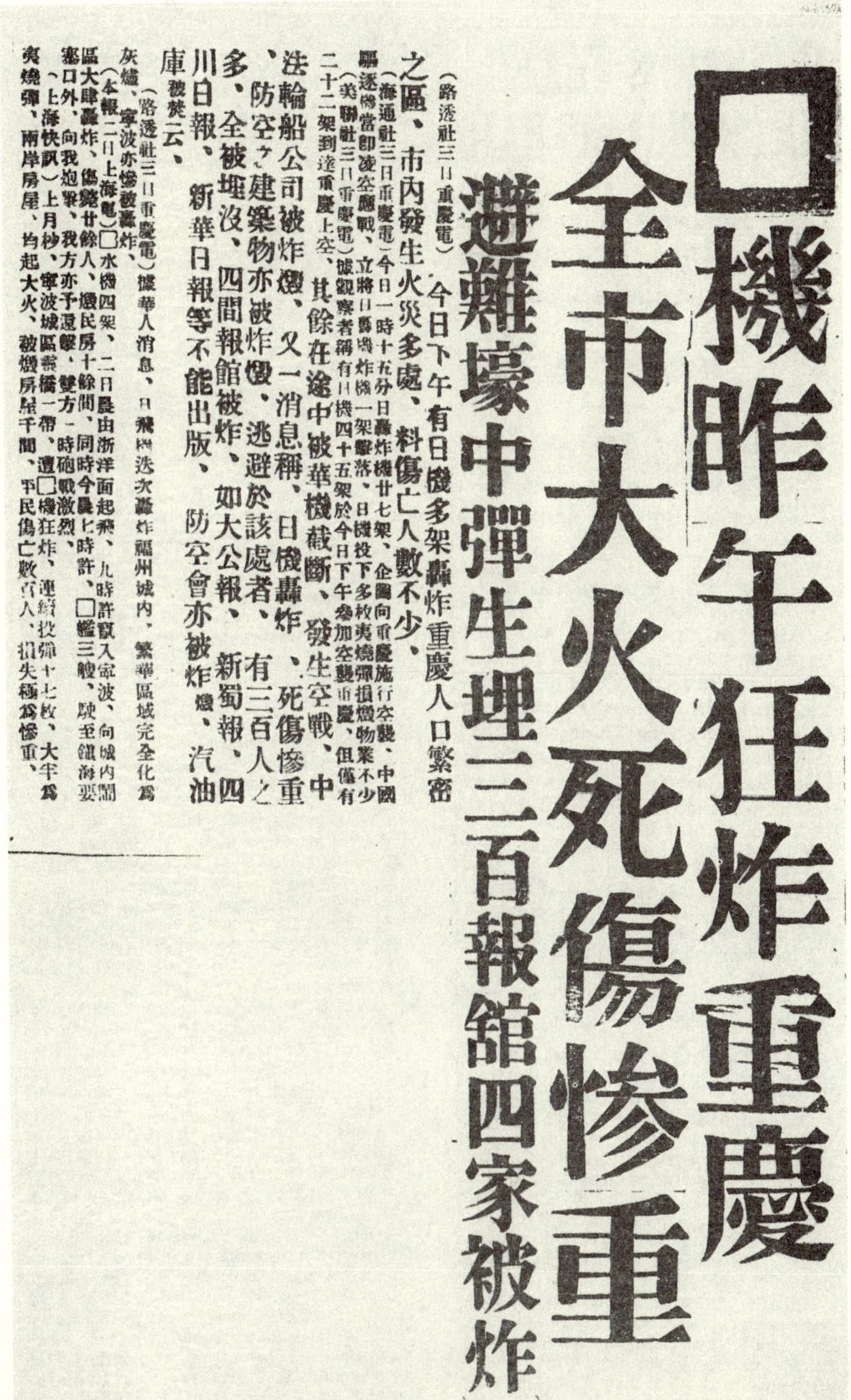

口機昨午狂炸重慶
全市大火死傷慘重
避難壕中彈生埋三百報館四家被炸

（路透社三日重慶電）今日下午有日機多架轟炸重慶人口繁密之區、市內發生火災多處、料傷亡人數不少、

（海通社三日重慶電）今日一時十五分日轟炸機廿七架、企圖向重慶施行空襲、中國驅逐機當即凌空應戰、立將日轟炸機一架擊落、日機投下多枚夷燒彈損燬物業不少

（美聯社三日重慶電）據觀察者稱有日機四十五架於今日下午參加空襲重慶、但僅有二十二架到達重慶上空、其餘在途中被華機截斷、發生空戰、中法輪船公司被炸燬、又一消息稱、日機轟炸、死傷慘重、防空之建築物亦被炸燬、逃避於該處者、有三百人之多、全被埋沒、四間報館被炸、如大公報、新蜀報、四川日報、新華日報等不能出版、防空會亦被炸燬、汽油庫被焚云、

（路透社三日重慶電）據華人消息、日飛機迭次轟炸福州城內、繁華區域完全化為灰燼、寧波亦慘被轟炸、

（本報二日上海電）□水機四架、二日晨由浙洋面起飛、九時許竄入寧波、向城內鬧區大肆轟炸、傷斃廿餘人、燬民房十餘間、同時今晨七時許、□艦三艘、駛至鎮海要塞口外、向我炮擊、我方亦予還擊、雙方一時砲戰激烈、

（上海快訊）上月杪、寧波城區靈橋一帶、遭□機狂炸、連續投彈十七枚、大半為夷燒彈、兩岸房屋、均起大火、被燬房屋千間、平民傷亡數百人、損失極為慘重、

——摘自《南华日报》（香港），1939 年 5 月 4 日

HUNDREDS KILLED IN CHUNGKING RAID

Other Hundreds Injured as 45 Japanese Planes Cause Huge Damage in China's Capital

U. S. EMBASSY SUFFERS

Windows There Broken—Fires Spring Up in City—300 Are Buried by One Bomb

By F. TILLMAN DURDIN
Wireless to THE NEW YORK TIMES.

CHUNGKING, China, May 3.—Japanese bombers hurled death and destruction into the heart of Chungking today and smashed buildings in a mile-long zone along the populous Yangtze waterfront section in the first successful air raid here since January. The casualties may run as high as 1,000.

Within two hours after the raid the Canadian Mission and the Municipal Hospital had treated 200 injured and the death toll enumerated had reached 400.

Fires sprang up after the bombing. An hour after the attack this correspondent counted thirteen major fires in separate sections of the city.

Scores of persons were buried when jerry-built structures, characteristic of Chungking construction, collapsed near places where bombs fell.

The raid occurred at noon, the Japanese taking advantage of the bright, sunny day, a rarity here. Forty-five Japanese planes were reported to have participated in the raid. Fifty or more bombs were dropped over the city.

Chinese pursuit planes attacked the raiders, and observers in the city saw one Japanese bomber hurtle to the earth in flames in a suburb. Two Chinese fighters are believed to have been lost. Three men descended in parachutes, but their nationality could not be ascertained.

Government Buildings Ignored

The Japanese ignored the western section of Chungking, where the government buildings are situated, and dropped their missiles within the walled downtown area. The riverfront district, where most of the foreign business houses are situated, suffered the worst damage.

Paul Drossel, a German buyer of bristles for a United States toothbrush manufacturer, suffered a fractured knee in that section when a house collapsed on him. The building of the Franco-Chinese Navigation Company was demolished when it was hit directly by a bomb. Windows and walls were shattered in other foreign-owned structures near by.

Standing atop a Russian boarding house in the center of the city, the writer saw a bomb drop near the gate of the headquarters of the Women's Missionary Society. Although windows and doors of the building were smashed and huge rocks were hurled into the rooms, Miss Eunice Peters and Miss Mary Gormley, Canadians, who were inside, were not hurt.

A few blocks away two bombs struck buildings within seventy yards of the home of Mr. and Mrs. Arnold Vaught of Chicago, killing and burying scores, while shrapnel knocked a large hole in the roof of a Friends Mission School adjoining the residence.

Building Buries 300 Refugees

Shansi Street was blocked by flaming debris. A bomb had knocked down a three-story building, burying 300 refugees.

Bombs dropped on the south bank of the river, near a cement factory and a Socony gasoline installation, broke windows in the United States Embassy almost a mile away.

Clean-up squads began digging in the ruins and fighting fires almost as soon as the air raiders had disappeared. Using hoarded bags of sand along with water bucketed from the Yantze to augment the municipal supply, the fighters had checked the blazes by nightfall. Electricity and telephone service was restored in most sections within a few hours.

Mme. Chiang Kai-shek visited the bombed areas during the afternoon and personally directed rescue efforts.

A climactic misfortune to many superstitious Chinese was a total eclipse of the moon tonight. The phenomenon provoked a bedlam, with the pounding of drums and pans for hours to prevent the "Heavenly Dog" from eating "Queen Heaven."

——摘自《纽约时报》（The New York Times），1939 年 5 月 4 日

垂死前的掙扎

敵機昨狂炸重慶

無辜民衆傷亡極衆

繁華市區多處焚燬

殘暴獸行更堅定我抗戰決心

（本報特寫）這是青天白日下獸性的屠殺！日本法西斯的殺人刽子手侵入了重慶上空，無辜的人民又一次作了強盜們發洩獸性的目標。呈現在眼前是難於置信的悲慘畫面。

担架隊走過，柏油路上留下了一條條血滴的紅綫，被抬着的，失去了腿，血水浸透了褲管，灰渣，木屑混作一團。沒有力量呻吟，只見面部肌肉痛苦地在抽動。

血肉模糊中，分辨不出人的眼鼻，强烈的痛楚使他們不能絲毫動彈。斷斷續續的微弱呼聲刺激着人們的神經。不用歷訴了，血淋淋的事實就是最有力的控告。

一張門板上躺着一個中年男子，身上的赤血一陣陣往外湧，旁邊遠上坐着他的妻，滿身滿臉灰土，這種從未體驗過的痛苦經歷嚇呆了她。好容易從震塌的房屋裏拖出了重傷的丈夫，卻失去了兩個孩子。

打鐵街被毀房屋的瓦礫中，埋了三十餘具屍體，已挖出的淒凉地擱在路旁，從覆蓋着的蘆席裏看到那全是赤脚勞動者。

法西斯的毒手毀滅了他們的生命，像已經毀滅過無數良善的生靈一樣。是的，死者至死還是無辜的，不可掩飾的罪惡是屬於毀滅者的。

火舌吐出毒燄，從新豐街，陝西街一帶織成一層烏黑的網，像是吞食地球上的光明，又像是怕太陽把罪行照露得太清晰。一棟棟民房被火舌舐光了，人們在火光中跳出來，抱着被褥，拖着孩子，一隻鞋着在脚上，另一隻抓在手裡。無助的老婦們彎弱的背上壓着沉重的衣箱，有的婦人還搶出了鍋碗什物，畢竟還要繼續生活下去呵。這羣人，有的是被日本法西斯的砲火從江浙，湖北驅到後方來的，在後方，又被日本法西斯將他們驅到街頭。儘管情形是那麼地亂吧，人們臉上却呈現了二十二個月抗戰中鍛鍊出來的剛毅神情，那怕是女人和小孩，沒有啼哭，只有憤恨。

紅十字會的救護隊在警報中來回奔走着。女救護員背着藥箱飛奔過山坡往被炸地區，替受害同胞敷藥包紮。防護隊，消防隊出入於火光中忙着折牆救火。救護隊亦同樣有不敷分配的感覺，沒有卡車運送受傷者，許多重傷的未及到醫院就慘死在途中的担架床上了。

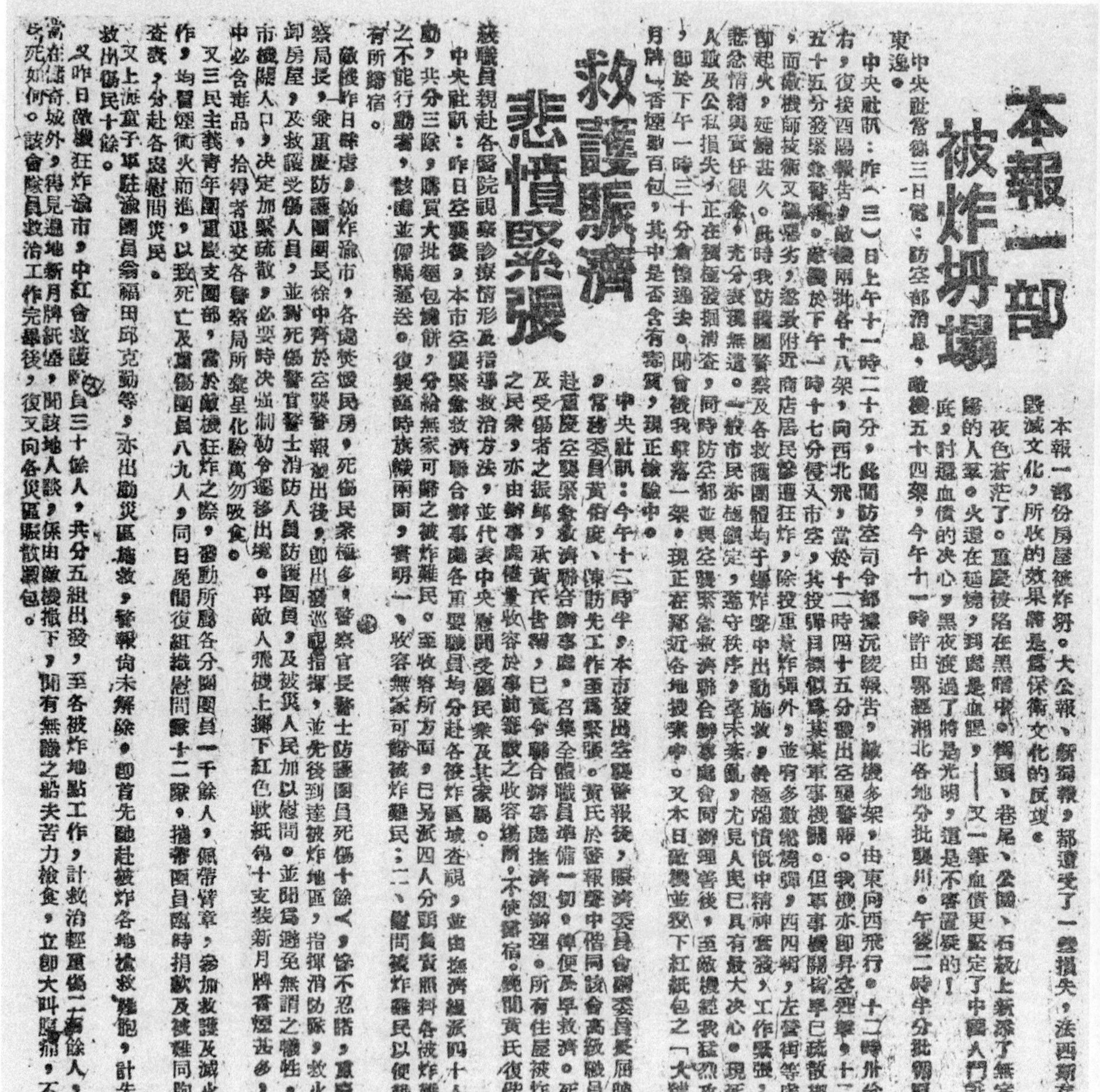

本報一部被炸坍塌

本報一部份房屋被炸毀。大公報、新蜀報，都遭受了一些損失，法西斯存心毀滅文化，所收的效果將是加強保衛文化的反攻。

夜色蒼茫了。重慶被烙在黑暗中。街頭、巷尾、公園、石級上新添了無家可歸的人群。火還在延燒，到處是血腥，——又一筆血債更堅定了中國人們爭到底，討還血債的決心，黑夜渡過了時是光明，這是不容置疑的！

中央社常德三日電：防空部消息，敵機五十四架，今午十一時許由鄂經湘北各地分批襲川。午後二時半分批竄原路東逸。

中央社訊：昨（三）日上午十一時二十分，此間防空司令部據沅陵報告，敵機多架，由東向西飛行。十二時卅分左右，復接酉陽報告，敵機兩批各十八架，向西北飛，當於十二時四十五分發出空襲警報。我機亦即昇空迎擊。十二時五十五分發緊急警報。敵機於下午一時十七分侵入市空，其投彈目標似為某某軍事機關。但軍事機關皆早已疏散鄉間，而敵機師技術又極惡劣，遂致附近商店居民慘遭狂炸，除投重量炸彈外，並有多數燒夷彈，西四街，左營街等處立即起火，延燒甚久。此時我防護團警察及各救護團體均于爆炸聲中出動施救，並極端憤慨中精神奮發，工作緊張，其悲忿情緒與責任觀念，充分表現無遺。一般市民亦極鎮定，遵守秩序，毫未紊亂，尤見人民已具有最大決心。現死傷人數及公私損失，正在積極發掘清查，同時防空部並與空襲緊急救濟聯合辦事處會同辦理善後，至敵機經我猛烈攻擊，即於下午一時三十分倉惶逸去。聞曾被我擊落一架，現正在鄰近各地搜索中。又本日敵機並投下紅紙包之「大號新月牌」香煙數百包，其中是否含有毒質，現正檢驗中。

救護賑濟 悲憤緊張

中央社訊：今午十二時半，本市發出空襲警報後，賑濟委員會副委員長屈映光，常務委員黃伯度、陳勁先工作至為緊張。黃氏於警報聲中偕同該會高級職員趕赴重慶空襲緊急救濟聯合辦事處，召集全體職員準備一切，俾便及早救濟。死難及受傷者之振䘏，承黃氏告稱，已責令聯合辦事處撫濟組辦理。所有住屋被炸燬之民衆，亦由辦事處儘量收容於事前籌設之收容場所，不使露宿。晚間黃氏復偕高級職員親赴各醫院視察診療情形及指導救治方法，並代表中央慰問受傷民衆及其家屬。

中央社訊：昨日空襲後，本市空襲緊急救濟聯合辦事處各重要職員均分赴各被炸區域查視，並由撫濟組派四十人出動，共分三隊，購買大批麵包燒餅，分給無家可歸之被炸難民。至收容所方面，已另派四人分頭負責照料各被炸難民之不能行動者，設擔並僱轎運送。復製臨時旗幟兩面，書明一、收容無家可歸被炸難民；二、慰問被炸難民以便難民有所歸宿。

敵機昨日肆虐，狂炸渝市，各處焚燬民房，死傷民衆極多，慘不忍睹，重慶警察局長，兼重慶防護團團長徐中齊於空襲警報發出後，即出發巡視指揮，並先後到達被炸地區，指揮消防隊，救火拆卸房屋，及救護受傷人員，並對死傷警官警士消防人員防護團員，及被災人民加以慰問。並聞為避免無謂之犧牲，渝市繼續疏散人口，決定加緊疏散，必要時決以強制勒令遷移出境。再敵人飛機上擲下紅色軟紙包十支裝新月牌香煙甚多，內中必含毒品，拾得者逕交各警察局所彙呈化驗萬勿吸食。

又三民主義青年團重慶支團部，當於敵機狂炸之際，發動所屬各分團團員一千餘人，佩帶臂章，參加救護及滅火工作，均冒煙衝火而進，以致死亡及重傷團員八九人，同日晚間復組織慰問隊十二隊，攜帶團員臨時捐款及被難同胞調查表，分赴各處慰問災民。

又上海童子軍駐渝團員翁福田邱克勤等，亦出勤災區搶救，警報尚未解除，即首先馳赴被炸各地搶救難胞，計先後救出傷民十餘。

又昨日敵機狂炸渝市，中紅會救護隊員三十餘人，共分五組出發，至各被炸地點工作，計救治輕重傷一百餘人，並當在儲奇城外，得見遍地新月牌紙煙，聞該地人談，係由敵機擲下，聞有無識之船夫苦力檢食，立即大叫腹痛，不悉生死如何。該會隊員救治工作完畢後，復又向各災區賑散麵包。

——摘自《新华日报》（汉口），1939年5月4日

北培上空發生激烈空戰

日機昨又襲重慶

被華機擊落一架民衆死千人

（重慶四日下午十時四十五分急電）日機四日下午五時襲渝、中央社中一彈、屋燬、社長以下俱安、一二職工被壓、現在發掘中

（成都四日電）川全省防空司令部息、日機廿七架、四日下午六時、經川鄂邊界、竄入川境、取道北培、圖襲重慶、中國神鷹機隊起飛、在北培上空迎戰、發生激烈空戰、一部份日機乘隙、竄入渝市上空、倉皇投彈、旋即逸去、

（重慶四日路透電）重慶今日又遭日機再度進襲、據非正式之估計、傷亡人數約在八百至一千人之間、據官方公佈、今日襲渝之日方轟炸機共計三十六架、分兩批飛來、每次各十八架、分別在十處投彈、日轟炸機一架、已被擊落云、又稱日機之目標顯爲已遷移多時之某某軍事機關、惟因投彈欠準、多落於四週民房、致死傷軍民數百人云、今晚重慶已現呈特異之景象、全城之半、已陷於全部黑暗、電燈電話均告中斷、數千無家可歸之難民、皆睡臥於路旁、多處房屋之門前、均燃有蠟燭、不啻告人、該處至少已有居戶一人慘斃、若干屍身、已經殮入棺內、尚有多具、則除於路側、遮以蘆蓆、同時城之他半部、仍充溢光明、生活照常進行、當局拒絕發表昨日襲擊之死傷數字、因遭難各區之詳報、尚未齊全也、全國救災委員會、現派救濟隊赴遭難各區散發糧食、且設法安插數千無家可歸之民衆、蔣委員長夫人、與孔院長、今日曾查視昨遭轟炸之區、昨日外人受傷者、僅上海白利南路三十二號美商波爾頓棕毛公司之僱員德人特羅賽爾、共人年三十二、於屋倒時膝受微傷、共辦公所、與路透社同一街道、昨日日機空襲時、曾有數彈落於長江之中、惟皆未墮落泊於南岸英美各砲艦之近處、據中國官方消息、昨日來襲共計日轟炸機十八架、皆取道重慶東南之南川、而不東沿長江飛來、以避中國驅逐機之攔擊、後華機發見日機已臨重慶上空時、即折回與之作戰、某外人曾目擊二人由着火之飛機中躍出、乘降落傘降地、惟不能分辯共爲華人、抑係日人、昨日曾有一彈擊穿路透社對面房屋之頂部、相距僅數碼幸未爆炸、

——摘自《晶报》（上海），1939 年 5 月 5 日

日機肆虐粵南

汕頭等地被投彈

（汕頭四日路透電）日機今日午後、再度來汕轟炸、傷亡多人、日機向江邊及其附近地方、開機鎗掃射、英教會現辦理救傷工作、

（汕頭四日路透電）英國駐華艦隊總司令諾白爾海軍中將、甫極此間、而汕頭今晨、即遭日機八架轟炸、可謂巧合、日機向黑橋附近投彈、衆信其目標、爲用以貯米之倉庫、傷亡多人、確數待查、粵省其他兩城、亦遭轟炸、一爲汕頭北約二十里之潮州、一爲汕頭西北約二十五里之揭陽、按諾白爾海軍中將、係自香港乘英護送艦福爾茅斯號（一六〇噸）來此、

（翁源三日電）三日晨八時三刻、日機八架、飛英德縣白沙天囤鄉桂田村魚仔灣圩等處、共投三十餘彈、毀民房廿餘棟、死傷鄉民數十、又九時一刻、日機八架、飛翁源縣官渡圩投卅二彈、毀民房商店十一人、日機旋飛英德青塘圩投彈七枚、毀民屋廿三棟死傷四人、

——摘自《晶报》（上海），1939 年 5 月 5 日

▲敵機轟炸福州慘劇

▲全市變爲平地
▲平民死傷千餘名

四日聯合通訊社上海電。華南福建省福州口岸。其地位處於上海及香港之間。人口約有三十一萬二千名。據是日重慶電訊。福州已迭被日軍飛機轟炸。全市變爲平地。

昨星期二日。日機轟炸福州兩次。投下炸彈四十餘枚。住宅區域。全區起火。星期一日在美國領事館附近四百碼之內。跌下炸彈十四枚。兩日內日機肆行轟炸。平民死傷千餘名。閩外國人生命財產。均無損害。

——摘自《少年中国晨报》，1939 年 5 月 5 日

▲敵機轟炸寧波慘劇

四日上海電。華方消息。昨星期二日。日軍飛機轟炸浙江寧波。中山醫院被炸。有病人四名被炸殞命。二名受傷。另全城各處被炸。平民死傷甚衆。

——摘自《少年中国晨报》，1939 年 5 月 5 日

CHUNGKING AGAIN BOMBED

800 CASUALTIES

DAMAGE TO FOREIGN PROPERTY

From Our Own Correspondent

SHANGHAI, MAY 4

Another mass attack was carried out on Chungking to-day by 36 Japanese bombers, who flew over the Chinese war capital in two groups of 18 each. According to unofficial Chinese estimates, between 800 and 1,000 people were killed and wounded in the two raids. One Japanese bomber was shot down to-day.

The Japanese version of yesterday's attack states that the raiders hit Chungking "like a whirlwind," rained bombs on several military objectives, and shot down 10 Chinese fighters during an aerial combat of 30 minutes, in which two of their own machines crashed in flames. Although the Japanese claim that their pilots were given maps showing the position of foreign property in red ink, one bomb destroyed the French shipping office and others fell less than 50ft. from British premises in the business section. Sir Archibald Clark Kerr, the British Ambassador, and other British subjects are safe.

Thousands of people have been rendered homeless as the result of huge fires which were started by the bombing. Half the city is in darkness to-night. The populace fears that the two raids, which are the worst Chungking has yet suffered, may be the forerunners of further attacks, now that the weather is clearing.

JAPANESE IN SHANGHAI

After creating an atmosphere of intimidation by their recent manifesto, the Japanese to-day presented a memorandum to the chairman of the Shanghai Municipal Council and to the British and American Consuls-General, identical to that handed to the British and American Ambassadors in Tokyo yesterday, pressing for the reorganization of the Council. The Japanese are trying to get the land regulations, which form the Council's charter, revised in their favour. But this requires the unanimous consent of the Consular body.

Meanwhile it is pertinent to note that the taxes paid by the Japanese amount to only 8 per cent. of the Council's total revenue. Mr. Fu Siao-en, Mayor of the Japanese-controlled Shanghai City Government, is now demanding that the flying of the Chinese Nationalist flag should be completely forbidden in the foreign areas here. The most extravagant assertion is found in the local Japanese Press, which accuses the Council of "insincerity" over the firing of crackers during last night's eclipse, which is described as "another anti-Japanese demonstration under the guise of superstitious practices"—although it is well known that the custom has been observed in China for centuries.

——摘自《泰晤士报》（The Times），1939 年 5 月 5 日

×機八架昨狂炸汕頭

毀民房百餘幷飛潮揭肆虐

英駐華艦隊司令昨日抵汕

汕頭專電、×巨型巡艦二艘、昨晨駛泊汕口外、上午九時派水機猛襲汕市、慘炸烏橋貧民區、投彈廿餘枚、同濟直路尾、三馬路頭、北堤路、光華埠等處、均落彈、毀貨倉民房百餘間、幸平民多疏散、僅輕傷十餘人、×機發揮獸性後、續飛潮安、揭陽、潮陽肆虐、十時始逸回×艦、災情續查中、

汕頭專電、英駐華艦隊司令盧寶白史、乘巡艦科茂夫號巡視汕廈濕英僑商業、三日下午六時由港抵汕、備受巫市長及英僑歡迎、盧定四日離汕赴廈濕視察、

路透社汕頭四日電、×水機八架、今晨轟炸汕頭之黑橋附近、人民死傷甚衆、空襲之目標、似爲位於此區之米倉、×機並曾飛到揭陽及潮安、英駐華艦隊總司令諸貝爾、今日乘花茂號抵汕、

路透社汕頭四日電、×機今日續炸汕頭傷斃平民甚多、堤岸一帶、幷遭×機以機關鎗掃射、英國教會對救傷工作甚爲努力、

——摘自《工商日报》（香港），1939 年 5 月 5 日

×機八架三度炸汕頭

投重彈數十枚災區廣濶

吉安亦被×機兩度侵擾

本報特約汕頭專電

×機八架、五日三次濫炸汕市區、先後投重彈四五十枚、受災區域、除前電外(請參看本報專閱欄)計有中馬路後南記坡場、火車站、鐵橋旁貨棧、火車路旁蒜廠、光天右巷、華塢橋頭、中山公園、平民新村、等共十處、毀屋百餘間、已掘獲屍首卅餘、傷六十餘、災區血肉塗地、殘腿斷肢、慘不忍睹、光天右巷美商忠和洋行被炸毀、損失頗重、美領將提抗議、又是日潮陽、南澳、詔安、亦被炸、潮後溪及草嶼瘋癲院落三彈、澳落三彈、詔落四彈、死傷未詳、當上午九時許、×機炸汕時、×數十乘汽艇一、在汕口外充公四基圍試探登陸、被我擊退、現×母艦仍泊口外、另有巡驅艦三、

中央社五日吉安電

×轟炸機六架、四日上午九時至十一時兩度侵襲吉安、投彈十六枚、均落郊外空地、另有偵察機一架、在吉安偵察良久、幷以機槍掃射、又四日午、×機三架至樂平上饒玉山窺偵良久、

五日汕頭路透社電

×機今日又來襲汕頭、英法教會房屋亦被彈片射中、平民傷亡不少、三日來汕市被炸、有傷者一百四十七名、由英教會派員醫治、汕市居民正在大規模疏散中、

——摘自《工商日报》（香港），1939 年 5 月 5 日

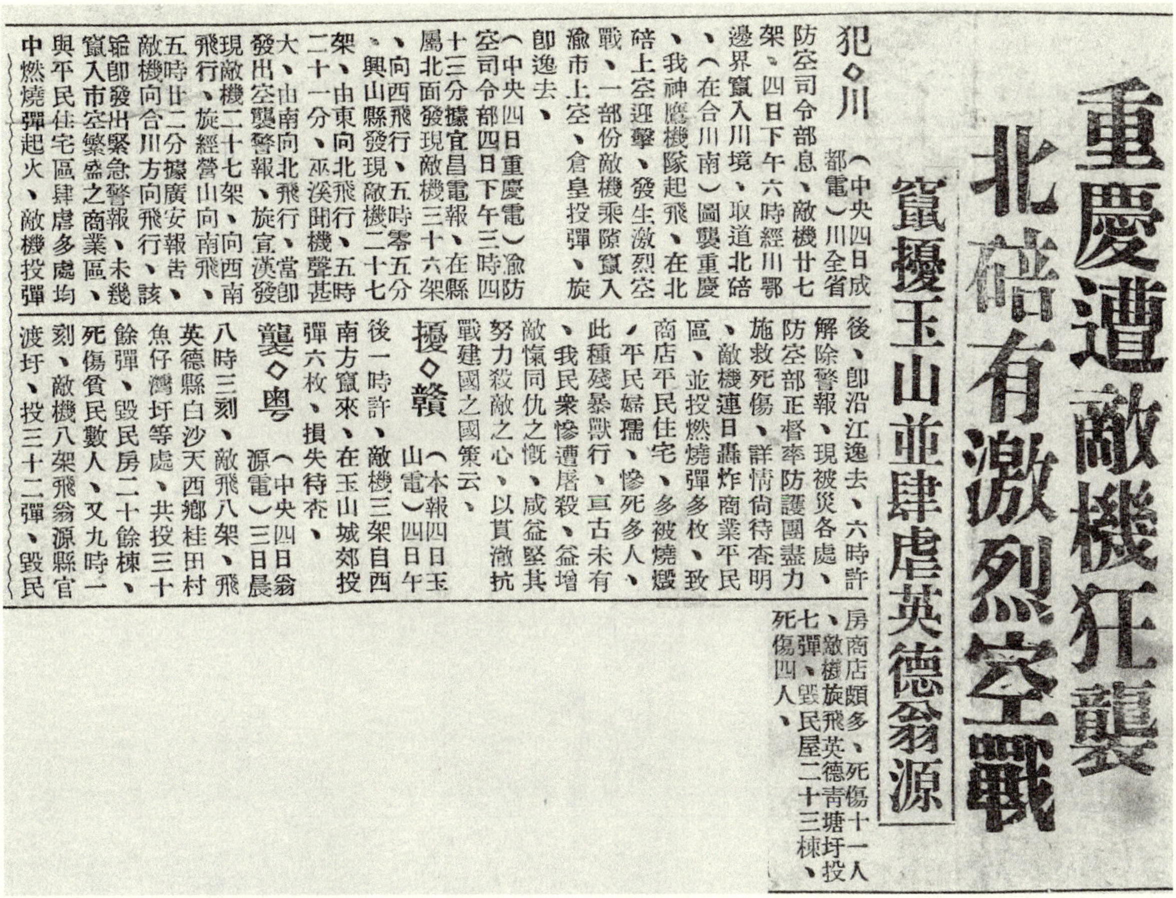

重慶遭敵機狂襲
北碚有激烈空戰
竄擾玉山並肆虐英德翁源

犯◇川 （中央四日成都電）川全省防空司令部息、敵機廿七架、四日下午六時經川鄂邊界竄入川境、取道北碚、（在合川南）圖襲重慶、我神鷹機隊起飛、在北碚上空迎擊、發生激烈空戰、一部份敵機乘隙竄入渝市上空、倉皇投彈、旋即逸去、

（中央四日重慶電）渝防空司令部四日下午三時四十三分據宜昌電報、在縣屬北面發現敵機三十六架、向西飛行、五時零五分、興山縣發現敵機二十七架、由東向北飛行、五時二十一分、巫溪聞機聲甚大、由南向北飛行、當即發出空襲警報、旋宜漢發現敵機二十七架、向西南飛行、旋經營山向南飛、五時廿二分據廣安報告、敵機向合川方向飛行、該部即發出緊急警報、未幾竄入市空繁盛之商業區、與平民住宅區肆虐多處均中燃燒彈起火、敵機投彈後、即沿江逸去、六時許解除警報、現被災各處、防空部正督率防護團盡力施救死傷、詳情尚待査明、敵機連日轟炸商業平民區、並投燃燒彈多枚、致商店平民住宅、多被燒燬、平民婦孺、慘死多人、此種殘暴獸行、亘古未有、我民衆慘遭屠殺、益增敵愾同仇之慨、咸益堅其努力殺敵之心、以貫澈抗戰建國之國策云、

擾◇贛 （本報四日玉山電）四日午後一時許、敵機三架自西南方竄來、在玉山城郊投彈六枚、損失待査、

襲◇粵 （中央四日翁源電）三日晨八時三刻、敵飛八架、飛英德縣白沙天西鄉桂田村魚仔灣圩等處、共投三十餘彈、毀民房二十餘棟、死傷貧民數人、又九時一刻、敵機八架飛翁源縣官渡圩、投三十二彈、毀民房商店頗多、死傷十一人、敵機旋飛英德青塘圩投七彈、毀民屋二十三棟、死傷四人、

——摘自《东南日报》（金华），1939 年 5 月 5 日

敵機七架昨又

濫炸金華城

投彈廿一枚燬屋百餘間

（國民社四日金華訊）金華防空當局於四日上午九時據報、有敵水上轟炸機七架、自杭州方面起飛、三架經蕭山至富陽、另四架直飛富陽、與三架會合、循江南飛、於九時五十一分發出空襲警報、繼於十時另四分續發緊急警報

竄至城空

敵機旋經新登桐廬建德蘭谿、三架於十時二十八分闖至本縣上空、四架則於三十二分竄入縣境、來回盤旋窺察達四十餘分鐘、在商業區平民住宅區濫肆轟炸、並散發荒謬傳單、先後共投輕重炸彈廿一枚、中有燃燒彈三枚、落於通濟橋東堍、當起大火、警察局消防隊聞警、立即馳往施救、歷一小時許始熄、共燬店屋九十餘間、當發出空襲警報後、軍警稽查處立派士兵至大街小巷管制交通、頗有秩序、至十一時半解除警報、恢復交通、茲誌落彈地點及損害情形於后、

濫肆轟擊

計西大門外中山路慎大轉運公司後面落一彈、燬屋四間、越郡公所對面落二彈、無損失、金華車站對面山脚塘內落一彈、傷男二人、又煤堆內落二彈、無損失、西靈寺一號後面落一彈、燬屋二間、馬路裏九號附近落一彈、燬屋二間、壓傷男子一人、青峯龍頭附近共落三彈、燬屋十六間、石板巷城牆上落手溜彈一枚、無損失、瑞安巷園內高山頭落一彈、燬屋二間、馬門大街正豐裕京貨店與裕懋衣店落一彈、燬屋九間、震坍五間、通遠弄清香樓茶店落一彈、燬屋三間、龍舌嘴橋盤街（通濟橋東堍）落彈三枚、均在江中、又燃燒彈二枚、兩旁店屋着火延燒、

鬧市被燬

災況以通濟橋東為最重、因敵機首在該處投擲燃燒彈、頓即起火、幸消防隊全部出動、灌救得力、未一小時即告撲滅、被燬商店計有裕記酒米粮食店、宋隆裕醬坊、明德堂藥店、復昌肉店、祥泰水菓店、恆大隆米行、隆號酒米糧食店、義興連烟店、李春林漆作、西園菜館、六合肉店、德泰米行、三和肉店、咸泰恆南貨店、榮記水菓店、和昌肉店、升達肉店等十七家、共店屋百三十餘間、

救護得力

附近商店以消防隊工作努力特醵資慰勞、由潘人和、穗源、同源裕、萬通、公盛新、德泰、大成等廿九家捐款百六十六元、除三十一元慰勞任務隊、鎮警及守鐘者外、共餘交由警察局慰勞消防隊、又救火所用之幇浦、經此次實地試用、功效甚大、金邑如能騰出一部經費、再行購辦一支、則將來火災損害、當不致擴大云、

——摘自《东南日报》（金华），1939年5月5日

汕頭又遭狂炸 吉安亦兩度被襲

（中央社）汕頭五日電、日機頃又空襲汕頭、英法教會內彈片如雨下、死傷甚重、被害者全係平民、英國教會內受傷者達一四七人、市內居民紛紛實行疏散、

（中央社）吉安四日電、敵轟炸機六架、四日九時至十一時兩度侵襲吉安、投彈十六枚、均落郊外空地、另有偵察機一架、在吉安偵察良久、并以機槍掃射、又四日午敵機三架、至樂平上饒玉山鎮偵良久、

——摘自《华西日报》，1939 年 5 月 6 日

渝市昨日空襲 英法領館均遭轟炸

（美聯重慶五日電）日機二十七架，昨晚恣意轟炸重慶，受災區域，計達一哩半之長，廣達五百碼。英法兩國領事館均中彈，英領館大廈數處受損，英副領之私邸亦被波及，英大使寇爾之祕書泰賀定受微傷。目下官方雖尚未發表此次死傷之確數，惟據觀察家估計，死傷之數，當達三千人之多。蓋日機此次投彈地點，均在商業中心點及住宅區也。若干外國教堂均被火焚燬，大廈十數間被炸倒塌，外僑數十人，均狂奔避難。此次空襲災情之大，為中日發生戰事以來所未見。

——摘自《每日译报》，1939 年 5 月 6 日

日機炸汕頭

汕港外日艦增至五艘

英法教會亦均遭波及

（路透汕頭五日電）汕頭昨遭轟炸，今日復有日機飛臨，向城中心猛炸。日機並疾降用機關槍掃射，路上平民，頗起驚惶，傷亡頗衆，確數待查。救護人員，忙祿援救傷者，及移去屍體。英國護送艦福爾茅斯號，懸英國駐華艦隊總司令諸白爾海軍中將旗幟，今泊汕頭。按汕頭爲未被佔的沿海最重要通商口岸之一，拉花線工與刺繡爲其兩大實業。此等物品之對外貿易額殊鉅，尤以對美爲最。

潮汕鐵路交通中斷

（快訊香港五日電）

）據此間所接消息：汕頭連遭日機狂炸三日後，形勢又趨緊張。港外日艦又增至五艘，內有航空母艦一艘。連日飛往潮汕各地轟炸之日機，均係自該航空母艦飛出。汕頭與潮洲間之鐵路交通，現已斷絕，因奄埠與楓溪間之路軌，被日機炸毀甚巨。

（路透汕頭五日電）今晨汕頭續遭日機轟炸後，本日復有襲擊數次，英法敎會，皆爲炸彈碎片擊中，平民死數續有增加。英敎會現照料受傷者一百四十七人，居民惶恐，現千百成羣，避往他處。

——摘自《每日译报》，1939年5月6日

小評

重慶慘遭轟炸

重慶鬧市，前昨兩日均遭日機轟炸。其死傷之多，焚燒之烈，實爲戰爭爆發以來所罕見。

鬧市非設防區域，自不待言，日機竟大肆轟炸，其爲居心傷害平民，屠殺婦孺可知。

日方自從攻陷武漢以後，軍事進展甚少，而最近華軍在贛北反攻的順利，尤足以暴露其力量已趨疲弱，爲了威脅中國的戰意，遂不惜爲此慘無人道的舉動。實際上，此種舉動絕不能懾服中國抗戰的情緒，只不過唯有更增其復仇之心而已。世界上有正義感的人士，也必以更大的同情寄與中國。

——摘自《每日译报》，1939年5月6日

重慶市區遭獸機大蹂躪

人民死傷估計達五千人

居民二十萬人已於昨晚開始疏散

我軍維持最佳秩序外人備極讚揚

蔣委座與夫人迭巡災區指揮工作

重慶—星期四日空襲所造成之大火，在繼續焚燒中，現估計死傷達五千人，英大使館及領事館職員已由重慶市移往陽河之地點，昨日發現有德婦胡伯夫人在德領館之附近斃命，顯係欲逃往德領館避難之時被炸死，德領館本身則卒免於火，未受損失，據稱昨日之空襲僅投下捲烟，未有炸彈。 路透社上午十一時

重慶—自日機施行大蹂躪之空襲後，重慶人民於昨晚疏散者達二十萬人以上，據非官方估計，空襲之結果死傷在一千五百人至三千人之間，此次大約爲自現時之戰事開始以來任何中國城市所遭之最甚空襲，至六日止，抗戰恰恰完成二十個月。 路透社上午十時

重慶—在數日之前，重慶尚充滿活氣，人煙稠密，今日則實際上已無人跡，并缺水，電及電話，蔣委員長已命所有報紙停止出版，聯合[illegible]出一聯合之報紙，蔣委員長與夫人於昨晚與今晨一再巡視災區，蔣委員長并已下令徵用所有公私汽車及運輸汽車，將難民移往鄉間 今日有大隊車輛源源開出 似無窮盡 蔣夫人則指揮遷移戰事孤兒之工作

中國政府一高級官員批評此項空襲，謂「星期三日之空襲雖可稱爲對付某項軍事目標 但顯然昨晚之攻擊，純爲恐怖主義，蓋有炸彈多排直落於城市之中心」，雖有大批人民迅速退出，華軍仍保持極佳之秩序，獲得外國觀察者甚高之讚揚 路透社十二時

獸機第三次犯重慶

滬外人消息稱

上海—重慶於昨日下午遭日機第三次空襲，外人官方報告稱此度空襲「一斷續」發生，死傷與損失現尚未知。 路透社下午一時

蔣委員長

促政府人員盡力救災

昨日曾召集臨時會議

通過緊急救濟之步驟

香港—重慶訊，蔣委員長於昨日在紀念週致詞，促政府人員竭盡最大之力量，救濟重慶難民，會議之後，蔣委員長隨即召集各機關主任長官會議，會議中通過緊急救濟步驟，包括由政府撥鉅款充救濟基金，及高級軍政黨務官員須由月薪中强迫捐欵等。 本報專電下午三時

重慶外人住宅多被炸

法教會難民所亦被炸毀

香港—重慶訊，據最近之調查所示，重慶外人住宅有甚多處被炸，法國傳教會所主辦之難民所亦被炸毀，有八十餘人被焚斃，狀况極慘。 本報專電下午三時

英駐日大使向敵政府

提强硬抗議

關於英領事館被炸事

上海—重慶英總領事館被炸之詳細情形，已轉達駐日大使克萊基氏，聞克萊基氏將於今日提出强硬之抗議。

上海—據官方消息，克萊基氏已於昨日提出口頭抗議，指出「日機之行動之嚴重性」，並謂所稱領事館之附近有高射炮之藉口，「完全不可接受」，預料正式書面抗議將於今日發出。

有燃燒彈一枚落在重慶英領事館場地，但房屋及人員俱無損傷。 路透社十一時半

重慶外人財產遭肆炸

滬敵寇代言人發出狡辯

稱因遭我軍高射炮攻擊

上海—關於昨日對重慶之空襲，據日官方消息稱：「日機活動之時曾遭位置於城西之高射炮與重機關槍五十架之高射炮火所攻擊，結果日機一隊乃改變其原定之秩序，進攻高射炮陣地，因此項陣地極接近外國領事館，炸彈有落在外國領館之附近之可能」云。

日代言人曾在新聞記者之集會中遭長時間之質問，答謂日空軍人員曾奉令勿使外人財產遭「不必要」之損害，但解釋此種命令非特別擬定，於緊急情形之時，任由每個空軍人員決定是否爲自衞計需冒毀壞外人財產之危險，該代言人繼曰：若於此次外人財產曾被毀損而爲日人所稱彼等現時尚未得知者，「乃屬可憾之事」云。 路透社下午一時

四邑前線暫歸沉靜

新開公路已無寇踪

香港—台山訊，四邑前線現展開沉靜之狀况，由新會至開平之公路，已無敵寇踪跡。 本報專電下午三時

——摘自《南洋商报》，1939年5月6日

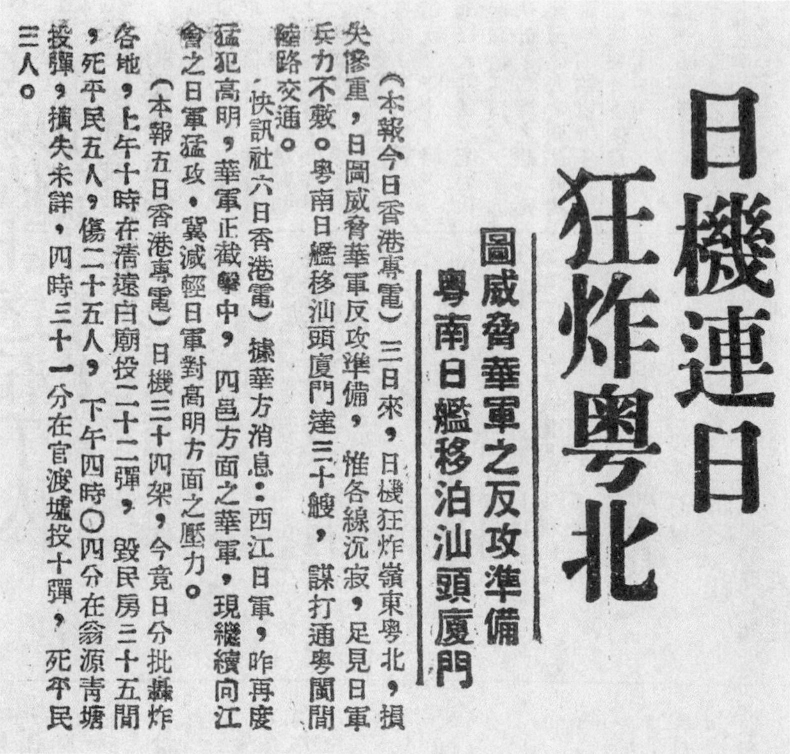

日機連日狂炸粵北

圖威脅華軍之反攻準備
粵南日艦移泊汕頭廈門

（本報今日香港專電）三日來，日機狂炸嶺東粵北，損失慘重，日圖威脅華軍反攻準備，惟各線沉寂，足見日軍兵力不敷。粵南日艦移汕頭廈門達三十艘，謀打通粵閩間聯路交通。

（快訊社六日香港電）據華方消息：西江日軍，昨再度猛犯高明，華軍正截擊中，四邑方面之華軍，現繼續向江會之日軍猛攻，冀減輕日軍對高明方面之壓力。

（本報五日香港專電）日機三十四架，今竟日分批轟炸各地，上午十時在清遠白廟投二十二彈，毀民房三十五間，死平民五人，傷二十五人，下午四時〇四分在翁源青塘投彈，損失未詳，四時三十一分在官渡墟投十彈，死平民三人。

——摘自《大晚报》（上海），1939年5月6日

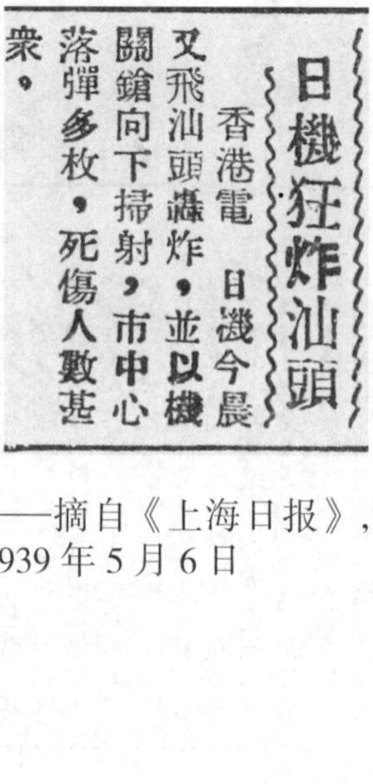

日機狂炸汕頭

香港電　日機今晨又飛汕頭轟炸，並以機關鎗向下掃射，市中心落彈多枚，死傷人數甚衆。

——摘自《上海日报》，
1939年5月6日

□機昨晨兩度空襲

汕市中心區被狂炸

毀屋逾百死傷平民百餘

汕市民在大規模疏散中

（美聯社五日上海電）外人報告稱、日機今晨向汕頭市中心區、大肆轟炸、死傷慘重、（路透社五日汕頭電）□機今日又來襲汕頭、英法教會房屋、亦被彈片射中、平民傷亡不少、三日來汕市被炸、有傷者一百四十七名、由英教會派員醫治、汕市居民正在大規模疏散中、

（本報五日汕頭專電）今晨□機兩次飛到汕市中心區施行大轟炸、投重量殺傷彈廿四枚、中山路、中山公園、桂馥里、新梅里、新建里、廻瀾橋、潮汕火車站、及崎碌一帶均被災、毀舖屋百餘間、死傷百餘人、刻民房仍在燃燒中、居民被生埋者甚多、情形淒慘、□機旋飛潮安、又韓江上游及汕頭海面之小艇、均被□用槍掃射、損失未詳、

（路透社五日汕頭電）今晨日飛機又來襲汕頭、向市區中心投下炸彈、又以機關槍掃射、平民死傷頗多、

（本報四日汕頭專電）汕頭于今晨九時被□機八架往炸後、詎是日下午十二時、□機又二次來襲、亦為八架、我防空部、即以高射槍射擊、卒被竄入市區、投彈廿餘枚、死傷廿餘人、燬光華火柴廠、附近舖戶亦被燬多間、并向機小電船掃射、亦死傷廿餘人、□肆虐後、旋飛潮安、潮陽、揭陽各屬窺伺多時、在潮安楓溪鄉投十一彈、迄下午二時、又有□八架、三次飛臨汕頭、投彈數枚、落烏橋一帶、并在汕港碼頭、低飛掃射民船、汕市竟日在警報中、計一日間□竟三次來襲、損失甚重、致日前因故未疏散之市民、現亦紛疏回內地、又□航空母艦能登呂號、四日拂曉時、駛至汕海

——摘自《南华日报》（香港），1939 年 5 月 6 日

▲重慶被炸慘劇詳誌

五日聯合通訊社訪員孖句氏重慶電。日軍飛機三十二架。四日晚狂炸重慶商場及住宅區域。所有居留重慶之外人。內有英國人甚多。均在危險之列。

現計重慶華人被炸斃命或受傷者。共約二千名。外國人所辦之學校，教堂，領事館。亦被炸起火。死者傷者。散佈於街道上。又有數千人。因被日機轟炸。必處發生火災。迫得紛紛逃避。其時火勢適為大風所吹。以致延燒甚速。

英國領事館及法國領事館。均被日機所投之炸彈擊中。加拿大「良友」教會之教堂及學校被焚。北美洲航空公司所在之辦館。其中有外國飛機駕駛員居住。亦被炸毀。

德國大使館。險些被火焚燒。幸由消防隊救護。得以保全。

美國美以美教會所設之醫院。及該處附近美國人麥加地夫婦之住宅。均發生火災。

自南京漢口先後被日軍佔據後。重慶現為中國臨時首都。人口約有六十三萬五千名。是日日機轟炸後。余（訪員自稱）到重慶各處調查。目擊被炸斃之平民死屍堆積。情狀甚慘。傷者則呻吟不已。遍地皆是。

是日日機投落之炸彈。共約百餘枚。其中有每枚重量二百磅之毀滅彈及燃燒彈甚多。被轟炸之後。有七處地點起火。火勢甚猛。當時有工人數千名。用水桶向江邊取水救火。

余曾到一處。見有被炸斃之兒童八口。均是年在十歲以下者。慘不忍睹。又聞有居民甚多。被炸毀之屋宇碎物所壓。不能自救。而火勢迫近。祇得大聲呼救……

在重慶所有外國及中國醫生。均已出任救傷工作。各處街道。有被碎物及泥掩救。隨處皆有受傷之人。及被炸死者之屍身。令圍其上

有兩處地方火勢甚烈。難以撲滅。已令工人將附近樓宇拆毀。截斷火路。免致延及他處建築物。

據中國當局報告。此次日機向重慶轟炸被擊落一架。

據外人觀察家言。此次日機轟炸重慶。投彈地點。全在商場及住宅區域。並未損及軍事機關。因軍事機關大多於一箇月以前遷往別處。計被炸之區域。長約一英里半。闊約八百碼。現計被焚之地方。約占重慶全城八分之一

同日聯合通訊社重慶電。日機於四日晚轟炸重慶。誠為中日戰事發生以來。日機一次轟炸。令地方上受害之最烈者。四日半夜時候。據華人當局估計。死者傷者共約三千人。

英法兩國領事館。曾被日機所投之炸彈擊中。但無傷及外人

加拿大法人教堂及學校一間。被炸彈擊中。隨即起火。

五日共同通訊社重慶電。據是日消息。日軍飛機於昨三日及四日晚六時半轟炸重慶。全城地方被毀及被焚者約占八分之一。兩日被炸。平民死傷共約二千名。有義館一間。被炸起火。該義館內有美國人兩名。有無傷及。尚未查悉。英國副領事之住宅被炸三次。駐華英國大使之秘書約翰鄧賓甸氏於被炸時。被瓦石擊傷頭部。有德人一名。因住宅倒塌。致被壓傷本月三日。被炸者有新大公報，新華公報，新蜀報，及四川日報四家。屯煤庫亦被炸起火。

重慶居民現紛紛由重慶遷出。據駐重慶美國砲艦杜度號無線電報告。五日仍有日機到重慶轟炸。但不若星期四日之甚。

五日午後。重慶有微雨。火災逐漸停息。現時重慶街上。由軍隊維持秩序。並協助居民疏散

——摘自《少年中国晨报》，1939年5月6日

英德在渝領館

遭敵轟炸

外僑教堂住宅亦多波及

難民收容所焚死百餘人

【中央社重慶五日電】敵機於三四兩日，連襲渝市·漫無目標，投擲多量之燒夷彈，市內多處着彈起火，延燒甚烈，致使民房被焚燬者極多·各領館及外人文化機關，外僑住宅，亦多波及。據調查，駐渝德領事館，已着燒夷彈焚燬，駐渝法領事館及英領事館 亦均遭轟擊·致一部份被震壞。法國真元堂聖母院及其附設之難民收容所 亦着彈震塌，致其中收容之難民，被焚死者不下百餘人。又天官街外僑住宅，亦有多所被焚燬。。

——摘自《河南民国日报》，1939年5月6日

敵機瘋狂濫炸重慶

德法英領館燬壞

襲汕英法教會彈片如雨下

（中央五日重慶電）敵機於三四兩日連襲渝市、無目標投擲多量之燃燒彈、市內多處着彈起火、延燒甚烈、致使民房被焚燬者過多、各領館及外人文化機關外僑住宅、亦多波及、據査駐渝德領事館、已着燒夷彈焚燬、駐渝法領事館及英領事館亦均遭轟擊、致一部份被震壞、法國眞元堂聖母院及其附設之難民收容所、亦着彈震塌、致其中收容之難民被焚死者不下百餘人、又天官街外僑住宅、亦有多所被焚燬、

竄○浙　（國民五日金華訊）五日上午八時許、敵機五架、先後侵入蕭山、在西北方盤旋窺伺良久、下午二時一刻、又有敵機二架竄入、盤旋一匝、卽向東北逸去

襲○粤　（路透五日汕頭電）日機頃又空襲汕頭、英法教會內彈片如雨下、死傷甚鉅、被害者全係平民、英國教會內受傷者達一百四十七人、市內居民紛紛實行疏散、

擾○贛　（中央四日吉安電）敵轟炸機六架四日上午九時至十一時、兩度侵襲吉安、投彈十六枚、均落郊外空地、另有窺察機一架、在吉安窺察良久、幷以機槍掃射、又四日午、敵機三架至樂平上饒玉山等窺良久

——摘自《东南日报》（金华），1939年5月6日

敵機暴行 各處肆虐

（中央社）汕頭六日電、敵機十餘架、六日又分批襲汕頭、在汕頭投彈數枚、燬民房數十棟、死傷平民逾百、潮安城被轟十九彈、損失慘重、汕經四日之摧殘、商店多停業、又英輪一艘、五日在潮澳被敵艦截停檢查歷數小時始放行、

（中央社）泉州五日電、惠安海面敵艦、今已先後馳去、敵機一架、於今晨七時及十二時許、又兩度飛泉州投彈、毀屋四十餘間、

（中央社）肇慶六日電、敵機二十二架、今晨狂炸高明縣城、投彈百餘枚、災情慘重、另敵機二十三架、竄察肇慶古勞馬房下勒岡等地、并以機槍掃射民衆、

（中央社）襄陽八日電、敵機五架、六日正午十二時許、在樊城城內投彈二十餘枚、同時另有敵機五架、轟炸老河口、又有敵機五架、於下午二時二十分侵入樊城空後、投彈三十餘枚、四十分後、敵旋東逸去、上述被炸各處、我方損失甚微、

（中央社）西安六日電、敵機十二架、六日下午三時在平民縣發現、分二批向西南竄擾、至南鄭狂炸後逸去、計投彈一百（ ）枚、死傷平民數約五六十人、炸燬民房一百餘間、

——摘自《华西日报》，1939 年 5 月 7 日

廣東西江方面 日機狂炸高明

東江我襲攻虎門等地

◎肇慶六日電、日機廿二架、今晨狂炸高明縣城、投彈百餘枚、災情慘重、另日機廿三架、竄察肇慶・古勞馬房下勒岡等地、並以機槍掃射民衆、

◎翁源六日電、我游擊隊、五日分向莞城石龍虎門之日軍襲擊、日軍憑險頑抗、至今日拂曉、我軍始退回原陣地、

◎翁源六日電、我出擊部隊、於一日晨七時、向花縣屬龍口鄉之日軍襲擊、激戰至烈、我軍以任務已達、退回原防、

——摘自《时报》（上海），1939 年 5 月 7 日

日機到處濫炸市區
並以機槍掃射平民

△高明▽

【肇慶六日電】日機廿二架、今晨狂炸高明縣城、投彈百餘枚、災情慘重、另日機廿三架窺察肇慶、古勞、馬房、下勒岡等地、並以機鎗掃射民衆、

△汕頭▽

【路透社六日汕頭電】日機八架、今晨繼續飛汕頭轟炸、並用機關鎗掃射、其集中轟擊之地、距美領事館東四百碼、蓋以華南總司令部爲目標也、美孚油棧等外國產業附近、投下炸彈甚多、傷亡人數、現尚未悉、

△樊城▽

【襄陽六日電】日機五架、六日午十二時許、在樊城城內投彈廿餘枚、同有日機五架、轟炸老河口、又有日機五架、於下午二時廿分、竄入樊城上空後、擲彈卅餘枚、四十分後、日機旋向東逸去、上述被炸各處、華方損失甚微、

△泉州▽

【泉州五日電】惠安海面敵日艦、今已先後駛去、日機一架、於今晨七時及十二時許、又兩度飛泉州投彈、毀屋四十餘間、

——摘自《华美晨报》，1939 年 5 月 7 日

□機昨晨狂炸高明
泉州前日兩遭肆虐

（本報五日福州電）□機一架、今晨七時及十二時許、兩度轟炸泉州、平房四十餘幢被燬、又惠安海面□艦數艘、今先後駛去、

（本報六日肇慶專電）今晨□機廿三架、狂炸高明縣城、投彈百餘枚、損害極大、刻在調查中、另一批□機亦爲廿三架、飛往肇慶古勞各地、往還窺伺、頻頻掃射機槍云、

——摘自《南华日报》（香港），1939 年 5 月 7 日

歐亞機由渝抵港
客談渝市被炸慘狀
機場未被炸燬全城在焚燒中

歐亞機於前夕九時半、由重慶抵港、中途適遇□機襲桂、被阻於桂林、故抵港時間、畧受延阻、查該機此來載有華人乘客九名、及華籍人喬華士一名、據喬氏稱、彼在重慶時、適逢□機來襲、炸彈之聲、震耳欲聾、彼兩夜未有入睡云、又機師談述□機襲渝慘狀、謂星期四日、降落重慶市內之彈、約共六十顆、惟機場幸未被燬、該機起航來港時、全城尚在焚燒中云、

——摘自《南华日报》（香港），1939 年 5 月 7 日

重慶被炸慘劇三誌

△六十餘萬居民趕緊疏散　六日聯合通訊社重慶電，日軍現聲言以七日時間繼續轟炸「毀滅」重慶，故現在重慶之居民約共六十三萬五千名趕緊疏散陸續離境。

△敵機慘炸死一千傷三千　本月四日，日機轟炸，共約炸斃平民一千名，收拾之死屍，皆時堆積於公共機關內。炸傷者約二千餘人，各醫院因增方不敷分佈，有許多傷者尚未得相當醫治……

一救護隊員冒雨繼續進行　是日重慶落雨，各救護隊員拯救死傷之工作，亦繼續進行。有許多遇難者之家屬，向倒塌之樓宇，找尋死屍，或將死屍移去……而取回貴重物品……

△外僑舉辦賑濟難民工作　現在重慶之外國醫生恐重慶經過此次慘炙後，將有瘟疫發生。。重慶之外僑，亦組織委員會，辦理賑濟難民工作。但均準備於短促時間，遷入內地。現在重慶食品及食水，均有缺乏之處……

△平民死傷估計四五千名　同日共同通訊社重慶電　本月二，四，兩日，日軍飛機轟炸重慶平民死傷若干，尚未有確數，不過估計約有四五千名……重慶之各國外交官，亦已紛紛離去重慶。

重慶平時有人口六十五萬名。。本月三日未被日機轟炸以前，約計有一百萬名之多。增多之人口，係由他處遷來之難民。。昨星期五日，已無日機飛到轟炸　昨日美國炮船杜度號發出之電訊。。謂有日機轟炸，乃是誤傳所致。

一各國外交官均遷離重慶　駐重慶英國大使館及領事館被日機轟炸，均有損壞，現已遷往揚子江南岸。德國大使館未被轟炸，是日亦已遷出重慶郊外。

△重慶被炸後火災仍未息　六日國際通訊社英京電，是日路透社電訊，日軍飛機轟炸重慶，現計死傷之人約共五千名。本月四日重慶被敵機狂炸發生之火災，至今仍未停息，現時重慶居民數十萬名，紛紛疏散，外國僑民亦陸續離去重慶。

——摘自《少年中国晨报》，1939 年 5 月 7 日

汕頭災象

（汕頭快訊）四、五、兩日潮汕又遭□機狂炸，災情慘重，來襲□機，每次均八架，起自南澳海面□航艦上，現潛北港、汕媽嶼口仍泊□巡艦、驅逐艦、共六艘，有犯汕模樣，我嚴為戒備、茲將連日□機炸汕慘狀錄下、

×……四日災情……×

計㊀同濟三馬路首段、被毀店戶約廿間，同濟直路尾段、被毀店戶約廿餘間、同濟左旁二橫巷房屋，被毀十餘間、北堤旁十五號至廿號貨倉、被毀六座、約十餘間、北堤七巷貨棧、被毀十間、公發倉附近民房板屋、被毀十餘間、綜計被毀大小房屋約在百間以上、災區遼闊，縱橫約達一里、光華埠被炸毀船廠二、蒜頭廠二、避難路落四彈、木橋被毀一段、死傷平民六十餘人、㊁潮安方面，是日□機轟炸光華埠後、即向北循潮汕鐵路飛襲潮安、在意溪車站投五彈、鐵軌被毀丈餘、□機投彈後、續向南飛、在楓溪站輪流轟炸，先後投彈十一枚、鐵軌被毀數段、卡車被毀十二輛、鐵鍋二農塲附近落一彈、死一人傷二人、㊂澄揭沿海，□機轟炸潮安後、即分向安、澄、揭各縣偵察，行走汕揭之大華輪、于曲溪澳河面被□機掃射，傷船夥一人、行走本市東隴之吉昌輪、于洪渡河面、被□機低飛掃射，死傷船夥搭客廿餘人、店仔市洪渡鄉一帶，亦遭□機掃射、爲當□機在楓溪站轟炸後，復折飛本市，八架魚貫侵入市空，由東向西，飛至揭陽碼頭一帶，輪流低飛掃射，歷時廿餘分鐘，掃射槍彈達千餘發，時汕揭輪大有、大華、均停泊碼頭，□機乃以該電輪爲掃射目標，惟彈多落海，結果，傷搭客路人三人、

×……五日災情……×

□機八架、五日兩度來犯，汕中山路中段牛墟地板屋、梓福里、敬德里、住宅區民房被擲廿四彈，燬屋百餘棟、中山馬路尾、新馬路、迴瀾橋、亦落彈，當塲死十八，傷五十餘，第二次在利安路尾、落十餘彈、舊警察局旁之廣德醫院、美商中和抽紗洋行被震毀、寶德

里及光天戲院舊址後背板屋、亦成一片焦土、總計毀屋廿餘間、死傷十餘、記者于警報後、踏勘災區、怵目傷心、當記者赴福音醫院慰問傷衆、目擊病床上斷臂殘肢、不忍卒睹、有小童二、因腹部洞穿、到院後腸胃流露、死狀尤慘、傷衆之呻吟聲、親屬之哀慟聲、令人心碎、福音醫院賀爾德院長、（英籍）率同看護婦加緊救護、服務精神、殊足欽佩、現當局已將傷衆送赴某處後方醫院、潮汕警備司令華振中、親往慰問後、據會並派員前往慰問、潮汕鐵路每晚八時、加開由汕到楓溪之夜車、逃難民衆、甚爲擠擁、

（續訊）五日下午三時□機一架襲潮陽、投彈三枚、一架襲南澳、在石澳投三彈、損失未詳、又汕頭自迭遭□機狂炸後、工商各業、完全停頓、市面空前冷寂、恍如死市、而情勢之緊張、則尚有加無已、據報、廈門近忽集中□兵二萬餘人、□將石野已由海口到廈、主持進攻潮汕軍事云、

——摘自《南华日报》（香港），1939 年 5 月 7 日

敵機十二架 狂炸南鄭

投彈百餘枚死傷百餘人

廣東高明亦遭敵機狂炸

【中央社西安六日電】敵機十二架，六日下午三時，在平民縣發現，分二批，向西竄擾，至南鄭狂炸後逸去。計投彈一百〇一枚，死傷平民百五六十人，炸毀民房一百餘間。

【中央社肇慶六日電】敵機二十二架，今晨狂炸高明縣城，投彈百餘枚，災情慘重。另敵機廿三架，窺察肇慶，古勞，馬壘，下勤閭等地，並以機槍掃射民衆。

【中央社汕頭六日電】敵機十餘架，六日又分批襲汕頭，投彈十數枚，燬民房數十間，死傷平民逾百。潮安城被投十九彈，損傷甚重，汕市經四日之摧殘，商店多停業。又英輪二艘，五日在潮長廣澳被敵艦截停檢查，歷數小時始放行。

【中央社泉州五日電】惠安海面數敵艦，今已先後駛去，敵機一架，于今晨七時及十二時許，又兩度飛泉州投彈，毀屋四十餘間。

——摘自《河南民国日报》，1939 年 5 月 7 日

4,000 CASUALTIES IN CHUNGKING

MASS EVACUATION

From Our Own Correspondent

SHANGHAI, MAY 7

According to the latest unofficial estimates, the casualties caused by the air raid on Chungking on Thursday amount to between 4,000 and 5,000 killed and wounded.

One German woman was killed while trying to reach the German Consulate, and two Germans are reported to be missing. The German Consulate was slightly damaged. An incendiary bomb which fell in the compound of the French Consulate failed to explode.

Sir Archibald Clark Kerr, the British Ambassador, who was at the Foreign Office during the raid, made his way through the cordons round the burning areas to inspect the damage done to the British Consulate-General. Mr. H. I. Prideaux-Brune and Mr. J. D. Greenway, both of the Embassy, and Mr. W. Stark Toller, the Consul-General, and his wife were in the Consulate compound when it was bombed. Two bombs struck the roof of the building used as the Embassy, and glanced off, exploding on the ground a few yards away and shattering all the windows. There were four explosions at the Consul-General's house. The Embassy and Consulate staffs have now moved to new quarters on the south bank of the Yangtze, where the United States Embassy is situated.

Although the alarm was sounded, causing a mad rush for shelter, there was no raid on Friday. The fires have all been subdued and soldiers are digging out hundreds of bodies from the smouldering ruins and removing corpses for mass burial outside the city. Nine newspapers, the offices of which were bombed, are printing a single-sheet joint edition.

General Chiang Kai-shek is directing a mass evacuation of civilians, which has quickened Japanese threats to intensify the attacks until the Government are smashed. The Chinese attitude is summed up in the Foreign Minister's statement:—"The Japanese think that this bombing will break our spirit. They are wrong. We will carry on the war."

CHINESE ADVANCES

The Chinese officially announce that the Kwangsi troops yesterday fought their way into Anking, the capital of Anhwei, on the north bank of the Yangtze. They were driven out after bitter street fighting, but have since renewed the attack.

The Chinese also claim to have crossed the Han River, in Central Hupeh, at four more places. The Japanese report that their troops, fighting in excessive heat, have begun a "May offensive" along a 75-mile front extending from Sungyang, near the Canton-Hankow railway in Hunan, to the Nanchang area of Kiangsi.

——摘自《泰晤士报》（The Times），1939年5月8日

MORE BOMBINGS BY JAPANESE

APPEAL FOR REFUGEE CAMP

FROM OUR OWN CORRESPONDENT

SHANGHAI, MAY 8

Japanese aeroplanes to-day continued their attacks on Chinese cities, dropping 50 bombs on Ichang, the Yangtze city and port which was almost devastated last March. Foochow was raided again yesterday, and Monkanshan, the famous mountain resort 30 miles north of Hangchow, was bombed. Mr. E. W. Norwood, who is in charge of a huge refugee camp at Monkanshan, has telegraphed urging the Consular Body to appeal to the Japanese to respect the neutral zone as no Chinese troops are in the vicinity.

Sir Archibald Clark Kerr, the British Ambassador, flew from Chungking to Chengtu on Saturday—a visit which was arranged before the attack on Chungking, and has no connexion with the bombing.

The Chinese Government are remaining in Chungking, but it is thought that most of the Government offices will be moved into the country. The inhabitants spent four hours in dug-outs after midnight while a Japanese scouter cruised above the city in a blaze of searchlights.

The Japanese announce to-day that their forces in Northern Hupeh have begun a general offensive along a 70-mile front extending from Sinyang, on the Peking-Hankow Railway, to Anlu (Chunghsiang), on the Han River. They claim that their left wing, taking the Chinese by surprise, made an advance of 80 miles in three days up the east bank of the Han River, thus "breaking back" the projected Chinese offensive to retake Hankow.

——摘自《泰晤士报》（The Times），1939年5月9日

敵機眞類瘋狗 炸避暑勝地莫干山

外僑僉認該處無我軍踪跡 未解敵機肆虐目的及需要

上海——上海西南面約九十英里處之避暑勝地莫干山，昨遭轟炸，此乃根據在該處管理難民收容所之外僑諾[illegible]氏發來之簡略電報所言。據昨日發來之電報，稱『日機今日轟炸莫干山，促領事團呼籲，維持此中立地帶，』諸[illegible]云。此乃華軍去年由杭州前線撤退以來莫干山首次遭遇之轟炸，外僑之致力於人道工作者，僉認莫干山並無華軍踪跡，該避暑勝地自始至[illegible]皆爲實際之中立地帶，因此彼等[illegible]解轟炸之[illegible]的及需要安在焉。 路透社今午十二時十分

——摘自《南洋商报》，1939年5月9日

敵機犯延平與福州

毀我房屋殺我平民 福州民報辦公室被擊中

香港——昨日敵軍飛機四架，犯我福建省之延平縣城，敵機投下炸彈十發，並以機關槍肆行掃射我平民，於一小時以後，敵機始竄去。

敵機於五月七日犯我福州之結果，投下燃燒彈十二發，在南台毀我民房十間，福州民報辦事處亦被擊中。

本報專電下午三時

——摘自《南洋商报》，1939年5月9日

日機空襲西安

南鄭再被轟炸

▲西安七日電 日機五架於七日下午六時侵入西安市空、投彈十餘枚遁去、事後調查僅炸毀民房二十餘間、傷十餘人、餘無損失

▲西安七日電 日機一架七日上午八時五十五分、由晉經陝北至甘肅平涼一帶窺視後遁去、十時二十分潼關發現日機十二架、向西竄擾、至南鄭縣上空、再度狂炸、在城內西北角一帶投重量彈十九枚遁去、平民死傷四十餘人、炸毀民房二十餘間、

——摘自《新闻报》（上海），1939年5月9日

日機濫炸閩南各地

日艦不時向沿海發炮

▲泉州六日電 日機近日濫炸閩南各地、六日同安縣城被炸三次、燬房數十棟、損傷未詳、又廈港現窠結日艦十餘艘不時向沿海發炮轟擊、

——摘自《新闻报》（上海），1939年5月9日

美教士腦五德電告
日機轟炸莫干山
請褒克門與領團接洽
使該山仍作爲中立地

英文大美晚報云、本埠美國教士褒克門、爲莫干山消夏會幹事、禮拜一接莫干山難民區美教士腦五德來電、其文簡略、僅云禮拜日上午日本飛機轟炸莫干山、請與領事團接洽、使莫干山仍作中立地方云云、華軍自杭州撤退以後、莫干山被炸、此尚是首次、喪亡損失、不知其詳、電從孝豐發來大約腦五德託人從近處孝豐轉發、於禮拜日上午一點四十五分發出、夜間十點二分收到、聞莫干山上居有難民甚衆、褒克門云、一月間由該處來滬、山中有難民二千、均是婦孺、因無外人在山、由中國人士辦理救濟事宜、並託腦五德隨時照顧保護、中日兩軍、均允不犯及莫干山、故該處成爲中立地帶、即在戰時、亦不許中國兵士上山、今山中並無華軍、亦非游擊軍所用之根據地、不知何以被炸云、

——摘自《新闻报》（上海），1939 年 5 月 9 日

日機狂炸南鄭
重慶昨晨有警報

（重慶八日路透電）昨夜半甫過、此間空襲警報大作、重慶居民整夜居防空壕中、午夜零時卅分、曾見日機向重慶飛來、乃發第一次警報、一時零五分、日機在距渝較近之處出現、緊急警報機之而發、然日方轟炸機並未來此、至今晨四時四十五分始解警

（西安七日電）日機一架、七日上午八時五十五分、由晉經陝北至甘肅平凉一帶窺伺後逃去、十時卅分、潼關發現日機十二架、向西南竄擾、至南鄭與宜昌再度狂炸、平民死傷四十餘人、

——摘自《晶报》（上海），1939 年 5 月 9 日

夏縣居民二百
被投井淹斃

（西安七日電）夏縣西南段村之日軍、屢經華軍襲擊、死傷奇重、日遂怒將附近居民二百餘投井淹斃、

——摘自《晶报》（上海），
1939 年 5 月 9 日

敵機到處肆虐

西安南鄭襄樊均遭轟炸

西安七日電：敵機一架，七日上午八時五十五分，由晉經陝北至甘肅平涼一帶窺視後遁去。十時卅分潼關發現敵機十二架，向西南竄擾至南鄭縣上空，再度轟炸，城內西北角一帶，投重量彈十九枚遁去，平民死傷四十餘人，炸毀民房卅餘間。

襄陽七日電：敵機五架，三架不等，於七日上下午數批轟炸襄樊及老河口城內及郊外，我損失不[illegible]查中。

襄陽七日電：敵機廿餘架，七日晚八時許侵入城空，其時天色已暗，敵機於黑暗中投彈數十枚於荒郊而去。

西安七日電：敵機五架，於七日下午六時侵入西安市空投彈十餘枚遁去，事後調查僅炸毀民房二十無間，傷十餘人，餘餘損失。

——摘自《南宁民国日报》，1939 年 5 月 9 日

日機襲甯波福州

清遠英德佛崗龍門亦遭投彈

（甯波九日電）今日上午九時日機六架，五次來甬轟炸，計靈橋門落燃燒彈一枚，扒砂巷落燃燒彈一枚，監獄署內外落三枚，此外尚書街一枚，西門小菜場一枚，戰船街一枚，東勝路一枚，演武街平政祠一枚，地母殿一枚，北門灣頭一枚，傷監署犯人五人，被災房屋一百數十間。

（路透重慶十日電）此間接華方消息：日機昨日猛炸福州，與甯波，福州被襲兩次，投下燒夷彈逾三十枚。

（韶關九日電）日機三架，分批飛襲清遠，英德，佛崗，龍門各縣，投彈五枚，死傷平民三人。

（金華十日電）十日晨八時半，日重轟炸機三架，先後侵入金華，投四十三彈，內燒夷彈四枚，毀屋二九七間。又日機七架於九時侵入甯波，投彈十五枚，毀屋四十餘間。

——摘自《每日译报》，1939 年 5 月 10 日

日機夜襲宜昌

▲宜昌八日電　八日晨零時許、日機兩批共廿一架、經宜市外圍襲川、至長陽附近、忽有一架折向宜昌、旋於一時許襲入市空、在槽湖嶺一帶荒地投彈數枚至五時許、日機十一架、復分四批輪流狂炸宜昌市區、沿江一帶、落彈甚多、雜有燃燒彈多枚、直至七時餘始解除警報、此次被燬房屋八十餘棟、死傷平民五十八、查宜市此次係首次夜襲云、

▲路透社八日宜昌電　星期日拂曉前、日方轟炸機九機飛至宜昌、向城內各處投彈五十餘枚、外人居住區亦不能免、瑞典教會之外牆與住宅被一彈炸毀、估計死傷不足五十、

——摘自《新闻报》（上海），1939年5月10日

日機炸福州

延平亦被襲

▲福州八日電　閩江口外七日午刻由金門駛來日巨型艦一艘、上載日機四架、午後起飛、侵入福州市空、在南台投燒夷爆炸彈十二枚、燬房屋十餘家、福建民報辦事處亦中彈被燬、八日晨八時許、該日機四架、沿閩江西飛、首次空襲延平東西兩門、投彈十餘枚、並用機鎗往復掃射、達一小時之久、

▲福州八日電　今日午後、福州兩度狂炸大橋頭及蒼霞洲等處、專擇華商行區肆公司醫院等較大建築、濫投燒夷爆炸彈三十餘枚、燬屋數百間、損失慘重、

——摘自《新闻报》（上海），1939 年 5 月 10 日

昨晨日機六架 轟炸寗波市區

落彈十三枚傷犯人五名

被燬房屋達一百數十間

（本報九日寗波專電）今日上午九時日機六架，五次來甬轟炸，計靈橋門落燃燒彈一枚，抓砂巷落燃燒彈一枚，監獄署內外落三枚，此外尚書街一枚，西門小菜塲一枚，西大路教堂旁一枚，戰船街一枚，東勝路一枚，演武街平政祠一枚，地母殿一枚，北門灣頭一枚，傷監署犯人五人，被災房屋一百數十餘間。

又新聲社云：日機於昨晨飛寗波市區，投彈十九枚，燬屋一百餘間，死傷犯人五名，被投彈之處，爲靈橋路，南門大水青松，江東交通棧房，中心醫院，灣頭，法院巷。幸寗波市區因迭遭轟炸，人口已疏散，各業營業時間，改爲夜間五時至八時，所以昨日機之投彈，僅法院巷內一枚，死傷犯人五名，市民幸無死傷。

——摘自《大晚报》（上海），1939 年 5 月 10 日

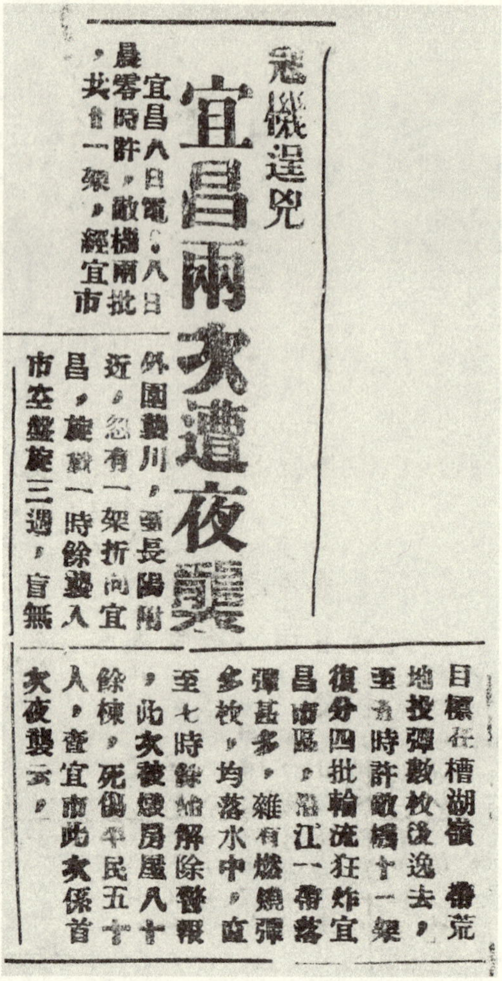

寇機逞兇

宜昌兩次遭夜襲

宜昌八日電：八日晨零時許，敵機兩批，共十一架，經宜市外圍襲川，至長陽附近，忽有一架折向宜昌，旋飛一時餘襲入市空盤旋三週，盲無目標在槽湖嶺一帶荒地投彈數枚後逸去，至五時許敵機十一架復分四批輪流狂炸宜昌南區，沿江一帶落彈甚多，雜有燃燒彈多枚，均落水中，直至七時餘始解除警報，此次被燬房屋八十餘棟，死傷平民五十人，查宜市此次係首次夜襲云。

——摘自《南宁民国日报》，1939 年 5 月 10 日

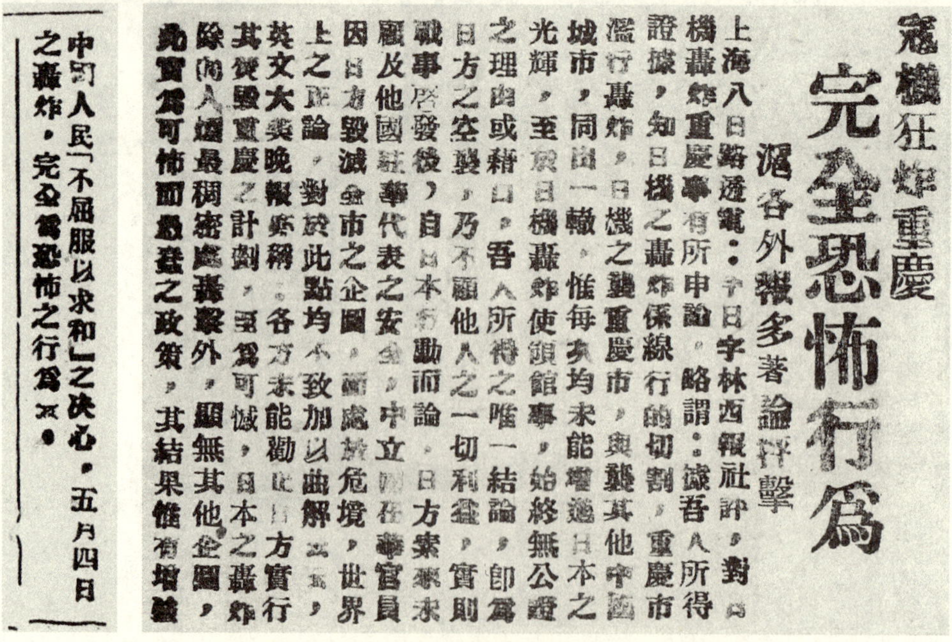

寇機狂炸重慶

完全恐怖行爲

滬各外報多著論抨擊

上海八日路透電：今日字林西報社評，對日機轟炸重慶事有所申論，略謂：據吾人所得證據，知日機之轟炸係線行的切割，重慶市濫行轟炸，日機之襲重慶市，與襲其他中國城市，同出一轍，惟每次均未能增進日本之光輝，至於日機轟炸使領館事，始終無公道之理由或藉口，吾人所得之唯一結論，即爲日方之空襲，乃不顧他人之一切利益，實則戰事啓發後，自日本行動而論，日方素來求顧及他國駐華代表之安全，中立國在華官員因日方毀滅全市之企圖，而處於危境，世界上之輿論，對於此點均不致加以曲解云云，英文大美晚報亦稱：各方未能勸止日方實行其炸毀重慶之計劃，至爲可憾，日本之轟炸除向人煙最稠密處轟擊外，顯無其他企圖，殊實爲可怖而最蠢之政策，其結果惟有增益中國人民「不屈服以求和」之決心，五月四日之轟炸，完全爲恐怖之行爲云。

——摘自《南宁民国日报》，1939 年 5 月 10 日

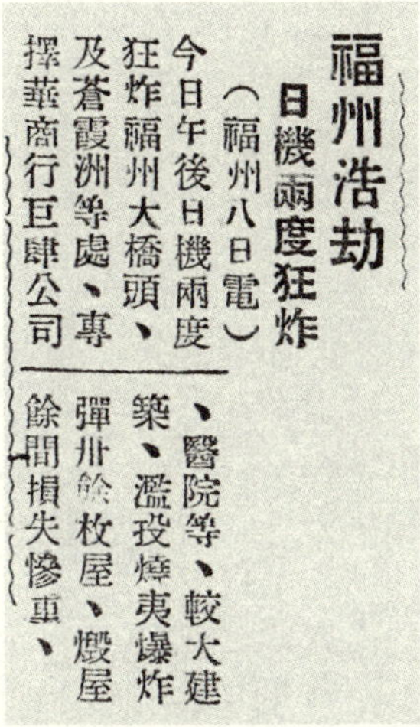

福州浩劫

日機兩度狂炸

（福州八日電）今日午後日機兩度狂炸福州大橋頭、及蒼霞洲等處、專擇華商行亘肆公司、醫院等、較大建築、濫投燒夷爆炸彈卅餘枚屋、燬屋餘間損失慘重、

——摘自《晶报》（上海），
1939 年 5 月 10 日

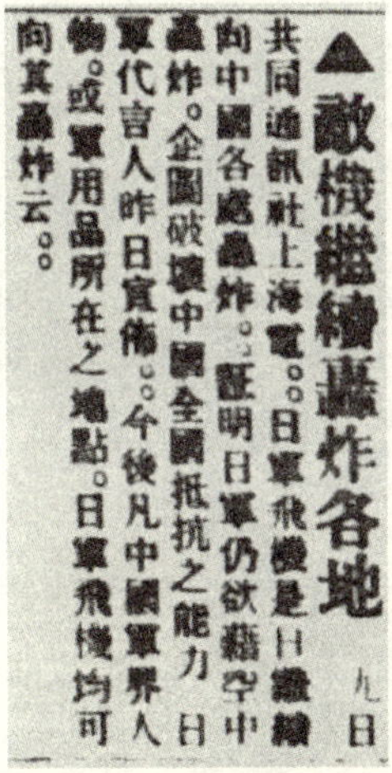

▲敵機繼續轟炸各地

九日共同通訊社上海電。。日軍飛機是日繼續向中國各處轟炸。。證明日軍仍欲藉空中轟炸。企圖破壞中國全國抵抗之能力日軍代言人昨日宣佈。。今後凡中國軍界人物。或軍用品所在之地點。日軍飛機均可向其轟炸云。。

——摘自《少年中国晨报》，
1939 年 5 月 10 日

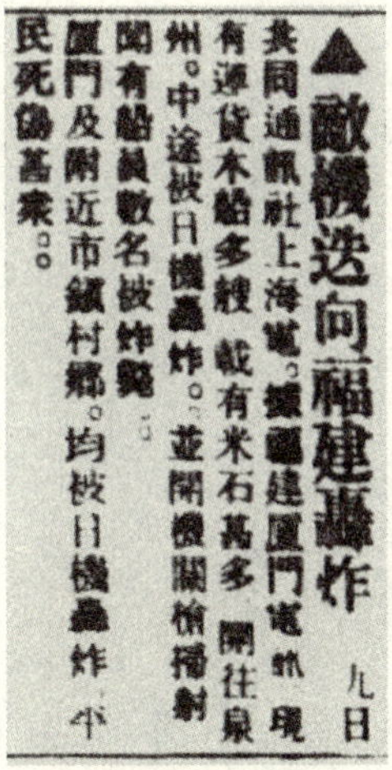

▲敵機迭向福建轟炸

九日共同通訊社上海電。據福建廈門電訊現有源貨木船多艘載有米石萬多開往泉州。中途被日機轟炸。。並開機關槍掃射聞有船員數名被炸斃。。廈門及附近市鎮村鄉。均被日機轟炸平民死傷甚衆。。

——摘自《少年中国晨报》，
1939 年 5 月 10 日

被炸後的永嘉

（永嘉通訊）永嘉是浙省東面的一個口岸、現在我們因南北通商各口相繼的陷落、只剩這個地方做出入口的樞紐了、抗戰以來二十多個月、永嘉總算還能苟安一時、然而最近、敵機的蹤跡、竟闖到這城市裏來了、並且毫無人性地一再施炸、使這小小口岸、霎時間變作刦後餘生、

依據二十七年永嘉進出口貨的統計、計值三萬萬一千五百餘萬元、來往的輪汽船共有六十八隻、來往次數共有四百七十九次、進出九百五十八次、創造永嘉已往所未有的紀錄、產生永嘉已往所未有的繁榮、菜館旅館、較平時約多一百數十家、幾乎天天都有人滿之患、「客座已滿」和「客舍已滿」的字條，都是時常貼在各家菜館和旅館的門口、

當南昌陷落時、永嘉當局爲，浙東局勢劇變、曾通知各界疏散，可是還沒實行、而敵機就這樣慘無人道的、把溫州鬧市炸成瓦礫場了、

那天、敵機把無數個炸彈投在市區裏、由西門而東門、由東門而南門、市中心、再由南門市中心而各處大街小巷、接後市民當即自動疏散、搬的搬、遷的遷、躲的躲、避的避、貨物也各自動疏散了、

某司令長官前曾來過永嘉、他於召集各機關職員訓話時說「這次敵人是出了轟炸市區的題目給我們做、我們的答案是你來轟炸我好好的疏散、你不來轟炸我又好好的集合、你白天來轟炸我夜裏來工作、大家各能這樣」

）

被炸毀的溫州中學

的考了一百分、敵人自然不敢於下次再來試驗我們了、否則、我們的分數是零分敵人只有得寸求尺的天天猛進一對的、我們只有以我們的活方法制止敵人、然後使敵人對於我們有所畏有所敬、

這次敵機濫炸永嘉的結果、除×××處以外、最慘的是省立溫州中學、溫州中學的前身是省立第十中學、由敵人的五個炸彈、把全部（卽該校現在的初中部）校舍炸得精光、但溫州中學、必不因爲敵人的濫炸而滅亡、幸現任校長朱一青氏事前已有準備已決遷校至青田上課、敵人專炸我們文化機關、用心固然毒惡、可是這些暴行、是無異對青年們設計了課現實的教材呀、

商家一面、損失最厲害的、是雲博聯合市場、不過此市場的許老板、必不因爲敵人的這麼一炸而一蹶不振、這是大家一致的預料

以上是在敵機濫炸下的永嘉大略的情形、永嘉民衆在極慘痛的經驗裏、將愈加加深他們對敵人的仇恨、挺起胸脯來對付敵人、（胡封）

——摘自《东南日报》（金华），1939 年 5 月 10 日

日機襲寧波金華

福建沿海亦遭空襲

▲金華　十日晨八時半、日重轟炸機三架、先後侵入金華、投四十三彈、內燒夷彈四枚、毀屋二九七間、又日機七架於九時侵入寗波投彈十五枚、毀屋四十餘間、

▲路透社十日重慶電　日機昨日猛炸福州與寗波、福州被襲兩次、投下燒夷彈逾三十枚、日機六架昨晨轟炸寗波、投彈十四枚毀屋百椽、死五人傷九人、

▲汕頭九日電　九日下午二時、日機十三架襲閩在泉州大施轟炸、另有日機一架、沿惠來潮陽澄海海岸東飛窺察、現潮汕海面泊有日艦三、武裝漁船五艘、

——摘自《新闻报》（上海），1939 年 5 月 11 日

AIR TERROR IN CHINA

PRISON BOMBED

ESCAPING CONVICTS SHOT DOWN

From Our Own Correspondent

SHANGHAI, MAY 10

It is reported from Amoy that during an attack on Chuanchow, north of Amoy, yesterday, Japanese aircraft bombed the gaol. The warders opened fire to prevent the frenzied prisoners from escaping. Many people perished in the huge fire which swept the town. Terrified children were drowned in the harbour while trying to escape from the bombing. The repeated bombing of Chuanchow has taken a heavy toll of life and property since the present attacks began.

Japanese aircraft have also been active in the Amoy district, bombing guerrilla bands close to the town, which is in their

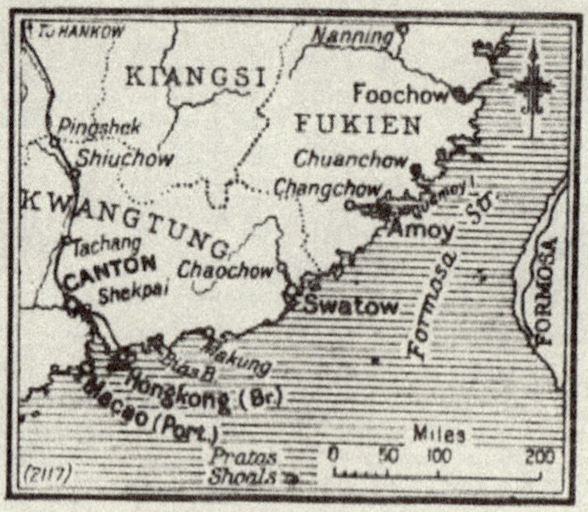

hands. From Chefoo it is reported that guerrilla bands made daring raids on the Customs cruiser Haicheng in the harbour there to-day and escaped in a fast motor-boat with a large haul of arms and munitions.

——摘自《泰晤士报》（The Times），1939年5月11日

口機數日前炸莫干山

少數婦孺被炸受傷

山上財產損失頗重

（路透社十日上海電）據此間外人得接莫干山電訊、本月五日日機轟炸莫干山傷害少數婦孺、但財產傷害頗大、上海工部局在該處所辦之療養院亦被炸燬、

（上海快訊）自從我軍退出杭州後、被稱爲浙西名勝之區的莫干山、始終未有遭受日機轟炸、因爲牠是中立難民區域的所在地、完全沒有我軍駐紮、不料罔顧國際公法的日機、竟於五日飛往轟炸、引起國人深切之注意、記者最近曾遊歷莫干、因就其現狀扼要的介紹出來、或亦爲社會關心人士所樂聞的吧、

——摘自《南华日报》（香港），1939 年 5 月 11 日

敵炸莫干山

滬工部局療養院被毀

通和輪在長江被敵扣留

現英艦駛該處從事調查

料將向日提出嚴重抗議

上海十日路透電：一據確訊，本月五日莫干山被日機轟炸時，有婦孺數人受傷，財產損失頗巨，滬工部局在該處所設立之療養院亦被炸毀。

上海十日路透電：英和記公司輪船「通和」號，昨在長江三角洲附近被日艦逐艦扣留，迫令將船上所載之豬五百頭卸運下船「通和」號已被令日下午一時抵滬，據訊：船長首先拒絕日方之要求，日軍乃施以威脅，現英艦一艘已駛抵該處，從事調查事件經過，滬英海軍當局亦正調查中，英方料將向日當局提出嚴重之抗議云。

——摘自《南宁民国日报》，1939 年 5 月 11 日

日機襲甬詳情

江東各地被炸

據航業界接得電告、連日浙海面日艦時有往來、行蹤飄忽、現大戢洋面停泊有三艘定海洋面停泊日艦一艘、鎮海澀港洋面十日晨到日艦二艘停泊、下午即去、溫州口外十一日突有日艦三艘駛至停泊、迄至下午尚未離、寗波於十日上午八時四十分復遭日機六架轟炸、投彈十五枚、江東大河路張斌橋古橋巷池母殿各地均被炸、燬屋四十餘間、死傷未詳云、（新新社）

——摘自《新闻报》（上海），1939 年 5 月 12 日

抗戰以來

□機襲韶關六十次

投彈逾千傷亡九百餘人

燬屋七七間沉船七四艘

（本報十一日韶關電）頃據此間防空當局發表、自廿六年八月卅一日起、至廿八年四月底止、□機空襲韶關之次數，機數、投彈數量、及人財損失等項、總計如下、空襲次數六十次、發出警報八百六十九次、機數五百六十九架、□機投彈共一千零廿一枚、民衆傷亡共九百五十九人、舖屋被燬七十七間、船艇被沉七十四艘云、

——摘自《南华日报》（香港），1939 年 5 月 12 日

▲敵機轟炸泉州慘劇

十日共同通訊社上海電。福建泉州位於廈門以北約五十英里處。本月九日被日軍飛機狂炸。平民死傷以數千計。全城各處被燃燒彈轟炸起火。據廈門電訊。有兒童甚多。急欲逃避。以致跌落水中溺斃。最近泉州日間一律停止營業。汽車，銀行海關，均於夜間辦事。

——摘自《少年中国晨报》，1939 年 5 月 12 日

▲重慶被炸後之見聞

紐約太晤士報載七日重慶電。。重慶於本月三日及四日。被日機轟炸。。平民屍骸遍地。當是。收拾死屍之工作，現時仍未停息。。現計死傷人數約由三千名至一萬名。。城中大火現經已熄滅。居民仍陸續離境。地方當局現正設法賑濟無家可歸之難民。並設法修復電力，自來水，電話，及其他關於市政之事項。。截至本月六日晚止。。各醫院醫治輕傷之人。其尚能自由行動者共數千名。死者及受重傷者人數若干。現仍未有確切之報告。惟聞逐漸增多。重慶所有汽車。幾全為政府所收管。以為載運平民離去重慶之用。政府官吏。亦將其所用之汽車交出。。蔣委員長及其夫人宋美齡女士之私人汽車。亦已交出。以應公用。二人均於是日下午步行。。經過災區。前往辦公。教育部長陳立夫是日則乘人力車代步。所有被炸重傷之平民。。現由重慶市內醫院。遷往設各鄉間之公立醫院調治。蔣委員長并令增設病床七百張。以便將來收容傷者。。中央衛生署現在重慶城外各公路附近設有臨時醫院六處。由政府派員辦理。政府並派專員在重慶郊外四鄉。協助安置平民之工作。政府撥出救濟難民之款項。已達國幣二百萬元。。重慶現時食品漸形缺乏。物價高漲。平日雞卵每打取價國幣半元。現時漲至八十仙。雞一隻需國幣八元半。。自五月六日起。重慶警察增加婦女隊六百名。以替代正式警察服務。因正式警察。有許多曾繼續服務六十小時。而並未休息者。此等婦女警察。曾經訓練六個月。對於警務。。均有相當之資格。故婦女出而服務後。在於維持秩序及指揮交通甚為妥善。。是日重慶街道上。祇有軍士，工人，及少數外國人來往。平民已大為減少。據外人估計。在三日前。重慶人口約有二百萬名。現已減至約三十萬名。居留重慶之美僑現仍有六十名。。多已遷往揚子江南岸。國府撥款一百萬元。。為疏散平民及賑濟之用。另撥款七十萬元。為拆通防火路之用。政府各機關人員。一律捐薪一月。以為賑濟難民之需。重慶被炸之報館凡九家。現由蔣委員長下令。臨時聯合暫刊行一張紙之小報。一面派工人將被炸之各報館機器。移往鄉間工廠。。此次日機炸毀防空警報鐘甚多。現由政府設辦法。改用響角。及派人跑路報警云。。

——摘自《少年中国晨报》，1939 年 5 月 12 日

敵機襲擊永安

（本報十一日福州電）九日晨十時許、敵機七架轟炸永安城區、在師範學校等處投彈七枚、共毀房屋二三十間、死傷民衆六十餘人、泉州於九日被炸後、十日又遭空襲、晨間十時許、泊孟州灣敵艦起飛敵機廿四架、十三架西飛、十一架闖入泉州、投彈十六枚、死傷民衆四五十人、

（福州通訊）四月廿九日下午零時三十五分敵機一架、窺察閩江口外長門、川石一帶時、適有我小商船一艘、駛經該地、敵機即低飛空際、以機關槍大肆掃射、該船躲避不及中數彈、機上倭寇志得意滿、乃更低飛盤旋、詎惡貫滿盈、當迴旋準備投彈之際、誤撞長門電光山山峯、全機毀壞、

——摘自《东南日报》（金华），1939 年 5 月 12 日

日機襲泉州
飛閩西窺察

（泉州十日電）日機一批十三架，於晨九時，侵入泉市上空，投彈卅餘。市區各處，皆遭狂炸，被燬商店民房數百間，損失慘重。幸市民事先疏散，傷亡尚少。另一批十一架，飛龍溪同安等地，窺察後逸去。

（泉州十日電）日機四架，九日午，第二次空襲泉市，投彈十餘枚，毀民房商肆甚多。

（永安十日電）日機四架，十日晨侵入閩西，在長江，投彈多枚，損失不詳。

——摘自《每日译报》，1939 年 5 月 13 日

隨縣被炸慘重
教會醫院中彈

大陸報云、據隨縣來信、該縣於五月五六兩日、屢被日本飛機轟炸、死亡甚衆、損失財產亦巨、炸死達百人、城中房屋前未被炸者居五分之四、亦被夷爲平地、英國教會開辦之醫院、亦被擊中一彈、落在空地、將近處 屋牆炸去四十呎、醫院中人及病人等、匿均院中地窖避難、城中人亦逃往四鄉、自中日開戰以後、隨縣醫院被炸、已爲英國教會醫院被難之第三十八家、其中被炸被燬者十四家、被刦被損者十三家、七家被佔、四家停辦、陽曆三月、即被日機在西安平江鄭州炸毀三家、損失達一百五十萬金云、

——摘自《新闻报》（上海），1939 年 5 月 13 日

社論

重慶浩刦□□□□

胡嘉

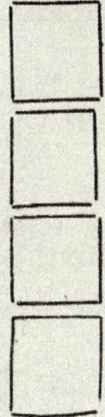

本月三四兩日，重慶慘遭空襲，公私財產損失不可以數計，市民無辜死傷者，據外人估計，將達萬人，（中央社電謂死傷三千餘人，此說恐不盡確）空襲時全城秩序大亂，被難同胞呼天搶地，兒啼婦哭，其慘象爲都市空襲以來所未見。事後重慶當局雖極力設法補救，以挽惶惶之人心。**此次慘劇，固由於□空軍之不顧人道，盲目投彈。然重慶空防設備之疏忽，□□□，□□□□□□□，□□□□□□，□□□□□□□□□□□！**

據昨日報載，重慶市長將志澄，國府已有明令將其免職矣。聞重慶衛戍司令劉峙，事後失踪，一說謂其於空襲時受傷，致不能執行其職權。此姑勿論。然此次空前慘劇，幾等於去歲長沙之火燒，□。□。□。□。□。□。□。□。□。□。□。□。□。□。□。□，□。□。□。□。□。□。□。須知重慶爲戰時首都，時有遭□空襲之虞，戰線西移，其遭空襲危險性更大。年來費於防空設備者爲數不貲，**只渝市防空壕一項建築已耗費一餘萬，其他尚未計及，皆民脂民膏，積聚而來，人民之負担，固已重矣，國庫之支出固已大矣，不圖空襲一來，整個戰時首都即告毀滅．□□□□□□□□□，□□□□□□□，**此其一也。且渝市地狹人稠，建築物簡陋，其地圖形勢頗似香港，最易着火，去秋武漢危急時，民間已有「在漢口淹死，在重慶燒死」之諺語，（所謂在漢淹死，怕決張公隄也）可知重慶空襲時大火之不可免，而事前雖有疏散人口之令，顧市民以生活所關，懸惜其身家事業，非至萬不得已時，自不願離開其故居。當局者事前又不爲人民生活前途着想，疏散後爲之設法安置，徒以一紙具文，令市民離其所業，無所補償，宜其玩忽政府命令也。**然此咎不在人民，□□□□□□□□□，□□□□□□□□□，此又一也。**側聞數月以前，有以疏散人口加緊防空促一般人之注意者；而大言炎炎之徒，不。。。曰「重慶深在內地，□機必不敢來」；即曰「重慶爲一死市，殊無足惜．□機果來，正可事後改造」；□□□□□□□，□□□□□□□□□。

重慶經此慘刦後，閭舍爲墟，事實上已成死市，其荒涼景況，無殊於長沙大火後，長沙大火，其直接責任者酆悌等三人處以極刑，人民尚有餘憤。□。□。□。□。□。□。□。□。□。□。□。□。□。□，□。□。□。□。□。□。□。□。□。□。□。□。□。□。□，□。□。□。□。□。□？□。□。□。□。□。□。□。□。□。□。□。□。□。□，□□□□□□□□□□□，□□□□□□□□，□□□□□□□□□□□□□□□□□□□□□□□□□□□□□□。

今日之局，國家艱難困苦，民衆水深火熱，事實上已不容許戰爭再延長，若不可戰而強戰，則國家艱危必日甚，人民痛苦必日深，而失地亦日必多一日，此危局也。**故吾人主張戰事可止即止，應和則和。否則長此僵持，戰事伊於胡底？**此後人民慘苦，將十百倍於今日，其禍將不勝言不忍言，今日重慶之浩刦，特其一例耳。

——摘自《南华日报》（香港），1939年5月13日

□機狂炸閩南閩西
泉州舖屋被燬數百

（本報十日福州電）昨日□機二次轟炸泉市後、今晨九時□機十三架、飛泉州市區狂炸、投彈卅餘枚、舖屋被燬數百間、倘幸民衆驗於□機之瘋狂、均能及早趨避、因此傷亡極少、同日龍溪、同安兩地、亦發現□機一批、飛往窺伺、又□機四架今晨飛往閩西一帶、在長汀投彈、損失未詳、

——摘自《南华日报》（香港），1939 年 5 月 13 日

日機又轟炸寧波
燬屋一百八十間
死傷平民十餘人

▲金華十二日電　日機六架十二日中午竄入寧波、投彈十餘枚、死傷十餘人、毀屋六十餘間、

▲寧波十三日電　十日九時日機七架又襲甬、投十八彈、並機鎗掃射、死傷無、又九日、七里峙日艦一艘、向鎮海開十一炮、無損、

▲寧波十三日電　十二日上午十二時、日機六架七次襲甬、投十六彈、毀屋一百八十間、死傷各五、

——摘自《新闻报》（上海），1939 年 5 月 14 日

日機前日襲渝
死傷又有數千人
擊落日機已尋獲一架

▲美聯社重慶十三日遲到電　昨日日機二十七架、轟炸嘉陵江北岸之新難民區域、長江南岸、亦遭轟炸、死傷人數或在數千左右、日機轟炸時、天有微風、以故火勢甚熾、日機所投之彈、約有數十之多、投彈後、江北方面有四處起火、至嘉陵江北岸則有二處起火、黑煙滾滾、與紅天相反映、長江南岸雖亦遭轟炸、但損失甚微、該處德領署亦未受損、又據消息稱、江北某中學校、內有學生六百人、曾遭日機轟炸、外人且親聞該處哭喊聲、唯現信此輩學生、已多數脫險矣、據華方報告、日機爲中國高射炮隊擊落者、計有三架、此間昨日初次警報發出時、爲下午六時二十分、在二十分鐘之內、路上行人完全肅清、並無驚恐惶亂之象、再則日機轟炸時、時已薄暮、天色昏暗、目標不清、故日機所投之彈、多落江心與沙灘、否則損失必更大也、最後日機轟炸時、軍警曾全部出勤、手持暗光燈、維持全市秩序、

▲美聯社重慶十三日電　昨晚日機狂炸之結果、共死傷數千人、其數目與上星期四死傷之數目相差無幾、（上星期四死傷之數目、據官方統計、約七千餘人、其中死者約二千人、傷者五千人、）又昨晚嘉陵江北岸之江浛城、與揚子江南岸灘池子（譯音）二處、受損失極重、按重慶居民自上星期日機狂炸後、泰半遁往上述二處、蓋以彼等之心目中、以爲江涪與灘池子（譯音）終不致遭日機之慘炸也、孰知昨晚日機所投之彈、幾皆落于上述二區、結果江涪共有四處起火、灘池子（譯音）亦有二處起火、又江涪與灘池子（譯音）之被慘炸、擴大重慶之救濟工作、蓋以前遁往該二區之難民於今晨復渡嘉陵與揚小江重返重慶、重慶官員本以爲撤退平民工作、業已完成、目下難民重返、幾前功盡棄、感覺束手無策、現下唯一之辦法、即爲將此等難民運往鄉間、然據悉、一部份難民擬居於此間、不願再遷、但警務與軍事當局將根據新規則努力阻止此種趨勢云、

▲重慶十三日電　官方發表、十二日夜襲渝日機、共廿七架、被華方高射部隊擊落三架、其中一架、已在嘉陵江北岸尋獲、其餘兩架、正分頭搜尋、

▲快訊社重慶十三日電　此間德大使館鑒於日機時來轟炸、外人產業、多被炸毀、特於昨日通告所有德僑、立即遷往郊外安全區域、以免發生危險、

——摘自《新闻报》（上海），1939 年 5 月 14 日

對敵機殘忍轟炸
任何人不容中立
渝民炸死逾六千慘絕人寰
天主教良心呼籲共遏暴行

（中央十三日重慶電）渝市連日遭敵機濫炸後、天主教堂亦損失奇重、該堂倘主教目擊敵寇種種暴行、激於義憤、特在拍攝被炸實況影片之間發表演說、提出嚴重抗議、原詞照譯如后、

五月四日空襲的時候、重慶天主堂遭受了很大的損失、主教住的地方、中了兩個威力很大的消滅彈、地上留下了兩個十五米達寬的大洞、幾幢房子、馬上塌下來、把廿五個人活生生的埋在瓦礫裏面、這廿五人當中有一個是聖經學校的教員、十五個人是該校的學生、聖約瑟夫教堂養老院和貧民醫院、中了兩個炸彈、炸死十八個人、聖米塞教堂和學校房屋也被兩個炸彈完全炸毀、死了六個人、中國很多的城市、都已經受到殘忍的轟炸、現在重慶又發生了這樣的慘劇、好幾處繁盛的商業中心、都已經在頃刻之間給燒掉了、燒死和炸死的、共有六千多人、任何人對了這種恐怖的情形、都不容他再有中立的態度、假如有人叫我不要說話、那簡直是一種極大的罪過、世界上無論怎樣、總還有正義和人道的呼聲的、我的良心、也便是這種呼聲的反應、因此、我不能不和一切具有人類情感的人、一起嚴重抗議這些毫無理性的暴行云云、

（中央十三日重慶電）天主教神父柏安德、定十五日上午五時起、假中央廣播電台以法語對歐廣播、講述敵機毀滅外人財產情形、聞該台所用對歐波長爲「二五・二一」公尺、

（中央十一日加拿大京城電）此間國民報十一日社論、痛斥四日敵機轟炸重慶之暴行、認爲兇橫野蠻、並稱中國遭受空難民衆之狀況、不合與他種難民作同日語、加人應即努力捐款、以示同情云、

——摘自《东南日报》（金华），1939年5月14日

重慶被炸景象

本月三四兩日日機狂炸重慶，平民死五千，傷二千，毀屋二千三百九十幢，左列四圖，即係受炸後情形一斑，繁盛市區，牆倒屋傾，甚至僅存一片瓦礫，炸傷者由人抬往醫院，絡繹於途。據昨日電訊，本月十二日日機二十七架，竟又飛渝轟炸嘉陵江北岸之新難民區，及長江南岸水邊村落，死傷人數又達數千以上。（大陸報重慶記者費瑪璽攝）

——摘自《大晚报》（上海），1939年5月14日

日機又炸重慶

重慶電　昨晚六時五十分，日機多架，又飛來重慶，肆意轟炸，在城中各處，投擲多彈，須與火光燭天，被炸區域又皆起火，損傷程度，尚未探悉。此乃旬日以來，日機第三次之轟炸重慶云。

——摘自《上海日报》，1939年5月14日

敵機濫炸我平民
美向倭提出抗議
美國務卿赫爾發表談話

（中央社）華頓盛十三日海通電、國務卿赫爾、今日向記者發表談話謂美駐日大使格魯已代表美政府爲人道主義計、就日機轟炸重慶福州各城市事件向日外務省提出抗議、

（中央社）華盛頓十三日哈瓦斯電、赫爾國務卿頃向各報發談話，略謂日本飛機轟炸重慶汕頭寧波福州各地後、美駐日大使格魯已向日政府提出口頭抗議、此舉乃本諸向來所具態度、質言之卽凡以飛機轟炸普通人民之舉、均爲美政府所譴責是也、此外關於鼓浪嶼事件、該地美領事麥克維蒂頃來電報告云、廈門市保安委員會之一被刺後日海軍陸戰隊一百五十名、卽將鼓浪嶼公租界佔據、并四出拘捕人民、至該領事向日當局如何交涉、則尚無所知云、

——摘自《华西日报》，1939 年 5 月 15 日

敵機昨日狂炸漳州

（中央社）福州十四日電、敵機八架、十三日三度狂炸漳州、投彈五十餘枚市內民房被毀甚多、又海澄嵩嶼石碼廠安集美昨竟日遭敵機輪番慘炸

（中央社）汕頭十四日路透電 日機三架今晨飛汕頭轟炸平民死傷數目未悉、

——摘自《华西日报》，1939 年 5 月 15 日

汕頭被炸慘紀

字林西報汕頭函云　五月四五六三日、汕頭爲日本飛機擲放炸彈、其慘烈爲去年六七月以來所未有、禮拜四五二日、每日二次、禮拜六則一日四次、飛機八架、從一小母艦及兩巡洋艦上自海口飛來、三日間死亡三十餘人　傷者百人以上、其中九十人就數會醫院醫治、此等空襲、不見有何目的、且即有目標、亦擊而不中、惟每次飛行甚低、注意一二處地方、最注意者、爲城北兩河之間、該處貨棧小工廠較多、被毀數家、但因政府命令、一家工廠機器先已遷出、又一家並未擊中、通至火車站之大橋、雖在兩岸屢炸而不中、虎標永安堂之房屋、有報館在內、碎去玻窗、彈片四散而已、其他被擊之處、多爲貧苦房屋、第二日被擊、爲一抽線工廠、及一美商洋行、上懸美國大旗、先後共擲六彈、不知何由被擊、殊非以錯誤可解也、幸人已疏散、近處市政局及警察局被擊、警局落兩彈、該局先已被毀、一年以來、並無人居、日機放彈已罄、有兩次飛至河西、其間要道、河上船隻甚多、飛機在該處放機關鎗歷一刻鐘之久、死六七人、則比濫放又不如矣、第一次爲英國海軍大將貝賽諾白爾尊爵到汕之日、其司令艦泊近飛機鎗彈之處、似欲使尊爵一觀其技、然有一次江中適有小馬達船駛過、被擊死四人、傷十二人、痲瘋院亦遭襲擊、亦不可恕、死傷四十人、若誤認此爲軍事機關、則日本海軍飛機人物之智識淺下、可以概見、潮州亦遭空襲、電燈廠不能發電、中國紅十字紅卍字兩會救援傷亡之人、其工作可稱、而紅會有兩人殉職、亦爲可傷云、

▲路透社十四日汕頭電　今日下午日機空襲時、怡和洋行之產業遭遼機鎗掃射、死傷小工多人、並有炸彈一枚落於距該行辦公處西二百碼之處、英商輪海天號及英國小軍艦福克斯通號、（一〇四五噸）均險被機鎗掃射、

▲路透社十四日汕頭電　今晨日機三架轟炸市區、傷亡人數尙未査明、

——摘自《新闻报》（上海），1939 年 5 月 15 日

美訓令駐日大使抗議

日機濫炸中國城市

法比代辦視察渝災險遭不測

（海通社十四日華盛頓電）美國務卿赫爾對記者稱、美政府已訓令駐日大使向日外省抗議日機之濫炸重慶福州及其他城市、牒文中謂、此等行爲有背人道云、

（路透社十四日重慶電）法比兩代辦及外記者三名昨往長江對岸視察法海軍營房之被日機轟炸後毀壞情形，當返回重慶時市、駕一小艇渡河、不料被一汽輪撞破、該艇被切開兩截、法比兩代辦及三位新聞記者在水中掙扎良久、然後始得艇家救起、查法海軍營房開并未受損害、在其隣近之一美國輪船公司辦事處則已被焚毀、

——摘自《南华日报》（香港），1939 年 5 月 15 日

被炸後的重慶

（重慶通訊）本市於三日十一時許、被□機三十餘架、在新豐街、蒼坪街、陝西街等處、投下炸彈及燒夷彈百餘枚、炸毀房屋千餘間、死傷數千人、災情慘重、災區廣濶、爲本市第一次之浩劫、記者向各災區巡視一週、目視被難同胞慘況、筆難盡述、

「五四」紀念日清晨、天色晴朗、市民多有戒心、紛紛離市逃避、訖料□機於黄昏時候、約五時許分隊排成一字形、向嘉陵江而來、約六時許、同時投下炸彈燒夷彈約百餘枚、當炸彈投下時、記者適在辦公室內、乃躲入寫字檯底下、轟然一聲、震耳幾聾、□機于投彈後、記者鼓其餘勇、出外巡視、已見都郵街、鷄街、鐵板街、黄　街、朱花街、蒼坪街、通遠門外、武庫街、安樂洞街、會仙橋等處均已被炸、一時火光燭天、屋塌人號、慘狀畢現、記者赴火塲觀看、見被難同胞、紛紛外逃、頓時無家可歸、流離顛沛、極人間慘事、而被炸區域每處廣約數里、直燃燒至翌晨、尚未盡熄、□人□□□□表現無遺、而我抗□之心、益爲堅決、

記者于五日晨、復往各災區巡視、其火未熄者、消防隊仍在努力施救中、其救熄者、只見危牆聳立、瓦礫滿叢、焦木縱橫、殘屍亂臥地上、骨肉模糊不辨、慘不忍看、極目四望、如臨戰後之場、回思數小時光景、如兩世界然、□人居心狠毒、殘忍無道、亘古以來、未嘗有也、政府及社會各界團體、對於被難同胞均有深切之同情、連日施救情形、有足述者、

蔣委員長撥欵一百萬元、救濟被難同胞、命何部長（應欽）負責指揮一切、

統一公私車輛船舶免費轉送難民、上自蔣委員長夫婦及林主席及院部會各長官之汽車至營業車一律集中中央黨部由王侍衛長世和指揮、上書「某機關免費轉送被難至某地」、并有「被難同胞坐汽車不要錢送至安全地點」之標語、滿貼道途、一時滿載難民之車輛如長蛇、

軍委會、中央黨部秘書處及各部、三民主義青年團、分别組織服務隊、在各災區及沿公路設立被難市民休息所、供給難民、茶水粥飯、并幫助担送行李、

各服務隊組成後、記者分往臨江門、太平門、火藥局街等處巡視、難民中有男女老幼、行李衣箱舖蓋不一、紛紛遷往指定疏散地點、記者連日于清晨四時許即往視察、見各服務隊之精神、至堪敬佩、彼輩于蔣總裁領導之下、誠懇地爲難同胞服務、爲大時代中精神表現之至上者、記者又見中央黨部婦女服務隊各隊員亦殷勤照顧婦孺、社會部婦運會主任委員沈慧蓮女士亦在塲指揮、記者在旁靜觀、乃探息其已于清晨四時半、即率同女隊員彭道襄楊惠敏兩小姐分担通訊及慰問等工作、她的慈祥的表情、和藹的態度、將蔣總裁夫婦關切懷念、不必爲個人之犧牲而悲痛之意旨、一一傳達、使每一個難同胞之心、頓時得着安慰、表示感激和願意到疏散的安全區去、同時服務隊的精神令人感奮、

□人雖以强暴轟炸吾人之物質與肉體、但吾人之堅毅精神、殊難摧毀萬一、

□機此次襲渝、不獨炸我商業區、平民住宅區、文化機關等、即各國使領館、亦同時遭難、計有德國、法國、英國使領館、外僑住宅、及英法教會房屋、均被炸燬、及死傷中外職員多人、

本市報紙、爲節省人力物力、共出聯合版一張、聯合者計有中央、掃蕩、時事新、新民、新蜀、商務、西南、大公、國民公報、其第一號發刊詞末句「有重慶這幾天的環境太悲壯了、重慶的新聞界、在各種悲壯的經驗中、更謀加緊我們的組織、展開我們奮鬥的陣容、聯合版是這種精神的表現」云、

□機肆虐後、中外人士多同情憤慨、昨有日籍台反法西斯代表鹿地亘夫婦捐六十元、另有其他外國人亦紛紛捐助云

現□機五三、五四兩日所肆虐于重慶市、試展地圖觀之、其被遺刦難者、已達三分之一、東西南北中、無處無斷棟殘垣與火燐、每一印象、適足以增加吾人□愾同仇之心、□□□□□□□、已十足表露其衰敗毀滅之象徵、我最後勝利之來臨、當不在遠、

——摘自《南华日报》（香港），1939 年 5 月 15 日

▲敵機轟炸重慶近郊

十三日共同通訊社重慶電。昨十二日晚 日軍飛機隊企圖襲炸重慶、被華軍飛機隊截擊。在空中發生劇戰、日機迫得在重慶郊外。將炸彈投落。即行逃遁 現計平民死傷共約八百名。。美國委林丹航業公司貨棧。被炸彈擊中起火。該公司有輪船甚多 航行中國沿岸及內河。。又有炸彈向法國海軍營房附近約一百碼之內跌下。有法國人住宅一間被炸損壞。但外人未有傷及。

重慶近郊經過昨十二日晚日軍飛機之轟炸。致令無家可歸之平民。增多數百名。日機擲下燃燒彈甚多。遂致多處地方起火 消防隊與救護隊 均徹夜工作。一方面將火撲滅。一方面在被炸毀之房屋找尋受傷之人或死屍。

——摘自《少年中国晨报》，1939 年 5 月 15 日

閩南敵機肆虐
漳泉等地市面已成廢墟
福州汕頭各地亦遭狂炸

（中央社）福州十五日電、昨今兩日閩南沿海各地、續遭敵機濫炸、同安集美汕頭及漳洲泉洲等地市面、已成廢墟、閩江口外前昨共到敵艦七艘、

（中央社）福州十五日電 福州自上月下旬及本月初間遭敵機狂炸、市內瘡痍滿目、今晨又有敵機多架侵入市內低飛投彈、燬民房甚多、損害詳情待查、

（中央社）汕頭十五日路透電、昨日下午日機襲汕時、英商怡和公司會被炸彈碎片擊中、一彈落於公司之西、離公司僅二百碼、日機復向該公司之財產掃射 致以傷工人數人、英輪海潭號與英艦佛爾斯頓號（一千〇四十五噸）亦幾被掃射云●

（中央社）上海十五日路透電、日方海軍發言人頃招待記者、證實外間所傳日方已向鼓浪嶼工部局提出要求之說謂、日日新聞所載一節、似係確息、又日機昨日會空襲寧波及紹興、

——摘自《华西日报》，1939 年 5 月 16 日

日機連日狂炸
閩浙沿海各城市

▲路透社十五日重慶電 據今日此間所接華方消息、日航空母艦之水上飛機、現猛轟浙閩粵沿海各城市、閩昨晨日機二十六架、分為八批、會三次空襲粵省翁源附近之各城市、又有日機八架、會於五月十三日三度轟炸閩省之漳州、投彈五十餘枚、閩省其他城市、亦有遭日機轟炸者、同日另有日機六架、空襲浙贛邊境之玉山、投彈二十一枚、（五月十二日晨、鄂北漢水上游老沙口、（譯音）會遭日機五架轟炸云、

▲福州十五日電 昨今兩日、閩南沿海各地續遭日機濫炸、同安集美澳頭及漳州泉州等處、市面已成廢墟、閩江口外前昨共到日艦七艘、

——摘自《新闻报》（上海），1939 年 5 月 16 日

日機又轟炸寧波

▲寧波十四日電　日機二架十四日上午八時襲甬、在城南投八彈、死一人、傷五人、燬屋一百零四間、（華東社）寧波屢次被日機轟炸、前日（十三）又有日機前往轟炸、寧波城內外、全部繁華區域、業已什九毀滅、尤以江東暨藥行街等地、受損最重、寧波工商業、日間已全部停頓、晚間雖勉强開市、但營業殊少、寧波被炸損失之慘重、爲歷來所未有、待恢復繁榮、估計至少十年以上、寧波城內人民、除公務員、與赤貧者外、業已全部向四鄉疏散、寧波著名之天一閣范氏藏書樓、名貴藏書、亦均移往後方安全地帶云

——摘自《新闻报》（上海），1939年5月16日

JAPANESE DEMANDS AT AMOY

CONTROL IN KULANGSU

FROM OUR CORRESPONDENT

HONG-KONG, MAY 15

Letters arriving from Amoy throw doubt on the Japanese attitude towards the death of the allegedly pro-Japanese official, Hung Li-hsun, whose murder served as pretext for a landing in the International Settlement of Kulangsu. Foreign correspondents state that Hung Li-hsun had not been an enthusiastic collaborator with the Japanese. He apparently did not accompany the Japanese fleet commander on his tour of inspection, but was engaged in his private business of stevedoring. He was alone when he was shot in the street during a rainstorm, and there was nothing to show who shot him.

So far over 100 Chinese have been arrested, and it is alleged that Formosan *ronin* (roughs) who are assisting in the searches are looting. Fears are expressed for the Kulangsu fresh food supply, which has hitherto been maintained by the courtesy of the Chinese authorities on the mainland, who permit junks to convey produce to Kulangsu. The Domei news agency says that the Japanese Consul-General at Amoy has presented the following five demands to the Kulangsu Council:—

(1) That there shall be thorough control of anti-Japanese elements; (2) that the chairman of the municipal council, its Police Commissioner, and the chief secretary shall be Japanese, and that Japanese representation throughout the council personnel should be increased; (3) that Formosan residents should be given the vote and representation on the council; (4) that three Chinese vacancies on the council should be filled by Chinese ratepayers; (5) that Japanese Consular police cooperation in controlling anti-Japanese terrorism should be accepted.

——摘自《泰晤士报》（The Times），1939年5月16日

寧波八次被炸
燬屋一百餘間

據航業公司接電告，寧波十四日被日機第八度轟炸，落彈地點，除城區小沙泥街及大沙泥街外，尚有城內白水巷繁盛市區亦中彈，共計燬屋一百零四間，死一人傷五人，目下甬市商業，因迭次被炸，商店大都在夜間營業，居民逐漸疏散，居留在城內者已銳減，故情形頗爲慘淡。但各行政機關仍一律照常辦公，每遇轟炸後，消防隊及軍警施救頗力，地方情形安謐云。

——摘自《每日译报》，1939 年 5 月 17 日

福州昨日被炸
鬧市中彈大火損失重大
閩海日艦集積形勢甚緊

據航業界接到電告，福州昨日遭日機轟炸，鬧市區域中燃燒彈，發生大火。物質損失頗爲重大。幸人民早經疏散，且留居人民日間均避至鄉村，死傷頗少。閩海集積日艦達十餘艘，閩江口外十五日續到有日艦三艘，其中並有航空母艦一艘，形勢似甚緊張，上海至閩省航運，已呈無形停頓狀態。昨日由港滬開往福州航輪，均未能起卸客貨，現閩省軍事當局，已下令嚴密防範，隨時應付一切事變云。

——摘自《每日译报》，1939 年 5 月 17 日

日機連日襲渝
平民死亡一萬人
全國救濟會發表

▲路透社十六日重慶電 全國救濟委員會發言人今日午後招待新聞記者、謂五月三四兩日與十一日、日機轟炸重慶、結果死一萬人、十二日嘉陵江北岸被炸、死卅人傷五十一人、政府已設災民收容所七處、供給食宿、將來擬將災民移入內地墾荒、由政府給予田地並供給借款、預料三個月內墾荒災民可以自給、政府已撥一百萬元辦理此事、如屬必要、此項經費可增加至三百萬元、日機轟炸確非對軍事機關或高射炮位而發、此種暴行、决不能挫弱華人抗戰之决心、或使華人爲之屈服云、

——摘自《新闻报》（上海），1939 年 5 月 17 日

浙東情形安謐

寧波福州遭炸慘重

浙東形勢、前因日艦在沿海發砲騷擾、日機濫肆轟炸，轉趨緊張後、頃據航業界接得報告、連日浙海面日艦、時有往來、但無異動、惟日機仍不時飛往寗波等處投彈轟炸、其他情形，則頗沉寂、至寗波迭遭日機慘炸、商業頗爲蕭條、浙東各處、則均安謐如常、

甬八次被炸

據航業公司接電告、寗波十四日、被日機第八度轟炸、落彈地點、除城區小沙泥街、及大沙泥街外、尚有城內白水巷繁盛市區亦中彈、共計毀屋一百零四間、死一人、傷五人、目下甬市商業、因迭次被炸、商店大都在夜間營業、居民逐漸疏散、居留在城內者已銳減、故情形頗爲慘淡，但各行政機關、仍一律照常辦公、每遇轟炸後、消防隊及軍警施救頗力、地方情形安謐云、

福州昨被炸

據航業界接到電告、福州昨日、遭日機轟炸、鬧市區域中燃燒彈、發生大火、物質損失頗爲重大、幸人民早經疏散、且留居人民、日間均避至鄉村、死傷頗少、閩海集積日艦達十餘艘、閩江口外十五日續到日艦三艘、其中並有航空母艦一艘、形勢似甚緊張、昨日由滬開往福州航輪、均未能起卸客貨、現閩省軍事當局、已下令嚴密防範、隨時應付一切事變云、

——摘自《晶报》（上海），1939年5月17日

敵機轟炸重慶餘聞

紐約太晤士報十二日重慶電。日軍飛機隊是日再到重慶襲擊。所投之炸彈。向嘉陵北岸跌落者爲多。該處最近劃歸重慶市區。被炸之地方。有多處起火。死傷人數必甚衆。實業損失亦巨。當時有日機約二十七架。高飛至離地約一萬英尺。始將炸彈一百枚投落。

據國府衛生署主任顏福慶報告。上星期內。日機兩次襲擊重慶。平民被炸斃者五千名。受傷者約二千名。以本月四日日機轟炸時受害最甚。

據民或謂日軍對華作戰以來。我陸軍死傷人數。共約一百萬名以上。孤兒約六百萬名　難民約在五千萬名以上。其中有一千八百萬名。係因貧乏不能自給。須由國府施賑云。

——摘自《少年中国晨报》，1939年5月17日

日機慘炸粵省

香港電　粵各線戰事仍沉寂，日機繼續四出慘炸。韶關各界十四日議定疏散婦孺游民，先勸導，後强迫，物資亦同時遷移，夏威將軍，十四日奉召赴粵北，商反攻。

——摘自《上海日报》，1939年5月17日

「五三」的重慶
慘遭非人道蹂躪
炸彈燒夷彈落遍了市區
我們誓死要報復這仇恨

（重慶通訊）「五三」當年濟南城頭的血案、使我們認識了仇人的眞面目、同時也堅定了十年以後強韌的抗倭意志、「五三」第十一週年紀念日、無人性的倭寇、又以屠殺手段、使居住在抗戰中心的重慶的人們、遭受到一次慘厲的荼毒、血仇愈結愈深、我不粉碎敵人的巢穴、消滅敵人的進攻、只有讓敵人無止境地來屠宰我們、

十二點四十五分、警報的大

狂炸前後

喉嚨、叫得怪刺耳地、十分鐘光景、緊急警報又告訴我們空中敵人帶着全副大屠殺的工具撲近我們住處了、這次侵入市空的敵機三十六架、在市空遭遇我迎擊的英勇神鷹、發生了空戰、胆怯的敵機不敢應戰、胡亂地投下了不少的炸彈燒夷彈、騰空的烈燄在這山城上吐出了四五道冲天的長蛇、交織成無辜同胞的血與淚的刦運和倭寇狂暴的肆意的屠殺[illegible]、

警報解除後、我巡視了幾個

災區慘象

災區、見到雜亂的敗瓦、殘垣、飛濺滿地的泥污、掛在地上的電線、眞是驚心動魄的慘象、某街馬路中心一個大坑、兩傍的房屋牆上的石灰給震脫落下了、某街下面剛開闢的火巷、也炸得七零八落、在人口稠密、房屋櫛比的都市裏、如果不早拆卸

一些、無情的炸彈燒夷彈投下來、是要增加不少的枉死鬼的、

某街最狂熾的烈火延燒得令人可怕、滿天飄着紙灰和木炭花、像雨點一般直淋、敵人要燒燬我們的財產殺死我們的生命、這火吐出了民族的仇恨、我們看了這、忿怒之火也燃燒了、

救護人員與消防隊是很奮勇的、尤其可感動的是一些童子軍、他們忙着幫忙救護、担水、他們要爲祖國而効勞、爲抗戰而努力、

◇～偉大的愛～◇

偉大的同情與愛、我們不能不提到蔣夫人、她關懷着被災難的同胞們、她在警報剛解除以後、便率領大批慰問隊、趕到各災區撫慰苦難的同胞們、視察災區、慰勞總會的先生們、幫助着蔣夫人在工作、使得受難者感動、他們要爲祖國忍着苦難、加强對敵的抗戰力量、

一場慘酷的殘殺、劫後的景象、使我們以事實證明了都市空防的太無保障．留戀都市的危險、我們踏着泥汚遍地破碎的震落下來的玻璃屑、抱着被蓋喘着氣的避難的太太、兩手提着兩個箱子的小姐們、馬路傍碼頭上相顧欷噓無家可歸的人們、以及斷肢折體的死者、家破人亡的難民……。我們深深地寒心、我們的老百姓還要拿出力量來貢獻抗戰、我們不能無代價地給屠殺供犧牲、我們誓死要報復這個仇恨、

不過我們從這次血的教訓裏、已認識了敵人殘暴的獸性、爲避免無謂犧牲、使暴敵無所施其技、那我們應該加緊疏散人口、

——摘自《东南日报》（金华），1939 年 5 月 17 日

敵機襲汕頭

四會高要亦遭轟炸

（中央社）汕頭十七日路透電、今晨有日水上飛機三架轟炸汕頭、同時以機槍掃射、廣東銀行落一彈、該行隔海關外籍職員住所僅五十碼、今日轟炸之結果、華人有相當死傷云、

（中央社）汕頭十七日電　敵機今日三度狂轟汕頭、潮汕海面敵艦無異動、廈門海面泊敵艦三十餘艘、

（中央社）肇慶十七日電、十六日敵機十八架分批轟炸四會高要等縣、四會城及附近各村投彈數十枚、民房被毀百餘、平民死傷甚

——摘自《华西日报》，1939 年 5 月 18 日

溫州被炸之後

死傷者皆平民 破壞者爲商務

字林西報溫州通信云、上月之末一禮拜、溫州初被戰禍、以前僅一次有炸彈擲至城內之事、此次則連放一禮拜之久、且浙閩沿海各處、無不遭此荼毒、攻襲此間者爲海艦十三艘、航空母艦一艘、有飛機二十架、樂清沿海、尤爲衆多、如圖登岸、當在此處、四月十九日、該處先遭轟炸、次日、又在甌江口投彈、別有一飛機、向西門擲四彈、將鋸木廠炸毀多家、兩次起火、但此皆小廠、仍可用人工復開、木料亦仍可由上江運來、並無窮盡、不知日機何由不惜工本、用炸彈毀之也、四月廿一日、三日機來、從高空擲下三彈、毀去民房、全無目的、惟東城則被炸棧房貨船碼頭等處、傷亡累累、皆係平民、據云、七日之間、並未傷亡一兵卒、蓋溫邑本無多少兵卒在也、自轟炸後、居民連夜逃避、舟車貴至十倍、四十八小時之間、二十萬戶口之城邑、僅存四分之一、店家無不閉門上鎖、闃無一人、惟夜間方見人跡、其後又來轟炸、傷亡無幾、人民日間居鄉不出、日落乃返、黃昏後方辦事、四月廿九、爲末次被炸之日、共擲十六彈、廿六日則擲三十一彈、數日之內、共擲九十彈、大都以公署店舖學堂爲目標、飛機飛行甚低、可見城中並無軍備、未可以軍事目標爲辭也、江口距城三十哩許、爲來復鎗擊下飛機一架、日本水兵圖在該處上岸、卒被擊退、聞沿海有精兵防範、可以阻止進犯、然若有大兵來犯、則溫州又非可守之地、若日機之轟炸目的、僅爲圖毀壞華人之商務、則似略有成就云、

——摘自《新闻报》（上海），1939 年 5 月 18 日

日機三度轟炸汕頭

▲路透社十七日汕頭電　日機今日三度轟炸汕頭、晨間有水上飛機三架、飛來投彈、並用機鎗掃射、廣東銀行被彈擊中、轟炸時許多外人避身海關房屋中、其地距廣東銀行不足五十碼、外人無傷者、但華人頗有傷亡、其後二次襲擊中、日機在緊鄰英國教會及海關之處、投重炸彈六枚、估計此二次平民傷亡三十人、

——摘自《新闻报》（上海），1939 年 5 月 18 日

汕頭情勢又緊

日機三次投彈 平民死傷多人

▲本報十八日香港電　汕頭情勢又緊、十六日起、閩廈海面日艦大小三十七艘、並集竹筏極多、汕海深度、被偸測完竣、十七日日機三炸汕市、晨九時日機三架、在昇平路投彈三枚、燬馬路市場、同益東巷死八人、傷二人、午十二時、日機三架、炸外馬路、落二彈、又至市郊某處掃射、投燒夷彈、即撲滅、午後二時、日機八架、向中馬路新建里投二彈、同濟一路平民區二彈、燬篷屋廿戶、死十餘人、傷八人、

▲汕頭十七日電　日機今日三度狂襲汕頭、潮汕海面日艦無異動、厦門海面泊日艦三十餘艘、

——摘自《新闻报》（上海），1939 年 5 月 19 日

日機濫炸中國 滅絕人類良知

●倫敦十七日電○下議院十七日午後開會時○反對派自由黨議員曼德提出詢問云○關於日本飛機迭次轟炸中國重慶市○暨其他各處地方○以致普通人民慘遭屠殺事○首相擬請國聯會向日本政府提出交涉否○外務次官白特勒當即答稱○國聯大會曾經通過決議案。譴責此種轟炸辦法。謂其與人類良知國際法各項原則相抵觸○英政府昨又向日本提出嚴重交涉云○(中央社)

——摘自《循环日报》，1939 年 5 月 19 日

日機狂炸後 渝市現狀一瞥

政府機關學校銀行紛紛遷郊外 被炸區內商店未復業物價高漲 川大城市奉命疏散

(海通社十八日重慶電)自前日蔣委員長發表訓話謂、鑒于日機之濫炸渝市及全國大城市應開始作大規模嚴密疏散人口、以加強抗戰精神、增進農村生產額後、重慶新市長賀國光特擬就下列各項計劃遵依領袖之訓令、以應付將來、(一)調查渝市人口、(二)建築避火巷、(三)舉行居民　記以決定應當疏散者、(四)改組各種服務隊使與警備司令得劃一合作、聞除居民　記費時頗久外、其他各項計劃可即完成、又市政府除積極疏散人口外、更與市商會合作限制日用品物格價、

自日機肆虐後、物價逐漸抬高、糧食價格由委員擬定、並嚴辦投機破壞者、又渝市空防力量已大爲增强、防空避難壕及高射槍砲彈等均已添加不少、政府機關學校及醫院等幾全數遷往郊外、各大金融機關及銀行等亦在城外設立辦事處、被炸區內商店仍未復業、多欲在郊外找地營業、又據各地來訊、蜀省各大城市亦奉命疏散、稠密城市居民過半[illegible]、故近城鄉村均[illegible]、當地政府現致力維持交通及安定物價、又各被炸城市內手工與各項工廠均遷出危險區域、故鄉村方面對于戰時生產實佔重要地位、據警察方面報告、各地秩序井然、而渝市四週百公里內鄉村之繁榮、爲前所未有云、

——摘自《南华日报》（香港），1939 年 5 月 19 日

炸後之福州 商業蕭條改爲夜市

閩省福州、迭遭日機轟炸、損失慘重、據航業界接電告、十八日上午九時許、有日機三架初至福州上空盤旋偵察、並投彈六枚、燬屋十餘間、福州商業、自遭日機轟炸、頗爲蕭條、各工廠均遷至閩北、營業時間、均改夜市、

——摘自《晶报》（上海），1939 年 5 月 21 日

敵機四十五架狂炸渝市

國際社重慶航訊、五月三日晨十一時二十分、此間防空司令部據沅陵方面報告。發現敵機多架。由東向西飛行。至十二時三十分左右、復接西陽方面報告、該處發現敵機兩批。各十八架、向西北飛、於是。渝市方面即於十二時四十五分發出空襲警報、五十五分再發緊急警報、同時某地我機亦即昇空迎擊。

是日進襲重慶之敵雙尾九六式機計共四十五架、組爲五隊、佈成方形隊形。於午後一時四十分左右。由西向東侵入渝市。我防禦重慶之神鷹隊伍、當即分別向敵迎擊、一時空中機槍四射、猛烈激戰、我機以蓄銳之師、均奮勇冒敵彈火突進敵機陣中、緊攻擊、連續發射、敵機隊形遂行鬆散、我機或以數機環攻敵一機、或一機對敵一機、直至擊落爲止、我各機均追擊至油量最大範圍、或彈盡、漏網之敵機均慌亂東逃、至石柱附近。方逐漸集合東竄、此戰結果、據官方消息、有敵機三架。被我擊中、在空中着火、墮於廣陽壩東方山谷中。又據某空軍隊長談。於進攻之際。見有敵機四架、冒濃煙下落。墮於重慶迤東一帶。另據防空監視哨報告、潰竄東逃之敵機共三十八架、以來時相較。則敵機損失當在七架之譜。至本社記者於隱觀空戰時。確目擊敵機一架、爲我機擊中下墜、同時見有敵機師一人、藉保險傘下降。

當敵機侵入市空時、其投彈目標原以某軍事機關爲鵠的、後因我機緊隨、敵機於驚慌失措中、加以投彈技術惡劣、胡亂紛投、遂致商店民居、慘遭狂炸、西四街、左營街等處、立即起火、延燒甚久、此時我防護團警察及各救護團體、均於爆炸聲中出動施救、於極端憤慨中、精神奮發、工作緊張、其悲忿情緒與責任觀念。充分表現無遺。一般市民、亦極鎮定遵守秩序、毫未紊亂、尤見人民已具有最大決心、現死傷人數及公私損失。正在積極發掘清查中。同時防空部並與空襲緊急救濟聯合辦事處。會同辦理善後工作

是日敵機投下之爽燒彈、大部落於長江及嘉陵江、小部落於市內之市民住宅區、起火共七處、江濱火場長凡四分之一英里、外人財產之被炸者、爲中華輪船公司、該公司直接被彈中、街上充斥火後餘燼、電燈熄滅、電話斷絕。中央公園滿堆從火場運出之物、防空司令部。新華日報、新蜀報、四川日報、大公報等均有落彈、大公報社址被震毀、四川日報機器全炸毀、某避難室落一彈、生埋三百餘人、現正發掘中、或不致全部斃命、目前估計、此次死傷當在千人左右、然詳細數目須俟火燼發掘後、方能詳悉也。

——摘自《少年中国晨报》，1939 年 5 月 21 日

市區數十處中彈焚燬

重慶四度被慘炸

華空軍迎戰擊落兩日機

（重慶廿五日路透電）重慶人烟稠密之下城、本月三日曾遭空襲、今晚七時復受日機投彈猛轟、日機共有二十七架之多、自中央公園起、至本城東部一帶、咸遭波及、重慶銀行亦中彈、美豐銀行、四川鹽業銀行、中央公園附近落下多彈、頓時發生大火、死傷人數、尚未能查明、傳聞高射砲會擊落日機兩架、惟尚未能向官方探實、警報始於晚六時十五分、蓋見轟炸機向上游進發、正七時、炸彈聲與高射炮聲同時交作、轟炸開始後、即有救護隊、抬架隊、及許多女子服務員、與看護、鼓勇馳往轟炸、消防隊亦向起火處馳往撲救、至警報解除後、始陸續撤退、

（重慶廿五日電）日機於本月三四十二三日三次濫炸重慶市區、被難平民、血漬就未盡乾、乃於二十五日再度襲渝、對後方無辜民衆、施行瘋狂殘酷之暴行、防空司令部、當於下午六時、及六時三十分、前後發出空襲緊急警報、頃刻日機二十四架、成八字形、即已盤旋於一冉慘炸之市區上空、頻頻投彈、達百餘枚、市區內平民住宅、完全被燬數十處、死傷平民甚多、經華空軍、及高射炮隊迎頭痛擊、乃於投彈後東逸、新任市長賀國光氏、於警報尚未解除時、即率所屬、親赴被炸各處視察、中央服務團空襲緊急救濟聯合辦事處、及服務人員、亦全體出動、担任救護、某某軍士兵並即着手清除街道工作、事後調查、共擊落兩日機、

——摘自《晶报》（上海），1939 年 5 月 26 日

日機空襲漳浦　英教堂被炸

英籍牧師赴鼓報告　請電政府提出抗議

▲永安二十五日電　日機十四日空襲漳浦、肆意投彈、炸燬該地英教會禮拜堂及逼源小學養心女學校舍、該教會英籍牧師二人日前馳往鼓浪嶼向英領館報告、並請電其本國政府向日提出抗議、賠償損失、

——摘自《新闻报》（上海），1939 年 5 月 27 日

日機炸韶關翁源

▲連縣廿五日電　日機六十八架、廿五日上午六時許、分五批襲韶關•翁源•英德等地、第一批八架、飛擾韶關、在市内投廿四彈、維時晨光熹微、市民於夢中聞警、分途疏散、秩序井然、事後查得燬民房廿餘間、共死傷無辜平民廿餘人、第二三兩批廿五架、在翁源城内投廿餘彈、死傷十餘人、第四五兩批、共三十三架、在英德一帶騷擾、詳情待査、

▲福州廿五日電　日機三架、由南沿海北飛、午後二時廿分、在甫田縣城投彈三枚、略有損失、該縣位於福州之南一六〇里、今日首次遭遇空襲

▲翁源廿六日電　廿五日五時三刻至十時三刻、日機六十九架、分六批襲粵、首批九架、狂炸曲江、投三十七彈、毀民房商店三十一間、死傷三十餘人、次批十架、飛英德窺伺、三四兩批共廿一架、在翁源投廿七彈、毀民房廿二棟、傷平民兩名、另在城郊投十彈、死傷十餘人、五六兩批共廿七架、飛英德琶江各地窺伺、即飛返、

※　※　※

——摘自《新闻报》（上海），1939 年 5 月 27 日

潮汕又遭狂炸

▲汕頭廿四日電　潮汕廿四日又慘遭日機狂炸、十二時許、日機八架窺媽嶼、旋竄市空、向宅住區盲目投彈十餘枚、毀屋多間、惟死傷甚微、十五時再度來犯、盤旋市區一周後即去、一部襲潮陽、投十餘彈、因城區人烟稠密、死傷頗重、

※　※　※

——摘自《新闻报》（上海），1939 年 5 月 27 日

日機炸鎮海

▲金華二十五日電　二十五日晨五時五分、日機五架侵入鎮海、在城區投彈十一枚、死四人、傷七人毀屋六十九間、

——摘自《新闻报》(上海)，1939年5月27日

日機六十九架 轟炸粵各地

潮汕損失最重

（翁源二十六日電）二十五日上午五時三刻至十時三刻、日機六十九架、分六批襲粵首批狂炸曲江、次批飛英德佛崗窺伺、三四兩批、在翁源投彈、五六兩批飛襲英德琶江各地、

（汕頭二十四日電）潮汕二十四日又慘遭日機狂炸、潮陽、被投十餘彈、因域區人烟稠密、死傷頗重、

——摘自《晶报》（上海），1939年5月27日

寧波八次被炸 損失統計

死傷五百餘人……損失九百萬元

寧波自八次遭受空襲後、損害至爲慘重、茲據甬同鄉會消息、寧波防範團救護隊、現經查明損害情形、發表統計如下、㈠空襲前後八次、㈡機數、水上機四三架、陸上轟炸機二一架共四十五架、㈢投彈、計爆炸彈八一枚、破壞彈三七枚、燃燒彈一三枚、小型彈三枚、共一三四枚、機槍掃射三次、㈣死亡、即時死亡者六四人傷後落江而死者七九人、重傷而死二四人、共一六七人、㈤傷、重傷一七六人、輕傷一九〇人、共三六六人、㈥被燬房屋、商店四三一家、住戶三〇九家、公共戶一三家、外人一家、共七五四家、㈦財產損失、燬屋一一六八、震燬五五〇、共一七一八、菜市三、×光機一套、冰鮮船八、魚網船四、小舢舨二、躉船一、水船二、航船一、柴船三、救火機二、人力車四、民田八坵、農作物少許、猪四只、壙一穴、靈橋橋面一洞、新江橋浮船及橋面鐵練微損、共約九百萬元、㈧受損面積共約三三四平方公丈、

——摘自《时报》（上海），1939年5月27日

鎮海又遭轟炸

大教場一帶投彈十六枚

鎮海於二十二日中午曾遭日機四架侵入、投彈十枚、毀屋五十餘間、死傷平民九人、茲據航業界消息、二十五日晨八時甬埠又發空襲警報、旋有日機六架飛至鎮海上空、低飛偵察、即在江南大教場一帶投彈十六枚、至八時三十分鐘始行逸去、寧波隨即解除警報、受損情形、因來電簡略、故未詳悉、但衆信鎮海民衆多已疏散、且該處多屬山郊、受損當不致重大也、

——摘自《时报》（上海），1939年5月27日

溫州海門亦遭空襲

又訊、溫州於二十二日起至二十四日止、連被日機轟炸、尤以二十三日被炸最爲酷烈、一日間被炸五度、而日艦三艘、在日機掩護下、竟猛犯黃華關、開砲達四十餘發之多、又海門（即台州）於二十四日上午、亦有日機投彈、毀損亦相當重大、第以上各地人口、均早經疏散、故死傷則絕無僅有、至定海縣屬岱山島登陸日軍、則迄昨日止、尚未撤退、

——摘自《时报》（上海），1939年5月27日

炸後市區屍骸狼藉

慘象不忍卒睹

路透記者實地觀察報告

【路透社重慶廿六日電】昨晚日機轟炸重慶，顯以銀行區爲其投彈目標。日機二十七架分爲三隊，由西飛來，以陝西路爲目的地，一隊自新豐（譯音）街，東經縣廟街而至陝西路，沿途投彈。一隊在中央公園開始轟炸，旋東經陶門口（譯音）而竄往陝西路。另一隊飛往獨玉街（譯音）穿越蕭良市（譯音），而向陝西路飛來，一彈襲中美豐銀行之高塔，致鋼骨水泥之建築物被洞穿兩層，該處各玻窗完全震碎。按美豐銀行房屋殆爲重慶最莊麗而最高之建築物。今晨路透記者在城中巡視一週，見該銀行設在下層之辦事室依然開門辦公，清晨七時各職員皆在室中辦事，不過玻璃破片等狼藉滿地耳。城中各處之火，皆已撲熄，所有受傷者，夜半已悉數送入醫院。今晨兵士清除街道，並攜去未炸之彈，而工人亦修理電火，電報，電話綫甚形忙碌。路透記者於解禁後，即往視中央公園，既亦其地，則慘象頓入眼簾，昨日氣候悶熱游人較多，且園中

空襲毫無軍事目標，故警報甫鳴之後，民衆多避入園中，以爲日機不致在此投彈，詎料不然，日機在公園各處亂擲小炸彈，紛落如雨，致傷亡頗多。當路透訪員抵園時，見有傷者約三十人，已置於抬架上，準備送入醫院，地上尚有死屍至少二十具，未經移去，有一女孩倚牆而立，狀若熟睡，迨逼視之，則頸間赤血下流，已遭炸死矣。有一婦人執年約六歲已死男孩之手，哭之甚哀。記者復行數武，又見一婦人臥於地上，雖未氣絕，然已昏迷，其旁有一女孩穿黝色印花旗袍，撫之已僵。繼又覩斷樹下有一兵士，其頭幾已炸去，相距不遠處有一井旁，有青年女屍兩具在焉。前之兒童樂園，今竟屍骸狼藉，斷樹縱橫，到處俱是彈穴矣。商會附近落大炸彈兩枚，炸成兩大洞，炸力猛烈，石塊高飛，路透訪員走過時，猶見石塊赤熱，如初出火山者然，可見日機所擲落者，且有燒夷彈焉。獨玉街亦落數彈，該處前於五月四日之轟炸已成廢墟，故此次炸彈落於磚瓦堆中，徒使磚石散佈四處而已。

——摘自《华美晨报》，1939年5月27日

□機大隊再炸重慶
投彈百枚災情慘重
韶關英德翁源各處亦被慘炸

（美聯社廿六日上海電）此間華方消息稱、昨日日機空襲重慶、自春季以來、日機之活動、以此次爲最劇烈、又稱日機六十六架在華南活動、分爲五隊、沿粵漢路各處轟炸、有二十三架襲擊英德、燬屋數百間、死傷慘重、同時二十三架轟炸翁源、投彈二十枚、燬屋甚多、死平民十名、又有十架晨襲韶關、投彈二十四枚、燬屋二十間、共死平民二十名、至於日機之在華中活動、則有六架轟炸鎭海要塞、死傷情形、至今尚未明瞭、

（廿六日重慶外訊）昨日黃昏時候、天氣晴朗、□機又利用此機會大舉來襲、向市區內投下炸彈百餘枚、市內發生火災數處、災情慘重、炸彈所落之地點、俱係平民區、時月色光亮、由空中下望重慶城、甚爲明顯、故炸彈甚少誤落空地、燃燒彈落於稠密之木屋中、故立時起火、堤岸之地帶破壞尤甚、當時中國追逐機多架、亦升空迎擊之、于是開始劇烈空戰、機關槍聲不絕、同時地上之高射砲亦向□機齊發、聲震遐邇、未幾、□機見屠殺目的已達、倉皇飛去、但已有兩架被華機擊落、事後據調查所知、城中之某大佛院中一彈、傷兵轉運站落一彈、商業區亦落多彈、房屋被炸燬甚多、中央公園落六彈、死傷難民約六百餘人、其慘象不下於本月初旬之大轟炸、當時全城被烟火所籠罩、救護隊工作甚困難、死傷人數若干、現尚難查確、因有許多被生葬者、外人產業受害者亦不少、今晨火勢未熄、消防隊正在極力搶救中、各醫院有人滿之患、救護隊將傷者送入醫院源源不絕、醫生忙於應付、

（路透社廿六日重慶電）昨夕有□機廿七架出現於重慶上空、投下炸彈多枚、堤岸一帶、破壞尤甚、中央公園及四川鹽業銀行附近、落下多彈、城內引起火頭多處、華軍發放甚密之砲火以抵禦之、□機去後、消防隊救傷隊紛紛馳到災區工作、其中有許多女看護及女服務員、據另一報告、謂有兩架□機被擊落、

（路透社廿六日重慶電）□機昨夜來襲重慶、似乎以銀行街爲目標、因前次來襲時、該區尚未受害、查昨夜有□機廿七架分三隊而來、向城內之陝西路集合轟炸、

——摘自《南华日报》（香港），1939 年 5 月 27 日

X機再襲重慶
被我擊落七架

【路透社重慶廿六日電】中國官方宣稱、昨夕日機襲重慶時、中國驅逐機起而應戰、擊落日機七架、其中四架毀落地點業已查明云、

【路透社重慶二十六日電】日機昨夜空襲重慶、顯以銀行區爲目標、在以前一次空襲時、該區並未受到重大之影響者、

【重慶二十六日外電】昨日日機空襲重慶所引起之兩處大火、至夜半時已成灰燼、日機之轟炸已造成數條新火巷、原有之火巷、亦有被炸闔者、昨日火起時、警察與救火隊均出動搶救、

【路透社重慶二十六日電】昨夜薄暮之時、有日機二十七架、出現於重慶上空、由重慶山下市區（該區曾於五月三日被炸者）之中央公園起、齊手轟炸、向東成一直綫、並炸中重慶銀行、日機在美豐銀行及四川鹽業銀行附近、投下炸彈多枚、中央公園附近、亦被炸中多

——摘自《星岛晚报》，1939 年 5 月 27 日

一篇新血賬

×機襲閩兩旬記

四十六次轟炸·四百餘枚炸彈

本報特派福建記者 趙家欣

×人軍事敗績，屠殺無抵抗能力的徒手民衆以洩恨、這是文明國家的「文明」。目前××進攻福建軍事，正陷入進退維谷的苦境，苦悶所迸發出來的×性，轉爲殘酷的轟炸，殘酷的屠殺的行動。

從四月二十一日福州大轟炸起至發稿的五月十一日止，×機襲閩四十多次，投彈達四百枚以上，死傷數百，燬屋千餘幢，這是「文明」的劊子手的又一傑作。

廿天來，閩東閩南閩西閩北每個大城市，都遭受×機的狂炸，尤以東南沿海碩果僅存的省會的福州及閩南第一重鎮的泉州受禍最烈。福州經過了四月廿一，廿五，廿七，廿八，五月一日，二日，三日，四日，七日，八日，十天內十七次狂炸，熱鬧繁華的南台商業區，及人煙稠密的城內住宅區，房屋倒塌，血肉橫飛，慘不忍睹，無家可歸難民，喪母失父的孤兒，比比皆是。人間最悲慘的畫面，屠手們却在從容的描繪。二十天來，福州人口已疏散近二十萬。白天，民衆疏散下鄉避飛機，熱鬧繁華的福州城及南台區，僅存蕭寂寞蕭條的街道，下午五時以後，才稍稍有人跑動，入晚，商店恢復做生意。整個城區才有點兒生氣。

泉州經過五月四日，九日，十日三日間四度狂炸，落彈達六十餘枚。雖然死傷較福州少，可是，泉州終究是一個不大的城市，經不起劇烈的轟炸的。十日的狂炸，毀壞民房達百餘幢，而死傷則僅二三十人。這是泉州人口早經疏散及防空常識比較普遍的緣故。這閩南第一重鎮的城市，在××的瘋狂行動下，可能遭受更瘋狂的轟炸。

毀壞文化，是××一貫的既定計劃，四月廿七日，×機兩架，飛襲閩西長汀，作爲福建最高學府的廈門大學在一陣急驟彈雨下毀壞了。幸該校員生早經躲避，安全無損。

作爲福建心臟地，雄據閩江上游的南平，五月八日遭受第一次轟炸，×機四架投彈七枚，毀屋百餘間，死傷八人。燒汽車三輛。南平在福州狂炸後，已成爲福州民衆的避難所，當大批難民移居於此時，×機又跟蹤轟炸，這又是以×××的屠手們的傑作。

福建新省會的永安，今日已成爲福建新的政治中心了。這僻處閩西的小縣城，過去廿二個月，是沒有遭遇空襲的威脅的，正當屠手的血污染遍整個福建河山。由於它的政治重要性逐漸提高，屠手們是放不過它的，五月九日，永安遭受第一次轟炸，六架×機，投彈八枚，毀屋數十間，監獄中一彈，死傷獄犯十一人。×機非但屠殺徒手民衆，連失掉自由的獄犯也是屠殺的目標！

此外，閩南的同安，集美，大嶝，小嶝，蓮河，海滄，海澄，閩西的龍岩，閩北的建甌，閩東的瑠頭，長門，無不染遍屠手所散撒的血腥。

總計兩旬來，福州十天內，遭炸十七次。晉江三日間四度狂炸，長汀兩次。建甌兩次，集美三次，大嶝兩次，同安三次，瑠頭三次，長門二次，連瑠山一次，新岩一次，海澄一次，小嶝一次，蓮河一次，海滄一次，永安一次，南平一次。

福州投彈達二百枚，泉州六十二枚，集美廿枚，新岩十八枚，海滄十三枚同安十二枚，長汀數十枚，永安八枚，南平七枚，瑠頭八彈，其餘數彈不等。

損失最大者爲福州，民房炸燬倒塌者六百家以上，死傷三四百人。其他各地，死傷較少。五月十一日寄

——摘自《星岛晚报》，1939年5月27日

敵機狂炸韶關

粵北各地昨亦遭襲

（中央社）韶關廿九日電、敵機十七架、二十九日上午九時狂襲韶關、向繁盛市區集體投彈八十餘枚、西岸隔江貧民棚房亦遭轟炸、全市塌屋八十餘所、死傷市民四十餘人、義國天主教堂中彈五枚、該教堂四層大廈爲市內最高建築・屋頂有十字架標識、至易辨別、仍難倖免、本日爲□三次被炸

（中央社）翁源二十八日電、二十八日下午三時三十五分、敵機十架分三批飛竄粵北一帶、在英德魚十灣投數彈、又在佛岡三江圩附近學堂下村投九彈、死傷商民□名、毀□房兩棟、又二十八日晨敵機十二架由瓊海起飛、至遂溪屬江洪圩投六彈、均落田野、

汕頭民氣異常激奮

（中央社）汕頭二十九日電 汕馬□港外今泊敵艦、武裝漁船各二艘、南北港有驅逐艦一、航空母艦一、其中一艘載機十六架、連日飛襲各處、此間滿布緊張而激奮之空氣、婦孺老弱疏散、業經擬訂物資、遷移亦計日程、故粵市繁榮、已還入農村、經敵機半月來盲目轟炸、民衆敵愾深刻、軍民聯繫尤爲密切、

——摘自《华西日报》，1939 年 5 月 29 日

三月底止

日機轟炸統計

平民死傷七萬餘人

▲美聯社廿八日重慶電　據華方所發表之正式統計、截至三月底、日機共炸斃中國平民二萬九千另二十八人、受傷者共四萬一千五百八十五人、按以上所發表之數字、並不包括最近日機在重慶炸斃或炸傷之中國平民在內、本月內重慶居民計有五千餘人被日機轟斃、又日機在三月三十一日前共在中國空襲三千九百五十三次、投下炸彈七千另九十五枚、摧毀之房屋共十萬另六百六十八所云、

——摘自《新闻报》（上海），1939 年 5 月 29 日

蒲田美教堂

被日機炸毀

損失奇重

▲香港廿八日電　據華方消息、日機星期五在閩、轟炸蒲田、美教堂亦遭波及、損失奇重、但外籍教士未有受傷、　查蒲田距福州六十公里、

——摘自《新闻报》（上海），1939 年 5 月 29 日

永嘉又遭空襲

蕭山幾成廢墟

（國民廿八日金華訊）廿八日上午十時許、敵轟炸機三架、由北襲來 飛經蕭山上空、向北逸去、十時五十分、另有敵轟炸機一架、經寺前侵入永嘉、在西門外一帶投彈四枚、損失甚微、旋經瑞安平陽、向南逸去、

（蕭山通訊）蕭山縣自抗戰軍興以還、即遭敵機不斷濫施轟炸、廬舍蕩然、死亡枕藉、流離道左、慘絕人寰、茲據縣府統計、自民國二十六年十一月十一日起、至本年五月二十三日止、遭受敵機轟炸共達六十八次之多、總計投彈五百〇四枚、死亡平民六百〇四人、受傷者二千二百二十人、被毀房屋四千四百二十二間、損失價值竟達八十八萬七千一百二十元之鉅、

——摘自《东南日报》（金华），1939 年 5 月 29 日

有計劃的

燬我重慶

自嘉陵長江合流處起

先毀商業區次及機關

◎重慶廿九日美聯社電、中國軍事當局昨晚宣稱、根據五月二十五日被華方擊落後所俘之日本飛行員二人之供述、在華日軍、正計劃將重慶全城作有系統之不斷轟炸、以促該城之全部燬滅、日軍對於重慶城、已規劃每次應施轟炸之區域、被指定區域、起自嘉陵江與長江合流處之半島、迄至商業及住宅區中心地點爲止、按照日俘供述日軍擬將平民及商業區域先行炸毀、以後集中目標轟炸政府機關林立區域、中國防空司令部宣稱、在星期六日下午、日機三十六架擬向重慶轟炸、但因長江峽上、爲農霧所罩、日機飛越宜昌後、半途折回、華方防空隊曾嚴陣以待之、

——摘自《时报》（上海），1939 年 5 月 30 日

日炸重慶四次
傷亡九千餘人
未登記者爲數尚不少

◎重慶卅一日路透社電、據路透社所得負責方面消息、本月三·四·十二及廿五日、重慶四次慘遭日機轟炸之結果、中國平民之傷亡總數共計九千八百人、此項數字祇包括發見之屍身及在醫院登記之受傷者、聞受傷者之中、有二千人係重傷、此外尙有屍體多具、深埋瓦礫之下、未曾掘出、更有受輕傷者、及未在醫院登記而自行醫治者爲數亦復不少、

——摘自《时报》（上海），1939年6月1日

日機襲慈谿

▲寧波一日電　一日上午十一時、日機六架襲慈谿城區、投十六彈、毀屋百餘間、死傷數十人、並飛甬盤旋散傳單、

——摘自《新闻报》（上海），1939年6月2日

劫後之寧波

寧波被炸以後、關於當地現狀、極爲旅滬甬人所關懷、記者、茲向關係方面探錄如下、

夜市一瞥 寧波被炸以後、市集改爲夜間舉行、其地點在東渡路一帶、時間爲傍晚五時至九時、過此時間、則收市出城赴鄉、市況蕭條、至半邊街、魚行被炸燬後、現在瓦礫堆上、搭蓋臨時市房營業、買賣時間、爲五時至八時、

航船情形 寧波航船、爲載送鄉鎮與城市居民之唯一交通工具、往時之到城時間爲中午十二時、午後二時、仍撑駛赴鄉、茲爲避免空襲、到城時間、爲下午五時、在城停泊一宵、次晨六時離城赴鄉、

物價踴貴 商店夥友、亦於每日傍晚、自鄉搭航船返城入店工作、次晨仍搭航船赴鄉、關於米價方面 因現有洋米裝到、價已回至每石十六元餘、生油每元祇購一斤餘、其他肉類等亦踴貴、惟魚鮮價、尚不甚漲、

白晝無電 又寧波電燈、向由永耀電燈公司經營供給、茲因燃煤缺乏、故自即日起、日間不供電流、以資撙節、晚間電光、亦經減弱云、

——摘自《新闻报》（上海），1939年6月2日

日機在閩江轟炸客輪

全船乘客僅三人倖存

又飛廈門對岸之松嶼排頭集美等處轟炸，惟華方損失甚

（本報今日香港專電）重慶電：據昨晚華方報告，當日機於五月二十九日轟炸福州及向閩江載運平民之輪船攻擊之際，平民之死於機槍下及溺斃者爲數甚衆。據悉該輪中炸彈兩枚後，已遭燬壞，而日機復以機槍掃射，同時墜水欲圖泅往彼岸之乘客，亦爲其掃射之標的物。估計死傷甚多，據華方稱輪中乘客僅三人倖存，多數則均溺斃於江中云。

（快訊社一日香港電）據此間所接消息：日機多架昨

微，閩南中國軍事當局，因日本海軍有在該處登陸企圖

，已訓令人民迅速撤退。

——摘自《大晚报》（上海），1939年6月2日

業界電訊

寧波遭八次轟炸後 昨又遭空襲

黃主席視察災區

寧波於四月二十六日起、曾先後遭日機轟炸、共計達八次之多、昨晨本市意商中意輪船公司、突接在甬之德平輪船長電告、謂寧波三日晨九時許、復遭日機大肆轟炸、情形頗爲猛烈、至損害程度如何、則來電簡略、並未述及、

德平駛滬 謀福到甬 記者向航業界探悉、寧波昨晨再遭日機轟炸後、對於滬甬航線、尚無影響、德平輪雷告、已於昨晨十時許、日機轟炸完畢後、即行啓椗離甬、逕駛上海、又謀福輪、於昨晨三時、由滬駛甬、當日下午接得電告、已於三時二十分平安進口抵甬

浙黃主席視察災區 浙江省政府主席黃紹雄氏、於上月廿八日、親自蒞甬、視察災區情形、並代表蔣總裁、慰問被災難胞、黃氏對於受傷及被災難胞、撫慰有加、事後黃氏復召集軍警人員、指示防務、業於日前、公畢返省、

慈谿被炸地點查明 又據記者向關係方面探悉、離寧波三十餘里之慈谿縣城、一日晨、遭日機六架轟炸後、共落彈地點、業經查明三處、計（一）縣前街之縣政府、（二）保黎醫院門前、落彈一枚、一部份房屋被燬、（三）竺巷東路十字橋癸姓大屋被燬、至其他被炸地點、則尚未詳細雷告、

談現滬西閘北一帶、槍聲終日不絕、日軍除發覺遊擊隊時、彼此惡戰外、雖無遊擊隊時、日軍亦虛張聲勢、機槍亂射、日機亦終日在上空偵察、但華軍善於掩蔽、致日機亦終無所獲云云、

最近 浙西錢塘江南華軍、活躍異常、並藉帆船渡江至海寧海鹽、沿滬杭公路境內、發動大規模之游擊戰、使各該地日軍、疲於奔命、故由本埠日軍當局、將駐紮浦東南碼頭之海軍陸戰隊五六百名、於二日晨、前往尖山、將增防於小普陀（在海寧東）一帶、

——摘自《晶报》（上海），1939年6月4日

徐州日軍 逮捕基督徒

・被捕者三百餘人・
・受刑者七十餘人・

▲蘇北某地二日電 徐州基督教堂五月廿九日晨忽被日軍包圍、捕去中外教士教友三百餘人、其中有七十餘人慘遭酷刑、現經該堂美籍 牧師彭 永恩交涉、尚未營救脫險、

——摘自《新闻报》（上海），1939年6月5日

日機又轟炸寧波

燬屋百餘間死傷五人

寧波自被日機八次轟炸後、損失慘重、最近除日機時往偵察外、已有多日未曾投彈、故一切救濟善後事宜、方能逐漸進行、詎料三日上午九時半、突到日機七架、九次襲甬、共投彈十餘枚、被炸地點、爲東渡・大衙頭・方井頭・鹹塘街・靈橋・小茱塲等、損失最重者爲東渡一帶、此次燬屋百餘間死傷五人、慈谿一月被日機六架轟炸、其落彈地點、共有五處、㈠城內東街義和當前落七彈、㈡運動塲前落三彈、秦氏大厦波及一部份、㈢普迪第一學校落三彈、㈣保黎醫院落二彈、㈤救濟院落一彈、共計落彈十八枚、燬屋百餘間、死傷二十餘人、

——摘自《新闻报》（上海），1939年6月5日

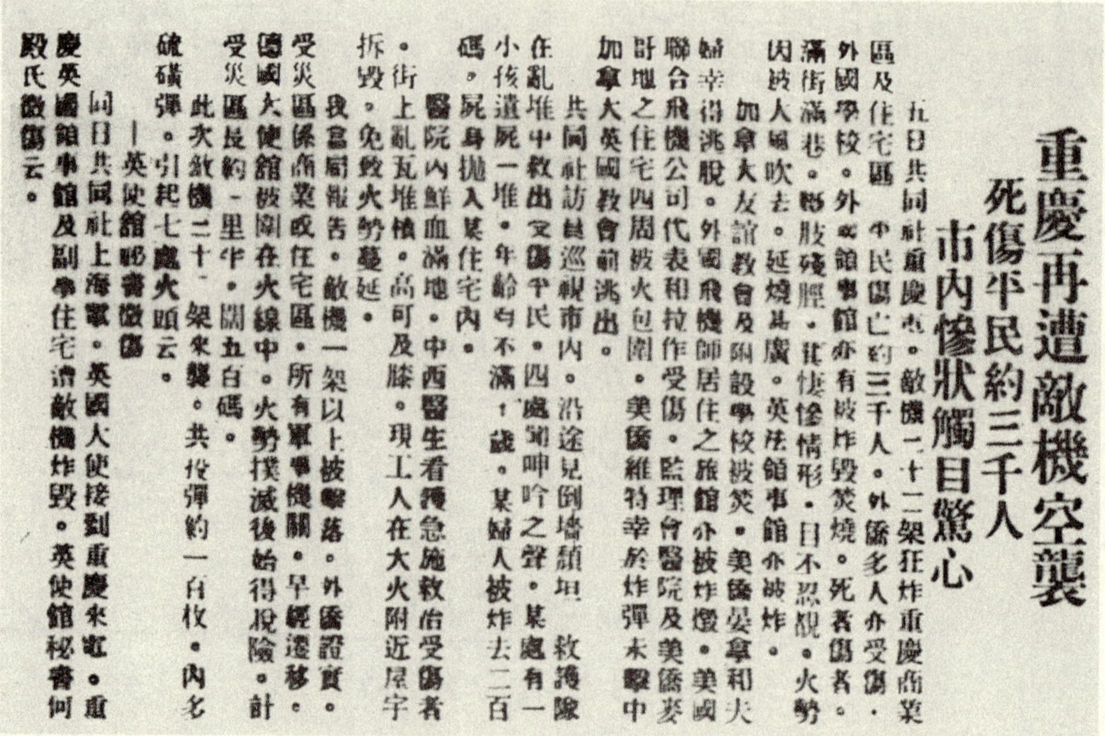

重慶再遭敵機空襲
死傷平民約三千人
市內慘狀觸目驚心

五日共同社重慶電。敵機二十二架狂炸重慶商業區及住宅區　平民傷亡約三千人。外僑多人亦受傷。外國學校。外國領事館亦有被炸毀焚燒。死者傷者。滿街滿巷。斷肢殘體。其悽慘情形。目不忍睹。火勢因被大風吹去。延燒甚廣。英法領事館亦被炸。

加拿大友誼教會及附設學校被焚。美僑晏拿和夫婦幸得逃脫。外國飛機師居住之旅館亦被炸燬。美國聯合飛機公司代表和拉作受傷。監理會醫院及美僑麥肝壇之住宅四周被火包圍。美僑維特幸於炸彈未擊中加拿大英國教會前逃出。

共同社訪員巡視市內。沿途見倒墻頹垣。救護隊在亂堆中救出受傷平民。四處聞呻吟之聲。某處有一小孩遺屍一堆。年齡均不滿十歲。某婦人被炸去二百碼。屍身拋入某住宅內。

醫院內鮮血滿地。中西醫生看護急施救治受傷者。街上亂瓦堆積。高可及膝。現工人在大火附近屋宇拆毀。免致火勢蔓延。

我當局報告。敵機一架以上被擊落。外僑證實。受災區係商業或住宅區。所有軍事機關。早經遷移。德國大使館被圍在火線中。火勢撲滅後始得脫險。計受災區長約一里半。闊五百碼。

此次敵機二十二架來襲。共投彈約一百枚。內多硫磺彈。引起七處火頭云。

—英使館秘書微傷

同日共同社上海電。英國大使接到重慶來電。重慶英國領事館及副事住宅遭敵機炸毀。英使館秘書何殿氏微傷云。

——摘自《三民晨报》，1939年6月5日

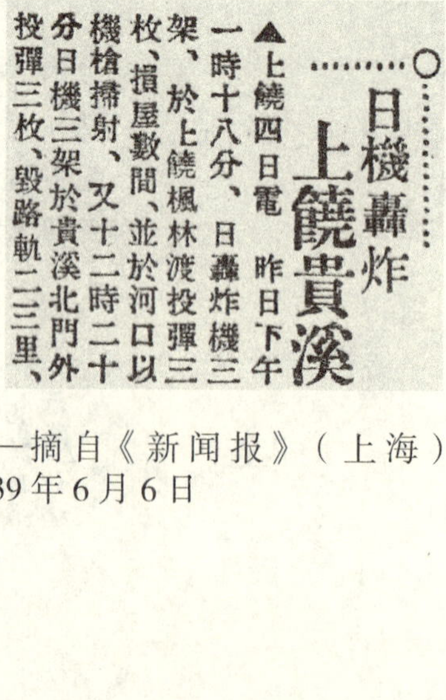

日機轟炸上饒貴溪

▲上饒四日電　昨日下午一時十八分、日轟炸機三架、於上饒楓林渡投彈三枚、損屋數間、並於河口以機槍掃射、又十二時二十分日機三架於貴溪北門外投彈三枚、毀路軌一二三里、

——摘自《新闻报》（上海），1939年6月6日

日機分批轟炸吉安

▲吉安五日電　日機十一架、五日晨分批轟炸吉安泰和、第一批五架、十時許侵入吉安、在郊外投彈四枚、旋竄泰和、在郊外某村投彈轟炸、毀房屋數棟、傷平民數人、二批日機六架、十一時再次侵入吉安市區、投彈三十餘枚、傷華平民十數人、毀房屋十餘棟、

▲豐城五日電　華游擊隊某部一日夜自瑞昌東南向城內日軍夜襲、至當夜十二時許已迫近城郊、激戰三四小時、華軍始安全退轉、

▲高安五日電　贛北前線、連日僅有小接觸、五日拂曉、大城方面日軍百餘、向竹園胡村以南進擾、被華軍分兩路自南北兩面包抄夾擊、斃日軍六十餘、殘部向東敗退、

——摘自《新闻报》（上海），1939年6月6日

寇機肆虐彙誌

吾人應以其人之道還諸其人之身

西安四日電：敵機一架，今飛至綏德城內投彈三枚，我無損失，

榆林四日電：敵機連日轟炸柳林宋家川，四日敵機一架飛磧口窺察，二架飛宋家川窺察，四日午敵機六架又飛至宋家川軍渡，敵機連日窺察黃河宋家川至磧口一帶渡口，

寧波三日電：今晨九時三十五分，敵機五架由鹿巴侵入本埠市空，即在[illegible]渡路一帶投彈，[illegible]枚燃燒彈數枚，計燬房屋二間，傷二人，並將某德商[illegible]公司高掛之德旗擊燬，

金華四日電：甬於三日晨又遭敵機七架轟炸，投彈十餘枚，東渡一帶損失最重，燬屋百餘間，死平民五人，

上饒四日電：昨一時十分，敵轟炸機三架，於上饒楓林渡投彈二枚，損屋數間，並於河口以機槍掃射。又十二時廿分，敵機三架，於貴溪北門外投彈三枚，毀路軌二丈。

吉安四日電：敵機九架，四日下午分三批空襲臨川，在城南投彈多枚，十一時許另有敵機三架，侵入貴溪，投彈三枚後，復飛上饒投彈，并在河口掃射平民，

又敵機三架，午間掠過
樟樹，旋沿鐵路西飛清
一江，新喻，宜春，萍鄉
一帶窺察，

——摘自《南宁民国日报》，1939年6月6日

敵機昨狂炸洛陽

投彈數十枚毁屋五百餘間

（中央社）洛陽六日電、六日晨八時、敵機十一架、自孟縣方面竄入洛陽上空、經我高射炮猛烈射擊後、敵機共投彈八十五枚、（內燃燒彈數枚）旋竄新安鄧同一週復折、向白鶴逸去、此次敵機投彈多落城內、平民區內毁房屋五百餘間、死七人傷十九人、

敵機連日飛綏德一帶轟炸

（中央社）柳林六日電、敵機四日五日兩日均飛綏德轟炸、又敵機五日上午復飛宋家川磧口沿河一帶窺察、

——摘自《华西日报》，1939年6月7日

寇機分兩批

昨炸恩施萬縣

本市亦發出預行警報

近來敵機隨時均企圖襲川、昨（七）日午後六時許、敵機一批計三十六架、飛達鄂西近鄰川境之恩施上空、投彈後折返、又敵機一批九架於昨（七）日午後七許時、由鄂西方面侵至萬縣上空、我防空部隊奮勇迎擊、敵機見我有備、不敢繼續西犯、倉惶在萬縣市區上空投下爆炸彈數枚、即行逸去、所投彈落□□□附近、我損失甚微、又本市於六時五十分發出預行警報、旋即解除。

此間防空司令部、頃准湘省防部代電、檢送二十八年二三四月份、敵機襲湘損害統計表二份、內二三四月份、共來敵機一九四架、投彈三七五枚、炸毁橋樑一座、枕木五十根、路軌十六條、房屋八百二十棟、民衆死者八四一人、傷者四九九人、炸死耕牛三頭、炸沉民船二隻。（川[illegible]）

——摘自《华西日报》，1939年6月8日

日機首次炸恩施

▲宜昌七日電　日機九架、七日晚、首次狂炸恩施、日機在城區投燒夷彈甚多、全城大火、損失情形不詳、

——摘自《新闻报》（上海），1939 年 6 月 8 日

敵機各地肆虐

鎮海擊落敵機一架

鎮海　贛東某地七日電　七日一時半，敵轟炸機六架，飛鎮海肆擾，當被我高射砲擊落一架，機身墜海毀滅，內敵航空員一名，跳降落傘墜地，即經擒獲，

甯波七日電　中午，敵機四架，侵入鎮海上空，大肆轟炸，當被我官兵擊落一架，駕駛員被俘，旋來敵艦一艘，一面向我砲擊，一面圖救墜機，機已沒入海中，而敵艦迄下午六時尚與我對擊中。

臨安　金華七日電：今晨八時半，敵機一架，飛臨安向北鄉山投燒夷彈一枚，燬屋五十間，無死傷，

恩施　宜昌七日電：敵機九架，七日晚首次狂炸恩施，敵機在城區投燒夷彈甚多，全城大火，損失情形不詳。

靈寶　洛陽七日電：七日晨敵機七架，竄靈寶上空投彈，敵砲兵隔河向我涵谷關鐵橋發砲，前後射擊百餘發，多落空地。

——摘自《南宁民国日报》，1939 年 6 月 9 日

一月半來敵機狂炸福建統計

死傷千餘燬房四百餘所

閩人宜記此血債雪此仇

【中央社福州八日電】自四月中旬以來，以廈門及閩江口外敵艦爲根據地之敵機．瘋狂轟炸福建州餘城市重地，自四月十五日起至五月三十一日止，歷時一月有半．幾無一日間斷，記者頃根據各地正確調查，得如下列數字，空襲一一○次，來襲敵機三六○架，共擲暴炸彈九四二枚．燒夷彈三○三枚，死傷一三八八，內死四一二人．傷七一六人，其中百分之九六，五爲平民婦孺。被燬房屋四四四所．又一○七間，人民直接間接損害難以估計，單以福州市而論，即遭空襲二五次，來襲敵機六十三架．投爆炸彈二三四枚，燒夷彈二十枚，死傷三四四人，燬房房一七六所．又一六間，閩人將永遠記取此項血債，胥必報此深仇大恨。

——摘自《河南民国日报》，1939 年 6 月 9 日

重慶又遭空襲
日機三架擊落
宜昌恩施均被轟炸

▲重慶九日電　九日下午日機兩次自漢起飛西犯、第一次九架、在鄂省恩施投彈、第二次二十餘架、則逕來襲渝、華防空當局適時發出空襲及緊急警報、日機旋分爲兩批、一批九架、一批十二架、先後竄入市空、華空軍及高射部隊予以猛烈轟擊、當有日機三架被華方擊落、刻正在搜尋殘骸中、當日機竄入市空時、漫無目標、在數處投彈後即逸去、因華方防空及救濟已有嚴密布置、故雖有數處起火、立即撲滅、死傷亦極少云、

▲路透社九日重慶電　重慶今晚又有日機前來空襲、日轟炸機共二十七架、分兩隊來襲、向前於五月二十五日遭遇慘炸之區域投彈如雨、下城乃發生大火、中國高射砲向日機猛烈射擊、而中國驅逐機數架亦騰空截擊、空戰結果、現尚未詳、惟高射砲隊則謂已擊落日機兩架、午後六時日機飛過宜昌向上游進發、渝城當時即發警報、七時日機一隊計轟炸機九架出現於渝城之上空、逾半小時以十八架飛機組成之第二隊、亦相繼而來、八時解警、日機九架在飛抵渝城以前、曾投彈轟炸川鄂邊界之恩施、

▲宜昌九日電　日機四十七架、九日午後一時許分數批經宜市上空、向西飛竄、其中九架、復行侵入市空轟炸、

▲衡陽九日電　防空部息、九日晨日機十一架、沿浙贛路分二批進擾湘境、一批八架、以三架在醴陵一帶盤旋、五架於九時五十分竄衡陽投彈、另一批三架亦由贛竄來、與醴陵之日機會合竄株州一帶窺察、

——摘自《新闻报》（上海），1939年6月10日

福建三十餘城市 盡遭日機轟炸

死傷及損毀數字驚人

▲福州八日電 自四月中旬以來、以厦門及閩江口外日艦爲根據地之日機、瘋狂轟炸福建卅餘城市重鎭、自四月十五日起至五月卅一日止、歷時一月有半、幾無一日間斷、記者頃據各地正確調査、得如下列數字、空襲一一〇六次、來襲日機三六〇架、共擲爆炸彈九四二六枚、燒夷彈三〇三六枚、死四一二六人、傷七一六六人、其中百分之九六爲平民婦孺、被燬房屋四四四六所、又一〇七六間、人民直接間接損害、難以估計、單以福州市而論、即遭空襲十五次、來襲日機六十三架、投爆炸彈二三四六枚、燒夷彈廿枚、 死傷三四四六人、燬房屋一七六六所、又二一六六間、

——摘自《新闻报》（上海），1939 年 6 月 10 日

資敵之害

寇以美國炸彈 炸閩美國教堂

[illegible]夫人極表憤慨 函請美人禁止資敵

福州六日電：中國之友[illegible]能夫人，[illegible]來敵機狂[illegible]福州城市各[illegible]，教堂學校多被摧燬，深致[illegible]恨，夫人[illegible]由泉州赴各被炸[illegible]點視察，曾在金井禮拜堂拾獲一彈片，其上鑄[illegible]美文，標明美國製造字樣，益深憤慨，當即致函美國各大報發表[illegible]轟情形，以促美人注意，俾政府[illegible]以完全禁[illegible]以軍火售予日本，夫人[illegible]攜帶該燬美[illegible]美會被炸影片，俾帶往美國公開映覽，按夫人對我抗戰曾[illegible]美[illegible]各報發表文字，深得社會重視，美國碼頭工友六千餘人，受其鼓動，曾作誓不爲日人搬運貨物。

——摘自《南宁民国日报》，1939 年 6 月 10 日

敵機襲鎮樂海濱

一架受傷墮洞頭

傅逆筱庵祖先墳墓亦炸毀

（本報十日溫州電）玉環海面三盤東南之虎頭嶼、八日到敵航空母艦一艘、迄十日下午止、尚未離去、據漁民目擊者稱、鹿棲山有艦七艘、大麥嶼泊一艘、筆架山停有三艘、共十一艘、均無異動、又據玉環來電稱、十日上午敵機一架被我擊傷、墮落於玉環三盤附近之洞頭海面、機師二死一俘、

（本報十日甯波電）鎮海十日晨九時又遭敵機七架轟炸、在鄉鎮投十四彈、港口毀民房六十餘間、青山寺傅逆筱菴祖坟亦中彈被毀、甯波沿海無敵艦、

（本報十日溫州電）十日上午九時半、敵機十二架、分四隊由黃大岙海面起飛、一隊窺察樂清三嶼、三隊來襲溫州、盤旋後飛畸頭黃華曹田垟田等地、投十四彈、均無損失、

（國民十日金華訊）十日上午八時半、敵機九架、由海面竄來、經寺前侵入永嘉、盤旋窺伺四十四分鐘後、向東逸去、八時五十分、另有敵機六架、亦由海面侵來、襲入樂清、在黃華峯崎頭等地、投彈八九枚、仍循原路逸去、至九時許、敵機九架、先後由海面起飛、二架經龍山慈谿向東北逸去、其他七架、則闖入鎮海、在沿海一帶及青峙鎮唐家弄投彈十四五枚、傴僞市長傅逆筱庵家停柩厝屋三間、及其祖塋、亦均被敵機炸毀、不知傅逆聞之、作何感想、

——摘自《东南日报》（金华），1939 年 6 月 11 日

日機前晚襲渝

居民僅傷亡九人

市內居民仍將繼續疏散

▲路透社十日重慶電　此間官場頃稱、昨晚空襲渝城之日方轟炸機被高射砲擊落者共有三架、日機來襲時分爲兩隊、第一隊九架、第二隊十二架、專向渝城投彈、另有一隊計六架、則在渝城郊外轟炸、第一隊被射落一架、第二隊被射落兩架、昨晚空襲、結果全城僅傷亡九人云又據另一消息死三人傷六人、

路透社十日重慶電　昨晚日機空襲時有在避彈穴外仰觀中日飛機空戰者、目覩日方轟炸機兩架着火墮地、昨晚空襲之結果、傷亡較少、蓋許多居民業已疏散、而留住城中者、大都聞警後避入壕穴也、當局現擬僅准平民八萬三千人軍役人員二萬七千人留住城中、故渝城今後尚須疏散十一萬人、下城許多屋頂昨被炸毀今晨有兩屋、內職員不得不持傘辦事、昨晚日機所投炸彈、較前所用者更大、路透社訪員今晨巡視下城、見有巨洞多處、路透社附近之歌劇塲全毀於火、而通至路透社辦公室之路中有一巨洞深十五尺、直徑二十五尺、尚有一彈落於重慶娛樂區域之最熱鬧處而將渝城最大劇塲之門面完全炸毀、大街後二十碼之一所房屋適中一彈、凡在八十呎周徑內之各物悉被摧毀、地面炸成一洞、視他處爲大、有一人力車行亦中一彈、滿街悉是車輪、許多炸彈落於中國當局、現正折屋以作火弄之處、昨夜雖水管多已炸毀、然火勢並未蔓延、而克迅速撲熄者、正因此耳、重慶聯合日報館所在處水電與電話皆暫時停頓、然該報今晨仍照常出版、則以緊急修理隊對於公用事業之損毀部份連夜趕修故也、

——摘自《新闻报》（上海），1939 年 6 月 11 日

重慶前午兩遭空襲

□機四架被我擊墜

（路透社九日重慶電）□機昨日下午兩次來襲重慶、投下炸彈數十枚、其時華空軍凌空與之激戰、□機卒被高射砲擊落兩架、當時天色甚黑、□機投下照明彈、俾可指示目標、有等燃燒彈投落市區引起大火、其後□機再來投下炸彈多枚、有等係一百五十磅之巨彈、炸聲甚烈、破壞房屋多間，幸火灾不久則濺熄、是夜八時卽解除警報，市內卽恢復常態，此次空襲居民傷亡不及一百名、

（海通社十日重慶電）昨晚日機分三批襲渝，首批九架乃于七時抵該市上空、半小時後再有二批抵達、投彈城郊、但損失甚微，肆虐後祇得廿二架逃去、蓋有四架已爲華軍高射砲所擊落云、

——摘自《南华日报》（香港），1939 年 6 月 11 日

日機昨晚襲蓉

華西大學亦遭炸燬

並有西籍職員二人受傷
傳華機曾擊落日機三架

（本報今日重慶專電）成都電：日機念七架昨晚七時半飛襲蓉市，華空驅逐機即騰起迎擊，發生劇烈空戰，日轟炸機傳被擊落二架。日機數架竄入市空，投燃燒彈多處，城中有為處起火，唯因防空救護團工作得力，起火處不久均告撲滅，平民死傷數亦少。唯悉有一彈投中美國人所開之華西大學，校舍被炸燬，有西籍職員二人受傷。

——摘自《大晚报》（上海），1939 年 6 月 12 日

日機五十四架

昨襲擊重慶成都

渝市中國空軍擊落兩日機
成都方面被投燒夷彈甚多

（重慶十一日電）日機兩批各廿七架、於十一日下午七時許、分襲渝蓉兩地、渝市方面、日機於下午七時一刻、侵入市空後、在我空軍與高射炮迎擊之下、濫投重量爆炸彈數十枚後逸去、成都方面、日機投擲燒夷彈甚多、損失在調査中

（重慶十一日電）十一日午後七時許、有日機廿七架襲渝空、日機飛近渝空時、即與華空軍發生遭遇戰、旋即侵入市空華軍華高射部隊、復予以猛烈轟擊、日機不敢久戀、乃倉皇投彈後逸去、華機復跟蹤追擊、直至某地始安然返防、據目擊者談、有日機兩架被華方擊落、惟殘骸正在搜尋中、

——摘自《晶报》（上海），
1939 年 6 月 12 日

日機轟炸金華

▲金華十二日電　十二日日機三架空襲本市、在城內投彈、並夾有燒燃彈、毀屋百餘間、

——摘自《新闻报》（上海），
1939 年 6 月 13 日

日機前晚夜襲渝蓉
兩處擊落日機五架
蓉市傷亡必甚重大

▲路透社十二日重慶電　渝蓉兩市昨晚遭日機轟炸、傷亡人數未詳、惟衆信蓉市傷亡甚重、因該地地層特殊、不能建造地下室也、空襲渝蓉之日轟炸機各二十七架、共計五十四架、　昨日午後五時三十分即發現日轟炸機五十四架分兩隊飛經宜昌、循長江向渝市西飛、　渝市於是即發空襲警報、中國驅逐機立刻騰空東飛、俾截擊日機、　二十七架轟炸機中僅一小隊於七時二十分出現渝空、遇中國高射炮隊之密集炮火、日領隊機在一兩處投照明彈四顆、照耀渝市西郊、如同白晝、日轟炸機隨即向美麗住宅頗多之區沿途投彈　、數彈投長江中、去美孚油棧不遠、　日機用若干重磅炸彈　、當其爆炸時如地震、然避於地下室而近門者、被爆炸力震倒於地、日領隊機投照明彈後、　數機低飛投彈、將近九時、渝市解除警報、另一批日轟炸機二十七架、已過渝向蓉西飛、　晚九時十分接蓉市長途電話、　據稱該城已遭轟炸、雖詳情未悉、　但蓉市被炸傷亡必重、聞目前蓉市人口在渝市疏散居民、已逾百萬、　該地不能造地下室、因掘地僅三呎即見水、且城內無山、與渝市情形不同也、　渝市此次被襲、傷亡最重者、在長江前之木塲中、傷亡逾百人、　午夜路透訪員自山巔俯視該木塲、見救濟人員、擔架隊與急救隊、執火炬往來、　在黑暗中自江濱舁傷者登山、此種景象、殊罕見也、路透訪員今晨赴江濱一行、　見有待瘞屍體三十具、　頭顱手足、多被炸去、當警報大作時、許多苦力蛇行入木材下、以為可安矣、詎一彈墮落、距木堆十呎、另一彈則直中木堆、致木堆下苦力死二十人、今晨木堆下尚有一屍未取出、重慶對面之長江南岸在嘉陵江與長江之合流處附近　、着彈頗多、美大使館及許多外國商店、均在南岸、　此次日機襲渝、用燒夷彈甚少　、其所擲落者多屬爆裂彈、但有燒夷彈三顆墜長江中、　在水面燃燒數[illegible]鐘、　一彈墜於山坡薯田中、擊成巨穴、　周徑五十呎內之山[illegible]、悉被連根炸起、大道上亦中二彈、斃十人、毀汽車一輛　、　昨日日機空襲確證明巖下築成防空壕之安全、重磅炸彈數枚直接擊中一建造特優出口凡五之防空壕、壕上覆沙、擊成巨穴、深及十呎、但於巖石無損、三處出口被墮下之土堵塞　、但壕中人自其餘兩出口處逃出、　均無恙、　一彈直中另一防空壕、炸起大石一塊、墜下山坡、　貯立壕口以外之三人、因被擊傷、　昨日轟炸中另一饒有興趣之特點、　為轟炸郊外之影響、遠遜於轟炸人烟稠密之市區、日機雖在渝市兩郊各區投彈逾百　除江濱木塲中者以外、傷亡較少、　財產損失亦微、各區均未起火、炸彈多半墮於空地、路透訪員今晨赴各區一行、見房屋全毀者僅六椽、炸損者二椽、西郊被炸、市况如舊、　與渝市區近被轟炸後之景象迥乎不同　聞空戰中日轟炸機五架被華機擊落、二墮渝市、三落蓉市、據華方消息、蓉市空戰特形激烈、日機三架被擊落於蓉城東南、日機在蓉投燒夷彈多枚、多處起火、但午夜火勢均已在控制中、華西大學院中被投三彈、外籍教授兩人受傷、該校學生兩人為國際急救隊隊員、一死一傷、頃悉日機復在渝市領事署區域投彈、重磅炸彈一枚、適墮於英總領事署後、毀古剎一、未聞傷亡、

——摘自《新闻报》（上海），1939 年 6 月 13 日

成都慘炸結果
死傷五百人
渝使館區落彈甚多

（成都十二日美聯電）日機昨日來此轟炸、係由北而南、向人烟稠密處投彈、又日機在成都所投之彈、爆炸彈與燒夷彈皆有、城中心及城南方面有數處起火、但皆已及時撲滅、浸禮會所辦學校之宿舍、亦中一彈、金陵大學校長陳博士、及其家屬、因其住宅震坍、受傷甚重、又有在法方登記之輪船『福源』號、亦中彈擊沉、華西大學、亦中六彈、唯其中二彈並未爆發、同時以彈落廣場、故僅死女學生一名、傷男生十五名、聞此次日機轟炸、平民死傷者有五百餘名、現皆運至大學醫院中治療

（重慶十二日美聯電）昨晚日機在此轟炸時、使館區域、落彈甚多、英大使館、英法德領事署、及蘇聯大使館、皆險遭擊中、

——摘自《晶报》（上海），1939 年 6 月 13 日

日機炸餘姚

昨（十二）日上午十一時四十六分、日機兩架炸餘姚北城虞官街、投六彈、焚廿餘家、墾業銀行姚分行全燬、

※　※　※

——摘自《新闻报》（上海），1939 年 6 月 13 日

重慶前晚空襲
使館區落彈甚多
疏散及添築防空壕成功
死傷人數已大見減少

◎重慶十二日美聯社電、昨晚日機在此轟炸時、使館區域、落彈甚多、英大使館、英法德領事署、及蘇聯大使館、皆險遭轟中、其中一彈與蘇聯大使館相差僅四百碼、位於小山巔上之法國大使館四週、幾爲炸彈所包圍、日機在轟炸之前、先投照明彈、搜索目標、於日機轟炸前後、警報歷兩小時始告解除、在揚子江南岸之加拿大教會醫院、幾爲轟毀、因該院牆外曾中數彈、院內亦多震毀故也、惟院中外籍醫生多避入防空壕內、得以無恙、其他數彈、則落於江心、毫無作用、落彈之地點、若劃一線、則兩端之距離、約有五英哩之遙、於此中間、起火之處、計有三處、

美以美會所屬學校醫院毀損

◎重慶十一日美聯社電、日機二十七架、於今日傍晚轟炸重慶、共投彈五十餘枚、多落於西區一帶、美以美會學校場地及在華旅居三十年以上之傳教士蘭浦住宅、皆爲轟中、日機此次襲擊重慶、乃自西侵入市空、被炸地域、起自揚子江附近之使館區以至嘉陵江之北、日機來襲時、曾有華機十五架昇空迎擊、據此間官方消息、聞爲華機擊落之日機有三架之多、市民死傷之數尚不衆多、因西區一帶房屋其間多隔有相當之距離、並不十分繁密、同時該處之防空壕亦足敷應用也、惟某防空壕之入口處、曾被轟中一彈、死避難者二十名、傷三十名、在揚子江畔之美以美會醫院、幾被炸毀、傷六十餘人、此次空襲之警報於下午五時半發出、日機侵入市空、則在下午七點二十分鐘、警報解除、則在晚間九時、日機所投之彈中、雜有燒夷彈甚多、揚子江美孚油棧對岸之地點、曾着有數彈、據人在法大使館方面觀察、見日機此次投彈之範圍、適成一半圓形、北起嘉陵江、南達揚子江、外交部招待室之附近、亦被轟中數彈、

華西聯大被炸美僑極爲憤怒

重慶十二日路透社電、今日下午此間接金陵大學費恩及史未斯兩教授暨現在成都之青年會全國幹事會秘書費吳生氏發來之電報、及長途電話、謂華西聯合大學校醫美人史特蘭德教授之夫人、在昨日成都遭日機轟炸時、被玻璃碎片所轟傷、女生一名當場炸斃、此外尚有十四人受傷、其中七人亦因傷重殞命、該大學校址內共中彈六枚、內有二枚未曾爆發、昨日空襲成都之日轟炸機共計二十六架、在城內投下燒夷彈及爆裂彈、兩處發生大火、至今晨四時始行撲滅、目下共有美僑四十人及加拿大人三十五人、住於華西聯合大學、該校係美國及加拿大教會所辦、位於成都南門外一哩半之地點、現時南京之金陵大學金陵女大、及中大醫學院與濟南之齊魯大學均假該校上課、校內住有學生三千人及教職員數百人、金陵大學校長及其眷屬所住之房屋附近、落下一彈、險遭不測、醫學院之教員宿舍附近、亦命中一彈、時各教員正在該處開會、故幾遭危險、此次日機轟炸成都之傷亡人數、尚未能確定、惟衆信當在五百人左右、渝蓉兩地之美僑、對日機轟炸華西聯合大學、均極憤怒、據稱該校毫無軍事上之目標云、彼等已於今日紛電美國羅斯福總統及國務卿赫爾、詳陳被炸之情形、聞今日下午確有日機四十八架飛越宜昌、惟未繼續飛渝、故重慶未鳴警報、

◎重慶十二日美聯社電、美國紐約青年會幹事費休若、華西聯合大學教授美人李丘門君、成都金陵大學教授史密士君、今日聯合致電美總統羅斯福國務卿赫爾參衆兩院外交委員會主席畢德門與納諾、請其注意日機濫炸重慶成都之行動、原電略謂日機轟炸之地區、乃完全毫無軍事目標者、其意所在、顯欲轟炸平民、而貫澈其殘殺人命破壞財產之意旨、但日機此項濫炸行爲、所以能實施之故、還在我美以煤油與其他物質供給日本之所致、因此我等不能不請君等注意及此、俾我人得以早日擺脫此項慘無人道之屠殺責任關係也、

成都無地下室 料傷亡必甚重

（重慶十二日路透社電、渝蓉兩市昨晚遭日機轟炸、傷亡人數未詳、惟衆信蓉市傷亡甚重、因該地地層特殊、不能建造地下室也、空襲渝蓉之日轟炸機各二十七架、昨日午後五時二十分即發現日轟炸機五十四架分兩隊飛經宜昌循長江向渝市西飛、渝市於是即發空襲警報、中國驅逐機立刻騰空東飛、俾截擊日機、二十七架轟炸機中僅一小隊於七時二十分出現渝空、遇中國高射砲隊之密集砲火、日領隊機在一兩處投照明彈四顆、照耀渝市西郊、如同白晝、日轟炸機隨即向美麗住宅頗多之區沿途投彈、將近九時、渝市解除警報、另一批日轟炸機二十七架已過渝向蓉西飛、晚九時十分接蓉市長途電話、據稱該城已遭轟炸、雖詳情未悉、但蓉市被炸傷亡必重、聞目前蓉市人口在渝市疏散居民後、已逾百萬、該地不能造地下室、因掘地三呎即見水、且城內無山、與渝市情形不同也、渝市此次被襲傷亡最重者在長江前之木場中、傷亡逾百人、重慶對面之長江南岸在嘉陵江與長江之合流處附近、着彈頗多、美大使館及許多外國商店、均在南岸、此次日機襲渝、用燒夷彈甚少、其所擲落者多屬爆裂彈、

巖下築防空壕 安全獲得證明

昨日日機空襲、確證明巖下築成防空壕之安全、重磅炸彈數枚直接擊中一建造特優出口凡五之防空壕、壕上覆沙、擊成巨穴、深及十呎、但於巖石無損、三處出口被墮下之土堵塞、但壕中人自其餘兩出口處逃出、均無恙、一彈直中另一防空壕、炸起大石一塊墜下山坡、貯立壕口以外之三人因被擊傷、昨日轟炸中另一饒有興趣之特點、為轟炸郊外之影響、遠遜於轟炸人煙稠密之市區、日機雖在渝市兩郊各區投彈逾百、除江濱木場中者以外、傷亡較少、財產損失亦微、各區均未起火、炸彈多半墮於空地、路透訪員今晨赴各區一行、見房屋全毀者僅六椽、炸損者二十椽、西郊被炸、市況如舊、與渝市區近被轟炸後之景象迥乎不同、據華方消息、蓉市空戰特形激烈、日機一架被擊落於蓉城東南、日機在蓉投燒夷彈多枚、多處起火、但午夜火勢均已在控制中、華西大學院中被投三彈、外籍教授兩人受傷、該校學生兩人為國際急救隊隊員、一死一傷、頃悉日機復在渝市領事署區域投彈、重磅炸彈一枚、適墮於英總領事署後、毀古剎一、未聞傷亡、

◎重慶十一日美聯社電、今日日機轟炸此間後、中國官方及外人方面皆謂日機轟炸目標、完全為住宅區商業區、與重要之軍事區域或蔣介石將軍之司令部、相去皆有十數里、據美國砲艦「多多拉」號英國砲艦「鷹」號、及法國砲艦上之軍官言、彼等曾親眼目擊日機對重慶轟炸時、華機昇空迎戰者、有十八架之多、日機之被華機擊落者有二架、惟在此次空戰中、華機有無損失、此間中外方面皆無報告、據中國方面稱、此次日機轟炸重慶、無論在物質破壞上人命傷害上、皆屬得不償失、其所以然之原因有三、㈠因重慶之人口、已大部疏散、㈡新築之防空壕甚多、㈢華方高射砲隊之瞄準技術、已較前高明、此點外籍軍事人員亦皆承認、

——摘自《时报》（上海），1939年6月13日

日機襲吉安贛縣

▲吉安十三日電　日機十五架、今又分批轟炸吉安贛縣、第一批六架、下午二時四十分竄至贛縣、在郊外投彈四枚、燬民房數棟、死傷平民十餘人、第二三批日機九架於二時廿分相繼侵入吉安市空、投彈十餘枚、燬民房數十、死傷十餘人、

——摘自《新闻报》（上海），1939 年 6 月 14 日

日機轟炸湘西

常德桃源均被擾害

▲沅陵十三日電　日機三十六架、今日下午四時許經湖北沔陽等處、竄入湘西、以十八架在常德市空投彈四五十枚、另十八架飛入桃源上空、投彈四十餘枚、損失未詳、

——摘自《新闻报》（上海），1939 年 6 月 14 日

舊恨未雪來新恨

寇機八架昨濫炸本市

盲目投彈十二枚　燬民房二十餘間

昨（十三）日敵機八架再度襲本市投彈肆虐，茲詳誌於下：

發出警報　昨日上午十二時十分，敵機八架，由北海飛至西場，有襲邕模樣，本市當即發出空襲警報戒備，市民紛紛扶老攜幼急避至安全地帶，至十二時三十分，敵機到南中，本市發緊急警報，迨至十二時四十七分，敵機八架，先後侵入市空，我防空部隊，發揮威力，敵機不敢低飛，毫無目標，倉惶投彈，旋即狼狽逃遁，向東南飛出海，本市即解除警報，避難市民，亦先後返回，市容即恢復原狀云。

損失調查　敵機昨在邕投彈肆虐，共投彈十二枚，計師範街落彈一枚，崩燬民房由 號至十七號之二，之三，高中側落彈三枚，無損失，華強街北一里由一號至十四號被燬，華強街落彈二枚，四一，三九，三七，三五，三一號民房被燬，五權園落彈三枚，毫無損失，計燬平民房屋共約二十餘間，死一人傷二人，此次敵機肆虐，更增民衆仇恨，

救護情形　敵機去後，有紅十字會救護隊第七八九中隊，即馳往救護，中華救護隊邕南縮食隊及衞生事務所救護隊，亦先後馳往救護，消防隊從事救火快速，至燃燒彈不能爲災云。

——摘自《南宁民国日报》，1939 年 6 月 14 日

重慶被炸之續聞

德大使館全部炸燬
法大使館附近落彈

▲重慶十四電　十一日晚日機襲渝時、某處法大使館辦事處舊址、現爲法商聚福洋行等辦事處大門前、及其附近、落重量炸彈多枚、大門圍牆及毗連大門之平房數間均被炸燬、其後進辦公室亦受劇震、門窗之玻璃俱碎、該處大門及辦公室屋頂、均高懸法國國旗、　高空亦可明辨、其附近鱗次比櫛者　盡屬平民住宅、　日機若非有意轟炸第三國財產、則係投彈技術拙劣、　至江中之聚福洋行躉船被炸燬沉沒、貨物損失、爲數至鉅、　躉船之頂、亦集有巨幅法國國旗炸燬沉沒後　、　船頂露於江面、法國國旗猶赫然可見、前傳法領館被震燬、殆即由法使館辦事處舊址被炸誤傳所致也、

▲海通社重慶十四日電　關於本月十一日晚之日機轟炸重慶、除德使館被炸、已誌昨訊外、現悉法國大使館附近、　亦落炸彈、但距使館約一百公尺、　義使館附近亦落炸彈、　其中若干、似爲燃燒彈、半小時後、附近尚在着火、　惟使館本身完好、德使館被炸之時、內外均已炸壞、　德總領事及夫人在館中、幸皆無恙、據外籍觀察家所見、日機因避免中國　高射炮之射擊、飛行極高、中國官方宣稱、擊落日機兩架云、

——摘自《新闻报》（上海），1939年6月15日

日機兩度炸益陽

長沙十四日電　十四日晨九時、日機六架、又由漢口方面南飛、經湘陰沅江至益陽上空、兩度投彈、死傷無辜平民九十七八、毀民房五十餘棟、旋飛漢壽盤旋數週後北逸、

——摘自《新闻报》（上海），1939年6月15日

福州等處被轟炸

▲美聯社重慶十四日電據華方消息、昨晨日機六架、空襲福州、投下之炸彈、達數噸之多、德士古煤棧、全爲炸燬、又日機二架、昨日沿閩江西飛、至下竇上空、竟以機鎗向下掃射、死平民多人、又閩江口之長門、昨亦爲日機二十四架所襲擊、投下炸彈五十餘枚、又昨午湘省西北方面、亦遭日機三十六架之空襲其中十八架在彰德方面、投下炸彈四十餘枚、桃源方面亦被投四十餘枚、又江西之贛縣與吉安、昨日又被轟炸、同時蔣委員長已撥款十萬元救濟成都之難民、

▲高要十四日電 日之灶島海軍航空隊、連日派上原安正率海軍戰門機輕爆炸機共十餘架、輪迴轟炸新會附近船艇、晨被華軍擊中一架、當即着火、墜落新會北角、駕駛員當即斃命、

——摘自《新闻报》（上海），1939年6月15日

重慶外人憂慮

日機如往空襲 外人亦無保障

▲美聯社重慶十五日電 此間外國商界及外交界對於最近日機轟炸重慶時、日海軍忽視外人財產事、今日深加憂慮、鑒於最近日機襲渝時、被炸區域、自全城推至郊外觀之、則此間並無一地可視爲第三國人民安全之所、觀察家相信、多數外人未遭死傷者、乃屬奇跡耳、因日機忽視停泊揚子江一帶之外國炮艦、炸沉美艦潘南號之意外事件、頗有再現之可能、美炮艦圖圖伊拉號上星期日險被日機擊中、所落炸彈、雖在該艦三百碼處爆發、上星期日、日機投彈、自城之西端、東至半島、越過揚子江直至江邊一英哩處觀察家回憶上星期日、日機襲渝時、三彈落於臨近美國駐華大使館三等秘書德拉賴特及惠爾之山頂住宅三百碼處、日彈並擊中加拿大教會所辦之醫院、及旗近藍浦夫婦住宅之美以美會所辦學校、以上地點、散於城之各處、由此可見日機空襲時、幾無一地可視爲安全之所也、

——摘自《新闻报》（上海），1939年6月16日

日機轟炸吉安時　孫家傑等罹難

▲吉安十五日電　日機十四日轟炸吉安時、曾在市區投彈多枚、江西民國日報編輯兼東南日報駐贛記者孫家傑夫婦、不幸遇難、孫家境清貧、身後蕭條、贛新聞界刻正在籌備追悼、並為其子女籌劃撫卹云、又前政治日報總編輯萊覺陶夫婦、亦同時罹難、

——摘自《新闻报》（上海），1939 年 6 月 17 日

日機再襲慈谿

日機四架十四日中午自鎮北龍山海上起飛、即在龍山山麓投一彈、旋向慈谿城區進襲、先後在城西永明寺、及北郊慈湖邊之慈谿中學投彈、當日寧波亦發出空襲警報、嗣以日機並未入境、於午後零時二十分解除警報、

——摘自《新闻报》（上海），1939 年 6 月 17 日

江蘇泰縣 初次被炸

▲蘇北某地十四日電、十四日午二時、日轟炸機四架、由南京首次飛襲泰縣、在北城鬧市投彈八枚、死傷平民十數人、毀房數十間、旋向西南飛去、

——摘自《新闻报》（上海），1939 年 6 月 17 日

國際鴉片會派員來華 調查日毒化政策

一行數人現已離滬

國際鴉片委員會、爲明瞭日軍在中國佔領區內之實施毒化政策情形、曾於本年一月間派英籍幹員來華、進行調查、渠等一行數人、係於二月初旬抵滬、首赴華北各地、工作兩月、乃於前月北返、沿津浦路及京滬路沿線考察、茲已事畢、於上月杪返抵上海、聞渠等此行、對於日軍所在地之鴉片推銷運輸數量征稅種種詳情、調查甚詳、渠等現已離滬、不久將在國際鴉片委員會席上、公開揭露日方陰謀云、

——摘自《新闻报》（上海），1939 年 6 月 17 日

日軍昨在閘北拘捕華人十餘名

日軍連日在淪陷區內如虹口•閘北•等處、拘捕住於該處之華人、押禁審訊、案情不予公開、昨晨九時許、閘北交通路草棚內、有華人十餘名、形類苦力模樣、被日軍及便衣探警等馳往拘捕、同時並在附近一帶實施搜查、聞結果未有所獲、

——摘自《新闻报》（上海），1939年6月17日

寇機暴行錄

吉安十五日電：敵機十四日轟炸吉安時，曾在市區官目投彈多枚，江西民國日報編輯兼東南日報駐贛記者孫家傑夫婦不幸遇難，孫家境清貧，身後蕭條，贛新聞界刻正在籌備追悼，並爲其子女籌募撫恤云，「又前政治」報總編輯萊霓，陶夫婦亦同時罹難云，

吉安十九日電：敵機六架，十五日晨八時許竄至鉛山縣屬河口及岳王廟投彈，又九時許敵機四架侵入萬載及大橋投彈。

——摘自《南宁民国日报》，1939年6月17日

日軍搜索岱山 島民生活大苦

漁鹽市場被侵奪無遺

岱山登陸日軍、以岱島漁鹽富饒、覬覦已久、盤踞後、即四出搜索、鹽務機關各辦事人員、企圖迫令開征鹽稅、然岱場秤放局同人、均已相率離岱赴定、并聞岱山方面、近由范才初組織僞「鹽務管理局」、徵收「鹽稅」、然岱境鹽民、均明大義、堅決拒繳僞「稅」、

航息

日軍佔據岱山後、似有久佔企圖、該島向爲「漁」「鹽」出產較豐之地、該島共有漁鹽兩業商民約五萬人、現「漁」「鹽」市場、已被侵奪無遺、故島民生活、漸陷絕境云、

——摘自《晶报》（上海），1939年6月18日

日機轟炸紹興

▲路透社二十日重慶電　據華方消息、昨晨有日機四架飛浙省紹興轟炸、共投八彈、死傷二十餘人、

——摘自《新闻报》（上海），
1939年6月21日

敵摧殘文化

三藏秘典遭浩刦

重慶十三日電訊：錦州唐代佛刹普照寺，遭敵機肆意投彈，殿頹樓崩，經燬僧亡，內壁絕妙丹青，暨三藏秘典，同罹浩刦，敵向以崇佛自居，今竟殃及佛寺，摧殘文化，尤可痛恨●

——摘自《南宁民国日报》，
1939年6月21日

臨湘敵兵獸行

姦婦女刼耕牛

我游擊隊馳救一殺一擒

汨羅廿一日電：本月三日晨，有敵兵五名，攜步槍兩支到臨湘之閭堰，搶掠耕牛，由二人先行趕去，餘三人復入民房搜家尋婦女，當場被其擄獲三人，此次適我游擊隊獲訊，立馳該處救援，果見兩敵兵在室內強姦婦女，發怒之餘，立刻開槍擊死之，另一敵兵在一屋正施獸行，聞槍聲即欲逃走，但爲被強姦之民婦牢抱，敵雖極力掙扎，未能擺脫，此際我游擊隊員吳英奮身向前，將該敵生擒，經同伴助其捆綁押解送到隊部，惟吳亦被敵刺傷，軍事長官據報，對此次出力人員及民婦，已傳令嘉獎，幷厚給吳英養傷費，以示激勵●

——摘自《南宁民国日报》，1939年6月23日

日機狂炸常德

投彈五百餘枚

▲醴陵廿三日電　日機三十九架、廿三日上午十一時許、分六批先後侵入常德轟炸、計九次、共投彈五百餘枚、城內外各處起火、燃燒甚烈、死傷情形待査、

——摘自《新闻报》（上海），1939 年 6 月 24 日

日機竄擾湘贛

衡陽被炸兩次

◎吉安廿三日電、日機三十架、廿三日分批侵襲贛湘、第一批六架、晨七時竄至萬載縣屬之羅城地方、投彈四枚、毀民房廿餘棟、死傷平民廿餘人、第二批六架、七時許經樟樹分宜西飛、侵竄衡陽投彈、第三批三架、七時許竄至新喻宜春一帶偵察後逸去、第四批六架、沿浙贛路西竄衡陽再度投彈轟炸、第五批二架、於十二時許竄至臨川縣屬之温家圳偵察一週而去、第六批三架、由粵境侵入贛州在郊外投彈數枚、旋循原路逸去、第七批二架、侵入上高投彈五枚、死傷平民各一、第八批二架、午一時竄至臨川縣屬之李家渡投彈四枚、無損失、

◎重慶廿四日路透社電、華方消息、日轟炸機十二架、昨晨分二批轟炸湘南衡陽、投彈三十枚、飛行甚低、以重機關槍掃射該城、雖聞有數處大火、但衆信傷亡甚少、因大多數人民業已退出衡陽也、

◇◇◇◇◇

常德六處起火

◎重慶廿四日美聯社電、據今日此間消息、昨日日機三十九架曾分六隊對湘西之常德、大肆轟炸、投彈達五百餘枚、城中因有六處起火、平民之傷亡額料想極大、自日機於上月中轟炸宜昌以來、日方對於內地次要城市之濫施轟炸、此猶爲第一次、

——摘自《时报》（上海），1939 年 6 月 25 日

敵機肆虐

常德損失慘重

旅常英籍牧師亦被焚斃

湘陰贛州亦再次被轟炸

常德廿四日電：常德經廿三廿四日敵機狂炸，損失慘重，旅常外僑，如聖潔會之英籍牧師夫婦，亦被焚斃。

長沙廿四日晨十一時許，又有敵機九架，由鄂竄入常德投彈多枚，同時另有敵機廿四架，分四批襲湘陰，投彈百餘枚。

衡陽廿四日電：廿四日午有敵機三架，經樟樹重安福盤旋後，續經太和萬安至贛州投彈。

——摘自《南宁民国日报》，1939 年 6 月 26 日

日機四出轟炸

▲海通社 重慶廿七日電 日機昨日轟炸贛粵浙閩四省之五個城市、計㈠江西之瑞金、投擲四彈、幷無若何損壞、㈡廣東之西江、向車站及德國教堂擲彈、亦無損傷、㈢浙江之溧水、日機三架、投彈五枚、炸死平民一人、炸毀民房五所、㈣浙江之鎮海、㈤福建之建甌、㈣㈤兩城損失情形不明、

——摘自《新闻报》（上海），1939 年 6 月 28 日

日機四十五架 空襲梁山

▲路透社卅日重慶電 據華方消息日機四十五架、今日午後進襲重慶東北之梁山（譯音）、聞日機係分兩隊飛來、第一隊有二十七架、第二隊計十八架、重慶曾於下午一時發出警報、惟一小時後、因見日機未向重慶飛來、遂即解警、聞中國驅逐機曾在涼山上空與日機作戰惟結果尚未查明

▲重慶三十日電 日機二十餘架、三十午一時許、飛梁山附近轟炸、損失情形待查、

——摘自《新闻报》（上海），1939 年 7 月 1 日

日機炸協和中學

美提交涉

赫爾昨向報界發表談話

謂國務院業已接獲情報

（哈瓦斯社卅日華盛頓電）赫爾國務卿，頃向各報發表談話略謂，中國福州美國教會所辦協和中學，曾於日昨被日本飛機轟炸，此事國務院業已接獲報告。當地美國官員，將向日本負責當局提出交涉。某記者詢以美國在華產業所受損害之解決問題，赫爾國務卿答稱：此事正在日本政府研究中。或又詢以美國駐英大使耿納第聞將返國一行有無其事，赫爾國務卿則謂，並無所聞。

——摘自《大晚报》（上海），1939 年 7 月 1 日

英婦車經虹橋遭日哨兵槍擊

槍彈隨後飛來擊中後輪

傳日軍正與游擊隊交綏

六月三十日大陸報云、英人倫斯汀夫人、住於公共租界內蘇州河七十九號、渠於昨日下午八時前、驅車自虹橋區入公共租界時、突為日本哨兵所槍擊、該射擊發生時適為倫斯汀夫人穿過該用以劃分日軍線與英軍防區之鐵路之際、據倫斯汀夫人係往虹橋訪其友好、事畢歸來之際、則攜有若干新鮮蔬菜、置於車之後端、本擬於另一鐵路交界處穿過、惟未蒙許可、乃由虹橋路駛來、擬入租界而進大西路、又據

目擊者言

該驚恐萬狀之英婦急馳向英軍站崗處、以求安全、而槍彈則隨後飛來、危險絕倫、站崗之英哨兵驚聞槍聲、即來與倫斯汀夫人以援助、使其車隱於沙袋之後、但車後面輪上已中數彈矣、昨晚一般相信日兵射擊甚低、其意或在强令該車停止、聞當時倫斯汀夫人對英哨兵詳述其事發生之經過後、該守兵隊之指揮即以此報告其上級官長、該上級官長接得報告、當即前來、並命雇一出租汽車、送倫斯汀夫人先行返家、據大陸報記者昨日探悉、稱、倫斯汀夫人在未抵交界

另一報告

處時、即被命令加以查問、但渠因恐懼、急駛向英軍崗位以求保護、並不停車、於是日軍乃加槍擊、然由該處附近居民證實之另一報告、則稱倫斯汀夫人之所以被槍擊、因其時游擊隊與日軍之間、正在互相射擊也云、

——摘自《中美日报》（上海），1939 年 7 月 1 日

敵機逞兇之下

福州美國學校被炸毀

英兵登陸保護英僑財產

川梁山浙鎮海亦被轟炸

溫州[illegible]台來電據官方報告，日本飛機六架，昨日至福州低飛轟炸，一彈中美國聯合高級學校之西角，立即起火，該校遂被焚燬，校內英僑畢令博士夫妻二人，幸均倖免，該校內漆有巨大之美國旗兩面，空中極易瞭見，聞美領將提嚴重抗議云。昨有英兵六人在福州登岸，保護英僑財產。

重慶卅日電：敵機廿一餘架，本日午一時許，飛梁山附近轟炸，投彈後向東逸去，損失情形待查。

金華廿九日電：今晨七時至九時敵機十二架分兩批轟炸鎮海，在城郊共投彈八十九枚，無何損失。

——摘自《南宁民国日报》，1939 年 7 月 1 日

南陽滿城瓦礫

日機轟炸挪教堂亦落彈

贛境亦遭空襲

【南陽廿九日電】廿九日晨十時許日機六架、襲入南陽上空、數度盤旋後、投彈轟炸城內東關、計有女子女職全部校舍均被震毀、挪威國之福音堂亦落彈一枚、毀屋十餘間、死傷十五人、斷壁殘垣、滿城瓦礫、至爲悽慘、另日機十五架襲入內鄉、投彈轟炸、

【立煌一日電】卅日晨八時廿分日機十一架、下午一時許日機六架、先後竄入立煌、投彈七八十枚、城內外民房被毀數十間、死傷數十人、情狀極慘、皖省執委會主委劉眞如除派省執會全體工作同志暨幹訓班學員、分途救護外、並商同中央賑委會特派員張備法攜撥急賑二千元、一面立飭立煌縣黨部會同縣府調査被難戶口、造冊具報、以便由省黨部主持發放、

【吉安一日電】日機四架、一日分兩次襲贛、第一次兩架、於上午八時由粵境侵入、在安遠會昌甯都等處窺察、旋經樂崇仁向南昌逸去、第二次兩架、於下午一時由贛北飛至上高、盤旋十分鐘而去、

——摘自《中美日报》（上海），1939 年 7 月 3 日

粵海被封鎖後

漁民損失慘重

死萬人喪資二千萬元

【路透社二日香港電】據華方消息、自去年九月日方宣佈粵省海上實行封鎖以來、中國漁業因遭日艦之摧殘、死亡萬人、損失資產二千萬元、包括漁船千餘艘在內、聞失業無以爲生之漁民現逾三萬人、粵省政府主席李漢魂、對于此事現予以重大注意、聞省政府已諭漁民、改操農業或他種職業、如仍須以捕魚爲生、則當注意避離日艦、免遭其轟擊云、中山等縣雖距海甚近、然現無海魚出售、

——摘自《中美日报》（上海），1939 年 7 月 3 日

日機六十餘架
昨又襲渝市
為五四後最大之轟炸
一處起火幸損失不巨

（重慶七日美聯電）日機今日對於重慶之轟炸、損害雖不大、實為五月四日以來最大之轟炸、參加空襲之飛機、約有六十餘架、分三批來此、一批於零時五十分鐘出現、二批由一點四十五分出現、三批由二點十分出現、至三時而警報解除、日機所投之彈、多集中於嘉陵江與長江交界處之半島尖端處、尤其在銀行區之附近、在揚子江方面、曾引起大火一處、將長約一英哩四分一之中國居民、悉行燒燬、加拿大教會之營業組、即外人聚居之所、皆險遭威脅、日機此次所用之炸彈、多為五十磅之輕彈、故破壞力不强、據外籍飛行家談、日本之飛機、多為舊式者、

（重慶七日電）日機三批、約二十餘架、於六日夜十一時許、再襲渝市、當日機分批侵入後、華高射炮五架、猛烈轟擊日機、乃倉皇遁去、當時曾有一處着彈起火、但不久即被華軍撲滅云、

——摘自《晶报》（上海），1939年7月8日

日機前夜襲渝
使館外艦附近均曾落彈
一日機墜陝境

【重慶七日電】日機三批約廿餘架、於六日夜十一時許再襲渝市、當日機分批侵入後、華高射砲即予以猛烈轟擊、日機乃倉皇濫行在城郊投彈百餘枚後、當時曾有一處着彈起火、但不久即被華軍撲滅、

【路透社七日重慶電】昨晚為日機連續空襲重慶之第二日、警報大鳴時屆午夜、居民由睡夢中驚醒、因其時天陰降雨、並無月光、初猶懷疑念、逾半小時後、緊急警報又鳴、始急赴防空壕躲避、午前一時許、天氣開始轉晴、第一批日轟炸機、出現天空、環飛數週即行飛去、並未投彈、四十分鐘後、第二三兩批日機、相繼到達、第二批日機曾在城內投擲燃燒彈、第三批則在西郊投下高度爆炸力之炸彈、中國高射砲隊初與昨日相同、不加轟擊、俟日機出現西郊上空時、該區高射炮隊、始向之開火、當時雖有强烈之探照燈搜索天空、終因濃雲密佈、極難發見日機、有炸彈數枚、落於半山之中、炸毀商店數家之門面、某處汽車間、被一彈擊中、下城區域中、有正在建築中之房屋一所、亦被炸毀、日機在其由長江北岸至南岸之途中、投彈多枚、致英美軍艦附近落彈數枚、南岸亦落多彈、美大使詹森之寓邸近處、亦落數枚、前夜日機空襲重慶時、距美大使私邸約三百碼之處、亦曾落一彈、英大使館代理華文參贊白魯尼、今日語路透社記者云、昨晚日機空襲、英方有無財產及生命上之損失、目下尚未接任何報告、夜路透記者出外視察、見情形甚為淒慘、電

綫受損、全市黑暗、祇各街限然有少數油燈、令人回憶三十年前之情景、惟至黎明時、全市電燈重行放光矣、前數次空襲所毀之房屋、在昏暗之月光下、倍呈悽楚之景象、各街道中所見者、祇淸理瓦礫之兵士、舁遺死傷之抬架及急救隊所乘之救護車而已、

【路透社七日重慶電】昨晚日機空襲時、江中曾落下一彈、距英艦鷹號僅五十呎、美大使詹森及美大使館參贊畢克之住宅附近、亦落彈數枚、更有一彈擊中未竣工之防空壕、致有三十人葬身其中、北岸臨江處落燃燒彈數枚、若干貧民住屋起火焚燒、歷一小時餘始行熄滅、因有城垣相隔、故未延至城內、德國大使館則因火稍受損害、

【西安六日電】日機四架、六日晨六時竄入陝境窺視、其中一架飛經渭南縣境時、機件發生障礙、墜於車站以西之車雷村、其餘三架、見一架失事、即低空繞飛、企圖營救、並以機槍掃射、該機墜地後、日駕駛員二名乘隙逃逸、現正嚴緝中、該機爲九七式戰鬥機、昭和十四年二月造、機身完整、並奪獲機槍兩挺、保險傘一付

【蘭州六日電】日機四架、六日晨七時竄入甘境騷擾、在固原上空盤旋數週、即行東飛、

——摘自《中美日报》（上海），1939 年 7 月 8 日

敵機肆虐

巴東黃巖被炸

宜昌十日電：六日晚巴東首次空襲、敵機九架、于十一時許竄入市空投彈多枚、三枚落江中、四枚落市區、均未爆炸、幷無損失、

金華十日電：十日敵轟炸機八架、於八時十三分犯黃巖縣、在城區濫施轟炸、共投彈廿枚、死十八、傷九人、燬屋一百九十七間、

——摘自《南宁民国日报》，1939 年 7 月 12 日

日機兩次襲桂

▲桂林廿一日電　日機廿一日兩次襲桂、一批六架、由北海起飛、晨九時卅九分侵入龍州　在市區投彈十餘枚、毀屋廿餘間、　死傷數人、　一批十八架、由廣州起飛、下午一時五十分侵入堵山、在郊外投彈百餘、華方死傷四人、

——摘自《新闻报》（上海），
1939 年 7 月 22 日

日機轟炸蘭州

▲美聯社重慶二十二日電　據今日此間消息、昨日日機二十架曾轟炸蘭州、及廣西西南與安南交界之地點、及廣西北部之葉山(譯音)共投彈達一百十餘枚、但華方損失極微、平民死傷不到二十名、

——摘自《新闻报》（上海），1939年7月23日

日機三襲桂境

柳林南甯等處被炸

▲桂林廿二日電　日機今日三次侵入桂境投彈、一次六架、晨八時五十四分飛憑祥投十餘彈後、復飛往甯明投彈、幷用機鎗掃射、一次十八架、於十二時四十六分侵入柳州、在市區投彈百餘枚、一次五架、下午二時三刻飛南甯投彈、幷用機鎗掃射、損失未詳、

——摘自《新闻报》（上海），1939年7月23日

寇機五架 昨竄本市肆虐

在南郊投彈四枚倒民房四間 柳州寧明等地亦遭寇機襲炸

昨（廿二）日下午二時三十分敵機五架由欽州向東北起飛至本市領空、本市發空襲警報、敵機經邕屬南忠大塘至本市、二時四十五分本市當即發出緊急警報、二時五十五分敵機五架由東南角侵入市空、在南郊投彈九枚、炸倒民房四間、死女一、輕傷者三、又在東郊投彈兩枚、輕傷一人、敵機投彈後、由東南角逃去、三時五十七分、本市解除警報。

又訊：（廿二）日上午七時敵機七架、由圍洲島向西北起飛、至本省領空、七時五十二分、本市發出空襲警報、敵機當經上思、寧明、思樂、明江、向西至憑祥、八時五十分抵憑祥、投彈後轉竄寧明及思樂屬北江投彈、損失情形不詳、

又訊：昨廿二日上午十一時許、敵機十八架、由廣東羅定侵入本省、十二時四十五分在柳州投彈百餘枚、着彈地點、計有河北苗圃、東街、福建街、桃花莊、麻瘋沙街一帶、當時起火、詳情待查、

本報專電：廿一日十二時廿分敵機十八架、過羅定向岑容藤滕武宣向柳州進襲、當時適柳雷電交加、大雨如注、敵機到柳不能投彈、即分兩批飛襲宜山、一批九架到宜投彈數十枚、旋飛河池折回二次投彈、後二批敵機又由柳襲宜投彈數十枚、仍飛河池再折宜投彈、計前後共四次云、

中央社桂林廿一日電：敵機廿一日兩次襲本省一批六架、由北海起飛、晨九時卅分侵入龍州、在市區投彈十餘枚、毀屋廿餘間、死傷數人、一批十八架、由廣州起飛、下午一時五十分、侵入宜山、在郊外投彈百餘枚、死傷四人。

已擬草報告、不日即可送呈上憲云

——摘自《南宁民国日报》，1939 年 7 月 23 日

常桃被炸慘狀

字林西報七月八日湖南湘潭通信云、常德桃源二城、於三日間遭受最慘烈之飛機轟炸、六月十三日下午六點半、桃源被炸、常德亦於是日被炸、較遲一刻而已、兩處墮彈甚多、均屬燃燒及炸烈彈、全夜起火焚燒甚烈、迨至撲滅、損失極巨、兩城受禍最甚、均在最熱鬧地方、常德大街一哩半間、兩面燒去三百碼、鮮有存者、河街有二百碼完全燒去、桃源有四分一方哩之房屋、盡行燒完、教會所辦之孤兒院、全焚無餘、熱力熾盛、該院中外人員居處之洋台、時以水澆之、方免着火、該處二百碼以內、墮炸彈七個、並無特別損失、有一安徽避難來此之人、立於庭中樹下、遇難而死、其腿幾爲炸片斷去、是日死傷之人、不及去年十二月廿九爲衆、常德約死二百人、桃源死六十人、傷五十人、死者多屬燒死、教會救護人員辦事甚力、縣當局亦加誇獎、桃源毀教堂三處、及中國人所辦孤兒院一處、常德無家可歸者萬人、家業焚燬無餘、六月廿三廿四兩日、又來轟炸、二十三日、有日飛機二十四隻、三五成羣、從東面發現、歷一時有半、放炸彈二百餘、炸聲震耳欲聾、死外國教士卡斯惠夫婦二人、又中國助手五人、教會學堂二百碼以內之地、無不炸成巨穴、寬三十呎、深十五呎、避難地穴者被殺二十八、西教士狄先生與女教士兩人自墮於井中獲免、廿四日、飛機又來、將東城外之房屋燒空、安利太古兩行之棧房躉船、被炸或毀或沉、長老會亦被禍、常德情形如去年十一月以後之長沙、西北二門之外、殆無人居、教會醫院及長老會、僅受小傷、現仍辦事、若再被炸、則勢須他去矣、外人有遷避沅陵者、六月廿五日城中尚有美國人三、英國人二、西班牙人四、城中重要地方十毀九五、湘潭至今尚未被禍、日間不准人入城、亦不營業、由軍警守候街衢中、農業銀行遷在鐵路局、學堂開關不定、貨物仍源源入市、霍亂病雖有而不多、尚未傳染成疫云、

——摘自《新闻报》（上海），1939 年 7 月 24 日

閩東南沿海 日艦騷擾

日艇開槍窺探三都澳 日機投彈轟炸

【福州廿三日電】閩東南沿海最近一星期來、僅有少數日艦、飄忽無定、興化灣口外之南日島、曾有少數日軍一度登陸、肆行刼掠、旋即呼嘯而去、惠安海面之獺窟島、亦有同樣情形發生、閩江口外之川石島、現僅有日人百餘盤據其上、因糧食缺乏、華方居民食物被刼掠一空、盤據平潭島之日軍、亦四出刼掠、昨有日艦一艘、駛抵閩、在華方三都澳放下汽艇一艘、向華方沿岸開槍、伺隙窺探、并有日機一架、在三都投彈數枚、

——摘自《中美日报》（上海），1939 年 7 月 24 日

敵機昨炸芷江南寧
明港中牟及桐柏固縣鎮
亦有敵機侵入投彈肆虐

【中央社沅陵二十三日電】敵機二十七架，二十三日下午經華容常德沅陵等處，竄入芷江市空，分三批更番轟炸城內，共投彈數十枚。

【中央社桂林二十三日電】敵機八架，二十三日下午二時一分，又襲南寧，在郊外投彈十餘枚後逸去。

【中央社吉安二十三日電】敵機六架，二十三日晨六時二十分侵入吉安市區窺察，並盲目投彈二十餘枚，迄七時始逸去。又敵機兩架，六時半竄至貴溪縣屬之鷹潭，投彈四枚，我無損失。

【河南全省防空司令部息】昨日敵機四架，於上午八時侵入桐柏，東固縣鎮東北一帶投彈。同時另有敵機三架分三批侵入正陽明港及明港南一帶；盤旋偵查。又敵機十架，分兩批侵入明港投彈。又敵機兩架，于九點零七分侵入中牟投彈。又敵機兩架竄抵扶溝投彈。又敵機一架飛往確山明港駐馬店漯河舞陽偵查後，折回遂平駐馬店確山逸去。又敵機一架，侵入桐柏平氏唐河南陽賒鎮泌陽等處窺查後東逸。本日在豫南偵查轟炸之敵機，均由信陽起飛。

——摘自《河南民国日报》，1939 年 7 月 24 日

日機前日襲渝
火勢達兩小時

重慶電　日機二十七架，前夜襲渝，遇猛烈之高射砲火，並與我國驅逐機激戰，主要之被襲地，在本市西郊與嘉陵江北岸之區，數彈墜於法大使館相近，其最近者僅距百碼，嘉陵江近處起大火，火燄甚熾，照耀江濱，數彈則墜江中，西郊之路透社臨時辦公處險遭摧毀，，因二十碼內中三彈也，幸未爆發。其一墜於網球場。另二彈則落於通往另一外國通訊社訪員所居房屋之狹弄內，該屋牆泥受震墜下。然訪員無傷亡。

——摘自《上海日报》，1939 年 7 月 26 日

西大教授

蕭誠遭寇機慘炸逝世

該校將開會追悼并為請卹

桂林訊：廣西大學農學院教授蕭誠氏、於月之十四日自沙塘赴柳州就醫、十五日下午敵機襲柳、氏扶病趨避於柳侯公園、不幸被彈片炸傷右足脛部、左右肩坎亦受微傷、當由該院派車接回、即由該院醫師為之診治換藥、不料延至十八日中午因年高傷重、竟至身亡、蕭氏今年五十九歲、廣東興甯人、專攻林學、著有農業測量學一書、歷任各大學教授及廣東省立林場要職、去年暑間應聘來柳、甚為同事及學生所敬重、該院同人以氏白首窮經而竟橫遭慘劫、聞將為之開會追悼、並為請恤募捐、以為氏之遺族之教育費云●

——摘自《南宁民国日报》，1939 年 7 月 26 日

敵寇殘無人道

決口淹沒冀中廣大平原

民衆溺斃者無數

（中央社）興集二十五日電、冀中平原今春苦旱、近幸晚苗初出、而敵圖摧毀我農村經濟、乃在安平安國間之滹沱河附近、將沙河滹沱兩岸分別決口、現安平饒陽博野蠡縣高陽任邱河間等廣大平原幾成澤國、村莊田禾淹殆沒、農民溺斃無數

——摘自《华西日报》，1939 年 7 月 27 日

日機襲擾川東

兩度炸梧市內起大火

【路透社廿六日重慶電】日轟炸機十七架分三隊每隊各九架、昨晚經宜昌飛向長江上游、聞一隊轟炸長江峽谷之巫山、惟其他十八架續向西飛、未襲重慶而達巴東後折回、據官報稱、星期一夜日機襲渝時之空戰中、日轟炸機一架被擊落云、然此說未能從他方面獲得證實、該公報又稱、日機兩隊一為十八架、一為九架、星期一夜襲渝、當其抵渝市天空時、中國驅逐機加以截擊、空襲結果、受損者惟嘉陵江北岸房屋數十椽起火、平民傷亡若干、

【桂林二十六日電】日機一架二十六日晨九時飛梧州、親察良久始去、下午一時許復有日機十八架、由雲浮起飛侵入梧州市空、在市區投擲爆炸燃燒彈數十枚、市內數處大火、損失情形正調查中、

——摘自《中美日报》（上海），1939 年 7 月 27 日

日機轟炸泰縣

商業區受災最重

▲蘇北某地二十六日電　泰縣連日受日機轟炸、二十四日晨又來日機三架、在縣城亂投炸彈二十餘枚、並雜有硫磺彈、商業區受災最重、死傷平民數十、毀房屋百餘間、

——摘自《新闻报》（上海），1939 年 7 月 28 日

日機炸蘇北
興化損失頗重

【蘇北某地廿八日專電】蘇北泰縣東台鹽城迭遭轟炸、徑（廿五日）晨七時四十分、日機三架、又飛到興化投彈廿餘枚、並低飛掃射、散發汪精衛謬論之傳單、平民死三十餘名、房屋共燬二百餘間、德商漢興祥蛋廠亦被炸、同時東台亦到日機三架、投彈多枚、散發傳單、人民亦傷死頗重、

——摘自《中美日报》（上海），1939 年 7 月 29 日

滬西發生激戰
敵機濫炸石灣

浙西

（本報廿八日紹興電）廿七日有敵機三架、在崇德屬之石門灣五泉河兩處濫行投彈廿餘枚、民衆廿餘慘遭斃命、民房十餘亦被炸毀、（紹興通訊）㈠硤石敵屢次强拉民夫、七月八日又拉民夫七八十名、十四五歲之强壯兒童、亦被拉去、據報敵方有準備出發「掃蕩」之說㈡王店敵軍於七月七日夜十一時、在師古廟地方與我接觸、至一時許、硤石敵聞訊、調來敵軍五十餘名、我卽引退、是役我無傷亡、敵傷亡兵一名、（長興××通訊）十四日晚、李家巷、敵四十餘名、至呂山附近搶攄我食物、計被搶去米十餘担、麥五六担、並捕去我民衆二十餘人、强迫担架、（吳興××通訊）吳興之敵、自經我軍不斷攻擊後、巳呈驚惶之狀、最近並經我游擊隊在城區除奸殺敵、敵胆益寒、十五日拂曉、敵突向我發砲遂擊、我方砲兵卽予還擊、雙方砲戰、頗爲劇烈、

滬郊

（中央廿七日香港電）滬西虹橋路廿六日發生激烈游擊戰、當時槍聲殊爲密集、附近情形十分混亂、交通亦完全斷絶、（路透廿八日上海電）虹口日本公共汽車公司之司機二百六十人、因最近接到中國游擊隊之警告、已辭職、

皖南

（中央廿八日屯溪電）敵巨型運輸艦一艘、滿載軍需品、於廿五日由南京上駛、行至東流附近、被我某地砲兵猛烈射擊、、當有四彈命中該艦頭部、一彈中烟囪、二彈中尾部、卽受重傷、搖搖欲沉、急移泊北岸、

——摘自《东南日报》（金华），1939 年 7 月 29 日

梧州被炸
損失甚重

▲美聯社重慶廿九日電 據今日華方消息、日機十八架、於本月廿六日轟炸梧州時、曾在梧州人烟稠密區域、投燒夷彈達一百枚之多、美人之房屋、亦爲摧毀、死亡中國平民達六十名、梧州紅十字會曾被擊中二彈、另一教會醫院、亦被擊中四枚、損失甚重、

——摘自《新闻报》（上海），1939 年 7 月 30 日

日本對西部中國之轟炸

徒激起民衆憤怒

黃金的西部中國爲國家命脈中心

「本市消息」大陸報云、有某著名之美人、在其遊歷集所稱之「黃金的西部中國」半載後、頃返抵滬、聞渠在西部中國諸城市中遇有父老時、均對渠作驚人之聲明謂、「吾人此間所需要者、乃眞實的轟炸耳」、該美旅行者告大陸報記者稱、諸地父老之作此論調、並非對此轟炸慘劇無動於中、惟日方對平民區域多一次轟炸、民衆之間即多激起一份憤怒、目更服從政府命令以疏散人口、並將工廠遷往城外、渠會目擊五月四日之重慶轟炸及六月十一日之成都第一次轟炸、在成都轟炸中死傷凡一千、華西大學損失達五萬元、但在轟炸後各焦牆上立即貼有標語、上書「投降則亡、抵抗則生」云、五月四日渠被約於次日與各政府領袖談話、但當夜即遇轟炸、其劇烈爲所未見、然次日各領袖仍照常辦公接客、兵士在其掃清街路且高聲唱歌、此即普遍於西部中國之堅決抵抗之部份精神、自蔣委員長以下、皆如此也、該美旅行者復告大陸報記者稱、「余認爲西部中國乃中國之新中心、不僅爲國家命脈之中心、且爲與亞洲其他各民衆聯絡之中心、」氏繼復對於「黃金的西部中國」之生產豐盛及土地肥沃等詳加敍述、以爲最近自引用現代生產方法後、其結果將更爲驚人、最後氏謂「當余旅行之際、余了解中國人民對其外國友人所作救濟工作之深認切識、而今則更逐漸自已執行救濟難民及傷兵之事、且有種種合作工作辦法、蓋渠等已擬用自己之力量以作一切之事矣、故余對中國行政領袖及敎育領袖所稱中國將獲得最後勝利、實由衷的與以同意、而領袖所謂二年後可返歸南京一語洵不誤矣」云

——摘自《中美日报》（上海），1939 年 7 月 30 日

日機炸九龍附近

英界內可聞炸聲

所炸區域大致係廣九鐵路

（路透社卅一日香港電（日機五架今晨九時至九時半間猛轟九龍邊境深圳附近，英境居民可聞炸聲，惟據某外人由邊境以電話告知路透社，謂日機轟炸皆在中國境內，大約係廣九鐵路云。

（本報今日香港專電）今晨日機五架，狂炸深圳區域，沿廣九路落彈四十餘枚，爆炸之聲甚烈，港邊界死傷之數未悉。

——摘自《大晚报》（上海），1939 年 7 月 31 日

日機炸梧州

美教會學校被燬

▲美聯社重慶三十日電 日本轟炸機十八架、二十六日轟炸廣西東部梧州城內人口稠密之區、紅十字會醫院被轟中二彈、美國浸禮會所辦之聖經學校、被燒夷彈八枚所毀、平民死者六十人、傷者三十人、

——摘自《新闻报》（上海），1939 年 7 月 31 日

日機昨擾鄂
洛陽亦遭轟炸

【樊城三十日電】日機九架三十日下午二時十分在宜城投彈四十餘枚、燬房屋十餘間、半時後、另有日機九架、侵光化河口上空、在光化投彈廿餘枚、但未傷人、

【洛陽三十日電】今晨九時五十二分、日機九架經孟津侵入上空、在城內共投彈五十四枚、死傷十餘人、毁房屋百餘間、

——摘自《中美日报》（上海），1939 年 7 月 31 日

在日機威脅下
深圳的動態
防奸宄舉行戶口總調查

（深圳特訊）南侵日自潮汕失利後，即派機向華東江南岸各地增援，企圖威脅三四兩游擊區後方，同時更向接近香港之廣九鐵路沿線各站加意破壞，圖將內地運往深圳出口接濟香港之糧食貨物截斷，故有轟炸平湖車站之慘案發生。居住於深圳與邊界各鄉民衆，日來咸皆在於日威脅之下，不能安心操作，尤以商業最爲冷落。縣府當局，更爲防止奸宄乘機活動起見，特於廿五日動員各界舉行深圳戶口總調查，由縣政府警察局第三區雜樂黨部．商會，各機關團體派出大批工作人員擔任，並由第四游擊區政訓隊全體隊員協助，由上午八時派出縣府政警隊先將各街道施以警戒，然後挨戶調查，情形殊爲嚴重，直至發稿時，尚未調查完畢。又是日上午三時，深圳防空隊發出警報一次，隨即有日機一架，從東北角飛至黃背嶺深沙公路上空盤旋甚久，直至三時三十分，始掠深圳墟，循鐵路向北飛去。其時深圳居民均從夢中驚醒，立向租界方面逃避，秩序甚好。查昨廿五日天氣惡劣，陰霾密佈，整日未有警報發出，民衆稍得安定，酒樓茶室亦有一小部份恢復日市，惟其他商店仍係半開營業、縣府當局又爲激發民衆增加抗戰情緒起見，爰於廿四日晚八時召集深圳各界民衆，舉行軍民聯會，由莫縣長親自蒞場主持開會秩序，並向數百民衆訓話，繼由政訓隊舉行歌詠話劇遊藝會，直至十二時始行散會云。

——摘自《大晚报》（上海），1939 年 8 月 1 日

昨晨日機五架
狂炸廣九鐵路

香港電 日機五架，昨晨九時至九時半間，猛轟九龍邊境深圳附近，英境居民可聞炸聲，惟據某外人由邊境以電話告知路透社，謂日機大轟炸皆在中國境內，約係廣九鐵路云。

——摘自《上海日报》，1939 年 8 月 1 日

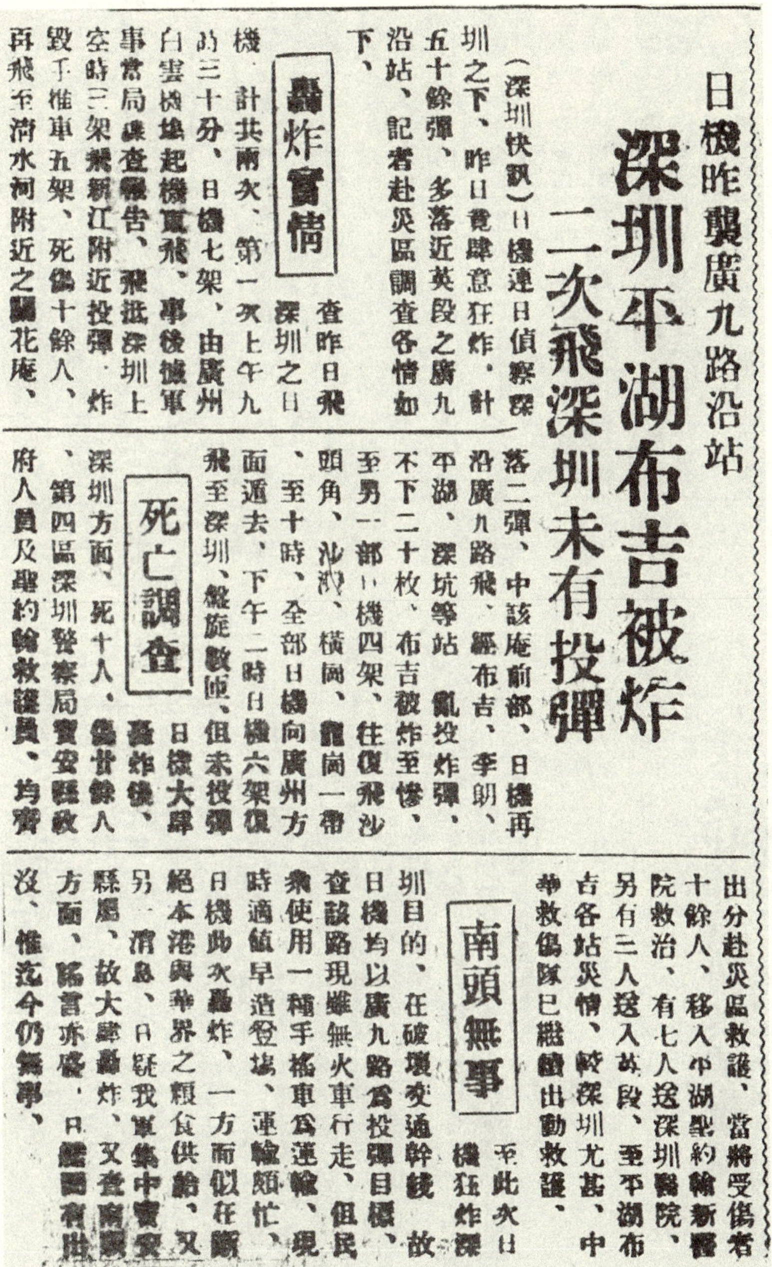

日機昨襲廣九路沿站

深圳平湖布吉被炸

二次飛深圳未有投彈

（深圳快訊）日機連日偵察深圳之下、昨日竟肆意狂炸、計五十餘彈、多落近英段之廣九沿站、記者赴災區調查各情如下、

轟炸實情

查昨日飛深圳之日機、計共兩次、第一次上午九時三十分、日機七架、由廣州白雲機場起機直飛、事後據軍事當局調查報告、飛抵深圳上空時、三架飛[illegible]江附近投彈、炸毀手推車五架、死傷十餘人、再飛至濟水河附近之[illegible]花庵、落二彈、中該庵前部、日機再沿廣九路飛、經布吉、李朗、平湖、深坑等站、亂投炸彈、不下二十枚、布吉被炸至慘、至另一部日機四架、往復飛沙頭角、沙灣、橫崗、龍崗一帶、至十時、全部日機向廣州方面遁去、下午二時日機六架復飛至深圳、盤旋數匝、但未投彈、

死亡調查

日機大肆轟炸後、深圳方面、死十八、傷廿餘人、第四區深圳警察局寶安縣政府人員及聖約翰救護員、均齊出分赴災區救護、當將受傷者十餘人、移入平湖聖約翰新醫院救治、有七人送深圳醫院、另有三人送入英段、至平湖布吉各站災情、較深圳尤甚、中華救傷隊已繼續出動救護、

南頭無事

至此次日機狂炸深圳目的、在破壞交通幹綫、故日機均以廣九路爲投彈目標、但查該路現雖無火車行走、但民衆使用一種手推車爲運輸、現時適值早造登場、運輸頗忙、日機此次轟炸、一方面似在斷絕本港與華界之糧食供給、又另一消息、日疑我軍集中寶安縣屬、故大肆轟炸、又查南頭方面、謠言亦盛、日艦時有出沒、惟迄今仍無事、

——摘自《南华日报》（香港），1939 年 8 月 1 日

昨敵機襲桂林

粵省防城亦遭寇機襲炸
本市曾發空襲警報戒備
寇機昨炸武鳴畧有死傷

昨七月（卅一）日上午七時許、敵機六架、由合浦向西北飛、八時零八分、本市發空襲警報、八時二十六分、侵入邕甯屬那悟鄉向北飛、八時廿分、本市發緊急警報、因天氣惡劣、敵機六架轉向東南飛、八時五十分、在廣東防城投彈十餘枚、計中學校兩枚、圖書館三枚、河邊一枚、中文街兩枚、中山街兩枚、體育塲兩枚、河中兩枚、幷開機槍掃射約百餘發、毀民房廿餘間、死二人、傷八人、敵機此次炸防城、幷擲下大石片十餘塊、旋即飛遁出海、本市於九時許解除警報●

（又訊）昨七月（三十一）日上午十一時許、敵機十八架、由廣東侵入梧州、往昭平向北飛、桂林、柳州、均發出警報、十二時五十六分、敵機十八架侵入桂林市空、下午一時、在桂林投彈、查法政街、北門、對河、依仁街一帶起火、詳情待查續誌、敵機投彈後、經陽朔、平樂、昭平、梧州、向東南遁去、

（又訊）日前七月（卅）敵機一架、在武鳴里建圩、投彈七枚、毀民房五間、重傷一人、又在城內投彈四枚、民治街、紫來街、文江戲電等處、共崩塌民房十一間、死男童老婦各一人、輕傷男二女一人云、

——摘自《南宁民国日报》，1939 年 8 月 1 日

倭机狂炸重慶英美僑區

一日共同社重慶電。昨晚倭機兩次襲炸重慶。專向揚子江南岸一帶狂炸。該地多英美僑民產業云。

——摘自《三民晨报》，
1939 年 8 月 2 日

敵機昨炸横縣

投彈多枚燬屋多間
重輕傷者計共十人

昨（八月一日）十二時許、敵機四架、由冠頭嶺向西北飛、十二時四十分本市發空襲警報、敵機到達合浦後、轉向東北飛、經博白、玉林、興業、貴縣、二時〇五分、本市發出緊急警報、下午二時〇七分敵機在横州投彈、其中計着彈地點、横縣中學校落二彈、毀屋數間、益壽堂落二彈、毀屋數間、重傷二人、輕傷三人、仁壽堂藥房落一彈、毀屋一間、太史街落一彈、毀屋一間、照壁塘落一彈、搖手街落一彈毀屋三間、傷二人、新街傷老婦一人、老虎園落一彈、傷二人、死猪兩頭、後即向永淳飛、經蒲廟、二時五十一分、敵機四架由東角侵入本市空盤旋約十餘分鐘後、即向西南角竄去、經小董、欽州、向南飛出海、三時廿八分本市解除警報、

——摘自《南宁民国日报》，1939 年 8 月 2 日

桂林昨被炸慘情補誌

昨（七月卅一）日敵機十八架襲桂林、投彈約百餘枚、計着彈地點、鐵佛寺附近落八彈、燬民房十餘間、傷一人、省立醫院落八彈、房屋全燬、死傷六人、舊東門內外落五彈、毀屋十餘間、河邊沙灘落一彈、毀屋一間、法政街落二彈。傷一人、毀屋數間、三皇廟附近落六彈、塘邊死傷八人、燬屋六間、鳳凰街落五枚、毀屋六間、西華門口落一枚、毀屋一間、十字街口落一彈、毀聚隆昌、鄧志和商店等，間、正陽街南華戲院落一彈、毀屋三間、依仁街落四彈、毀屋二十餘間、體育場附近落四彈、毀屋數間、樂群社落二彈、毀屋數間、死二傷五、城外郭家巖落二彈、馬騮山附近落六彈、死傷三十七人、對面崐崙街、毀屋十餘間、準提街落四彈、毀屋十一間、死女六、男四、傷男女二十五人，

中央社桂林卅一日電：敵機十八架、從廣州機場起飛、經肇慶梧州、於下午一時半侵入市空、投彈甚多、死傷數人、毀房屋十餘棟、旋即他遁、

——摘自《南宁民国日报》，1939年8月2日

血海深仇

上月廿六日敵機

慘炸梧州詳情

死傷人數共六七百人以上
美國浸信會聖經學院全燬
省府電匯法幣二萬元救濟

本報訊：上月廿六日下午二時、敵機十八架分兩批侵襲梧州、各情經誌本報、茲據梧州方面來電、悉敵機於該日向梧市投彈數百枚、歷時一句鐘、始行飛去、縣政府、女中、警察局、梧州醫院、思達醫院、梧州日報社、縣金庫、怡廣、均被燬、大東中下街、大同街上下街、中山路、均起火、燃燒至下午五時始行救熄、水上自大南碼頭航聯社帆船組以下各艇、及大小船隻、亦被炸燒燬、餘損尚以下無恙、計死傷民衆六百四十餘人、死亡人數尚在調查中、屯火工人戰時服務團團員、自敵機去後、未待警報解除、即出動救護、限至下午八時餘、始完將各受傷者完全送入醫院、作異常努力、經省黨部駐梧辦事處指導、由後援會招待晚餐、以資鼓勵、各受害民衆、亦經縣府召集各機關主管人員妥籌救濟辦法、省黨部駐梧辦事處、亦將於今晨召開宣傳會議云。

又訊：省府據梧州區團指揮部來電報告、當日（廿）中彈者有北環路、金龍街、南環路、大中上街、西二巷、北山街、東山巷、東二巷，北山脚、東正街、文化街北山午炮樓、北山街、東四巷、東正街、大東街、大東中街、文德街、大同街、和下街、學德街、等被燒燬之房屋大小約二百餘間、被震塌之房屋約一百餘間、尚有機關中彈被燬者有省立梧州助產學校、省立梧州醫院、十字會醫院、美國思達醫院、該內院有留醫者百餘人、一時不能走出、而被炸死者十餘人、傷者卅餘人、美國浸信會聖經學院全部炸燬、除以上慈善機關外、尚有地方法院、廣女中、南環路監守所內犯人被炸死二十餘人、傷者餘人、撫河中停着之民船被炸沉者二百餘艘、渡船四隻、大船隻、大小拖一個、當時有行走肇慶拖渡一艘、不及停船、當即被炸沉、船內有搭客約百餘人、亦盡被炸死或淹死、××防空洞亦中數彈、但防空洞甚堅固、洞內之避難民衆、毫無損傷、省政府據報後、當即電匯法幣兩萬元、救濟被難民衆、查此次梧州被炸、死傷人數約在六七百人以上、此六七百人均不入防空洞者、或在船上、及醫院者云

——摘自《南宁民国日报》，1939年8月2日

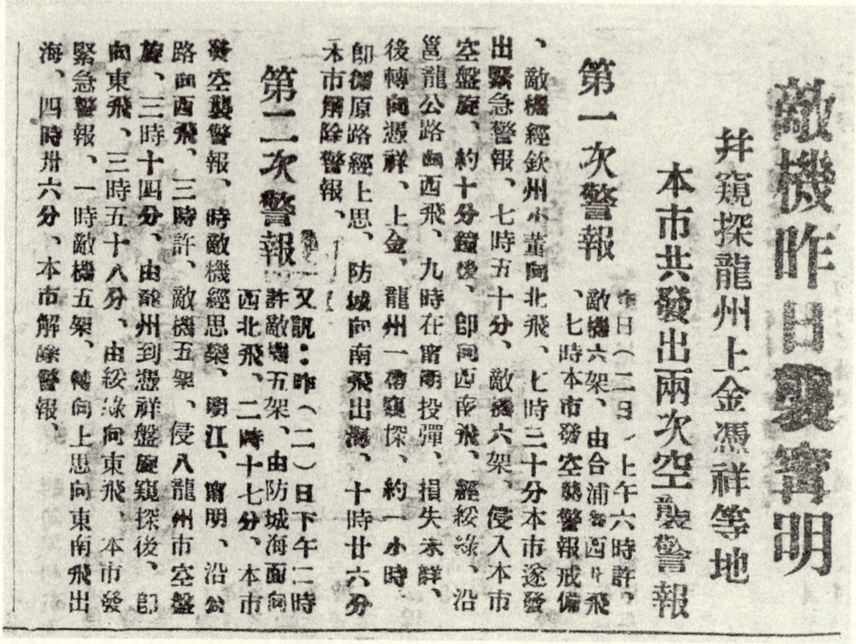

敵機昨日襲寧明

并窺探龍州上金憑祥等地

本市共發出兩次空襲警報

昨日（二日）上午六時許、敵機六架、由合浦向西飛、七時本市發空襲警報戒備、敵機經欽州小董向北飛、七時三十分本市遂發出緊急警報、七時五十分、敵機六架、侵入本市空盤旋、約十分鐘後、即向西南飛、經綏淥、沿邕龍公路向西飛、九時在寧明投彈、損失未詳、後轉向憑祥、上金、龍州一帶窺探、約一小時、即循原路經上思、防城向南飛出海、十時廿六分本市解除警報、

第二次警報

又訊：昨（二）日下午二時許敵機五架、由防城海面向西北飛、二時十七分、本市發空襲警報、三時敵機經思樂、明江、寧明、沿公路向西飛、三時許、敵機五架、侵入龍州市空盤旋、三時十四分、由龍州到憑祥盤旋窺探後、即向東飛、三時五十八分、由綏淥向東飛、本市發緊急警報、一時敵機五架、轉向上思向東南飛出海、四時卅六分、本市解除警報、

——摘自《南宁民国日报》，1939 年 8 月 3 日

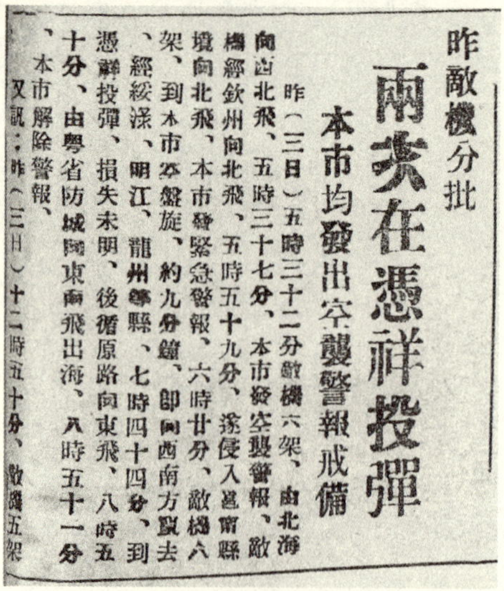

昨敵機分批

兩次在憑祥投彈

本市均發出空襲警報戒備

昨（三日）五時三十二分敵機六架、由北海向西北飛、五時三十七分、本市發空襲警報、敵機經欽州向北飛、五時五十九分、遂侵入邕寧縣境向北飛、本市發緊急警報、六時廿分、敵機六架、到本市空盤旋、約九分鐘、即向西南方竄去、經綏淥、明江、龍州寧縣、七時四十四分、到憑祥投彈、損失未明、後循原路向東飛、八時五十分、由粵省防城向東南飛出海、八時五十一分、本市解除警報、

又訊：昨（三日）十二時五十分、敵機五架

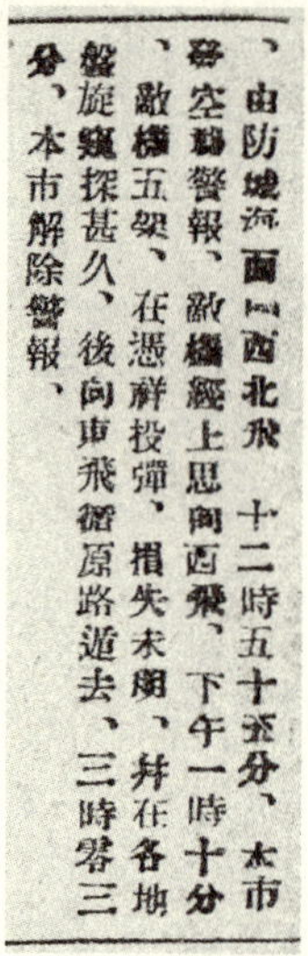

、由防城海面向西北飛　十二時五十五分、本市發空襲警報、敵機經上思向西飛、下午一時十分、敵機五架、在憑祥投彈、損失未明、并在各地盤旋窺探甚久、後向東飛循原路遁去、三時零三分、本市解除警報、

——摘自《南宁民国日报》，1939 年 8 月 4 日

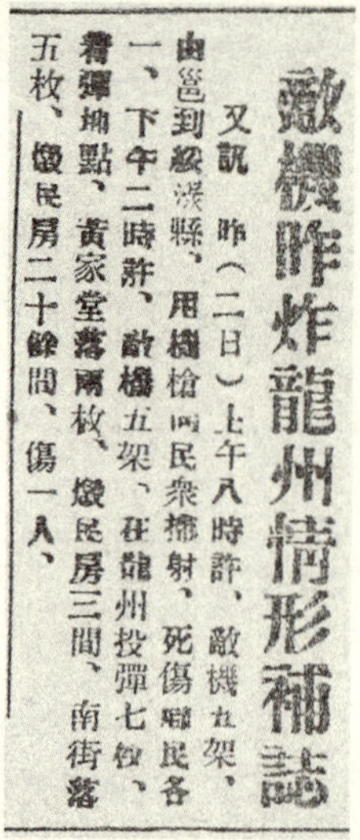

敵機昨炸龍州情形補誌

又訊　昨（二日）上午八時許、敵機五架、由邕到綏淥縣、用機槍向民衆掃射、死傷鄉民各一、下午二時許、敵機五架、在龍州投彈七枚、轟彈地點、黃家堂落兩枚、燬民房三間、南街落五枚、燬民房二十餘間、傷一人、

——摘自《南宁民国日报》，1939 年 8 月 4 日

重慶頻遭轟炸

前夜兩次被襲擊落日機一架
使領館區域中多彈發生大火

（美聯社四日重慶電）昨晚日本飛機、兩度轟炸重慶、英法領事館、及德國大使館、被毀甚烈、美國新聞記者住宅、亦被殃及、外人二十人、連領事館高級職員在內、當炸彈一枚在領事館區域炸裂時、幸均死裏逃生、當英法兩領事館間之住宅一所、爲日彈擊中時、華人四人、當場殞命、當另一炸彈、在德國領事館外彈時、華人三人身死、而法領事館之窗戶均告損壞、牆上灰泥紛紛落地、德國大使館受損甚鉅、英國駐華代辦、及駐渝副領事、於日本炸彈在離渠等防空壕百碼內炸裂時、亦得死裏逃生、英國女訪員貝恩菲、在英國領事館防空壕內躲避、倖免於傷、另一炸彈在法國領事館三百碼處炸裂、法國領事米達爾特、並未受傷、紐約泰晤士報記者、及前任上海大陸報編輯杜爾亭之住宅、被二百磅重炸彈全部擊燬、杜爾亭夫婦、及渠等友人四諸位生、（對紅十字著作有名者）皆得倖免、在法領事館、及德國大使館近房屋、發生大火、日機炸彈並落於揚子江南岸、及[illegible]西郊、城中人民死傷雖少、然官方相信、自人民撤離重慶城後、難民多集於渝城四郊、該處之死傷必多、昨晚日機襲渝、爲自中日戰後渝城在一星期內接連被炸三次之首次紀錄、中國驅逐機、將日本第一隊轟炸機驅走、然日本第二隊轟炸機、則自西面侵入、中國驅逐機、與日本轟炸機、作自六月廿五日以來之最可觀激烈空戰、據可靠方面消息、至少日機一架、被擊墜落、

——摘自《中华日报》（上海），1939 年 8 月 5 日

日機分襲桂林株州

（桂林四日電）日機十八架、今下午分兩批來襲、被炸燬民房數十間、

（長沙四日電）日機三架、四日晨七時五十五分由贛境竄抵株州上空在市區近郊投彈十餘枚、毀民房數棟、傷平民一人、旋即繞道攸縣向東北逸去、

——摘自《中华日报》（上海），1939 年 8 月 5 日

日機昨晨襲渝

炸使領區

多數外人死裏逃生

擊落兩架日機

【路透社四日重慶電】今日侵晨、日機又來渝襲擊、英領事住宅受微損、職員彭斯台德與代理領事麥根齊均中寓宅、倖免受傷、法領署之醫士住宅與德領事署則全被毀、紐約時報訪員竇定夫婦之寓所、亦被毀、幸二人避處附近之地窟中、得免罹禍、法領署醫士之住宅、距英領事住宅僅八碼、爲一炸彈擊中、致全部炸毀、午夜甫過、日轟炸機作衛破繞飛市空之中國驅逐機陣線之企圖、彼等竭力覓取閃避中國驅逐機之機會、驅逐機會在郊外天空兩次擊退日機、上午二時三十分、日機數架、卒進入本市界內、華機緊追於後 但日機曾向下直飛、以圖增高速力、疾飛穿過本市、匆遽在迫近外國領署之上城區域、投擲炸彈、旋有數處起火、經先後撲滅、最後一起、至天明時亦告滅熄、三時三十分解警後、路透訪員即赴被炸區、視察本市西郊與上城被炸區間之交通、因大街有火、致被阻斷、消防隊工作至勇、訪員曾見數人冒險攀登緊迫烈焰之屋面、拉倒附近之屋、俾得將射水管向火中注射、火場四周有救傷隊將受傷者加以初步裹治後即舁之而去、警備司令劉峙將軍在場親自指揮救援工作、據當局發表公報宣稱、今晨日轟炸機十八架、分兩團襲渝、第一團計機九架、轟炸渝市下之商業飛機場、第二團之一部份轟炸上城區、聞日機數架並曾轟炸距渝西約十哩之中央大學、惟此訊尚未證實、今晨高射砲仍未開火、俾中國驅逐機得在天空與日機搏鬭、據目擊者稱、至少有日轟炸機 架、在空戰之中被擊落、一架在天空中爆炸墜落、另一架則墜毀於重慶西南之南岸、聞揚子江南岸濵岸南、因居民相信該地可保安全、未作戒備、故死傷多人、外人未有死傷、

【長沙四日電】日機三架、四日晨七時五十五分由贛境竄抵株州上空、在市區近郊投彈十餘枚、毀民房數棟、傷平民一人、旋即繞道攸縣、向東北逸去、

【桂林四日電】日機十八架、今日下午分兩批來襲、被炸燬民房數十間、

——摘自《中美日报》（上海），1939 年 8 月 5 日

重慶法德領事館被轟炸

四日聯合社重慶電。今日倭機又襲炸重慶。法德館事館被倭机炸燬。

法德館事館落彈多枚。窗門盡燬。屋墻炸破。外僑區斃平民約十人。美大使館幸未波及。但紐約時報駐京記者杜頓氏住宅。因炸彈爆炸。略有損壞。其他平民住宅。中燒夷彈焚燒者頗多。今日拂曉經消防隊撲熄。

此次空襲。平民死亡者甚少。諒不過二十人。倭機注意市郊。此役我擊落敵機一架云。

——摘自《三民晨报》，1939 年 8 月 5 日

敵機昨又分批

襲桂林憑祥鎮南關

置國際公法於不顧 竟侵法屬越境窺探

昨（四）日上午五時許、敵機六架、由防城海面向北飛、五時五十五分、本市發空襲警報、時敵機經上思向西飛、六時五十分、在憑祥及鎮南關投彈、損失未詳、後循原路向東飛、七時五十分由上思向南飛。七時五十八分本市解除警報、

又訊：昨（四）日上午十一時許、敵機五架、由北海向西北飛，十二時五十五分、本市發空襲警報、時敵機經欽州防城上思、向西北飛、下午二時十分仍竄憑祥及鎮南關投彈、損失未明、後敵機不顧國際公法、竟侵入法屬安南同登一帶窺探後、循原路逃遁、三時零二分、本市解除警報、

又昨四（日）正午十二時、敵機十八架、由廣東欽縣侵入梧州、經昭平、平樂、陽朔侵入桂林市空。下午一時十分投彈百餘枚、以燃燒彈居多、燃燒民房百餘間、震倒數十間、着彈地點水東門、行春門、定桂門等處、死傷人數未明、詳情待查續誌、

——摘自《南宁民国日报》，1939 年 8 月 5 日

上月廿六日

敵機荼毒梧市慘情補誌

難民已達六千餘人 縣府電請省府賑濟

梧州專訊：廿六日下午一時餘、敵重轟炸機十八架、衝入本市人口最密之平民住宅區大肆屠殺我同胞、血漬遍地、腥風滿佈全市、其慘無人道獸行、經誌本報、茲續將災後詳情誌下、各災區難民、於廿七日經縣府及警局偕同各鎮街長調查登記、結果、無家可歸之災黎已達六千餘人、當由紅十會及各慈善團施粥、又嚴縣長以此次災情重大、賑濟會餘款僅得法幣

一萬元、不敷賑濟、特電請省府增撥國幣二萬元救賑、是日嚴縣長及處局長、並分赴各災區收容所慰問難民及到各醫院慰問受傷同胞、又警局調查各災區難民後、即開始辦理發給難民費、及掩埋屍體、整理災區、修整炸燬道路、並架設各馬路警報大鐘等工作、

繼續發現死傷同胞

廿六晚警察局工程隊、徹夜赴各災區施行挖掘、繼續於炸燬之屋宇瓦礫堆中發現死傷同胞甚衆、由民衆義勇相架隊分別送往醫院醫治、截至廿六日下午、思達醫院收容人數二百十七人、梧州醫院收容人數二百七十八人、紅十字會四十人、合共收容人數百八十三人；其餘因受微傷自行返家調理者尚難調查、至各災區已檢獲屍體共二百餘具。

財產損失二百餘萬

此次焚燬場房屋約間、焚燬大棧六與、電船二艘、拖渡四艘、永恆汽輪一艘、大小船艇三百餘艘、財產物資損失約幣二百餘萬元、物資損失最重者、為東南棧與西興棧之客商寄倉貨物、共值國幣數十萬元云、

林仲武談利商遇災

利商輪渡遇難事

發生後、災情傳說不一、記者為明瞭真相起見、於廿七日晚赴西江戰時服務社副經理林仲武、即詢該渡遇災經過、據談：當廿六日敵機入市狂炸時、環泊在東南棧者、計有順昌渡、利商渡、端江渡、廣興渡四艘、其中除順昌渡已久經停航外、廣興渡則於上晨由肇返梧、利商渡則定是日下午由梧開肇、端江由梧往都城、當時出警報後、利商、端江兩渡因未展開行時間、故已購票之搭客、即于空襲警報發出後、紛紛登岸趨避、迨敵機侵入市區狂炸時、順昌渡即首先中燃燒彈着火、東南棧隨亦中彈着火、燃燒甚烈、未幾火勢延至利商、斯時利商渡搭客、除跑救生衣跳小逃生外、其餘搭客即由利商渡監察毛仲屏盡力救往停泊附近之東汽輪脫險、故死傷之人數實不如報載之甚、但一時調查亦頗感困難、惟利商廣興端江三渡然焚燬渡底時、火勢即告熄滅、尚未下沉、該焚燬之二艘船、現已拖返海關附近停泊云、

——摘自《南宁民国日报》，1939 年 8 月 5 日

冀境敵慘無人道

決河淹我人民

高陽等數十縣災情奇重

田野盡成澤國哀鴻遍野

（中央社）重慶五日電 河北自敵進行所謂「掃蕩」以來，我民衆在其燒殺擄掠姦淫欺騙壓迫下，早處於水深火熱之中，最近敵復行其慘無人道之酷烈手段，藉連宵雨之後，河水大漲，敵竟掘堤決水，使我千萬民衆與村莊房舍器產牲畜，盡遭淹沒，實足使人神共憤。敵酋將潴龍河（在安國南）之北流附近掘堤決水，滹沱河（在安平之滿鎮）附近掘堤決水，使汪洋洪水，一瀉數百里，廬舍城郊，盡被淹沒，復將永定河拜馬河安陽河梯河 沙河衛河等河堤，均次第被敵掘開，使河北全省泛濫成災，災情奇重者，冀中爲高陽、蠡縣、博野、安國、任邱、肅寧、[illegible]新、文安、深澤、饒陽等縣，冀南爲藁趙、甯晉、柏鄉、隆平、堯山、任縣、南和、平鄉、永年、曲周等縣，此外災情較小者，則處處皆是，此數十縣均平地增水六七尺，房屋物產均蕩然一空、四顧田野盡成澤國，哀鴻遍野，何止千萬，此種慘像，目擊心傷，當經我軍，一面搶救決堤，一面撫輯災民，予以救濟，現河北人民，痛定思痛，莫不義憤異常，人人欲食敵之肉，寢敵之皮，敵行此舉世共棄之殘酷行爲，雖屬慘無人道，但適足激增我軍民之憤心也、

——摘自《华西日报》，1939 年 8 月 6 日

本週連續第四次

日機分兩批襲渝

炸彈集中於市之西北郊山地

華空軍與高射砲隊奮力擊退

（重慶五日電）四日夜午，皓月當空，日機又分兩批來襲，華空軍復奮雄威，與高射部隊，將來襲之日機擊退，十時防空司令部據報，有日機約十八架，分爲兩批，由鄂西飛來襲渝市，華空軍即臨空迎擊，高射部隊，及探照燈，亦配合作戰旋第一批日機九架，由西南竄入市空，華高射部隊，即向之迎頭痛擊，日機乃忽忙投彈後，向東北鼠遁時，適與華空軍遭遇，乃發生激戰，華空軍向之突擊，日受創傷不敢戀戰，即向東逸去，至第二批日機九架飛抵渝市東郊，投彈後，繼續竄入市空，盤旋數匝，因華空防部隊監視嚴密，不得逞，仍於東郊復行投十餘彈後，始行逸去，據事後調查，日機雖在市郊投下多數之爆炸彈，及燒夷彈，但多數落於田野間故華方僅有輕微損失，詳情在調查中。

◆比大使館險遭擊中◆

（重慶五日路透電）重慶今日午前，又遭空襲，此爲本星期中之第四次，恐傷亡不少，日機共十八架，分爲兩隊，其投彈集中之點爲西北郊，面對嘉陵江南岸之沿山一帶，房屋全爲炸毀，比大使館險遭擊中，距落彈處僅數寸耳，該使館大門震毀，玻窗全碎，而牆垣與天花板之灰泥亦紛紛墮落，通至該使館之電桿，被炸倒地，致行人往來甚屬危險，大門外汽車三輛，無一完整，所幸者未傷人耳。

——摘自《晶报》（上海），1939 年 8 月 6 日

昨敵機又分批

狂炸凴祥鎮南關

本市適時發出防空警報戒備

昨（五）日上午七時許、敵機六架、由防城海面向西北飛、七時四十九分、本市發空襲警報、時敵機經防城、上思、八時四十分、敵機六架、在凴祥及鎮南關一帶投彈、損失未詳、後循原路竄遁、經扶南向東飛、九時四十一分、本市發緊急警報、敵機轉向東南飛、經綏淥、上思、防城出海、十時卅三分本市解除警報、

又訊：昨日下午二時許、敵機五架、由防城海面向西北飛、二時四十一分、本市發空襲警報、時敵機經防城、上思向西飛、三時廿八分、敵機五架、在凴祥投彈、損失未詳、後循原路竄遁、經思樂、上思、向東南飛出海、四時十八分本市解除警報、

前（四）日上午、敵機六架在凴祥及鎮南關一帶低飛、至一百公尺、投彈十六枚、并開機槍掃射、焚毀民房十數間、死傷人數未詳、又下午敵機五架、在凴祥投彈七枚、焚毀民房十數間云。

——摘自《南宁民国日报》，1939年8月6日

敵機轟炸桂林

西巷天主堂全毀

損失港幣約五萬元左右

該堂主教呈美領事辦理

桂林訊：去月三十一日敵機轟炸本市、西巷天主堂、全部炸毀、省會警察局聞訊、當即派出行政科員謝鳳年、及技佐龔克家、前往調查、並拍攝被炸情形之照片、茲悉該局據該員等呈覆、查該天主堂業已全部被毀、據該堂主教稱、此次損失、約在港幣五萬元左右、本人業已電請美領事查照辦理等語云、

——摘自《南宁民国日报》，1939年8月6日

敵機濫炸重慶

擊襲比國大使館 炸燬英法德領署

（中央五日重慶電）四日敵機襲渝、竟炸燬英法德領署房屋財產、五日晨空襲、敵機竟又向比國大使館附近投彈、致大使館亦爲彈片炸燬一部份、大使館代辦狄桑曾導引記者視察被炸燬或震毁之辦公室餐室會客室及宿舍等、則見房屋牆泥剝落門窗倒斜、瓦礫玻片遍地、使館人員因事先避入防空洞、幸免於難、狄桑代辦暨其友人華比銀行滬行副經理雷納、於敵機在附近肆虐後、警報尚未解除之際、卽離洞至附近協助搶救工作、當救出我難胞三四人、並代爲包紮傷創、其俠義精神、彌可欽敬、

（中央四日重慶電）四日晨敵機襲渝時、英領署法領署之間、落一重量炸彈、英領署略受損失、法領署房屋受損較重、其附近幷有五人被炸斃、又德領署後面亦落有炸彈、致該領署一部房屋被燬、物質損失頗重、其隣右房屋三幢被波及震毁、死三人、傷兩人、德大使館職員諸爾德寓所亦遭炸燬、又紐約泰晤士報特派員竇奠比之寓所、因附近數英尺處落彈、一部被燬、竇氏家屬及住於竇寓之著名作家斯諾氏、當時避處防空壕中、均幸無恙云、

（中央五日重慶電）四日夜午時月當空、敵機又分兩批來襲、我空軍復奮雄威、與高射部隊協同、卒將來襲之敵機擊退、事前防空司令部據報、有敵機約十八架、分爲兩批、由鄂西飛來襲渝市、我空軍卽升空待擊、而高射部隊及探照燈亦配合作戰、旋第一批敵機九架、由西南竄入市空、我高射部隊卽予以迎頭痛擊、敵機乃忽忙投彈後、向東北圖遁時、適與我空軍遭遇、乃在郊外發生激戰、我空軍[illegible]衝擊、[illegible]受創傷、不敢戀戰、卽向東逸[illegible]、至第二批敵機亦約九架、竄抵渝市東郊投彈後、繼續竄入市空、盤旋數匝、因我防空部隊監視嚴密、敵不得逞、仍竄東郊、復行投下餘彈後、始行逸去、據事後調查、敵機雖在市郊投下多數之爆炸彈及燃燒彈、但多數落於田野間、故我方僅有輕微之損失、詳情在調查中、

——摘自《东南日报》（金华），1939年8月6日

日機公然炸燬英輪兩艘

地點在揚子江上游宜昌

（海通社倫敦七日電）據此間所接消息，每艘兩千噸之英國輪船兩艘，昨在揚子江上游之宜昌，被日本飛機炸中，完全損壞，當時日機飛往宜昌轟炸，水邊大火，英輪兩艘，均被炸中。時有英國砲艦「甘奈特」號企圖馳往救援，已經不及，兩輪完全毀壞，水手一人，身受輕傷。

〇〇〇

——摘自《大晚报》（上海），1939 年 8 月 7 日

寇機昨狂炸武鳴

投彈十五枚燬民房二十七間 輕重傷男女共六人死男二人

昨（六）日上午七時許、敵水機六架、由北海向西北飛、七時廿二分、本市發空襲警報、七時四十五分、由小董向北飛，本市發緊急警報、八時〇七分、敵機六架、由東南角侵入本市空、盤旋約十分鐘後、向武鳴飛、八時三十九分在武鳴投彈十五枚，計着彈地點、民族街落二枚、燬民房三間、重傷平民一人、輕傷一人、武鳴中學校落一枚、燬禮堂一座、東門街落一枚、傷婦人男孩各一人、漢興街落三枚、燬屋十三間、傷男一人、陸公館落三枚、燬屋二間、陸氏業務公園落二枚、民生街落一枚、燬屋三間、傷男一人、武鳴縣政府落一枚、燬屋二間、死男一人、東門外附近落一枚，燬民房一間、死男一人、城外落一枚、燬民房三間、後轉竄回南甯盤旋片時、即向東南飛、經邕甯屬太安、大塘、小董、欽州、向東南逸去、十時廿四分、本市解除警報、

——摘自《南宁民国日报》，1939 年 8 月 7 日

半年中統計

日機襲粵

毀房屋四千餘間

（快訊社香港七日電）據粵省防空協會所發表消息、本年一月一日至六月卅日間、襲粵省各地日機共計一千五百五十八架、投彈共四千五百十六枚、毀民房四千九百廿七間、船舶八十六艘、炸斃牲畜卅二頭、平民炸斃者共計一千零九十八人、傷者一千二百九十八人、

——摘自《中华日报》（上海），1939 年 8 月 8 日

前日敵機四次

轟炸浙東海門

共投彈卅四枚毀民房卅餘間

粵遂溪亦被炸並以機槍掃射

金華六日電：六日敵機四次轟炸海門、第一次八時半、敵六架、第二次十一架、三架、第三次十二時四十分、六架、第四次下午二時半、敵機二架、總共投彈三十四枚、毀民房卅餘間、無死傷

廣州灣六日電：今上午八時四十分、敵機四架、自南飛來、向遂溪投彈十枚、并低飛掃射機槍、至九時廿五分、始向南逸去、

——摘自《南宁民国日报》，1939 年 8 月 8 日

寇機前日襲宜昌

轟炸亞細亞火油公司

落彈數枚傷英僑一人

英向倭提出嚴重抗議

上海六日路透電：日轟炸機十五架、於今晨襲宜昌、亞細亞火油公司廣場落彈數枚、傷英僑一人、英海軍少將霍爾德已向日艦隊司令及川提出嚴重抗議、謂被炸地點、並非軍事目標、乃係難民區云。

上海七日路透電：昨日在宜昌被日機炸傷之英僑伯亞氏、係加拿大籍、年卅四歲、臂部受傷、怡和公司輪船嘉和號與新昌和號親炸後、全部焚燬、死華籍水手三人、傷二人、江和號躉亦被炸、

——摘自《南宁民国日报》，1939 年 8 月 8 日

日機炸臨海
毀民房百餘

【金華七日電】今晨九時半、日機四架、竄入臨海上空、向城郊投十四彈、毀屋四十四間、無死傷、【金華七日電】七日自上午九時至下午四時、日機一二架不等、六次轟炸海門、向市區投彈共卅六枚、毀民房百餘間、死七人、傷數人

——摘自《中美日报》（上海），1939 年 8 月 9 日

敵機昨竄合浦投彈
本市適時發出空襲警報
寧明憑祥被炸損失續誌

昨（八）日上午七時許、敵機二架、由北海向西北飛，七時十九分本市發空襲警報、敵機到達欽州市空盤旋片時折回合浦，投彈五枚、計着彈地點、東門及南門、損失未詳、後由合浦向南飛出海、八時二十九分、本市解除警報●

寧明電：一日上午八時許、敵機六架、在寧明投彈十四枚、着彈地點、與還街落一枚、毀民房一間、傷男二人、東曾街落二枚、毀民房八間、傷男一人、德華街落四枚、略損屋瓦、斷木三株、車渡附近落四枚毀民房二間、傷男一人、城邊落一枚、河中落二枚、共損失約八千餘元

憑祥電 五日上午敵機六架、在憑祥隘口投彈十四枚、毀民房四間、下午敵機五架、在隘口投彈十三枚、並掃射機枪、損失未詳、

——摘自《南宁民国日报》，1939 年 8 月 9 日

日機八架轟炸台州
毀民屋百幢

（美聯社重慶九日電）據今日此間消息、昨晨日機八架轟炸浙江台州、毀民屋一百幢、法國天主教堂亦被擊中數彈、受創甚重、惟此間法大使館尚未獲得正式官報、

——摘自《中华日报》（上海），1939 年 8 月 10 日

東江情勢漸和緩

河源博羅兩縣被炸

投炸彈數十枚損失頗重

海丰設救濟所收容難民

（東江快訊）東江海（豐）惠（陽）寶（安）各縣海外日艦、情勢已漸和緩、惟日機則不絕飛擾、未有間斷、五日河源博羅兩縣、又被日機轟炸、損失異常慘重、情形如下、

博羅河源兩縣被炸

查五日上午六時五十分、有日機三架由增城方面飛來、在博羅縣屬福田、投下炸彈五枚、毀店戶四間、死傷十餘人、查該批日機肆虐後、即繼飛至兩光地方、投下炸彈八枚、燬塌民房五十餘間、死傷平民數人、又聯和墟於是日上午亦遭日機轟炸、損失重大、又上午九時、日機一架、由惠陽飛抵河源縣城上空、窺伺一週、旋即在源通車站附近、投下炸彈三枚、死民衆三人、傷一人、查是日惠城方面、日機分次飛擾、先後共發出警報七次、并曾一度舉行燈火管制、

——摘自《南华日报》（香港），1939 年 8 月 10 日

日機轟炸奉化

（美聯社重慶十日電）據今日華方消息、昨日日機曾在奉化投彈、燬屋二十餘幢、又浙江之臨海、黃巖、海門、靑田各城、亦遭日機轟炸、除海門之中學校被炸燬外、其餘損失均微、

——摘自《中华日报》（上海），1939 年 8 月 11 日

日機襲浙東

轟炸奉化靑田

【鄞縣十日電】九日晨七時許、日機五架、侵襲奉化、在城區投彈十三枚、人民無死傷、炸燬房屋四十餘間、【金華十日電】九日上午九時半、日機七架、經永嘉竄靑田、向城區投爆炸彈十餘枚、燃燒彈二枚、燬屋二間及民船四艘、

——摘自《中美日报》（上海），1939 年 8 月 11 日

日機炸韶關

深圳亦兩發警報

（韶關快訊）本月三日下午七時十八分、日機九架、在翁源上空發現北飛、旋有三架[illegible]英德時已折回、該六日機[illegible]向曲江進襲、八時零五分先機分兩批飛入韶關領空、[illegible]軋軋、在本市北郊上空[illegible]圍、不敢低飛、其先侵入韶關上空之首批三架、在中廠附近荒郊投下電燃燒彈十六枚、鈎屎[illegible]投下十一枚、第二批三架、於首批三架飛去後繼續侵入、仍在東北郊附韶車站附近投下重量彈八枚、炸塌民房數廬、實時有逃避不及之小童三名被炸傷、該六日機在曲江上空計投彈共三十餘枚、歷時四十二分鐘之久、至九時十分南飛云、

（深圳快訊）深圳續昨（十日）發出兩次空襲警報、第一次十一時零五分 日機一架、在[illegible]厦上空發現、隨飛向東北、旋即解除警報、至下午一時左右、南頭西鄉[illegible]成[illegible]面 又發現日機一架、來往飛翔、似係偵察我沿海動靜、旋亦向北飛、深圳方面、再發警報、嗣以日機未有來襲、登即解除警報云

——摘自《南华日报》（香港），1939 年 8 月 11 日

寇機前日狂炸博白續誌

前（十一）日敵機六架、在博白國民中學校、投彈三枚、毀屋四間、南流江落三枚、沉民船四艘、城廂中心校、落一枚、南門落二枚、死馬一匹、鹽行街落二枚、新興街落三枚、毀舖一間、震倒二間、死男女各一人、秦家祠門口、落三枚、損失詳情待查續誌、

——摘自《南宁民国日报》，1939 年 8 月 14 日

敵機分批

昨襲本省各地肆虐

廿二架襲柳投彈百餘枚

本市及寧明亦遭受慘炸

昨（十四）日上午七時許、敵機五架、由北海向西北飛、七時廿四分本市發空襲警報敵機經防城、上思、思樂、向西飛、在寧明投彈、損失未詳、後循原路飛遁出海、九時五十四分本市解除警報、

又訊：（十四）本日十一時許、敵機二十二架、經廣東雲浮、羅定、向西北飛侵入本省岑溪、藤縣、平南、旋向西北飛、（十二時四十分、敵機一架由象縣折回桂平投彈、損失未詳）下午一時廿八分、在柳州投彈百餘枚、落彈地點、河北、南河、沙街、小南門、西街、魚頭嶺、湖南街等處、河北、布行街、西門一帶起火、損失未詳、

又昨（十四）下午一時許、敵機五架、經防城向北飛、一時三十九分、本市發空襲警報、二時〇一分、本市發緊急警報戒備敵機五架、由西南向侵入本市市空投彈、中山路女子小學校附近落四枚、燬民房數間、死老婦一人、傷一人、西鄉塘附近落彈七枚、燬民房數間、敵機肆虐後、於二時二十六分、由東南角竄去、三時十二分本市解除警報、

——摘自《南宁民国日报》，1939 年 8 月 15 日

敵機昨竄梧龍等地投彈

粵屬北海市亦遭狂炸

敵機昨前襲本省續誌

昨（十五）日上午七時許、敵機六架、由粵省悅成向西飛、七時廿分、在梧州投彈後、向東南竄去、

又訊：昨上午七時五十分敵機九架由北海向西北飛、七時五十二分、本市發空襲警報、經欽州、防城、上思、向西飛、八時卅分、在龍州投彈後竄回至寧明又投彈、九時四十分、敵機五架、由欽南向東飛、本市發緊急警報、旋即向東南飛、經邕屬大塘、小董、欽州、向東南遁去、十時卅二分、本市解除警報、

又訊：上午十一時許、敵機九架、由粵肇慶向西飛、經梧州、岑溪、向西北飛、十二時五十七分、在桂平投彈起火、後經貴縣、容縣、向東南飛、損失未詳、

又訊：正午十二時許、敵機九架、由北海向西北飛、下午一時〇九分、本市發空襲警報、經欽州、防城、上思、向西飛、二時廿四分、在龍州投彈起火、後循原路遁去、三時卅六分、本市解除警報、

又訊：下午一時許、敵機二架、在北海投彈五枚、後向南飛出海、

又訊：昨日敵機一架、在桂平三角咀附近空地、投彈兩枚、傷一人、餘無損失、

桂林十五日電 敵機九架、十四日分批襲桂、第一批三時許飛信都投彈、第二批五架晨八時飛寧明投彈、第三批一架十二時飛桂平投一彈、第四批廿七架十二時許、分三批侵入柳州、在河南立魚峯附近雲頭嶺一帶投彈百餘枚、第五批下午二時侵入南寧投彈損失未詳、

——摘自《南宁民国日报》，1939 年 8 月 16 日

慈谿觀海衛俱遭轟炸

【金華十六日電】日機二架、今晨七時廿分侵入慈谿、向城區湖中學等處投彈七枚、毀屋廿九間、傷七人、旋飛觀海衛投彈五枚、毀屋十四間、死七人傷廿人

——摘自《中华日报》（上海），1939 年 8 月 17 日

日機擾陝北

日機在包墜落全毀 慈谿遭炸毀屋傷人

【榆林十六日電】日機九架、十五日下午飛陝北清澗縣投彈、華方無損失、

【五原十五日電】確息、包頭日機一架、於日前起飛後、忽遇障礙、當即被迫墮落、全機損毀、駕駛員亦斃命、

【金華十六日電】日機二架、今晨七時廿分侵入慈谿、向城區慈湖中學等處投彈七枚、毀屋二十九間、傷七人、旋飛觀海衛投彈五枚、毀屋十四間、死七人、傷廿人、

——摘自《中美日报》（上海），1939 年 8 月 17 日

寇機八架 昨竄龍扶肆虐

敵機日前炸梧州龍州各地續誌

昨（十六）日上午七時許、敵機八架由北海向西北飛、七時十四分本市發空襲警報敵機經欽州防城上思向西飛、八時四十五分在龍州投彈起火、燬燒頗慘、九時十五分離龍州向西南飛、到憑祥隘口一帶竄探、九時五十分敵機由扶南向東飛、本市發緊急警報、敵機經扶南縣屬龍頭沙灘、用機槍掃射、死平民男女各一人、傷男女各一人、跳入河中逃難二人、現生死未明、敵機肆虐後經邕屬同慶、吳圩、大塘向南飛出海、十時五十分本市解除警報、

又訊：下午一時五十七分、敵機五架、由欽州海面向西北飛、本市發空襲警報、敵機竄至那麗後、因欽廉一帶忽大雷雨、敵機被迫、旋即向東南飛出海、二時卅五分、本市解除警報

又訊：前（十五）日上午七時十五分、敵機六架襲梧州市大中路、博愛路、河堤、金龍社、河面等處、落重量彈十餘枚、倒塌房屋數間、幸無傷燬、至死傷情形未詳、

又訊：前（十五）日上午、敵機五架第一次襲龍州、着彈地點、圩地街投彈三枚、雲岳街二枚、縣政府附近二枚、康平街一枚、燬屋約三十餘間、死傷數人、下午敵機五架、第二次襲龍州、着彈地點、新路街落四枚、圩尾街三枚、東關行街一枚、利民街數枚、燬屋約二十間、死傷數人●

——摘自《南宁民国日报》，1939 年 8 月 17 日

日機襲洛陽
西安亦遭投彈

【洛陽十七日電】日機十九架、分兩批襲洛陽、第一批十架、第二批九架、先後經孟津偃師、侵入洛陽上空、共投彈八十餘枚、死廿餘人、傷四十餘人、並炸毀房屋數十間、投彈後、向東飛去、

【西安十七日電】日機九架、十七日上午十一時許襲擾西安、投彈十餘枚逸去、事後調查、死傷平民數人、毀民房數十間、

——摘自《中美日报》（上海），
1939 年 8 月 18 日

宜昌英輪被炸
敵強詞狡賴

▲中央社上海十七日路透電　英政府以本月六日日機轟炸宜昌時、英方利益曾蒙受損失、因特向日方提出抗議、日方今日正式答覆英當局稱、日機轟炸宜昌時、投下之炸彈、均未擊中亞細亞火油公司財產及英國商輪、是日施行轟炸之時間、共十五分鐘、轟炸後、日機飛行指揮官復在空中偵察攝影、見江面之輪船未有着火者、因此英商輪起火焚燬、諒非發生於日機轟炸之時、起火原因、當亦與轟炸無關、如謂英輪被焚爲日機轟炸之結果、則英方須以證據提交日軍事當局、日陸軍發言人今日答覆記者詢問時亦謂、英輪起火原因、頗爲「神秘」、記者問曰：日方否認此事、是否表示英商輪所受之損失、日方不予賠償、發言人答稱、目前不能確言、惟若有提出賠償要求時、日方諒不至接受云。

——摘自《中央日报》（重庆），1939 年 8 月 18 日

敵機八架
昨竄憑祥隘口投彈
寇機前日襲龍州北海

昨（十七）日七時許、敵機八架、由北海向西北飛、七點廿五分、本市發空襲警報、時敵機經欽州防城上思向西飛、八點卅九分、在憑祥屬隘口投彈、敵機肆虐後、分批到龍州鎮南關一帶窺探、後即向東飛、九點卅分敵機由綏淥向東飛、本市發緊急警報、時敵機分批經上思及邕屬南間那悟向東南飛去、十點〇一分、本市解除警報

又訊：前（十六日上午）、敵機八架襲龍州、在利民街投彈廿餘枚、內有燃燒彈數枚、燬民房廿餘間、下秀鄉起火、死傷人數未詳、

又訊：前（十六）日下午一時許、敵機五架、因欽廉一帶大雷雨、折回北海市投彈十六枚、燬屋廿餘間、死一十六人、傷五十四人、燬民船五隻、詳情待查、

——摘自《南宁民国日报》，1939 年 8 月 18 日

敵在濮陽投毒井中

查爲傷寒病菌 用心實爲狠毒

【中央社洛陽十六日電】據報，我軍于收復濮陽後，發現敵在城內井中撒投各種病菌，並由井內淘得小瓷瓶甚多，當經查明爲傷寒，敵于泥淖愈深之時，出此不人道舉動，祇自促其滅亡也。

——摘自《河南民国日报》，1939 年 8 月 18 日

日轟炸機百架

大舉襲擊四川

重慶未被轟嘉定被轟炸

一部日機飛襲湖南瀏陽

（路透社十九日重慶電）今晨有日方轟炸機百餘架從漢口向上游飛出、內有干架飛往湘北、餘八十架分爲兩隊、一隊五十三、一隊二十七架入川省邊界、而向重慶飛來、中國驅逐機若干隊聞警後立即升空準備截擊、飛行甚高、故華機架數無從估計、但必甚多、因其砲聲軋軋震人耳鼓也、氣候晴和、視線頗佳、利於守方、民衆均預料、天空定有一場惡戰、但日機出現於渝市之南郊後、不作穿越華機陣線之企圖、依然向西飛去、而在嘉定投彈、並有若干盤旋於自流井之上空、歷若干時後飛回下游根據地、並未向渝市投彈、

（海通社重慶十九日電）今晨十時二十分、此間發出空襲警報、歷四小時之久、至午後二時半始解除警報、但日機並未飛入市空、據半官消息稱、確[illegible]日機一百架自漢口出發、但其中二十五架飛往湖南之瀏陽轟炸、七十五架向四川邊界去、另悉日機曾飛出重慶西南六十哩之江津、至被炸損失情形、尚未深悉、

——摘自《中华日报》（上海），1939 年 8 月 20 日

日機昨襲川省
成都亦被炸
飛返之際遭遇華機迎擊
傳曾被擊落三架或五架

（快訊社譯訊）法文上海日報載：漢口電，昨晨有卅餘架日機，離此而飛往四川轟炸，嗣據重慶方面傳來消息，則日機除在渝市附近投彈外，並飛往成都及嘉定轟炸。但日機由蓉飛返時，突在峨嵋山附近遇大隊華機，因而發生空戰。日機以油料不繼，未敢戀戰，落荒飛走，然仍被華機擊落三架或五架，華方則並無損失。

——摘自《大晚报》（上海），1939年8月20日

日海軍施擾下
閩東南的幾個島嶼
因無防禦設備致遭失陷
民衆奮起抗戰業有收復

【華南通訊】福建西北卿接大陸、東南頻海、二十五個月抗戰過程中、無時不遭受日本海軍的威脅依照軍事形勢看起來、福建似乎早就應該遭遇日人的侵擾了、可是、在日人兵源不足的矛盾下、第一期抗戰中、日本鐵蹄僅止於金廈兩島、非但福建已經保持了二十五個月的完整、連閩東南沿海的許多島嶼也都保持行政的完整、這是日人兵力薄弱的一個充分證明、

迎接着第二期抗戰、日華雙方力量相對地消長、目前日人非特沒有能力在中國內地發動大規模進攻、而且時時遭受華方的襲擊與消滅、全線已呈崩潰之象、爲了挽回國內外一般人視線、日人利用優越的海軍力轉而騷擾沿海、目前閩浙沿海形勢緊張萬分、這不是日人在軍事上的進展、相反地是日人軍事失敗的一種掩飾和窮途掙扎的表現、

福建海岸線遼長、在日本海軍恣意騷擾下、沿海線的每一據點、盡皆堅壁清野、充實防衛力量準備予來犯日人以困阻與打擊、而孤處海中的島嶼、在地理環境及軍略上、很容易遭受日人的侵擾、在日人的封鎖與進攻的口號中、數月來日兵沒有在閩東南沿岸任何一據點完成登陸企圖、日兵所能够侵擾的、僅僅是沒有防禦設備的島嶼、

這裏、將六七兩月遭日人擾騷的幾個島嶼介紹于讀者之前、

川石島—川石島是一個長僅一公里的石山、島上除了一些外國人及其產業外、中國同胞祇有少數漁民生息其上、川石島的自身沒有具備任何重要的價值、日人佔據它、爲的是它的地位恰好處在閩江口、抗戰以來、它已成爲客貨卸落的轉接站、佔據它、可以控制福州、封鎖閩江、阻止各國商輪進出、排擠第三國權益、

六月廿七日四百餘名日兵在川石島登陸、侵佔外商大東大北電報局局址、作久踞企圖、外人被驅逐、外人財產被侵佔、中國漁民、亦皆遭擄殺、這僅僅一公里的小島、遭受了空前浩劫、一個多月來、閩江口航運斷絕、許多外商輪船來而復返、在日人的封鎖下、首先遭受損失的是第三國、尤其是在遠東航業最繁盛的英國、

南日島—抗戰以前、南日島是海盜的一個盤踞地、島上居民强悍異常、自從首領高某歸誠後、南日的治安遂告安定、前隸屬福清縣、後改爲特種區、

南日孤處在興化灣外海面、扼守着興化灣的大門、日人爲了加緊封鎖興化灣及威脅莆田起見、於七月十三日進犯該島、南日軍民在後援無繼情形下、孤軍苦戰、終因衆寡不敵、敵方砲火過于猛烈、遂于是晚淪陷敵手、日人佔踞該島後、奸淫擄殺、無惡不作、南日民衆、賦性本極强悍

、由于不堪壓迫、遂于七月某日、在該區抗敵會主任委員林某及區長高某率領下、於晨光稀微中突擊敵營、敵猝不及備、死傷無數、餘衆潰退平潭、該島遂告克復、現黨政當局正分別嘉奬出力軍民、并責專人辦理善後、

南日軍民克復孤島的壯舉、已與閩南壯士夜襲金門并傳爲美談、

大墜島——大墜島與小墜島同處于泉州港口、也是一個無足輕重的蕞爾小島、日人佔據它爲的是加緊封鎖泉州港與威脅泉州、大墜島旁邊的獺窟島、是閩南有名的漁區、數千居民、全數業漁、自日人騷擾沿海的行爲變本加厲後、該島漁民迭遭擄殺、漁具漁船迭遭焚燬幾于不能出海捕魚、生計完全斷絕、現已有一部份漁民移徙內地、不久將全部遷徙、自從漁業停頓後、獺窟島已成爲貧瘠的荒島、九月中旬、日人遣軍艦十三艘、汽艇數十艘、大舉進犯該島、登陸後、不禁大失所望、遂放火焚燒、呼嘯而去、改踞大墜島、現在該島屯糧、有長久封鎖泉州港之勢、

平潭島——平潭島又名海壇島、在福淸灣海面、爲福建沿海金廈東壇四大島之一、島上設有縣治、金廈失陷、和閩南的東山島同爲福建僅存兩個大島、

據平潭逃出來的民衆說、這次平潭的失陷、與其說落在日人之手、寧說落在海匪之手、因爲這次進攻平潭是日匪互相勾結、日人利用海匪衝鋒、海匪利用敵人的砲火、說起來、無恥的海匪供日人作爲以華制華的工具、却是最可痛心的一回事、

七月五日晨、日機四架轟炸、日艦七艘發砲、在海空掩護下、匪首余阿呈率領匪徒數百人爬上平潭島、當與華方守備部隊發生猛烈遭遇戰、海匪雖然有優勢武器、終于有些胆怯、看看將被華軍打下海去、可是日人却用機關槍在後頭掃射、飛機也在火線上亂炸、海盜後退不得、祇好拚命衝鋒、日兵復派一隊助戰、華方部隊終因衆寡不敵、武器不敵而退却、平潭遂告淪陷、沒有兩天、僞組織出現了、余匪首做了「福建某某總司令」、僞縣長僞維持會長及一般大小傀儡也紛紛登台、不願做奴隸做順民的平潭民衆紛紛逃開、平潭變成鬼魅世界、

目前、金廈東壇四大島祇剩下東山島、日人已揚言將在該島開始軍事行動、雖然所說的期限已過去、但在日人專揀無防禦力量的孤島侵擾的今天、進犯是可能的、此外閩東南沿海還有像星般的無數小島、也都隨時可作爲日人誇耀武功的目標、令世界明瞭中日戰局的人士、誰都知道日人騷擾中國沿海島嶼、不過是一種無賴的舉動、即使沿海島嶼全數被佔、對整個戰局也毫無影響、

——摘自《中美日报》（上海），1939年8月20日

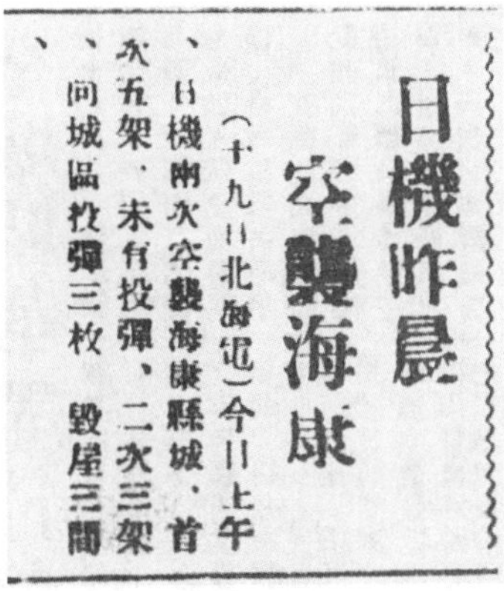

日機昨晨空襲海康

（十九日北海電）今日上午、日機兩次空襲海康縣城、首次五架、未有投彈、二次三架、向城區投彈三枚、毀屋三間、

——摘自《南华日报》（香港），1939 年 8 月 20 日

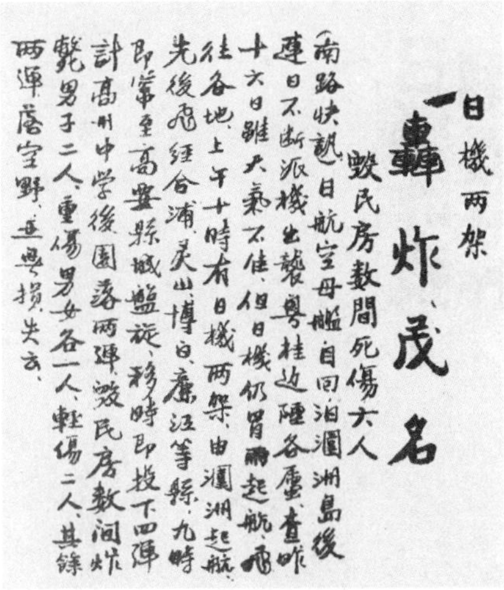

日機兩架轟炸茂名 毀民房數間死傷六人

（南路快訊）日航空母艦自回泊潿洲島後、連日不斷派機出襲粵桂边陲各處、查昨十六日雖天氣不佳、但日機仍冒雨起航、飛往各地、上午十時有日機兩架由潿洲起航、先後飛經合浦、灵山、博白、廉江等縣、九時即窜至高要縣城盤旋、移時即投下四彈、計高州中学後園落兩彈、毀民房數間、炸斃男子二人、重傷男女各一人、輕傷二人、其餘兩彈落空野、並無損失云、

——摘自《南华日报》（香港），1939 年 8 月 20 日

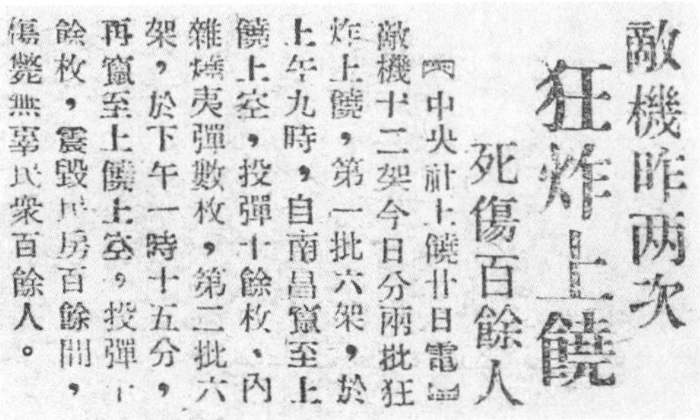

敵機昨兩次狂炸上饒 死傷百餘人

（中央社上饒廿日電）敵機十二架今日分兩批狂炸上饒，第一批六架，於上午九時，自南昌竄至上饒上空，投彈十餘枚、內雜燒夷彈數枚，第二批六架，於下午一時十五分，再竄至上饒上空，投彈十餘枚，震毀民房百餘間，傷斃無辜民衆百餘人。

——摘自《国民公报》（重庆），1939 年 8 月 21 日

日機昨炸粵北各地 渝傳日軍將攻宜昌

（二十日韶關電）今晨七時、日機四架、飛襲粵北各地翁源、連平、曲江等縣屬、均遭轟炸、損失稱微、

（二十日興寧電）潮安日軍、十四日與焦山附近之團隊、發生小戰、旋即各退原防、

（二十日上海電）渝訊、日軍決向宜昌進攻、將於八月底秋汛時開始行動云、

——摘自《南华日报》（香港），1939 年 8 月 21 日

日機昨飛湘贛狂炸

（快訊社廿二日重慶電）

據華方消息：日機多架，昨又飛湘贛二省轟炸。湘北之常德臨湘及贛南之吉水，均為日機轟炸之主要目標。

——摘自《大晚报》（上海），1939 年 8 月 22 日

日機轟炸四川嘉定 全城精華盡付一炬

（重慶廿一日電）據中國航空公司報告云、四川之嘉定被日機大舉轟炸、其中有燃燒彈多枚引起火頭多個、商業區完全被焚燬、全城被燬區域至少有四份三、又據此間華當局稱、上星期四日軍部得一無綫電情報、謂蔣之辦公署已遷往嘉定、故派大批飛機來襲嘉定、又查嘉定美人所辦之美爾美醫院幸尚得完整、但火焰已延燒到其門前、城郊近河岸之地區有許多外傳教士之住宅有被燒者、有幸得保存者、美人所設之華西顧問委員會、已派飛機協助、接載兩醫生兩看護來嘉定、

（廿一日上海電）日軍宣稱、日航空隊、于十九日初次派機空襲最近進行軍事準備之四川省嘉定縣、並于二十日上午、飛向長沙南方三十公里之之湘潭、施以轟炸云、

——摘自《南华日报》（香港），1939 年 8 月 22 日

四川嘉定綦江被轟炸

嘉定城內多處起火

廿日泰晤士報重慶電。昨日敵機深入四川。轟炸四川嘉定。嘉定在重慶西一百五十里。為鹽絲極富之區。某美籍傳教士。乘中國航空公司飛機。在嘉定空中盤旋。謂市內各區焚燒甚烈。平民死傷者數百人。嘉定亦係教育及教會中心。但教會多在被炸區之外。大抵無大損失。難民從內地逃至此處者甚衆。武漢大學現已遷至該處。

重慶南之綦江亦遭敵機轟炸。此間美國救濟機關現派專机赴嘉定。載醫生護士及救葯品救護傷者云。

——摘自《三民晨报》，1939 年 8 月 22 日

十五日敵機六架狂炸梧州慘況

本報梧州特訊：瘋狂敵機、連日以來、分批狂襲我後方桂、柳、邕、龍、武鳴、炸平、憑祥等、不設防城市、其兇燄可謂已極、然兇燄猶未稍戢、復於本月十五日分批到梧市肆虐、茲將各情分誌如下、

晨襲梧市

本月十五日上午六時卅八分、敵機六架分兩批、每批三架、沿西江侵入梧區防空範圍、本市即時發出空襲警報、敵機沿江西飛、六時四十七分、本市續發緊急警報、六時五十五分、該兩批敵機、先後經悅城、都城、來襲梧市、七時十五分、該第一批單翼雙發動機之敵機三架、即到本市上空、七時十六分、第二批敵機三架、亦繼續到達市空、在三千五百公尺之高空盤旋、當被我高射機砲排頭痛擊、敵機不敢低飛、乃在高空向市區投彈十八枚、七時三十七分、始離開市空向東飛、至八時卅四分、本市解除警報、

梧市災情

記者於解除警報後、前往各中彈地點調查災情如下：龍母廟大碼頭河面炸沉小艇一艘、北環街北四巷六十一號屋、各間塌燬、波及五十二、六十、十二、六十三等號、震塌瓦面、大中路卅九號中華書局前座塌燬、波及五十一號印度醫眼社、五十二號學羣書店、五十三號英華鞋廠、五十四號義和祥成衣店、五十六號同春洗染店、五十八號一龍成衣店及卅號等瓦面、鋪面、窗戶均燬爛、博愛路基督教宣道會前馬路、及左側空地各落彈一枚、未毀房屋、南環路六十五號中華印務局中座三樓炸穿、波及五十九號及博愛路二號屋、均塌燬瓦面、金龍街五十六號全間炸塌、五十八號前座倒塌、北山網球場附近落彈兩枚、未毀房屋、富民坊東山廟涌口、炸民船一艘、停泊該處之昭平民船之船伴李德輝、陸均明、在船尾墜水、料已溺斃、又東二村第二二三號艇之老婦劉鄧氏（六十二歲）、及其孫女（十一歲）、均被炸斃、另一昭平船有兩伴受傷、東山廟對開空地及河面落彈兩枚、撫河水面落彈五枚、均無損失、敵機狂炸後、警察局即派員調查被炸民房、以便賑濟、查此次敵機在梧市肆虐、因市民早經疏散避難、故死傷甚少云、

——摘自《南宁民国日报》，1939 年 8 月 23 日

日機昨襲渝

狂炸郊外難民區域

【美聯社重慶廿三日電】今晚日機二十七架對重慶西南附郭之難民收容地帶及最近由城中撤出之居民所在地、投彈數十枚、日機來時、計分兩批、一批於七點半鐘出現、另一批於七點四十五分鐘出現、傷亡額想必甚大、因此處缺少防空壕與避彈室也、日機轟炸後、當有三處起火、但在半小時內、即爲消防隊撲滅、按此次空襲警報發出時、爲六點半鐘、中國空軍昇空巡邏者、計有一隊、唯以天空月色皎潔、了無纖塵、故日機得以尋得目標、匆匆投彈、投彈後、日機即向東北逃去、華機緊隨其後、唯有無被擊落者、則尚無報告、警報解除五分鐘後、各商店即行開市、照常營業、

——摘自《中美日报》（上海），1939 年 8 月 24 日

兇燄未戢

敵機昨又襲本市

投彈十八枚毀屋廿間死傷各一

昨（廿三）日上午八時許敵水機八架、由北海面西北飛、八時十分本市發空襲警報、九時許敵機由綏淥向東北飛、九時零八分本市、發緊急警報、九時四十分敵機侵入市空開始投彈、計着彈地點、華強街落彈五枚、毀民房八間、北門平民住宅落彈十二枚、毀民房十間、死傷平民各一人、秀安鄉秀南村落手榴彈一枚、無損失、敵機肆虜後、即向西南角遁去、十時四十八分、本市解除警報、

——摘自《南宁民国日报》，1939 年 8 月 24 日

日機前日 又襲重慶

（廿三日重慶電）日轟炸機今日又來襲重慶、是日共有日機廿七架、分兩隊飛往重慶東南角投彈、料財產損失不大、但該處缺乏避難洞、料傷亡人數不少、今日下午六時半初次警報發出後、有華機兩隊升空迎擊之、其時月亮初放、天上無雲、日機來時、陸空之防軍能察見其動作、并密發高射砲以擊之、日機向下匆匆投下炸彈、則向東北飛去、但被華機追擊約歷五分鐘之後、即解除警報、市內立即恢復常態、

——摘自《南华日报》（香港），1939 年 8 月 25 日

敵機廿七架 昨濫炸沅陵

城郊落彈二百餘枚

中央社沅陵廿一日電 敵機二十七架、於廿一日午侵入本市上空、在城郊濫肆轟炸、共投彈二百餘枚、死傷詳情在調查中、同時又一批敵機十二架、竄往辰谿附近投彈、我無損失、

中央社常德廿一日電 敵轟炸機兩架、廿一日上午七時廿分、由鄂境經華容、分襲漢壽常德兩縣、投彈後即向東飛去、

中央社吉安二十一日電 敵機十六架、二十一日晨、分批轟炸吉水上饒、第一批七架、晨六時許、侵入吉安、窺察後、復折竄吉水、在城內外投彈二十餘枚、毀民房十餘棟、死傷十餘人、第二批六架、八時許竄至上饒投彈轟炸、去後又有敵機三架襲上饒、先後共投彈二十餘枚、死傷平民十餘人、

——摘自《时事新报》（重庆），1939 年 8 月 28 日

敵機昨竄本市肆虐

明江慶遠亦遭轟炸

昨（廿八）晨第一批敵機六架、由圍洲島向北飛七時六分本市發空襲警報、敵機經小董向西北飛、七時廿五分本市發緊急警報、七時四十八分由東南角侵入市空盤旋在北門外一帶、投彈十枚、手溜彈三枚、即遁去 十一時九分本市解除警報、計死女二人、傷男女七人、燬屋五間。又訊：今晨又有敵機二批一批十六架襲明江、一批十七架襲慶遠損失均未明。

——摘自《南宁民国日报》，
1939年8月29日

敵機日前襲桂各地續訊

前（一）日上午九時許、敵機八架襲賓陽、在新市場投彈四十餘枚、燬屋二十餘間、死平民五人傷數人、後在思瀧圩投彈十九枚、死傷數人

桂林一、電：敵機二架、一日晨八時許、飛柳州、宜山偵察、旋飛遷江投彈、另有敵機十八架分兩批、一批於九時一刻竄柳州上空、在河南岸郊投彈廿餘枚、後復在雞喇鐵柳州東、十餘里一投彈百餘枚、該處國民基礎小學被炸燬、第二批於九時廿二分、竄、賓陽投彈、後復飛忻城屬大塘投彈十枚、此間自晨迄午均在警報中、

——摘自《南宁民国日报》，
1939年9月3日

敵機昨襲貴縣

粵省梅菉亦遭敵機轟炸

本市適時發出空襲警報

昨（二）日上午六時許、第一批敵機五架、由北海發現、本市即發出空襲警報戒備、時敵機經靈山、橫州、襲貴縣、在市郊投彈約十餘枚、旋即向西南竄去、九時許本市解除警報、又七時許、第二批敵機六架、在廣東梅菉投彈數枚旋即向西南飛出海、又訊：昨（二）日十時許、敵機一架、在北海發現、本市發空襲警報戒備、時敵機旋向南飛出海、本市解除警報、

——摘自《南宁民国日报》，
1939年9月3日

敵機襲炸重慶市郊

四日聯合社重慶電。敵机竄入重慶、襲炸重慶市郊新築成之工業區及政府機關。我機騰空截擊。敵機倉皇逃去。國府要人在避彈室聽英皇佐治播音演說云

——摘自《三民晨报》，
1939年9月5日

敵機昨襲本省各地

上午第一批竄賓陽盧墟投彈
柳州被炸兩度竄玉林肆虐

昨（四）日上午六時許，敵機分兩批第一批六架，第二批六架，均在北海發現，轉向西北飛，似有竄本市模樣，六時四十四分本市當局發出空襲警報戒備，至七時十九分發出緊急警報，俄頃敵機第一批六架經邕市竄賓陽盧圩投彈，共約十餘枚，損失未詳，第二批六架在玉林投彈約廿餘枚，損失亦未詳，迨十時四十分敵機向南飛出海，本市始解除警報，

又訊：昨（四）日正午十二時三十分，敵機三批在北海發現，本市發出空襲警報戒備，十二時五十分，發出緊急警報，時敵機第一批十架竄貴縣，桂平投彈，第二批廿六架竄柳州投彈，第三批七架復竄玉林投彈，損失均詳，下午五時廿五分敵機向原路飛出海本市始解除警報云

——摘自《南宁民国日报》，1939年9月5日

日機昨又襲川

渝醫藥隊飛瀘救治

▲重慶十二日電　日機三十餘架、十二日午前、竄往鄂恩施投彈、其中九架、於投彈後即竄回、其餘廿餘架、則繼續西飛、在萬縣上空窺察、並擲下荒謬傳單後、亦即東去、渝市防空司令部、曾發出空襲警報、但旋即解除、

▲路透社十二日重慶電　醫藥隊一隊、定今晨乘特租飛機一架、往重慶西南百哩之瀘縣、爲該城昨遭日機空襲時炸傷者治療、此間雖尚未接瀘縣被炸詳情、惟衆信傷亡頗衆、因此間聞該縣並未設防也、按瀘縣係開戰以來初次被襲、聞參加襲擊之日方轟炸機、共三十六架、該縣醫藥頗感不足、據此間官塲宣稱、空襲時巡邏於渝市天空之中國驅逐機一隊、曾自重慶南飛、俾於日機自瀘縣飛返時、加以截擊、嗣與日機略有交綏、但雙方均無傷亡、此等日機、係取道湖北與貴州而飛抵瀘縣、又日方轟炸機九架、襲擊鄂西之巴塘等各城鎮、聞湘北之來鳳、亦被轟炸、

——摘自《新闻报》（上海），1939年9月13日

瀘縣被炸慘狀

人民死傷各四百人

▲路透社十三日重慶電　此間教會辦事人員恩第柯特氏、昨晨偕醫藥隊、由重慶飛往瀘縣、已於今晨飛返此間、據稱、九月十一日午刻、日機二十七架、飛往瀘縣、大施轟炸、目下該城三分之一、已成瓦礫、人民死傷各四百人、加拿大教會之醫院、教堂及住屋、已完全被燬、日機似係擇定該教會爲其目標、曾有重量炸彈二枚、直接命中該教會附設之醫院、另一枚落於教會住屋之花園中、第四枚命中住屋對街之教堂、炸燬其半部、華特女士及霍夫曼氏、當轟炸之時、雖均在城中、但均平安無恙、據由重慶趕往瀘縣之醫藥隊員估計、該處居民無家可歸者、約有二千餘戶、今晨一部份醫藥隊人員、離瀘返渝時、瀘縣城中之大火、仍未熄滅、蓋因城中起火之處、不下六七處、加以風勢强烈、故延燒甚廣也、由渝赴瀘之醫藥隊、計有王沈二醫師及看護三人、均係由上海派來服務者、赴瀘之時、携有英國對華振款二千元、以備應用、現時因教堂之屋頂、尙屬完好、故已改爲收容難民之所、教會醫院及醫師住宅、均被燒夷彈所中、完全焚燬、致所有藥品、醫院用具、及職員之行李等、均被焚一空、此外瀘縣另有醫院兩處、亦已焚燬、現以藥品及醫具等之缺乏、致今晨尙有半數受傷人民、未及醫治、重慶中國當局、已計畫另派飛機、載醫師及應用藥品赴瀘、大約星期五日可以成行、據恩氏語人、瀘縣城內、並無任何軍事目標云、昨日瀘縣幾又發生慘劇、因有飛往昆明之中航公司飛機一架、載同乘客及郵件、飛往瀘縣時、引擎忽發生障碍、該機之美籍機師、急將汽油•行李及郵件等、擲出機外、冒險在該處降落、幸駕駛得法、乘客及飛機、皆告無恙、

▲海通社重慶十三日電　據此間所接消息、日本飛機二十七架、昨日飛往湖北省政府所在地之恩施、加以轟炸、損失情形如何、尙無報告、按恩施在鄂川邊界、故當日機飛往恩施轟炸之時、重慶亦發空襲警報、日機昨日并飛往萬縣企圖轟炸、但被中國驅逐機、加以擊退云、

▲重慶十三日電　據此間當局稱、渝市幾遭日機慘炸後、空中防務益形鞏固、過去數日中、日機幾次圖欲侵入市空空襲、均因華方防備完整、同時華機奮勇驅逐、因此日機無可肆虐、現在華機每日盤旋市郊巡視甚密、昨晨防空部曾接日機來渝之報告、惟截至午後仍未見日機影踪、據悉日機因鑒於此間防務堅强、所以未敢侵渝云、

——摘自《新闻报》（上海），1939年9月14日

日飛機轟炸瀘州

（路透社十四日重慶電）本星期一有日轟炸機廿七[illegible]轟炸重慶西南一百七十里瀘州、投下炸彈多枚、全城[illegible]份一被炸毀、平民斃命之數四百名、傷者四百名、加拿[illegible]合傳教會之醫院、住宅[illegible]

——摘自《南华日报》（香港），1939 年 9 月 15 日

日機空襲寧夏

投彈四十餘枚

▲蘭州十五日電　日機二十八架、十五日上午十時五十分、經由陝北、侵入寧夏上空、在市區投彈四十餘枚、毀屋百餘間、死傷平民三十餘人、日機投彈後、即南飛、似有再襲蘭州模樣、此間防空部、當即發出警報、華機亦升空警戒、日機知有備、中途即行折回、

——摘自《新闻报》（上海），1939 年 9 月 16 日

敵機又竄閩西南肆虐

晉江永春永安被慘炸

永安起火燬民房百餘間

福州十八日電　今日清晨、廈門駛到敵航空運輸艦一艘、上載機十四架、旋即起飛分襲閩西南各地、在晉江投彈十餘枚、永春投彈七枚、其中二架八時竄襲永安、在城內投炸彈四枚、燒夷彈四枚、着彈處立時起火、延至下午二時已燬去民房百餘間、大火尚未熄滅、

——摘自《南宁民国日报》，1939 年 9 月 20 日

敵機

三十六架炸西安

▲中央社西安二十日電　敵機三十六架、二十日上午十時一刻、由晉襲西安、投彈數十枚逸去、炸毀民房百餘間、死傷平民三十餘人。

▲中央社石岐二十日路透電　今日有日機數架、在澳門附近各村落以機槍掃射往來行人、以致人民大爲震動。在石岐横門附近之日軍及日機、向該地之民軍進攻云。

——摘自《中央日报》（重庆），1939 年 9 月 21 日

大隊日機襲湘
沅陵受災最重

▲常德廿一日電 日機六十六架、今自晨至午、分五批、經常桃等地西竄、襲擾沅陵辰谿、第一二三批各九架、於上午九時至十時之間、先後侵入沅陵上空、投彈後即東逸、第四批廿七架、於十一時許、飛辰谿肆虐、投彈後、循原路而去、第五批十二架、於午刻又竄至沅陵投彈、并散放荒謬傳單、旋即飛逸、

——摘自《新闻报》（上海），1939年9月22日

日機炸福州

▲福州二十一日電 三日來載運日機狂炸閩西南各地之日航空運輸艦一艘、今由廈門駛抵閩海口外、仍載日機十四架、並有驅逐運輸艦各一艘隨來、午刻日機四架起飛、在福州洪山橋投十二彈、燬屋十餘間、死傷平民二十人、下午五時第二次來襲、在城外投三彈、死傷十餘人、

——摘自《新闻报》（上海），1939年9月22日

父母死於日機炸彈下
男童投浦自殺
先推下兩不相識日人
日人能游泳未遭滅頂
童被救起經捕房起訴

上海人馮則勇年十九歲、（因係廢曆十二日生、故實際尙未滿十八歲）向居閘北寶山路、其父素業印刷、家境尙裕、及八一三滬戰爆發、馮全家未及逃出、至八一八因日機轟炸、家業盡燬於炮火、舉家循寶山路圖逃入租界、乃當將及租界邊境時、又遇日機追炸、結果馮之父母即被

炸彈炸死 連屍骨亦無法找尋、馮則僅以身免、經設法逃入租界、但馮父母俱亡、又無親戚、雖圖謀一事業以資餬口、然迄未能如願、幸賴逃出時身畔携有法幣三百數十元、藉以維持生活、惟因區區微款、歷年以來卒告用罄、近以囊空如洗、天時日寒、兼之人地生疏、舉目無親、困苦無異地獄、遂生

覓死之念 乃於前日下午三時三十分左右、隻身至外灘十一號碼頭擬投浦自盡、詎此時適有日商麗洋丸船主日人松尾利市工程師緒方義則二人亦在該碼頭、擬乘駁船渡浦至浦東日清碼頭麗洋丸、馮此時腦中即盤旋其父母被炸之慘狀、頓起爲父母復仇之念、遂立即將二日人

推下浦江 亦隨之下浦、擬與同死、但二日人均能游泳、故得免於難、馮亦經碼頭上之人救起、由總巡捕房日探長小林翻查之下、以馮此舉實觸犯刑法二百七十一條殺人未遂罪、乃予收押、昨晨解送特一法院刑一庭、捕房律師汝葆彝陳明經過、並將馮在捕房所供圖害二日人之原因、

供單一紙 呈庭、繼由松尾利市等投述當時情形、詰之馮則勇供述前情、並稱對於二日人素不相識、在昨日我圖自殺時、忽聞二日人之談話、始知係屬日人、乃起爲父母復仇之念等詞、經馮世德推事核供、乃諭馮暫押、改期一星期再訊、

——摘自《新闻报》（上海），1939年9月22日

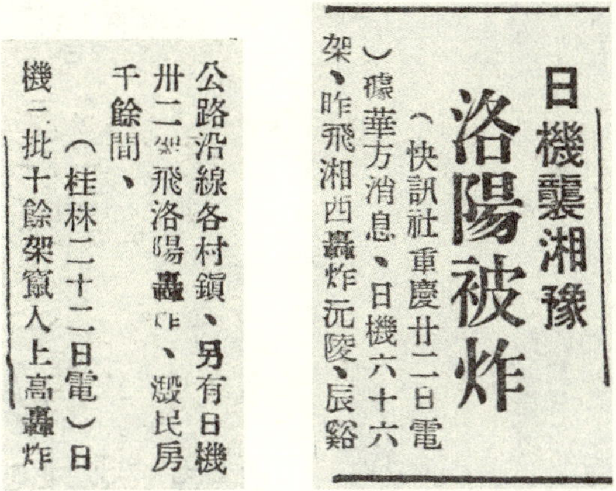

日機襲湘豫
洛陽被炸

（快訊社重慶廿二日電）豫華方消息、日機六十六架、昨飛湘西轟炸沅陵、辰谿公路沿線各村鎮、另有日機卅二架飛洛陽轟炸、燬民房千餘間、

（桂林二十二日電）日機一批十餘架竄入上高轟炸

——摘自《中华日报》（上海），1939 年 9 月 23 日

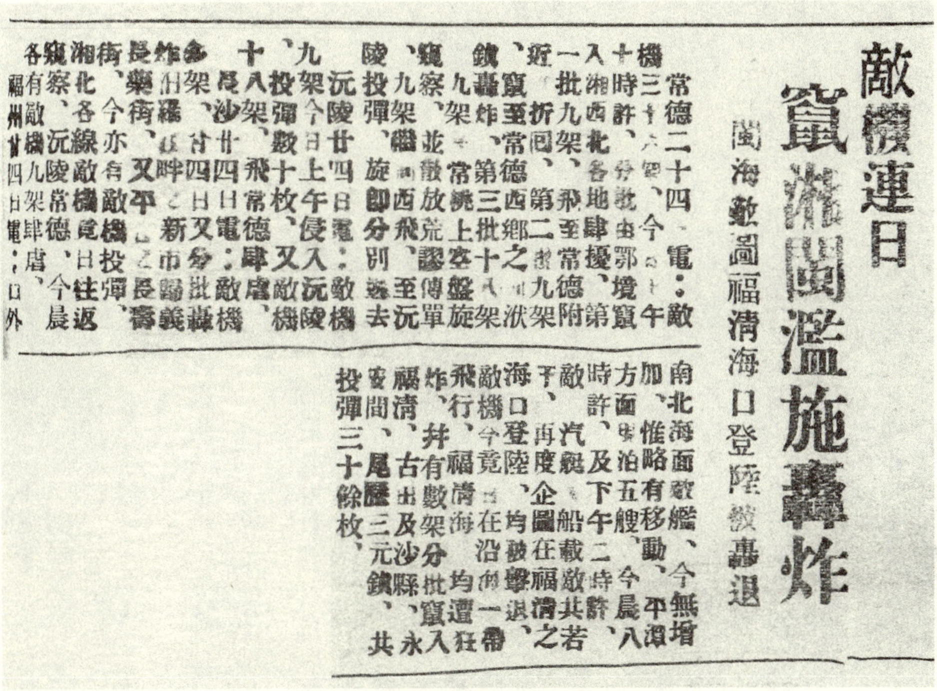

敵機連日
竄湘閩濫施轟炸
閩海敵圖福清海口登陸被轟退

常德二十四日電：敵機三十六架、今午十時許、分批由鄂境竄入湘西北各地肆擾、第一批九架、飛至常德附近、折回、第二批九架、竄至常德西鄉之河洑鎮轟炸、第三批十八架九架□常德上空盤旋、窺察、並散放荒謬傳單、九架、繼向西飛、至沅陵投彈、旋即分別遁去

沅陵廿四日電：敵機九架今日上午、侵入沅陵、投彈數十枚、又敵機十八架、飛常德肆虐、

長沙廿四日電：敵機多架廿四日又分批轟炸汨羅江畔之新市歸義長樂街、又平江之長壽街、今亦有敵機投彈、湘北各線敵機竟日往返竄察、沅陵常德、今晨各有敵機九架肆虐、

福州廿四日電：口外南北海面敵艦、今無增加、惟略有移動、平潭方面停泊五艘、今晨八時許、及下午二時許、敵汽艇□船載敵共若干、再度企圖在福清之海口登陸、均被擊退、敵機今竟□在沿□一帶轟炸、飛行、福清海□均遭狂轟、并有數架分批竄入福清、古田、及沙縣永安間、尾歷三元沙縣、投彈三十餘枚、

——摘自《南宁民国日报》，1939 年 9 月 26 日

日軍焚漁船

漁民請港政務司救濟

▲香港廿七日電 自八月底起、華漁船被日船焚燬者、逾八十艘、遭難漁民、達五百名、港漁民協會代表魚廿七日謁華民政務司請求保護、政務司深表遺憾、謂當局擬向日方交涉、希望不再有此種事件發生、惟漁船在英領海三里內捕英海軍、當予以保護云、

——摘自《新闻报》（上海），1939年9月29日

日機襲楡林

投彈百餘枚

▲楡林廿七日電 日機十二架廿七日上午兩次飛楡林轟炸、投彈百餘枚、炸塌房屋數十間、傷亡廿餘人、

——摘自《新闻报》（上海），1939年9月28日

新北京輪在溫遭空襲

輪身略受彈傷

外訊、太古公司新北京輪船、於本星期二下午繫泊溫州、適值日機空襲、一彈在江岸爆炸、時有一部份貨物卸於岸上、遂被炸毀、輪身略受彈傷、

——摘自《新闻报》（上海），1939年9月29日

日機炸溫州

新北京新祥泰均被彈片波及

據航業界消息、溫州方面、於本月二十七日晨起、曾有日轟炸機三架、在該處投彈轟炸、所有拋泊該處之英商新北京新祥泰等輪、均有彈片波及、惟幸損傷甚微、船上人員、亦未有死傷、但在溫州碼頭方面之苦力小工、因兼受日機機關鎗之掃射、似有多人死傷云、

——摘自《新闻报》（上海），1939年9月29日

日機昨兩襲重慶

▲路透社廿九日重慶電 日機十二架昨夜轟炸重慶東郊後、今日淸晨又有日轟炸機空襲渝市、據官方宣稱、第二次空襲適在午夜之後、日機共三十六架、分爲二隊、各十八架云、日機並未飛抵渝市上空、祇飛過市郊而巳、當時探照燈向日機射照、高射炮隊則施放信號彈準備向日機轟擊、惟日機避不飛至市空、而轟炸渝市西郊、然後飛返根據地、

▲美聯社重慶廿九日電 重慶自昨晚黃昏起直至今晨三時止、因有日機兩批轟炸重慶郊外、及萬縣附近之梁山、故始終在空襲之警戒狀態中、第一批日機來此轟炸市郊者、計有九架、於晚間九時出現、至十二時後、第二次警報又發、當有日機三十六架侵入川省、其中十八架轟炸重慶市郊、其餘各機則轟炸萬縣附近之梁山、就重慶言、因濃雲低壓、日機視線不淸、故所投之彈、多不中的、且皆落於郊外、

▲重慶廿九日電 日機十八架廿九日晚自鄂襲川、當溯江飛抵川境後、分爲兩個編隊機羣、其一編隊羣襲渝、惟因月色晦淡、濃霧瀰漫、日機毫無標的、在郊野投彈後逸去、至另一編隊羣、則飛川北某地投彈後、亦卽逃遁、華英勇空軍曾升空迎擊、但日機未敢戀戰、卽忽忙逸去、華空軍旋亦盤隊返防、

▲路透社廿九日重慶電 今晚日機又空襲重慶東郊、日機九架、曾轟炸重慶西北、渝蓉中間之遂甯、重慶今晚七時三刻發出警報、兩小時後始行解除、

——摘自《新闻报》（上海），1939年9月30日

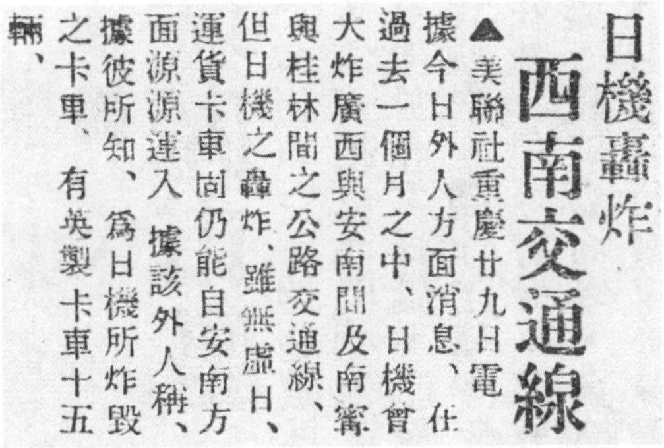

日機轟炸

西南交通線

▲美聯社重慶廿九日電 據今日外人方面消息、在過去一個月之中、日機曾大炸廣西與安南間及南寧與桂林間之公路交通線、但日機之轟炸、雖無虛日、運貨卡車固仍能自安南方面源源運入、據該外人稱、據彼所知、爲日機所炸毀之卡車、有英製卡車十五輛、

——摘自《新闻报》（上海），1939 年 9 月 30 日

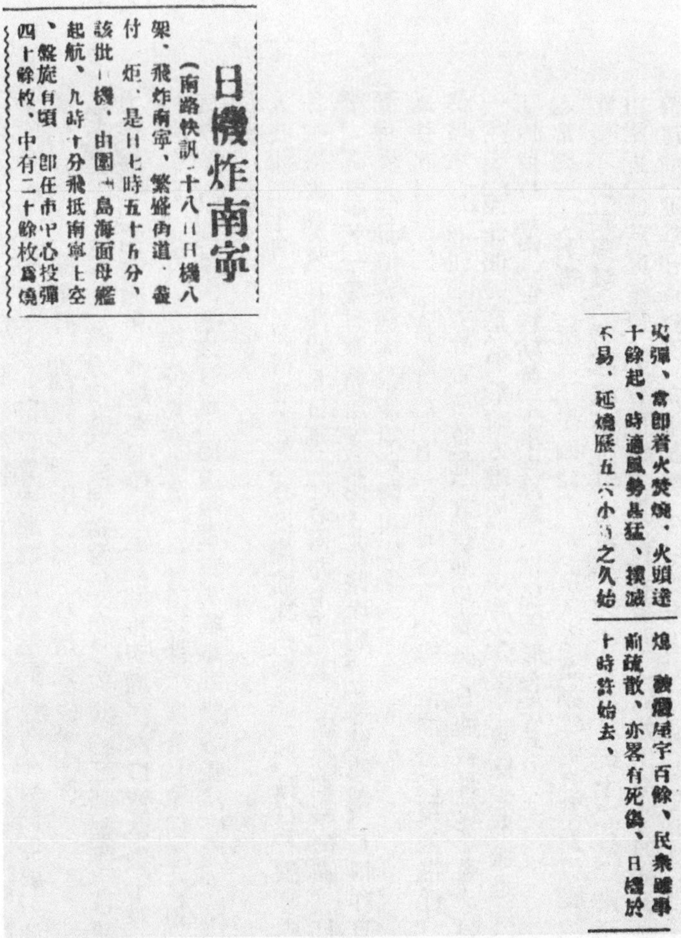

日機炸南寧

（南路快訊）十八日日機八架、飛炸南寧、繁盛街道、盡付炬、是日七時五十五分、該批日機、由圍洲島海面母艦起航、九時十分飛抵南寧上空、盤旋有頃、即在市中心投彈四十餘枚、中有二十餘枚爲燒夷彈、當即着火焚燒、火頭達十餘起、時適風勢甚猛、撲滅不易、延燒歷五六小時之久始熄、被燬屋宇百餘、民衆臨事前疏散、亦畧有死傷、日機於十時許始去、

——摘自《南华日报》（香港），1939 年 9 月 30 日

興化

日機轟城區市廛

（本市訊）頃據金融界某私人方面接蘇北興化來電稱、日機於廿六日晨、已飛至興化城內、轟炸江蘇省政府所在地、但蘇省府早已另遷他處、故被轟炸者、多爲市廛、且有銀行數家亦被毀、損失待查云、

——摘自《中华日报》（上海），1939年10月1日

日海空軍肆虐

▲長沙廿九日電　自廿七日午日機兩架、竄抵本市肆虐後、三日來日機不分晝夜、結隊更番轟炸長沙、計文藝中學羣治學院經武路小吳門等處、先後共投彈二百餘枚、東郊外之湖蹟渡被中多彈、焚燬民房數十間、

▲重慶二十日電　華方消息、由湘北南犯之日軍、共約三師團半、自經華軍奮力擊殺後、死傷過半、前昨兩日中由洞庭湖移至湘江內口汽艇數十艘、圖在江中聯絡陸上部隊南進、完全被華軍一一擊沉江底、所有日軍同遭沒頂、死屍四處浮氽、沿鐵道南進之日軍、仍遭華軍奮勇截擊、據悉長沙守衛甚堅、決無可虞云、

▲長沙三十日電　日機廿五架、分批轟炸株州瀏陽三門滌口石灣等處、轟炸各次損失甚微、長沙以北日軍、昨分兩路南犯、其一循粵漢路南進、已抵三集橋、（譯音）另一股日軍循通至長沙之舊路進犯、已達福臨舖、日機昨日轟炸湘潭與株州、日偵察機亦飛衡陽祁陽與零陵云、

▲快訊社長沙三十日電　聞有一部日海軍小艇、由洞庭湖竄入湘江、企圖進襲省垣、爲湘江華方守軍所發覺、立行加以殲滅、日艇被轟沉淨盡、日兵亦無一生還、至此間人民、對於前方戰局、具必勝之信念、現除老弱撤退外、其餘壯丁均留守城中、忙於防禦工事之勞働、軍民極形合作云、

▲常德三十日電　沅江下午四時電話、竄入荷葉湖等處日軍及汽艇、除三五艦艇不時結隊駛至蕭家鎮附近湖面滋擾外、今晨有日艇十二隻、竄至上下青山附近、對該處騷擾、又有日艦二隻、經新發沙、（六姓山南）向楊民湖一帶巡游窺伺、被華守軍發現、立即截擊、日艇即對楊家山（與六姓山相對）發射三十餘炮、各處日艇、現尚逗留未去、華軍正嚴密監視其行動、

——摘自《新闻报》（上海），1939年10月1日

大隊日機 又乘月夜襲川

並侵入成都投彈轟炸

▲重慶二日電　日大隊機羣、復乘一日月明星稀夜、自鄂西襲川、當日機竄入川境後、華空軍曾升空應戰、惟日機復分爲數批、經渝折向北飛、往襲川北、並曾侵入蓉市上空投彈轟炸後、倉卒折回、企圖循原路逃遁、惟時已夜深、白霧瀰漫、日機乃三五成羣、分路亂竄、嗣仍沿江東遁、渝防空部曾發出緊急警報、日機逸後、始行解除、

▲成都二日電　日機兩批、共計三十餘架、二日晨、初次夜襲蓉市（成都）先後分在南北郊投彈多枚、當日機於三時四十分接近市區時、華防空部隊、早已嚴密戒備、華方空軍、於日機到達時、當即迎頭痛擊、地上防空部隊、亦同時大顯威力、加以轟擊、燈火管制嚴密、日機無法發現目標、倉皇在郊外肆虐、投彈後逸去、華空軍沿途奮勇追擊、蓉市於四時三十分、解除警報、事後調查、毫無損失、

——摘自《新闻报》（上海），1939 年 10 月 3 日

日機夜襲川西

瀘縣宜賓被炸

▲重慶三日電　日機大隊數約四十五架、分爲五批、復於二日晚自鄂溯江西飛襲川、今夜雖月色皎潔、但大霧漫天、當日機五批竄入川境後、乃冒霧向西航進、其第一二兩批經渝後、並未停航、仍西飛往西瀘縣宜賓、其第三四兩批、竄近渝空、曾在渝空附近盤旋良久、旋亦繼續西飛、　此後第五批日機、亦跟蹤經渝西去、此五批日機、乃先後在川西之瀘縣宜賓投彈轟炸、損失不詳、　日機投彈後、乃復折回沿江東飛、經渝復折回向南逸去、此間防空司令部曾發出緊急警報、於今晨始行解除

——摘自《新闻报》（上海），1939 年 10 月 4 日

中山重要機關被炸

日艦昨晨又砲轟張家邊

(中山專訊)中山縣四區東蕭子一帶、三日晚日軍曾向該處派兵登岸、因所謂團隊守軍、巳先聞風潰竄、故日軍得以長驅直進、直行抵達目的地、日軍在蕭子略爲休息後、旋又於四日晨自動撤退回艦、斯時團隊又復開入、形似小孩子捉迷藏、似此而言抗戰、所苦者貧苦老百姓耳、

昨(五)日晨五時半、日艦一艘、在大王頭海面、來往游弋、事前并向附近我團[illegible]陣地偵察、移時即向四區張家邊開砲轟擊、約有數响、見岸上絕未還擊、旋即退去、

前(四)日下午、有日機分批飛往石岐、在市區附近偵察後、即分每批一二架襲石岐、一二三等批則開機關槍掃射、四批一架、向市內投彈四枚、死傷數人、塌屋數間、昨(五)日晨八時半、又有日機 架、飛石岐開機關槍掃射、聞前日所投之彈、係炸中山某重要機關云、

——摘自《南华日报》（香港），1939 年 10 月 6 日

日機又炸毀美教產 美方已提出抗議

▲北平 此間美當局昨晚所傳出之消息稱、九月二十二日日機轟炸魯省沂縣之美國教會、本年內美教產爲日機所轟炸者已過五十起、沂縣美教會雖懸有極大之美國旗、同時其財產之地點、亦巳於數月前由日方之要求報告日方、而日本飛機仍於該處投下炸彈四枚、教產所受損失極重、惟在該處之美教士六名未受傷、此間美方巳向日本大使館提出抗議、據悉日美間關於新的美國產業及權利之案件巳超過一千云、

○ ○ ○

——摘自《新闻报》（上海），1939 年 10 月 8 日

中山被炸 災情奇重

▲粵省前方某地七日電 中山縣縣城、及附近各地、連日遭日機濫炸、素稱繁華之石岐街市、及附近鄉鎮、巳淪爲廢墟、五六兩日日機十餘批、每批二三架不等、輪廻低飛、向各村鄉掃射機鎗、鄉民一時無處走避、致死傷枕藉、石岐等地、英美教堂、多炸毀、教士亦有傷亡、日機此種行爲、在內地巳數見不鮮、惟在鄰近港澳之中山縣境、則以此次爲最烈、日方之同盟社、亦承認中山巳成焦土云、

——摘自《新闻报》（上海），1939 年 10 月 8 日

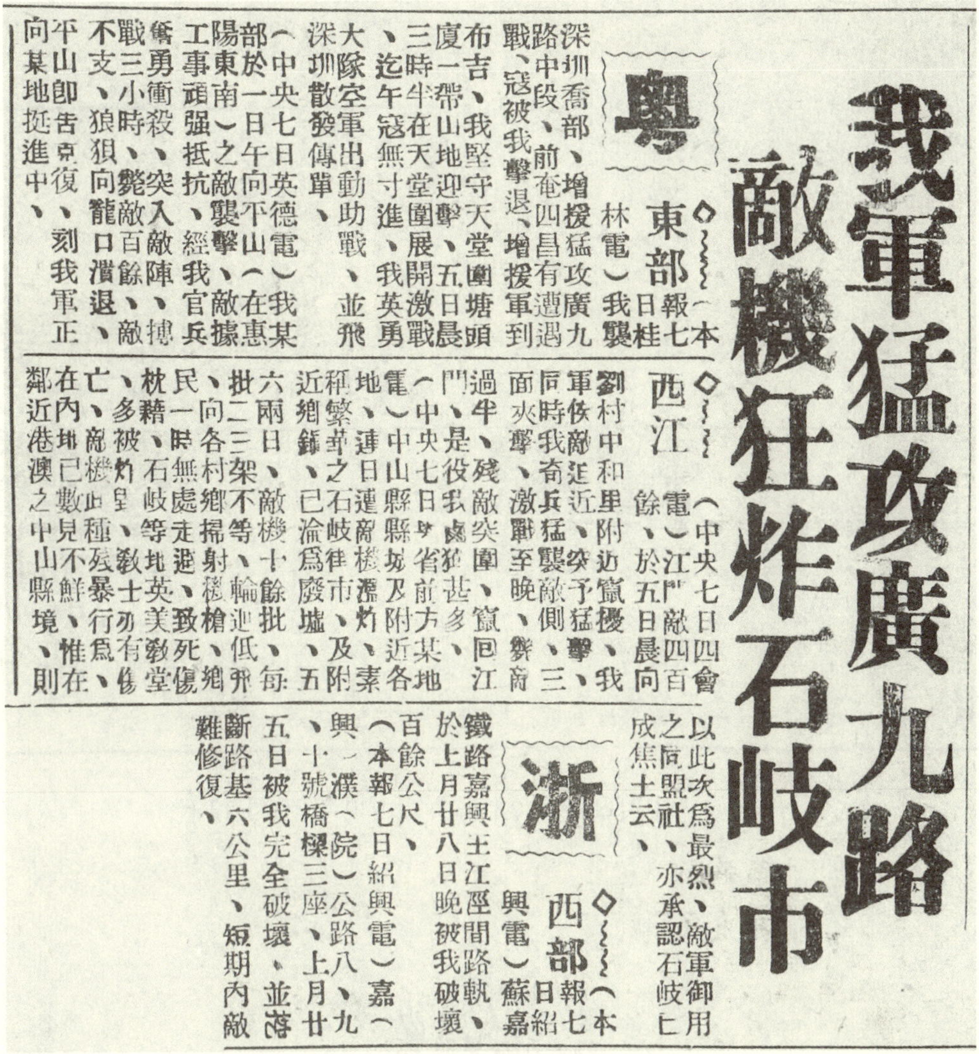

我軍猛攻廣九路
敵機狂炸石岐市

粵

◇東部（本報七日桂林電）我襲深圳喬部、增援猛攻廣九路中段、前奄四昌有遭遇戰、寇被我擊退、增援軍到布吉、我堅守天堂圍塘頭廈一帶山地迎擊、五日晨三時半在天堂圍展開激戰、迄午寇無寸進、我英勇大隊空軍出動助戰、並飛深圳散發傳單、（中央七日英德電）我某部於一日午向平山（在惠陽東南）之敵襲擊、敵據工事頑強抵抗、經我官兵奮勇衝殺、突入敵陣、搗戰三小時、斃敵百餘、敵不支、狼狽向龍口潰退、平山即告克復、刻我軍正向某地挺進中、

◇西江（中央七日四會電）江門敵四百餘、於五日晨向劉村中和里附近竄擾、我軍俟敵逼近、突予猛擊、同時我奇兵猛襲敵側、三面夾擊、激戰至晚、斃敵過半、殘敵突圍、竄回江門、是役我虜獲甚多、（中央七日粵省前方某地電）中山縣縣城及附近各地、連日遭敵機濫炸、素稱繁華之石岐街市、及附近鄉鎮、已淪爲廢墟、五六兩日、敵機十餘批、每批二三架不等、輪迴低飛、向各村鄉掃射機槍、炮民一居無處走避、致死傷枕藉、石岐等地英美教堂、多被灼斃、教士亦有傷亡、敵機此種殘暴行爲、在內地已數見不鮮、惟在鄰近港澳之中山縣境、則以此次爲最烈、敵軍御用之同盟社、亦承認石岐已成焦土云、

浙

◇西部（本報七日紹興電）蘇嘉鐵路嘉興王江涇間路軌、於上月廿八日晚被我破壞百餘公尺、（本報七日紹興電）嘉（興—濮（院）公路八、九、十號橋樑三座、上月廿五日被我完全破壞、並將斷路基六公里、短期內敵難修復、

——摘自《东南日报》（金华），1939年10月8日

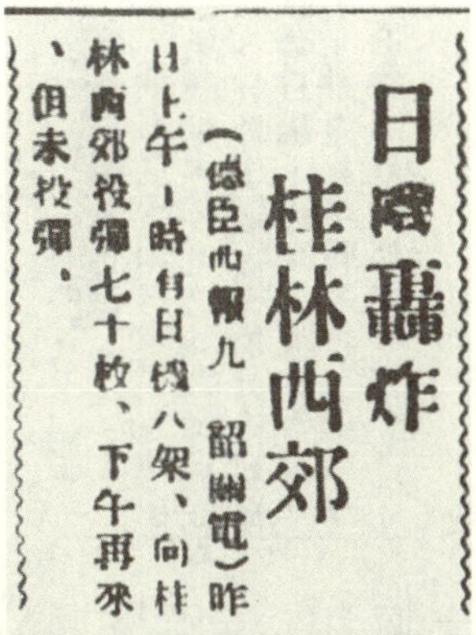

日機轟炸
桂林西郊

（[illegible]報九 韶關電）昨日上午十時有日機八架、向桂林西郊投彈七十枚、下午再來、但未投彈、

——摘自《南华日报》（香港），
1939年10月10日

日機狂炸西安

益增市民敵愾同仇心

桂林昨亦被炸

【西安十二日電】十一日上午六時十分起、日偵察機兩架、分兩次窺視西安、八時四十五分起、復有日機卅六架由晉飛陝、分三批侵入西安市空轟炸、下午一時半、又有日機卅六架、分三批侵入市空、共投彈百餘枚、燬房屋二百餘間、死傷平民廿餘人、同日上午八時許、日機十六架飛宜川轟炸、下午三時許、日機十二架飛大荔轟炸、損失均微、【西安十二日電】十日本市數十萬民衆、竟日在緊張之空氣與憤怒之情緒中、渡過雙十節、自晨八時五十五分至下午六時、日機七十餘架、分批擾陝、並五次竄襲本市、解除警報後、記者赴被炸區域視察、街市民衆、咸以日機乘中國國慶紀念之際、濫施屠殺平民之暴行、無不切齒痛恨、愈益加强堅決抗戰之決心、上午八時五十五分、日機一架、先竄至市空盤旋窺視、九時五十分、第二批卅六架侵入市空、在城郊投彈後逸去、下午一時零五分、又發現日機卅六架、分三批、每批十二架侵入市空、在城郊投彈狂炸、並有二架在高空窺伺指示、經華高射槍砲集中火力壓迫逸去、據觀察中有一架尾部受傷、四時許、平民縣境又發現日機六架西竄、四時五十分三架侵入市空、投彈後逸去、另有三架到臨潼後、即東去、又禹門及韓城亦於今晨八時至十一時間、先後發現日機肆擾、在韓城某地投彈一枚後逸去、統計日機今日由晉竄陝、先後五次肆擾本市、共投百餘彈、華方損失無多、【桂林十二日電】日機兩架十二日晨侵入柳州盤旋窺察、另一批飛桂林市、在北郊投彈四十餘枚、[illegible]

——摘自《中美日报》（上海），1939 年 10 月 13 日

敵机襲炸成都貴陽等處

十一日共同社上海電。敵軍從中山縣敗潰。中山縣已被我軍收復。該處已無敵踪。

昨日敵軍乘我國慶日、狂炸多處。敵機分九班從漢口起航。每班九架。轟炸貴陽。四川自流井等處。自流井在成都東南四十里。重慶有空襲警報。但敵機未至。成都晨間遭空襲。傳蔣委員長在成都云。（中）

——摘自《三民晨报》，1939 年 10 月 13 日

敵機四批襲川湘
南川昨日被狂炸

（中央社）重慶十三日電、最近敵於前線失利之後、百無聊賴，乃復派機四出濫炸，藉以洩憤，實爲無恥之尤，敵於前日曾派機往炸陝省各地，十三日又出動敵機七八十架，分襲我湘西川陝各地，今日敵機分爲四批來襲，其第一批敵機十八架，由鄂襲湘西之阮陵、投彈轟炸後，即行逸去，旋第二批敵機十五架，亦跟踪飛往湘西之辰谿投彈，即回飛經過阮陵時，再行投下餘彈後、始行逸去，至第三批敵機計有三十六架，則逕由鄂西飛來，襲川東之梁山因無法找尋目標，乃濫行投彈後，向鄂東遁去，惟損失詳情尚未查明，至第四批敵機亦機十八架，則由鄂往襲川南之南川，竟無目標投下多數之爆炸彈及燒夷彈，一時城郊曾有多處着彈起火，延燒甚烈，民房被毀數十間，平民死傷者，亦達百餘人，敵機肆虐後，即行東竄，此間防空司令部曾發出空襲警報，於午後始行解除，又此間聞南川被炸後，新運總會及渝緊急救濟聯合辦事處，均派人攜帶藥品及其他物作提

往南川從事急振、

（中央社）常德十三日電，敵機多架、今又分批侵襲辰谿，一批十八架於十時，竄擾川南南川縣，一批三十六架於下午一時飛襲梁山、

（中央社）阮陵十三日電，今日上午十時許，敵機六架，侵入本市上空，在郊外投彈數十枚，損失詳情在調查中，另一批敵機九架，竄入辰谿投彈、

（中央社）西安十三日電，敵機於今晨陸續飛陝肆擾，凡二十架，分三批由晉竄陝，八時許在城郊一帶投彈十三枚，我無損失，繼於十一時半先後到達華縣、渭南投彈七十餘枚，死無辜平民二十餘，旋飛郃陽沿河窺視、最後一批九架，於午後一時四時分兩度侵入渭南投彈三十餘枚後東逸、

——摘自《华西日报》，1939年10月14日

日軍大敗之後

「派機四出濫炸」

陝川湘等省均遭肆虐

無辜平民死傷極慘重

【重慶十三日電】最近日軍於前線失敗之後、百無可賴、乃復派機四出濫炸、藉以洩憤、日軍於日前曾派機狂炸陝省各地、十三日又出動日機七八十架、分襲華方湘西川南各地、今日日機分四批來襲、其第一批日機十八架、由鄂襲湘西之沅陵、投彈轟炸後、卽行遁去、第二批日機十五架、亦跟蹤飛往湘西之辰谿投彈、卽回飛、經過阮陵時再行投下十餘枚後、始行逸去、至第三批日機、計有三十六架、則由鄂西飛來、襲川東之梁山、因無法找尋目標、乃濫行投彈後、向鄂東逸去、惟損失詳情、尚未查明、至第四批日機亦係十八架、則由鄂往襲川南之南川、毫無目標、投下多數之爆炸彈及燒夷彈、一時城郊曾有多處着彈起火、延燒甚烈、民房被毀數十間、平民死傷者亦達百餘人、日機肆虐後、卽行東遁、此間防空司令部發出空襲警報、於午後始行解除、又此間聞得南川被炸後、新運總會及渝緊急救濟聯合辦事處、均派人携帶藥品及其他物件、趕往南川從事急救、●

【西安十二日電】日機今晨賡續飛陝肆虐、凡廿架、分三批由晉竄陝、八時許、在城郊一帶投彈十三枚、華方無損失、繼於十一時半先後到達華縣渭南、投彈七十餘枚、死無辜平民廿餘、旋飛郃陽沿河窺視、最後一批九架、於午後一時四十分再度侵入渭南、投彈卅餘枚後東逸、

——摘自《中美日报》（上海），1939 年 10 月 14 日

血債

暴敵在湘北

殺平民五千

▲中央社長沙十四日電 此次長沙會戰、敵於飽受重創之餘、遷怒我無辜民衆、頃據調查、僅就大荆街、長樂街、新市、平江、金井、福臨舖、上杉市等七地、遭敵槍殺居民、卽達五千餘人、而婦女之被姦淫屠殺、尤慘絕人寰、就平江言、婦女慘遭姦斃者達三十餘、被汚者則一時無法估計、凡遭姦斃之婦女、全身赤裸、棄置道旁、雙乳皆被割去、上部血跡殷然、令人不忍卒視、金井有一孕婦、於被汚後、復遭敵破腹剜胎、其殘忍暴戾實爲亘古中外所未聞、現我當局、正全力撫慰救濟中●

——摘自《中央日报》（重庆），1939 年 10 月 15 日

湘北空前浩刦

倭寇大敗潰竄時 慘殺民衆五千

姦死婦女剖腹剜胎割乳

殘忍暴戾亘古中外罕聞

我當局撥欵米趕辦賑濟

︵中央十四日長沙電︶此次長沙會戰、敵於飽受重創之餘、遷怒我無辜民衆、頃據調査、僅就大刑街、長樂街、新市、平江、金井、福臨鋪、上杉市等七地、遭敵槍殺居民即達五千餘人、而婦女之被姦淫屠殺、尤慘絕人寰、就平江而言、婦女慘遭姦斃者達三十餘、被汚者則一時無法估計、中遭姦斃之婦女、全身裸露、棄置道旁、雙乳皆被剜去、下部血跡斑然、令人不忍卒覩、金井有一孕婦、於被汚後、復遭敵剖腹濫胎、其殘忍暴戾、實爲亙古中外所未聞、現我當局正全力撫慰救濟中、

︵中央十四日汨羅電︶我軍十三日晚攻擊新牆鎭東北之西塘、斃敵百餘人、並將敵前在湘北會戰中虜去我民婦百餘人、全部搶救同籍、

︵中央十四日長沙電︶此次長沙會戰、我湘北民衆備受敵寇蹂躪、湘省府撥款十二萬元、戰區兵站總監部撥米一萬包、飭由省振委會會同戰區政治部及當地長官從速賑濟、以救災黎、而資激勵、

——摘自《东南日报》（金华），1939 年 10 月 15 日

滬寇強刦文物

侵佔交行樓屋

︵中央十三日香港電︶滬訊、十二日下午四時、有便衣日人二名、至外灘交通銀行、自稱係日憲兵司令部代表、欲在此廈中租一辦公處、當經該行婉辭拒絕、十三日晨七時、突有日便衣隊員念人、聲稱係日憲兵司令部人員、衝入該行、向司閣捕及行役強衆鑰匙、登三四檔該行之淪陷區行員辦事處、對所有傢具文件等物、擅自移去、並禁止該行人員入內、迄晚未退、有久佔之意、據息敵方佔據該行一部份房屋、企圖設立租界日憲兵司令部、之辦事處、公共租界捕房得報後、會派西探及高級警員前往交涉、迄無結果、

——摘自《东南日报》（金华），
1939 年 10 月 15 日

日機昨擾陜

【西安十六日電】日機十七架、於十六日晨七時許、由晉竄洛川上空、投彈百餘枚、死傷平民卅餘人、毀房屋百餘間、又十一時半日機十五架分兩批襲蒲城、投彈六十餘枚、死傷平民八十餘人、毀房百餘間、

——摘自《中美日报》（上海），
1939 年 10 月 17 日

日機襲南川 法教堂被炸

無辜人民死傷甚多

▲美聯社重慶十九日電 據今日此間消息、本月十三日日機曾在重慶東南五十英哩處之南川大施轟炸、按南川人口僅有二萬、此次日機轟炸結果、中國平民炸死者竟有二百名、受傷者達五百名、同時法國天主教神父達尼盎亦被炸傷、頭間腿間皆有彈片傷痕、今日始坐轎來渝在法國天主教會醫院治療、據言、南川天主教堂、價值五十萬元、經日機此番轟炸後、已成一片灰燼、又據達神父言、南川人口既不衆多、對於空襲、全無防禦、其中民衆多爲農民、與外界遷入之難民、初不知此處亦將遭受空襲、故日機來時、人民皆一如平時、毫不趨避、因此傷亡極大、同時日機投彈後、南川民房、延燒達二十四小時始熄、

——摘自《新闻报》（上海），1939 年 10 月 20 日

日機空襲桂省平南

▲桂林二十三日電 日機六架、二十三日晨九時三刻、飛平南投彈十餘枚、死一人傷三人、

——摘自《新闻报》（上海），1939 年 10 月 24 日

閩振濟會統計

日機轟炸閩省

傷亡八百六十人被難二千餘戶 財產損失五百一萬六千餘元

永安通訊：本省境內、迭遭日機狂炸、無辜民衆、死傷暨財產損失、亟待調查、茲聞省振濟會據各縣區之調查報告、截至本年七月底止、經統計結果、肆虐日機共投彈一千[illegible]百五十[illegible]枚、炸死者三百四十四人、受傷者五百十六人、因被難而流離失所者一千一百餘戶財產損失五百一十一萬六千三四十二元、間以福州及閩侯市江營江閩安龍溪等縣損失嚴重、連江之苔菉鎮及小埕等處、僅七月二三兩日房屋被燬計達九百餘家、民衆流離失所者二千一百餘人、財產損失二百萬、其餘未據填報各縣區、尚不在內、該會發給空襲救濟費已達七萬七千二百元、至今各縣區在留縣救濟金項下、先行酌撥者尚不在內云、

——摘自《南宁民国日报》，1939 年 10 月 25 日

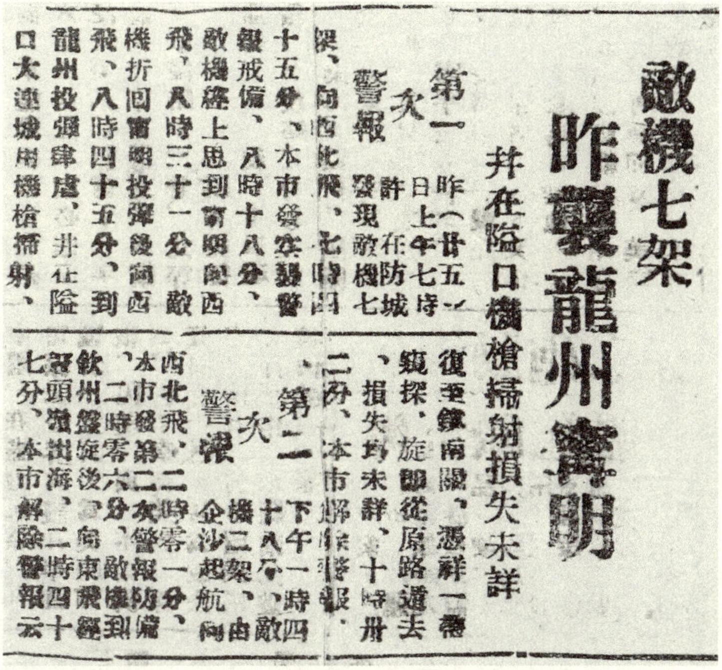

敵機七架 昨襲龍州寧明

并在隘口機槍掃射損失未詳

第一次警報

昨（廿五）日上午七時許，在防城發現敵機七架，向西北飛，七時四十五分，本市發空襲警報戒備，八時十八分，敵機經上思到寧明向西飛，八時三十一分，敵機折回寧明投彈後向西飛，八時四十五分，到龍州投彈肆虐，并在隘口大連城用機槍掃射、復至鎮南關，憑祥一帶窺探，旋即從原路遁去、損失均未詳，十時卅二分，本市解除警報，

第二次警報

下午一時四十八分、敵機二架、由企沙起航向西北飛、二時零一分、本市發第二次警報防備、二時零六分、敵機到欽州盤旋後、向東飛經犀頭灘潿海、二時四十七分、本市解除警報云

——摘自《南宁民国日报》，1939 年 10 月 26 日

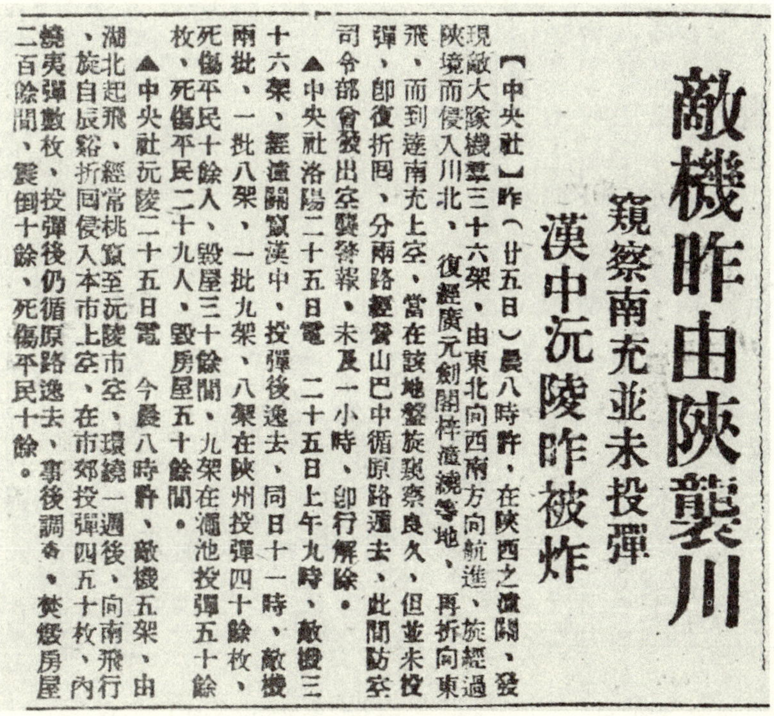

敵機昨由陝襲川

窺察南充並未投彈

漢中沅陵昨被炸

【中央社】昨（廿五日）晨八時許，在陝西之潼關、發現敵大隊機羣三十六架，由東北向西南方向航進，旋經過陝境而侵入川北、復經廣元劍閣梓潼綿等地、再折向東飛、而到達南充上空、當在該地盤旋窺察良久、但並未投彈、即復折回、分兩路經營山巴中循原路遁去、此間防空司令部曾發出空襲警報，未及一小時、即行解除。

▲中央社洛陽二十五日電　二十五日上午九時、敵機三十六架、經潼關竄漢中、投彈後逸去、同日十一時、敵機兩批、一批八架、一批九架、八架在陝州投彈四十餘枚、死傷平民十餘人、毀屋三十餘間、九架在澠池投彈五十餘枚、死傷平民二十九人、毀房屋五十餘間。

▲中央社沅陵二十五日電　今晨八時許、敵機五架、由湖北起飛、經常桃竄至沅陵市空、環繞一週後、向南飛行、旋自辰谿折回侵入本市上空、在市郊投彈四五十枚、內燒夷彈數枚、投彈後仍循原路逸去、事後調查、焚燬房屋二百餘間、震倒十餘、死傷平民十餘。

——摘自《中央日报》（重庆），1939 年 10 月 26 日

敵機犯溫青

閩湘陝各地亦同遭蹂躪

襲◇浙 （本報廿五日永嘉電）敵機五架廿九日午十二時首次轟炸永嘉縣屬之溫溪、共投七彈、毀屋八十三間、死一人、旋竄青田、共投四彈、炸毀民房十二間、死二人傷一人、樂清海面原有敵艦一艘、廿五日午前增至四艘、下午三時前陸續駛去三艘、又下午二時、敵艦曾放汽艇四隻、窺探沿海、

（國民社金華訊）廿五日浙溫屬沿海一帶發現敵機五批、均由海面起飛、第一次一架、於七時半在樂青發現、盤旋一小時餘後逸去、第二次二架、七時三十八分飛入玉環、至松門後仍回玉環竄去、第三次五架、七時二十六分侵入寺前、經瑞安平陽竄往平陽之鎮下關、旋仍循原路逸去、第四次五架、於十二時許經寺前永嘉青田、襲入溫溪、投彈九枚、嗣竄回青田、在城內及船埠投彈五枚、毀房屋七十七間、人民略有死傷、第五次一架、上二時許在玉環發現、經溫嶺松門海門逸去、

侵◇閩 （中央廿五日福州電）敵機四架、廿四日自浙飛襲閩東福鼎、廿五日晨、又有五架經福鼎福安在霞浦甯德投彈、閩南方面亦見有敵機一二架、沿海窺察、

擾◇湘 （中央廿五日沅陵電）敵機五架、廿五日經常（德）桃（源）竄至沅陵市空、環旋一週後、向南飛行、旋自辰谿折回、侵入市空、在市郊投彈四五十枚、內燃燒彈數枚、敵機投彈後、仍循原途逸去、

窺◇鄂 （中央廿五日樊城電）鄂中全線無戰事、惟敵偵察機一架、廿四廿五兩日在我鄂中鄂北上空整日盤旋、

炸◇陝 （中央廿五日西安電）敵機卅五架、於廿五日上午九時半、經由潼關西飛、過藍田柞水、竄至川北窺視後、折回南鄭投彈、午後二時許、飛越市空、旋即東逸、

竄◇川 （中央廿五日重慶電）廿五日晨八時許、在陝西之潼關發現敵大隊機羣三十六架、由東北向西南方向航進、旋經過陝境而竄入川北、復經廣元劍閣梓潼、繞過成都、再折向東飛、而到達南充上空、當在該地盤旋窺察良久、即復循原路遁去、此間曾發出空襲警報、未一小時即行解除

——摘自《东南日报》（金华），1939 年 10 月 26 日

日機襲湘陝

▲路透社廿六日重慶電 華方消息、日機昨日曾空襲湘陝、晨間日機五架由鄂省根據地起飛、轟炸湘省西北之沅陵、投彈五十餘枚、多[illegible]燒夷彈、房屋被燬者二百所、惟截至目下止、祇聞傷亡二十人、陝省之陝州、則被由晉省根據地起飛之日機八架所轟炸、投彈四十枚、燬屋三十幢、又一批日轟炸機九架、曾空襲英吉、（譯音）據云投彈五十餘枚、燬屋五十所、傷亡三十餘人云、

——摘自《新闻报》（上海），1939 年 10 月 27 日

昨敵機七架炸老口馱蘆扶南

略有死傷并竄抵本市盤旋

昨（廿六）日上午八時三十分、敵機七架、由潿洲島起航向西北飛、經冠頭嶺、沙角向西北飛、八時四十二分、本市發空襲警報戒備、九時零七分、敵機由小董向北飛、本市發緊急警報、九時二十六分、敵機七架先後侵入本市上空盤旋數週後、即向西飛、敵機兩架在邕屬僑板鄉老山圩投彈四枚、燬民房十二間、死男三人、女一人、傷男女各二人、十時零六分、敵機五架、在馱蘆投彈三枚、燬屋三間、後轉向扶南縣國民中學投彈四枚、燬屋二座、餘無損失、敵機投彈肆虐後、再向西飛至崇善縣開機槍掃射、損失未詳、十一時十分、敵機向東南竄去、經上思、防城出海、十一時三十九分、本市解除警報云、

——摘自《南宁民国日报》，1939 年 10 月 27 日

雄偉之北平城牆竟被日人拆毀矣

東長安市將闢作日人住宅區

▲路透社廿八日北平電　明朝初期所造之北平城牆、刻在拆穿中、苦力多人今日由日籍工程師指揮開始拆穿厚四十呎高五十呎之城牆、以便利日方發展計畫、依此計畫城內大街卽東長安市、將向西延長而至賽馬塲附近將造成日人住宅區域之點、該處馬路幾已築成、原有村莊、現遭拆毀、大街且將向東擴展、穿城而達農業區域　蓋日人擬在此區域造成其自己工業中心點也、聞日政府準備遣派日人二十萬入居華北云、

——摘自《新闻报》（上海），1939年10月29日

敵機濫炸洛陽

昨并分批襲陝甘各地　西安南鄭平涼均被炸

（中央社）洛陽二十日電，本日午後二時至晚七時此間全在警報中，來洛轟炸之敵機共三十七架，更番肆虐，每批皆十二架，另一架，或係偵察機，先後投彈一百五六十枚，皆落西郊外，雖房屋數處被炸燬，人民傷亡極微，

（中央社）蘭州三十日電，敵機六十五架，三十日分批由晉起飛，進襲陝甘各地，第一批二架上午八時餘飛西安商縣一帶窺察第二批十二架上午九時五十分，飛西安轟炸，第三批廿六架，上午十時，經商縣侵入南鄭上空投彈，第四批十三架，上午十時餘經陝北侵入平涼上空，第五批十二架上午十一時，四十分亦由陝北竄平涼，敵機兩次在平涼投彈二百餘枚死平民十二人傷十七人，燬民房五十餘間，

——摘自《华西日报》，1939年10月31日

木棉欖岡日軍焚殺農戶

僞軍有斷炊之虞四出搶掠穀米
日艦在廣利附近河面觸我水雷

(西江快訊)西江左翼蘆西綫、日軍源源增援、圖犯蘆苞、但我守軍已嚴密戒備、迄今仍未敢輕犯、日軍在蘆西綫粮食短絀、時出刧掠、以致十室九空、我團隊昨在白沙基塘、將日僞軍擊潰、茲錄最近各情如下、

木棉欖岡日軍肆虐

三水日軍、月來源源由廣州增援、開抵三水西南、現估計三水日僞軍不下三千餘人、而器械彈藥、亦不斷補充、我西綫左翼各部團隊爲打擊日方增援、已遍佈蘆西沿綫、每乘夜出而襲擊、日軍頗感焦灼、昨廿六日突調日僞軍五百餘人、增防木棉欖岡一帶、防我反攻、幷謀所謂「掃蕩」我游擊隊、當日軍開抵兩地後、即分赴附近各鄉村搜索、槍斃無辜農民十餘人、並縱火焚燒農戶十餘間、

刧奪穀米被我擊潰

又三水日軍自增援後、即陸續分調往各據點駐守、惟粮食大鬧恐慌、僞軍且有絕食之虞、乃日夜闖入村落、搶奪民間穀米、即金錢衣服亦被一掠而空、鄉民因此紛紛逃散、目下有日軍之處咸成十室九空之狀、廿六晚十時許、又有日僞軍二百餘人、馳抵白沙基塘、圖刧粮食、被我團隊偵知、乃配備重火器及精銳幹部分頭截擊、與日僞軍發生遭遇戰、相持點餘鐘、我斬獲三十餘名、日漸不支、狼狽向三水逃潰、

日淺水艦觸我水雷

三水河口、現泊有日淺水艦二艘、運輸船一艘、汽艇二十餘隻、廿五日上午八時、有淺水艦一艘、引汽艇六七、在廣利附近海面游弋、以爲偵察性質、十時許該艦駛近我封鎖線、觸着我預埋水雷、隆然一聲、炸毀該艦尾一部、旋卽掉首狼狽而逃、(平)

——摘自《循环日报》，1939 年 10 月 31 日

順德我團隊已完成大良包圍綫

大良日軍砲擊西邊村

燬屋五間死傷十餘人馮宅一家三死五傷
日僞軍一百五十人由廣州開抵容奇增援

(順德專訊)大良市郊外各鄉之我團隊活躍情形、迭見本報專訊、邇大良日軍、爲防範我團隊衝進計、日來戒備甚嚴、一經入黑、卽全市日軍、退集于西山崗、深溝固守、但我游擊隊、依然活躍如故、每屆黃昏、卽分頭出動、襲擊大良市區內之日僞軍、因而大良市內、最近又陷于混亂狀態、自本月五日起、于每日下午八時後、炮聲時起時止、日僞兩軍、疲於奔命、本月二十五日、大良方面、又盛傳我游擊隊、于是晚同時向大良容奇大舉反攻、一時風聲鶴唳、草木皆兵、大良日軍至是、更爲恐慌、乃于是日下午六時、卽在大良、施行全市戒嚴、迄至晚上十二時、西山崗頂之日炮兵、爲振奮軍心、施行威脅計、除有二彈落空地外、二彈落于西邊村、彈落爆炸、炸塌民房五間、中有馮氏住戶、因走避不及、竟致一家八口、三死五傷、死傷者、斷離肢、血肉模糊、慘不忍睹、其次容奇方面我團隊、于本月廿六晚、曾向容奇墟頭之日軍襲擊、斬獲頗多、本月二十八日、曾有日僞軍一百五十餘名、開到容奇增援云、(古)

——摘自《循环日报》，1939 年 10 月 31 日

日機襲西安洛陽

擲下大批炸彈 平涼受損最重

▲香港電　據華方消息、昨日日機多架分炸西安洛陽、洛陽警報自下午一時四十分起至晚九時始止、日機共投燒夷彈一百五十六枚、房屋多處、悉成灰燼、但死人不多、因事前撤退、又日機六十五架、分批向陝甘西安一帶轟炸、以平凉損失較重、計投彈約二百枚、毀屋五十間、死二十八人、傷十七名、

——摘自《新闻报》（上海），1939年11月1日

日機轟炸贛省各地

▲吉安三十一日電　日機十一架、三十一日晨、分批襲贛、吉安玉山均遭轟炸、第一二批、各一架午前分在贛城南城南豐廣昌寧都興國贛州萬安吉安上饒鳳山等縣窺察、第三批十二時許、侵入吉安、投彈數枚、華無損失、第四批七架、下午四時、竄至玉山、投彈轟炸、

▲上饒三十一日電　今日下午二時十五分、日機七架、自浙贛東海面日機場起飛經麗水雲和景寧江山等處、竄至玉山、投彈多枚、均落荒郊、華無損失、

——摘自《新闻报》（上海），1939年11月1日

寇機到處逞兇

粵豫甘陝同被肆擾

粵開平三埠航澳輪渡悉遭炸燬

豫洛陽被敵機三十七架更番轟炸

陝甘各地寇機六五分五批投彈

肇慶三十日電：敵機廿八日轟炸開平屬長沙時、航行三埠澳門輪渡遂被炸燬、現三埠澳門交通暫告停頓、

洛陽卅日電：本日午後二時至晚九時、此間全在警報中、來洛轟炸之敵機卅七架、更番肆虐、每批皆十二架、另一架、先後投彈一百五六十枚、雖有房屋數號被炸燬、人民傷亡極微

蘭州卅日電：敵機六十五架、卅日分批由晉起飛、進襲陝甘各地、第一批二架、上午八時飛西安、寶雞、商縣一帶窺察、第二批十二架、上午九時五十分飛西安轟炸、第三批廿八架上午十時經商縣侵入南鄭上空投彈、第四批十二架、上午十時[illegible]經陝北侵入平凉上空、第五批十三架、上午十一時四十分、亦由陝北竄至平凉、敵機兩次在平投彈二百餘枚、死平民十二人、傷十七人、燬民房五十餘間、

——摘自《南宁民国日报》，1939年11月1日

日機炸慈利南寧

▲沅陵二日電　二日晨七時許、日機一架、飛漢壽上空盤旋偵察、良久始去、正午十二時許、日機六架、經華容等地、竄入慈利上空、投彈卅餘枚、

▲桂林二日電　日機九架、二日下午一時、飛武鳴投彈多枚後、復飛南寧投彈、華方無損失、

——摘自《新闻报》（上海），1939 年 11 月 3 日

日軍犯湘北 傷亡慘重 又獲一明證

【長沙二日電】湘北會戰、日軍傷亡慘重、頃又獲一明證、據報近月來滿載傷兵骨灰兵艦、由岳陽經溪口、駛往長江下游者、已達十六艘之多、

——摘自《中美日报》（上海），1939 年 11 月 3 日

敵機騷擾閩各地 炸燬莆田美醫院

〔中央社〕福州二日電、昨晨八時廈海敵艦起飛敵機九架、沿海向北侵擾、八時半在涵江投七彈、九時許在莆田投十一彈、內有四彈適中美國美以美會所屬之聖路醫院、當有普通病房四間特等病房八間完全毀並、死病人兩名、重傷病人兩名、醫療設備損失尤重、該院目標極大、且懸有美國旗、縱在高空亦可瞭見、敵機係故意投彈、毀第三國產業、該敵機中有六架復在福清海口投彈六枚、內有四彈落於停泊該地之英國商輪傍、該輪亦險遭不測。

津美商不堪敵寇壓迫 電本國報告請提抗議

〔中央社〕華盛頓三日合衆電、天津美國滿商會、昨日致電本國國務院主張、日本未停止對華北美國商業之壓迫以前、美國應拒絕與日本成立新商約、電文有云、美僑之私人經營商業、常遭遇不必要之阻撓、美國雖對日本不斷提出　涉、但結果仍等於零、此後若再提　涉、當然仍無效果、美商貨物必須向日本請求通行證、才能通過日本關卡、但日本則給與美商或公司、以該項通行證、美國男女僑民、雖攜有護照及身份證明書、但在津仍須受檢查、私人之行囊被迫受檢之事件、仍爲數極多、吾人主張美政府、應向東京提出更嚴重之抗議、但未獲得圓滿

——摘自《华西日报》，1939 年 11 月 4 日

日機多架轟炸閩省興化

莆田美醫院被炸

▲香港三日電 外訊、福州電稱、日機九架於星期三晨九時至十二時、轟炸沿海岸各城市、尤以莆田(即興化)爲重、投十一彈、四彈擊中美教會羅克士醫院、內有病人十二名、兩人被炸斃、兩人受重傷、醫院中所有醫療器具、全部破毀、損失奇重、據稱此次轟炸美人財產、顯係有計畫的、因屋頂懸有美旗及顯明標誌、日飛行員有意行動、旋日機六架轉向北飛、轟炸海岸之福淸、投六彈、其中四枚落於停泊該處附近之英貨船相差數碼、險遭不測、該院美人六名、是否安全、現尚未悉、

▲福州二日電 昨晨八時、厦海日艦、起飛日機九架、沿海向北侵襲、二時半在涵江投七彈、九時許在莆田投十一彈、內有四彈、適中美國美以美會所屬之聖路加醫院、當有普通病房四間、特等病房八間、完全炸毀、並炸死病人兩名、重傷病人兩名、醫療設備損失尤重、該院目標甚大、且懸有美國旗、縱在高空、亦可瞭見、日機顯係故意投彈、摧毀第三國產業、該日機中有六架復在福淸海口投彈六枚、內有四彈落於停泊該地之英國商輪、亦險遭不測、

——摘自《新闻报》（上海），1939年11月4日

日機炸燬閩美醫院

並傷斃病人各兩名

英商船附近亦中彈

蔑視各國權益

【福州二日電】昨晨八時、廈海日艦起飛日機九架、沿海向北侵襲、八時半在涵江投七彈、九時許在莆田投十一彈、內有四彈適中美國教會所屬之聖路加醫院、當有普通病房四間、特等病房八間、完全炸燬、並炸死病人兩名、重傷病人兩名、醫療設備損失尤重、該院目標甚大、且懸有美國旗、縱在高空亦可瞭見、日機顯係故意投彈、摧毀第三國產業、該日機中有六架復在福清海口投彈六枚、內有四彈落于停泊該地之英國商船附近、

【美聯社重慶三日電】據華方今日所接福州消息稱、日本飛機九架、星期三晨轟炸閩省莆田（興化）、投擲十一彈、內四彈擊中美國僑民所辦之美國教會一所、及聖路克醫院、病房被燬者十二所、病者死傷各二人、外科器具及醫院其他各處、亦受損甚烈、日機有意轟炸醫院、極爲明顯、因日軍飛行員對高懸醫院之美國國旗、竟熟視無睹也、厥後日機中之六架、賡續北飛、轟炸福淸縣、共擲六彈、內中四彈落於停泊海岸之英國商船附近、該船幸未受傷、

【常德三日電】今日十一時半、日機廿四架分三批侵入益陽上空、輪流投彈多枚、

——摘自《中美日报》（上海），1939年11月4日

敵機肆虐
昨柳州北海被炸
柳市郊外落彈百餘損失甚微
本市先後發出兩次警報戒備

第一批 昨（三）日上午八時敵機九架由冠頭嶺向西北飛，八時〇四分，本市發出空襲警報戒備，八時十九分敵機經欽州小董向東北飛，八時三十分本市發緊急警報，八時三十五分，到平吉後折回轉向東南飛，八時四十五分，到北海投彈八枚，燬屋五間，餘無損失，後向冠頭嶺飛出海、

第二批 八時廿三分，敵機八架，在廣東屬靈白投彈五枚，詳情未悉、敵機投彈後，向西北飛經安浦向北飛，九時三十八分到橫縣屬百合，向西南飛由沿海飛出海，十時十六分，本市解除警報、

第三批 八時四十五分敵機三架，由防城屬企沙，向東南飛，經合浦向南飛，九時四十三分到北海，投彈六枚，無甚損失，十時零四分由冠頭嶺飛出海、

第四批 十二時零七分，敵機十八架，由廣東屬海康向北飛，十二時冊分，到冠頭嶺向西北飛，本市發二次空襲警報、十二時五十分經靈山屬舊州向北飛，十二時五十六分、經邕永淳向北飛、本市發緊急警報，敵機旋經遷江來賓向北飛，下午一時四十三分，敵機九架後侵入柳州市空 在郊外投彈約百餘枚，毀民房十餘間，傷市民二人，後循原路向南飛經南寧向南飛出海， 下午三時零十分， 本市解除警報，

——摘自《南宁民国日报》，1939 年 11 月 4 日

敵機到處肆虐
都安龍州等地被炸
都安投九彈毀屋一間死一人
龍州憑祥隘口茅嶺損失未詳
本市曾發兩次空襲警報戒備

第一批 昨（五）日上午七時四十五分，第一批敵機十架，由冠頭嶺向西北飛，七時五十四分，本市發空襲警報，八時十七分到小董，本市即發緊急警報，敵機經蒲廟後，分兩批，向北飛，一批經本市東郊向西飛，一批經五塘向北飛，九時十八，到都安投彈九枚，燬民房一間，死老婦一人，餘均無損失，敵機肆虐後，經隆山，武鳴，五塘向南飛，循原路遁去，十時三十五分，本市解除警報，

第二批 敵機七架，由防城向西北飛，經上思，思樂，九時十四分，在龍州投彈後，到憑祥，隘口，卡廠等處投彈，損失尚未明，十時十分，又竄至寧明，開機槍掃射，十時三十七分，經那良向東南飛出海，

第三批 下午二時十四分，第三批敵機三架到防城向西北飛，經欽州小董，二時五十三分，本市發第二次警報，二時五十六分，敵機由小董折回欽州盤旋向西北飛，到邕寧屬蘇樂後，轉向東南飛，到茅嶺投彈二枚後，經龍門飛出海，四時〇五分，本市解除警報

——摘自《南宁民国日报》，1939 年 11 月 6 日

日兵因疑心 鎗傷一男子 性命甚危

安徽人張財富年三十一歲、住虹橋路鐵路附近之平房內、昨日下午三時張在鐵路旁往來蹀躞、被對面鐵絲網後之日兵所見、以張徘徊不去、疑其另有用意、竟即向之連開四鎗、結果擊中一鎗、子彈射入小腹、當場穿出、張於受傷後、即仆倒地上、流血甚多、旋法租界捕房聞訊、立派大批探捕全副武裝馳往警戒、一面將受傷人車送廣慈醫院求治、性命甚危、

——摘自《新闻报》（上海），1939 年 11 月 7 日

日機昨三次襲湘 桂浙各地均被投彈

【衡陽七日電】日機今日三次襲湘、十一時〇四分、日機一架、取道湘西、窺湘南零陵祁陽、下午一時、日機十餘架、分兩批由湘南來、一批九架、經長沙衡山、竄抵衡陽、投彈兩次後、向北循原路逸去、第二批九架經監利益陽湘鄉祁陽、下午一時、先後在零陵附近及市區投彈、沿原路向東逸去、【桂林七日電】日機五架、七日晨九時許、飛鎮南關投彈、旋又折至龍州隘口甯明等處投彈、【金華七日電】日機三架、今午由贛竄入衢縣上空、在城郊投彈十三枚、無損失、

——摘自《中美日报》（上海），1939 年 11 月 8 日

中國漁船 被日擊燬總數 在港政府註册者 至少有七十六艘

【美國合衆社重慶七日電】據香港方面今日消息、自中日戰事爆發以來、直至一九三九年九月爲止、在香港政府方面登記之中國漁船爲日方擊燬者、至少有七十六艘之多、

——摘自《中美日报》（上海），1939 年 11 月 8 日

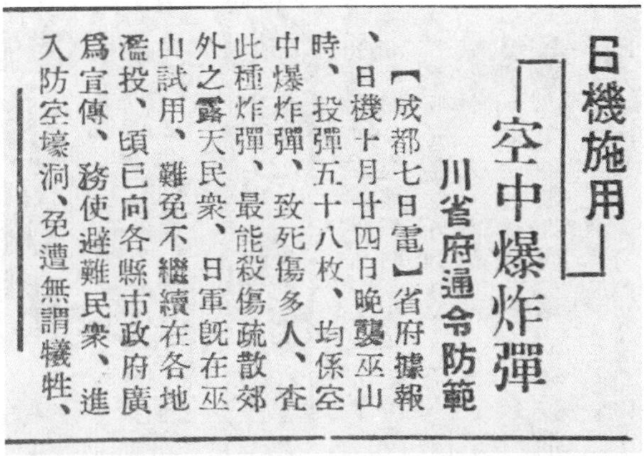

日機施用「空中爆炸彈」

川省府通令防範

【成都七日電】省府據報、日機十月廿四日晚襲巫山時、投彈五十八枚、均係空中爆炸彈、致死傷多人、查此種炸彈、最能殺傷疏散郊外之露天民衆、日軍既在巫山試用、難免不繼續在各地濫投、頃已向各縣市政府廣爲宣傳、務使避難民衆、進入防空壕洞、免遭無謂犧牲、

——摘自《中美日报》（上海），1939 年 11 月 9 日

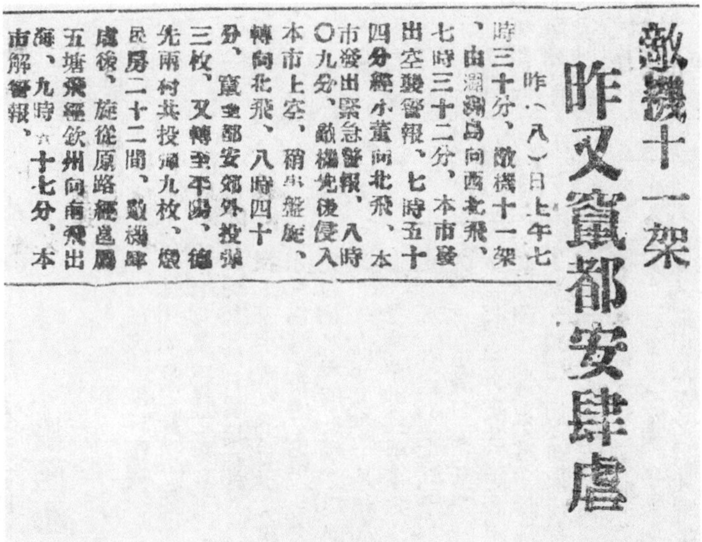

敵機十一架

昨又竄都安肆虐

昨（八）日上午七時三十分、敵機十一架、由潿洲島向西北飛、七時三十二分、本市發出空襲警報、七時五十四分經小董向北飛、本市發出緊急警報、八時〇九分、敵機先後侵入本市上空、稍事盤旋、轉向北飛、八時四十分、竄至都安郊外投彈三枚、又轉至平陽、循先兩村共投彈九枚、燬民房二十二間、敵機肆虐後、旋從原路經邕屬五塘飛經欽州向南飛出海、九時六十七分、本市解警報、

——摘自《南宁民国日报》，1939 年 11 月 9 日

英飛船經潿洲時

被敵强迫降落

加教聯會澈查被害教士

（路透八日香港電）英國皇家飛行公司飛船達丹那斯號、八日運載寄英郵件、離此飛盤谷、途經潿洲島時、突被高射砲火强迫降落、緣該島被日軍佔領後、法政府雖提嚴重抗議、均置之不理、機上有英籍駕駛員一人、另有美國及愛爾蘭、挪威籍乘客各人・詳情如何不悉、

（哈瓦斯七日渥太瓦電）盛傳加拿籍傳教士二人、已在中國徐州附近被日本軍隊槍殺、此間聯合教會祕書亞壘斯脫朗頃向外務部暨日本公使藤見分別要求、迅即査明眞相、

（路透八日青島電）前被日方强迫封閉之青州英浸禮會、現已得日方許可重開、足證華北之日本反英運動、已漸緩和云、

——摘自《东南日报》（金华），1939年11月9日

被日軍鎗擊之傳教士

神父發表聲明

投函法文日報館 駁斥日方之誣衊

九日法文上海日報載、前在徐州附近之陽樓、（譯音）有加拿大籍之兩名天主教神父、被日哨兵所鎗傷、現第三名神父卜霞沙（即未受傷者）投函本報（法文報自稱）聲明此事之經過云、一九三九年十月廿八日、予與兩神父離華北以赴徐州、在途行之際、予等曾三次遭受日哨兵之檢査、均無事件發生、迨行至距徐州十八公里處、時已下午一時半、忽聞背後有聲聞一響、即有一神父應聲倒地、既而第二響又起、第二神父又受傷、予乃急躍入溝中以避之、此時日哨兵已追蹤而至、則萬文（譯音）及桑登（譯音）二神父均在腹部及肩部受創矣、日軍對於吾人之受傷、似亦深表駭異、乃即送吾人往徐州軍事醫院、頗蒙優待、以此觀之、日人所稱之吾人逃避情狀、實屬誣衊殊甚、爰盼貴報代爲剖白云、

法文日報又云、徐州加拿大天主教會卜霞沙神父、近又於十一月四日、再投函本報云、近見十一月二日之字林西報、則日方發言人曾斥吾人未握有按規之通行證、此爲又一誣衊也、按此通行證與此次開鎗事件、固毫無關係者、且吾二人、均領有『北平當局』之通行證、赴徐州途中、曾由日軍驗過一次、經認爲有效矣、何乃日方又故散佈此等之無稽謠言云、

——摘自《新闻报》（上海），1939年11月10日

義教會被 日機炸毀

（美國合衆社陝西漢中十二日電）據美國神父雪凡利與貝洛蒂今日對美合社記者言、漢中之義國天主教會、於十月二十五日及十月三十日兩日、曾遭日機轟炸、該教會之物質損失、在五十萬元以上、在十月二十五日日機轟炸漢中時、該教會僅中一彈、惟至十月三十日日機轟炸漢中時、該教會被擊中二十彈、教會中人雖無一因而斃命者、但受傷者則已有五名、該教會之尼庵、及可容孤兒數百名之宿舍、則已完全炸毀、教會中醫藥部受損極大、現該教會中之房屋、已成一片廢墟、據二神父言、該教會四週、並無軍事目標、在日機轟炸時、該教會屋上曾樹有義國國旗且其隆然高起之鐘樓、已足表示其爲教會矣、

——摘自《中华日报》（上海），1939年11月13日

日機兩襲漢中 義教堂中彈被燬 損失五十萬元以上

▲美國合衆社陝西漢中十二日電　據義國神父雪凡利與貝洛蒂今日對美合社記者言、漢中之義國天主教會、於十月廿五日及十月卅日兩日、曾遭日機轟炸、該教會之物質損失、在五十萬元以上、在十月廿五日日機轟炸漢中時、該教會僅中一彈、惟至十月三十日日機轟炸漢中時、該教會被擊中二十彈、教會中人雖無一因而斃命者、但受傷者、則已有五名、該教會之尼庵、及可容孤兒數百名之宿舍、則已完全炸毀、教會中醫藥部受損極大、現該教會中之房屋、已成一片廢墟、據二神父言、該教會四週、並無軍事目標、在日機轟炸時、該教會屋上曾樹有義國國旗、且其隆然高起之鐘樓、已足表示其爲教會矣、

——摘自《新闻报》（上海），1939年11月13日

日軍用汽艇猛撞渡輪
溺斃數十人

昨晨五時一刻許、有日軍用汽油艇一艘、上載有日軍四五人、從南黃浦開出、向淞口方面急駛而去、距船抵西渡口時、適有西渡魚市塲間之輪渡一艘、從西渡口滿載男女工人百餘名、(係往怡和等廠上工)開至浦江中心、時以該汽艇開足速率、雙方不及避讓、渡輪梢尾左舷、竟被猛撞一交、致擁坐於渡輪艙面或船沿之渡客、悉被激落浦江、一時痛哭呼救、之聲甚慘、以時值侵晨、援救無人、而該汽艇於肇禍後、復加足速率、照常往淞口方面駛去、據悉該渡輪被撞溺斃之渡客至少須在五六十人以上、事後由海關水巡捕房及附近舢板、紛往該處撈救被溺屍體、但各溺斃工人家屬、現尚未知端底云、

——摘自《新闻报》（上海），1939 年 11 月 14 日

黃浦江敵寇暴行
汽艇撞沉渡船見死不救
六十餘女工菜販遭沒頂

中央社、上海十三日路透電、日軍汽艇一艘、今日在黃浦江中疾駛、將由浦東滿載女工越滬之渡船撞沉、溺斃者五六十人。

中央社、香港十四日電、滬訊、十三日晨五時許、浦東洋涇鎮西凌家木橋有朱金標之渡船裝載菜販女工等百餘人、渡至浦西楊樹浦、船至江心、突有敵方之汽艇一艘疾駛而來、將朱船猛撞、裂爲二段、當即下沉、渡客完全落水、有一菜販因諳水性、兩手攀住敵汽艇、企圖拯救、反被敵兵以鐵篙戳落浦江而死、敵艇疾馳而去、鄰近各船趕往援救、僅救起五十餘人、尚有六十餘人均遭沒頂、迄晚撈獲男女屍三十餘具餘不知下落、

——摘自《华西日报》，1939 年 11 月 15 日

上月敵機擾陝各地

南鄭天主教堂被炸毀

損失甚重意已向日提出抗議

西安十三日電。上月敵機肆擾陝省各地、南鄭被炸兩次、除炸毀我平民房屋外、城內天主教堂亦被炸、損失甚重、該堂主教、係意大利人、已電請意政府向日方提出抗議、並要求賠償損失。

——摘自《南宁民国日报》，1939年11月16日

日機昨又夜襲重慶

轟炸機廿七架僅在郊外投彈

▲路透社十八日重慶電　日機經六星期之沉寂後、又於今晚空襲重慶、日轟炸機廿七架、於下午六時甫過、近襲渝市、在相距頗遙之郊外、投擲炸彈、爆炸之聲、市內幾不可聞、至七時一刻、即行解除警報、

▲重慶十八日電　銷聲斂跡已有月餘之日機、忽於今日傍晚、又來襲華渝市、今日此間防空司令部據報、有日機廿七架、之編隊羣、自鄂湖江西飛、竄入川境、旋即到達渝市附近、日機復分爲兩個機羣、其一即逕竄往江北上空、另一則竄入渝郊盤旋窺探良久、乃先後循江繞出鄂西某地、向東遁去、此間防空司令部、曾發出緊急警報、約一小時許、即行解除、

——摘自《新闻报》（上海），1939年11月19日

大同空前慘劇

敵逼民夫冒險入礦工作
誤觸水源淹斃二千餘人

▲中央社西安八日電　大同敵前强拉民夫二千餘、在口泉鎮開礦、悉數禁閉於煤窰底、逼令冒險工作、致日前誤觸水源、洪水暴發、僅逃出六七人、餘均淹斃、演成空前慘劇、敵現復四出强拉民夫、遇有逃藏者、即活埋致死。

——摘自《中央日报》（重庆），1939年11月20日

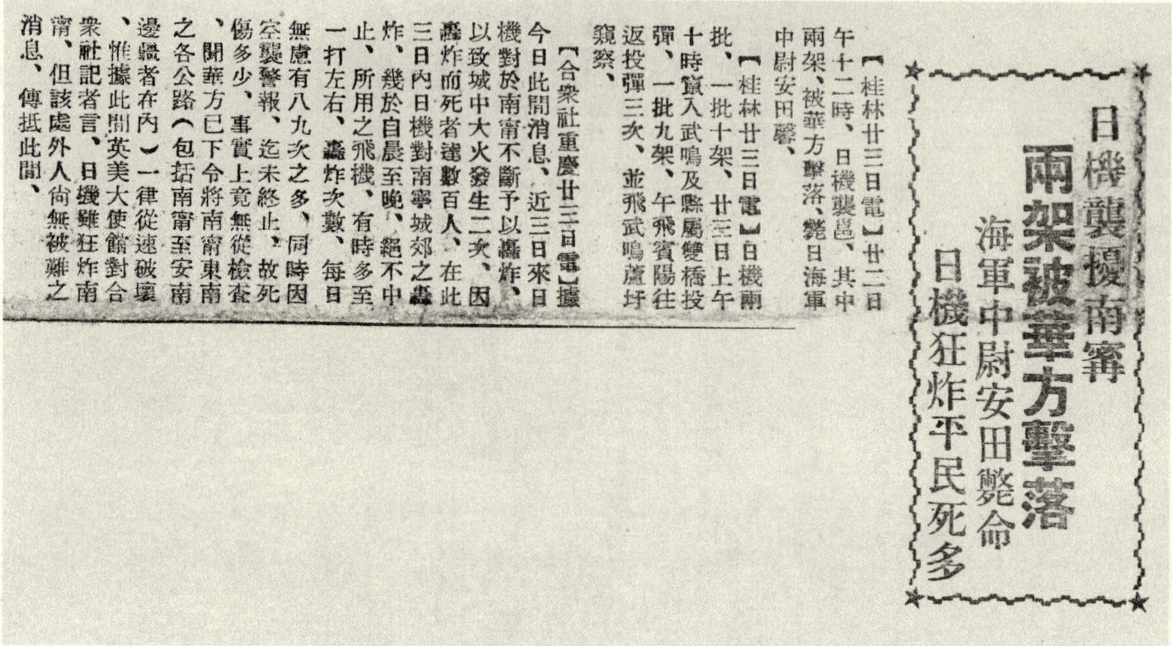

日機襲擾南寧

兩架被華方擊落

海軍中尉安田斃命

日機狂炸平民死多

【桂林廿三日電】廿二日午十二時、日機襲邕、其中兩架、被華方擊落、斃日海軍中尉安田馨、

【桂林廿三日電】日機兩批、一批十架、廿三日上午十時竄入武鳴及縣屬雙橋投彈、一批九架、午飛賓陽往返投彈三次、並飛武鳴蘆圩窺察、

【合衆社重慶廿三日電】據今日此間消息、近三日來日機對於南甯不斷予以轟炸、以致城中大火發生二次、因轟炸而死者達數百人、在此三日內日機對南寧城郊之轟炸、幾於自晨至晚、絕不中止、所用之飛機、有時多至一打左右、轟炸次數、每日無慮有八九次之多、同時因空襲警報、迄未終止、故死傷多少、事實上竟無從檢査、聞華方已下令將南甯東南之各公路（包括南甯至安南邊疆者在內）一律從速破壞、惟據此間英美大使館對合衆社記者言、日機雖狂炸南甯、但該處外人尚無被難之消息、傳抵此間、

——摘自《中美日报》（上海），1939 年 11 月 24 日

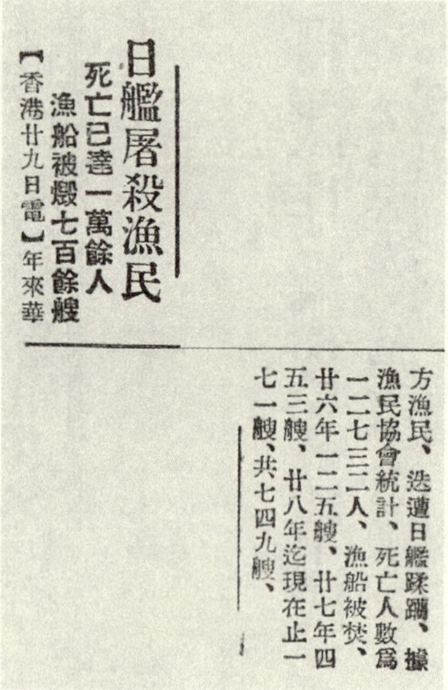

日艦屠殺漁民

死亡已達一萬餘人

漁船被燬七百餘艘

【香港廿九日電】年來華方漁民、迭遭日艦蹂躪、據漁民協會統計、死亡人數爲一二七三二人、漁船被焚、廿六年一二五艘、廿七年四五三艘、廿八年迄現在止一七一艘、共七四九艘、

——摘自《中美日报》（上海），

1939 年 11 月 30 日

敵機再犯西安

三次夜襲蘭州

繞飛青海川北等地窺探

（中央三十日蘭州電）蘭市廿九日遭二次夜襲、自廿九日晚九時五十三分發出空襲警報、直至三十日晨八時四十五分始行解除、敵機計分五批襲甘、首批十二架、由晉經陝侵入甘境於廿九日晚十一時二十九分竄抵蘭垣上空、在我空軍壓迫之下、倉皇投彈後、即東逸、二批九架、于三十日晨一時二十分竄至甘境、旋即折往甯夏方面逃逸、三批九架、三十日晨五時二十分飛蘭投彈、四批由晉經陝入甘繞道河西及青海邊境折回襲蘭、當於三十日晨八時侵入蘭市上空、濫施轟炸、九批於八時半竄抵甘省邊境、即行折回、總計敵機在蘭投彈約近二百枚、毀房若干間、惟市民死傷僅三十餘人、朱主席徹夜指揮防空、並於警報解除後、親赴災區視察、慰問難民、市民莫不感極淚下、市內會有兩處起火、但經防護團會同保安隊努力施救、不久即行撲滅、

（中央三十日西安電）廿九日晚至三十日晨大隊敵機分批對陝甘作第二次夜襲、廿九日敵偵察機一架、飛甘省平涼固原海原等地窺察、另一架飛川北窺察、本市先後發出警報三次、三十日晨一時三刻、敵機十二架、乘月明之際、由晉竄陝、二時十分飛抵本市上空、在城郊盲目投彈後循原路逸去、本市於三時許解除警報、蘭州市於廿九日晚十時發出警報、敵機二批先後竄抵蘭市、在城郊投彈後東逸、迨三十日上午十一時始解除警報、

——摘自《东南日报》（金华），1939 年 12 月 1 日

日機大炸蘭州

毀屋數千幢發生大火

（重慶一日合衆電）據今日此間消息，昨晨黎明前日機五十七架，曾分五次，轟炸蘭州，投彈二百餘枚，毀屋數千幢，發生大火兩起，西安昨日亦被日機十二架轟炸，惟彈多落郊外，

——摘自《晶报》（上海），1939 年 12 月 2 日

粵北敵竄龍塘
東江我攻增城
敵焚大同圩延燒兩晝夜

北路

（中央一日翁源電）三十日午、進犯清銀公路龍塘（在北江南岸、石角之北）之敵五百餘、經我軍抵抗、敵大隊增援、以猛烈砲火轟擊、繼竄至龍塘、我軍仍與敵在附近激戰、至一日午、敵另一部向東坑竄援、我已堵擊中、

（中央二日桂林電）一日農、由軍田北犯之敵、與我在軍田銀盞坳間血戰一晝夜、迄二日午、敵死傷過半、仍敗竄軍田、

（中央一日翁源電）廿九日下午五時、敵步騎千餘、由粵漢路軍田分兩路經大石藏六花岡向銀盞坳進犯、我軍當即迎擊、至一日上午十時、我敵仍在銀盞坳西北之三板石月斜山一帶激戰中、

東路

（中央二日翁源電）盤據增城敵一部步兵三百餘、騎兵二百餘、砲兵百餘、攜砲十餘門、於廿八日上午八時沿增從路進犯、竄至金蛇嶺及鷄公坑附近、經我軍截擊、激戰至下午六時、敵死傷甚多、攻勢頓挫、迄晚仍對峙中、

（中央一日翁源電）進攻增城方面我軍、一日晨仍在增城外圍各據點與敵進行爭奪戰、廣州敵連日增援廣增路、軍運頻繁、

南路

（中央二日四會電）我軍向新（會）開（平）路之羅山及新鶴路之白米山等處進擊、與敵激戰甚劇、我官兵前仆後繼、勇猛衝擊、突入敵陣、肉搏至午、白米山敵不支潰竄、該地當即克復、

（中央一日肇慶電）廿九日晨、順德敵軍二百餘、由容奇進擾小黃浦、經我截擊、敵不逞回竄、

（中央一日肇慶電）南海敵軍廿九日竟縱火焚燬九江大同圩、延燒兩晝夜、全圩店戶數百家、悉付一炬、據逃出之居民稱、該圩完整屋宇已無存、滿目荒涼、慘不忍覩、

——摘自《东南日报》（金华），1939 年 12 月 3 日

日機十八架
轟炸桂林柳州
每地共投六十餘彈

（重慶三日合衆電）據今日此間消息，昨晨廣西各城市，有日本偵察機一架，從事偵察後，即遭大批日本海軍轟炸機之轟炸，昨日日機十八架，在桂林與柳州上空，聞對每地共投六十餘彈，據掃蕩報載稱，南寧日軍爲圖移去華軍之威脅計，現向北東西三方繼續進攻，翼圖使華軍立於不能威脅南竄之地位，日軍主力現沿南寧桂林公路前進，聞已進抵南寧東北三十公里之地點，且已進達六塘，惟該處華軍，昨日會舉行大反攻，同時日軍又進抵南寧東北二十里及南寧以西三十公哩之地點，至於日軍之軍火，則不絕自北海方面運往南寧。

（重慶三日快訊）據華方消息，日轟炸機多架昨飛桂省各處轟擊，昨晨日機一架，飛桂林偵察後。旋復有日轟炸機十八架，飛往轟炸，擲彈達六十餘枚，另一批日機六架，飛往柳州投彈。

——摘自《晶报》（上海），1939 年 12 月 4 日

敵機襲擊欽縣
狂炸桂境
賓陽桂林等均遭肆虐

（中央三日桂林電）敵機三批、首批九架、三日晨十時飛賓陽投彈、二批十二架、內六架十時半飛柳州盤旋、旋至遷江北合鄉投彈、另六架十一時半、竄入桂市上空、在西南郊外紅廟一帶往返投彈四十餘枚、盡落附近田內、震毀草屋十餘間、死一人、傷四人、一批三架、下午四時飛貴縣興業投彈、損失未詳、

（本報二日桂林電）敵機九架、一日晨十時犯灌陽（在桂東北）投四十餘彈、燬屋百餘間、民衆死四人、

（本縣消息）三日午敵機七架、竄擾皖南欽縣（即徽州）投彈多枚、

——摘自《东南日报》（金华），1939 年 12 月 4 日

航空委員會公佈
「日機在華罪行」
七個月內擲彈三萬二千枚
無辜平民死傷幾達四萬人

【快訊社重慶四日電】據航空委員會今日發表消息、本年最初七個月中、日機飛中國各地轟炸、擲彈計共三萬二千枚、斃平民一萬九千二百廿五名、傷者一萬九千九百四十八名、燬民房六萬三千六百三十間、舢舨三百八十艘、汽車九十五輛、據悉、中國政府所管轄之省分、除新疆西藏二省未遭日機轟炸外、其他各省均受其蹂躪、在此時期內、平民死傷人數、以五月份爲最多、是月平民被其炸斃及受傷者、達一萬零三百四十九名之多、

——摘自《中美日报》（上海），1939 年 12 月 5 日

贛敵施放毒氣
湘我襲羊樓司

（中央五日樟樹電）南昌東南之敵、於二日晚由贛江西岸新村圩方面竟向東岸之周家附近施放毒氣、同時以砲火向東岸猛烈轟擊、繼以步隊渡河攻擊、我軍沉着應戰、當將進犯之敵擊退、三四兩日贛河撫河間敵不斷向我砲擊百餘發、我無損失、五日前線仍微聞砲聲

（中央五日汨羅電）新牆北岸之敵、五日晨向我新牆方面砲擊百餘發、敵彈多落荒山僻壤中、我損失毫無、

（中央五日汨羅電）我軍於三日晚分三路夜襲羊樓司及其附近之新鋪子平水鋪、與敵激戰、是夜斃敵百餘、傷二百餘、羊樓司及新鋪子皆被我一度收復、當將各該地附近所有鐵路橋梁電線電桿、全部澈底破壞、我計奪獲電線百餘圈、輜重彈藥廿餘担、四日黎明敵大隊馳至、我始安然他引、

（中央四日平江電）湘鄂邊區我軍、連日來向羊樓司臨湘間鐵路破壞、達甘餘處、粵漢北段敵車、於一日起南開、僅通至羊樓司、

（中央四日許昌電）通許西北孫營之敵三百餘、三十日竄至李方對岸、圖向我進犯、被我軍公路夾擊、激戰三晝夜、敵死傷過半、狼狽回竄、

——摘自《东南日报》（金华），1939 年 12 月 6 日

敵機屠殺曲江

兩年來血債

死傷一零九零人　燬屋八九六間

（韶關通訊）自七七抗戰以來・日機實行轟炸政策・繁盛都市・盡遭荼毒・窮鄉僻壤・亦難倖免・曲江因係粵北重鎮・廣州失陷且成為新的省會・所受蹂躪・亦殊慘重・據第三區防空指揮部統計・抗戰二週年來・曲江所受

空襲次數

計共六十八次・其中投彈者卅八次・偵察卅次・來襲機數共六百四十五架・其中轟炸機三百九十九架・偵察機十五架驅逐機二百卅一架・投彈數量共一千一百七十一枚・其中殺傷彈三百六十枚・爆炸彈八百十一枚・市內落四百卅三彈・附城鐵路車站二百九十九枚・沙洲尾二百八十二枚・東河六十三枚・西河九十四枚・

死亡人數

共三百五十九人・計市區二百四十八人・東河卅九人・車站鐵路十人・西河六十二人・負傷共七百卅一人・計市內六百六十三人・車站鐵路二十六人・東河一十四人・西河廿八人・被燬店戶八百九十六間・其中商店二百七十九間・民房六百一十七間・市內店二百七十九間・附城屋五百六十九間・附城鐵路車站屋卅六間・沙洲尾屋七間・西河壩屋五間・被炸船艇八十四艘・計東河五十一艘・西河三十三艘・

傷亡比率

戰前韶市居民約二萬七千人・自抗戰以後・各地陸續遷韶居住者日益增加・共約四萬五千人・空襲死難同胞平均佔全人口不及百份之一・即一百一十三人中死一人・六十一人中傷一人・若以着彈面積論・韶市市區南北八千七百人・（南門橋起至北門絹子峯脚止）・東西三千七百五十尺（東河至西河）・全市面積三千二百六十二萬五千方尺・則日機所投一千一百七十一彈，除落東西河壩及附郊四百五十六牧不計外・市區共落彈七百一十五枚・平均每枚被彈面直徑廿尺計算・被炸面積共達廿二萬四千六百一十四枚又十份之四方尺・約佔全市面積萬分之六十九弱・被炸屋宇則平均每四間商店被燬一間・民房平均每六間被燬一間，此種深仇大恨・有待我後死民衆之昭雪・深望我同胞努力團結・抗戰到底・爭取最後勝利・近全國防空司令部為激發全國同胞敵愾同仇・特通飭全國各省防空司令部令飭所屬於廿九年起所印日曆・一律印防空標語・刊錄同胞被害之警醒語句・使我全國同胞每日揭曆猛醒・砥礪奮發云・（國際社十二・二）

——摘自《星洲日报》（新加坡），1939年12月8日

特約航訊

成都空戰紀實

敵爆擊之王奧田大佐遭我擊斃

(十二月二日接香港飛郵)國際社十日成都航訊，本年六月二·寇機慘炸成都的血跡未乾·斷瓦頹垣的荒涼景况，猶歷歷在目·熟料殘暴性成的日閥·于十一月四日·又乘萬里無雲的晴空·派出倭機伍十四架·分兩批來襲·企圖再來一次大屠殺·警報傳來·我神勇空軍多隊·即奉命騰空迎戰·第一批寇機二十七架·遭我空軍奮勇衝殺·未得竄入市空·倖在郊外盲目投彈後·倉皇逃遁·第二廾七架·在市北郊外與我機發生激烈空戰·首先被我神鷹將其領隊機擊毀·倭機因而隊形混亂·狼狽竄逃·我英勇的「流星隊」分頭追殺·擊中敵機多架·大捷而歸·除岑中隊長略受微傷外·餘均安然無恙·據防空監視哨報告·當日有敵機十八架未出川·截至現在已尋獲敵機殘骸二架·餘尚未發現·號稱「爆擊之王」的奧田大佐·今春來華·曾經屢次率領死鳥轟炸梁山·重慶成都·這次也被我擊斃了·真是惡貫滿盈天網恢恢·已尋獲的敵機殘骸和俘虜的敵空軍人員·九日運蓉 即在少城公園展覽·全市各界民衆·莫不騰歡·連日紛紛攜帶鮮花慰問我受傷的岑中隊長·并向參戰的諸位飛將軍致敬·川省黨政軍各機關及各民衆團體·並定今日盛大慶勞空軍·市民歡欣的情况·直今年來所罕有。

▲空戰目擊追紀

十一月四日的朝晨·淫雨初霽·春空格外晴朗·九時零八分·市民剛吃過早飯·忽然發出預行警報·敵機九十四架·已自四川的東北·分成兩個大編隊·每隊二十七架·侵入川境了·十時敵機全某某地方·蓉市遂發空襲警報·這時全市市民·已完全避入安全所在·航空會周主任至柔·防空司令部鄧廉司令錫侯即到某地·指揮我神勇空軍及警戒部隊·整陣以待·十時四十分緊急警報發出·我神勇的空軍□□隊·時早已騰空·在萬尺高空·佈成堂堂陣容·殺氣直冲霄漢·十一時首批敵機因我空軍奮勇衝殺·未得竄入市空·在成都附近某小縣的郊外·盲目投彈後·就倉皇遁去·二批死鳥二十七架·乘隙竄入成都市郊外·滿擬從容投彈·孰知我神鷹隊早已遠見·即以鷂撲之勢·向其夾攻·在市北郊前後左右包圍猛擊·一神鷹突自高空撲入敵陣·直衝而去·血戰至烈·敵梯形的隊劃當被冲亂·敵機不敢戀戰·倉皇東遁·我陸上防空高射炮·又吐出憤怒的火燄·向敵猛轟·我神鷹更勇猛追殺·直全相當距離·始安然返歸·死鳥殘影·未離市郊時·已經有一架機尾吐黑烟·十二時零九分·解除警報·市民冉冉歸來·歡欣的情形·溢于四野·

▲領隊機墜中江

敵機襲蓉時·經我神勇空軍與高射砲隊協同動作·發揮神威·首批敵機侵來時我高射炮隊·衆炮齊擊·首開紀錄·命中了敵机一架·油箱中彈起火·落于華陽縣中和場附近·此外我空軍擊毀的敵機兩架·一隊入壽縣境的觀音寺·一落簡陽·二批機東逃時·其領隊機也被我神勇的空軍擊落·機骸跌落江縣境·機身全毀·內載航空官兵七名·均遭焚斃·僅剩下了机槍九挺手槍數枝·在人壽縣墜落的敵機·還有幾個空軍被我們俘虜了·

▲爆擊之王斃命

從屍身所獲文件證明·其一爲奧田大佐·所稱驅逐机的四大天王·白相定南·湖田良中·粟本敏梗·南鄉茂章等四名·由京滬會戰以至武漢會戰·均已被我空軍先後消滅·此碩果僅存奧田喜久原大佐·在敵空軍中號稱「爆擊之王」·今春來華·曾率領轟炸過重慶·成都·梁山等地·「六、二」成都慘遭轟炸·亦係其率領·此次來蓉送死·誠屬惡貫滿盈·天網恢恢·疏而不漏也·又由敵機殘骸認明該機爲昭和十四年——即民國二十八年——八月出廠·更證明三年來我空軍抗戰的偉績·不由敵空軍人員死傷慘重·敵機也消耗殆盡了·

▲炸燬了些什麼

敵機侵入蓉市郊·經我神勇空軍的猛烈迎擊·無法侵入市空·倉皇在郊外□□□及□□□兩地·投彈多枚·炸毀草房數十間·死傷平民十數人·又在成都附近的小縣郊外□□等處·盲目投彈多枚·燬草房數間·餘均落荒郊·新東門外某地有平民數人爲流彈所傷·警報解除·省會空襲緊急救聯處據報·立刻派遣調查組組長孫萃一率領隊員馳赴被炸區調查·并由救護組抬架隊分別出動救護·

(一)

——摘自《三民晨报》，1939年12月8日

敵機肆虐全州

濫炸衢麗

贛東玉山昨亦遭空襲

侵浙 （國民七日金華訊）七日上午九時、敵機六架、由皖南竄來、經昌化、於潛、淳安、壽昌、龍游至衢縣、在城郊投彈十五枚、死五人、傷三人、毀屋十間、旋向贛境逸去、九時一刻、蕭山發現敵機二架、經諸暨、仙居、永嘉、瑞安、向東南海面逸去、同時皖境又發現敵機三架、竄越安吉、孝豐、於潛、桐廬、浦江、義烏、永康、縉雲、而至麗水、在附郭共投彈廿四枚、死傷八人、毀屋七間、其他物品、亦略受損失、嗣折至縉雲、武義、於十一時三刻掠過本縣上空、過蘭谿桐廬等地、仍向皖境逸去、本縣於九時廿分發出空襲警報、繼發緊急、直至下午一時左右始行解除、

（國民七日麗水電）麗水近郊某某工廠中彈後、完全被燬、

（本縣消息）敵機七日分三批竄擾浙東各縣・轟炸衢縣麗水、各在城郊肆虐、某廠多處中彈、損毀頗重、另息、玉山亦遭轟炸、在車站附近投彈多枚、浙贛路員工家屬死傷十餘人、

襲桂 （中央七日桂林電）敵機六架、七日晨十時許竄至全州、往返投彈、

犯皖 （中央七日贛東某地電）三日午、敵機六架、狂炸徽州城內法天主堂屋頂漆有鮮明之法國旗幟、竟亦被敵機轟炸、房屋全毀、該堂神父等外出、幸未受傷、倭摧殘第三國權益、又擴展至長江南岸云、

——摘自《东南日报》（金华），1939 年 12 月 8 日

日機炸燬

徽州法教堂

▲合衆社重慶八日電 據今日此間消息、本月三日、有日機六架轟炸皖南徽州時、將該處之法國天主教堂投彈炸燬、按教堂之屋頂、曾漆有極顯著之法國國旗、日機當能見之、所幸者外人尚無傷亡耳、

——摘自《新闻报》（上海），1939 年 12 月 9 日

日機轟炸紹興

▲金華八日電 日機今晨八時半由杭州方面竄紹興投四彈、毀民房二間、無死傷、

※ ※ ※

——摘自《新闻报》（上海），1939 年 12 月 11 日

敵機夜襲四川一週記

（二日接香港飛郵）國際社成都航訊：六日二日敵机第一次大轟炸成都 造成了空前的慘劇．然而 還沒有經過二個月的時光．敵人的兇性．又一再發作了．從九月廿八日起，直至十月四日，這一周內，敵機不斷的來襲．可是不曾炸毀了我們的四川．却大大的消耗了敵國碩果僅存的國力。

▲敵機二批偷襲山城 九月二十八日．在這一個仲秋之夜，接着近來戰事的習慣，機場左近的老百姓，都像受了嚴格訓練一樣的吃完了晚飯，便擕大帶小，挾着行李，提着衣服 有的竟而抱着他們惟一的家產——一隻小猪，或者一隻小鷄，都靜肅肅的開始作警報的準備，但咒念矮鬼的形容詞．在防空洞裏真是被千奇百怪的運用着，這是敵人轟炸我後方最大的收穫。

敵機活動的情報 早已見到了，共有三批，合起來共有二十架 在夜間這是很可觀的數目，本月份敵人這是第一次夜間出動，所以他們由鄂東一帶直向川境猛撲而來 我們的隊伍也都整裝靜待了。

七點鐘多了，敵機已到了□□，於是司令官即時下令把機□□架的夜間戰鬥機便倏地飛昇而上，夕罩上了鐵的甲胄，▲們都安閒的等待着敵機的到來，現在警報時的情緒 已異於往昔了，一因防空安全設備的增加 再因敵人夜間出動尋找目標的不易，三因我驅逐機夜間威力的雄厚，所以川城之夜，將永遠是安全的了

▲留下一架紀念品 正當我機升至所需的高度時，恰好敵機已投進我機的空域，在懸戰將要開幕之際，敵機便胆怯的把炸彈投到江裏去了，於是便倉惶的逃走，又回到漢口，大吹其法螺而報功去了，第二批第三批也相繼進入了被我機猛烈攻擊，乃留下一架紀念品。及數百個消耗我人工的「彈坑」，大概敵人也用了消耗戰，所以才不計目標的準與否，祇求把炸彈投於中國地力 還得我老百姓的力量來填平。

□（一） 未完

——摘自《三民晨报》，1939 年 12 月 11 日

敵機夜襲四川一週記（二）

▲廣陽壩田裏的炸彈 九月廿九日天將近午 我們聽說有偵察機一架向渝竄來，結果未得進入，大概是偵察川境天氣的樣子或有□□的樣子。

果然，敵机於晚間又來了，大概是九點多鐘，這回祇有一批，到廣陽壩上空稍一轉便把彈投下了，至於彈下何處，非但他們不會知道，就是我們也一直到第二日才在田裏發現了，哎，這是多麼愚蠢的戰爭，有人說，「戰爭是最笨的事」，日本人便是這笨裏最笨的人。

▲巫山雲雨閉門羹 九月卅日，是日天氣非常惡劣 可是敵人並不灰心，大概前夜被我擊傷的飛機，在今天又修好了一批，所以昨天只來一批，今天又來了三批，但是巫山一帶的低雲及密雨，很不客氣的給以閉門羹。

▲冒險來夜襲成都 十月一日，陰霧的大氣 好像預報今天夜襲不會有警報了，并且在過去數夜敵人根本未估到便宜 這種勞而無功的舉動，一定不會被敵人參謀本部贊成的 但誰會相信，敵人當局的昏憒，竟超越了我們的想像，他們的首腦部，竟相信了他們怯懦無耻的航空部隊夜間轟炸不虛僞的報告，於是爲了徹底消滅中國空軍及破壞空軍根據地，乃不惜在漢口集中了二百架重轟炸機，又由三島調來了五百名新的飛行員，在一個月的訓練之下，本月份便實施對我空軍的夜總攻了。

宜昌一帶的天氣很好，巫山以上便是天地不分的昏沉了，敵機共分九批前後向這昏沉的大空裏尋摸，祇有江水被他們充分的利用，作了領航的目標。

在敵人的眼光裏，大概重慶方面的中國空軍 經了數夜的猛炸，一定都消滅了，所以是夜便越過這佈着天羅地網的行都 而一直撲向成都去了 我在成部□□驅逐大隊 也同樣具有雄厚實力，况且那裏的地面設備，也決不下于重慶，同時地形的模糊複雜 也決非夜郎自大的倭鬼於夜間所能如願以償的，所以在三點鐘以後，敵機的先頭部隊，便盤旋在成都市上空了，但盤旋竟盤旋他們所要找的目標 終是迷失在不知廣大的曠野裏，這蜀中的大盆地，造成了一個黑暗的迷，固然因同樣的理由，我們的驅逐隊也無法尋找他們之所在，有時相交而過，地面人看起來是多麽好的機會，空中便在黑暗裏把這良好機會放過了，所以胆小的敵人，使充分的認識了這一點，

（未完）

——摘自《三民晨报》，1939 年 12 月 12 日

敵機竄襲麗衢

狂炸楓橋

桐廬城內外亦遭蹂躪

（本報十一日諸暨電）十一日午十二時、敵轟炸機六架、自杭竄過縣屬東北之楓橋鎮、旋又折回、以二架為一隊、分三隊侵入該鎮、盤旋三匝、即漫無目標、作蔑絕人性之濫炸、達三十分鐘、並以機槍掃射、計在葡萄棚下、小桑場前、廟後弄、大街、八字橋、大部弄、大溪頭、殺羊弄、楓橋頭、集英小學、徐家弄口、楊樹下等處、共投彈三十餘枚、平民炸斃已查明者有三十餘人、輕重傷為數更多、有百四十餘人、毀屋約有二百餘間、敵機肆虐後、仍向原路飛去、事後該鎮中西醫生全體動員、紅卍字會亦到楓救護、該鎮區署當晚召集士紳、商討善後、按楓橋為一彈丸小鎮、非屬軍事要地、且並無軍隊駐紮、今亦不免狂炸、足以證明敵軍之殘暴成性矣、

（國民十一日金華訊）十一日上午七時三十分、新登縣東北方聞有機聲、歷三分鐘後、仍向東北方消逝、八時三十分敵轟炸機三架、由皖境侵入本省安吉、經孝豐、臨安、義烏、永康、湫山洋等處犯麗水、在郊外投彈三十枚、無損失、旋折經宣平、金華、建德、昌化、仍向皖境逸去、八時五十六分、敵轟炸機六架、由皖境侵入本省遂安、經馬金、華埠、常山後、向贛境竄去、旋復折回、經江山常山犯衢縣、投彈廿九枚、俱落城郊、我無損失、仍循來路向皖境逸去、九時三十五分、敵轟炸機七架、由西北侵經蕭山、場口、新登、犯桐廬 在城內外投彈三十七枚、死二人、傷三人、毀屋四十間、旋循原路向北逸去、十時五十五分、敵轟炸機一架、由贛境侵經江山、衢縣、龍游、湯溪、蘭谿、浦江、義烏、諸暨、楓橋、臨浦、紹興、錢清等處、旋向北逸去、十一時四十四分、敵轟炸機六架、由西北侵經蕭山、錢清、折經臨浦、於十一時五十九分犯楓橋、在該鎮投彈三十七枚、死三十餘人、傷百餘人、毀屋二百間、旋循原路向北逸去、本縣共發警報三次、至十時許敵機三架竄過本縣上空、向蘭谿方面飛去、直至一時半始行解除、總計警報時間達五小時之久、

——摘自《东南日报》（金华），1939 年 12 月 12 日

日機襲烟溪

▲常德十二日電 據烟溪電告、日機昨日襲烟、投彈六次、共投炸彈燒夷彈六十餘枚、死傷甚衆、

——摘自《新闻报》（上海），1939 年 12 月 13 日

敵機夜襲四川一週記（一）

大地仍然是黑暗的一塊，敵人無法只得把炸彈非便放下來，以便回去消差，接着第二批，第三批也到了，但所得的結果與第一批毫無兩樣 第四批第九批，則根本找不着成都，便在遂寧敷衍了事的亂炸一陣，而逃之夭夭了．

◀我們也得到了教訓 同夜，渝方的我們以爲今天賽力經過這樣狂炸，損失一定不輕，但我們忽畧了以前敵人夜間轟炸重慶的情形，所以次早所接的官方通知及私人的證明，敵人又是一次盲目的舉動 非但他毫無所成就，而也給我們增加無數的經驗，本來我們也想希間去轟炸敵人，經過了近來夜間敵人給我們的教訓 這樣太不合算了 戰爭是不怕犧牲的，而最要緊的是犧牲後所得的戰果，一顆炸彈 一滴汽油，都是民衆的血肉，都是寶貴的，我們的空軍，決不是倭鬼財閥軍閥迫取勞苦民衆所用的魔大之流可比，我們是爲求生存與爭取人類正義而戰爭，故一切的須求之光明正大，穩重確實。

▲敵襲宜昌聰明絕倫 十月二日天天在緊張裏生活，神昏顛倒的工作着，人們的精力是無限的 越用越多 今天夜裏的戰鬥，大家都在興奮的等待着，七時許，電話響了，敵人專事夜襲的強盜又開始襲進川境之門了，這次的方向，很有到重慶的模樣，但這時我們的警戒人員早已到齊了，機械人員也把飛機準備妥當 只待警報笛一響，飛行人員馬上便可跨上飛機起航了 沒多時飛去重慶上空的敵機掉了方向，竟向宜賓飛去，我們宜賓的老百姓又遭殃了 但我們真佩服敵空軍怕死人員的聰明 宜賓那裏暫時是無有夜間驅逐設備的，他們這次大規模的夜襲．共用了七個機隊群．分七次進入，雖然明知不會得到戰果，可是他們除了自己得山而外 不會死傷一個人，這就是敵人向世界上大事吹噓的對「支那空軍」根據地擊燬的總攻。

▲我鷹翀昂然入漢空 十月三日，一顆溜彈般的開花彈，在舉世的紳士們眼前爆炸了，敵人壟斷新聞消息及同盟社的爛古做作出來事實，都被這一個巨雷轟穿了，原來正富敵人在漢口廣播電台向全世界宣傳於這次總攻的夜襲之下．徹底消滅中國幼稚空軍之後。（未完）

——摘自《三民晨报》，1939 年 12 月 13 日

敵機襲擊新登

濫炸溪口

湘烟溪亦遭瘋狂轟炸

（國民十二日金華訊）十二日上午七時三刻、東南海面發現敵機一架、侵入玉環後、窺伺溫嶺、黃岩、海門、甯海、奉化、甯波、鎮海、龍山、觀海衞一帶、十時許、杭州方面飛來敵機三架、經錢清越至新登、在附廓投彈六枚、毁屋六間、至十一時三刻、另有敵機一架、竄擾觀海衞、龍山、慈谿、甯波、甯海、海門、溫嶺、松門等處、十二時許、杭州方面又飛來敵機六架、經錢清紹興嵊縣甯海闖入奉化、在溪口投彈數枚、旋折經上虞紹興向原路逸去、本縣曾發警報二次、

（中央十二日常德電）據烟溪電告、敵機十一日襲烟、投彈六次、共投炸彈燒夷彈六十餘枚、死傷甚衆、

——摘自《东南日报》（金华），1939 年 12 月 13 日

晉北敵軍獸行

進醫院去包管你被活埋
勾引賭博贏了即遭暗殺
强姦婦女刦掠財物無惡不作

（興集通訊）

踏進醫院 包被活埋

下面所寫的是發生在所謂王道樂土偽晉北自治政府所管轄區域內的事情。最近日人在大同城內外附近地區，設立大小規模的醫院子幾個。強迫叫民去治病。診病辦法大約如下：一。發現病人三天內。家人負責送附近醫院去治。二。如果查見病人沒送醫院。全家受處罰。三。如果查見病人沒送醫院病死家裏時全家活埋。四。病人送醫院。只治七天。如果治好。病人就可以回去。如果七天治不好。就抬到城外活埋。這殘酷的辦法訂出來以後。大同城裏的人。輕病照着沒病。勉強支撐着。但是因重病不得已送到醫院的。多半是七天治不好活埋了。亨縣平原商人趙某某在大同城裏開洋貨店。他另有一個兒子。不幸在最近害了病。送他醫院因七天沒有治好。給日人活埋在大同。所以這個可憐的商人丟掉了舖子。跑回亨縣去。

勾引賭博 贏即暗殺

在大同朔縣的城裏。日人拿上強向民眾們廉價買來或白拿來的烟土開了大小幾座花烟館。從北平天津找來大批賭頭和妓女。由他們主持烟館的事。拘引青年隨落在嫖賭抽烟的生活中。并且在他們的賭館裏常有殺人的事情發生。據說在那裏賭錢。贏了錢走（他們是不高興的）。贏的少點。還可以拿去。如果你贏了五六百元錢。他們就會把你暗殺在賭館裏。

苛捐雜稅 越來越多

日人的苛捐雜稅。也越來越多了。最近聽到的又多了幾樣。一。田稅（錢糧）——過去只少數的地方徵收。現在凡是日偽政權行使到的地方。不管土地的好壞。一律每地每年一元。二。大烟稅——今年春天。大同朔縣山陰一帶的日人。散發大量的大烟種子給人民種烟。所以那一帶種大烟的特別多。（尤其是山陰縣）現在日人每一畝種烟的地。收烟稅十二元。同時收割的大烟土。強迫廉價賣給日人。日人按市價二分發價。如有私人存烟土和出賣烟土的。一律處外刑。這烟稅在種烟的地方都徵收了。三。井稅——每個吃水灌地的井。每年收稅廿四元。四。狗稅。淪陷區的七匪多。同時漢奸偽警察。也借晚上的時皆跑到老百姓的家裏去強姦婦女。掠刦財物。因此家家都養活狗。日人見養活狗的人家多。就定出個規矩來。有主的狗一律帶狗牌。由狗主人向偽政府去買。每個牌子五角錢。一年換四次。每季一次。井稅狗稅。在大同已經徵收了。這些都可以證明日人經濟困難。已趨相當嚴重。想盡辦法。要從麥皮裏榨油來。日人變相的毒殺毒化。以及苛捐雜稅的剝削。使淪陷區人民。有些忍受不了。雖然。它也想盡了法子。給淪陷區男人幾支紙烟抽給女人幾個針線縷線。給小孩子們幾塊糖吃施些小惠。收買淪陷區人民的歡心。但這樣懷柔政策。決不會發生多大效力。使淪陷區人民成為馴服的奴隸——因為淪陷區人民是長眼睛的。認的清事情的。不是瞎子。

（國際社十二月三日）

——摘自《星洲日报》（新加坡），1939年12月14日

敵機夜襲四川一週記（四）

我們武勇的神鷹，却于本日正午以大無畏的精神，昂然進入武漢上空，在王家敦敵佔用机塲內，安閑的投下數白顆漂亮的楔子，這使在二期抗戰中奠定了敵人宣傳的荒謬及汪逆派的錯誤，與世界人士對我抗戰必勝的信心與同情至于炸毀飛機十架與死傷敵中勤務人員，均爲餘事。

▲敵慣用阿 戰術 我機昂然而入，昂然而出 傍若無人的態度 真真氣死了倭鬼的軍事當局 他們一定的集合了未被炸死的智打人而大罵「你們口口聲聲說消滅了支那空軍，爲什麼我們白天不敢作的事，支那空軍却輕而易舉的，反把我們將來空軍的根據地破壞了呢……」 所以在我們囘到某某地以後，敵人便派了跟蹤轟炸隊，一直追到來鳳，但又是不敢前進 只是兜了幾個圈子之後 炸了來鳳 仍按原路循囘復命 真是一幕阿 的戰術，不過敵人是相信阿 的，請看 以前的失敗，因今夜的月色一樣，明明的擺在眼前，而今晚他又來了這同一的錯誤，反正我們的汽油與炸彈，都是他們老百姓的 這對敵財閥是應用在軍需之業消耗的價值，而對敵軍閥則是欺騙的勝利價值，而對敵少壯軍人則是升官價值，蠻幹 蠢幹，糊幹，只有日本的老百姓的肉在痛，血在枯。

▲老鼠咒日黃土無靈 今日，敵方知道對中國空軍用夜襲擋毀的戰術是靠不住了，所以便不再專意飛機塲 大概是十二時左右 敵機到了萬縣 然後江溯而上，至一時許到達渝市上空 除於市郊投彈外，但仍是一貫的 徐賊究竟炸壞了什麼 真是只有天曉得，或者由紙有田老鼠，在咒罵，這還是因爲四川老鼠多的關係，否則黃土是無靈魂的 怎樣炸，也不會受感動的。

警報解除後，我們的警戒飛機亦均安然下降，雖未能完全將敵人消滅，敵機在我威脅之下，也不敢在重慶上空放肆盤旋，因此，他們所選擇的目標，永遠在他們瞄準器面下滑過去了。

▲給敵人消耗的估計 十月四日，敵人連夜的攻勢，並不因有不償失而灰心，反之，更變本加厲 或者是因我除了今夜的月色可以利用而外，明天使不再出動了的原故吧，今天他們所採用的，仍然是連續戰法，這種戰法，是用老批飛機 在不等不同的時間 分批進入，油們的作用 是想減少我驅逐機的威脅以及在僥倖的環境下打擊我們的驅逐隊，然而有戰會給人以聰明 我們的司令官更是聰明裏的聰明者 沉着的判斷靈活的運用，神機莫測，倭鬼何有所爲

▲在微白的薄害裏 重慶市由二條江中心顯示出來，所以今天他很胆大的又是分六批竄近市郊 第一批炸了□□，第二三四九批炸了□□，第六批又炸了□□□，這次所投下來的完全是重量的炸彈，我們的一點損失也講不到等到警報解除後，天已大亮，一群群的人們，都圍在彈坑旁邊議論着今夜敵機的蠢行，有的人竟給敵人作了一個估計表。

（完）

——摘自《三民晨报》，1939 年 12 月 14 日

日機轟炸乍浦

投擲炸彈達十餘枚

平民死傷三十餘人

平湖來人談

明據平湖來人談、乍浦於本月八日晨、曾遭日機轟炸、當時投擲炸彈十餘枚、最慘者該處順泰弄內萬安橋、地處本係鬧市、當時亦被投彈二枚、致死傷約三十餘人、

——摘自《中美日报》（上海），1939 年 12 月 15 日

鐵蹄下的三水

民衆不堪掠奪蹂躪
復仇之火普遍燃燒

【香港通訊】三水、可算是西江的最前線、在西江前線上、它是佔着重要的地位的、自從去年十月二十五日日艇初泊河口鎭起、至今已一年多、除了黃塘以上的地方未經淪陷外、可算是失去了大半、但像南邊實月堂、楊梅、那些蘆西公路上的要站、日軍雖然到過而且現在還常來、可是都不敢駐兵、而被華方游擊隊控制着、鄉公所還在執行職務、這些只可叫做半淪陷區、所以三水有未淪陷區、半淪陷區、和淪陷區三種區域、

日軍在三水幹些什麽、這想是許多人想知道的、記者爲了得到更可靠的材料、曾到三水的淪陷區走過、半淪陷區也住過幾天、現在把搜得的材料報告一下、

「住民證」與公民證

日軍初來時、焚燒姦淫當然是必演的好戲、單是一個在楊梅圩附近的小村落、一當日軍去年十一月到時、就被殺了三十多個人、被姦淫了二十多人、這些事實在民衆心上烙下難忘的憤恨、

日軍每佔領了一個地方、都有僞維持會的組織、區域的劃分是沿用我們原有的鄉鎭、每村有村代表、負責與日軍辦「交涉」、軍事性質的、則有「僞警備隊」、收藏的都是一些老槍和流氓、如果說他們都有「公」可辦、那最重要的怕只是發「良民證」（最近已改作住民證）和抽「住宅捐」、「公」外之私、就是藉官勒索和向日人跪拜了、有鄉公所存在的地方、又發了公民證、所以在半淪陷區裏、民衆就有兩種證、「住民證」和公民證、一個半淪陷區的老者對我說、「「住民證」至多掛在衣服外、公民證卻貼在心肝上」、這句話、可以表現淪陷區和半淪陷區民衆的眞實的民族意識、

復仇之火在燃燒着

在河口、可有一點特別、每一家住宅、門前均須懸掛膏藥旗、旗上把一家人的姓名、年歲、性別等寫上去、如果有人暫時離開家裏、就要把到什麼地方去、做什麼事情、什麼時候回來等寫在另一張紙上、貼在旗子上、讓日軍來檢驗、回來了又撕下來、

碰見了日人、普通節目、是這樣、站定、點頭敬禮、拿出「住民證」受身體檢査、敬禮的時、樣子太笨、便有吃巴掌的資格、太好、比方是「立正」了然後點頭吧、便又會被認爲與軍人的習慣相似、發生性命危險、在身體檢査時、若是女人就難免受到侮辱、男人呢、或者打、或者踢、甚至吃刺刀、這情形、正在培養着中國民衆對日軍更大更深的復仇之火、

魔手耍弄着假慈悲

日人常有「宣撫班」派到鄉下宣傳「王道」、但每一次的講台附近、都是架了機關槍、當然民衆是不會信服日人的血口的、所以要去聽、只是受威脅于日人的槍口、

爲了政治陰謀、日人常賣一些假慈悲、藉以表現它的「公道」、日人曾經一方在交通便利的地方、不准糧食通運、賤價拍賣、而一方面在偏僻窮苦的地方、又舉行平糶、個別的向乞丐與窮人施捨、迫民衆修公路、用對大洋加六的軍用票發工資、民衆非常明白、日人用來平糶和施捨的東西、還不是從中國人民那裏搶去的、「軍用票」呢、還不過是啞子吃黃連、不得不用的廢紙罷了、

重要商業多被統制

日軍戰爭的本質、根本是掠奪、一方面又要政治進攻、互相牽制、表現得很躑躅、日軍在半淪陷區、還不敢作過甚的苛制、但在西南、河口等商業集中的地方、像牛皮之類比較大的買賣、已經開始統制了、

漢奸報像「廣州民聲報」、「迅報」、在黃塘就可以看見了、在楊梅圩當然更散佈得廣、那些漢奸報、造謠挑撥、當然是重要的材料、而造謠挑撥之甚、眞是無可形容、

蘆苞成貨物集散地

現在三水的所有地方、最被人注意的是蘆苞這小鎭了、自從三水縣城河口和西南失掉了以後、它就成了政治經濟的中心、雖然白天你走進去、它的死寂會使你恐怖、但一到了下午五時以後、疏散的時間過了、它就使人驚異地熱鬧、一上一落的貨物、擁塞了街道、小攤由街上直蔓延到河岸的基圍上、晧白的汽油燈、由街心透出來、好像是什麽勝會、人呢、如果不是在故衣街、則簡直是轉身不動、至多七點半鐘、茶樓烟館都擠滿了人、這些地方成了交際場、貿易所、各人依各人的需要作着商量、或暗或明的買賣、甚至是感情的買賣、

入口的貨以洋貨爲多、歸國庫的統税局和歸省庫的清遠税處分所、每天從這些貨物上抽得的税、大約是國幣六千元左右、由此我們可以想像到貨物的擁擠、這些貨物到了蘆苞、再用人力挑運到四會、廣利、肇慶、然後沿江西上、或用民船輪往清遠與曲江、現在在蘆苞對岸的蔣岸圩、都開了許多轉運公司、代人轉運貨物、隨便到那個轉運公司去看一下、都是山積着貨物、

——摘自《中美日报》（上海），1939年12月15日

日機炸肇慶

▲肇慶五日電 今日肇市全日在警報中、十三時許、日機六架飛至近郊轟炸、落燒夷彈數枚、發生大火、死傷平民多人、

※※ ※※ ※※

※※ ※※ ※※

——摘自《新闻报》（上海），1939 年 12 月 16 日

欽縣遭日機轟炸

傷亡平民百餘人

民房被毀五六十間

（欽縣通訊）欽縣於本月三日上午十一時、有日偵察機一架盤轉上空、約半小時、向北竄去、於下午一時、又來轟炸機九架、狂炸城郊、計法院前獅山巷·牛稅巷·世美坊·西街· 北門外·小北街·天主堂·及邑城等處、傷亡人民約一百餘人、毀房屋五六十間、最可慘者、有一防空壕被炸、無一倖免者現當局已嚴厲疏散貨物人口、

——摘自《新闻报》（上海），1939 年 12 月 17 日

諸曁楓橋慘遭

日機轟炸

死傷五十餘人

（本埠訊）據航業界確息，本月十一日上午十一時五十分，紹興上空，發現日機六架，向衢州飛去，後中途折回，至十二時十六分，上虞西南聞到機聲，嗣該批六架日機，侵入諸曁楓橋轟炸，事後過蕭山向杭州灣出海而逸，計共在楓橋投彈三十餘枚，內燒夷彈四五枚，死二十餘人，傷三十餘人，毀屋四五百間，損害至爲慘重云。

——摘自《大晚报》（上海），1939 年 12 月 18 日

敵機擾皖南

投毒氣彈

鄂西沙市昨遭空襲

（中央二十日桂林電）敵機七架、十八日晨在貴池南方之獅子山一帶投下多數毒氣彈、（中央二十日沙市電）敵機五架、午後一時在沙市市區投彈十六枚、

——摘自《东南日报》（金华），1939年12月21日

廣州敵軍慘無人道

拉我同胞充「肉堡壘」

不論老弱被拉者達四五萬人

蘆苞婦孺遭屠殺者達數百人

（香港通訊）頃據由廣州逃來者稱・自粵南戰事爆發後・廣州日軍即開始瘋狂拉夫・直至最近・尚未停止・余此次僥倖逃出虎口・安然來港・誠屬萬幸・日軍此次拉伕・不論男女老弱均在被拉夫之列・開始至今・男女被拉者不下四五萬人・一部份跟隨日軍出發粵北入・担任運輸各輜重軍用品・一部份驅赴西北各江前線・替其建築防禦工事・及挑運軍用品物・余於兩日前曾被拉夫當苦役一次・所拉之民固無工值發給・日中兩餐亦只給日軍在陣場上所食餘冷飯包・無日不在饑餓中

・除挨飢染完防禦了事外・如遇竄侵或我軍反攻掩襲時・日軍即用機槍於後監押・盡驅此赤手空拳之夫役上前項頭陣・充當炮灰・以資掩護・如遇有後退者・即用機槍掃射・進退均死・月前日軍北竄・侵犯我三水蘆苞及粵西桂南等戰役・日軍均用此種慘無人道之手段・日僞軍名此爲「肉壘」・畏縮其下・使我軍有所顧忌・擾亂目標・俾苟延殘命・此可見日軍畏戰之一斑・近西北江及粵南等戰役・我被拉民衆之如是犧牲者・不勝其數・猶有慘不忍言者・刻下日軍在廣州市及淪陷區所拉夫役既不分男女老弱一經被擄如稍有抗拒或潛逃者・即以酷刑相加・在廣州市被拉數萬人內・最低限度有

千餘人遭其屠殺云・

據另一米客稱・日侵華南支派遣軍發動攻桂戰事受挫・與江會軍事失敗後・所有受傷軍馬・概運返廣州醫治・每日有十餘匹・而廣州近日又發生畜牲疫症・軍馬染病者甚多・僞組織太城內缺乏肉食・每每將不治之病馬宰割・售與食物商店・詭稱爲牛肉・而全市西餐室之牛肉・全爲馬肉・有等吾人・因利其價廉・乃購之返河南茅舍混雜豬肉・以製臘腸・運出附近各處售賣・此種臘腸售出極平・人多購買・惟食之甚碍衛生云・

又據由蘆苞間道避難來港者稱、日僞軍此次侵犯蘆苞・士兵畏死・且深恨我鄉村民衆協助軍隊及游擊隊向日僞軍襲擊・乃出其素擅之毒辣手段・當竄抵蘆苞時・即立將十餘鄉村焚燬・村中房屋・盡化爲瓦礫之場・老弱婦孺之逃散不及者・悉遭刺殺・此次慘被戮者・達數百人・鄉雞犬牲口・亦無一餘存、誠爲中外罕睹之慘劫洗刦・鄉民奔避逃生・致流離失所・飢寒交侵者・不知若干人・刻下我當地軍政當局・已加緊設法救濟及收容在後方各安全地帶安置・一部份則間道避來港澳云・（十二日）

——摘自《星洲日报》（新加坡），1939 年 12 月 22 日

西報記者 南京所見

闊別經年景物全非 烟舖娼寮隨地皆是

（英文大美晚報編輯南京通訊） 余爲明瞭『維新政府』統治下南京之眞相起見、由日本領事館之協助、自日本陸軍處獲一通行證、搭日本飛機、

自滬飛寗

飛機費連同汽車費在內共二十五日元、我人於高空中、俯視地底、交通線旁爲炸彈炮彈及大火所毀之工廠學校軍用堡壘之痕跡歷歷在目、惟離交通線半哩或四分之一哩處、農家生活如恒、一若未受損失者然、於此可見侵略者欲散播其權力思想及政治勢力於交通線較遠之地點、殊非易事、

機掠蘇州

而過時、沿線一帶、敗壁殘垣、極目淒涼、足證炸力强大之炸彈及炮彈之威力、日本京滬戰場能獲勝之主因、即爲其飛機優勢所致、覩此益信、機近南京時、總理陵所在地紫金山即在機下、自機下瞩、總理陵似安然無恙、飛機場一帶亦可見飛機轟炸之遺跡、余等下機後即搭公共汽車進城、城牆上國民黨所書之大字標語、已改爲『大民會』所書勸人信奉『新秩序』及中日合作之標語、入城內、耳目所接闊別經年之南京、已

景物全非

使人慨感殊多、第一、南京現已日本化、街中日兵日人不絕於途、日本製造之貨物隨處可見、其次戰爭陳跡綦多、其中若干可一覽無遺、若干則已爲新建築所掩、街頭則有貧苦之中國人出售其最後之所有物、或掠得之贜物、最後所見者爲若干區域中鴉片舖招牌之衆多、（上書『官土』）此外娼寮之芳幟隨地可見、凡此皆非良好都市所應有之現象

——摘自《新闻报》（上海），1939 年 12 月 23 日

法當局抗議

敵機炸廣州灣

柳州空戰被我擊落一架

（中央廿二日桂林電）敵機四十三架、廿二日分批襲桂、橫縣柳州及桂林西南郊外均遭轟炸、當敵機九架竄至柳州時、我英勇空軍即升空迎戰、敵機一架被我擊中、頓時起火、落於來賓縣屬古習鄉、人機俱燬、

犯◇桂

（中央廿二日桂林電）廿二日此間（桂林）自晨至暮、竟日在警報中、敵機三十餘架、曾兩度竄入市空、在西南郊外盲目投彈百餘枚、經我高射部隊描準射擊、敵機均倉皇逃去、

襲◇粵

（本報廿一日香港電）廿一日晨十時半敵機八架、竟闖入廣州灣租界肆虐、在市東南方之沙灣投九彈、七彈爆發、二彈落海、彈旋又飛獅子頭投五彈、幸均無死傷、全埠人心極爲驚憤、法當局已向敵政府提出抗議、

擾◇湘

（中央廿一日粵北某地電）廿二日晨、敵機二十四架、分三批沿粵漢路北飛各地窺察後、在粵之樂昌、湘之臨武郴州等處投彈多枚、

（中央廿二日沅陵電）廿二日晨七時許敵機九架竄至郴州投彈、十時許復有九架飛衡陽肆虐、

——摘自《东南日报》（金华），1939年12月23日

我分路緊迫南昌
敵放毒圖挽頹勢

▲中央社東鄉二十四日電　南昌以東、自我向撫河西岸出擊、迭克各據點後、南昌敵感威脅、乃積極向瑤湖西南之棠溪鄉方面不斷增援、約達千餘人、並附坦克車五輛、向我反攻、自二十一日起、迄二十四日敵我在該處每日發生猛烈激戰、我軍英勇作戰、斃敵極衆、敵近爲挽回頹勢起見、每日自上午十一時迄午後三時、施放大量毒氣、防我進攻、惟我軍每日仍奮勇迎擊、且頗爲得手、贛江撫河間敵我仍在梁家渡以西之葉子山迄贛江東岸之竹園樓之線相持、連日無大變化、僅我每日向敵分路施行小出擊、亦多收穫。【又電】二十一日晨、我軍向合山李莊等處進擊、激戰至午前十時、克復合山李莊以南高地、斃敵二百餘、迄晚、敵一部向我反撲、萬舍街敵砲猛烈轟擊、我軍沉着應戰、敵不逞退去。

▲中央社豐城二十四日電　我軍於二十一日克復大石橋、徐村、棠溪鄉、大塘、李村、羅村等據點、斃敵四五百、迄晚南昌敵急來增援、猛烈向棠溪鄉反攻、并施放大量毒氣、激戰至二十二日晨、敵死傷枕藉、旋以敵機六架、更番轟炸、我軍爲誘敵殲滅計、向後轉移、敵果跟蹤尾追、經我三面夾擊、斃敵甚衆、殘敵狼狽回竄、刻我軍復將棠溪鄉包圍、正猛攻中。【又電】　二十二日晚、我軍分路向南昌方面之敵出擊激戰至二十三日晨、計在崔港梁家渡以北地區、斃敵三百餘、在西山羅西頭壟等地、斃敵五百餘、俘獲軍用品甚多、又瑤湖西南棠溪鄉之敵自南昌陸續增援、二十三日晚、因我攻擊、竟大量施放毒氣、企圖挽回頹勢。【又電】　我游擊隊二十二日晚襲擊南昌敵所盤據之新飛機場、將大木橋焚燬、該橋工程甚大、敵軍建築費時三月、現已被我完全破壞。

▲中央社臨川二十三日電　（甲）二十二日晨、敵又分由南昌楓樹下陳向棠溪鄉增援反攻、敵機三架助戰、輪流轟炸、竟日未停、我軍奮勇突擊、戰至傍晚、曾一度衝入棠溪鄉、敵潛伏頑抗、全夜在相持中、（乙）二十一日夜、謝埠市敵增援、向劉莊大塘與反攻、戰至二十二日晨、敵傷亡百餘人、向後敗退。

——摘自《中央日报》（重庆），1939 年 12 月 25 日

敵圖壟斷

滬市蔬菓

籌設批發市場强徵稅收

米價又告飛漲

【中央社香港二十四日電】滬訊、敵僞企圖統制滬市蔬菜水果、籌設上海菜菓中央批發市場、積極籌備、聞進行頗不順利、敵對此項收入、頗爲重視、故僞方極感牽制、同時本埠地貨業、亦決定拒絕參加云。

【中央社香港二十四日電】滬訊、滬米市奸商現又蠢動、近日米價又超出限價四十元大關、工部局會辦何德奎二十三日晨通知米場管委、囑其速採制止辦法、以穩市面。

——摘自《中央日报》（重庆），1939 年 12 月 25 日

日機炸毀河曲教堂

挪籍教士喪生

安陽教會醫院遭摧殘

加籍教士談被逐經過

【榆林廿七日電】本月十三日日機狂炸河曲、將南關基督教會完全炸毀、牧師葉永清當場被日機炸死、按葉氏挪威人、來中國凡十餘年、其性極爲慈祥、頗得當地人民之信任、日機此種暴行、當更爲全世界人類所痛恨、

【合衆社重慶廿七日電】本年八月、被日方驅逐之豫北安陽（彰德）加拿大聯合教會四教士之一史特盧塞斯博士、今日向新聞記者聲稱、日人以手溜彈擲諸教會主辦之醫院內、嗣後又向醫院放火、將教士逐出、史博士聲稱、當華北反英運動盛行時、日人向加拿大教會主辦之醫院連擲手溜彈三枚、欲將教士逐出、但大多數之手溜彈未會爆發、日人乃放火迫教士撤離醫院、當彼等離去安陽時、受日人所雇之流氓向彼等表示輕蔑譏笑、渠相信日人所以指定教會醫院爲攻擊目標者、因該醫院介于城垣及飛機場之間故耳、渠並聲稱、日人視寓居日人佔領區內所有外人爲間諜、

——摘自《中美日报》（上海），1939 年 12 月 29 日

日機狂炸洛陽

昨整日在警報聲中

陝甘亦遭空襲

【洛陽卅日電】本日午後二時至晚九時、此間全在警報中、來洛轟炸之日機、共卅七架、更番肆虐、每批皆十二架、另一架或係偵察機、先後投彈一百五六十枚、皆落西郊外、雖有房屋數處被炸燬、人民傷亡極微、

【蘭州卅日電】日機六十五架、卅日分批由晉起飛、進襲陝甘各地、第一批一架、上午八時餘飛西安實雞商縣一帶窺察、第二批十二架、上午九時五十分飛西安轟炸、第三批廿六架、上午十時經商縣侵入南鄭上空投彈、第四批十二架、上午十時餘經陝北侵入平涼上空、第五批十三架、上午十一時四十分亦由陝北竄至平涼、日機兩次在平投彈二百餘枚、死平民十二人、傷十七人、燬民房五十餘間、

【肇慶三十日電】日機廿八日轟炸開平屬長沙時、航行三埠澳門輪渡、悉被炸燬、現三埠澳門交通暫告停頓、

——摘自《中美日报》（上海），1939 年 12 月 31 日

日艦機頻犯粵南

沿海岸續備受騷擾

桂林武鳴象縣遭殃

防城展開陸海激戰

【本報香港特約通訊】粵南沿海各地、旬來頻受日艦侵襲、情勢較前又覺緊張、且傳有日旗艦磨球號已奉命開來、圖於最短期內發動進攻南路軍事、華方已作切實之準備、日果來犯、當必迎頭痛擊、茲將日來所得消息分誌於後、

粵桂各地均被濫炸

查日機在粵南肆虐、幾已成爲慣例、近因在湘北贛北戰敗、竟變本加厲、來勢愈兇、益足以彰其橫蠻、計本月十二日、日機三十六架、先後由海口廣州兩地飛出、分四批慘炸廉江、良洞、茂名省立中學、梅菉市區、及桂省都安、武鳴、象縣、桂林等地、災區六七處、破本月來被炸之新紀錄、至十四日、又有日機七架、分批飛入桂省、向玉林貴縣轟炸、及在橫州開機槍射擊平民、後再有十八架分批向宜山縣投彈、及向懷遠騷擾、且曾一度竄入湘南、另有五架在桂肆虐後、返經合浦屬黨屋地方、開機關槍掃射農民及漁船、至十五日、又有十一架分批飛襲粵桂兩省、先有五架闖入龍州屬上金肆虐、投彈多枚而去、另有三架、侵入安舖向市區投彈四枚、落醫院中、幸無大損失、在此數日中、欽廉高雷各屬均迭有警報發出、北海市並有日機闖入窺伺、

日艦頻向沿岸進擾

欽廉爲桂省門戶、日謀進犯廣西、對此沿海地方、時來覬覦侵擾、故日艦行蹤異常飄忽、逡巡窺伺、以爲恫嚇、本月十二日、陽光初放、日淺水艦一艘、忽竄抵防城企沙、向岸掃射機槍數百發、藉以其騷動無聊、未有還擊、至十二時許、又有日艦一艘駛往合浦冠頭嶺、在二千公尺左右海面、復開機槍向岸亂射、華守軍祇嚴密戒備、亦未有理會、十四日、據海岸監視哨報告、欽廉海面又發現日艦四艘、北海方面、是日上午八時有瓊州太原兩輪船先後由海防及香港抵步、經冠頭嶺對面之石龜咀海面時、被泊於該處之日艦及武裝漁船一艘扣留、派汽船載日兵七名登輪檢查、諸般騷擾、情形頗爲混亂、亘一小時之久、以無所獲、始悻然而去、同日上午欽縣三墩沙海面、發現三烟通日艦一艘、上附水機一架、旋又有一艘由東駛至、連前共兩艘、又防城企沙方面、亦發現一艘、離岸約一萬五千公尺、後再增一艘、是日以日艦來往頻繁、情勢驟趨緊張、海防軍立即施行緊急戒備、以防萬一、

防城華軍炮擊日艦

詎至正午十二時許、防城方面、突有日艦一艘、駛近西環馬鞍嶺海面、離岸約四百公尺、似有派兵登陸模樣、惟因潮水已退、致擱淺不能前進、華當地防軍覩狀、認爲時機已至、不容遲緩、立下號令、密集炮火向之轟擊、日艦亦慌忙開炮還擊、與機關槍齊發、致卜卜峰峰之聲、震動耳鼓、雙方進展開海陸激戰、交綏約一小時之久、日艦終因華方炮火過密、難於抵擋、漸覺不支、乃數輪極力駛退、離岸約二千公尺、戰事始告平息、後聞是役日艦烟突華擊傷、日兵五六名中彈、由電輪載往圍洲島醫理、華軍以有天然防禦工事掩護、並無損傷、惟後此數日內、所有民船均不敢開駛、日海上交通暫告中斷云、（十二月廿二日岳）

——摘自《中美日报》（上海），1939 年 12 月 31 日

國在華權益，實為敵人之一及珠江等亦為其欺騙列國
談，開放長江一部分，以之一種陰謀也。

英商焦作煤礦公司 被敵壓迫停業

（中央社香港一日電）津訊，最近河南焦作煤鑛公司，被敵迫壓此事發生，在敵寇高唱不侵犯第三國權利之今日，意義尤為重大。查英商焦作煤鑛公司總公司，原在北平，在河南省內設有分公司，自該省受敵蹂躪後，該分公司業務，即無法進行，職員起居，亦受絕大監視，既失自由生命亦無絲毫保障。在此環境之下，迫不得已，該分公司職員，乃決將其電力廠、及多數傢俱，全部留汴，隻身逃平，不意為當地敵軍所阻攔，嗣乃報告總公司，在平托人向駐平敵酋疏通，請其准該員等北上，駐平敵酋，竟無理拒絕，不得已請卡爾大使向加藤「公使」提出含有警告性之請求，閱經多次折衝，始略得頭緒，該加藤竟提出厲行下記條件，始准該員北上，即（一）不准發表在汴敵寇侮辱外僑之實情，（二）不許發表敵資接辦任何外國企業之經過，（三）離汴時所帶行李等等，須受嚴格檢查……此項條件該英僑是否承認，尚難逆料，此後如何發展，實堪注意，然由此事觀之，證明敵所唱之不干涉第三

——摘自《国民公报》（重庆），1940年1月3日

山東英醫院 被敵焚燬

青島英總領提抗議

（中央社上海五日路透電）去年十二月二十五日，山東惠民縣屬之朱家（譯音）英浸禮會醫院，被日軍焚燬，並誣稱該教堂曾治療中國游擊隊，聲稱將搗毀浸禮會教堂內之外教士住宅，英駐青島總領事已因此事，向日當局提抗議。

——摘自《国民公报》（重庆），1940年1月6日

敵焚燬我漁船 漁民千餘遭難

（中央社香港十二日電）十日晨，我漁艇約七十艘，在汕尾附近，被敵驅逐艦一艘轟擊，全部慘遭焚燬，漁人千名，恐已遇難，損失約在百萬元以上。

——摘自《国民公报》（重庆），1940年1月13日

鼓浪嶼來客談

寇軍摧殘華僑

藉口防疫注射慢性毒藥

返國僑胞多遭刼殺擄掠

日人妄想以挑撥離間•欺騙誘惑•分化拉攏•花言巧語等陰謀去爭取華僑•企圖消除支持中國抗戰的巨大力量•裝扮一副僞善者的和平面目•向華僑頻送秋波•在廈門•設立僞僑務局•僞華僑公會•作爲誘惑華僑的工具•派遣男女漢奸南渡各埠•作爲拉攏華僑的親善使節•此情本報迭次發表•茲據昨日由鼓浪嶼來客談•廈門落入『皇軍』手中後•馬上被華僑揚棄了•與華僑關係最密切的客棧•船頭行•銀信局•大部遷移鼓浪嶼及泉州營業•泉州恢復了千年前的地位•泉州港通航了•巨大的輪船照舊儎着一批批閩南華僑出出進進•日軍雖然佔領廈門•在對付華僑企圖上•却宣告失敗•

廈門對岸鼓浪嶼租界•戰後居住着六萬中國人•六萬中國人大多和華僑有着密切的關係•鼓浪嶼的每一座宏麗幽美的洋樓•幾乎全是華僑的產業•因此•鼓浪嶼代替廈門而爲閩南華僑集散中心•出口華僑由鼓浪嶼轉輪放洋•返國華僑也多至鼓浪嶼轉輪入內地．而廈門則完全冷落•因此日人眼紅•恐嚇着鼓島各客棧•要是他們不遷返廈門營業•他將不准華僑在鼓浪嶼登岸•恐嚇沒有得到結果•沒有一家客棧向『皇軍』表示屈服•他們照舊在鼓浪嶼迎送客人•由僞僑務局僞華僑公會派員在各輪船上招待華僑•現在•日軍的面目變了•不斷在鼓浪嶼拘押候輪出口華僑•藉口華僑中有『支那間諜』•有『抗日份子』•經過嚴密的檢查後．成羣拘禁於廈門虎頭山脚『風台厝』．每人每日勒索伙食費二元六角．日兵猙獰呼叱．無異對待囚犯．被視爲嫌疑的．性命毫無保障．沒有嫌疑的必須等到船將啓行．才被押解上船．

十月下旬、泉永各縣出國僑胞七百餘人，由泉州乘輪赴鼓轉船放洋，抵鼓後，全體被日軍拘禁於「風台厝」不知生死，十一月九日，各僑眷接得菲方電報三十餘遍．內容大略相同，其中一封如下：「青陽後宅陳穆原，日軍在廈迫華僑種毒藥針，本輪來岷華僑多死，切勿來，陳澤慈」晉江二區深後聯保東山鄉華僑謝坎，亦於十一月中旬函告其家屬云：「余等所乘之船至廈．被迫駛進所謂「風台厝」不久即起，轉駛虎頭山下，然後將我華僑逐一打針，凡拒不打者，不許放行，余亦不能例外，抵菲後，毒發身死者數人，我之死期，未知却在何日」，日軍於拘禁各僑胞後，藉口防疫，注射慢性毒藥，使抵菲後毒發身死

，其殘酷無人道、實屬空前絕後，各僑眷接獲消息後，駭汗相告，消息四傳，轟動閩南各縣，在泉候輪出口華僑，咸視鼓浪嶼爲畏途、不敢貿然前往，

這是出國華僑受日軍殘害的例證，

從海外返抵鼓浪嶼華僑，因日軍封鎖海口，各外商輪船航期難定，往往候至一兩個月，尚不能返鄉，爲了不願在日軍刺刀下的鼓浪嶼過那毫無保障生活，常冒險自僱帆船寅夜衝過日艦監視哨、駛至沿海各縣區登岸，因此而遭日軍擄殺刦掠的很多，九月廿三日，華僑一批搭荷輪由岷抵鼓，至十月中旬，尚無船返家，一部份華僑乃自僱帆船，冒險浮海偷渡，十三日有帆船二艘，一載歸僑九名，一載八名，夤夜由鼓浪嶼後出發，至嵩嶼附近，被日艦探海燈照獲，開機關槍掃射，船中一婦女當場死於流彈，該婦係僑眷，身懷六甲，母子均死於日軍淫威下，其餘十六名被日兵捕送廈門日海軍司令部拘押，事後日軍認爲該批華僑毫無嫌疑，乃押交鼓浪嶼工部局，令各客棧保釋，兩天後，另一批歸僑以三百六十元高價僱得帆船一艘，冒險夜行，歷一晝夜，脫險至晉江第三區登岸云，

——摘自《星洲日报》（新加坡），1940 年 1 月 22 日

血淚話冀東

——民革社記者高凌雲——

（晉察冀邊區通訊）冀東・這該是我們還淸楚記得的一個地方・

早在民國廿四年冬・當「冀東」這個名字第一次出現在報紙上的時候・它便與一個最卑汚可恥的名詞相聯結着——「冀東防共自治政府」・從那時起・冀東七百萬同胞・也跟着失掉了自由的幸福・在暗無天日的世界裏・過洩着悲慘的痛苦的日子・

自從「七七」掀起了民族革命的浪潮・不願做奴隸的冀東同胞・也一致奮起了游擊隊・義勇軍……遍地的生長着・復仇的怒吼・震動着冀東的原野・

這給予了敵、漢奸以死命的威脅・因而敵人統制的手段・也更來得野蠻・殘酷・至今天・冀東這一片廣闊肥沃的原野・已成爲血淚交流着的人類屠場了・

看啊・日本帝國主義是怎樣的屠殺我冀東同胞・

我們廣大的青年弟兄・在「抽調壯丁」的口號下・被敵僞的血手抓去了・（到今年六月止・平均每編鄉有六十人至八十人之多）・他們一部份被編成「皇協軍」・開到前線做炮灰・一部份編成「清鄉隊」・「鎮壓」當地的抗日活動・出演那中國軍殺中國人的悲劇・一部份則秘密的運送到關外・給敵人做終身的苦役・牛馬・從去年十月到今年六月・這樣送往關外的青年・已有十一萬多了・

那里的同胞・每人都得向敵僞領一枚「良民証」・上面貼着本人的像片・不然的話・如果給查出沒有「良民証」或像片不符・便會立刻受得不可想像的厄運・

敵人對于有「抗日嫌疑」的同胞的屠殺・採用了中古時代的極其野蠻的手段・去年五月間・豐潤縣有一個同胞被敵人抓去・經過一陣拷打後・便把他吊在樹上・先用刀割去雙眼・在他的血淚呼號中・又把他的腹部剖開・將腸胃抽出・然後加以石油・再用火焚燒・野獸們則站在旁邊拍掌大笑・讀者・你試閉目想想・這是多麼殘酷的一幕・但這僅僅是千百倍屠殺事實中的一個・從今年一月到六月半年間・被敵人抓去屠殺的・因困的或不知下落的・平均每縣有七百人以上・

在日寇統治比較穩定的區域・民衆已完全失去了自衛力・于是・日寇便更肆無忌憚的施行牠的強固的綁架・姦淫的行爲・自本年三月以來・北寧路沿線的財主富商常告失蹤・這都是日寇的「特務機關」・和日鮮浪人所綁架・加以「抗日」罪名・勒索鉅款・敵人對于冀東婦女同胞們的蹂躪・更是使我們永遠不能忘記的・凡是敵軍駐紮的地方・便立刻帶來了悲慘和不幸・敵人每天向附近各村要索青年婦女・供其洩慾・一般戰慄在刺刀下的民衆・起初還僱用些妓娼・或不正經的婦女應差・及至後無可僱的

時候．不得不忍痛採用抽籤的辦法．把自己愛若掌珠的女兒的命運．決定在那可怕的瞬間了．在遷安某某鎮．因爲敵人駐紮時間很長．所以十二三歲的幼女．都給敵人的淫狂所沾汚了這許多血淋淋的事實便是敵人所宣揚的「王道樂土」和「皇軍恩惠」呵．在敵人淫威的壓迫下．冀東同胞屈服投降了嗎．沒有．一點也沒有．冀東的游擊隊．義勇軍．正在血泊中生長着．冀東的七百萬同胞．正用血肉的鬥爭．換取着祖國與他們自己的自由和幸福．

自去年冀東十七縣人民大暴動與開灤煤礦太罷工之後．冀東的抗敵工作．便有了猛烈的開展沒有三個月的工夫．游擊隊發展到．萬、千．某某軍某挺進支隊到後．便形成了一支不可抵抗的洪流．六十幾個僞警察局與九個僞縣政權．便在我們這支洪流的掃蕩下．毀滅了．

我們冀東游擊隊到現在還和敵人頑強地搏鬥着．據不完全的統計．從去年十一月到今年六月．大小戰鬥共有二百三十三次之多．二分之一以上是我們主動的襲擊敵人．因之敵人對于冀東的游擊隊．感到了極大的恐慌．憤恨．本年．月廿五日．而加緊了對他們的圍攻．敵人調集了二百萬多兵力．以四支隊爲「掃蕩」的目標．從遷安．豐潤．遵化三路進兵圍攻．最後．我們游擊隊雖然應用着機動靈活的戰術．突破了敵人的圍攻．保全了作戰的主力．然而東北挺進救國軍雪聚五司令跟他駐在遷安蓮花院的部下[illegible]壯烈的殉國了．從這一次大圍攻之後顯然我們游擊隊的活動．感到了相當的困難．然而．廣大的羣衆是擁護我們的游擊隊到處受到羣衆的掩護和接濟．他們常說．我們的軍隊．開到這里打日本．離後方很遠．接濟不上．如果缺乏吃的穿的．都是我們的責任．因之．我們的游擊隊．仍然能和敵人在無休息的堅持着戰鬥．

下面是出現在冀東平原的三個故事．

本年四月間在×××活動的游擊隊．斷絕了給養．便派人到附近募捐．他們只走了不多幾個村子．沒有三天工夫．便送來了二萬現款．原來附近的村莊聽到這個消息．也都自動的替他們募起捐來．

有一次一個游擊隊員住在一個民家．剛巧敵人的「清鄉隊」也來搜查．隊員帶着手槍一支．急迫中．無處掩藏．這時「清鄉隊」已入院中．正當情勢緊張時．那老百姓家中的女孩急忙將槍奪過．插入自己的褲襠．以被蒙頭臥在炕上裝病．「清鄉隊」進至後．雖多方搜查．終以一無所得而去．

還有一次我們游擊隊晚間行軍到×村的前街．碰巧這個村子的後街便住有敵人．老百姓因看我們游擊隊乏困不堪．不忍再讓他們深夜奔波．而且．附近各村也住有敵人．深恐他們吃虧．于是便不告訴他們．將他們安插在穩妥的地方．平安的渡過這一夜．第二天．敵人開走．老百姓才告訴他們昨夜駐有敵軍．老百姓給他們的[illegible]忙了一夜．

這動人的故事．在冀東平原上不斷的發生着．傳佈着．這許多故事．都凸現着一個內容．冀東是我們的[illegible]．

——摘自《星洲日报》（新加坡），1940 年 1 月 24 日

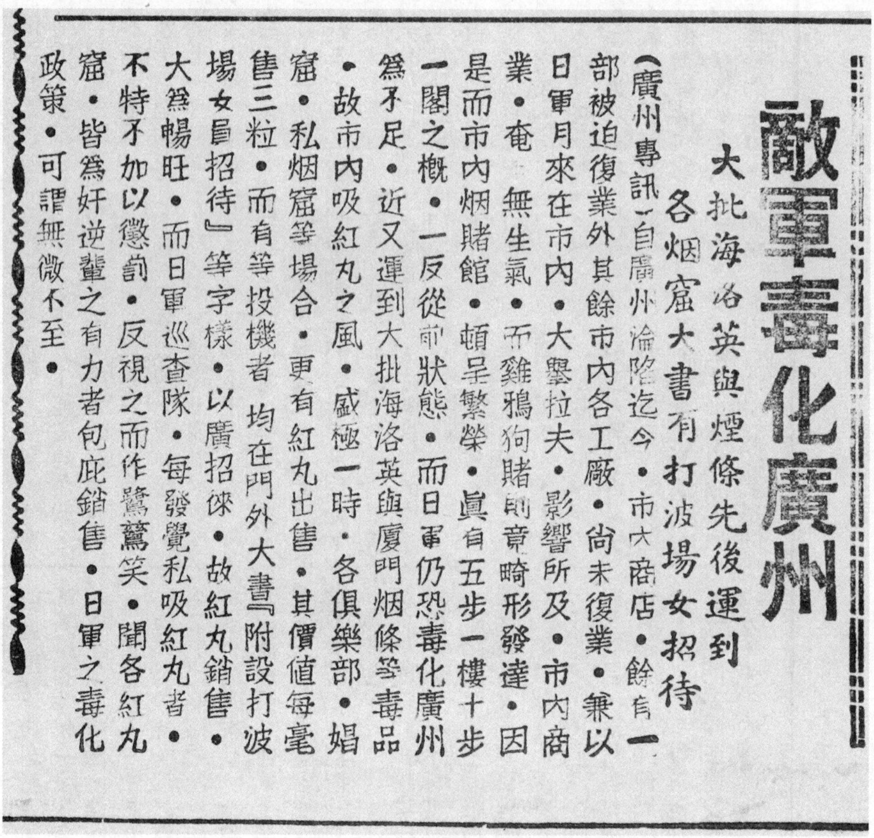

敵軍毒化廣州

大批海洛英與煙條先後運到
各烟窟大書有打波場女招待

（廣州專訊）自廣州淪陷迄今・市內商店・餘有一部被迫復業外其餘市內各工廠・尚未復業・兼以日軍月來在市內・大舉拉夫・影響所及・市內商業・奄奄無生氣・而雞鴉狗賭則竟畸形發達・因是而市內烟賭館・頓呈繁榮・眞有五步一樓十步一閣之概・一反從前狀態・而日軍仍恐毒化廣州爲不足・近又運到大批海洛英與廈門烟條等毒品・故市內吸紅丸之風・盛極一時・各俱樂部・娼窟・私烟窟等場合・更有紅丸出售・其價値每毫售三粒・而有等投機者 均在門外大書「附設打波場女員招待」等字樣・以廣招徠・故紅丸銷售・大爲暢旺・而日軍巡查隊・每發覺私吸紅丸者・不特不加以懲罰・反視之而作鷩鷩笑・聞各紅丸窟・皆爲奸逆輩之有力者包庇銷售・日軍之毒化政策・可謂無微不至・

——摘自《星洲日报》（新加坡），1940年2月5日

蘇北口岸敵軍登陸

全鎮遭浩劫

焚燒搶掠民衆被殺數百
漢奸引路泰興亦告淪陷

（上海特訊）江北各縣在過去僅被日機偵炸而未受日騎蹂躪者・祇泰州・泰興兩處，此兩縣雖均瀕江・但日軍始終未深入縣境・泰興出口所在之口岸・以前曾屢受日人騷擾・但口岸鎮市距港口尚有數里・居民年來猶勉強苟安・詎迄今一星期以前・日得當地漢奸之引導・忽突然登陸・放火殺人・人民在一兩日中・被殺數百人之多・聞泰興城亦告淪陷・詳情因交通梗阻之故・尚不明瞭・據由滬赴口岸中途逃回之旅客報告謂・彼乘萬利輪船於一月十四日出發・中途得屬於萬利公司之某輪傳來消息・口岸與泰興均有戰事・內地路已不通・但萬利輪亞未折回・仍向上遊開去・到江陰江面停輪・當有日軍所派人員數名乘小汽船來到・登輪檢查通行証・盤詰姓名年歲職業，苛細之至・此為通過該處輪船之例行手續・嗣輪續開既抵口岸港外・始證明當地確有戰事・日軍於十五日分兩路由素不熟悉之港口・分兩路突襲口岸鎮・並非自口岸本港登陸・口岸鎮當時起火・焚燒甚烈・損失情形・在港口無從探明詳情・惟知該處之大鹽棧亦在被焚燬之列・鎮民被慘殺者二百餘・日軍淫刦慘毒之至・當彼在港口時・目擊港外兩日艦用小汽船自艦上載馬匹登岸・而小汽船回艦時所載盡是婦女・以供其在艦士兵之姦污・萬利在港外時・未受日軍之干涉・但載有㽷酒及橘子二十餘箱由日艦派小汽船前來駁去・聞每次輪到・均有饋贈・此亦例行手續・該輪所載旅客約近千人・多屬勞工・聞該處拉夫・均慄慄危懼・惟既到目的地・祇得勉強登岸・顧行未數步・即遭日軍搜查・其隨帶之金錢・悉被掠奪・在寒風中迫令旅客一一解衣受檢・鈔票輔幣券不論多少・決不留給分毫・即偶攜帶香煙一二匣・餅乾二數包・或水菓等類者・亦為『皇軍』所甘心搶刦之目的物・婦女與男子相同・必須袒裼受檢・孕婦更有夾帶財物之嫌疑・必脫衣驗明・然後放過・其時有旅客數人以所攜微資或店款・被其刦去・難以自全・與之爭論・立時慘被殺戳・該輪最初卸船之旅客二百餘・遭此禍殃・復探知前路不通・祇得紛紛回船・其遲行者不敢復行登岸・而該輪對於被刦之船客・復徵收回程船資，一方無以應・一方非付不可・擾亂至不堪名狀・尚有旅資垂盡而未被刦之船客・祇能以所帶香煙・煤油等零星貨物・向船磋商掉換船票及食物・每日飯一頓・索大洋六角・粥一頓索大洋四角・被刦者祇得忍餓回滬・聞此次日擾泰興與前遊擊隊首領陳才福有關・陳原係土匪・所部分散在口岸港內一帶・密與日方往還・近經駐軍剿伐・乃領導日人於僻小港口登岸・現在登陸之日軍共計千餘・當十五・十六兩日交戰時・港外泊有日艦四艘・現仍有兩艦未去云・

二十二日

——摘自《星洲日报》（新加坡），1940 年 2 月 5 日

敵機炸滇越路

法極表憤激

達拉第正與倭使交涉中

美國亦極爲關切

中央社巴黎三日哈瓦斯電 日本機羣二月一日在中國雲南省與法屬越南邊境相近處、轟炸滇越鐵路時、有客車一列、經過該處、致乘客死傷多人、並有歐洲人數人、亦罹其禍、日機復於同日在他處轟炸此一鐵路、法國政界人士聞訊之餘、均極訝異、且表憤激、並謂此種情事發生、非止一日、以前會由法國駐日大使亨利與日本外務省當局討論及之、經過情形、頗爲良好、當時東京方面會指日本空軍此種活動、爲當地軍人對於中央政權之違反紀律的例外舉動、法國大使館亦復獲有一種印象、以爲日本外務省對於日本空軍活動情形、確無所知、預料日政府定必採取適當措置、予以制止、詎知此種違反紀律之舉動、依然賡續發生、未免可異、此外、法國大使亨利又曾聲明、法國與其他各國對於滇越鐵路保有利益、美國駐日大使格魯亦因大批美國貨物皆由此一鐵路 運往中國內 地、美國重慶官吏與外間交通、亦以此爲唯一路綫、對於日機轟炸滇越鐵路之所爲、曾經奉有該國政府之命令、向日政府提出抗議、何期此一抗議甫經提出、而二月一日即又發生轟炸、在此種情形之下、足見日政府無從使地方軍事當局服從其命令、而有田外相在日昨演說中、對於中國境內國際貿易所提供之保證、亦徒有其表而已。

中央社巴黎四日哈瓦斯電 據消息靈通人士宣稱：達拉第總理昨日接見日本駐大使澤田時、曾將法政府對於日本飛機於二月一日轟炸滇越鐵路事、所具見解、加以說明、請其轉達日政府、惟所談之事、不以此一端爲限。此外美國務院宣佈美國駐日大使格魯、已因日機轟炸滇越鐵路事、向該國政府提出交涉、此間一般人士聞悉之餘、均已發生良好印象・法日兩國之間、亦正就此事、賡續交換意見。

中央社華盛頓四日合衆電 據悉、美駐日大使格魯、曾通知日政府謂、美國對於日機轟炸滇越鐵路事、極表關懷、大使並非提出正式抗議、惟在美日關係已告緊張之際、大使之表示、尤具有意義。據悉、大使對日政府表示滇越鐵路爲用以運輸貨物赴美之主要正常交通線、同時亦爲美國人民與外交使節旅行之主要路線。又法政府亦會向日政府提出同樣之通知。

——摘自《时事新报》（重庆），1940年2月5日

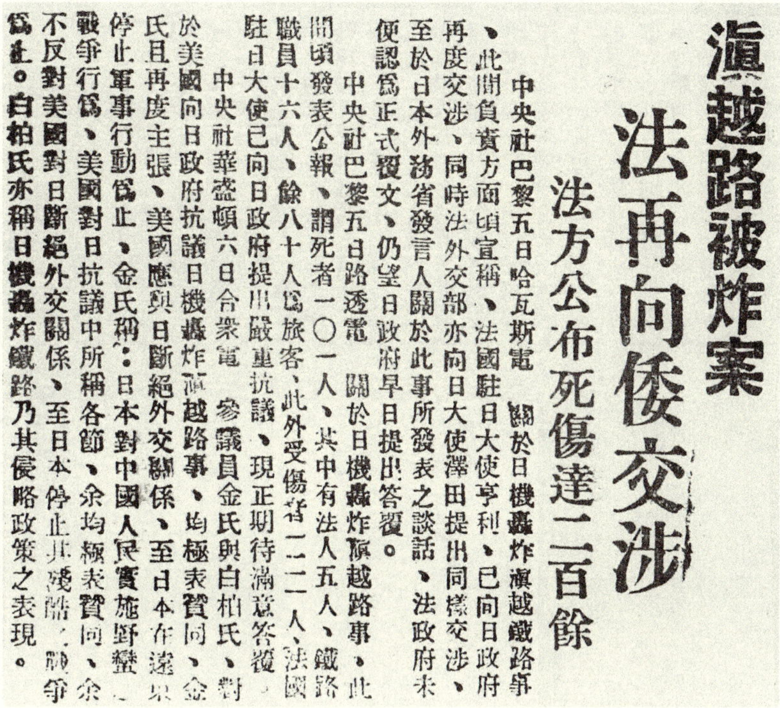

滇越路被炸案
法再向倭交涉
法方公布死傷達二百餘

中央社巴黎五日哈瓦斯電　關於日機轟炸滇越鐵路事、此間負責方面頃宣稱、法國駐日大使亨利、已向日政府再度交涉、同時法外交部亦向日大使澤田提出同樣交涉、至於日本外務省發言人關於此事所發表之談話、法政府未便認爲正式覆文、仍望日政府早日提出答覆。

中央社巴黎五日路透電　關於日機轟炸滇越路事、此間頃發表公報、謂死者一〇一人、其中有法人五人、鐵路職員十六人、餘八十人爲旅客、此外受傷者一二一人、法國駐日大使已向日政府提出嚴重抗議、現正期待滿意答覆。

中央社華盛頓六日合衆電　參議員金氏與白柏氏、對於美國向日政府抗議日機轟炸滇越路事、均極表贊同、金氏且再度主張、美國應與日斷絕外交關係、至日本在遠東停止軍事行動爲止、金氏稱：日本對中國人民實施野蠻戰爭行爲、美國對日抗議中所稱各節、余均極表贊同、余不反對美國對日斷絕外交關係、至日本停止其殘酷之戰爭爲止。白柏氏亦稱日機轟炸鐵路乃其侵略政策之表現。

——摘自《时事新报》（重庆），1940 年 2 月 7 日

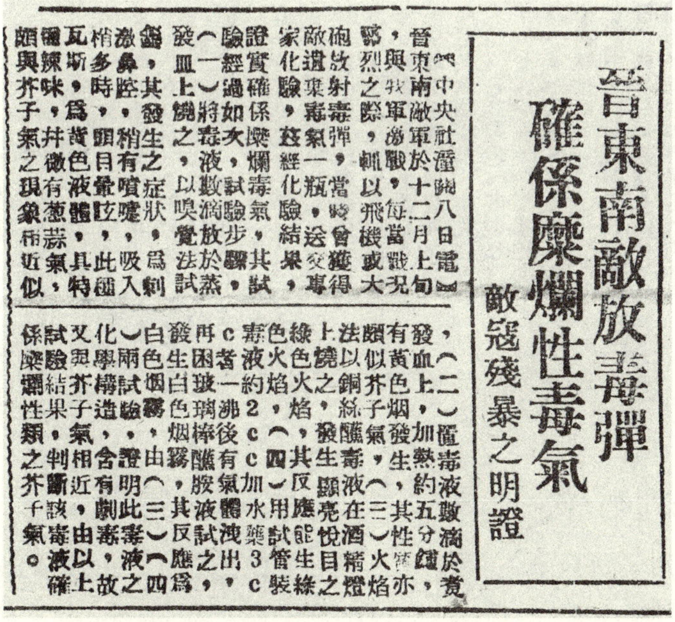

晉東南敵放毒彈
確係糜爛性毒氣
敵寇殘暴之明證

（中央社澧陽八日電）晉東南敵軍於十二月上旬，與我軍激戰，每當戰況激烈之際，輒以飛機或大砲放射毒彈，當時曾獲得敵遺棄毒氣一瓶，送交專家化驗，茲經化驗結果，證實確係糜爛毒氣，其試驗經過如次，試驗步驟：（一）將毒液數滴放於蒸發皿上燒之，以嗅覺法試驗其發生之症狀，為刺激鼻眼，稍有噴嚏，吸入稍多時，頭目暈眩，此種瓦斯，為黃色液體，具特殊辣味，并微有蔥蒜氣，頗與芥子氣之現象相近似，

（二）置毒液數滴於蒸發皿上，加熱約五分鐘，有黃色烟發生，其性質亦頗似芥子氣，（三）火焰法以銅絲醺毒液在酒精燈上燒之，發生顯亮悅目之綠色火焰，其反應能生綠色火焰，（四）用試管裝毒液約2cc加水藥3cc著一沸後有氣體液出，再困玻璃棒醺胺液試之，發生白色烟霧，其反應為白色烟霧由（三）（四）兩試驗，證明此毒液之化學構造，含有劇毒，故又與芥子氣相近，由以上試驗結果，判斷該毒液確係糜爛性類之芥子氣。

——摘自《国民公报》（重庆），1940 年 2 月 9 日

敵機分批襲柳州

並屢飛綏西散放毒氣

中央社柳州二十二日電　敵機多架、今晨十一時至下午三時、分批襲柳、經我防空部隊猛烈射擊、未敢在市空久留、僅在郊外盲目投彈、我無損失。

中央社臨河二十三日電　自敵軍到處慘敗、全失作戰能力、近來不顧公法、常用卑劣手段、本月十六日十二時、綏西敵機九架、飛經臨河善壩至楊村附近、投催淚性毒彈四十餘枚、該處並無我一兵一卒、僅毒傷婦孺二十餘名、同時有敵機六架、在臨河附近投毒彈三十餘枚、我民衆受害千餘人、亦經治愈、十七日上午十時許、敵機九架復來臨河投毒彈二十餘枚、因我防護得力、僅有老婦一人受有輕毒、各該地民衆以敵寇獸行愈演愈暴、是以同仇敵愾情緒、益爲激烈。

——摘自《时事新报》（重庆），1940 年 2 月 24 日

敵兵源無法補充

竟捕我壯丁

滬民衆被拘著達三百餘人

中央社香港四日電　滬訊：敵軍侵華以來、死傷衆多、兵源涸竭、近時在華各部隊均多缺額、無法補充、乃異想天開騙扣我國壯丁、迫令入伍充數、滬敵即用此惡毒手段、開放虹口一帶、騙我小商人及貧民移回居住者甚多、近日敵乃在北四川路，橫濱橋、江灣路、天通菴路、狄思威路、嘉興路等處、藉故扣留我壯丁於敵軍司令部者、達三百餘人、刻均被迫改着軍服、企圖強令入伍、補充前線、我被扣壯丁均誓死不從、敵復橫施鞭撻、慘無人道、孤島中外人士咸極憤慨。

中央社華盛頓三日合衆電　商務部每週報告內稱：就日本目下情形視察、可知通貨膨脹有更進一步之虞、全國總動員法案內所列各項經濟統制辦法、或須全部予以實施、最近數週以來、日本國內經濟情形益見複雜、日

重要工業因電力不足大受影響、城市居民多以缺乏之媒炭食米及生活費用飛漲爲苦、迄今爲止、政府多依賴增加生產之一法、以抑制物價之高漲、及通貨膨脹之現象、現則工業各部門非但不能增加生產、抑且被迫減少生產矣。

——摘自《时事新报》（重庆），1940 年 3 月 5 日

滬敵暴行揭開
進行奴隸貿易
强拉壯丁・誘捕婦女

【中央社上海六日路透電】字林西報載稱，據多方面之報告，證實日軍在蘇州河北岸區域强迫壯年華人至浦東及其他地方作工，閘北虹口匯山路及楊樹浦等處，最近發生不少誘拐事件，足以證明日軍現正進行一種「奴隸貿易」，據一被拐後逃回之苦力言，渠被帶至浦東苦工集中營，營內苦力約有百人，由武裝之日人華人看守云云。此種誘拐情事，已使上海發生恐怖空氣，使一般華人不敢返至蘇州河北岸，紗廠工人及運輸苦力等有須過橋工作者，現亦視為畏途。

【中央社上海六日路透電】大美晚報今日載稱，虹口楊樹浦區中國婦女，仍有大批被日當局捕去之情事。

——摘自《国民公报》（重庆），1940 年 3 月 7 日

粵敵亦大捕民衆
陸續由敵輪裝載北運

中央社香港九日電　廣州敵軍近大肆捕捉我居民、陸續由敵輪經港北運、我民衆大都不甘爲敵利用、半途逃走者甚多、茲據逃走轉道來港者談：敵對我被捕押運之民衆、既無衣服、復不給食物、夜間均係野宿、稍一不順、鞭撻立至、其待遇殆牛馬之不若、敵之殘暴、於此可見一斑。

——摘自《时事新报》（重庆），1940 年 3 月 11 日

河北大饑荒

存糧被敵搜刮一空

民衆多以樹皮果腹

中央社北平十三日路透電　據河北中部各地電訊、冀省各處發生旱災、大部人民均在飢餓線上掙扎、且有食樹皮泥土爲生者、以致死者甚衆、農民因糧食缺乏、不得不拔下麥桿充飢、故收成殆將無望、保定一帶情形、尤爲惡劣、由保定至天津各處、不但遭受旱災、且去年水災之大水亦尚未退盡、人民多未囤有食糧、故多不得不設法求生、若干地域之人民、已開始遷居、惟農民既無存糧、則情形惟有更趨惡化、其有存粮者、亦均被日軍徵募一空、查去年發生水災後、河北受災村鎮達一萬五百所、災民三百萬人、山東災區之廣、亦達五千村鎮、災民一百萬人、今既發生旱災、則災民之數、將行益增、北平平民已將每日三餐、減至每日一餐。

中央社香港十三日電　津訊：最近各河先後決口、冀東南區域麥秋無望、農民相率逃京謀生、敵乘此機、迫令逃京農民、在津特三區僞「滿洲勞工協會」領取出關證、裝車出關作工、每日約三千餘人之多。

——摘自《时事新报》（重庆），1940 年 3 月 14 日

滬敵捕壯丁

「數逾千人」

均被拘禁集中營內

中央社香港十七日電　滬訊：敵人拉夫事、現已擴至虹橋、最近二週中、滬西一帶壯丁有三十二人失蹤、聞敵人藉口彼等無居留證加以拘捕、即不知所終、閘北方面亦有拉夫情事、據逃出三人稱、敵人集中營內、拘禁者約有千餘人。

——摘自《时事新报》（重庆），1940 年 3 月 18 日

敵在桂南

大施殘酷獸行

十四歲少女慘被輪姦

藥油摻飯迫婦女吞食

（中央社）桂林十八日電、桂南那陳潭曦村一帶民衆、連日被敵屠殺五十餘人、現均恨敵刺骨、紛紛加入我軍殺敵、二、敵前在大塘擄去我婦女百餘、分派各班輪姦、其中有年僅十四之少女亦遭敵姦汚　被姦婦女均輾轉悲號、僅存一息、爲狀至慘、又敵以藥油摻飯、迫被姦後婦女吞食、不一月腹大如鼓、始行放回、敵之殘酷行爲於此可見一班，

——摘自《华西日报》，1940 年 3 月 19 日

潮汕敵給養奇窘

四出掠奪焚燬民房

江新僞軍紛紛投誠

中央社興寧十九日電　潮汕一帶之敵、給養奇缺、兵士日不一飽、日來四出掠奪、十五十六兩日、有敵三百餘人、到意溪附近之白塔嶺等鄉、掠劫糧米、並焚燬我民房、潮安附近村落、均被搶掠一空。

中央社四會十八日電　我軍於日前俘獲江門新會僞自警團團長何安民後、敵對該團僞官兵、橫加扣押、現該僞團官兵、因憤恨暴敵險惡、連日紛紛攜械向我投誠、誓滅敵寇、

——摘自《时事新报》（重庆），1940 年 3 月 20 日

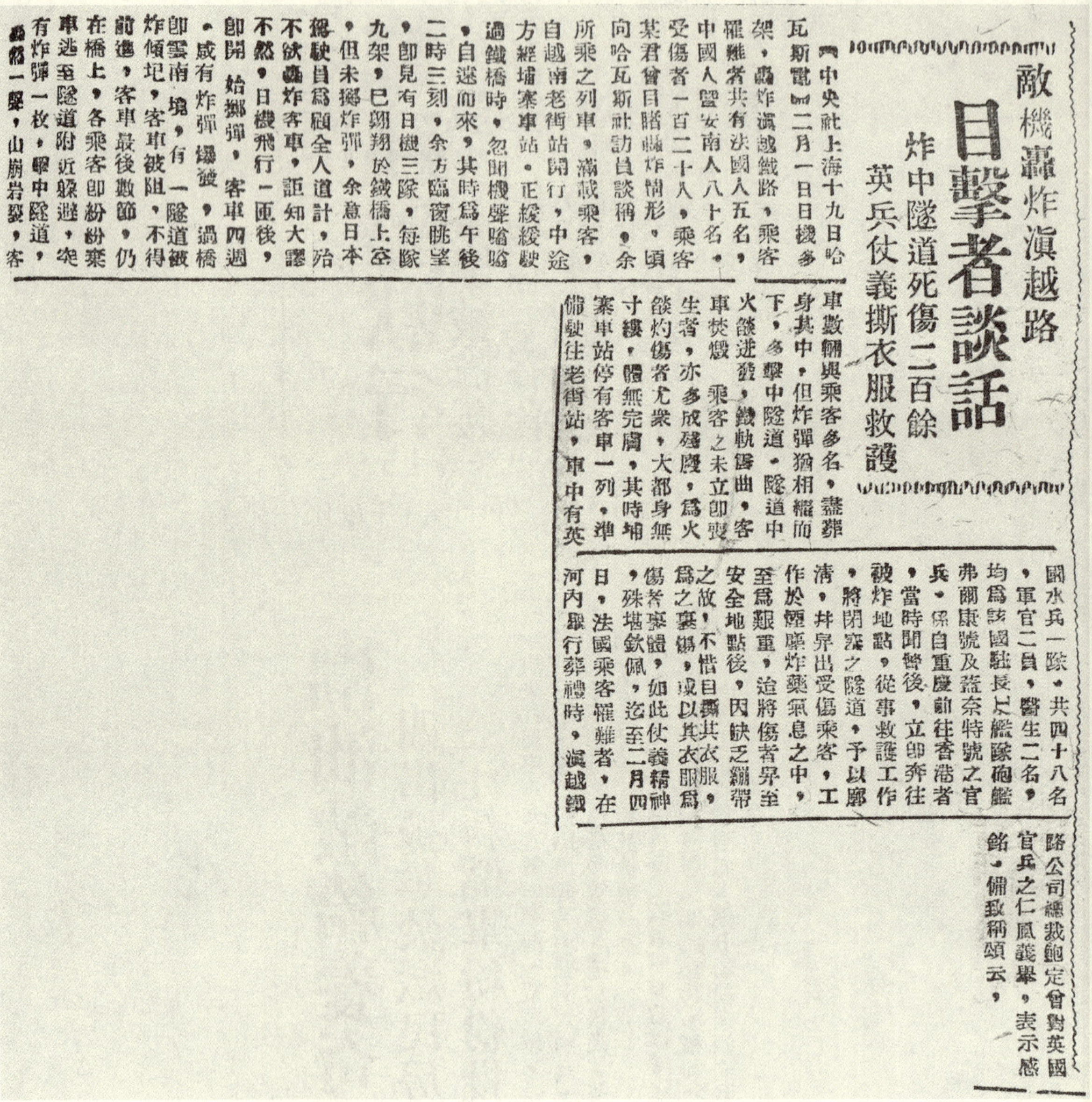

敵機轟炸滇越路

目擊者談話

炸中隧道死傷二百餘

英兵仗義撕衣服救護

（中央社上海十九日哈瓦斯電）二月一日日機多架，轟炸滇越鐵路，乘客罹難者共有法國人五名，中國人暨安南人八十名。受傷者一百二十八，乘客某君曾目睹轟炸情形，頃向哈瓦斯社訪員談稱，余所乘之列車，滿載乘客，自越南老街站開行，中途方經埔寨車站。正緩緩駛過鐵橋時，忽聞機聲嗡嗡，自遠而來，其時為午後二時三刻，余方臨窗眺望，即見有日機三隊，每隊九架，已翱翔於鐵橋上空，但未擲炸彈，余意日本駕駛員為顧全人道計，殆不欲轟炸客車，詎知大謬不然，日機飛行一匝後，即開始擲彈，客車四週。咸有炸彈爆發，過橋即雲南境，有一隧道被炸傾圮，客車被阻，不得前進，客車最後數節，仍在橋上，各乘客即紛紛棄車逃至隧道附近躲避，突有炸彈一枚，擊中隧道，轟然一聲，山崩岩裂，客車數輛與乘客多名，盡葬身其中，但炸彈猶相繼而下，多擊中隧道。隧道中火燄迸發，鐵軌彎曲，客車焚燬，乘客之未立即喪生者，亦多成殘廢，為火燄灼傷者尤衆，大都身無寸縷，體無完膚，其時埔寨車站停有客車一列，準備駛往老街站，車中有英國水兵一隊，共四十八名，軍官二員，醫生二名，均為該國駐長江艦隊砲艦弗爾康號及蓋奈特號之官兵，係自重慶前往香港者，當時聞警後，立即奔往被炸地點，從事救護工作，將閉塞之隧道，予以廓清，并舁出受傷乘客，工作於煙塵炸藥氣息之中，至為艱重，迨將傷者舁至安全地點後，因缺乏繃帶之故，不惜自撕其衣服，為之裹傷，或以其衣服為傷者裹體，如此仗義精神，殊堪欽佩，迄至二月四日，法國乘客罹難者，在河內舉行葬禮時，滇越鐵路公司總裁鮑定曾對英國官兵之仁風義舉，表示感銘，備致稱頌云，

——摘自《国民公报》（重庆），1940年3月21日

敵人的武器——毒品

曹世英譯

敵人施行毒化政策，企圖滅亡我國，早已為舉世皆知之事。（七七）事變前後，變本加厲，在各淪陷區中，更肆無忌憚，茲譯卡爾．克勞（Carl Crow）一文。係據Reader's Digest雜誌縮短者，為一較有系統的敘述，所舉統計數字，令人怵目驚心，而無恥漢奸，目睹此種現象，猶靦顏事仇，更不勝痛恨之至。按卡爾．克勞為美國人，僑居上海甚久，著有「四萬萬主顧」，「華人寫照」，「我為中國人說話」等書，為一忠實的國際友人。原題直譯，應為「麻醉藥品，日本的新武器。」——譯者。

鴉片，嗎啡，海洛英（即「白面」）等麻醉藥品，是日本侵略中國的尖兵。現在所談，並非指一般麻醉藥品在世界各地私運之情事，乃指日軍有系統地使用麻醉藥品作為軍事的武器。

戰爭與惡疫

首先由小販推行毒化居民，對於適合作戰年齡的壯丁，特別注意，給軍隊開拓勝利的道路。特務機關陰謀引誘華人首領或下領導華人可能者，吸食毒品，以免有損及戰勝者的危險。大隊的毒販，與軍隊相偕而至，既使居民變為奴隸，同時又可獲利，用麻醉藥品的買賣，補助日軍之財源。

英國海軍少校弗大奇曾在下院稱：「惡疫臨戰爭而俱來，自古皆然，但日軍竟能設法使惡疫供給戰爭的費用。」

確實的證據

以上所說，都有確實的證據。凡像我們的久居中國的外僑，都能指出此種使人致病的事實。官方報告的摘要表，經常的增加，成批的全是告發狀。國聯，太平洋學會，美國政府，財政部，海軍部，英國領事館等機關的公文檔案，以及傳教士向總部所寫的成百的信件中，都可以找到實在有罪的證據。這些文件，主要的大綱完全相同，不過各有詳細的地方和確實的統計。

抗議均不理

在日本管轄之下的地方，鴉片，海洛英和嗎啡的產量，日漸增加，尤以偽「滿洲國」為最甚。成千的毒販，在軍隊指導之下工作，而日本對所有的抗議，全都裝聾作啞。

日本人自己完全明白所做的是犯罪行為。日本法律對禁止日本人吸食麻醉藥品的規定，是全世界最為嚴厲的，而且嚴厲實施。例如藏有鴉片烟槍一枝，即可被處七年的勞役。日本當局發給全體士兵的小冊中有這樣一段：「像日本人這樣優秀的民族，使用麻醉藥品殊為不值。中國人，歐洲人及印度人等頹廢的劣等民族，才耽溺於麻醉藥品。這便是他們活該成為我們的奴隸，而終歸於消滅的原因。」

日本「武士」又得了一把新刀。

九一八之前

日本佔領滿洲之前，首先抓得麻醉藥品的優勢，以為征服的動力，結果吸食鴉片的滿洲軍隊，一見日軍就望風而逃，或不予抵抗即行投降。因此日軍立即着手計劃的麻醉藥品征服華北。日本軍人與外交官，設法使所派的高麗毒販，能夠順利進行。在國內，高麗人並無公民權，最下等的日本人，都可以無故的侮辱高麗貴族。但是高麗浪人一到中國進行販賣麻醉藥品的時候，就成為日本帝國尊嚴的代表。若被中國警察捕獲，則日本警察即強迫釋放。若由日本法官審訊，則科以極少的罰金，僅為一箱整麻醉藥品所獲利益的一星半點而已。這種「戰爭」的「武器」，自然也有「軍需庫」，麻醉藥品就藏在日本領事館，使中國官方不能搜查。

稽查的鬥爭

華北中國海關的稽查，發覺逮捕這些高麗走私犯完全無濟於事，因日本法庭仍舊把他們放出來。但是稽查可以把麻醉藥品扣留。高麗人便結隊武裝私運，有時竟由日本兵或警察護送。中國海關稽查，便也組織起來，於是發生衝突。許多毒販，因此拒絕進行工作。日軍乃向外務省方面施行壓力，再轉而壓迫中國政府。當時中國政府是儘可能的延擱這種不能避免的衝突，把海關稽查解除武裝，減少人數。此，毒販便一帆風順了。

所謂萬應丹

毒販又喬裝江湖醫生，售賣「萬應丹」，其實是海洛英。但是一般壯丁，中國潛在的兵士，身體強健，對「萬應丹」並不問津。日本人便又發賣新牌香煙，夾以海洛英，以最低的價錢在中國市場發賣。這種香烟便使成千的人上癮。日本人還分贈樣品，廉價「大賣出」。

這種商人並不依商業的常軌。他們的目的不是經商，而是軍事。含毒香烟，最先輸入山西，而且推行最力。因該省為日軍溯黃河直上最下的障礙，預料可在該處遭遇決定的抵抗。

毒犯工作成績甚佳，使日軍踏入華北，實際上並未遭遇抵抗。一位中國軍官解釋一場重要戰爭失敗的原因說，因天氣陰雨，共部隊不能燃着含毒香煙，無此香烟，他們就無能爲力。

佈置的奸計

日軍由平津向南，及由上海向西推進時，仍循在滿洲的故智，每到一處，立即實行鴉片專賣，廢止禁用麻醉毒品的法律，釋放因吸食毒品而拘禁的囚犯，其目的偏僞要製造主顧。對愛國青年，如大學生等，尤爲重視。獨佈奸計，再藉口逮捕而拘禁一二星期。釋放之後，他們就完全成爲有毒癮的了。獄之前，一包含海洛英的香煙，或在飲食中放一點海洛英就夠了。

昔日之南京

因此，中國被日本佔領的地方，遍地是吸食毒品的人。毒品就像肥皂和煤油似的，公開出賣。每一個在上海，廣州，北平，蘇州，南京，漢口居住的美國僑民，對於這種鬼祟，無不大驚失色。這種毒化政策，恐怕在南京最成功。三年前，南京和美國任何城市一樣，是沒有麻醉藥品的。在中國法律之下，因沒有醫生的處方，不能購買任何麻醉藥品。但是日軍到達南京之後，在姦淫搶掠還沒有停止的時候，就開始公開售賣鴉片，嗎啡，和海洛英了。

今日的地獄

一九三九年之初，據美僑民的調查，南京有五萬人，即全市人口的八分之一，吸食麻醉藥品。最近的估計，吸食麻醉藥品的人，估全市人口由四分之一到三分之一。南京的鴉片專賣所稱爲「禁煙局」，每月營業達五百萬元華幣，此款足供二十萬人的衣食住！

在北平售賣麻醉藥品的商店有五百家，超過任何行業。三年前我在上海住過的安靜的小巷中，現在周圍全是鴉片窟和售賣麻醉藥品的店舖。

敵人海陸軍

按所得的利潤，可供公共消費的一大部分，但是還許多利潤並不入公庫。這種不義之財，被全體軍人刮去。高級軍官花在藝妓身上的錢，較他們的薪水爲多；那些下級軍人便揮霍在啤酒和高麗妓女上。日本軍官爲了軍事目的而毒化中國人，除去得到自己的花費，甚至從販賣麻醉藥品，還可以發財。

最近日本陸軍和海軍爲了管理上海鴉片的買賣，會發生爭執，結果和解。此後陸軍方面可得贓物的一大半。鴉片和煉製的麻醉藥品，是和軍需品一樣的營業。

罌粟花鈔票

前年國際聯盟麻醉藥品顧問委員會促使日本政府注意，非法販運麻醉藥品應由該國政府負責，惟一的回答是允予調查。

一九三九年的預算表，估計由鴉片而來的歲入爲七千一百萬日圓，較一九三八年多二千四百萬。但數月之外，官方宣佈，此項歲入將超過九千萬日圓。

由鴉片而來的國家歲入，以前僅次於關稅，若按目前增加率，則將來便可估第一位。「滿洲國」很適當的把罌粟花印在鈔票上做點綴。

高麗每年鴉片產量，以前平均約爲一噸，一九三一年躍至五噸，一九三二年七噸，一九三三年十四噸。至一九三七年因需用鴉片對華作戰，約增至三十噸。

波斯的鴉片

波斯鴉片出口，自一九二八年至一九三四年，每年大致平均約爲五百噸。一九三五年日本陸軍成爲主要的顧客，而波斯鴉片出口即增至八百三十三噸的新紀錄。一九三六年又增加，計總數爲一千三百四十六噸，更爲驚人。有一部分波斯鴉片，由懸掛日本陸軍輪旗幟的船裝載，直接的交付軍部。

日本人的罪惡，已經構成法律上十足的犯罪，犯罪的不是個人，而是整個國家。陸軍，海軍，外務省，全部包括在內。

誰能夠否認

在日本國內，雖有對華作戰的爭論，但從未提及此事。日本報紙與敢大，一律啞口不談。

我所說的種種事實，日本人無論正式的或非正式的，全都不能否認。麻醉藥品，戰爭是極有益的，于軍隊目前的勝利，以及將來使墮落的人成爲征服者的奴隸，都是很重要的。

——摘自《国民公报》（重庆），1940年3月23日

敵機狂炸西安
一反戰日人睹狀憤激致死

中央社西安三日電　敵機連日竄陝肆虐，二日上午十二時五十分，敵機三架飛洛川投彈十餘枚，均落曠地，我方毫無損失，三日上午八時，又有敵機多架，分二批由晉竄陝，飛抵西安，盲目投彈百餘枚後，向東逸去，事後調查炸毀民房五十餘棟，死傷平民十餘人。

中央社西安三日電　敵機二十架，今晨襲陝時，有在陝日人所組之反侵略劇團團長森下九郎等，親睹本國飛機轟炸中國無辜平民，極爲痛憤，時有數彈在其鄰近爆炸，森下痛憤之餘，復受驚惶，竟倒地身死，雖多方救治，卒歸無效，森下曾任敵「宣撫班」班長，能文善書，對反侵略運動，頗著辛勞。

——摘自《时事新报》（重庆），1940 年 4 月 5 日

敵侵略手段毒辣
利用汪逆欺騙民衆
宣傳交還强佔工廠

（中央社香港十一日電）滬訊，敵偽方面近會宣傳，敵軍當局決定，將現由敵方管理之中國工廠及企業，交還汪逆偽組織云云，至交還何廠及何時交還，則均不悉，敵方此舉，明為對汪逆偽組織示亦好，使汪逆精衛藉此大事宣傳，冀圖欺騙民衆，實則敵方對佔領區一切資產，刦奪惟恐不盡，豈肯將已强佔之工廠，交還、據可靠方面訊，將來縱或有一二交還之事，亦必為（一）須犧牲甚大，人力財力始能開工之廠，（二）耗巨大之修理整理所費，開工後不能獲利，且人力原料之配給有困難者，（三）並非敵人所需要者，（四）藉修理裝設等名目要求賠償，敵人侵略手段之陰險毒辣，即此可見一斑。

——摘自《国民公报》（重庆），1940 年 4 月 12 日

敵積極圖謀
毒化上海

（中央社香港十三日電）滬訊，偽組織與敵海陸軍部現會同組織一偽禁煙局，以張秉輝任局長，下設緝私、營業、會計三處，受敵藉中宏至善堂指揮，該堂即土膏公會，煙土係由三井洋行運來售與宏致善堂發賣，其發賣地點，設曹家渡虹口及南市三處，總機關設虹口中國銀行，其運輸，敵方由敵海陸軍押送，偽方則由嚴潮生，朱順麟，藍文林，李就然等負責，僅上海一地，每日須銷售四大箱，每箱一百六十只，每只十二兩，共計七千六百八十兩，以每只五百元計，每日約三十二萬元，每年約一萬一千六百萬元。

——摘自《国民公报》（重庆），1940 年 4 月 14 日

豫敵兩軍官
强姦幼女
被偽兵擊斃

（中央社洛陽十三日電）豫東敵軍到處姦淫婦女，搶掠民財，稍有抗拒者，立被槍殺，有偽軍宋克賓部士兵二名，赴馬牧集，途遇敵官兩員，强姦十四歲幼女，慘不忍睹。二偽兵天良未滅，見狀大怒，立即將二敵軍官擊斃。

——摘自《国民公报》（重庆），1940 年 4 月 15 日

阿部將抵滬

京滬居民不掛怪旗被槍殺

中央社香港十七日電　據外訊、敵派遣赴南京任汪逆僞組織部統監」之阿部信行、已於十五日由東京啓程、二十一日可抵滬、二十三赴甯、即與汪逆簽訂所謂「中日條約」、其內容仍與汪逆、敵所訂之賣國協定無異、不過再經一種簽字之形式耳。

中央社香港十七日電　滬訊：汪逆精衛自粉墨登場後、通飭淪陷區各地一律懸掛附有上書所謂「和平反共」之小杏黃旗之青天白日旗、以圖僭冒、京滬一帶居民、均一致懸掛青天白日旗、而不附杏黃小旗、敵兵見之、大爲憤怒、連日被敵拘捕槍殺者甚多。

——摘自《时事新报》（重庆），1940 年 4 月 18 日

滬郊敵暴行

侵入諸翟大肆燒殺

二百同胞悉遭毒手

中央社上海十九日合衆電　大美晚報載稱：日軍爲報復中國軍隊之突擊起見、於今晨攻入距上海五英里諸翟、大肆焚燒、並將婦女由村中拉出、見有鄉民圖逃者、即開槍射擊、其後華軍趕到、雙方開始作戰、日軍且利用大砲轟擊、日軍係由午夜由上海乘汽車出發、並配有坦克車六輛、日軍於抵諸翟後、即將村民逮捕、今日有一受傷中國之婦女、攜小孩來滬、據稱：日軍將該村之村民、擊斃二百餘人、另有村民若干人、於被捕後槍決、現日方頗懷疑僞軍與游擊隊有聯絡、據蘇州訊：最近有僞軍一隊、由上海開蘇、於抵蘇後、即被日軍包圍繳械、其「長官」均被捕、現正在嚴訊中。

——摘自《时事新报》（重庆），1940 年 4 月 20 日

暴日在我國文化侵略

虛僞宣傳已失敗

方法及暴行無不有損人類文化
伎倆已窮盡決無人贊助僞組織

美國調查委員會報告

【中央社上海二十二日合衆電】美國調查委員會，以實地考察之方法，調查日本在華之文化侵略，結果已在該委員會所出版之刊物中發表，據稱：

日本企圖以納粹德國所行之方法，改造中國，其中一法，即嚴格造就一黨專政政治制度，在日本顧問指揮之下，行使獨裁權限，日本文化宣傳，未能獲得中國人民之擁護，顯已歸諸失敗。此蓋由於日軍對待華人之態度與日本所宣傳之「親善」「平等」「合作」等等，全相違背，但所可畏者即日本之文化侵略，產生「文化及道德上破壞性之悲慘結果，足使日軍佔領區域，在文學及美育上，化爲一大荒蕪之沙漠是也。

該委員會係在一九三八年組織成立，入會者甚衆，其宗旨在調查中國實況，報告美國讀者，委員會所發表之報告，係根據日軍佔領區美國商業界人士之調查，及報紙上所發表官方消息，撮要歸納而成，該委員會最近發表之報告有云。

日本在華所作排外之宣傳，頗收部分之效果，但日本企圖將華人反日之心情移轉於第三國之身，斷無可能，日本宣傳排外之伎倆，以英國爲主要之鵠的，此殆由於歐局複雜，英國有事於西方，較爲可欺，惟反英運動已逐漸擴充至於反西洋運動，汪精衛之宣傳中，排美色彩日益濃厚，於此可見日本之文化侵略，其所用之方法，無不有損人類之文化道德。

日軍之侵入中國，造成許多人類最卑汚之罪惡行爲，譬如（一）製造傀儡政權之騙局，（二）強迫人類抹殺其天良，（三）造成姦殺擄掠之空前紀錄，（四）給予無恥之徒以升官發財之機會，（五）官方包庇並鼓勵出售雅片，（六）強令受難家庭之女子操皮肉生涯，此外日軍更造成各種野蠻退化之勢力，其行徑足可震驚舉世文明人類。

溯自戰爭爆發後，中國損失之書籍，達一千五百萬冊，其中若干爲稀有之古版，以及手抄之古書。中國高等教育機關一百零八所中，被迫停閉者達三十五所之多，可見日方蹂躪文化之甚，日方宣傳之一大錯誤，即濫用「東亞新秩序」一名詞，認爲在華行動之目標，國際上日本所引爲理想之烏托邦者，華人則認爲野蠻退化之破壞之別名，日方所作之努力、全無效果，足證日本對華人之心理太少了解。

日本已利用各種已知方法從事宣傳，希圖利用「統制思想」之辦法，促成其在華之陰謀，日本在華之出版品，計有華文報紙一百種，華文刊物及小冊子教科書凡九百餘種，更在日本控制下之師範學校「訓練」中國教員，並以電影贈獎威嚇種種方法，舉行國語民衆大會，日本所創造標語之多，更可打破世界紀錄，日本更會舉辦全國標語創造競賽。（未完）

——摘自《国民公报》（重庆），1940年4月24日

暴日在我國文化侵略

虛僞宣傳失敗

方法及暴行皆有損人類文化

伎倆窮盡決無人贊助僞組織

美國調查委員會報告

（續昨）

在華日人約共三十萬人，彼等均爲宣傳日本政策之人員，華人之欲遷移他處者，先須獲得日方簽發之通行證，必須向日崗兵脫帽行禮，更須以日圓爲單位，購買車票，乘坐日本火車，車站按照東京時刻行車，車站中更有商人資辦日本製造之糖果罐頭食品啤酒及各種日人編輯之雜誌、此外「統制思想」之辦法，更有檢查電訊郵件無線電廣播，禁止使用四燈以上之收音機，刪改學校教科書，停閉高等教育機關，並將所有學校，交由日本顧問控制等各種辦法，

日本之伎倆，雖已窮盡，仍不能使華人自動贊助日本控制之傀儡組織，蓋華人逃避之天才，正復巧妙，譬如人民詭稱無暇參加，學校則謂是日適值例假，被迫懸旗者，則謂旗已遺失，兒童則故意力搖紙旗，使於數分鐘內碎毀，日本電台之華播音員，則故意以譏誚之語調，廣播日方之宣傳，聽衆則詭稱節省電力，閉而不聽；

總之，日本之宣傳，已證明完全無效，據日軍佔領區各地觀察家稱，彼等從未發現中國之民衆，有一次因日方之宣傳而變爲親日，眞正足以使華人接受日方命令者、大半由於利誘，有時係因飢寒所迫，則有一部份，由于個人之私慾，或受威脅，不得已而爲之，即在傀儡組織人員中，仇日之空氣亦甚濃厚。汪精衛黨羽亦師法日本宣傳員伎倆，但彼等對華人之性情，明瞭較深，常常曲解民間之意見，汪黨羽更贗造許多文件，謂係何團體何名人所發來，實則該團體及人士，從未擁護汪精衛云。（完）

——摘自《国民公报》（重庆），1940年4月25日

皖南敵暴行

鐵蹄所至爲所欲爲

姦掠燒殺慘絕人寰

中央社屯溪二十六日電 皖南敵由沿江南岸各據點分段南竄、處處姦淫婦女、擄掠財物、即現在南京身充漢奸之原籍眷屬、亦不能免。富庶村落洗刧後、并被縱火焚燬、不及逃避之民衆、均遭殘殺、獸蹄所至、廬舍爲墟、江南浩刧、慘絕人寰。廿五日下午敵一股竄至鐘鳴街（荻港南）附近、寇軍正在縱情姦掠之際、我軍突起猛擊、直揮白刃斬殺、至晚將敵六百餘人悉數撲滅、并救出婦女兩百餘口、刻正向橫山鎮（繁昌北）挺進。

——摘自《时事新报》（重庆），1940年4月27日

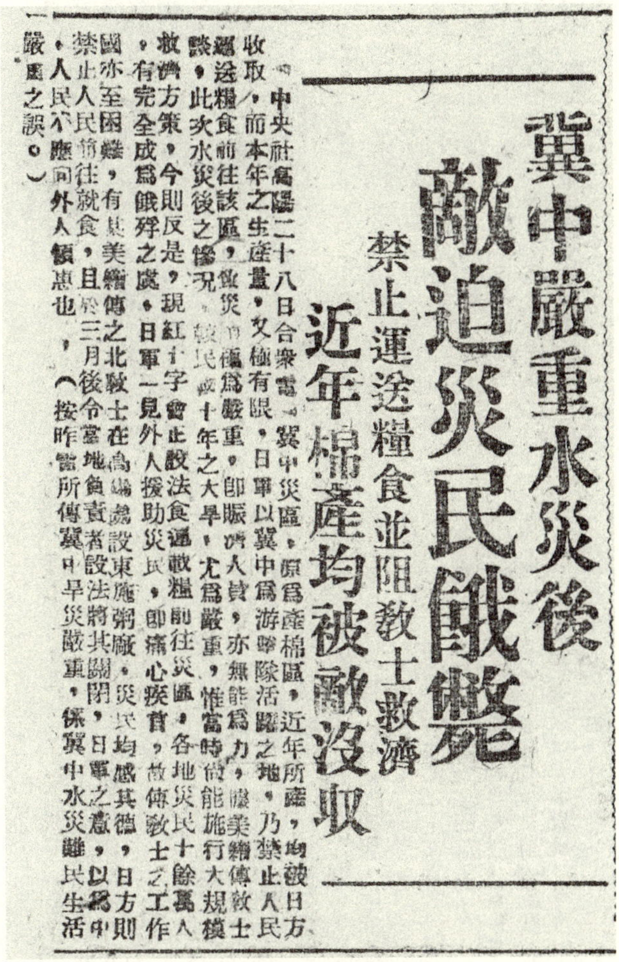

冀中嚴重水災後

敵迫災民餓斃

禁止運送糧食並阻教士救濟

近年棉產均被敵沒收

（中央社高陽二十八日合衆電）冀中災區，原爲產棉區，近年所產，均被日方收取，而本年之生產量，又極有限，日軍以冀中爲游擊隊活躍之地，乃禁止人民運送糧食前往該區，故災荒極爲嚴重，即賑濟人員，亦無能爲力，據美籍傳教士談，此次水災後之慘況，較民國十年之大旱，尤爲嚴重，惟當時尚能施行大規模救濟方策，今則反是，現紅十字會正設法食運載糧前往災區，各地災民十餘萬人，有完全成爲餓殍之虞，日軍一見外人援助災民，即痛心疾首，故傳教士之工作亦至困難，有某美籍傳之北教士在高陽設東施粥廠，災民均感其德，日方則禁止人民前往就食，且於三月後令當地負責者設法將其關閉，日軍之意，以爲中國人民不應向外人領惠也，（按昨當所傳冀中旱災嚴重，係冀中水災雖民生活嚴重之誤。）

——摘自《国民公报》（重庆），1940 年 4 月 29 日

報復我游擊隊攻擊
滬郊敵寇大舉屠殺
無辜村民被殺達千餘人
焚燬村落七十餘處

（中央社）上海廿九日合衆電 華方訊、日軍最近在上海四郊從事「掃蕩」游擊隊運動、因而被焚燬之村落達七十餘處、村民無辜被殺者達千餘人、現尚有農民六百人被日軍拘押、令其報告游擊隊之行蹤、此間各公會已發表宣言、指日軍之行動爲「大規屠殺」、幷爲死者呼籲、今有美籍記者一人、英籍記者二人、至上海近郊視察、被焚之村落十二處、又據申報載稱、日軍開始對游擊隊之作戰、已達二星期之久、滬西之觀音堂等鎭、均被焚燬、不及逃避被日軍屠殺之村民、不可勝記、而婦女等多數均被日軍所强姦。

（中央社）上海廿九日路透電、路透記者稱、日軍爲報復上海附近游擊隊之攻擊起見、已將滬市週圍數里內之鄉村放火焚燒、據難民語記者、日軍放火焚燒村落之後、又以刺刀亂刺逃難之村民、婦孺老弱死傷甚多、遺棄之死屍、及食糧隨處可見、記者經過此類被燒鄉村十二處、但鄉民謂尚有其他多處均遭浩刦、日軍守上海四周之路口、故逃難鄉民不能通過來滬身受重傷又未獲醫藥救濟、輾轉道左、情形至爲可憐、按各鄉村之被焚係在日間蓋緣日軍不敢於夜間出動 恐遭游擊隊之襲擊也、日軍發言人上週雖對路透記者否認滬市四週有「重要軍事行動」、謂游擊隊之騷擾不足介意云云、但日軍焚燒鄉村之舉、已反證游擊隊對日軍威脅之嚴重矣、日軍現在多處增設[illegible]站、虹橋機場亦敷設障礙物、中國游擊隊利用日漸長大之農產物爲掩護、襲擊滬郊日本戍兵。

（中央社）香港二十九日電、滬訊滬西郊青滬公路自三月中發生戰事、我軍於達成任務引退後、敵軍遷怒鄉民、在該路各農村大肆屠殺計民衆殉難者達八百餘名、被燬房屋以觀音堂一帶爲最多、總計二百餘間、被擄鄉民數在五六百以上押往天馬山、不給食物、酷刑逼供死者纍纍、現青滬路以青松路以北七十餘農村已無人跡。

——摘自《华西日报》，1940 年 4 月 30 日

被侵害之中國

簡特博士向美報界談話（續）

國際宣傳處譯

（三）

日人毀滅中國之另一計劃、爲根絕其一切文化種子。日人絕不以姦淫焚掠爲滿足、凡過各級學校或學術機關、必以種種手段、夷爲平地。簡特博士稱：八年前日人未至僞滿以前、該處有高等學府一百所、現華人求學之高等學府已完全停閉。即高等小學、亦異常稀少、不能受此項教育者、人數亦在三千萬以上。如僞滿繼續爲日本統治、人民決無接受良好教育之希望。

簡博士並稱有無數中國幼童爲日軍擄去、送回本國、將灌輸以日本教育、鼓勵彼等將來與日人結婚。使之永忘祖國之偉大、爲日人奴隸。

然日人毀滅中國文化之手段愈爲酷烈、中國人維護愛好、亦愈見熱誠、簡特博士親見無數西遷之青年學子、咸攜帶書籍。學舍爲日軍毀滅後、往往於林蔭山野、絃誦不撤。西部大學亦如雨後春筍、紛紛設立。

且此次大規模之移民運動、足以幫助中國發展一種新的文學、經驗情緒、俱臻豐富。中國之文藝復興之火炬、乃日人彈藥所點燃者也。

（四）

日軍轟炸及礮擊之結果、使無數中國兒童、失其家庭。彼等孤苦無依、於飢寒交迫中、倖全生命者亦多隨大衆西遷。今已有中央所辦之難童保育院加以收容、使之教養不缺。重慶某保育院難童多人、咸致書慷慨捐款之美國人士、表示謝意。某難童、年十二齡、其函中云：「余現入難童保育院受良好之訓練、俾異日復余母慘死之仇、並爲國家湔雪大恥。」可見中國不論老幼、咸有最後勝利之信心。簡特博士繼稱：事實上、中國人對其自身之軍事力量、確有把握。今戰事已歷二年半有餘、日軍深陷不能自拔、而所占領者僅中國極小之一部份。

日人所能控制者、爲海岸各點、及沿長江而上、西迄漢口、距上海六百英里之各城市。此外尚有若干主要鐵道綫。惟其所佔城市、勢力不出城外數里之地、餘仍均在華軍控制之中。

（五）

簡特博士於返國舟次、遇一日本商人、該商人對之曰：『吾人對美國之援助日軍、在華進行戰事、甚表感謝。』簡特博士駭然曰：『美國何嘗援助日本。余知百分之一百的美國人均反對日軍在華之屠殺與毀滅工作。君未讀華盛頓最近之抗議書乎？』日人笑曰：『抗議書固然。外交界雖提抗議、貴國商人仍以軍用物資源源售予吾人。故吾人以爲貴國實同情日方。』

據簡特博士今日告記者、如何使日人不作此種感想乎？我國將一切進行戰事所必須之原料、源源運往日本。日本如無美國之油鐵等物即不能繼續侵略中國。日本破壞與吾人所訂之條約、侮辱我在華僑民、毀壞並沒收我在華之教會產業、然吾人却供給以造成此種暴行之工具。日本換取外匯之最大出口品爲絲、而美國爲其最大主雇、大率購來製造絲襪。美國婦女咸不願以槍彈贈送日人、孰知購襪一雙、即等於贈日人以槍彈四顆。爲此種槍彈所傷之中國人、余曾爲之治療。天下矛盾怪誕之事、正有甚於此者！

故簡特博士竭力主張國會制定法案、授權總統、對日實施禁運軍用原料。其言曰：美國爲人道計、此時應即有所行動。余親見中國人民遭受屠殺辱害。余且親見彼等家室蕩然、骨肉離散、其文化亦大受摧殘。余知應負其責者、實爲美國！如美國天良正派、仍欲立身於民主自由國家之間、則應立即停止供給日本以戰時資源。（完）

——摘自《时事新报》（重庆），1940年5月1日

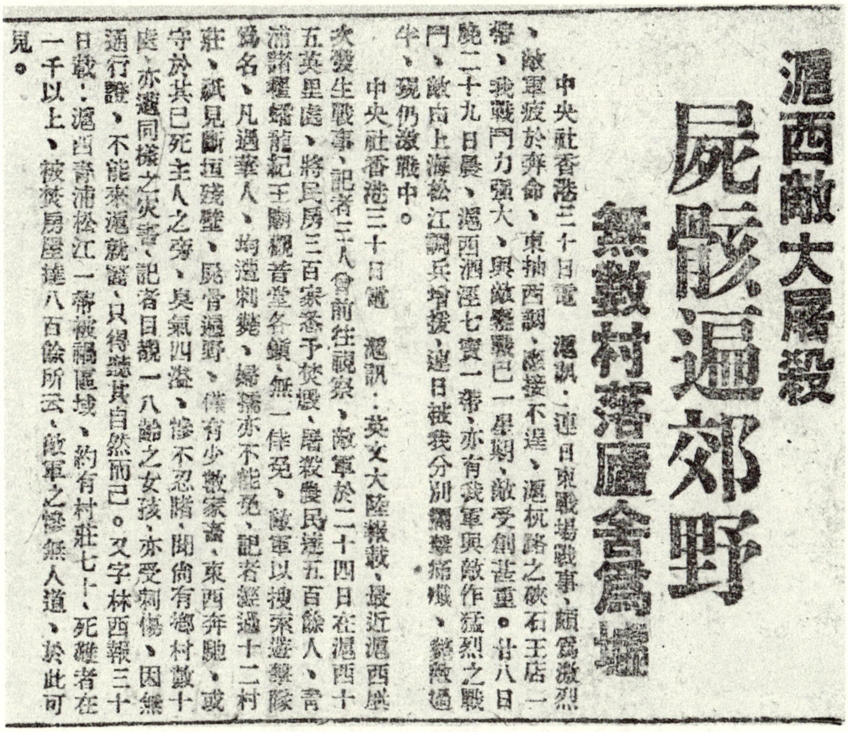

滬西敵大屠殺

屍骸遍郊野

無數村落廬舍爲墟

中央社香港三十日電 滬訊：連日東戰場戰事，頗爲激烈，敵軍疲於奔命，東抽西調，應接不遑，滬杭路之硤石王店一帶，我戰鬥力强大，與敵鏖戰已一星期，敵受創甚重。廿八日晚二十九日晨，滬西泗涇七寶一帶，亦有我軍與敵作猛烈之戰鬥，敵向上海松江調兵增援，連日被我分別狙擊痛殲，斃敵過半，現仍激戰中。

中央社香港三十日電 滬訊：英文大陸報載，最近滬西屢次發生戰事，記者二人曾前往視察，敵軍於二十四日在滬西十五英里處，將民房三百家悉予焚燬，屠殺農民達五百餘人，靑浦諸翟蟠龍紀王廟觀音堂各鎮，無一倖免，敵軍以搜索游擊隊爲名，凡遇華人，均遭刺斃，婦孺亦不能免，記者經過十二村莊，祇見斷垣殘壁，屍骨遍野，僅有少數家畜，東西奔馳，或守於其已死主人之旁，臭氣四溢，慘不忍睹，聞尚有鄉村數十處，亦遭同樣之災害，記者目覩一八齡之女孩，亦受刺傷，因無通行證，不能來滬就醫，只得聽其自然而已。又字林西報三十日載：滬西靑浦松江一帶被禍區域，約有村莊七十，死難者在一千以上，被焚房屋達八百餘所云，敵軍之慘無人道，於此可見。

——摘自《时事新报》（重庆），1940 年 5 月 2 日

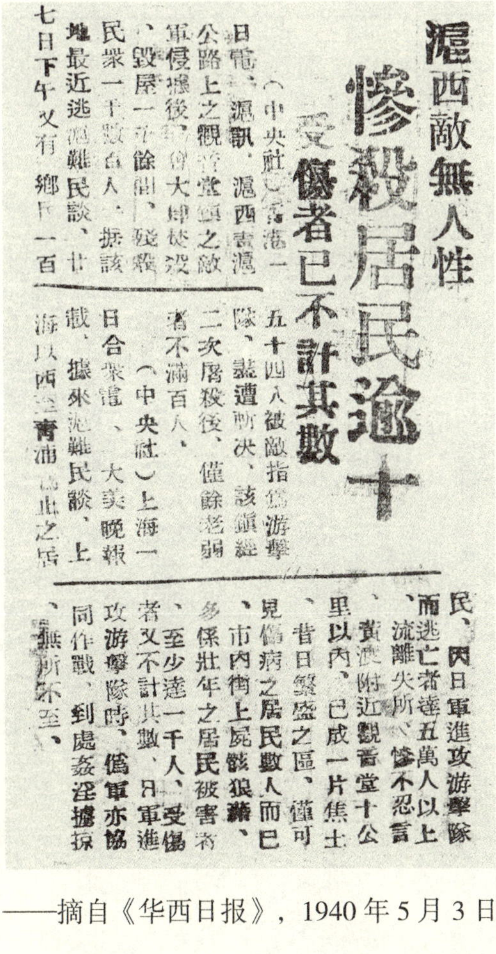

滬西敵無人性

慘殺居民逾十

受傷者已不計其數

（中央社香港一日電）滬訊，滬西靑滬公路上之觀音堂鎮之敵軍侵據後，曾大肆焚毀，殺戮、毀屋一千餘間，殘殺民衆一千數百人，據該地最近逃滬難民談，廿七日下午又有鄉民一百五十四人被敵指爲游擊隊，盡遭斬決，該鎮經二次屠殺後，僅餘老弱者不滿百人。

（中央社）上海一日合衆電、大美晚報載，據來滬難民談，上海以西之靑浦□□之居民，因日軍進攻游擊隊而逃亡者達五萬人以上，流離失所，慘不忍言，黃渡附近觀音堂十公里以內，已成一片焦土，昔日繁盛之區，僅可見傷病之居民數人而已，市內街上屍骸狼藉，多係壯年之居民被害者，至少達一千人，受傷者又不計其數，日軍進攻游擊隊時，僞軍亦協同作戰，到處姦淫擄掠，無所不至，

——摘自《华西日报》，1940 年 5 月 3 日

中央醫院遷築後
復遭敵機慘炸
職員數人殉職病人無死傷

中央社貴陽十一日電 本月一日、敵機八架飛貴陽、在中央醫院上空盤旋、並於附近投彈多枚、該院中二彈、將値班護士長王慶華、護士祝翼貞等四人、當場炸斃、死狀極慘、値班醫生職員數人受重傷、殉職護士定十二日出殯、據該院長沈克非博士稱：本院廿六年九月廿五日在京已被炸毁、不料遷築後、敵人猶未忘懷、查此次損失、計倉庫、飯堂、接生室、手術室全毁、病室數間震室一部 但因在院醫生職員工友努力搶救、結果住院病人二百餘均無死傷、且被炸之後、即日恢復門診、足見敵雖能炸吾人物質及身軀、絕不能影 吾人精神。

——摘自《时事新报》（重庆），
1940 年 5 月 12 日

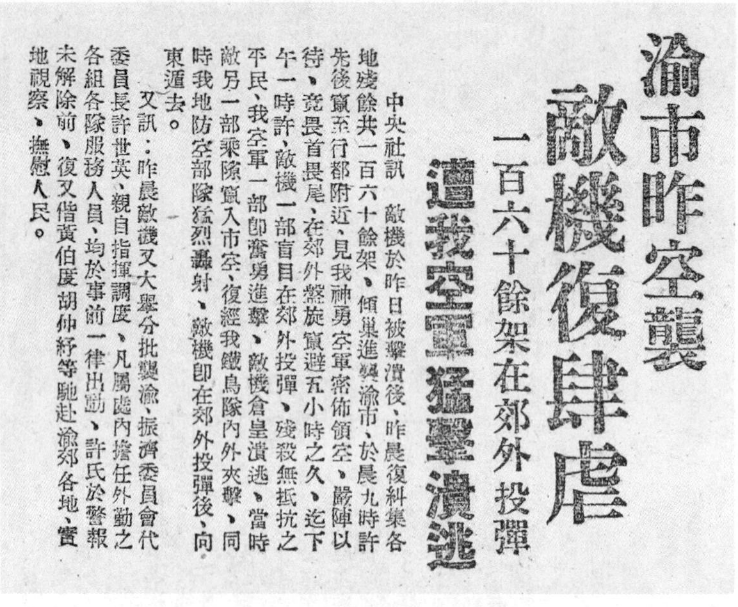

渝市昨空襲
敵機復肆虐
一百六十餘架在郊外投彈
遭我空軍猛擊潰逃

中央社訊 敵機於昨日被擊潰後、昨晨復糾集各地殘餘共一百六十餘架、傾巢進襲渝市、於晨九時許先後竄至行都附近、見我神勇空軍密佈領空、嚴陣以待、竟畏首畏尾、在郊外盤旋竄避五小時之久、迄下午一時許、敵機一部盲目在郊外投彈、殘殺無抵抗之平民、我空軍一部即奮勇進擊、敵機倉皇潰逃、當時敵另一部乘隙竄入市空、復經我鐵鳥隊內外夾擊、同時我地防空部隊猛烈轟射、敵機即在郊外投彈後、向東遁去。

又訊：昨晨敵機又大舉分批襲渝、振濟委員會代委員長許世英、親自指揮調度、凡屬處內擔任外勤之各組各隊服務人員、均於事前一律出勤、許氏於警報未解除前、復又偕黃伯度胡仲紓等馳赴渝郊各地、實地視察、撫慰人民。

——摘自《时事新报》（重庆），1940 年 5 月 28 日

敵機昨又襲渝
被我擊落兩架
許世英劉峙等視察災區

中央社訊　昨日敵機分三批襲渝、第一批三十六架、第二批二十六架、第三批三十六架、另偵察機數架、先後經由湖北十里舖建始沔陽等處、侵入川境、分別在渝市附近、投擲爆炸彈燃燒彈一百六十餘枚、并有落於水中者多枚、本市死傷人數共二百五十餘名、起火數處、經消防隊之勇敢敏捷撲救、當時熄滅、俱未延燒、至受傷之人、亦經各救護隊於解除警報前迅速出勤、悉數抬送各重傷醫院療治矣、當敵機侵入市空時、經我空軍及砲兵猛烈攻擊、敵機倉皇投彈後、隨即向東逸去、內有兩架被我高射砲擊傷、墜落何處、刻尚在尋覓中。本市於上午九時四十五分發佈空襲警報、十時三十四分發緊急警報、十四時四十分解除警報。

又訊：敵機九十八架昨日襲渝、我空軍健兒及時升空、奮勇攔擊、尤以胡隊長作龍、見敵機之殘暴、怒火中燒、親率三軍衝殺、奮不顧身、於猛烈戰鬥中、胡隊長雖中彈受傷、仍奮勇攻擊、直將敵機驅逐、始安全返防、胡隊長果敢善戰、各長官均深表嘉許。

又訊：振濟委員會代委員長許世英、重慶衛戍總司令劉峙、防空副司令胡伯翰、空襲服務總隊正副隊長谷正綱、洪蘭友、總幹事程朱溪、空襲救濟聯合辦事處副總幹事胡仲紓、市黨部主任委員陳訪先諸氏、於昨日警報期間、親赴災區實地視察、撫慰難民、并調度督促各空襲服務隊及防護團、從事種種服務工作、當地憲警亦均能各盡職守、至警報解除時、災區秩序、立即恢復。又三民主義青年團渝支團部數百團員、於今晨空襲警報發出後、即出動分布各防空洞內服務、態度嚴肅、精神活躍、一般避難市民、印象極佳、聞南區公園附近、有一團員身受微傷、仍能盡忠職守、努力於服務工作。

——摘自《时事新报》（重庆），1940 年 5 月 29 日

敵機一批 昨襲渝未逞
陳教長等分別慰問 連日被炸文化機關

中央社訊 敵機二十[illegible]架、於昨日晨又圖飛襲行都、我空軍事前聞訊、乃於郊外佈陣迎擊、敵機見我有備、即行逸去。

又訊：邇來敵寇在豫南鄂北屢遭敗績、乃惱羞成怒、對我渝郊及各地文化機關肆行狂炸、二十日炸南鄉西北醫學院、死傷十餘人、二十六日襲渝郊復旦中學、二十七日襲復旦大學、死傷教授孫寒冰等十餘人、二十九日又襲重慶大學、藥學專門學校 四川教育學院等三校、教育部部長陳立夫氏、於各該校被炸後、除西北醫學院將由陳氏親往慰問外、其餘各校均已隨時特派次長顧毓琇余井塘兩氏分別前往慰問、至各該校善後問題、該部正在計籌中。

——摘自《时事新报》（重庆），1940 年 5 月 31 日

社評

敵人的「轟炸攻勢」

在五月這一個月中，敵機飛襲川境者，已不下一二十次，即在渝市及其近郊轟炸者，也有七八次之多。這七八次的轟炸，敵人都是以百十架的飛機瘋狂的向平民區和文化區擲彈，想毀滅中國的文化，引起後方人民的恐怖心理。但其結果，各學校的損失，固然相當重大，平民的死傷，亦復相當衆多，然而中國文化之不可毀滅，決不是這些區區的物質問題，而後方人民的心理，也未嘗有一絲一毫的恐怖，反之，毋寧說是更增加了憤慨之氣，堅强着敵愾之心。敵人每日所消耗幾萬加侖的汽油，和幾十百噸的炸彈，其所獲得之成果，只是如此，若果從這一角度去觀察敵人，實在是大可悲哀的，然而，它不但不會自覺，而且反公然昌言，重慶雖不是軍事目標，而是抗戰中心，所以要施以轟炸。我們聽了這些狂悖的宣傳，不禁會於憤慨之餘，噗哧的大笑起來，覺得敵人這種色厲內荏外强中乾的大言，陡自暴露其殘酷的心理，愚妄的手段而已。

我們并不諱言，重慶是抗戰的中心，但是我們要正告

敵人，中國抗戰的精神，是蘊藏在四萬萬五千萬人的腦筋之中，除了如汪逆及其爪牙並絕對少數的所謂老牌漢奸如王梁諸人之外，每一個人的身上莫不抖擻着抗戰的精神，而誓欲把他的敵人驅出國門之外的。這種抗戰的精神，其表現在事實方面，雖然是以重慶爲中心，起着領導的作用的，然而精神是靈活的，而不是呆板的，是普遍於每一角落，而不是集中於某一定處的，縱使我們倒退一百萬步來說，假定重慶是可以毀滅的話，但是抗戰的精神，決不會隨着重慶的毀滅而消失，此其一。其次，假如因爲重慶是抗戰的中心，敵必需轟炸，那末這轟炸的作用，必須具有引起後方人士恐怖心理，和毀滅重慶一切建設的兩重意義。然而我們更願正告敵人，這種企圖，已經被事實證明着只是妄想。我們後方的人民，雖然沒有上前線和他的敵人相拚，然其英勇的精神，和堅決的意志，是不肯後人的，這種的精神和意志，莫說不是炸彈機槍所能夠毀滅，恐怕也不是炸彈機槍所能夠動搖，炸彈和機槍，只能夠消損我們的物質，身體，決不能撼毀我們的精神，種族，我們有着無盡藏的富源，有着無量數的後死者，自然會繼往開來，有着一致的精神，踏着先烈的血跡而誓竟其全功的。炸彈機槍，只能更增強了我敵不兩立的意志，更堅定了此仇不報非丈夫也的心理，此其二。

同時，我們願意向世界上主張正義的國家，尤其是美蘇等國，說幾句話。我們相信敵人的轟炸，是不會毀滅了抗戰中心的重慶，更不會消失了中國人的抗戰心理。但是敵人這樣的公開昌言，一方面是證明了它的瘋狂殘酷，一方面也證實了它的焦急徬徨，它採取着許多軍事攻勢，政治攻勢，經濟攻勢，謠言攻勢，終無法使中國屈服，在這樣四面碰壁，頹勢已成的時候，又來了這樣一個「轟炸攻勢」，我們斷定這一「轟炸攻勢」，正是它垂死之際的掙扎，當然是無所畏懼，也更不恐慌。不過，我們一想到它飛機上所需的汽油，和炸彈中所藏的鐵片，會叫我們聯想向持正義的國家，在道義上是干犯着資助侵略的嫌疑而感覺十分的遺憾。假如在我們的敵人正處於焦急徬徨的時候，迅速地斷絕了它汽油和廢鐵的來源，給它以譴責制裁的答覆，那末它雖欲採取「轟炸攻勢」而有所不能，就不得不在正義之神的面前發抖。這在我們，是有此要求的權利，而在各國，是有應盡的義務的。我們並不苛求亦無奢望，只願世界上向持正義的國家，能履行其神聖的義務與諾言。

——摘自《时事新报》（重庆），1940年5月31日

敵機炸西北醫學院

教務主任楊世昌殉職

中央社西安九日電 上月二十日敵機夜襲南鄭、摧毀我文化機關、在國立西北醫學院校投彈、炸毀校舍多間、教務主任楊世昌及四年級學生二人被炸殉難、該校現定本月三十日開會追悼。

——摘自《时事新报》（重庆），1940年6月11日

敵機昨又大舉襲渝

蘇聯大使館被炸

我擊落敵機一架多架負傷竄逃

蔣委員長躬臨災區撫慰

【中央社】敵機連日分批襲渝，均遭我空軍各個擊破，損失奇重，昨日（十一）下午一時許、又螞合共殘兵敗卒一百十七架，同時竄入市空，希圖幸免各個擊破之失敗，但我空軍早已洞燭其奸，設下天羅地網，四面圍攻，僅一回合，即見敵機多架負傷離羣四散竄透。我機乃尾隨猛追，反復衝擊，當擊落敵機一架，墜落於涪陵東南郊，我空軍任務完成後，均安全凱旋。

【中央社】百無聊賴的倭寇，近更獸性大作，連日濫遣空軍，盲目濫炸，昨（十一）午又有敵機一百十七架、分四批侵襲本市，先後投擲爆炸彈燃燒彈共二百餘枚，我方死傷六十餘人炸燬及震塌房屋一百餘幢，蘇聯大使館亦被投彈多枚炸燃房屋數間，汽車兩輛，高懸該使館屋門頂之蘇聯國旗亦被炸破碎，德國海通社并中燃燒彈，全部焚燬，法國哈瓦斯社門口亦中彈，房屋震壞，又敵機昨日襲渝時，蘇聯塔斯社中國總社門首落彈多枚，該社房屋全部震毀。

【中央社】蔣委員長於警報解除後，躬赴新市區視察災情，並撫慰難胞，又振濟委員會代委員長許世英，重慶防空副司令胡伯翰，空襲服務總隊正副隊長谷正綱，洪蘭友，空襲救濟聯合辦事處正副總幹事黃伯度，胡仲紓，亦於警報期間，分別前往各被災地點，督促調度防護團及服務隊從事搶救工作。

【中央社】兩路口七十一海通社辦公處，昨被敵機炸中焚燬，損失慘重，聞該社已在他處恢復工作，繼續發稿，其通訊處暫由中央社收轉，一俟新址覓定，即反正式恢復辦公。

外交協會慰問蘇大使館被炸

【中央社】昨日寇機炸渝市，蘇聯大使館亦遭波及，國民外交協會常務理事謝仁釗，於警報解除後，代表該會主席前往慰問，并送致慰問信一件，原函如下，蘇大使潘又新先生閣下，敬啓者、數日以來，日寇爲發揮其獸性行爲，罔

類人道正義，日夜派遣大批飛機，輪流襲我行都，對我毫無抵抗之人民及文化慈善團體，濫施狂炸，而各國使館，亦在不顧，尤其對於貴國使館蓄意摧殘，[illegible]在莊嚴的貴國國旗飄揚之下，亦悍然不顧，而擲彈如雨，均以貴國使館爲目標，因之貴國大使館，竟不幸而亦遭受寇機之蹂躪，日寇此種暴行，充分證明同情我國之友邦，亦在其仇視之列，本會聞訊之餘，同深憤慨，謹代表中國人民，向貴國大使及全體館員，總致深切之同情，與誠摯之慰問，敬希鑒詧，中國國民外交協會主席陳銘樞，邵力子，裴楚倩，丹超。

殉職救護人員 明晨開會追悼

【中央社】連日敵機濫炸重慶市郊，救濟聯合辦事處救護人員，防護團團員，及服務總隊各隊員熱心服務，不避艱險，計前後殉職犧牲者，已有防護團團丁蓮海清，鍾延福，黃樹江，呂正才，及服務隊隊員徐謙等五人，各該主管長官許世英，谷正綱，黃伯度，唐毅等聞訊，極傷悼，除對各該殉職人員厚予殮葬，優予撫卹外，並定於十三日上午七時，假兩浮支路廣場，舉行追悼會，已通函渝市各機關首長，參加致祭，並通飭各防護團團員，服務隊隊員，一體參加，以表哀榮。

——摘自《国民公报》（重庆），
1940年6月12日

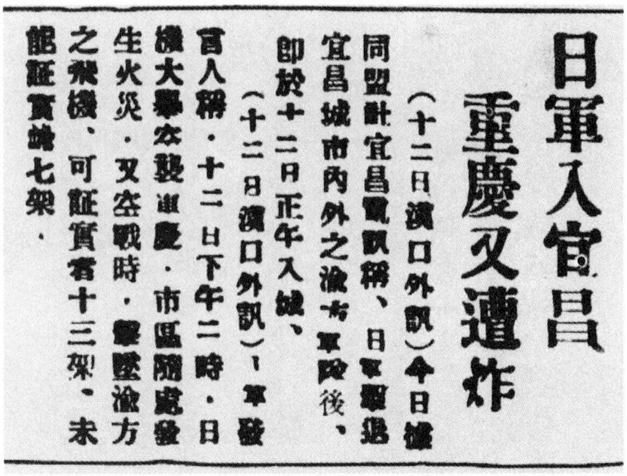

日軍入宜昌 重慶又遭炸

（十二日漢口外訊）今日據同盟社宜昌電訊稱、日軍驅逐宜昌城市內外之渝方軍隊後、即於十二日正午入城、

（十二日漢口外訊）一軍發言人稱、十二日下午二時、日機大舉空襲重慶、市區隨處發生火災、又空戰時、擊墜渝方之飛機、可証實者十三架、未能証實者七架、

——摘自《南华日报》（香港），
1940年6月14日

敵機昨四批襲渝

被我擊落八架

在新市區一帶投彈多枚

我防空設備漸完善

（中央社）重慶十六日電、敵機十六日分四批共一百一十七架再襲我行都、前後共投彈不下四五百個、我方被炸沉木船二十餘隻、炸毀及震塌房屋七百餘幢、起火六處、均經奮勇之消防隊分別迅速撲滅、死傷百二十餘人、足證我防空設備之完善、救護人員之努力、以及市民對防空常識之進步、

（中央社）重慶十六日電、今日敵機百餘架又來襲渝、我空軍健兒聞訊、事先騰空布置以待、於午十二時許、在天際雲端發現、敵機三十六架、自北方竄入市空我飛將軍怒火齊燒、乃以雷霆萬鈞之勢撲入敵陣、神槍猛射敵機陣容頓爲潰亂、上下豕突、遂被擊落兩架、落於渝市東北曾彈子石及炭竹塘附近、其餘敵機受傷纍纍、狼狽東逃約一小時、又有敵機三批分頭竄入市空、我英勇健兒、於最高雲際雄維棋佈、分將敵機控制有效射程之內、以英勇雄姿撲入敵陣、又將敵機擊落多架、現已查明者計在涪陵羊角磧墜落二架、雒南墜落一架、南康僅落一架、其餘敵機見勢不佳、乃逃去、本市遂於下午三時四十五分於我空軍又告大捷聲中解除警報、計此役我共擊落敵機六架、我機亦有一架未返防、

（中央社）敵機一百一十三架、於今（十六）日午間分四批進襲我行都、當第一批敵機三十架由陝竄來時、我神勇空軍、早已適時升空嚴陣以待、發現敵機時、即以猛虎撲羊之態勢、迎頭痛擊、當時即被我擊落兩架、敵機隊形廢散、倉皇投彈後、分作三五架零碎向川北逃竄、狼狽不堪、不成隊形、據報、經川陝邊境時只餘二十七架矣其餘敵機則由鄂侵川、先後在渝市區投彈、本市防空司令部於得悉敵機入川後、即於午前十一時四十四分發出注意情報、旋有敵機二十七架於渝市附近盤旋良久之後、突向成都方面飛來、本市當於午後二時三十分發放空襲警報、旋敵機竄至川北某地、忽又折返、本市於午後三時半解除警報、

（川康社）敵機近來屢次窺襲重慶行都、濫炸我文化商業區域、殘殺我無抵抗平民、敵機此種瘋狂暴行、不但倍增我民衆敵愾同仇心理、且為世界輿論所一致嚴譴、乃敵不自知末日將至、尤復逞其窮兇極惡之毒焰、據悉、今（十六）晨已有敵機一架侵入川境作高空偵察、至午刻敵機一百一十七架、即分作四批、分由鄂西陝南兩方面侵襲入川、先後繞侵至重慶上空、在新市區一帶投下爆炸彈燒夷彈多枚、經我空軍猛擊、負傷倉皇逃走、又悉、本市有防空部於得悉敵機侵入川境消息後、即於午前十一時四十四分發出「注意情報」、嗣悉有敵機一批二十七架侵至南充一帶、頗有窺犯成都之勢、乃於午後二時三十分發出空襲警報、最後得悉敵機四批已先後在渝投彈逃走、遂於午後三時三十分解除警報、在發出空襲警報後、市民均能鎮靜迅速疏散、秩序極佳。

——摘自《华西日报》，1940 年 6 月 17 日

敵機狂炸重慶

投彈八百枚燬屋三千餘所

我空軍迎戰擊落敵機六架

合衆社六月十六日訊 敵機百五拾架 於午后三時大舉轟炸重慶 爲空襲重慶之最兇的一次 敵機向城內投彈八百餘枚 毀屋三千餘所 包括若干個政府機關 外人及外記者所居之重慶公寓 中彈即毀 城內被毀之屋宇約二千間 至晚間深夜大火仍未熄 聞死傷人數不多 因空襲前兩小時 已發出警報 居民已預先走避 而且城內大部份居民 已在過去兩星期中相率疏散 重慶約翰施華爾所辦之冰廠機器被炸損 又當敵機來時 被華機截擊之 有敵機兩架被擊落於美大使館附近

又訊 重慶當局鑒於敵機之頻來炸擊 在過去兩星期中 已極力疏散市內之居民 現在重慶人口不滿弍十萬 市政府派汽車數十輛 協助市民疏散 窮乏者可向警局領取免費乘車券

又訊 日昨敵機百餘架 又來襲渝 我空軍健兒聞訊 事先騰空佈置以待 於午十二時許 在天際雲端 發現敵機叁十六架 自北方竄入市空 我飛將軍怒火齊燒 乃以雷霆萬鈞之勢 撲入敵機陣 機槍猛射 敵機陣形頓爲潰亂 上下豕突 遂被擊落兩架 落於渝市東北彈子石及茨竹場附近 其餘敵機受傷煢煢 狼狽東逸 約壹小時 又有敵機三批 分頭竄入市空 我英勇健兒 於最高雲際星羅棋佈 分將敵機控制於有效射程之內 以英勇雄姿撲入敵機陣 又將敵機擊落多架 現已查明者 計在培陵羊角磧墜落兩架 雒南墜落壹架 南康墜落壹架 其餘敵機見勢不佳 乃逃去 本市遂於下午三時四十五分 於我空軍又告大捷聲中 解除警報 計此役我共擊落敵機六架 我機亦有壹架未返防

又訊 敵機六月十六日分四批共一百壹十七架 再襲我行都 前後共投彈不下四五百枚 我方被炸沉木船廿餘隻 炸燬及震塌房屋壹百餘幢 起火六處 均經奮勇之消防隊 分別迅速撲滅 死傷壹百廿餘人 足證我防空設備之完善 救護人員之努力 以及市民對防空認識之進步云

又訊 日昨敵飛機大舉轟炸重慶 引起許多個火頭 火由西郊起 延燒到城內 直至低區 華空軍立即升空迎擊之 擊落其數架 當第一隊敵機飛到重慶時 立即被華機衝入其陣容 未幾 有壹敵機墜落於重慶西陲之山中

——摘自《大汉公报》，1940 年 6 月 17 日

日機昨炸重慶
燬屋三千餘間
外賓招待所全部被毀

【合衆社重慶十六日電】今日有日機一百五十架空襲重慶，城內外均被炸，投下炸彈不下八百枚，有三千所屋宇被毀，其中有若干政府建築物，一外國遊客及新聞記者寄宿之招待所中彈，全部被毀，最猛烈被炸之地點係在城內，該處共有二千所屋宇被毀，直至今晚十一時，火尚未熄，被炸之區域雖廣，但死傷人數相信不多，蓋二星期前重慶已有一大部份居民疏散也，有二日機被擊落於美使館附近。

竹壩附近，其餘日機受傷纍纍，狼狽東逸，約一小時，又有日機三批，分頭竄入市空，我英勇健兒，於最高雲際，星羅棋佈，分將日機控制有效射程之內，以英勇雄姿，撲入日機陣，又將日機擊落多架，即已查明者，計在涪陵羊角磧墜落兩架，維南墜落一架，南康墜落一架，其餘日機見勢不佳，乃逃去，本市遂於下午三時四十五分，於我空軍又告大捷聲中，解除警報，計此役我共擊落日機六架，我機亦有一架未返防

【中央社重慶十六日電】日機十六日分四批共一百一十七架，再襲我行都，前後共投彈不下四五百枚，我方被炸沉木船廿餘隻，炸毀及震塌房屋二百餘幢，起火六處，均經奮勇之消防隊，分別迅速撲滅，死傷百廿餘人，足證我防空設備之完善

——摘自《星岛晚报》，1940年6月17日

敵機七十五架
昨分三批襲渝
敵機一架因傷墜落陝境

（中央社）重慶十七日電，十七日下午七時許，又有敵機三批、共七十五架，分別在本市市郊投彈，多落荒山野地，我方毫無損失。

（中央社）西安十六日電，敵機三十六架，十六日上午十時十分由晉梓過陝境襲渝，下午三時中經原道回竄，敵轟炸機一架，因在渝被我擊傷，過陝境維南縣時，墜於該縣北之白洛鄉，落地後起火，飛駛員六名，三名當場斃命，餘三名已被捕獲，聞內部解送某地。

（中央社）萬縣警備司令劉光瑜九區專員閔永廉昨電省府，謂十二日在萬縣武陵鎮附近被我空軍擊落之敵機三殘骸已完全覓着，原電如次，（上略）文電計達，據萬縣二區龍驅區員電話稱，武陵鎮三十七保孩我空軍擊落之敵機一架，號碼二二四五，有未爆炸彈一枚，死屍一人，并有日設證章像凡地圖各一，機腹內容不明，又三十八保被我空軍擊落之敵機二架，其一號碼九七四，註明爲重轟炸機，有機關槍三挺，機身機翼鳳車各落一處，鐵死[illegible]因機身過重，均屍成數段，有降落傘逃槍各一，另一架落堰塘內已燒燬，號碼不明，有雙筒機槍手機硫磺彈各一，堰塘上浮有手脚肚腹各一支，堰水染成紅色等情，除妥爲守護，並搜獲在逃之敵機師外，刻將殘骸遺物應如何處理，請電請示遵。

——摘自《华西日报》，1940年6月18日

日機前午空襲重慶
渝繁華區大火
深夜未熄燬屋三千餘間

（路透社十七日重慶電）昨日下午日飛機大舉轟炸重慶．引起許多個火頭．火由西郊起延燒到城內，直至低區．華空軍立升空迎擊之．落其數架．當第一隊日機到重慶時．立被華機衝入其陣容．未幾．有一日機墮落於重慶西便之山中．

（路透社十七日重慶電）昨日又有百餘架日機來襲重慶．被華機截擊．擊落日機數架．日機所投下彈多係燃燒彈．城內繁盛區域引起火頭多個．外人公寓亦被炸燬．各外僑避入地窖．故未有傷害者．

（合衆社十六日重慶電）日機一百五十架於今午三時大舉轟炸重慶．爲空襲重慶之最猛烈的一次．日機向城內外投彈八百枚．毀屋三千餘所．包括若干個政府機關．外人及外記者所居之重慶公寓．中彈即毀．城內被毀之屋宇約二千間．今晚深夜大火仍未熄．聞死傷人數不多．因空襲前兩小時已出警報．居民已預先走避．而且城內大部分居民已在過去兩星期中相率疏散．重慶約翰施燕爾所辦之冰廠機器被炸損．又當日機來襲時．被華機截擊．有日機兩架被擊落於美大使館附近．

（合衆社十六日重慶電）重慶當局鑑於日飛機之頻來炸擊．在過去兩星期中已極力疏散市內之居民．現在重慶人口不滿二十萬．市政府派汽車數十輛．協助市民疏散．窮乏者可向警局領取免費乘車劵．

——摘自《南华日报》（香港），1940 年 6 月 18 日

敵機昨襲渝市
炸毀英大使館
英法總領事住宅均中彈
美參事痛斥敵暴行

（中央社）重慶二十四日電，敵機二十四襲渝，在市區內投彈數十枚，英國總領事館全部房屋炸毀，英大使館及法總領事館院內均中彈，房屋受震動甚重，據美大使館參事柏奕德語本社記者稱，日機今日集中轟炸，英法領事館地帶，如謂其係無意，則誠屬不通之論，

（中央社）重慶廿四日電，二十四日敵機一百十七架，分四批襲川，先後在江北北碚及渝市投彈四百餘枚，我方死傷甚少，炸毀及震塌房屋亦僅五十餘幢，並有數處起火，隨經消防隊撲滅，均未延燒，

（川康社）敵機一百廿六架，於昨（二十四）日午刻分兩批由鄂西及豫南方面侵擾入川，於午後三時許先後竄入重慶上空，經我空軍猛擊，倉皇在城區及新市區等處投下爆炸彈燒彈多枚，狼狽逃逸，本市省防空於得悉敵機入川後，即於午正零時三十分發出「注意情報」、嗣悉敵機一批廿七架繞竄至川北一帶，爲防其竄襲成都，當於午後三時零五分發出空襲警報，並命令市防護團各部門緊急出動佈置，及指導市民迅速疏散，鄧總司令錫侯亦親臨某處指揮一切，最後得悉各批敵機均已竄走，跟於三時五十五分解除警報。

（川康社）敵機於本月十六日侵擾入川，遭我空軍猛烈追擊，其中一批二十六架於午後六時許逃經宣漢上空時，中有一架創傷甚重，落下機槍一挺，該縣縣府除將此項機槍拾遺保存，及飭縣屬各鄉鎮妥爲尋覓有無其他墜落物品外，并已呈報省防空部備查。

——摘自《华西日报》，1940 年 6 月 25 日

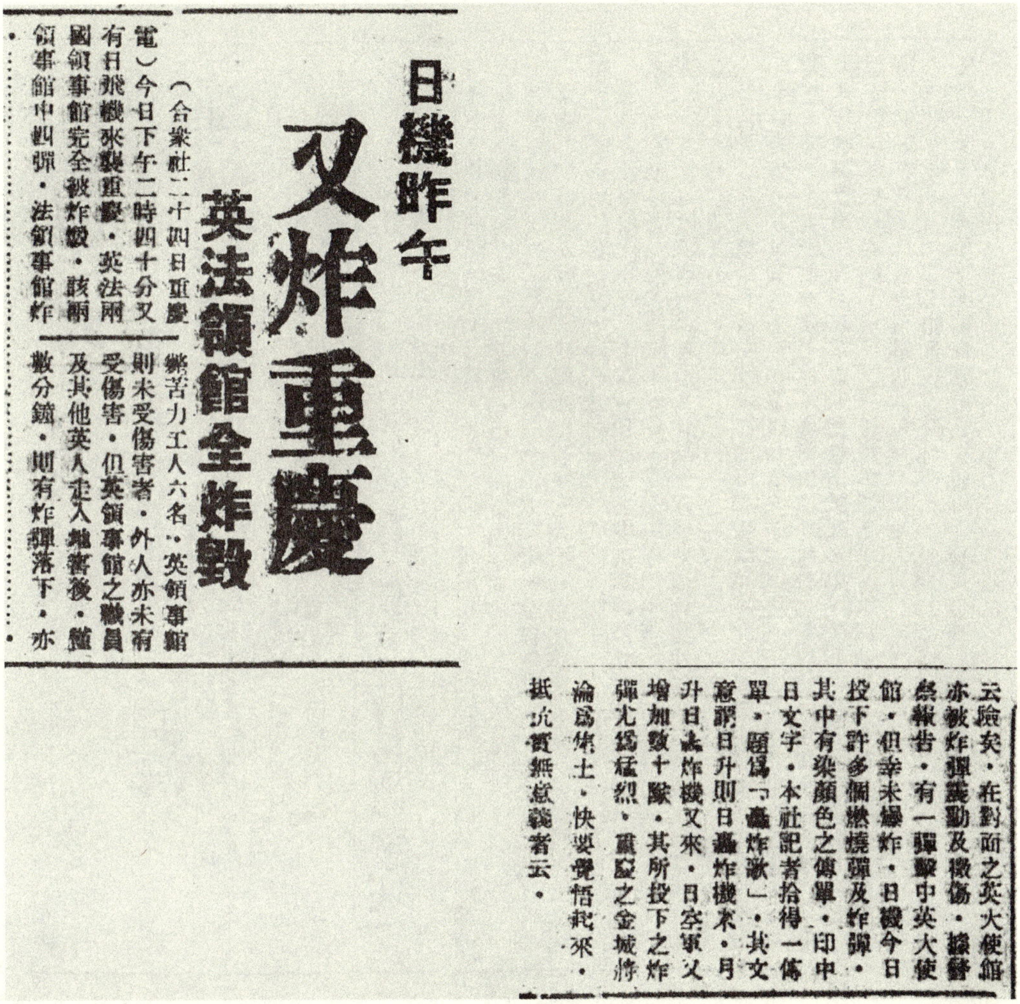

日機昨午

又炸重慶

英法領館全炸毀

（合衆社二十四日重慶電）今日下午二時四十分又有日飛機來襲重慶・英法兩國領事館完全被炸毀・該兩領事館中四彈・法領事館炸斃苦力工人六名・英領事館則未受傷害者・外人亦未有受傷害・但英領事館之職員及其他英人走入地窖後・隨數分鐘・則有炸彈落下・亦云險矣・在對面之英大使館亦被炸彈震動及微傷・據警察報告・有一彈擊中英大使館・但幸未爆炸・日機今日投下許多燃燒彈及炸彈・其中有染顏色之傳單・印中日文字・本社記者拾得一傳單・題爲「轟炸歌」・其文意謂日升則日轟炸機來・月升日轟炸機又來・日空軍又增加數十隊・其所投下之炸彈尤爲猛烈・重慶之金城將淪爲焦土・快要覺悟起來・抵抗實無意義者云・

——摘自《南华日报》（香港），1940 年 6 月 25 日

敵機昨又大舉襲渝
英大使館炸毀
法領館亦中彈震燬
我空軍擊傷敵機多架

【中央社訊】敵機一百十七架，於昨（二十四）日分四批襲行都，經我空軍猛烈追擊，敵機多架中彈，受重創，倉皇向東逸去。

【中央社訊】昨（二十四）日敵機一百十七架，分四批襲川，先後在江北，北碚及渝市投彈四百餘枚，我方死傷甚少，炸毀及震塌房屋亦僅一十餘幢，有數處起火，隨經消防隊撲滅，均未延燒。

【中央社訊】敵機昨（二十四）日襲渝，在市區內濫投炸彈數十枚，英國總領事館全部房屋炸毀，英大使館及法總領事館院內中彈，房屋受震動甚重，據英大使館參事美德語本社記者稱，日機今日集中轟炸英法領事館地帶，如謂其係無意，則誠屬不遜之論云。

【中央社訊】昨（二十四）敵機在渝市北碚濫施轟炸，多處中彈燃火，各服務隊防護團消防隊人員暨憲警，在各該負責人督導調度之下，於警報期間，迅速馳赴災區，奮勇從事搶救服務工作，極為緊張，至警報解除時，災區秩序，立即恢復，同時空襲救濟聯合辦事處亦派員趕至受災地點，安辦急振，市民更激於義憤，紛紛贈送難胞以衣物，或自動為難胞備置茶水，此種親愛精誠之精神，不但難民之振奮異常，抑且令目擊者感佩無已云。

【中央社訊】昨（二十四日敵機狂炸渝市，英國總領事館全部炸毀，法國領事館內亦被投彈，國民外交協會於當日警報解除後，即派員前往慰問。

——摘自《国民公报》（重庆），1940 年 6 月 25 日

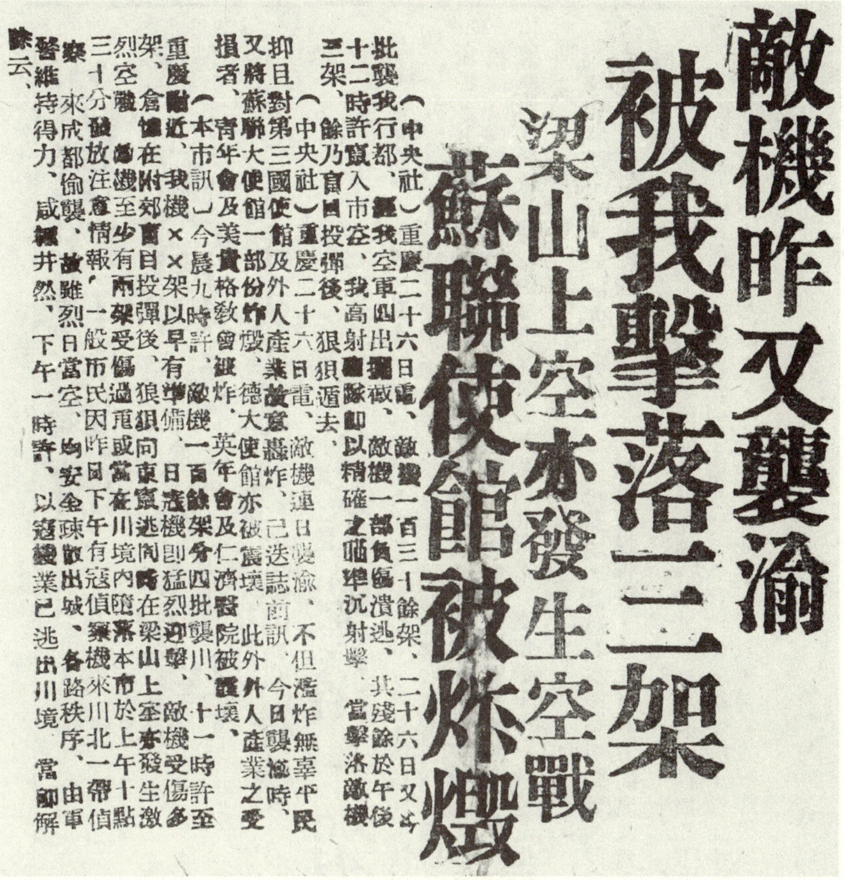

敵機昨又襲渝 被我擊落三架

梁山上空亦發生空戰

蘇聯使館被炸燬

（中央社）重慶二十六日電、敵機一百三十餘架、二十六日又分批襲我行都、經我空軍四出攔截、敵機一部負傷潰逃、其殘餘於午後十二時許竄入市空、我高射砲隊即以精確之瞄準沉射擊、當擊落敵機三架、餘乃竄回投彈後、狼狽遁去、

（中央社）重慶二十六日電、敵機連日襲渝、不但濫炸無辜平民抑且對第三國使館及外人產業故意轟炸、已送誌前訊、今日襲渝時、又將蘇聯大使館一部份炸燬、德大使館亦被震壞、此外外人產業之受損者、青年會及美貴格教會曾被炸、英年會及仁濟醫院被震壞、

（本市訊）今晨九時許、敵機一百餘架分四批襲川、十一時許至重慶附近、我機××架以早有準備、日遂機即猛烈迎擊、敵機受傷多架、倉惶在附郊盲目投彈後、狼狽向東竄逃、同時在梁山上空亦發生激烈空戰、敵機至少有兩架受傷、逃回或當在川境內墜落、本市於上午十點三十分發放注意情報、一般市民因昨日下午有寇偵探機來川北一帶偵察、來成都偷襲、敵雖烈日當空、均安全疎散出城、各路秩序、由軍警維持得力、咸稱井然、下午一時許、以寇機業已逃出川境、當即解除云、

——摘自《华西日报》，1940 年 6 月 27 日

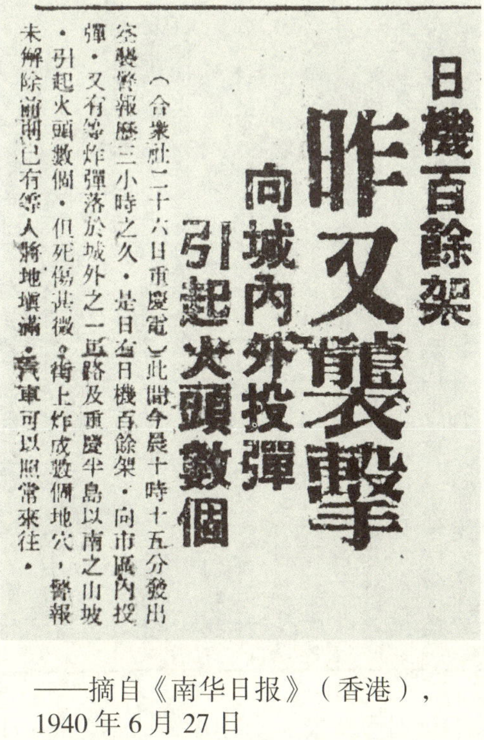

日機百餘架 昨又襲擊

向城內外投彈 引起火頭數個

（合衆社二十六日重慶電）此間今晨十時十五分發出空襲警報歷三小時之久．是日有日機百餘架．向市區內投彈．又有等炸彈落於城外之一區路及重慶半島以南之山坡．引起火頭數個．但死傷甚微，街上炸成數個地穴，警報未解除前則已有等人將地填滿．汽車可以照常來往．

——摘自《南华日报》（香港），1940 年 6 月 27 日

敵機昨日襲渝 又轟炸文化區

中央大學被炸並無死傷

被我擊落一架

【中央社訊】敵機連日襲渝，均受重創，昨（二十七）日又集結九十餘架，分批來犯。但膽怯異常，均藏匿高空雲際，以期逃避我空軍及高射部隊之攻擊，我空軍早已洞悉其奸，遂於高空中佈成殲敵陣列，迨敵機飛入陷阱後，我四面圍攻，敵機當有數架受傷，紛紛南逃，我空軍奮勇追至南川上空，神槍準射，敵機一架被我擊落，焚毀於南川北部，我空軍於下午一時安全返防。

【中央社訊】昨日敵機九十九架，分三批襲渝，當被我空軍奮勇攔擊，當被擊落一架，餘敵在近郊之李子壩，土灣等處投彈後，逸去，我方損害及死傷情形尚微。

【中央社訊】昨（二十七）日敵機第三批襲渝時，又在沙坪壩學校區投下爆炸彈數十枚，國立中央大學實驗室工廠及教職員住宅等，被毀數十幢，幸在暑假期內，學校已有緊急處置，故師生並無死傷，但教職員室家被炸後情形，非常苦痛云。

——摘自《国民公报》（重庆），1940年6月28日

敵機昨襲渝市 兩架被擊落

中央大學再度被炸

中央社訊　敵機九十九架、於昨（廿九）日襲渝、計在兩路口、小龍坎、牛角沱等處投彈二百餘枚、死傷六人、炸燬房屋百餘間、市面秩序隨即恢復常態。

又訊　敵機九十九架、分四批於昨（廿九）日上午襲我行都、我空軍發見、騰空迎擊、當在市外上空將敵隊擊潰、并即將敵兩轟炸機重重圍困、敵初企圖頑抗、終以我火力猛烈、敵瞬成衆矢之的、相持不及廿餘分鐘、該兩敵機中彈爆炸下墜、落于渝市近郊一帶、餘敵機狼狽逃去。

又訊　昨（二十九）日敵機第三批又在沙坪壩文化區肆虐、在中央大學投彈甚多、該校辦公處、教職員宿舍、男女生宿舍被燬、幸師生均無死傷、校長羅家倫於警報未解除時、組織師生救護隊、由袁宗濂教授率領、攜帶藥品担架渡江前往救護民衆、警報解除後、除救護公物外、并由該校三民主義青年團團員及各系學生、於酷日之下廢墟之上、協助被災教職員及其家屬、發掘整理什物、攜抱幼孩、情況至爲熱烈、羅氏復於警報中發出通知、召集臨時緊急校務會議、解除後一小時即行開會、措置一切善後問題。

——摘自《时事新报》（重庆），1940年6月30日

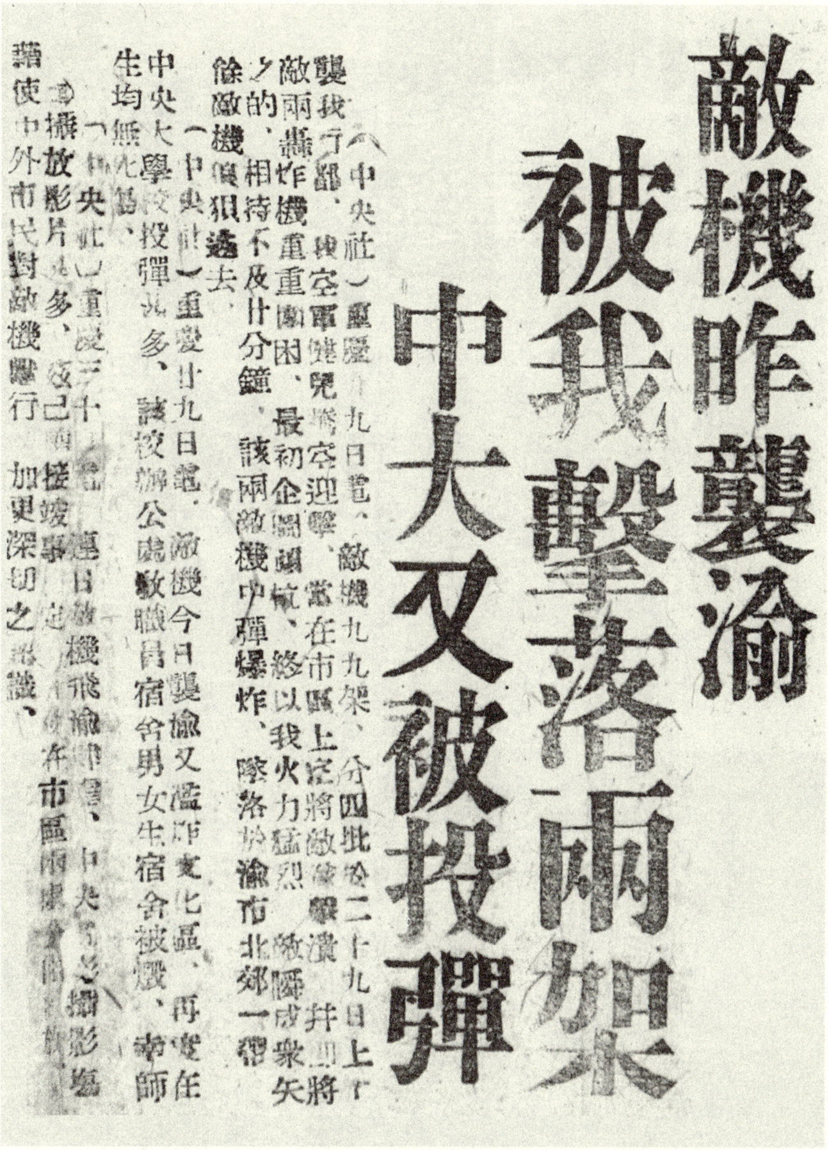

敵機昨襲渝

被我擊落兩架

中大又被投彈

（中央社）重慶廿九日電，敵機九九架，分四批於二十九日上午襲我行都，我空軍健兒，騰空迎擊，當在市區上空將敵機擊潰，并即將敵兩轟炸機重重圍困，最初企圖頑抗，終以我火力猛烈，敵瞬成衆矢之的，相持不及廿分鐘，該兩敵機中彈爆炸，墜落於渝市北郊一帶，餘敵機[illegible]狽逃去。

（中央社）重慶廿九日電，敵機今日襲渝又濫炸文化區，再度在中央大學投彈甚多，該校辦公處教職員宿舍男女生宿舍被燬，幸師生均無死傷。

（中央社）重慶二十九日電，連日敵機飛渝肆虐，中央電影攝影場[illegible]攝放影片甚多，該已將樓被燬事[illegible]，在市區兩處[illegible]，藉使中外市民對敵機暴行加更深切之認識，

——摘自《华西日报》，1940年7月1日

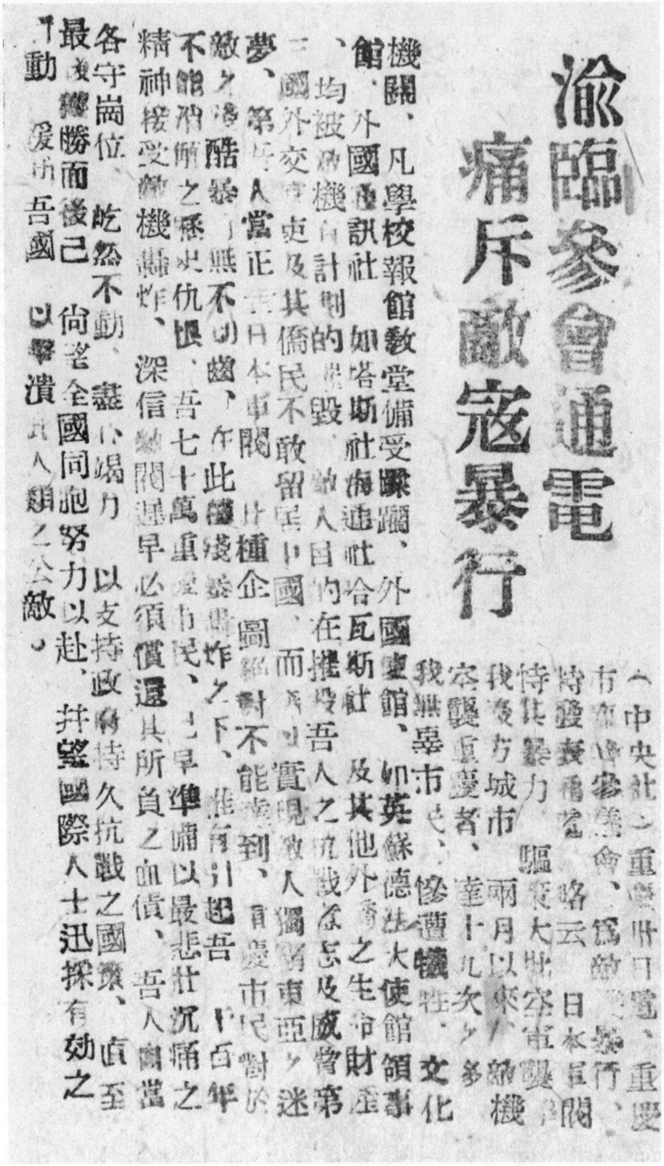

渝臨參會通電 痛斥敵寇暴行

（中央社）重慶卅日電、重慶市臨時參議會、為敵機暴行、特發表通電、略云、日本軍閥恃其暴力、驅使大批空軍襲擊我後方城市、兩月以來、敵機空襲重慶者、達十九次之多、我無辜市民、慘遭犧牲、文化機關、凡學校報館教堂備受蹂躪、外國使館、如英蘇德法大使館領事館、外國通訊社如塔斯社海通社合瓦斯社及其他外商之生命財產、均被敵機有計劃的炸毀、敵人目的在摧毀吾人之抗戰意志及威脅第三國外交官吏及其僑民不敢留居中國、而求實現敵人獨霸東亞之迷夢、第吾人當正告日本軍閥此種企圖絕對不能達到、自慶市民對於敵之殘酷轟炸、無不切齒、在此種殘暴轟炸之下、推有引起吾百年不能消解之歷史仇恨、吾七十萬重慶市民、已早準備以最悲壯沉痛之精神接受敵機轟炸、深信敵閥遲早必須償還其所負之血債、吾人自當各守崗位、屹然不動、盡心竭力以支持政府持久抗戰之國策、直至最後勝利而後已、尚望全國同胞努力以赴、並望國際人士迅採有效之行動、援助吾國、以擊潰吾人類之公敵。

——摘自《华西日报》，1940 年 7 月 1 日

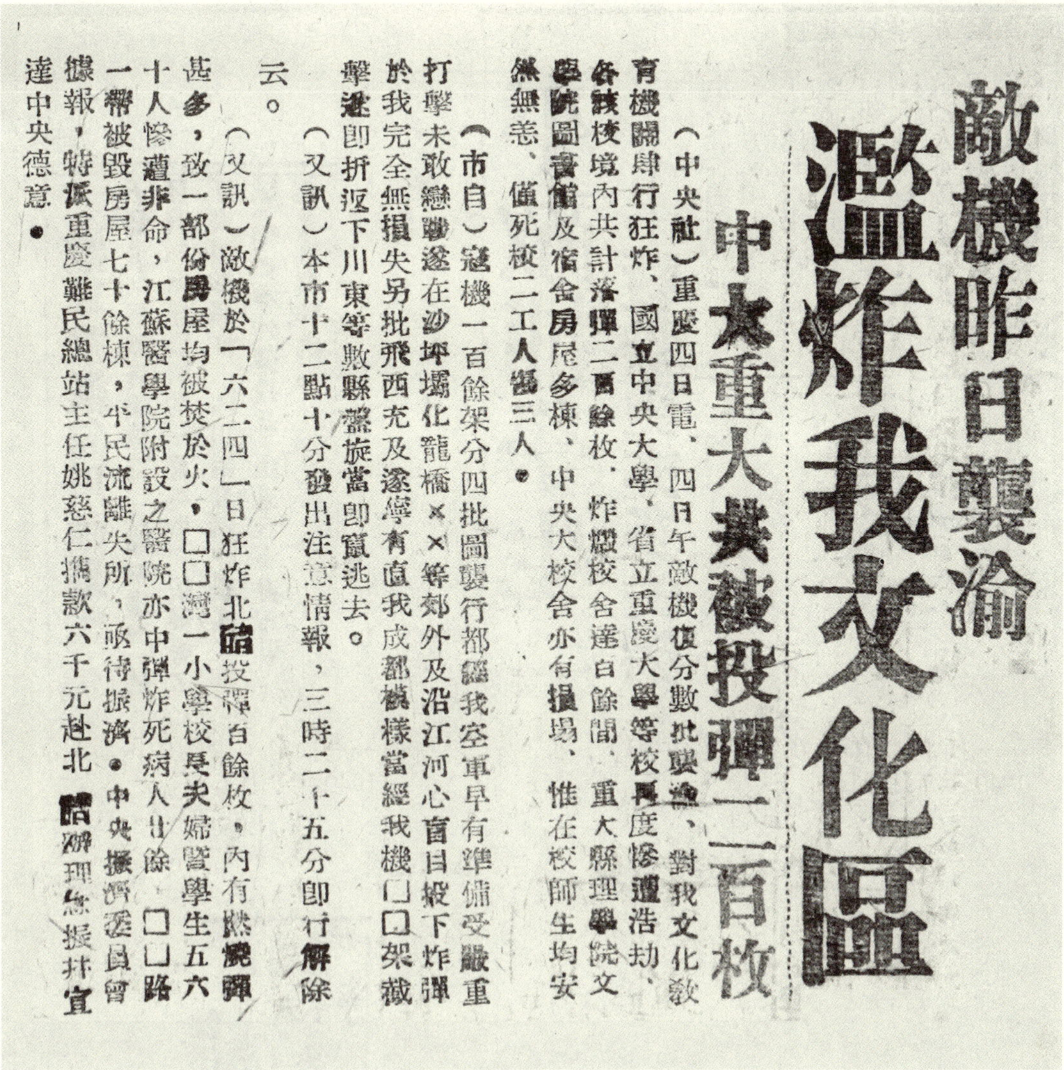

敵機昨日襲渝
濫炸我文化區
中大重大共被投彈二百枚

（中央社）重慶四日電、四日午敵機復分數批襲渝、對我文化教育機關肆行狂炸、國立中央大學、省立重慶大學等校再度慘遭浩劫、各該校境內共計落彈二百餘枚、炸燬校舍達百餘間、重大縣理學院文學院圖書館及宿舍房屋多棟、中央大校舍亦有損塌、惟在校師生均安然無恙、僅死校二工人傷三人。

（市自）寇機一百餘架分四批圖襲行都經我空軍早有準備受嚴重打擊未敢戀戰遂在沙坪壩化龍橋××等郊外及沿江河心盲目投下炸彈於我完全無損失另批飛西充及遂寧有直我成都模樣當經我機□□架截擊遂即折返下川東等數縣盤旋當即竄逃去。

（又訊）本市十二點十分發出注意情報，三時二十五分即行解除云。

（又訊）敵機於「六二四」日狂炸北碚投彈百餘枚。內有燃燒彈甚多，致一部份房屋均被焚於火，□□灣一小學校長夫婦暨學生五六十人慘遭非命，江蘇醫學院附設之醫院亦中彈炸死病人廿餘，□□路一帶被毀房屋七十餘棟，平民流離失所，亟待振濟。中央振濟委員曾據報，特派重慶難民總站主任姚慈仁攜款六千元赴北碚辦理急振并宣達中央德意。

——摘自《华西日报》，1940 年 7 月 5 日

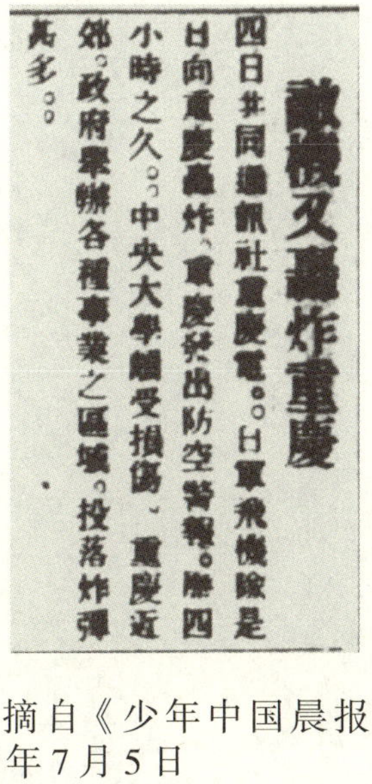

敵機又轟炸重慶

四日共同通訊社重慶電。。日軍飛機除是日向重慶轟炸，重慶発出防空警報。歷四小時之久。。中央大學曾受損傷，重慶近郊。政府舉辦各種事業之區域。投落炸彈萬多。。

——摘自《少年中国晨报》，
1940 年 7 月 5 日

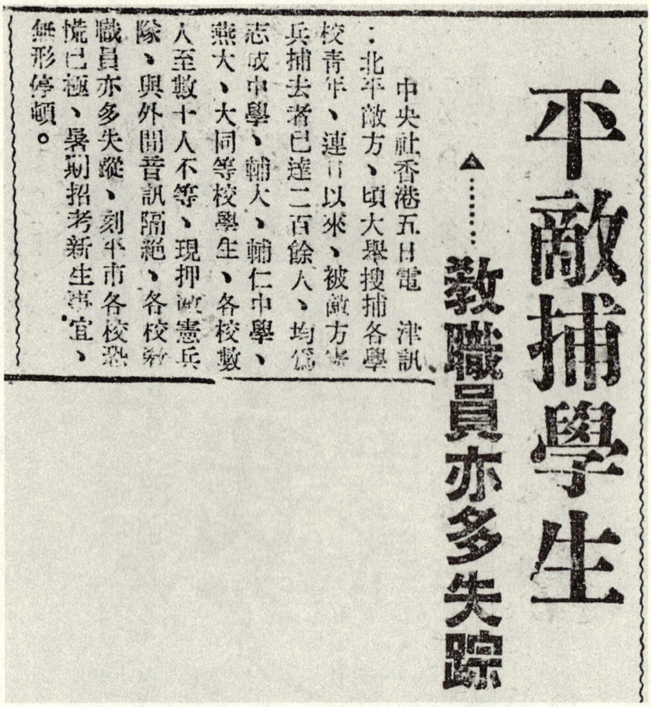

平敵捕學生

△……教職員亦多失踪

中央社香港五日電 津訊：北平敵方、頃大舉搜捕各學校青年、連日以來、被敵方憲兵捕去者已達二百餘人、均爲志成中學、輔大、輔仁中學、燕大、大同等校學生、各校數人至數十人不等、現押敵憲兵隊、與外間音訊隔絕、各校教職員亦多失蹤、刻平市各校恐慌已極、暑期招考新生事宜、無形停頓。

——摘自《时事新报》（重庆），1940年7月6日

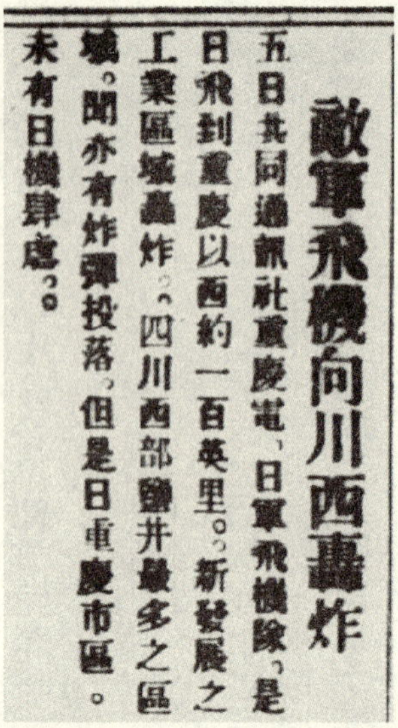

敵軍飛機向川西轟炸

五日共同通訊社重慶電、日軍飛機隊。是日飛到重慶以西約一百英里。。新發展之工業區域轟炸。。四川西部鹽井最多之區域。聞亦有炸彈投落。但是日重慶市區。未有日機肆虐。。

——摘自《少年中国晨报》，1940年7月6日

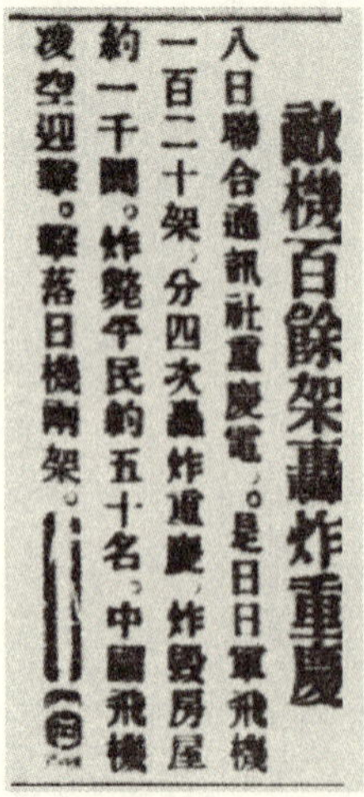

敵機百餘架轟炸重慶

八日聯合通訊社重慶電。。是日日軍飛機一百二十架、分四次轟炸重慶、炸毀房屋約一千間。炸斃平民約五十名。中國飛機凌空迎擊。擊落日機兩架。（四）

——摘自《少年中国晨报》，1940年7月9日

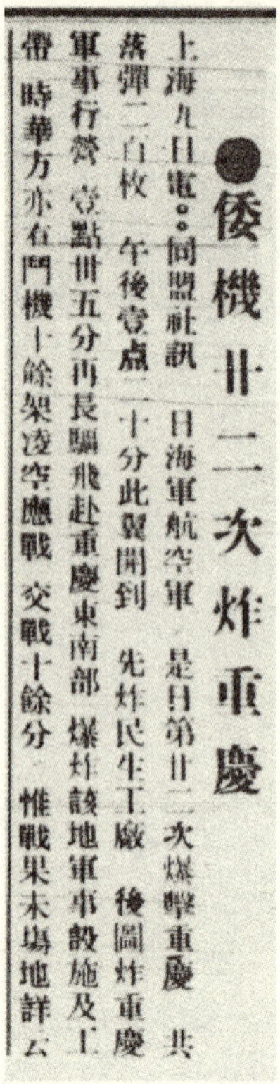

●倭機卄二次炸重慶

上海九日電。。同盟社訊 日海軍航空軍 是日第廿二次爆擊重慶 共落彈二百枚 午後壹点二十分此襲開到 先炸民生工廠 後圖炸重慶軍事行營 壹點卅五分再長驅飛赴重慶東南部 爆炸該地軍事設施及工帶 時華方亦有鬥機十餘架凌空應戰 交戰十餘分 惟戰果未塲地詳云

——摘自《大汉公报》，1940年7月10日

昨日渝市空戰
擊落四敵機
另有五架重傷難飛返
市區狂炸天主堂被毀

中央社訊　昨（九）日上午十時許、敵機五十四架、分三批來襲、由南向北竄擾、我空軍以迅雷不及掩耳手段、迎頭痛擊、敵領隊機當時受傷、落伍離羣、致敵機全部潰亂、我空軍見殺敵良機已至、遂分頭猛烈追擊、當於陳家場上空、擊落敵機兩架、登時在空中爆炸焚燬、同時又將另一敵機在上元場上空、控制在手、集中射擊、該敵機冒烟下墜、因其彈未得投擲、致遭爆炸、機中戰鬥員七名、被焚灰燼、我空軍復敵心切、又將一敵機在磐江七[illegible]圍困、神槍準射、該敵機亦我擊落、於磐江北部、機骸已在覓尋中、共有敵機五架、[illegible]慘重、飛經萬縣上空時、[illegible]冒煙離羣飄墜、敢信此五機決不能安返舊巢矣、襲渝幾第一批經此慘敗後、其餘各批均胆落心寒、於郊外盲目投彈後、狼狽遁去。另有敵機十餘架、竄至貴陽郊外投彈、我空軍於任務達成後、雖所駕之飛機、亦多中彈、然均安全歸還。

中央社訊　敵機三批於昨（九）日又在我行都逞兇、所有中二路南紀門江北等處、均被濫炸、我方死傷平民七十餘名、炸毀房屋三百八十餘幢、七星崗之天主教若瑟堂亦被狂炸、惟市面秩序、因防空部隊及防護人員之努力盡職、當日即已恢復常態。

中央社訊　敵機迭次襲渝、故意轟炸第三國財產、已屢見不鮮、昨（九）日敵機襲渝時、若瑟天主堂又被炸燬、查自昨年敵機襲渝以來、天主堂之教堂學校醫院等被炸毀者、已達十一所之多。

——摘自《时事新报》（重庆），1940 年 7 月 10 日

●倭在上海扣留英船

上海九日電　英船「聖京」號重量二千噸　昨由天津法租界運輸軍火赴上海法租界　雖曾向天津日當局領得准照　但至黃浦江後　被日艦截搜　由吳淞追至上海　卒將該船扣留　據當局稱　該械子彈乃天津法當局給與上海法軍者　經獲日本當局審查批准云。

——摘自《大汉公报》，1940 年 7 月 10 日

敵機又轟炸重慶

九日共同通訊社重慶電。日軍飛機是日又轟炸重慶。此爲入夏以來空襲之第二十次。日機飛行甚高。曾向美國大使館區域投下炸彈二百餘枚。又在重慶市中心點投下炸彈甚多。並有燃燒彈甚多向江邊跌落。無甚損害 日前曾經轟炸之區域 亦有大宗炸彈投下 電線多被炸斷。

——摘自《少年中国晨报》，
1940年7月10日

重慶被敵機轟炸大損失

十日共同通訊社重慶電：日軍飛機昨日轟炸重慶。現查重慶城內中心區域 所受損失甚重，被炸毀之樓宇共約四百座。平民死傷七十名。

——摘自《少年中国晨报》，
1940年7月11日

●重慶連日被炸慘狀

重慶拾一日電 重慶連日慘遭爆炸。建築物大部破壞。電綫及電話綫多被炸斷。磚瓦電綫等物 堆積路旁。交通極感不便。九日之役。日機最爲殘暴 向市上逞兇。在美國大使館附近 亦落彈二百枚 幸其技術低劣 重量炸彈及燃燒彈多落在江邊。

——摘自《大汉公报》，1940年7月12日

敵機轟炸重慶大學

重慶特訊　重慶大學日昨被敵機轟炸建築物損失重大　又有學生數名傷亡　中央大學無損失　市郊外發生火頭數個　此次被炸之地點　較星期寺被炸之地點為遠　故市區無何傷害　又第二批敵機經過重慶市區時　遭遇高射砲抵抗　但未投彈　第三隊敵機則未能衝入市區範圍　又星期二日有敵轟炸機兩架被高射砲擊落　是日敵機所投之炸彈　多係爆炸彈　而非係燃燒彈

重慶連日雖被敵機轟炸　各報紙仍照常出版

及訊　復旦大學教務長孫寒冰　及職員汪興楷　學生陳思正　王茂泉　王文炳　朱錫華　劉寬成等因敵機到襲被炸慘死　孫氏江蘇南滙人　年卅九歲　美國哈佛大學碩士　華盛頓大學學士　歸國後歷任復旦大學法學院院長　教務長　暨南大學商學院院長　中山大學教授等職　馳名出版界之「文摘」半月刊　係孫氏壹手創辦　數年來風行海內　孫氏遺妻及子女四人　其遺體於五月廿八日大殮　于院長孔副院長邵大使皆派員前往致祭慰唁

——摘自《大汉公报》，1940年7月18日

敵機百餘架向四川轟炸

廿二日國際通訊社重慶電。是日有日軍飛機百餘架。向重慶西北方面數處城鎮轟炸。合川縣城起火。料係被日軍飛機轟炸所致。合川位於重慶以北。距重慶約二十英里。

——摘自《少年中国晨报》，1940年7月23日

沭陽敵寇慘無人道
公然砲轟河堤
河南盡成澤國淹斃無算

【中央社蘇北某地二十二日電】沭陽敵軍，近以沭河暴漲，竟在十字橋一帶，砲轟南堤，河水遂浩浩蕩蕩，由決口向南傾瀉，致使河南數百村盡成澤國，我民衆不及提防，被水淹斃者無算，暴敵慘無人道，一至於此。

——摘自《国民公报》（重庆），1940年7月23日

敵機轟炸東川慘劇

廿二日重慶電 國民政府要人是日談稱 昨日日軍飛機轟炸東川區域重慶以北之合川縣及重慶以南之綦江縣 平民死傷共約一千名 先是廿日飛機到重慶上空轟炸、被中國飛機騰凌空迎戰 擊落日機兩架 日機乃轉飛合川及綦江、處轟炸云。

——摘自《少年中国晨报》，1940年7月24日

●倭賊拘英名人九名

英京廿九日電 據可靠消息、日本當局 業將著名英人九名拘拿 英政府一俟接到駐日大使克拉芝報告後、即向日本提出抗議。查英日關係 自天津白銀與緬甸交通兩案解決以來 漸趨親切 今遇此 又復緊張。被拘拿諸人中、有英國工藝聯合會代表古氏上尉。路透新聞社東京主要記者郭士氏 神戶金美蘭公司董事局主席兼神戶大阪商會主席、神戶鎮高里昂公司董事鍾那斯氏 佛里沙公司董事杜杭文氏 大阪希臘名譽領事麥諸頓氏 大阪鎮高里昂公司總經理古士氏 長崎與馬關之靈克氏兄弟二人、神戶寶蓮尼蒙德總理豪打氏。據嘉路報稱。日當局在五埠共拘英人十名 而井未宣布原因 但信與日本政府政策之突變有連帶關係云

●英大使質問倭政府

東京廿九日電。英國近因日本漏依德意 電飭駐日大使克拉芝質問日本政府 是否應該繼續談判英日關係事。星期六日外相松岡洋右照會克拉芝 謂日政府正在修改外交政策之中 故對外未有規知可循云。又聞、安南禁輸日本積貨員主席石原、忽被召回日本。將與陸相磋商安南現況 查石原抵赴安南、業有兩星期。曾見安南新總督狄古氏。商妥禁運細件。

又訊、近衛內閣所議決之基本政策。業交海陸軍首腦部批准 將呈日皇鑒核。內何含改組國防、刷新教育。設立戰時經濟制度 與改良外交等項、而經濟制度中 復包含「南進侵略」政策云。

●倭拘英人迫死訪員

東京廿九日電 日本當局直指「英國間諜遍布全國」是日宣布拘拿英人十二名 其中壹名郭士氏、爲路透社之東京訪員 在東京警局問話 忽由四樓跌下 登時斃命、據日本當局之正式宣布稱 郭士氏實自尋短見 同盟社更謂郭士氏留有遺書 爲致其妻者 內容云「租項請見路透、屋契與雜候 則見巧利 至存款與英京股票 請見HCK、吾胸有成竹。近來待遇頗佳、但大勢如何、「吾無疑矣」」英方對於此函 表示疑惑 因其字跡 與郭士氏者完全不同云。

——摘自《大汉公报》，1940年7月31日

倭機昨又炸我重慶

重慶卅一日電。日陸軍航空部隊。是午三時分三批轟炸重慶西北十七里之銅梁與北方十二里之北倍場。而尤在北倍場轟炸至多。查銅梁爲重慶外郊之西式駐區 北倍場則設有軍需品工場與政府機關

——摘自《大汉公报》，1940年8月1日

倭虐殺英記者續訊

東京卅壹日電：日外務省代言人須磨 是日聲明關於日府拘禁英僑事。英當局可免提出抗議。因日方之憑據充足 證明英僑均爲間諜 英方如有抗議 日府必置之不理

郭士氏是日出殯 英美大使暨各國使領代表．與各國報社記者 均蒞場執紼。日本同盟社亦有代表派到。查郭氏致死之原因。尚未查明 日人僞造郭士遺書。證明未受凌虐。英方絕不置信 郭士壹切文件。俱被日人沒收 日政府允外籍醫生一名 參預檢驗郭士屍首 郭氏在遠東服務十年 原圖於最近期內退休 居留日本養老 不料遽罹非命

英國輿論對之 多主張永久開放緬甸公路。及對日本記者施行同樣手段。

——摘自《大汉公报》，1940年8月1日

敵機又向重慶轟炸

卅一日重慶電。重慶近郊新建市區銅梁。北碚等處。是日被日軍飛機轟炸。聞北碚被炸。平民死傷甚衆。

——摘自《少年中国晨报》，1940年8月1日

賊機又炸重慶外圍

上海三日電 同盟社訊 日海軍航空隊 於二日第廿五次爆擊重慶。以密雲爲掩護 直抵重慶外圍之隆昌瀘縣 北碚與新村 落彈如雨 至合川空際 被華機迎擊 始折返根據地云。

——摘自《大汉公报》，1940年8月3日

倭賊在滬買兇橫行

上海二日電、白俄人裴西肆氏 是日被兇手行刺後 上海華人辦煤富商宋蔭子 亦相繼被兇徒擄去 而銀業家張邦良 亦護被四人綁票 幸獲法界警察拯救 據華方消息稱 裴氏原爲親日份子 但近因反對日人訓練白俄之軍事計劃。復打破日人操縱上海白俄委會之陰謀 頗召日人之忌。

日軍機關之新中報是日稱 美國爲無文化而好侵略之國家 常圖吸收遠東之財源云

日軍機關之新中報是日稱 美國爲無文化而好侵略之國家 常圖吸收遠東之財源云

▲日人圖炸上海大美晚報

又美僑史帶及高爾特等所辦之大美晚報。昨晨在工場發現炸彈一枚 幸未爆炸 在炸彈發現前兩小時 有法租界白俄巡捕一名入該報館 疑該捕受日人主使。

——摘自《大汉公报》，1940年8月3日

倭機又轟炸我重慶

重慶九日電 今日又有敵機約百架。轟炸重慶。人民不及躲避被炸斃或受傷者 估計一千人左右。美國人協和教會所設之中學 損壞頗重。醫術院則完全炸毀 該教會學校園地。被直接轟炸十弌次 據在上海之賊駛機者稱 蔣介石之住宅被炸後則燒燬云

——摘自《大汉公报》，1940 年 8 月 9 日

敵機昨襲渝 又狂炸市區

被我空軍擊傷三架

中央社訊 昨日上午十時三十分、在湖北之宜都、發現敵機六十三架、向西飛行、於下午一時許、侵入渝市上空、又十時三十七分、在長陽發現敵機二十七架、亦同時竄入市空、分別在大樑子、朝天門、上淸寺、曾家岩、以及敵人日前聲稱不炸之南岸海棠溪龍門浩等處、投彈甚多、經我空軍及高射部隊猛烈射擊、敵機倉皇東逸、並有三架受傷甚重、預料必在中途墜落。

又訊：昨日電方廠因修理機器、不能供給電力、故發放警報只用信號球、並聞是項機器、尙須數日方可修竣、希望市民嗣後注意信號球之懸卸、以免貽誤。

又訊：昨日敵機九十架、復在行都市區肆虐、警報解除、記者即赴災區巡視、目擊靑年會房屋一部分及民房多幢、正在熾火焚燒中、消防人員方奮勇從事灌救、各服務防護人員亦冒溽暑、揮汗淸除馬路、維持交通、力謀災區秩序之恢復、中央政治學校服務隊遠道趕來市區、參加搶救工作、服務總隊正副隊長谷正綱、洪蘭友、市黨部主任委員陳訪先、市長吳國楨等、均親臨督導調度、重慶空襲緊急救濟聯合辦事處亦迅速派員、分途辦理急振、收容、運配、救護等項工作、並散發「爲敵機空襲重慶敬告市民同胞」書、受災同胞均以極沉着之態度、在斷垣頹壁之中、發掘什物。

——摘自《时事新报》（重庆），1940 年 8 月 10 日

敵機三次轟炸重慶

▲不入防空洞之平民死傷約一千名

九日聯合通訊社重慶電。。是日有日軍飛機一百架。轟炸重慶 死傷約一千人。。多是不入防空洞避禍之平民 。重慶城內現有大處 因被燃燒彈擊中起火。揚子江南岸之現代建築區 及嘉陵江北岸。亦被轟炸。

英國美以美教會所辦之中學校舍及被炮。被炸彈十二枚擊中 所受損失甚大。有樓宇一座完全被毀。

揚子江南岸發生火災之處 。接近外人居留區 即美國大使館所在之地點

同日國際通訊社重慶電。。日機約共九十架。。是日分三次轟炸重慶。。投落炸彈數百枚。有炸彈數枚。向美國大使館附近跌落。

同日共同通訊社重慶電。。是日日軍飛機轟炸重慶。為近數星期來轟炸之最烈者

——摘自《少年中国晨报》，1940 年 8 月 10 日

渝空戰奏捷音 擊落敵機五架

蘇聯大使館又遭轟炸

（中央社）重慶十一日電、敵機九十架 本日下午二時零五分侵入本市上空投彈 我空軍□□大隊長□率鐵鳥□□架以總攻姿態向敵機迎頭同時猛撲 敵機與我機數百架機相之處追 受傷纍纍、全部潰散、各自奪路逃命、我機乘其紛亂之際、分頭搏擊、當即擊落敵機五架、計墜落於石柱玉皇殿二架、酆都彈天台一架、涪陵白果鋪一架、利川北郊一架、其餘因受傷過重、沿途蹣跚掙扎、始終不能、追隨敵隊者、計有六架、此等傷兵敗卒、無法歸回老巢、敵經此教訓、當深悔不應孟浪犯我行都領空也 渝市於下午三時三十分發解除警報、我空軍除勇士藍鵬芳一名略受微傷外餘均安全凱旋、

（中央社）重慶十一日電十一日上午十一時許、敵機三批共九十架、先後由鄂入川、飛至□處集合後、同時侵入渝市上空、盲目濫炸、災區雖廣、但死傷甚少 且因消防救護人員出動迅速、秩序立即恢復、蘇聯大使館復被波及、落有數彈、炸毀房屋四間、幷傷一人、我當局聞訊後、並即派員前往慰問、

——摘自《华西日报》，1940 年 8 月 11 日

敵機九十架狂炸重慶

十一日國際通訊社重慶電。。是日有日軍轟炸飛機共約九十架。分作數隊。向重慶數處區域狂炸。投下炸彈甚多。但平民死傷尚少。。

十二日共同通訊社重慶電。。日軍飛機九十架。昨向重慶轟炸。投下炸彈約有數噸之多。此爲自本年五月以來。日軍飛機轟炸重慶之第二十五次。。此次平民死傷不過五十名。。

蘇俄大使館被炸彈擊中。此爲三個月內。日機投落之炸彈。。擊中蘇俄大使館之第三次。前次炸毁後。曾經興工修復。。是日又被炸毁。。

外國報界訪員寓居之旅館附近。。有炸彈多枚投下。竟致該旅館牆上之灰。多被震動脫落。。

——摘自《少年中国晨报》，
1940年8月12日

●倭第廿九次炸重慶

重慶十九日電：十九日午前二時四十五分，日本海軍航空部遣大編隊共百餘機 在月色下。直飛重慶舉行第廿九次大爆擊，是役市內外各軍事設施，暨新市衛國民政府行政院均被炸中 城內起火

——摘自《大汉公报》，
1940年8月20日

●倭賊炸我重慶慘狀

重慶廿日電 日機昨炸重慶 在中部連續施炸兩小時 。每數分鐘落彈一次 爲害之大 允爲自六月以來未有者 據當局稱 是役日機所用之夷燒彈 極爲厲害 燬屋二千餘間、城內半里闊一里半長地方、燬爲平地 市民流離失所者 逾二萬五千人 美以美教會與天主教會醫院亦遭炸毁 居民死傷數百人云

——摘自《大汉公报》，
1940年8月20日

敵機一百架狂炸重慶

十九日重慶電 是日日軍飛機一百架向重慶近郊及中央區域轟炸，城內有多處中彈起火。。延燒居民甚多。。美國美以美教堂 亦在被焚之列，外國報界訪員寓居之旅館附近，有炸彈兩枚跌落 當時外國報界訪員之辦事處 亦被震動。

據重慶市長談稱 是日日機狂炸重慶 爲向來轟炸之最甚者。 火災延及十五個街口之遙 消防隊及民衆義勇隊 現仍合力辦理救火工作，過去之四十八小時內 重慶市民多在防空洞中暫避云 。

——摘自《少年中国晨报》，
1940年8月20日

敵機濫炸平民區

渝市大火

萬千難民無家可歸

外僑財產損失慘重

總裁慰問被災難胞

（中央社）重慶二十日電，敵機一百七十架，於二十日下午二時許分五批侵入市郊及市區投彈，我高射砲部隊以最巧妙之技術瞄準射擊，當將第一批敵機之第二隊擊落三架，轟炸機三架完全擊落，敵[illegible]受重創而進，郊縣[illegible]樹灣時又墜落一架，[illegible]敵飛行員三人，渝市於下午六時解除警報。

（中央社）重慶二十日電，敵機一百七十架，二十日午侵渝，向商業區及平民住宅區以多量燒夷彈狂炸，頃刻間全城各處發生大火，到處火舌，無法通過，警報解除後，記者前往觀察，沿新豐街前進，[illegible]轉[illegible]，三小時許始將[illegible]，大樑子、半邊街、打銅街、東昇街、都郵街、[illegible]、小樑子、大陽溝、[illegible]門等十餘處[illegible]帶觀察完畢，[illegible]扶老攜幼，[illegible]於迷漫煙火中[illegible]，其悽慘情狀，目不忍睹，但萬千難民[illegible]鎮定與敵愾同仇之態度[illegible]情緒，尤使記者倍感[illegible]奮。蔣委員長[illegible]極切，曾躬赴災區[illegible]地視察，對被難同胞[illegible]子樹精、各部長、吳市長、劉總司令、胡衛戍司令、暨各防空機關長官均往督促救護及搶救災民。大火中消防防空[illegible]團及憲警等團體均冒最大危險搶救，其服務精神之英勇，至堪欽敬。一被毀房屋為數至大，一時無從估計，全市精華幾已全付一炬，死難同胞約數百人，無家可歸者約萬人，外僑財產損失，尤以今日為重，被炸毀者，計有英美會、十字堂、英年會、[illegible]醫院、青年會、美國公館會等十餘處，視察後，記者與數外國同業繞路步退時已[illegible]，由[illegible]大火仍在猛烈延燒中，萬千無家可歸難民均露立江干，不禁使記者為之悽楚，即數外籍同業亦皆惘惘不置。

（中央社）重慶廿日電，十一日敵機襲渝時，有九六式雙發動機重轟炸機一架[illegible]，降落於石柱縣境[illegible]，機中乘員[illegible]，另四人[illegible]，[illegible]我[illegible]戰利品[illegible]，軍用地圖一幅，[illegible]，手槍六支，[illegible]統法計劃[illegible]各一，[illegible]若干張

——摘自《华西日报》，1940年8月21日

敵機暴行

某外僑將公諸當界

（中央社）重慶二十日電 有西北籍人某君（姑隱其名）、因欲視察敵機濫炸各處城市情形、特赴各地旅行、凡敵機所炸之處、莫不親歷查、所得材料甚爲豐富、行將編纂成帙、用以揭發敵人非人道之暴行、某君返渝後、記者特往訪問某君於檢點僕僕風塵之下、向記者縷述其目擊之慘狀、令人不忍卒聞、某君嗣後告記者曰、彼必以日人之殘暴行爲公諸世界、使世人咸能認識其眞面目、據某君云、彼經歷之被炸地方、[illegible] 并非國際法上所承認之空戰、只是在國際法上所謂殺人罪及放火罪、在人道上正義上加一段污迹、使中國人民更加認識日本人之險詐、以增强其仇日之心理而已、記者深深體認某君之同情心與正義感後、復告某君曰、日人在淪陷區域、則利用大規模毒化政策、在後方則實行無差別轟炸政策、其企圖殲滅我民族則一也、然吾人必有以答之。

——摘自《华西日报》，1940 年 8 月 21 日

敵機昨復炸渝市

蔣委長撫慰災黎

撥一百萬元辦理急振

我擊落四敵機俘三駕駛員

中央社訊　敵機一百七十架、于昨日下午二時許、分五批侵入白市驛及市區投彈、我高射部隊以最巧技術瞄準射擊、當將第一批敵機之第二隊暨第三小隊轟炸機三架、完全擊落、敵受重創而逃、經稀歸桃樹灣時、又墜落一架、并俘敵駕駛員三人、渝市于下午三時解除警報。

中央社訊　敵機一百七十架、又於昨日上午十一時許侵渝、向商業區及平民住宅區以多量燒夷彈狂炸、頃刻間全城各處發生大火、警報解除後、記者前往視察、沿新豐街前進、到處火舌數丈、無法通過、輾轉覓徑三小時許、始將望龍門、大樑子、半邊街、打鐵街、東昇街、都郵街、會仙橋、小樑子、大陽溝、千厮門等十餘處大火焚燒地帶視察完畢、沿途災民扶老携幼、荷襁持箱、於迷漫烟火中、掙扎逃避、其悽慘之情況、目不忍睹、但萬千難民精神之鎮定、與敵愾同仇之嚴肅情緒、尤使記者倍感振奮。　蔣委員長軫念災黎極切、曾躬赴災區各地視察、對被難同胞、咸予慰籍、谷部長吳市長劉總司令胡副司令暨各防護機關長官、均往督促救護、及振濟災民、大火中消防隊防護團及憲警等團體、均冒最大危險搶救、其服務精神之英勇、至堪欽敬、被毁房屋為數至大、一時無從估計、全市精華、幾已全付一炬、死難同胞約數百人、無家可歸者約萬人、外僑財產損失、尤以昨日為重、被炸燬者、計有英美會、十字堂、英年會、仁濟醫院、青年會、美國公誼會等十餘處、視察後、記者與數外國同業、繞路步返、時已薄暮、山城大火、仍在熾烈猛燃中、萬千無家可歸難民、均露立於江干、不禁使記者為之悽楚、即數外籍同業、亦皆憫惻不置。

中央社訊　渝市近日迭遭敵機濫炸商業區及居住區、損害甚衆。　蔣委員長軫念災情極切、除已撥款一百萬元、交空襲服務救濟聯合辦事處、加倍振濟外、并指示數項辦法、交主管機關遵辦、茲誌該辦法如下：

疏散辦法

㈠不願疏散者、照規定發給急賑十元。

㈡願疏散到附近地點者、可入空襲服務救濟聯合辦事處所設之附近收容所、供給伙食兩星期。

㈢願疏散入外縣者、除交通工具由政府供給外、另給救濟費每口五十元一半在渝發給、一半於到達規定地點時發給。

㈣願疏散入外縣而無親友可投者、由政府供給交通工具送往振濟會在各縣設置之收容所、[illegible]

並酌予小本借貸。

茲悉警察局現已開始登記難民、衛戍總部交通處并立即召集輪船公司及公路局、公共汽車公司等、商定輸送難民辦法。又該局消防隊中隊長王開元、分隊長敬徐、於十九日第一批敵機轟炸後、冒險率領隊員搶救火災、不幸於末批敵機轟炸時被炸殉職、市府當局以該兩隊長果敢盡職、當即發給治喪費各五百元、蔣委員長聞訊、深表痛惜、特於昨日發給每人郵金二千元。

——摘自《时事新报》（重庆），1940 年 8 月 21 日

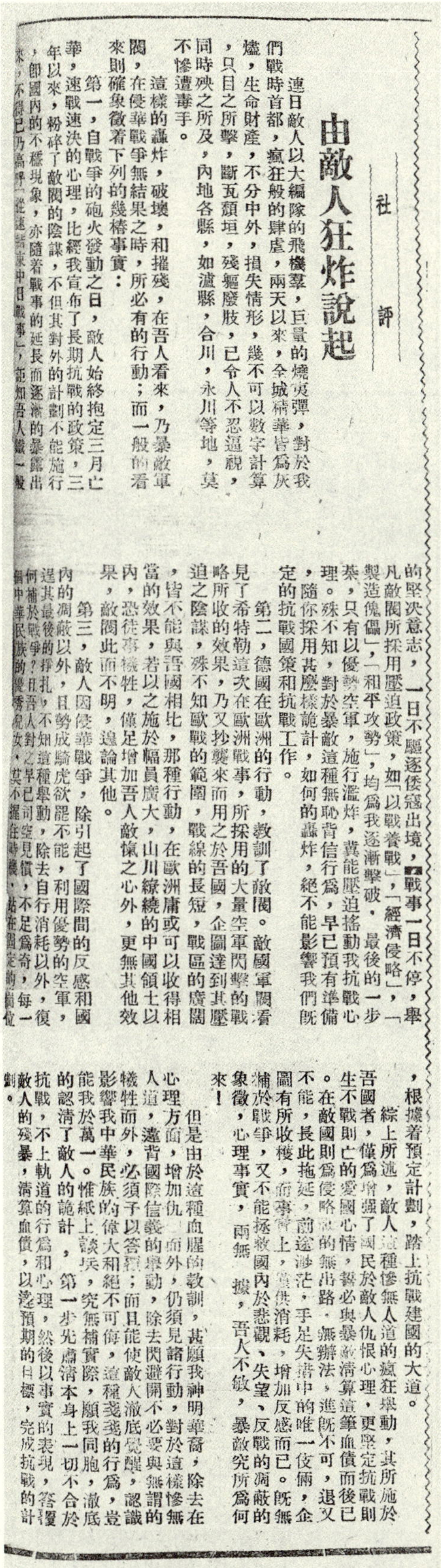

社評

由敵人狂炸說起

連日敵人以大編隊的飛機羣，巨量的燒夷彈，對於我們戰時首都，瘋狂般的肆虐，兩天以來，全城精華皆爲灰燼，生命財產，不分中外，損失情形，幾不可以數字計算，只目之所擊，斷瓦頹垣，殘軀靡肢，已令人不忍逼視，同時殃之所及，內地各縣，如瀘縣，合川，永川等地，莫不慘遭毒手。

這樣的轟炸，破壞，和摧殘，在吾人看來，乃暴敵軍閥，在侵華戰爭無結果之時，所必有的行動；而一般的看來則確象徵着下列的幾樁事實：

第一，自戰爭的砲火發動之日，敵人始終抱定三月亡華，速戰速決的心理，比經我宣佈了長期抗戰的政策，三年以來，粉碎了敵閥的陰謀，不但其對外的計劃不能施行，即國內的不穩現象，亦隨着戰事的延長而逐漸的暴露出來，不得已乃高呼「從速結束中日戰事」，詎知吾人鐵一般的堅決意志，一日不驅逐倭寇出境，戰事一日不停，舉凡敵閥所採用壓迫政策，如「以戰養戰」，「經濟侵略」，「製造傀儡」，「和平攻勢」，均爲我逐漸擊破，最後的一步棊，只有以優勢空軍，施行濫炸，冀能壓迫搖動我抗戰心理。殊不知，對於暴敵這種無恥背信行爲，早已預有準備，隨你採用甚麼樣詭計，如何的轟炸，絕不能影響我們既定的抗戰國策和抗戰工作。

第二，德國在歐洲的行動，教訓了敵閥。敵國軍閥看見了希特勒這次在歐洲戰事，所採用的大量空軍閃擊的戰略所收的效果，乃又抄襲來而用之於吾國，企圖達到其壓迫之陰謀，殊不知歐戰的範圍，戰線的長短，戰區的廣闊，皆不能與吾國相比，那種行動，在歐洲庸或可以收得相當的效果，若以之施於幅員廣大，山川繚繞的中國領土以內，恐徒事犧牲，僅足增加吾人敵愾之心外，更無其他效果，敵閥此而不明，遑論其他。

第三，敵人因侵華戰爭，除引起了國際間的反感和國內的凋蔽以外，且勢成騎虎欲罷不能，利用優勢的空軍，復逞其最後的掙扎，不知這種舉動，除去自行消耗以外，何補於戰爭？且吾人對之早已司空見慣，不足爲奇，每一個中華民族的優秀兒女，莫不握住時機，站在固定的崗位，根據着預定計劃，踏上抗戰建國的大道。

綜上所述，敵人這種慘無人道的瘋狂舉動，其所施於吾國者，僅爲增强了國民於敵人仇恨心理，更堅定抗戰則生不戰則亡的愛國心情，誓必與暴敵清算這筆血債而後已。在敵國則爲侵略者的無出路，無辦法，進既不可，退又不能，長此拖延，前途渺茫，手足失措中的唯一伎倆，企圖有所收穫，而事實上，僅供消耗，增加反感而已。既無補於戰爭，又不能拯救國內於悲觀、失望、反戰的凋蔽的象徵，心理事實，兩無據，吾人不敏，暴敵究所爲何來！

但是由於這種血腥的教訓，甚願我神明華裔，除去在心理方面，增加仇[illegible]外，仍須見諸行動，對於這樣慘無人道，違背國際信義的舉動，除去閃避開不必要與無謂的犧牲而外，必須予以答覆；而且能使敵人澈底覺醒，認識影響我中華民族的偉大和絕不可侮，這種蠢蠢的行爲，豈能我於萬一。惟紙上談兵，究無補實際，願我同胞，澈底的認清了敵人的詭計，第一步先肅清本身上一切不合於抗戰，不上軌道的行爲，和心理，然後以事實的表現，答覆敵人的殘暴，清算血債，以達預期的目標，完成抗戰的計劃。

——摘自《时事新报》（重庆），1940 年 8 月 21 日

某外人目擊談
敵機濫炸暴行
竟以屠殺平民爲快事

中央社訊　月前某國人某君（暫隱其名）、因欲視察敵機轟炸各地城市情形、特赴各地旅行、凡敵機所炸之處、莫不遍歷、調查所得、材料甚爲豐富、行將編集成書、用以揭發敵人非人道之暴行、某君返渝後、記者特往訪問、某君於極端憤慨情緒之下、爲記者縷述其目擊之慘狀、令人不忍卒聞。某君最後告記者曰：彼必以日人之殘酷行爲、公諸世界、使世人咸能認識其眞面目。據某君云：彼所經歷之被炸地方、無一處非各該地最繁榮區域、此種地方、本不設防、最易被炸、日本所用爆炸物或爲燒夷彈、或爲輕量炸彈、其目的在炸燬商店住宅、甚爲顯然、如合川、如綦江、如自流井、如宜賓、如瀘縣、如南川等、距前方極遠、並無軍事設備、竟一再被炸、而平民死離者、動以數百計、此種暴行、洵爲天地所不容。英德空戰、激烈異常。尚且避免累及平民、而日本竟以轟炸平民爲快事、如此心理、殊不可解。即就重慶而言、最近被炸達數十次、而所炸地點、或爲商業區、或爲住宅區、與軍事毫不相干、且所投之彈、盡爲燒夷彈、用心何在、昭然若揭。此種空戰、並非國際法上所承認之空戰、只是普通刑法上所謂殺人罪及放火罪、在人道上正義上增加一段污史、使中國人更加深認識日本人之陰謀、以增强其仇日之心理而已。記者於深深道謝某君之同情心與正義感後、復告某君曰：日人在淪陷區域、則利用大規模毒化政策、在後方則實行無差別的轟炸政策、企圖燬滅我民族則一也、然吾人必有以答之。

——摘自《时事新报》（重庆），1940年8月21日

●倭賊又大車炸重慶

上海廿日電。同盟社訊、日本海軍航空隊 於本日午后三時半、再犯重慶周圍 重慶迤西六十里之白市驛飛行場 全被爆毀 東南彈子驛 南方軍事工場地帶 海棠溪等地均遭炸擊 旋又冒犯地上高射砲火 衝進重慶市上空際 直炸中心區 惟曾中要害抑否。未得而知 惟查行政院 財政廳 警備司令部 軍事委員會等辦事處 均蝟集重慶中心地區云

——摘自《大汉公报》，1940年8月21日

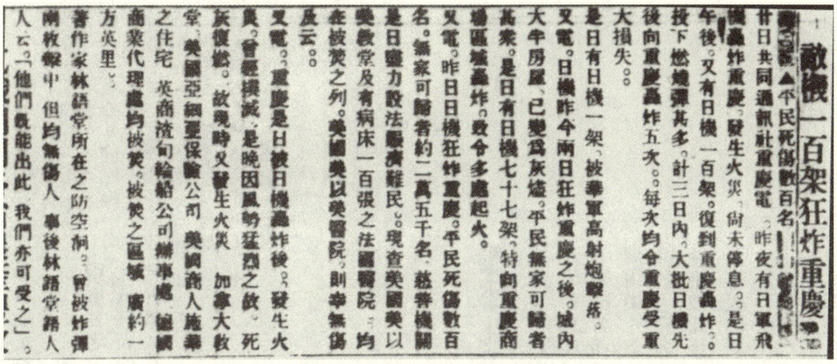

敵機一百架狂炸重慶

【重慶】▲平民死傷數百名

廿日共同通訊社重慶電，昨夜有日軍飛機轟炸重慶，發生火災，尚未停息。是日午後，又有日機一百架，復到重慶轟炸。投下燃燒彈甚多。計三日內，大批日機先後向重慶轟炸五次。每次均令重慶受重大損失。

是日有日機一架，被華軍高射炮擊落。

又電，日機昨今兩日狂炸重慶之後，城內大半房屋，已變爲灰燼。平民無家可歸者甚衆。是日有日機七十七架，特向重慶商場區域轟炸，致令多處起火。

又電，昨日日機狂炸重慶，平民死傷數百名。無家可歸者約二萬五千名。慈善機關是日盡力設法賑濟難民。現查美國美以美教堂及有病床一百張之法國醫院，均在被焚之列。美國美以美醫院，則幸無傷及云。

又電，重慶是日被日機轟炸後，發生火災，曾經撲滅，是晚因風勢猛烈之故，死灰復燃。故晚時又發生火災。加拿大教堂，美國亞細亞保險公司，美國商人施樂之住宅，英商流句輪船公司辦事處，德國商業代理處均被焚。被焚之區域，廣約一方英里。

著作家林語堂所在之防空洞，曾被炸彈兩枚擊中，但均無傷人。事後林語堂語人人云，「他們既能出此，我們亦可受之」。

——摘自《少年中国晨报》，1940 年 8 月 21 日

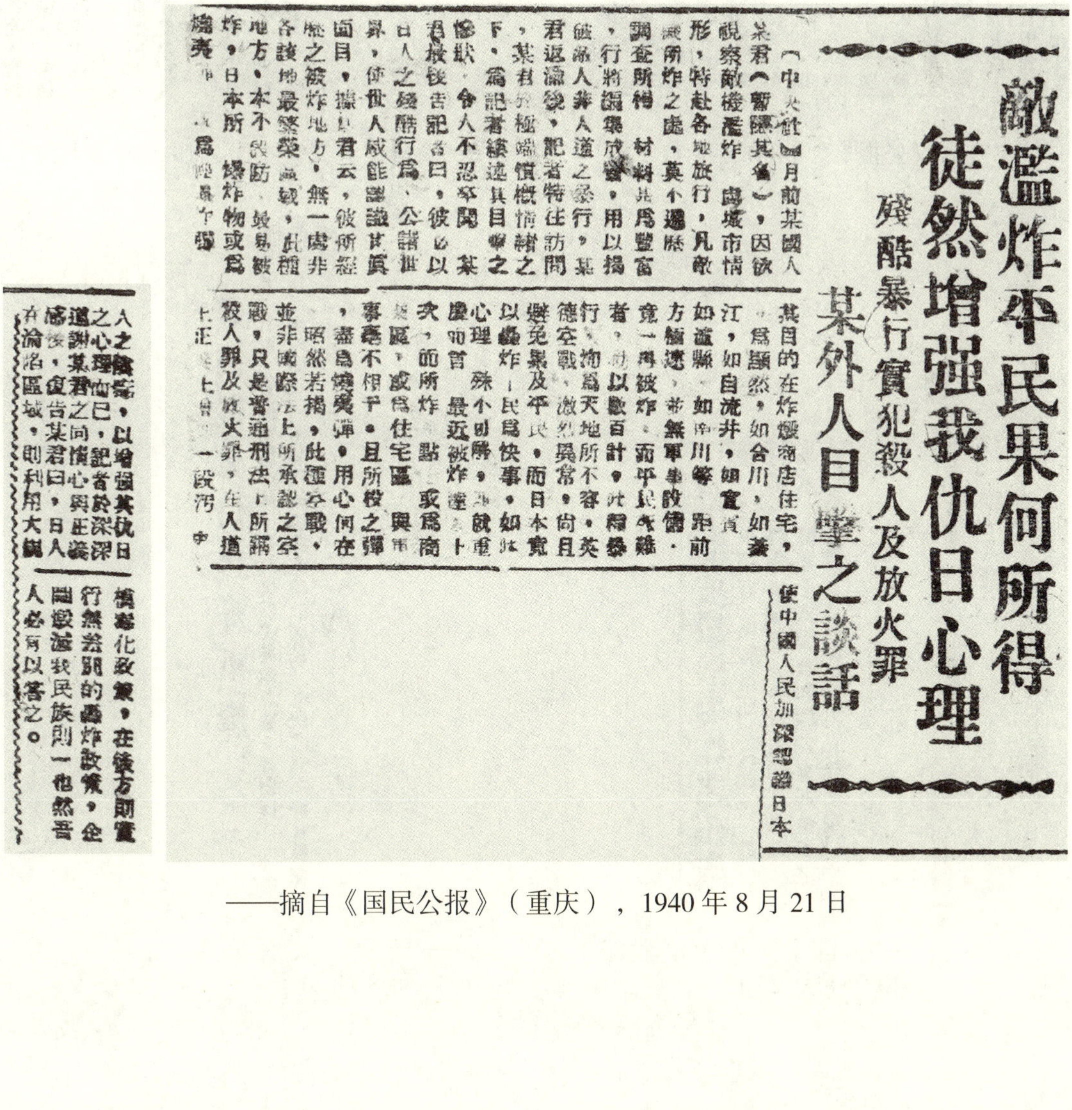

敵濫炸平民果何所得
徒然增強我仇日心理
殘酷暴行實犯殺人及放火罪
某外人目擊之談話

使中國人民加深認識日本

「中央社」[illegible]月前某國人某君（暫隱其名），因欲視察敵機濫炸[illegible]國城市情形，特赴各地旅行，凡敵機所炸之處，莫不遍歷調查所得材料甚爲豐富，行將編集成書，用以揭破敵人非人道之暴行，某君返渝後，記者特往訪問下，某君極端憤慨情緒之慘狀，令人不忍卒聞。某君最後告記者曰，彼以日人之殘酷行爲，公諸世界，使世人咸能認識其眞面目，據某君云，彼所經歷之被炸地方，無一處非各該地最繁榮區域，此種地方，本不設防，最易被炸，日本所以爆炸物或爲燒夷[illegible]彈其目的在炸燬商店住宅，[illegible]爲顯然，如合川，如綦江，如自流井，如富貴[illegible]如瀘縣，如南川等，距前方極遠，並無軍事設備，竟一再被炸，而平民之犧[illegible]者，動以數百計，此種暴行，殆爲天地所不容，英德空戰，激烈異常，尚且避免累及平民，而日本竟以轟炸[illegible]民爲快事，如此心理，殊不可解，就重慶而言，最近被炸，達[illegible]次，而所炸點，或爲商業區，或爲住宅區，與軍事毫不相干，且所投之彈，毒爲燒夷彈，用心何在，昭然若揭，此種空戰，並非國際法上所承認之空戰，只是普通刑法上所稱殺人罪及放火罪，在人道上正是[illegible]一段污[illegible]人之報復，以增強其仇日之心理而已，記者於深深道謝某君之同情心與正義感後，復告某君曰，日人在淪陷區域，則利用大規模毒化政策，在後方則實行無差別的轟炸政策，企圖毀滅我民族，則一也，然吾人必有以答之。

——摘自《国民公报》（重庆），1940 年 8 月 21 日

倭炸重慶教會被燬

重慶廿一日電。敵機爆炸重慶。加拿大教會慘遭回祿。其他外人物業。毀壞者亦多。城內數處起火。燃燒街道十五條。軍警及義勇團共數千名。盡力施救。捐軀者甚衆。重慶市被炸後。繼起大火。歷四小時久。市民匿居防空窖幾達四十八小時。長江南岸由日方承認為「安全區」。此次有中彈。當時平民逃避於北區域者甚衆。料死傷數日必重。重慶城東端商業。中彈起火。全部焚燬。青年會所中彈。頓成瓦礫。銀行區損失亦重。西郊亦有中彈。某中學校。中彈數枚。炸毀屋宇七間。

——摘自《大汉公报》，1940 年 8 月 22 日

重慶被炸後之情狀

重慶廿三日電。重慶炸後施賑。辦賑機關。加緊工作。被炸區域。無家可歸者萬餘人。廿日之役。全城面積十分之四起火。幾乎延及西部新界。時值大風。火勢蔓延甚速。下城一帶。全被炸燬。為兩年來本處火災之最大者。英商太古怡和洋行。美國某飛機公司及德商一家。法國天主教堂。美國亞細亞保險公司。美國商人施華之駐宅。英國渣甸輪船公司辦事處。均被炸燬。著作家林語堂所在之防空窖。曾被炸彈兩枚擲中。但均未傷人。事後林語堂語人云。「他們既能出此。我們亦可受之」。當時我軍頻發高射砲。向敵射擊。相繼擊落敵機四架。并俘敵飛行員三名。

美國長老會向美大使館報告。八月十六日湖南衡陽被炸。該教會及醫院中彈。損失逾美金壹萬元云。

——摘自《大汉公报》，1940 年 8 月 23 日

重慶被敵機轟炸之損失

廿二日重慶電 重慶當局是日報告 近日日軍飛機轟炸重慶。無家可歸之人約一萬名 雖非正式調查則謂約有四萬名之衆。城內屋宇被燬者 約占五分之四。

——摘自《少年中国晨报》，1940 年 8 月 23 日

倭機又白晝炸重慶

重慶廿三日電。日海軍航空隊。是日又白晝襲擊重慶。總指揮官佐多部隊長。爆炸極猛。當局現籌備強迫疏散居民。祇留政府高級官員在處辦公云。

——摘自《大汉公报》，1940 年 8 月 24 日

重慶德使館被敵機轟炸

△德人通訊社稱日軍罪無可逭：廿四日共同通訊社重慶電：德國駐重慶大使館，建在重慶郊外之小山上，乃最近新建築之樓字。當欲避免日軍飛機轟炸者，昨日日軍飛機轟炸重慶時，竟向德國大使館投下炸彈，致令該大使館受甚大損失，德國駐重慶通訊社昨日致電柏林報告此事，謂日本空軍此舉，是罪無可逭者云。

——摘自《少年中国晨报》，1940年8月25日

二十九二十兩日重慶被焚慘狀

廿一日紐約太晤士報訪員佐旬氏重慶電。十九，二十，兩日，日軍飛機除向重慶投下燃燒彈甚多。其目的似欲將重慶完全毀滅，蓋值八月時期，爲重慶一年內天氣之最亢旱者，故投下燃燒彈，最易惹起火災，致令平民房屋被焚者甚多，平民死傷亦甚衆。加拿大教會特撥出中國法幣一百萬元，以爲賑濟無家可歸之難民。該教會在重慶附近，設有帳幕甚多，收容難民，各難民如欲遷往四鄉居住者，則免收路行費，並給費用五十元。蔣介石夫人宋美齡女士，廿日晚乘汽車到慶城內視察，親自視察災情，並與女界救護人員，會商救濟事項，當時尚有多處火災未熄，統計十九二十兩日，重慶城內被毀之區域，約在一半以上，商業區域則幾完全被毀，日軍雖聲言轟炸軍事設備地點，但兩日內向重慶轟炸，祇用燃燒彈，向平民住區投落云。

——摘自《少年中国晨报》，1940年8月27日

文藝界抗敵協會
發告全世界作家書
宣佈敵機狂炸行都暴行

（中央社）重慶廿七日電 中華全國文藝界抗敵協會，爲八一九暴日狂炸行都，轉發告全世界文藝作家書，茲錄如下：蘇聯托爾斯泰、法國羅曼羅蘭、美國屈萊梳、英國威爾士、印度泰戈爾、轉全世界公鑒，暴日侵略三載，經中華民族英勇的抵抗，絕難遂其囊括中國鯨吞東亞的大欲，最近日寇途窮，乃妄冀以轟炸毒策，達成侵略勝利的目的，自今年四月起，無日不以兇惡的寇機對我不設防城市及與軍事無關的住宅商店村莊不擇手段罔計目標，濫施狂炸，重慶城郊之文化機關，如中央大學、重慶大學、復旦大學、國立圖書館，以至中學小學，無不任性摧殘肆意蹂躪，即各友邦使館及友邦人士之生命財產，亦多橫遭波及，但日寇尤嫌殘暴不足，自八一九起，更復大肆轟炸，夜以繼日，重慶市內外火光燭天，延燒數日，闤市家宅，盡成灰燼，被難災民，露宿街衢，似此摧毀文化，違反人道，破壞公法，滅絕人性的獸行，爲全人類之公敵，偉大的中華民族，已在血火中獲得新生，團結一致，奮鬥到底，寇機盲目轟炸的威脅，斷難動搖我抗戰的決心，中華全體文藝作家，莫不準備最後勝利必屬於我，同時願以日寇所表現的可恥的暴行，公諸全世界作家之前，以期同聲予人類蟊賊以譴責與制裁。中華全國文藝界抗敵協會。

——摘自《华西日报》，1940年8月28日

敵機狂炸重慶慘聞

紐約太晤士報載廿三日重慶電：日軍飛機是日又向重慶轟炸。此爲本星期內轟炸之第三次。本年內轟炸之第三十八次。年內重慶平民因日軍飛機空襲斃命者共二千零五十一名。受傷者三千四百七十九名。現計被炸毀之房屋共一萬七千間。外國觀察家深信日軍有意毀滅重慶。英國外交家已將詳情報告英政府。并聲述中國抗日地位。愈感困難。是日正午。日機狂炸重慶。向揚子江南岸投落炸彈甚多。有多處中彈起火。德國新建之大使館附近，投落炸彈二十枚。德國人覩此情形，異常憤激。德國大使館建築尚未完竣，亦被炸傷。德國大使館附近之房屋天面牆壁及玻璃窗被炸毀者甚多。英人中國內地傳教會之建築物，是日亦被炸傷。該處附近華人死傷共十餘名。重慶區域現時無家可歸之平民，共約一萬五千至四萬名。蔣委員長是日下令拆斷火路，以防火災蔓延。并建設育嬰室及產科室，收容難民之兒童及臨產之婦人。中國軍事當局估計，年內日軍轟炸重慶，消耗鉅款，共約四千六百萬元。在此期內，華軍擊落之敵機，共四十六架。日軍飛行員斃命或被擒者，共四百四十八名。日軍炸斃重慶居民一名，約消耗炸藥一噸。本月十九二十兩日，炸毀或炸傷之房屋或公署，其中屬於外國人管理者三十一間。

——摘自《少年中国晨报》，1940年8月28日

川天主教徒服務團電羅馬教皇

歷述敵機暴行

中央社成都廿九日電　川省天主教信徒抗敵服務團、爲敵機濫炸渝蓉及後方不設防城市、各地平民教胞、教產損失奇重、廿九日電羅馬教皇、懇將倭寇暴行轉知舉世教友、一致奮起援華、原電如下：羅馬梵蒂岡宮庇厄斯十二世宗牧御鑒：倭寇侵華、於茲三載、橫暴獸行、人類公敵、近復遣大批寇機、連日狂炸渝蓉及後方不設防城市、以致各地平民教堂教胞生命財產損失奇重，本團志在抗敵、特聯合全川數百餘萬教胞、誓在　蔣委員長領導下、不惜任何犧牲、當爲中華民族光榮歷史而奮鬥、以獲最後勝利、驅逐惡魔、以表天主公義、增進人類幸福。推暴力與正義相爭、世界自有公論、吾教以仁愛和平爲主、御座秉天主仁慈、負公教權衡、關懷中華、尤爲殷切、伏乞將倭寇侵華橫暴殘毒情形、轉知世界各國主教及教友、一致援華、作正義之主張、爲宿力之補助、藉揚教義之偉大、俾收普世之欽察、謹肅電陳、不勝盼禱、中華民國四川省天主教信徒抗敵服務團神父兼團長伍極誠、副團長葉離喈、張平翰叩。

——摘自《时事新报》（重庆），1940年8月30日

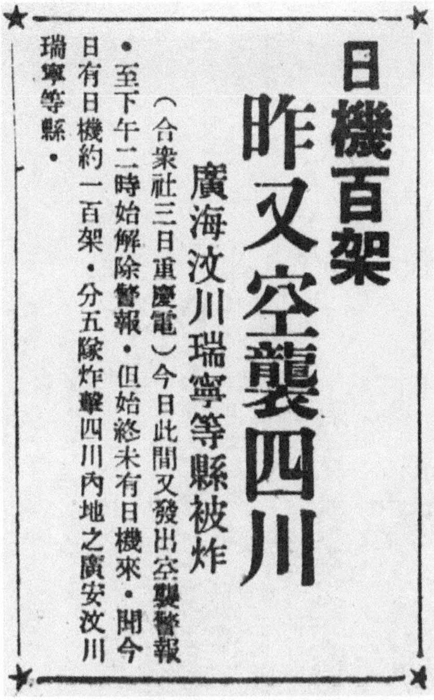

日機百架

昨又空襲四川

廣海汶川瑞寧等縣被炸

（合衆社三日重慶電）今日此間又發出空襲警報・至下午二時始解除警報・但始終未有日機來・聞今日有日機約一百架・分五隊炸轟四川內地之廣安汶川瑞寧等縣・

——摘自《南华日报》（香港），1940年9月4日

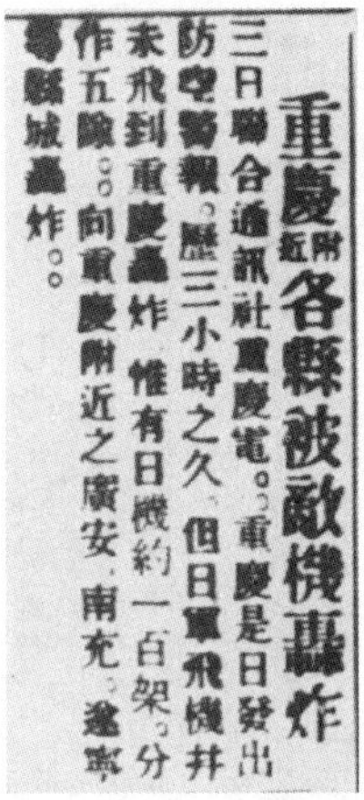

重慶附近各縣被敵機轟炸

三日聯合通訊社重慶電。。重慶是日發出防空警報。歷三小時之久。但日軍飛機井未飛到重慶轟炸 惟有日機約一百架。分作五隊。。向重慶附近之廣安、南充、遂寧等縣城轟炸。。

——摘自《少年中国晨报》，1940年9月4日

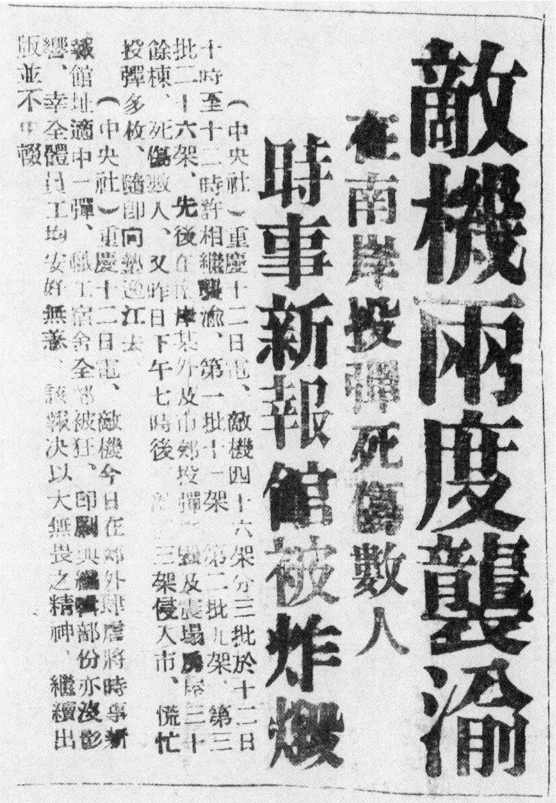

敵機兩度襲渝

在南岸投彈死傷數人

時事新報館被炸燬

（中央社）重慶十二日電、敵機四十六架分三批於十二日十時至十二時許相繼襲渝、第一批十一架第二批九架第三批二十六架、先後在南岸某外及市郊投彈、燬及農場房屋三十餘棟、死傷數人、又昨日下午七時後、[illegible]三架侵入市、慌忙投彈多枚、隨即向塾逸江去

（中央社）重慶十二日電、敵機今日在郊外肆虐將時事新報館址適中一彈、職工宿舍全部被狂、印刷與編輯部份亦波及燬、幸全體員工均安好無恙、該報決以大無畏之精神、繼續出版並不中輟

——摘自《华西日报》，1940年9月13日

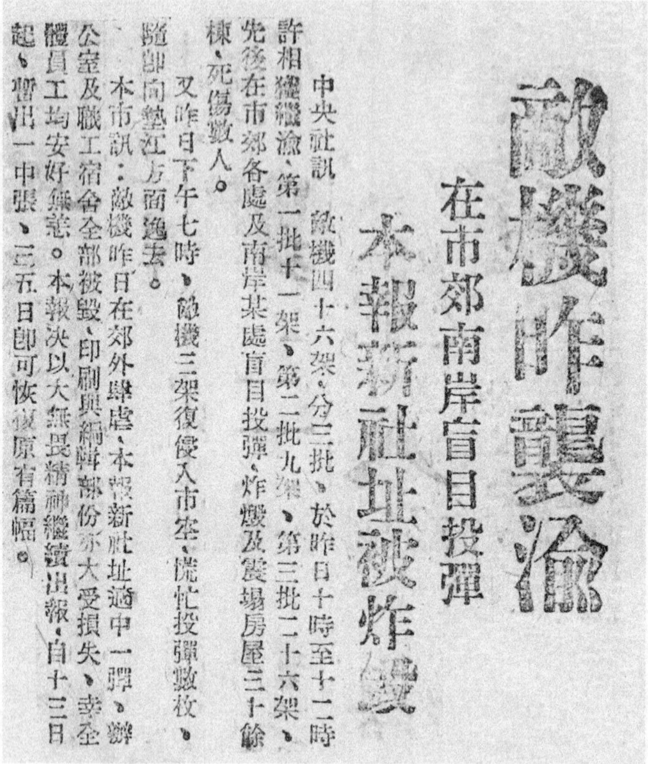

敵機昨襲渝

在市郊南岸盲目投彈

本報新社址被炸燬

中央社訊　敵機四十六架、分三批、於昨日十時至十二時許相繼襲渝、第一批十一架、第二批九架、第三批二十六架、先後在市郊各處及南岸某處盲目投彈、炸燬及震塌房屋三十餘棟、死傷數人。

又昨日下午七時、敵機三架復侵入市空、慌忙投彈數枚、隨即向綦江方面逸去。

本市訊：敵機昨日在郊外肆虐、本報新社址適中一彈、辦公室及職工宿舍全部被燬、印刷與編輯部份亦大受損失、幸全體員工均安好無恙。本報決以大無畏精神繼續出報、自十三日起、暫出一中張、三五日即可恢復原有篇幅。

又訊：敵機昨復分批襲渝後、在各山盲目投彈、按第一次空襲警報、係於上午十時二十分發放、空襲服務總隊、市黨部工作隊、三民主義青年團及防護團服務人員、即於先出動、分佈全市各重要街道、及公私防空壕洞、協助維持交通指導市民進洞、市民於空襲警報發出後、各攜衣物、各向附近防空洞躲避、秩序甚為整齊、迄至十時四十分發緊急警報時、市民已全體進入防空洞、躲避僅見負有勤務與通訊職責之員兵、巡迴街道。記者於敵機投彈後、即驅車疾駛郊外被災區域視察、其時敵機機聲猶隱約可聞、而防空司令部工程隊員兵、已在當地整理交通路線。市民則僅有數人受傷、空襲服務救濟聯合辦事處旋即對該地十餘難胞、發放救濟金、並加安撫、全市於解除警報十分鐘內、即恢復常態。

——摘自《时事新报》（重庆），1940 年 9 月 13 日

敵機昨日兩度襲渝

炸燬房屋卌餘棟死傷數人

時事新報中彈仍繼續出版

（中央社訊）敵機四十六架，分三批於昨（十二）日十時至十二時許相繼襲渝，第一批十一架，第二批九架，第三批二十六架，先後在南岸某處及市郊投彈，炸燬及震塌房屋三十餘棟，死傷數人。空襲服務救濟聯合辦事處旋即對難胞，發出救濟金，並加安撫。

又今日下午七時後，敵機三架，侵入市空，慌忙投彈數枚，隨即向綦江逸去。

（中央社訊）敵機今日在郊外肆虐，時事新報館址適中一彈，職工宿舍全部被毀，印刷與編輯部份亦受影響，幸全體員工均安好無恙。該報決以大無畏之精神繼續出報，據該報負責人談，自十三日起，將暫出半張，三五日即可恢復原有篇幅，因報館與職工損失頗巨，惟印刷機器尚無大碍。

（中央社訊）敵機昨襲渝，空襲服務總隊，國民黨市黨部工作隊，三民主義青年團服務人員，則於事先出動，分佈全市各重要街道，及公私防空壕洞，協助軍警維持交通。並指導市民進洞。一部份公共防空洞內，並有國民黨市黨部及青年團服務人員宣講孫中山先生遺教，雖至敵機臨空，亦未停止。警報尚未解除時，防空司令部工程員兵，已在整理交通路綫。

——摘自《新华日报》（重庆），1940 年 9 月 13 日

敵機百二十架轟炸重慶

十二日聯合通訊社重慶電。日軍飛機一百二十架。是日午後轟炸重慶。此爲本年內日機轟炸重慶之第三十三次。

——摘自《少年中国晨报》，
1940 年 9 月 13 日

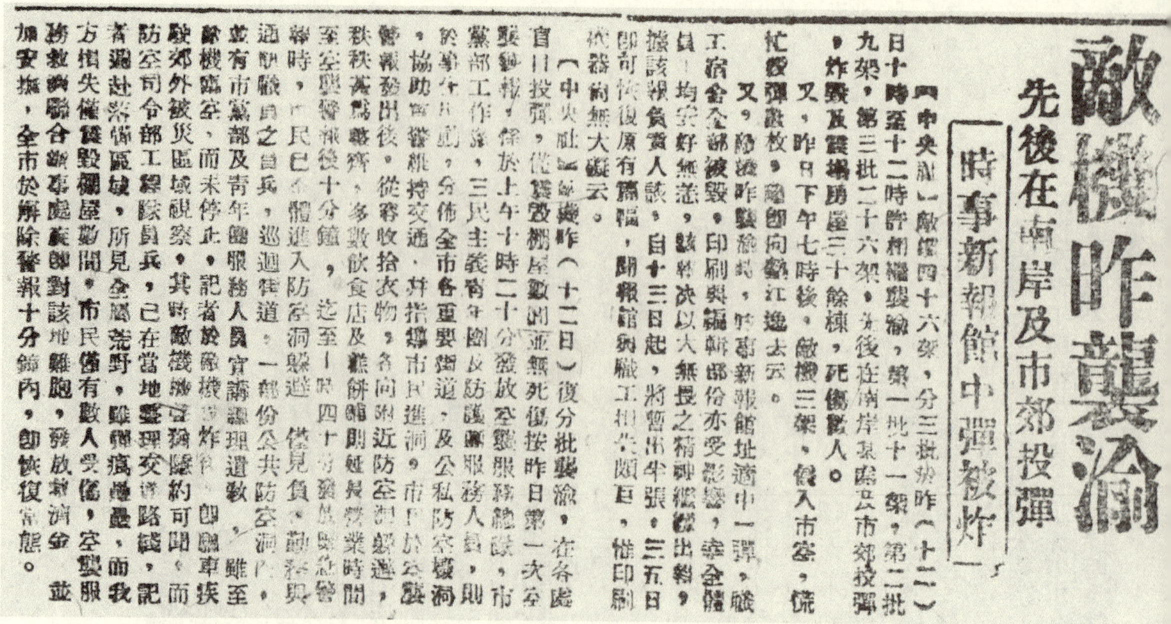

敵機昨襲渝

先後在南岸及市郊投彈

時事新報館中彈被炸

【中央社】敵機四十六架，分三批於昨（十二）日十時至十二時許相繼襲渝，第一批十一架，第二批九架，第三批二十六架，先後在南岸及市郊投彈，炸毀及震塌房屋三十餘棟，死傷數人。

又，昨日下午七時後，敵機三架，侵入市空，慌忙投彈數枚，即向嘉江逃去云。

又，敵機昨襲渝時，時事新報館址適中一彈，該館工廠全部被毀，印刷與編輯部份亦受影響，幸全體員工均安好無恙，該報決以大無畏之精神繼續出報，據該報負責人談，自十三日起，將暫出半張，三五日即可恢復原有篇幅，聞報館與職工損失頗巨，惟印刷機器尚無大礙云。

（中央社）敵機昨（十二日）復分批襲渝，在各處盲目投彈，僅毀棚屋數間並無死傷按昨日第一次空襲警報，係於上午十時二十分發放空襲服務總隊，市黨部工作隊，三民主義青年團及防護團服務人員，則於事前出動，分佈全市各重要街道，及公私防空壕洞，協助警察維持交通，并指導市民進洞，市民於空襲警報發出後，從容收拾衣物，各向附近防空洞躲避，秩秩然井然整齊，多數飲食店及糕餅舖則延長營業時間至空襲警報發後十分鐘，迄至一時四十分發緊急警報時，市民已全體進入防空洞躲避，僅見負責勤務與巡邏職員之自兵，巡迴街道，一部份公共防空洞內，雖至敵機臨空，而未停止，並有市黨部及青年團服務人員宣講抗戰道理，記者於敵機投炸後，即驅車疾馳郊外被災區域視察，其時敵機機聲猶隱約可聞，而防空司令部工程隊員兵，已在當地整理交通路綫，記者過赴各被災區域，所見全屬荒野，雖彈痕纍纍，而我方損失僅毀棚屋數間，市民僅有數人受傷，空襲服務救護聯合辦事處亦即對該地難胞，發放急賑金並加安撫，全市於解除警報十分鐘內，即恢復常態。

——摘自《国民公报》（重庆），1940年9月13日

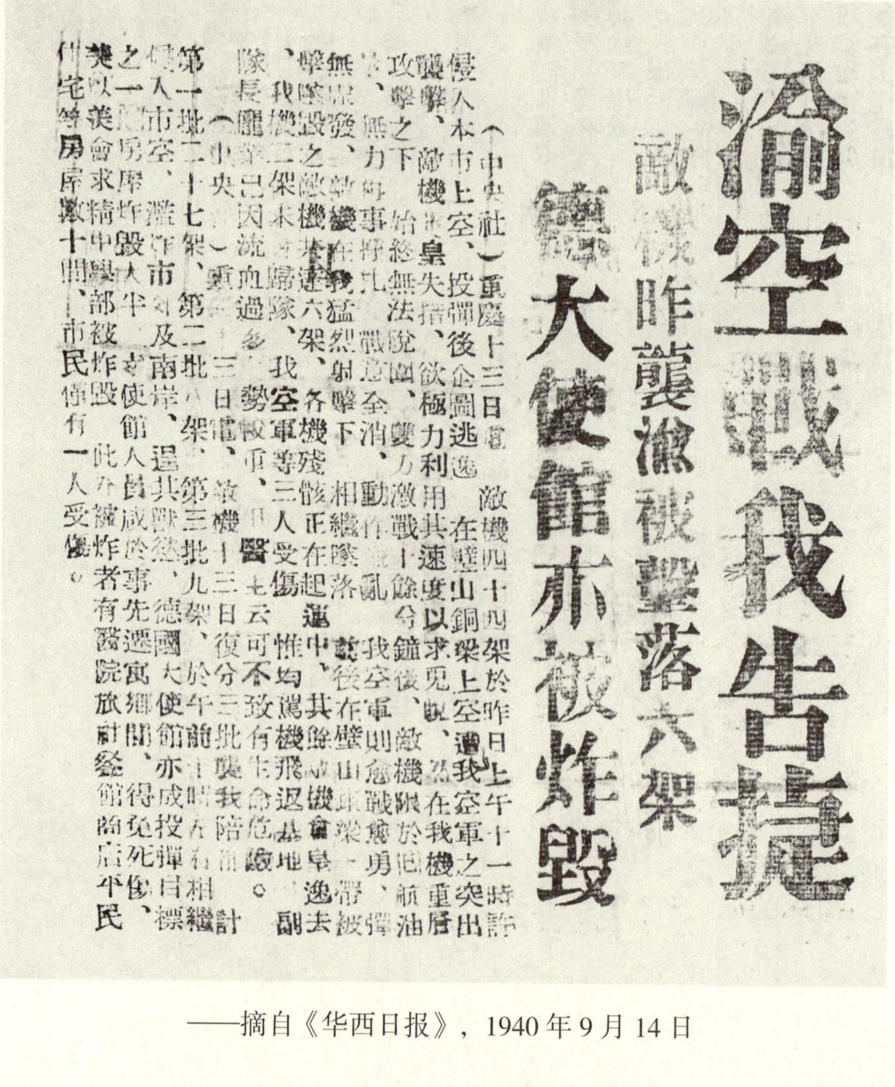

渝空戰我告捷

敵機昨襲渝被擊落六架

德大使館亦被炸毀

（中央社）重慶十三日電　敵機四十四架於昨日上午十一時許
侵入本市上空、投彈後企圖逃逸　在璧山銅梁上空、遭我空軍之突出
襲擊、敵機失措、欲極力利用其速度以求[illegible]、[illegible]在我機重層
攻擊之下、始終無法脫險、激戰十餘分鐘[illegible]
[illegible]
[illegible]我空軍[illegible]敵機六架[illegible]墜落[illegible]起火
[illegible]
隊長[illegible]受傷[illegible]
[illegible]
第一批二十七架、第二批[illegible]架、第三批[illegible]架、[illegible]
侵入市空[illegible]南岸[illegible]德國大使館[illegible]
之一[illegible]亦被炸[illegible]
燬[illegible]
[illegible]市民傷有一人受傷。

——摘自《华西日报》，1940年9月14日

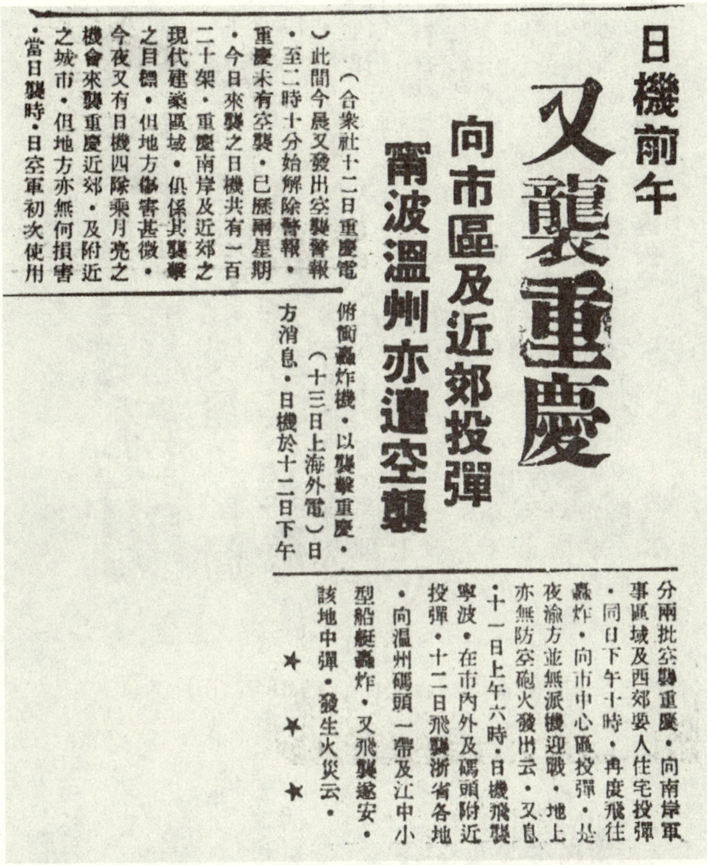

日機前午

又襲重慶

向市區及近郊投彈
甯波溫州亦遭空襲

（合衆社十二日重慶電）此間今晨又發出空襲警報・至二時十分始解除警報・重慶未有空襲・已歷兩星期・今日來襲之日機共有一百二十架・重慶南岸及近郊之現代建築區域・俱係其襲擊之目標・但地方傷害甚微・今夜又有日機四隊乘月亮之機會來襲重慶近郊・及附近之城市・但地方亦無何損害・當日襲時・日空軍初次使用俯衝轟炸機・以襲擊重慶・

（十三日上海外電）日方消息・日機於十二日下午分兩批空襲重慶・向南岸軍事區域及西郊要人住宅投彈・同日下午十時・再度飛往轟炸・向市中心區投彈・是夜渝方並無派機迎戰・地上亦無防空砲火發出云・又息・十二日上午六時・日機飛襲寧波・在市內外及碼頭附近投彈・十二日飛襲浙省各地・向溫州碼頭一帶及江中小型船艇轟炸・又飛襲遂安・該地中彈・發生火災云・

★ ★ ★

——摘自《南华日报》（香港），1940 年 9 月 14 日

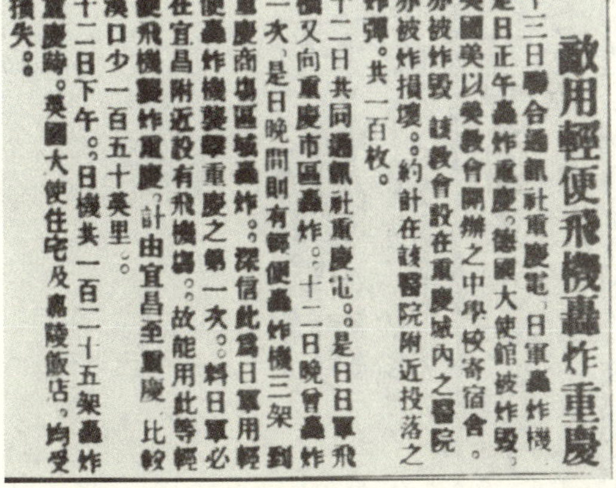

敵用輕便飛機轟炸重慶

十三日聯合通訊社重慶電「日軍轟炸機是日正午轟炸重慶。德國大使館被炸毀。美國美以美教會開辦之中學校寄宿舍。亦被炸毀。該教會設在重慶城內之醫院亦被炸損壞。。約計在該醫院附近投落之炸彈。共一百枚。

十二日共同通訊社重慶電。。是日日軍飛機又向重慶市區轟炸。。十二日晚曾轟炸一次，是日晚間即有輕便轟炸機三架到重慶商業區域轟炸。。深信此爲日軍用輕便轟炸機襲擊重慶之第一次。。料日軍必在宜昌附近設有飛機場。。故能用此等輕便飛機襲炸重慶，計由宜昌至重慶，比較漢口少一百五十英里。。十二日下午。。日機共一百二十五架轟炸重慶時。英國大使住宅及嘉陵飯店，均受損失。。

——摘自《少年中国晨报》，1940 年 9 月 14 日

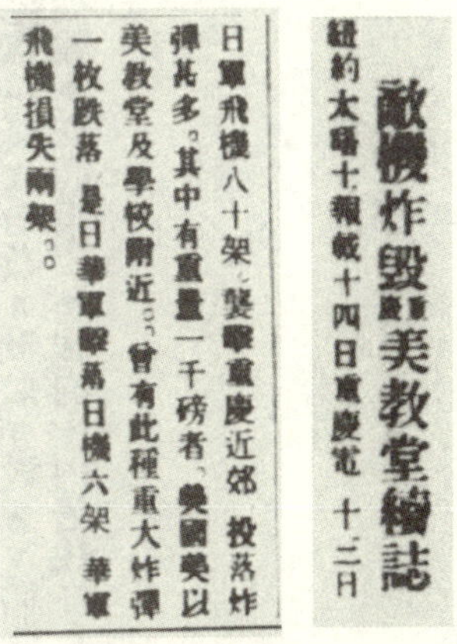

敵機炸毀美教堂續誌

紐約太晤士報載十四日重慶電 十二日日軍飛機八十架、襲擊重慶近郊 投落炸彈甚多。其中有重量一千磅者、美國美以美教堂及學校附近。。曾有此種重大炸彈一枚跌落、是日華軍擊落日機六架 華軍飛機損失兩架。。

——摘自《少年中国晨报》，1940 年 9 月 19 日

敵機昨襲昆明

死平民二十餘 毀屋百餘間

外人財產受害甚重

（中央社昆明三十日路透電）日機今午轟炸昆明、外人財產受害甚重、東方匯理銀行被毀、鐵路附近之外人住宅區中彈六七枚、、教堂教會醫院及護士住宅等均被毀、交通飯店（法商）內居住外人甚多、亦中彈、

（中央社昆明三十日電）敵機今午襲昆明、在市區東南方投[illegible]彈、平民二百餘、毀屋百餘間、法商東方匯理銀行全部被炸毀、基督教會惠滇醫院、青年會及東昇小學、慈善文化機關均被炸、我空軍昇空迎擊、敵機不敵、[illegible]倉皇投彈逃去、

——摘自《华西日报》，1940 年 10 月 2 日

敵機狂炸昆明

係從越南新根據地飛來

外人在昆財產損失頗大

（本報九月三十日昆明專電）今午本市遭敵機廿七架狂炸，受災慘烈，幸死傷尚少。聞今日來襲敵機係自越南某新機密根據地飛來。

（中央社昆明九月三十日路透電）日機今午轟炸昆明，外人財產受害甚重，東方匯理銀行被毀，鐵路附近之外人住宅區中彈六七枚，教堂、教會、醫院及護士住宅等均被毀，交通飯店（法商）內居住外人甚多，亦中彈。

——摘自《新华日报》（重庆），1940 年 10 月 2 日

敵壟斷華北貿易

將調查棉毛等存貨

各國商人受大影響

〔中央社天津二日路透電〕此間華文報紙今日刊載，日本軍事當局所規定之棉、毛、麻、皮繩調查條例十三款（猪鬃羊毛牛皮不在內），內規定將各國租界內之存貨予以調查，凡各貨由內地運輸來津，須請領入口執照，與城內存貨由日商美利公司負責調查等事，此間商界因貿易季方在開始，日方即頒布此種條例，故對貿易前途極爲悲觀。衆料已訂貨物之受影響者，價值達七十五萬美元之巨，日方此舉，顯係擬由日商壟斷華北各貨之貿易云。

——摘自《国民公报》（重庆），1940年10月4日

敵機轟炸四川成都

四日共同通訊社東京電　日軍飛機停止對四川省會轟炸，已有一月之久，是朝忽有日機多架，向成都轟炸，成都位於重慶之西北部，成都附近有市鎮數處，是朝亦被日機轟炸。

——摘自《少年中国晨报》，1940年10月5日

敵機昨復襲蓉

有三架被我擊中

中央社成都五日電　敵機四十餘架，五日午又侵襲成都，初敵機十八架於十二時零四分分批竄來，經我空軍及高射部隊有力截擊，敵機倉皇在北郊以機槍盲目掃射，旋另一批敵機二十七架於十一時四十分侵入市空，在西北郊投彈，僅炸燬民房多間，當敵機侵入市空時，我高射部隊以密集之火網，猛烈射擊，當有敵機三架立即中彈，尾吐白烟，搖搖欲墜，中途必將墜落。

——摘自《时事新报》（重庆），1940年10月6日

至足痛心之
如此抗戰
日機炸蓉機場

（四日上海外電）日方消息・日機於四日下午二時半飛入城都上空・但不見渝方起機應戰・遂即飛向泰平寺機場・予以猛襲・維時突有渝機應戰・旋被日機擊落・日機遂在泰平寺機場低空飛行・猛烈射擊・遂使四面發生火災・時有日機一架突然飛降機場內・機內四人從機上跳出・一面以手槍射擊・一面擦火柴燃燒停在機場之渝軍四架・而日空兵曾長東山竟走進渝軍司令部內・但渝軍先已遁走一空・該曾長遂以為良機不可失・即走向汽油倉庫取出汽油放火・該司令部旋即化為灰燼・一面上空日機則在飛翔守望地上之行動・四日機師見任務已畢・即登機飛上空中・此舉覩一九三八年七月十八日・小川中尉率機・飛降南 機場・燃燒渝軍格納庫一幕・可稱無獨有偶云・

——摘自《南华日报》（香港），1940 年 10 月 6 日

敵機二次轟炸成都

五日共同通訊社重慶電。日軍飛機隊、是日正午再向成都轟炸。此為日機繼續轟炸成都之第二次。是日日機向成都西南部。投落炸彈甚多。地方上頗受損失、該處亦有外國人實業。

是日華軍擊落日軍飛機二架。昨日成都東門一帶被炸、平民死傷共約五百名。

五日共同通訊社上海電。是日上海消息。日本戰鬥飛機多架、是日飛往四川成都附近之太平寺飛機場降落地下、用機關槍向華軍轟擊、並放火焚燒飛機庫。因日本海軍少將奧田、昨日曾到該處飛機場轟炸、被華軍擊斃。是日日軍乃再向該飛機場、作報復之行動云

——摘自《少年中国晨报》，1940 年 10 月 6 日

敵機昨襲渝
濫炸平民住宅區
英使館震毀一部

中央社訊 敵機四十二架、於昨午分二批侵入渝市、第一批二十七架、第二批十五架、先後在平民住宅區及外國使領館區各地濫投爆炸彈及燃燒彈多枚、炸毀及震毀民房三百餘間、死傷數十人、若干處燃燒彈於落地時即爲防護人員撲滅、故均未延燒、此外天主教仁愛堂醫院被炸、英國大使館亦被震毀一部份、其他外人財產被震毀損失者甚多、使領館區一帶門窗倒斜、墻壁剝落、在在皆是、覩之令人髮指。

——摘自《时事新报》（重庆），1940 年 10 月 7 日

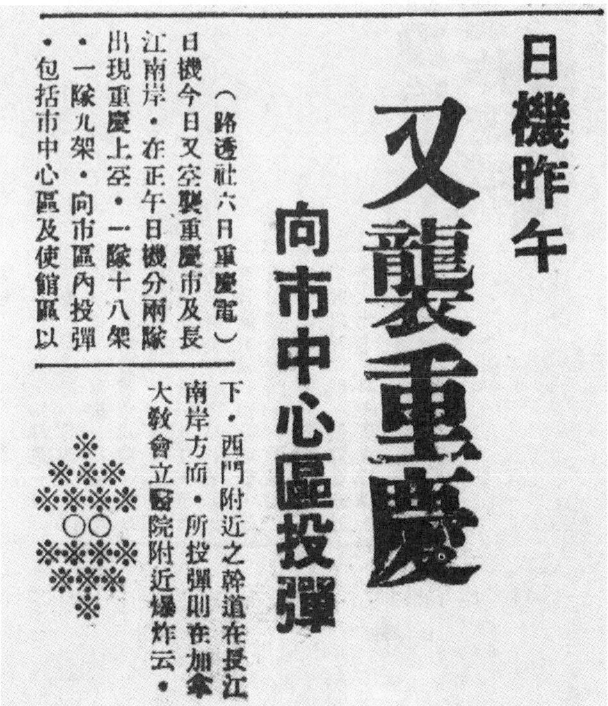

日機昨午又襲重慶
向市中心區投彈

（路透社六日重慶電）日機今日又空襲重慶市及長江南岸・在正午日機分兩隊出現重慶上空・一隊十八架・一隊九架・向市區內投彈・包括市中心區及使館區以下・西門附近之幹道在長江南岸方面・所投彈則在加拿大教會立醫院附近爆炸云・

——摘自《南华日报》（香港），1940 年 10 月 7 日

敵機一日內兩次狂炸重慶

七日共同通訊社重慶電。。昨六日日軍飛機數分兩次向重慶轟炸。。德國領事館竟被炸毀。加拿大醫院亦被炸傷。安全區之中國平民死傷甚衆：該安全區係日前日軍所指定者。惟昨日日軍飛機竟亦於該安全區投落炸彈多枚。。

據敵界調查 昨日日機狂炸重慶 平民被炸斃者三百名、受傷者五百名

——摘自《少年中国晨报》，1940 年 10 月 8 日

日機前午轟炸渝境

（合衆社七日重慶電）日機六日轟炸重慶郊外・依照最近估計・死傷五百人・據由成都接獲報告・上星期五及星期六兩日之空襲・死一百二十人・傷五百人・包括中央大學及中央醫學院之學生・

（六日上海外電）日方消息・日機於六日施行第四十一次轟炸重慶・川省上空・不見渝機起飛阻截・故日機得向市內外之軍事設施・大施轟炸・另一批日機則飛襲梁山・該地當即中彈延燒又日機於五日飛襲成都・鳳凰山機場投彈・一批日機即飛襲巴東・同日日機又飛襲浙贛鐵路沿綫・轟炸金華站之火車卡・并在麗水投彈・

——摘自《南华日报》（香港），1940 年 10 月 8 日

日機前日空襲昆明

（七日上海外電）日方消息·日機於七日空襲昆明·會與渝方戰鬥機十餘架交戰·并向當地兵工廠　共他軍事設施轟炸·又日機於五六兩日飛襲浙省之奉化·台州之軍用棧橋·而溪口·寧海·黃巖·三地之渝軍倉庫貨物·貨車·均遭日機之轟炸云·

——摘自《南华日报》（香港），1940年10月9日

日機又襲重慶近郊及揚子江南岸

（合衆社十日重慶電）日機一百一十九架·今日上午十一時三十分·在重慶近郊及揚子江南岸之鄉村投彈約八百枚·重慶市未被襲擊·空襲警報於上午十時十五分發出·下午十二時三十分解除·

——摘自《南华日报》（香港），1940年10月12日

敵機廿七架昨日再度襲蓉

西城住宅區域慘被轟炸

法國[illegible]修醫院亦被炸燬

（川康社）昨（十二）日敵機二十七架，於十時許由鄂侵川，經東北□帶繼續西犯，并在某某等地盤旋約歷一小時，於午後一時四十九分，乘隙侵入本市上空，我高射部隊當即猛烈射擊，敵機隊形頓形凌亂，倉皇在西城住宅區域投爆炸彈約百餘枚後東逸，平安橋法國醫院被炸燬一部，其餘被炸燬民房約十餘處，傷亡損失均微，本市於午前十一時十五分發注意情報，正午十二時空襲警報，十二時四十三分緊急警報，午後二時二十分解除。

（今日社）敵機一批二十七架，於昨日午前十一時三十五分侵入川境，省防部當即發出注意情報，午前十二時十五分發出空襲警報，午後一時發出緊急警報，午後二時五十分解除警報，防護團於敵機投彈尚未離開市空時，當即派救護第□中隊、第□分隊及第三治療所前往□□□、□□□、□□□等處施救，并派當備消防中隊担任救護、担架到□□□及□□□前街等處施救，又派補充體[illegible]團所屬各道及該團醫務所分別担任□□□、□□□等處施救、經[illegible]醫院救護第一中隊、第四中隊等在□□□附近施救、救護獨立中隊計有長員三百五十四名在某某等處開設繃帶所施救、計救治輕重傷七十餘人、救護第五中隊長員一百一十四名、在某某等處開設繃帶所施救、各該長員均甚努力、奮勇施救、計救治輕重傷七十餘人、三時許已救治完畢、敵機投彈後，鄧主任、朱副司令均到災場視察，並指示防護團救治傷[illegible]、對各該長員[illegible]嘉許、又本日敵機襲蓉於二時十五分後侵入市空、投彈百餘枚、均落空地、防護團總幹事左械夫担任災場指揮、并派股長鄭鶴[illegible]、曹[illegible]修[illegible]劉成章幹事、劉崇沛、廖燦[illegible]等分別担任災場臨場指揮、及災情等調查事項●

——摘自《华西日报》，1940年10月13日

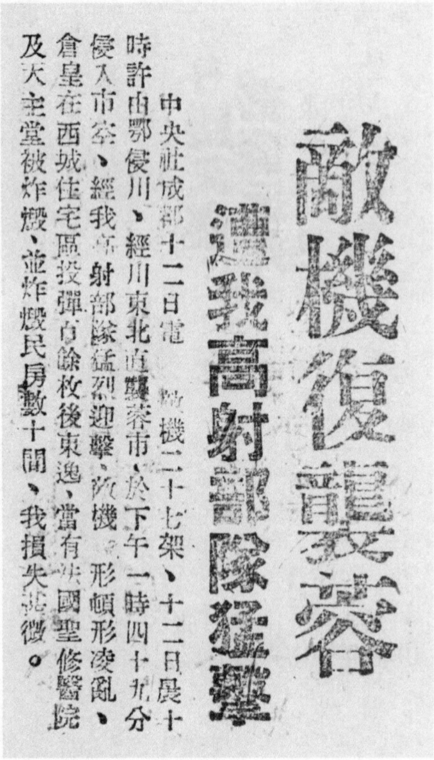

敵機復襲蓉

遭我高射部隊猛擊

中央社成都十二日電　敵機二十七架、十二日晨十時許由鄂侵川、經川東北直襲蓉市、於下午一時四十九分侵入市空、經我高射部隊猛烈迎擊、敵機隊形頓形凌亂、倉皇在西城住宅區投彈百餘枚後東逸、當有法國聖修醫院及天主堂被炸燬、並炸燬民房數十間、我損失甚微。

——摘自《时事新报》（重庆），1940年10月13日

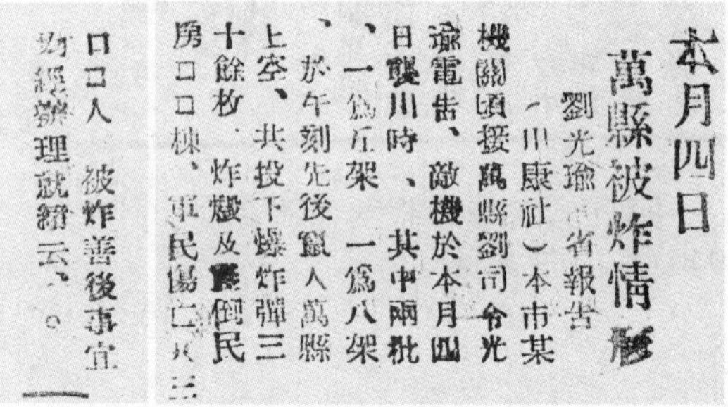

本月四日 萬縣被炸情形

劉光瑜向省報告

（川康社）本市某機關頃接萬縣劉司令光瑜電告、敵機於本月四日襲川時、其中兩批、一爲五架、一爲八架、於午刻先後竄入萬縣上空、共投下爆炸彈三十餘枚、炸燬及震倒民房□□棟、軍民傷亡共三□□人　被炸善後事宜均經辦理就緒云、。

——摘自《华西日报》，1940年10月16日

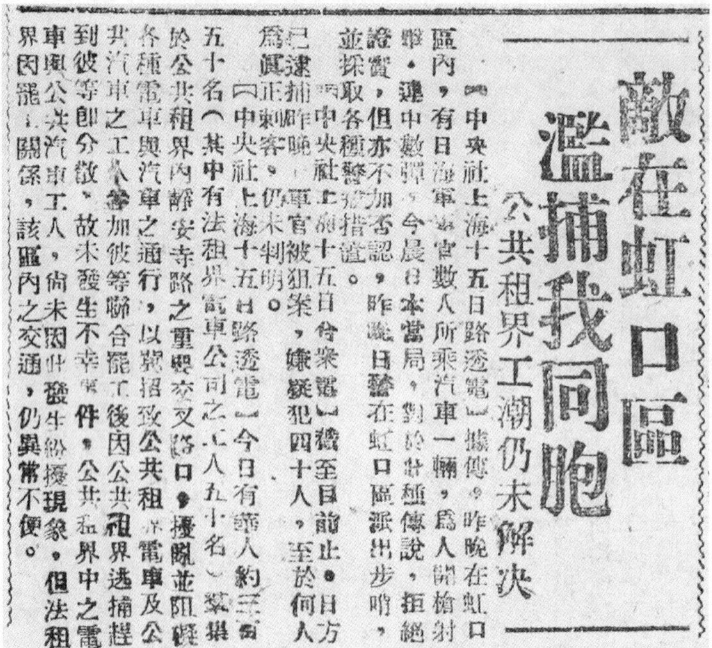

敵在虹口區 濫捕我同胞

公共租界工潮仍未解決

（中央社上海十五日路透電）據傳、昨晚在虹口區內，有日海軍官數人所乘汽車一輛，爲人開槍射擊，連中數彈，今晨日本當局，對於此種傳說，拒絕證實，但亦不加否認，昨晚日警在虹口區派出步哨，並採取各種警戒措置。

（中央社上海十五日合衆電）據至目前止，日方已逮捕昨晚軍官被狙案，嫌疑犯四十人，至於何人爲真正刺客，仍未判明。

（中央社上海十五日路透電）今日有華人約五百五十名（其中有法租界電車公司之工人五十名）聚集於公共租界內靜安寺路之重要交叉路口，擾亂並阻礙各種電車與汽車之通行，以冀招致公共租界電車及公共汽車之工人參加彼等聯合罷工後因公共租界巡捕趕到彼等即分散，故未發生不幸事件，公共租界中之電車與公共汽車工人，尚未因此發生紛擾現象，但法租界因罷工關係，該區內之交通，仍異常不便。

——摘自《国民公报》（重庆），1940年10月16日

敵機日前襲昆明 文化機關多被燬

（國風社昆明航訊）十三日敵機四十三架侵襲昆明、在城區□□□□一帶投下炸彈數百枚、我文化機關在此區者多遭損害、敵人蓄意摧毀我文化機關之毒計、茲益顯見、計被投彈之學校有南菁中學、雲南大學西南聯合大學、清華大學辦事處、昆華中學及某某等學校　小學校被毀者亦達三四處之多、雲大中炸彈多枚、男生宿舍及醫學院校舍大部遭燬、西南聯大中彈頗多、該校師範學院自學生及教授宿舍廚房、以至廁所均無倖免、學生數百餘人頓告斷食無所、刻校方正亟謀救濟中、未被炸及之其他各學院同學二千餘人已發起募被募衣運動、以救濟各被炸同學、據校方負責人談、師院俟各被炸同學生活稍安後、即可恢復上課、其他各學院仍按原定計劃上課決不稍餒、并將加緊學習工作、以答覆敵機之濫炸、又其他學校亦均遭波及、惟損失不重云。

——摘自《华西日报》，1940 年 10 月 17 日

敵機復襲渝 在市區內投彈多枚

中央社訊　昨日又有敵機十八架、由湖北侵入本市上空、在某某等處投彈多枚、我方損害情形、較前日稍重、炸燬房屋數十棟、炸沉木船九艘、死傷十餘人、并有一處起火、當即予以撲滅。又訊：昨日敵機襲渝、英美會辦事處亦遭震毁、前晚敵機投彈、曾炸毁渝市僅有之天主教堂、蔡寧總主教前日偕學同教徒在該堂禱告、祈謝該堂之獨存、不意當晚即爲敵機炸燬。此外寬仁醫院門前院內落一彈、該院共四樓、震毁一部份、當時院中有產婦二人、不能移動、由該院女醫師張某自願留家在傍診視、終因該樓震毁、三人同埋瓦礫中、附近防護團員聞聲、即於炸彈聲中奮勇馳救、在數分鐘內、將三人挖掘出險、施以急救、俾均安全。

——摘自《时事新报》（重庆），1940 年 10 月 18 日

日機昨午
又襲重慶
全城多處落彈

（合衆社十六日重慶電）今晚黃昏・三日本飛機空襲重慶・六時三十五分開炸彈聲・新式市區兩處中彈・但損害甚微・下午五時二十三分開始警報・七時十五分解除・嘉拉富斯醫院之食堂被炸塌・有華籍醫生一人及腸熱症病人六名被塌下磁片所生菲・目前只掘出病人一名・外國人未有受傷・又聞此次空襲・日機所投之彈十餘枚傷二人・毀房屋數間云・

（合衆社十七日重慶電）今日下午一時十分・日機三十六架包括有驅逐機在內・轟炸重慶・全城各處均有落彈・空襲警報於下午二時五十分解除・

——摘自《南华日报》（香港），1940 年 10 月 18 日

敵機昨襲渝
損失情形較前日為重
電動警報器發生障礙
修復前以信號球代替

【中央社】昨（十七）日又有敵機十八架，由湖北侵入本市上空，在某某等處投彈多枚我方損害情形較前日稍重，炸燬房屋數十棟，炸沉木船九艘，死傷十餘人，幷有一處起火，幸事先備有沙包清水，且消防人員動作迅速，當即予以撲滅云。

【又訊】昨日敵機襲渝，英美會辦事處亦遭震毀，館（十六）晚敵機投彈，曾炸毀渝市僅存之天主教堂蔡寧總主教昨日偕車同教徒在該堂禱告，祈謝該堂之獨存，不意當晚即為敵機炸燬，此外寬仁醫院門前院內落一彈，該院共四樓，震毀一部份，當時院中有產婦二人不能移動由該院女醫師張某自願留家在傍診視，終因該樓震毀三人同埋瓦礫中，附近防護團員聞聲，即於炸彈聲中奮勇跳救，在數分鐘內，將三人挖掘出險，施以急救，倖得安全，而張醫士之臨難不苟，與防護團員之見義勇為，同為街頭一時之美談云，

【中央社】本市電動警報器現已發生障礙，僅有一部分尚能使用，關防空司令部已責成主管機關趕速修復，在未完全修復以前，遇有空襲，暫以懸掛信號球及鳴鐘敵鑼為表示云。

——摘自《国民公报》（重庆），1940 年 10 月 18 日

▲敵軍飛機轟炸昆明

十八日美國通訊社香港電。華南日本海軍艦隊部宣佈。日本海軍飛機隊。是日向雲南省城昆明轟炸。因昆明爲是日滇緬公路恢復運輸之重要地點。昆明近郊子彈廠。及城內軍事機關。均被轟炸云。

——摘自《少年中国晨报》，1940 年 10 月 19 日

敵機昨襲渝

美艦英輪均被炸傷

並在住宅區投燒夷彈

中央社訊　昨日敵機兩批、又來襲我陪都、第一批二十六架、第二批十八架、先後由鄂西侵入川境、其第二批行抵某處、又分一部份竄至某處上空投彈、後均在本市某某等處分別投彈、當有某處起火、旋即撲滅、此外燬房屋數十餘棟、死傷十餘人。

中央社訊　敵機昨復分批襲渝、先後在南岸美大使館附近及市郊投彈、美艦杜杜伊拉號及太古公司萬象萬流兩輪、均被炸傷。又美商渝孚冰廠及基美會亦被炸毀及震毀、敵機並曾在平民住宅區投擲燒夷彈多枚、幸經當地防護團及消防隊即時出動、奮勇灌救撲滅。記者於第一批敵機投彈後、即隨空襲服務救濟聯合辦事處救護車馳赴災區、當地有二處起火、一處已經撲滅、另一處火光未滅、正由消防隊員督施救中、旋第二批敵機竄入、而防護人員即於敵機聲影下繼續進行滅火、暴敵乃竟低飛以機槍向下掃射、而吾防護人員仍奮勇工作、不爲稍動、終將火頭撲滅、未釀巨患、其英勇俠義沉着鎮靜之精神、聞者爲之起敬。

——摘自《时事新报》（重庆），1940 年 10 月 26 日

敵機狂炸重慶慘聞

廿五日聯合通訊社重慶電。。美國揚子江艦隊之炮艦杜佐韓號　停泊揚子江邊。是日日軍飛機轟炸重慶時。。向江邊炸彈量約四百磅之大石一塊　致被擊傷　美國輪船萬流號及萬象號兩艘。。均係英太古公司物業。亦被碎物擊傷。美國炮艦在揚子江流域。被日軍飛機轟炸。此爲日軍侵華作戰以來之第二次。第一次於一九三七年十二月間。。日機在南京上游炸沉炮艦內尼號一艘。。是日日軍飛機共四十四架　由上午十時開始向重慶轟炸。歷四小時之久。向重慶商場區域。。投下炸彈甚多。。又有炸彈多枚。。向揚子江跌落。。炸沉華人小船多艘。。是時揚子江南岸有一大石。。被炸粉碎。而向炮艦杜佐韓號壓下。以致該艦受傷甚重。。

美國大使館聲言　亦有炸彈多枚跌落。該處及炮艦杜佐韓號停泊地點。。原由日人指定爲「安全區」者。。但是日日機竟悍然向該處轟炸。被害者死傷共七十人。美國新墓埠人施華氏所設之工廠。。亦被炸彈一枚轟炸。加拿大教堂附近。跌落炸彈六枚。炸斃華人廿五名　統計是日被炸死傷人數共約二百名。屋宇被毀二百間。以是日重慶之防空情形而論。。証明現時已有攻擊飛機之高射炮　。新由滇緬公路運到重慶　因是日守衛重慶之高射炮。向日機轟擊。其射擊力之猛　實爲前所未有者云。。

——摘自《少年中国晨报》，1940 年 10 月 26 日

仇恨的種子

—敵機昨再襲渝記

防空洞裏

在防空洞里，電燈光似乎較以前暗澹了許多，而人聲的煩雜又似乎比昔日更加陪的使人討厭。

「一個人住重慶，租這末一間破房子，一個月二十塊，吃飯也須要四十塊，加零用，再算他二三十，那末，八九十大元。一百減了九十，還有二十」。

「哼，你說多一二十，那老弟每個月還要虧五六十哩」。

「老二哥，老二哥。管他媽的，二十也罷，五十也罷，咱們今晚還得去：…」

「誰高興再看那個小尼子？」

「你別嘴硬！」

嘶嘶……嘶…………

空氣頓然沉靜下來。

高射砲的響聲，隱約可聞。接着像疾風暴雨似的，洞中空氣更緊張着。一個，兩個：十個，二十個；沉重的爆炸聲，響着。

接着黑烟和塵土飛躍進來。洞中是黑漆一片，像午夜一般的死寂。

許久，許久之後，空氣暖和。一個陌生的聲音，打破了這死寂的包圍。「敵機走了…大家不要擠，要守秩序！」

暗暗的人羣之聲，又一陣一陣的擴張開來。

有的說：「炸了××街，」

有的講：「×××××樓上中了彈，××××背後中了彈。」

有的道：「××××街口上，一個賣香烟的沒有了頭亮」。

有的繪聲繪影地說：那里炸後如何，那里又炸得如何：…

當其時，記者的情緒，不禁煩燥起來，暗中奇怪他們得消息之快，但是洞中管理者說「情報線是被截斷了」

恐怖的暗暗的聲音傳遞到一個小孩的耳鼓里。一種大哭的聲音衝破了一切，壓倒了一切暗暗的聲音。

洞中的避難者的視綫一致集中着，注視着這個哭的孩子。其中一個年紀大的老年人，在這個孩子的鄰左，詢問着：「你家的大人呢？」……孩子，孩子，不要哭……」

「我的媽，沒有下來，因為沒有防空證」

哭泣的聲音滿佈着洞中。而其他一切的聲音却已沉寂下去了。坐在記者旁邊的一位東北朋友，他慢慢地俯下頭去，終於把他自己的頭葉在兩隻手臂上，這兩隻手是由一根筆直的手杖支持着的。

我彷彿看見他把刀刺進他的胸膛，我彷彿看見他在念着東北原野上的兒女，我彷彿看見他那個所蘊的仁愛的心在悲泣。他是一個理想主義者，他最富有坦白剛毅的性格。

忽然仰起頭看看洞頂，看看四圍，繼而他又注目的望着那個猶在痛哭的孩子。

「仇恨的種子！」把它種在壯年人的心上，同時也把它種在後一代人的心上。

炸後所見

一個，一個連續不斷地走上防空洞的石階，光明也跟着一級一級的現出來。四五小時的黑暗生活，祇不過四五個鐘點而已。算得什麼、光陰終久是我們的。

明亮的陽光挾着街上的塵土飛揚着×××一帶的烈燄與×××背後衝出來的黑煙。迷漫着蔚藍的晴空。太陽公公依舊在自由的笑着！却是卑視的笑着。

由×××一直伸展到××街，有兩條像長蛇一般的象皮管躺在地上，運輸着水量，來撲滅前面的魔燄。街中心被自來水沫噴濕着，救護車一輛兩輛往返巡邏着。紅十的旗幟，也插在街旁。在旗底底下，擺着一個小木棹，棹上放着許多藥瓶，護士小心地為着受傷者在那里裹傷。

街頭人羣漸漸增多了，機聲也漸漸響得更厲害了。而從汽車上走下來的乘客，却似乎仍然帶着幾分餘驚。

有幾條街，交通仍舊斷絕。聽說××街附近尚有一顆未爆炸的炸彈，還未被抬走哩。

街上百貨商店，大門雖然緊閉着，而香氣却會偷偷地溜了出來。據說商店里的香水瓶幾乎都給震破了，所以香味衝散到各方。記者踏着碎玻璃片，走過一家百貨商店，照到一個油色肥肥的商人模樣的人，他倘自得地說，「運氣，運氣，香水總算損失得不多」

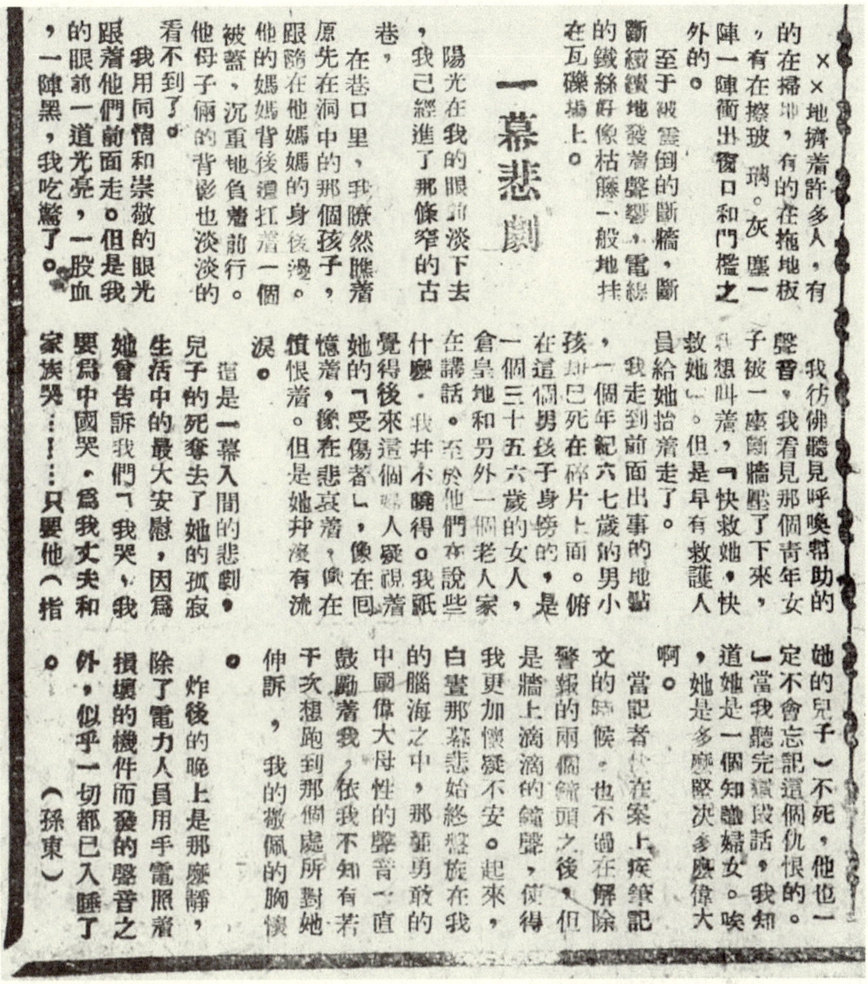

××地擠着許多人，有的在掃地，有的在拖地板，有在擦玻璃。灰塵一陣一陣衝出窗口和門檻之外的。

至于被震倒的斷牆，斷斷續續地發着聲響，電線的鐵絲好像枯藤一般地挂在瓦礫堆上。

一幕悲劇

陽光在我的眼前淡下去，我已經進了那條窄的古巷，

在巷口里，我瞭然瞧着原先在洞中的那個孩子，跟隨在他媽媽的身後邊。他的媽媽背後還扛着一個被蓋，沉重地負着前行。他母子倆的背影也淡淡的看不到了。

我用同情和崇敬的眼光跟着他們前面走。但是我的眼前一道光亮，一股血，一陣黑，我吃驚了。

我彷彿聽見呼喚幫助的聲音，我看見那個青年女子被一座斷牆壓了下來，我想叫着，「快救她，快救她」。但是早有救護人員給她抬着走了。

我走到前面出事的地點，一個年紀六七歲的男小孩，却已死在碎片上面。俯在這個男孩子身傍的，是一個三十五六歲的女人，倉皇地和另外一個老人家在講話。至於他們在說些什麼，我并不曉得。我祇覺得後來這個婦人凝視着她的「受傷者」，像在回憶着，像在悲哀着，像在憤恨着。但是她并沒有流淚。

這是一幕人間的悲劇，兒子的死奪去了她的孤寂生活中的最大安慰，因為她會告訴我們「我哭，我要為中國哭，為我丈夫和家族哭…！…只要他（指她的兒子）不死，他也一定不會忘記這個仇恨的。」當我聽完這段話，我知道她是一個知識婦女。唉，她是多麼堅決多麼偉大啊。

當記者伏在案上疾筆記文的時候，也不過在解除警報的兩個鐘頭之後，但是牆上滴滴的鐘聲，使得我更加懷疑不安。起來，白晝那幕悲始終盤旋在我的腦海之中，那種勇敢的中國偉大母性的聲音一直鼓勵着我，使我不知有若干次想跑到那個處所對她伸訴，我的敬佩的胸懷。

炸後的晚上是那麼靜，除了電力人員用手電照着損壞的機件而發的聲音之外，似乎一切都已入睡了。（孫東）

——摘自《国民公报》（重庆），1940年10月26日

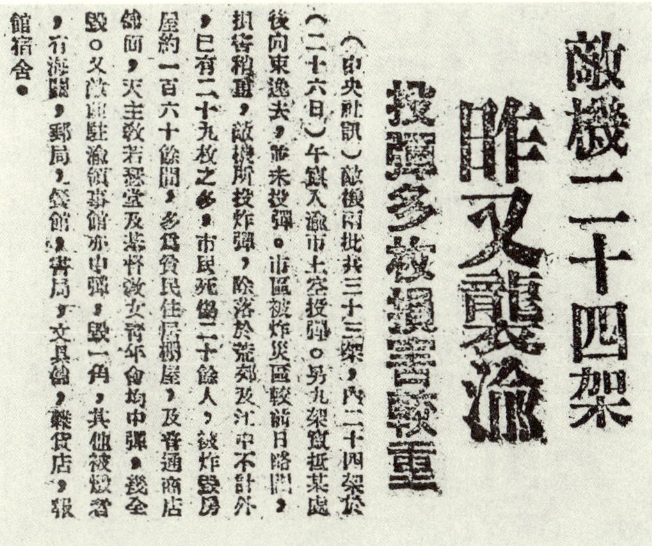

敵機二十四架
昨又襲渝
投彈多損害較重

（中央社訊）敵機兩批共三十三架，內二十四架於（二十六日）午竄入渝市上空投彈。另九架竄抵某處後向東逸去，並未投彈。市區被炸災區較前日略闊，損害稍重，敵機所投炸彈，除落於荒郊及江中不計外，已有二十九枚之多。市民死傷二十餘人，被炸毀房屋約一百六十餘間，多為貧民住居棚屋，及普通商店舖面，天主教若瑟堂及基督教女青年會均中彈，幾全毀。又法國駐渝領事館亦中彈，毀一角，其他被毀者，有海關，郵局，餐館，書局，文具店，雜貨店，報館宿舍。

——摘自《新华日报》（重庆），1940年10月27日

敵機昨襲昆明

【中央社昆明二十八日電】敵機十三架，於今午十一時餘，侵入市空，在郊外及某地投彈多枚後逃去，我死傷平民二十餘人，民房被毀約十餘間。

——摘自《国民公报》（重庆），1940年10月29日

敵寇狠毒無恥 襲我中航客機

機師乘客等八人遇難

敵機三十六架分批襲滇

（中央社昆明二十九日電）敵機多架今日分批襲滇，一批在本市上空盤旋甚久逸去，一批在雲南驛投彈一枚，并以機槍掃射，另一批竄犯西保山等處，飛繞多時後逸去。

（中央社）香港三十日電，中航機重慶號被日機擊落，港方三十日接該機中國林汝良電，謂該機師肯特及乘客中六人與一小童遇難、女招待員魯廣英肯受傷、副機師徐鑫免。

（中央社重慶三十日電）中國航空公司道格拉斯式郵客機「重慶號」、十九日午由渝飛昆明，載客九人，於下午五時三十分在雲[illegible]昆明東北百公里一帶被敵機包圍擊落，據此間所得消息，機師肯特及乘客六人，內有兒童一人，遇難，女招待員魯廣英女士受傷、副機師徐鑫、無綫電員林汝良均未受傷，昆明中國航空公司接訊後，立派救護車二輛，馳往將受傷者載往昆明（離昆約三十公里）救治、肯特機師今年三十六歲，曾在美國陸軍習航空，民國二十六年五月至中國航空公司服務，十八年八月請假回國，十八年十一月重回公司服務，居香港，預定十一月一日乘飛機回美，不料竟遭此慘禍、據悉敵機今日對民航機肆其殘暴已不止一次，中國航空公司客機桂林號，在中山縣二次二十七年八月二十四日該公司桂林號由港飛渝，遭敵機擊落，乘客十六人中僅兩人逃出，名銀行家徐新六、胡筆江二氏同時遇難，二年後猶見敵人之狠毒無恥，誠令人髮指，痛恨不置。

（中央社重慶三十日電）據港中航公司接獲消息，敵機二十九日在滇境邊擊落中航客機重慶號，搭客九人中死二人，美籍駕駛員肯特喪命，其餘職員一傷二無[illegible]，聞中航機被擊落墜地後，敵機仍續彈轟炸，

（中央社）重慶三十日電，二十九日在滇邊被敵機擊落中航機重慶號、現查悉即為二十七年八月二十四日在中山縣境被敵機擊落之桂林號修理後而改名者，遇難之肯特機師將於三十一日為其三十七歲生日、招待員魯廣英小姐，則已提出辭呈，準備赴港，此次為其最後一次之航行，又據中航公司職員談，昨日下午二時三十二分接得該機來電聞，雲南、此後不復有該電，據悉即左機來炎、至雲南該機被擊之詳情，現尚未獲悉。

——摘自《华西日报》，1940年10月31日

三年前血債未清
敵機又襲中航機
重慶號前日在滇被擊落
美籍機師及六旅客遇難
敵寇殘暴令人髮指

【中央社】中國航空公司道格拉斯巨型客機重慶號前（二十九）日由渝飛昆明，載客九人，於下午二時三十分，在雲南霑益（昆明東北一百公里）突被敵機包圍擊落，據此間所得消息，機師美人肯特及乘客六人（內有兒童一人）遇難，招待員魯美英女士受傷，副機師徐鑫，無綫電員林汝良均未受傷，昆明中國航空公司接訊後，立派救護車三輛馳往，將受傷諸人載往曲靖（霑益南三十公里）救治，肯特機師今年三十六歲，曾在美國陸軍習航空，民國二十六年五月至中國航空公司服務，是年八月請假回國，二十八年十一月重回公司服務，其夫人及公子現居香港，預定十一月一日乘飛剪號回美，不意遽遭此不幸，按敵機對民航機肆其殘暴，已不止一次，中國航空公司客機之遭襲擊，今日第二次，二十七年八月二十四日該公司桂林號由港飛渝，在中山縣境被敵機擊落，乘客十六人中僅兩人獲救，名銀行家徐新六，胡筆江二氏同時遇難，三年前舊事迴憶猶新，敵人之狼毒無恥，誠令人戟指痛恨不置。

【中央社華盛頓卅日合衆電】中航重慶號飛機駕駛員肯特之岳父柏朗，因聞肯特死訊，定明日乘飛剪號飛港。

【中央社香港三十日電】中航機重慶號被日機擊落，港方三十日接該機電務員林汝良電告，證實機師肯特及乘客中六人與一小童遇難，女招待員魯美音（前稿誤爲盧美英）受傷，副機師幸免。

——摘自《国民公报》（重庆），1940 年 10 月 31 日

敵機暴行徒留世人追恨
中航機照常通航
名工程師錢昌淦亦遇難
魯美音女士因傷重逝世
滬大美晚報痛斥敵機暗殺行爲

【中央社上海三十一日路透電】中航公司並未因美機師肯特慘死而終止渝港昆之客郵航綫，現該公司中之其他美籍機師，仍按照班次繼續在上述三地飛行，今日重慶有客機乘香港及昆明，同時香港昆明亦有郵機至重慶。

【本報特訊】中國航空公司，道格拉斯巨型客機重慶號，于二十九日晨由渝飛昆明，載客九人，於下午二時三十分，在雲南霑益（昆明東北一百公里）突被敵機包圍擊落，緣該機飛至××時，已聞有敵機在昆明肆虐，惟該機在××業已停留至午後四時，遂重行起飛，詎料在霑益上空，遂爲敵機所困，載客九人之中，計六死一傷，詳情已誌昨日各報，茲記者復從關係方面探悉，乘客之中有錢昌淦者，亦遇難云，按錢氏係著名建築工程師，曾主持上海東亞營造廠多年，成績斐然，中外同欽，今來後方，爲國効力，尤著聲譽，且氏生前慷慨好義，仁愛成性，遽歸道天，親友聞之，莫不悲悼，又悉，該機乘客中有孫某，現尙在西南聯大讀書，聞係礦業專家，孫越崎氏之七弟，按孫氏手足情誼深切，今聞此噩訊，當更不勝悲悼也，此外尙有兩位乘客，聞係××銀行之職員。

【中央社】據昨日此間所得消息，中航客機重慶號招待員魯美音女士，因傷重不治，已於昨前日晚逝世。

【中央社】據昨日下午此間所獲消息，被敵機擊落之中航機重慶號，遇難者除機師肯特，招待員魯美音外，乘客共死八人，（男六，女一兒童一），其餘乘客二人，及副機師徐鑫，無線電員林汝良，均無恙。

【中央社香港三十一日電】肯特之岳父柏朗及港中航公司機航組主任龐特，三十一日同機由菲抵港，辦理肯特善後，肯特之夫人暫留港。

【中央社上海三十一日合衆電】英文大美晚報頃就中航機被擊肯特機師慘死一節，著論評稱，日空軍此舉，實爲一種冷血野蠻而殘酷之暗殺行爲，肯特雖死，但彼之致死原因，却永留於千百萬人之記憶中，日人此種卑鄙之行爲，幾已完全汚損其所謂武士道之精神云云。

——摘自《国民公报》（重庆），1940 年 11 月 1 日

寇機殘暴

擊落郵航機

【中央社】重慶二日電】中航公司重慶號郵機業於十月廿九日由渝飛昆途中及被敵機擊落，茲悉東川郵政管理局、於十月廿八日送由該公司發交該機帶運昆明在由昆明轉寄各地之航空郵件均遭損失。

——摘自《西康国民日报》，1940 年 11 月 3 日

廣州大火

敵竟禁人民救火 市面情形極混亂

敵突開放中山澳門交通

【中央社香港五日電】此間頃接沙面外人方面來電稱，四日晨十時半起，廣州發生大火十餘起，敵騎兵往來馳騁，不准人民撲滅，市面情形異常混亂，各商戶已拒用敵軍用票。

【中央社韶關五日電】交通界訊，自桂南敵軍敗退後，敵軍用票價格暴跌，廣州各銀號及兌換店[illegible]派憲兵四出扣押銀錢業商人，強迫使用，但拒用敵票風潮，仍無法解決。

【中央社香港五日電】中山縣屬前山三廠敵軍，四日晨樂開放岐關路（由石岐至澳門），准許中山鄉民出境，但須鄉長簽字，證其出境理由，惟沿途盜匪頗爲猖，行旅之苦。

——摘自《国民公报》（重庆），1940 年 11 月 6 日

人間地獄！

滬西歹土敵寇暴行錄

血誠

（本報特約上海航訊）在戰前，滬東區（楊樹浦虹口一帶）原是烟突林立的工廠集中區、儘多面目黧黑的勞動階級，滬西（愚園路大西路一帶）原是洋房巍峨的華貴住宅區，盡住心廣體胖的資產階級，戰後滬東區工廠減少，滬僑激增，變成異國情調的小東京，勞動階級曾經失業悲慘，而淪爲奴隸，滬西亦變成烟鬼賭徒流氓虎，麕集的歹土、毒霧瀰漫，綁票風熾、第一流富商巨賈，遷地爲良，轉棲極洋廣，讓給中產階級居住，滬西原是越界築路區，戰後形成租界與敵僞共管地帶，住戶除負擔百分之二十四租界市政捐外，更需付百分之九僞方房捐，雙重捐稅，負擔較租界尤重，更有出人意外者，滬西住戶，自失却保障后，境況愈下、殺近再由毒化歹土，一變而爲陰森慘酷的活地獄，一週來居民如困圍城，如囚犯在鐵蹄下已由順民變爲囚徒，資產階級，到今日該覺悟，覆巢之下，安有完卵，勞動階級之成奴隸、與資產階級之成囚徒、一般無二，

十月十八午後，滬西極司非而路，憲兵司令部分所內一伍隊長名佐藤精一，行經愚園通極司非而路之六六八弄附近突被人槍擊斃命，日方以二旬以來，虹口滬西，各發生日軍被狙擊案二起，加以傳敘庵在虹口被梟首，於是大起恐慌虹口滬西，有所謂抗日分子潛入，十九日起，虹口滬西兩市、同時宣告戒嚴，虹口滬西，搜檢住宅行人奇苛，在南市則非有「市民證」，不得出入，敵人以該狙擊佐藤之三刺客逃匿滬西愚園路六〇八與六六八兩弄中，十九夜起，封鎖該弄，斷阻居民出入，連外出購物亦不許，截其交通，斷其給養，翌日更擴大封鎖區，北展開納路，西至憶定盤路，東至極司非而路，約三百餘畝鐵區內之千餘居民，百餘家商店，三千貧苦工人，如困圍城中，在此愁城內食物店存貨被售一空，物價奇漲，米已漲至一百六十元，尚無法購得，有人絕食，已有二人餓斃，此外穢污垃圾，亦因被阻無法臨清，狼藉不堪，至二十四日始僞更擴展封鎖區至白利南路及北曹公一帶、殆遍滬西全部，

佐藤死後，敵憲兵在愚園路地豐路口設長桌，通過其地之行人車輛，照令登記姓名籍貫年齡住址職業，初限男子，二十四起婦女亦須登記，公共汽車乘客亦不免，偶有可疑即捕去、同時在愚園路出事地附近各里弄，逐戶大搜查，其法頗奇突，先令僞警持日僞旗，往各戶售旗，太陽旗上加一黑邊，以示追悼佐藤，一居民有拒購或購而不掛者，即指爲抗日分子，對青年，盤詰猶嚴，聞一週被捕者，多至二百餘人，其間多血氣方剛之熱血青年，據被捕後釋出者轉訊偶有可疑，即施以中灌水等刑，逼令招認者，被捕者昏厥將死，迷夢中更聞聞絕呼聲，昏沉沉似見猙獰魔鬼，執刀鋸鍘人頭顱，血淋淋驚心動魄，慘不忍睹、彷彿置身陰間地獄，親睹閻羅殿前一切人間修羅酷刑，待神志稍清、更疑身在夢境，不信人間有此活地獄，被捕者須經訊無嫌疑，例須由僞方有力者保，始得釋出，否則當處囹圄中，至於在出事地點附近里弄，倖未被捕之居民，亦欲令其行保甲制，否則不允，立即取消封鎖，着令十戶聯一甲長百戶聯一保長，朝生暮死，惟距離較近保甲長是問，住戶中無敢出任保甲長者，謂須租界內有名人物出作保證，勿使滬西再有此等事發生，但租界中名流誰肯獻認僞方作此保證，故迄在僵局中。（十月二十五日滬發）

——摘自《华西日报》，1940 年 11 月 13 日

敵寇貪慾難填

滬美商橫遭壓迫

繳特別費後仍不許出口

〔中央社上海十四日合衆電〕據可靠消息，美國進口商人，在中國內地購買原料，出口時須向上海日本海軍當局繳納特別費，但日本海軍人員，收得此項費用後，仍不允美商通過，現美商已將此種情事向美駐滬領事館報告，美商會已代爲交涉，據某商告，彼在中國內地購辦一批貨物後，向日本繳納十萬元，然後由日軍派員監視，保護美商之貨輪，但此種保護，僅止從吳淞口，俟該貨輪開出黃浦江後，又爲日□扣留，美商被迫，另又向海關繳納八萬元，此外尚須付給日本居間人五萬元，然後該貨輪始被放行，又謂另一美商報告，美商在中國□購貨時，如願向日本陸軍繳納費用，日軍可以軍用卡車裝輸彼等運貨，另由日軍護送運港口貨輪，可無須再向關稅當局繳取執照云云。

——摘自《国民公报》（重庆），1940 年 11 月 15 日

敵軍之暴行

粵軍火庫工人二百餘被殺

滬虹口敵軍白晝開槍傷人

中央社英德十七日電　敵華南派遣軍司令部在廣州市府舊址、建築地下室，及在黃埔等處構築軍火庫、所雇用之工人二百餘人、於上月底全部解往廣州北郊、秘密殺戮、並用汽車將屍運往沙河埋葬、足證敵殘暴之一斑。

中央社香港十七日電　滬訊、十六日晚八時許、虹口敵方戒嚴甫告解除時、乍浦路橋上有佇待過橋之行人百餘、正擬過橋北進、不料敵軍認爲搜查未畢、未予開放、其中一敵軍竟開槍向行人射擊、致有一人中彈受傷、當時租界救護車曾駛來救護、敵軍復加阻止、將傷者用敵軍卡車載去、又十七日上午零時三十分、有小工張小嶽亦在乍浦路橋堍被敵軍開槍擊傷、原因不明。

——摘自《时事新报》（重庆），1940年11月18日

飛機製造廠被敵機轟炸

廿二日滇緬邊境之壘允村電：近七年來，美國人在中國協助國民政府建設之飛機製造廠，十月廿六日曾被日飛機多架，飛過安南山嶺及緬甸領空，前往轟炸，但所受之損失甚微。

又電　查十月廿六日，日軍飛機向包壘村轟炸，中國工人死傷七十名，全村美國人四十名，及華人三千五百名，均四散逃避，事後飛機廠總司理美國人鮑雷氏及其部下人員，甚恐日機再來轟炸，乃令工人日夜工作，將未受害之機器，移入竹林之中，用軍用布覆蓋小屋安置機器，美國職員及家眷，則遷緬甸邊界建造茅屋，以便暫居。

該飛機製造廠所用之機器，係日前由杭州遷至漢口，後又由漢口遷至滇緬邊界

——摘自《少年中国晨报》，1940年11月23日

滬敵憲兵

拆毀民房

三千人無家可歸

中央社香港廿四日電　滬訊：、敵憲兵田中八、因協助租界探捕營救被綁之趙裕權之次子趙興堯、在滬西新加坡路被匪槍擊受傷、敵竟遷怒該處平民、廿二日晚、敵憲兵率大批偽警將該處草屋悉全拆毀、因此平民無家可歸者、達三千餘人。

——摘自《时事新报》（重庆），1940年11月26日

大亞灣敵艦麕集

南海敵寇施放毒彈

從化西南敵遭痛擊

（中央社）香港廿六日電、大鵬灣段海面二十三日晚發現敵巨型航空母艦一艘、廿四日派機四架、竟日轟炸、魚涌葵西抗投彈多枚、並以機槍掃射鄉民、又據惠陽消息、廿五日晨大亞灣海面突來敵艦多艘、

（中央社）四會廿五日電、南海屬河清九江等處之敵、十九日凌晨突向棠下雙水古勞披山一帶砲轟數十發、內有毒氣彈多枚。

「中央社」韶關二十六日電、粵漢路北段我軍廿四日晚往襲五里牌、一度衝入車站、斬獲甚多。

「中央社」桂林二十六日電、從化西南太平場之敵、昨向馬牛荒隔塘渡河我軍乘敵半渡、集中火力、向敵掃射、敵被擊斃墜水者甚多、旋敵復拖運山砲四門由太平場經至角頭西公路、向我轟擊掩護、我其俟近接近、即予還擊、斃傷敵百餘名、迄午敵勢不支、狼狽潰退。

「中央社」興甯二十六日電、二十一日晨我出擊隊一部襲擊潮安屬歸洋山青蔴山等處敵、當將鐵絲網數重悉數予以破壞、並傷斃敵僞百餘。

——摘自《华西日报》，1940 年 11 月 27 日

敵在臨汾殘殺無辜

洪洞一村民手格兩敵

中央社興集廿五日電　臨汾敵寇、日來愈益殘暴、任意殺戮我無辜民衆、被害者甚多、日前伍獄村村長、無故被敵活埋、孫曲王曲等村村副、亦均遭捕殺、我民衆對敵之豺狼野性、無不切齒痛恨。

中央社興集二十五日電　洪洞第四區薛家莊村民鄭士超、目睹敵寇暴行恨之刺骨、屢圖報復、無機可乘、日前適敵竄該村肆擾、乃糾合同志五人、潛伺村內徒手格斃寇兵二名、平安脫險志士聞之、無不奮起、聞當局已予優獎。

——摘自《时事新报》（重庆），1940 年 11 月 27 日

粵南歷格海面敵艦

派機肆擾

在鯊魚涌西坑投彈　並以機槍掃射鄉民

中央社香港二十六日電　大鵬灣歷格海面、廿三日晚發現敵巨型航空母艦一艘、廿四日派機四架竄日騷擾鯊魚涌及西坑投彈多枚、並以機關槍掃射鄉民、又據惠陽消息、二十五日晨大亞灣海面突來敵艦多艘。

——摘自《时事新报》（重庆），1940 年 11 月 27 日

血淚話武漢

孟琪

武漢是記者的故鄉、從前年離開牠後，故鄉的影子沒有一天在我的腦海裏面消失過，最近由武漢逃來一位朋友，告訴我一些武漢的近況，錦繡的故鄉，已被獸性的敵人糟蹋得不成樣子了，現在把它的談話，摘要的記在下面，讓大家看看武漢的同胞是在怎樣痛苦的魔窟裏掙扎着、

一 奴化和毒化

武漢各學校多已開學，所用教科書都經一些無恥的漢奸刪改，許多、可是沒有老百姓願意把自己的子弟送進去唸書的，偽報紙出版了好幾種，却都沒有人看牠，當天就拿來包油條、日寇最利害的要算毒化政策，在這裏鴉片煙館遍街都是，最少的地方，隔一家的就有一個煙館，白面、口洛英、紅丸、這些毒物也都把市場充斥滿了、賭風也在武漢也極盛行，大賭場煙妓條條街上都可以看到，娼妓聚集公司，鎌群益布號都營賭業了，更有一種花會、是最刻毒不過的一種玩意、連乞丐的錢都被他們刮光了、

二 殘酷的暴行

日本兵是世界上最不講理的兵，在武漢隨便毆打人，就是外僑也沒有例外，在街上如有時走錯了路，都立刻要你跪在地上，頭頂石頭，有時甚至開槍亂打，漢奸在這裏最活動了，他們可以隨意在老百姓的頭上加上罪名，如果他說你是游擊隊，立刻憲兵就抓你去，不審不問就給你灌冷水，等你肚皮漲大了，就用脚在地上拋，日本兵在旁邊哈哈大笑，以為樂，有一次，一個名黃永昌的商人，他販賣到鄉下去賣，給日本哨兵檢查出來，硬說他是替濟中國游擊隊的，連人帶貨一起押入憲兵司令部，後來他的妻子再三託人疏通保障，結果日本兵頭目說：要它去司令部領人，這時她帶給買治危險去了，出來之後，由兩個日本憲兵同他們上一個小艇汽船到江心時，日兵突用刺刀向黃胸中刺去，拋到江里，黃妻之后二人輪姦，才讓她回來、

渡江的哨兵、對於往來的婦女經過時必定要她們將全身衣服脫淨、裸身將它們檢查，如果不服從就立刻槍殺，她們倘於患傳染性的病人發現時，立刻活埋或拋在江心、他們使用强力迫逼着苦力作工，無辜犯人們的不准偷跑，替日本人作工的苦力，每天只得二角到三角錢的報酬，吃飯時沒有菜嘅，沒有飯碗，可憐，他們只能用手捧着，或用草帽盛着鑑來餓吃，他們不能反抗，不能逃走，只有在苦難中期待着光明的到來、

三 未死的人心

武漢雖已被日寇踩躪成地獄了，可是在地獄裏生活的同胞們沒有一個不是屬於我們祖國的——他們日夜警惕着祝着國軍的到來，他們每個人的臉上都表現着十分的痛苦，只有在祖國的空軍出動的時候，他們都自然地露出了真摯熱烈的喜悅，無論在哪裏，街心，都擠滿了人，懷着一顆熱誠的心盼望着祖國的鐵鳥來把這些可惡的敵人炸個乾淨，沒有一個人心裏感到提心吊膽而神上唯一的慰藉，他們高興永不忘記的一件事情，當作一次空襲是在×月×日的下午四點鐘的時候，武漢口的敵機被炸回來，剛落飛機場的時候有很多鬼子飛機師去迎接歡呼，正在這個時候我們祖國的空軍也到了，對準目標投下很多炸彈，我們當時高興極了，聽到沉重的轟炸聲，就知道是祖國的空軍來炸敵人了，過了四天，一個空軍司令部的廚工來告訴我們從那一天起每餐吃飯的時候，少了七十六個飛行員，這是多麼令人興奮的事呵！他還告訴我：我們的空軍在武漢敵人嚴密的火網下總能完成任務而從未受過損失、最後他說：「武漢的同胞在水深火熱的地獄中生活，他們的心裏都抱定極堅決的信念，咬緊牙根、忍受痛苦，等待着祖國軍隊去拯救！」——（精忠）

——摘自《华西日报》，1940 年 12 月 1 日

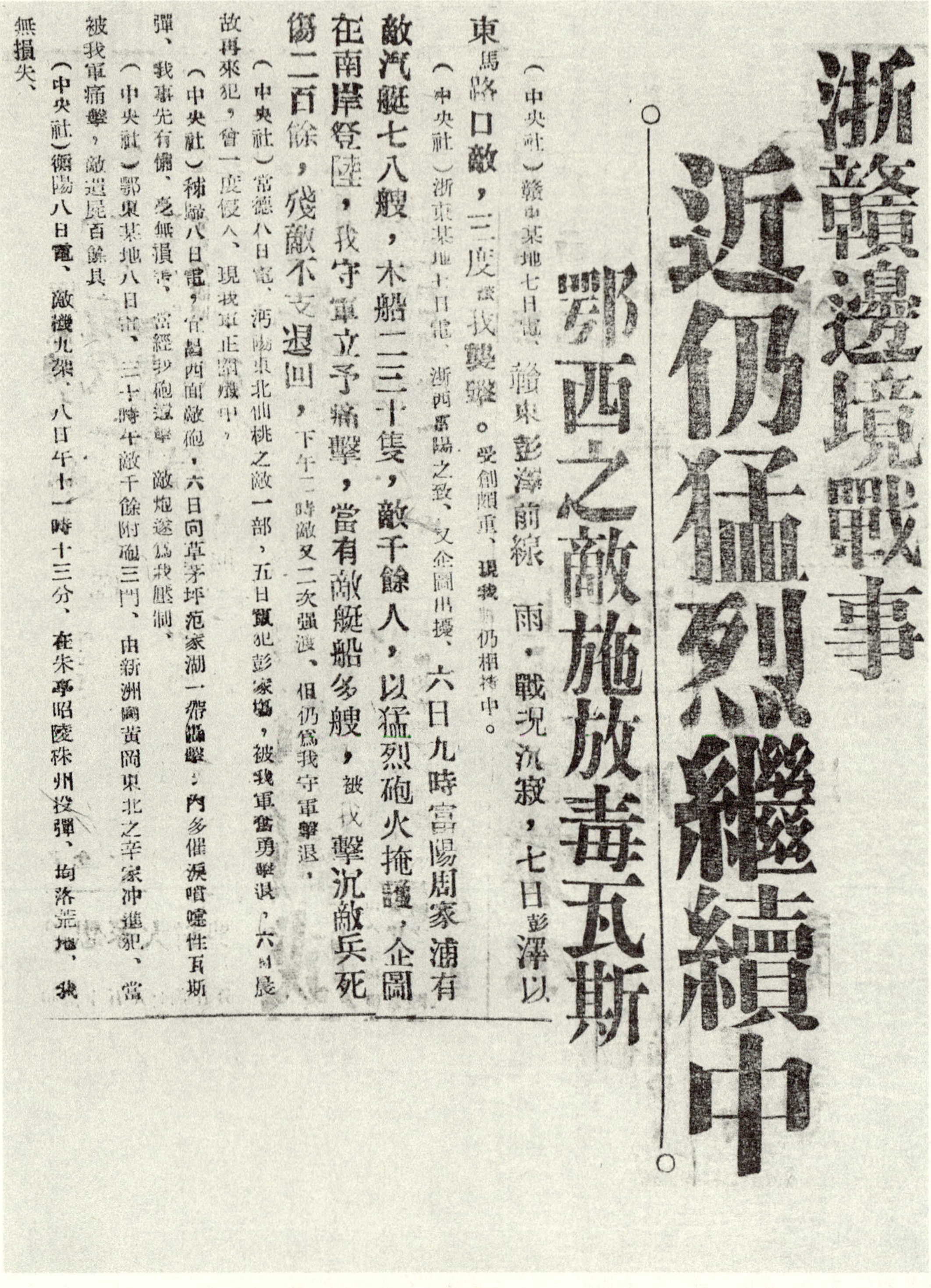

浙贛邊境戰事 近仍猛烈繼續中

鄂西之敵施放毒瓦斯

（中央社）贛中某地七日電、贛東彭澤前線、雨・戰況沉寂，七日彭澤以東馬路口敵，三度犯我雙鐘。受創頗重、現我敵仍相持中。

（中央社）浙東某地十日電、浙西富陽之敵、又企圖出擾、六日九時富陽周家浦有敵汽艇七八艘，木船二三十隻，敵千餘人，以猛烈砲火掩護，企圖在南岸登陸，我守軍立予痛擊，當有敵艇船多艘，被我擊沉敵兵死傷二百餘，殘敵不支退回，下午二時敵又二次强渡、但仍爲我守軍擊退，

（中央社）常德八日電、沔陽東北仙桃之敵一部，五日竄犯彭家場，被我軍奮勇擊退，六日晨敵再來犯，曾一度侵入、現我軍正圍殲中，

（中央社）秭歸八日電，宜昌西面敵砲，六日向草茅坪范家湖一帶轟擊，內多催淚噴嚏性瓦斯彈、我事先有備、毫無損害、當經我砲還擊、敵炮遂爲我壓制、

（中央社）鄂東某地八日電、三十時午敵千餘附砲三門、由新洲圖黄岡東北之辛家沖進犯、當被我軍痛擊，敵遺屍百餘具、

（中央社）衡陽八日電、敵機九架、八日午十一時十三分、在朱亭昭陵株州投彈、均落荒地、我無損失、

——摘自《华西日报》，1940 年 12 月 9 日

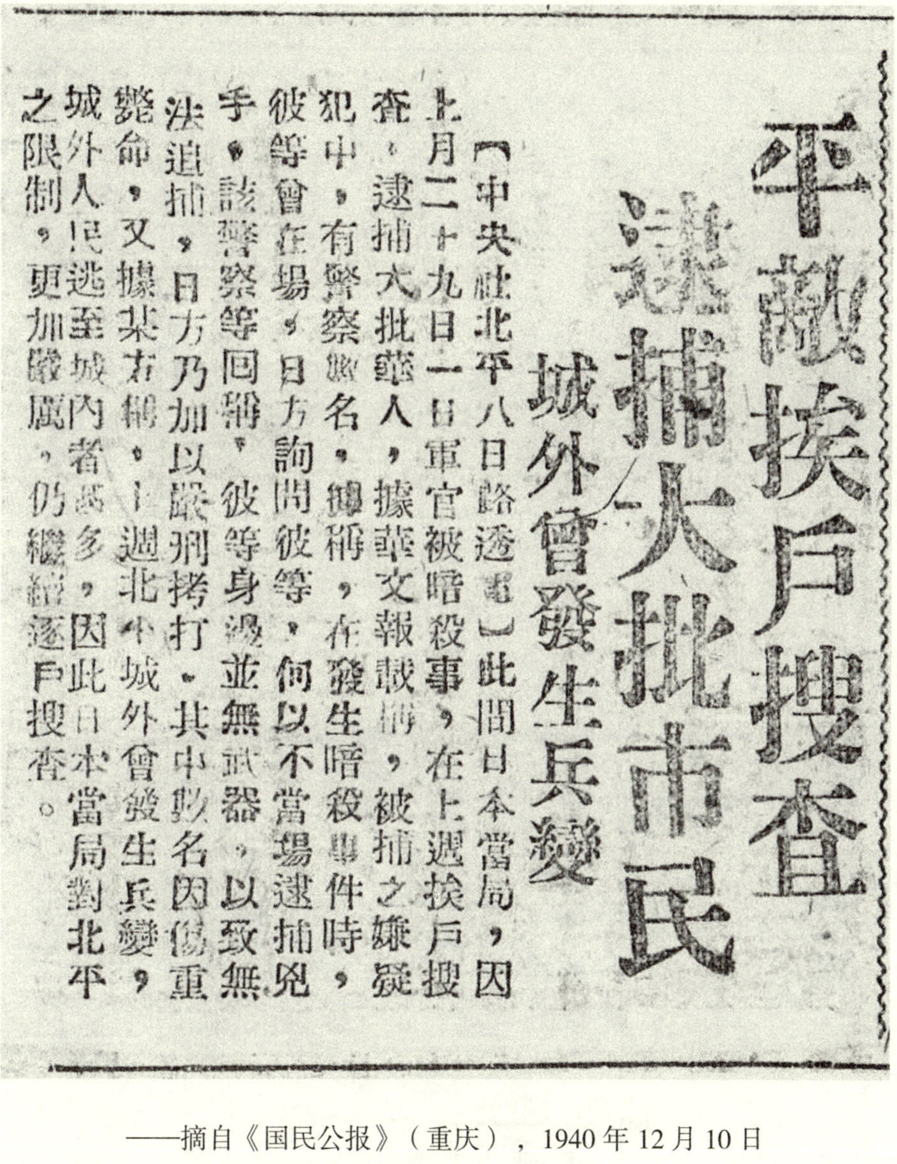

平敵挨戶搜查
逮捕大批市民
城外曾發生兵變

【中央社北平八日路透電】此間日本當局，因上月二十九日一日軍官被暗殺事，在上週挨戶搜查，逮捕大批華人，據華文報載稱，被捕之嫌疑犯中，有警察數名，但稱，在發生暗殺事件時，彼等曾在場，日方詢問彼等，何以不當場逮捕兇手，該警察等回稱，彼等身邊並無武器，以致無法追捕，日方乃加以嚴刑拷打，其中數名因傷重斃命，又據某方稱，上週北平城外曾發生兵變，城外人民逃至城內者甚多，因此日本當局對北平之限制，更加嚴厲，仍繼續逐戶搜查。

——摘自《国民公报》（重庆），1940年12月10日

我軍各綫迭有斬獲
敵寇殘暴施用毒氣
杭州敵工廠被我炸毀

【中央社】[illegible]廿二日電　十八日午[illegible]淮陽敵一部，附砲二門，向東南黃樓隨[illegible]一帶竄擾，經我軍奮勇截擊，混戰一役，斃敵三百餘。

【中央社】洛陽廿日電　晉東南我軍圍攻犯平順敵，往返衝殺，斃敵四百餘，殘敵潰逃，我鹵獲極多。

【中央社】平江廿日電　通山陽新間慈口之敵，十九日在敵炸機九架掩護下，向楊芳林方面進擾，與我激戰多時，負創潰竄。

【中央社】宜都廿二日電　十九日晨敵砲向宜昌對岸西五畜梅溪一帶射擊，另部則向太子崗附近砲擊，內多噴嚏及催淚性毒彈，我軍事前有備，敵不得逞，我並分別還擊，敵砲遂歸沉寂。

【中央社】屯溪廿一日電　皖南我軍邇日襲擊貴池西南白梁樹之敵，予以痛創，又末龍山等處敵先後竄犯×彩山旱石山朱家山等地，均被我擊退，斃敵數百人。

【中央社】金華廿[illegible]日電　杭州拱埠二[illegible]社舊址，自杭州淪[illegible]，為敵利用開工廠[illegible]社[illegible]鉅，本月十五（我某部派隊往襲，先後攀入廠內，當將該廠炸毀若干部，損失約在[illegible]萬元，該廠附近之敵軍聞警趕到，我軍已安然返防。

——摘自《西康国民日报》，1940年12月24日

敵機連襲葵涌
教堂被毀瑞士牧師炸斃

中央社香港廿六日電 日機連日飛擾鯊魚涌葵涌一帶、以廿二廿三兩日最甚、廿二日自上午九時至下午五時分批飛至葵涌投彈五十五枚、毀民房十餘間、死傷平民二三十人、廿三日再犯葵涌、凡十五次、投百餘彈、死平民達五六人、毀民房二十間、基督教堂亦被炸毀、該堂瑞士籍牧師夫婦被炸斃。

——摘自《时事新报》（重庆），
1940 年 12 月 27 日

敵機擾川鄂
成都毫無損失
恩施毀房數棟

中央社訊 昨(三十)日敵機一批九架、自鄂襲川、侵至成都附近、並未投彈、旋即東逸、又一批七架、在恩施投彈數枚云。

中央社成都三十日電 敵驅逐機九架、三十日午襲蓉、經我高射部隊猛烈射擊、該機僅在郊外以機槍向我頁目掃射後東逸、我方毫無損失。

中央社恩施三十日電 敵機七架、三十日午竄襲恩施、在城區投彈數枚、死傷十餘人、毀民房數棟。

——摘自《时事新报》（重庆），
1940 年 12 月 31 日

敵機又襲昆明
同濟大學宿舍炸燬

（中央社昆明五日電）敵機九架，今午襲滇，有三架侵入本市，投彈十餘枚，同濟大學宿舍及螺峯小學均被毀，我高射部隊當即予以猛烈射擊，敵機狼狽遁去。

——摘自《国民公报》（重庆），
1941 年 1 月 6 日

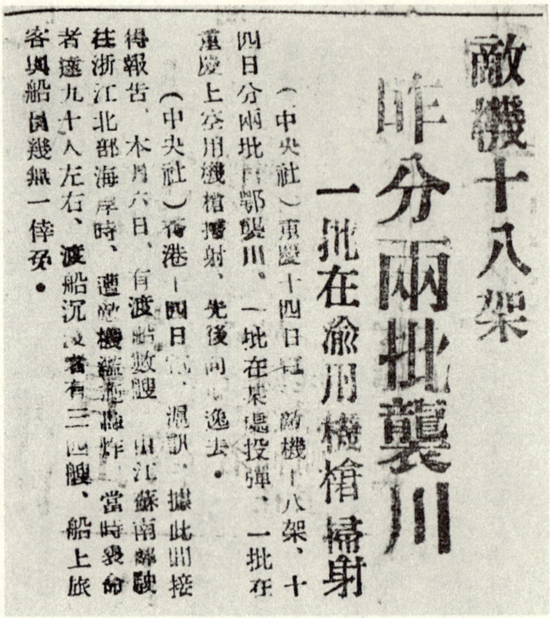

敵機十八架

昨分兩批襲川

一批在渝用機槍掃射

（中央社）重慶十四日電：敵機十八架，十四日分兩批襲川。一批在某處投彈，一批在重慶上空用機槍掃射，先後向□逸去。

（中央社）香港十四日電：渝訊：據此間接得報告，本月六日，有渡船數艘由江蘇南部駛往浙江北部海岸時，遭敵機轟炸，當時殞命者達九十人左右，渡船沉沒者有三四艘，船上旅客與船員幾無一倖免。

——摘自《华西日报》，1941 年 1 月 15 日

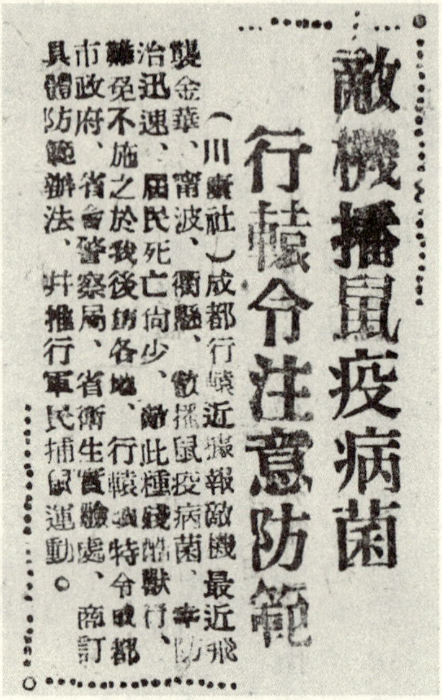

敵機播鼠疫病菌

行轅令注意防範

（川康社）成都行轅近據報：敵機最近飛襲金華、寧波、衢縣，散播鼠疫病菌，幸防治迅速，罹民死亡尚少。敵此種殘酷獸行，難免不施之於我後方各地，行轅特令飭成都市政府、省會警察局、省衛生實驗處，商訂具體防範辦法，並推行軍民捕鼠運動。

——摘自《华西日报》，1941 年 1 月 21 日

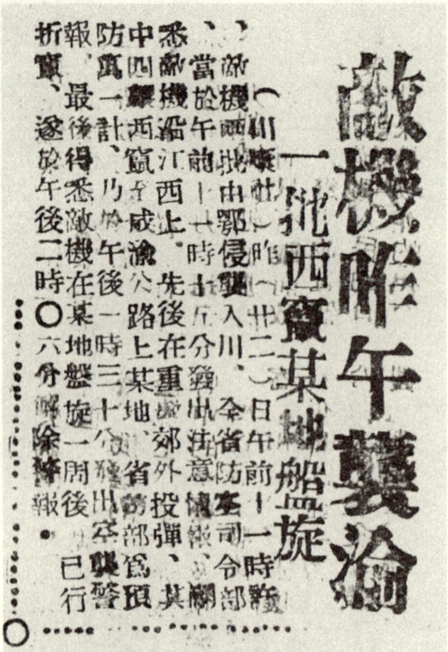

敵機昨午襲渝

一批西竄某地盤旋

（川康社）昨（廿二）日午前十一時發現敵機兩批由鄂侵襲入川、全省防空司令部、當於午前十一時十五分發出注意，嚴密防範。悉敵機沿江西上、先後在重慶郊外投彈、其中四架西竄至成渝公路上某地、省會部為預防窺一計、乃於午後一時三十分發出空襲警報、最後得悉敵機在某地盤旋一周後，已行折竄、遂於午後二時○六分解除警報。

——摘自《华西日报》，1941 年 1 月 23 日

敵在晉西北淪陷區中
又有屠殺新花樣
惡毒不堪聞所未聞足增倭寇「仁風」
利用煙賭妓來麻醉同胞猶其餘事

西安航訊．日軍在中國創造了屠殺人類空前的紀錄．最近他在晉西北淪陷區中又創造了幾種屠殺人類的傑作有時縱然這些傑作．表面上極其仁慈與甜蜜大有合他自稱『王道樂土』『東亞和平』的作風．然其強盜惡毒不堪之行為．終要慢慢地被顯露出來的．茲記述數事．以增寇軍之『仁風』吧．

孩兒換取軍火

．在華北我們早就聽過一種傳說．日軍騙取淪陷區區孩兒．向某國交換軍火．作五種買賣．某國以黷武關係．人口日見減少．不惜滅絕人道．以天眞活潑毫無罪惡的孩童作爲商品．預備將他們一羣變作未來的戰場炮灰．而以屠殺人類毀滅正義一切的軍火作爲交易品．在廿世紀的文明世界裏或許沒有人相信這同事吧．然而日軍在晉西北淪陷區裏正做着這種買賣．當日軍陷了晉西北某些地區後．他竭力想盡方法．收集大批孩童．如創辦新民小學．兒童會．散發糖果召集兒童開會．甚至還有孩兒代養所．在這樣情形下．慢慢地施以欺騙．麻醉懷柔教育．再過了一個相當時期．或者暗地把孩童們運走了．或者公然的說．『讓我們大日本給

你們送到北京天津去念書吧』．這樣一羣孩子們的父母．大都是被當時一點小恩施惠而矇瞞欺騙了的．把孩子們送去念書．開會．但是待日人不准孩子們再同家去的時候．他們謎一樣了或許預測到．孩子們將要遭受到日寇給籠罩上的悲慘命運了．終於有人親眼看見一羣羣孩童被裝進同蒲線車廂裏．謎就也破了．孩子們是永不再同來了．父母們在肝腸欲斷痛恨着不該當初．而一羣羣孩兒們不知覺的驚異着坐上了火車．看見了高樓大廈　又坐着了大洋船在茫茫的海洋裏駛行着『這一羣本來是幸福無比的建設新中國的主人翁．被裝運到再也見不到和平正義的中華民族．這是從天津漢奸及海關人員自己嘴裏露敵出來的事實．這一羣可憐的孩童．於是被日軍作爲向某國購買軍火的商品

了·朋友·你聽見過世界上這樣事件沒有·

訓練毒狗害人

·日軍不但歪曲了利用推動社會進步·謀人類幸福的科學·來做殺人放火的利器·更不消說·將愛好和平正義有理性的人類·變爲魔鬼·就是連一向馴服看守主人的畜牲——狗·也變爲下屠殺人類的利器了·最近在晉西北淪陷區中·日軍除了帶來一種特殊的洋狗·專作狗牢·用來咬死人之外·還訓練了大批的狗·專門準備咬害淪陷區羣衆團體工作人員或我方軍人·其訓練法大略如此·起初以草桿紮人形裹以肉類·外再穿軍衣·令羣狗撲食·或天天命僞軍或他們自已了穿着我方羣衆團體或軍人各色冒服·手中持有肉果食物之類·急於擲向狗前·狗便即撲來而食·如斯繼而慣之·狗一看見穿灰色軍服·便奮不顧身直撲而來欲取其食·再不像平常那種狗搖尾乞求討作可憐相了·因此他們便把狗散在鄉間街市中·倘遇有穿灰軍服者·狗便即撲上來欲取其食·我方工作人員往往不知其故·當狗即撲來時以爲咬人·便或躲避·於是狗更向前撲來眞的咬人了·這一種狗往往是有毒的·被咬之後·定必潰腫不堪·重者或致死命·

强拉壯丁演劇

日寇的毒計·無孔不入·無洞不鑽·他眼紅了見了我們歌詠戲劇宣傳的努力·他也利用了不·他創造了借此機會可以強征壯丁·毒殺人類·日人知道了·在剛被佔領區域內·單單敲打銅鑼·喊叫·召集民衆同鄉是不生效了·不得不費本錢·自排演戲班出現了·這種戲班子每天在日寇佔領地區·僞政權不鞏固期中·借着當地廟台·以禮神或『皇軍與民同樂』名義粉墨登場演出·是否是眞具誠心善意吧·三尺之童現亦以難信·上月間·偏關一帶·曾由大同汽車載壯丁編作僞軍當時民衆知鬼子又出了鬼計·皆不去觀聞·次日鬼子四出下鄉叫喊『與民同樂』『以娛天皇』『愛護民衆』盼望大家來觀戲吧·並按戶通令·不去者重罰·第二次·民衆不得已·到來寥寥數人·老年好奇之輩·當場日寇又施予懷柔·散發糖果·針線·給病人治病·再來宣揚『皇道』一番·于是第三次開演時·觀衆更多於前·幷又懷柔撫慰一番·繼之四次·到第五次觀衆激增於前·於是披上皮衣之惡狐狸終竟顯出他的醜尾巴來·一向不敢出去躲閃的青年壯丁逃避到僻壤之地·見了鬼子如此好待觀者·不妨去觀聞一下·當戲將演完時·戲場四週僞軍已散佈置守·台上突出現了機關槍一架·『皇軍』大聲呼喝·青年壯丁一概留場·年老兒童婦女同去·不服從命令機槍掃射』·這時候·大家都面面相覷·驚慌地知道了·日寇是不會眞的給我們歡樂的·他要殘殺我們的·待年老·兒童·婦女各慌亂走出場以後·留下的便都是青年壯丁·他們的命運則不難預料·

民衆逃避一空

·日人的公平交易·始出賣雇工的事情·原來是如此·日人佔了晉西北靜樂·神池·甯武·五寨以後·便預備要穩扎穩打·好好修築汽車路·企圖縮小晉西北抗日根據地·不過·他是知道了強拉人民修築汽車路是不行了·白天給修了半里·夜裏給你破壞了一里·於是不得不假做僞君子·懷柔一下·今年晉西遭受天旱·收成欠佳·加上地方·土豪乘機屯積糧食·使一般貧民與軍糧發生恐慌·再加上日寇的經濟政策的破壞·使得敵區很多的農民得不到吃了·日人抓住了這個弱點·便誘騙一般貧民·要替他修作汽車路·作滿一天·給法幣一元·這樣一來·許多農民一面爲了窮困·一面被法幣二字誘騙了·因此也眞有不少農民去修築道路·果然二天法幣一元·農民們歡喜異常·數日後知道日寇所發的法幣、全是僞造的·雖然外表印刷和法幣一樣但是內面總理遺像水印·換上了一大日本三字了·民衆大失所望·逃避一空·

怪哉水井冒血

·日軍到了靜樂·神池·朔縣·即調查水源·又要控制九個水井·一面固然想準備當時要自已飲水·與準備向人民抽井稅·另一方面他要九個偏僻地點的水井用作殺死人後埋葬之地·方可以遮蓋『皇軍』不殺人之懷柔政策·據朔縣人士談·日寇在朔縣東門外一個花園里·有二口大井·這二口大井是非常偏僻的·在花園門口有日人看守·不許人民進來·到了晚上專門作暗殺投屍之地·井中屍首差不多都已滿了·鮮血向外溢出·這些鮮血灌滿在這座花園·向四圍流出去·給人們看見了·都驚異着·井裏爲什麼溢血而不溢水·後來大家不久便都知道了·日寇暗殺了我們的同胞·就擲在這里·大家知道後·都莫不切齒痛恨·

以上幾種係日人配合了他懷柔政策的殺人新方法傑作·至於日人在晉西北淪陷區內利用賭場·煙館·妓院·來麻醉·暗殺等手段猶其餘事呢·(一·十五·)

——摘自《星洲日报》（新加坡），1941年1月23日

最近的北平

無辜同胞備受凌辱 均盼抗戰早日勝利

（洛陽通訊）北平故都，文化老城，七七變起，淪爲魔窟，在此三年有半的光景裏，這魔窟都鬧的什麼變玩意？敵區同胞，受到怎樣痛苦？想爲我後方人士所關心？尤其到過北平的人，更是急於知道這些消息，頃有某君從北平來洛，談及魔窟裏的黑幕，知敵區內情形以及淪陷後同胞所受的種種痛苦，晤之甚詳，特披露，以餉國人，以下便是某君的談話：（一）敵區民衆，受敵人的監視，可說是無以復加的，凡男女同胞在十歲以上，六十歲以下，均須拍照相片，向僞警察局登記，領取良民證，懸掛胸前；無良民證者，即認爲土匪，立刻抓去，施以[illegible]、坐火車的，還得請領旅行證，在未開車前、排好隊伍，受敵人檢查後，方准登車，淪陷城市，人民出入城門，不但要受嚴厲的搜查，而且還得向敵衛兵深深地行四十五度的鞠躬禮，僞縣長亦復如此，他們說好聽點，這是尊重軍人，其實則的的確確是侮辱我們民族（二）平漢，正太，道清各路時常被我游擊破壞，每破壞後，鐵軌道木，均行運去，敵人雖在各交通綫設置多少護路隊和障礙物，然至今各交通綫仍爲我游擊隊所控制，說道他本人的情形，因爲連年作戰傷亡及征調使華的壯丁，人口已受到極大的損失，目前已到不能再行征調之程度，據敵國在北平的教育界人說，他國的男女已到了男一女十的比例，除工廠內繁重工作爲男工所作、其餘盡係女子，在保定一聯保主任談話，敵人不但在我國強征壯丁，在保定又強迫征去了五百幼童，運往日本年齡約在五歲以上，十歲以下，其他各處，也有這類事件發生，此種舉動，亦可敵國人力缺之一證明（三）這次到北平，聽說敵國會兩次選派大員與華北駐屯軍磋商如何解決中日戰事、內容多不明白，但據傳出來的消息，是：敵國海軍不願援助陸軍作戰，因自七七事變以來，侵華陸軍，損失甚重，海軍陸戰隊不但大量協助陸軍作，且將其軍需品源源供給，這次美國羅斯福總統[illegible]任，太平洋的局勢，恐日本不能照以前的樣得心應手，於是敵人的海軍準備將陸戰隊撤回，以鞏固它的海防，或者另外作一種向南進攻的姿態，可是我們知道，敵人在中國的兵力，本來就不敷分配，如再將海軍陸戰隊撤回，對於延長萬餘里的戰綫，它的陸軍更無法支持，所以幾個敵酋在平會商的結果，要縮短戰綫，對於南京僞組織，促使漢奸汪精衛正式就任僞府主席兼行政院長，將來或在索性就把[illegible]國的事情交給汪逆精衛去處理，自己

我個下台的辦法，對國際上可以敷衍一下面子。（四）北平僞組織最高機關，大家都知道是華北政務委員會」，以前是漢奸王克敏任委員長，他的後台老板是敵酋喜多，現在喜多被調回國，王克敏便失了靠山，可憐的漢奸政治生命也就完了、其實，王本人已經發了大財，倒不幹也好像滿不在乎，僞考試院長王逆揖唐，一上台後，就飛到倭國去請訓，他於十二月十三日回來了，發表談話一味說些：「敵人舉國上下，對於中國極表親善」的鬼話，其次是僞治安部漢奸齊變元，充任僞治安督辦他組織的治安軍員稱六個集團，其實只有六團人，裏邊還參加了許多日本軍官、齊變元走的是敵酋小林的門子，新近小林[illegible]國，敵人馬上就要改編他的治安軍，不令他單獨練兵，自然也談於着他們寡、齊變元着急了，急忙跑到倭國去運動，再次是僞北平市長兼警察局長余逆晉龢

，這兩個機關，完全在敵人的掌握中，余本人連撤換一個職員的權都沒有，只冤枉他帶了一頂汗奸帽子，聽說這些汗奸大老們，吃了日本人些味道，現在也感到亡國的痛苦了，好！看他們將來的良心表現罷，（五）敵國軍官調來中國作戰，都存着發財的心理、會作出不少的貪汚案件，屢次撤換的敵酋，大多都是爲着貪汚發財，像敵綏西五原的失敗，負責敵酋報銷軍資一千萬元，其國政府未予批准，並責其不應當西進，致遭失敗，有玷聲譽，該敵酋對此大不滿，他的政府，這也是敵人將來失敗的一個原因，（六）北平敵軍官，有一大佐及中佐，十二月一日午前十鐘、騎馬偕往北城鑼鼓巷，驟被刺客發槍狙擊，兩敵當場斃命，乘馬并被擊死，於是了不得！！逮捕！逮捕！逮捕民衆兩千餘人，拘留敵憲兵司令部，嚴刑拷打，追問兇徒，即此一事端，亦可見敵人之統治力量，和我無辜同胞之橫遭凌辱了，那裏的人民，痛恨敵人，深入骨髓，極盼祖國抗戰，早日勝利，重見天日。

——摘自《国民公报》（重庆），1941年1月27日

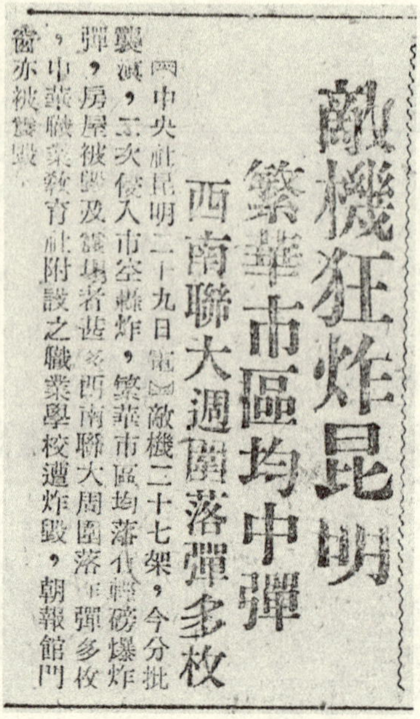

敵機狂炸昆明
繁華市區均中彈
西南聯大週圍落彈多枚

【中央社昆明二十九日電】敵機二十七架，今分批襲滇，三次侵入市空轟炸，繁華市區均落有重磅爆炸彈，房屋被毀及震塌者甚多，西南聯大周圍落下彈多枚，中華職業教育社附設之職業學校遭炸毀，朝報館門窗亦被震毀。

——摘自《国民公报》（重庆），
1941 年 1 月 30 日

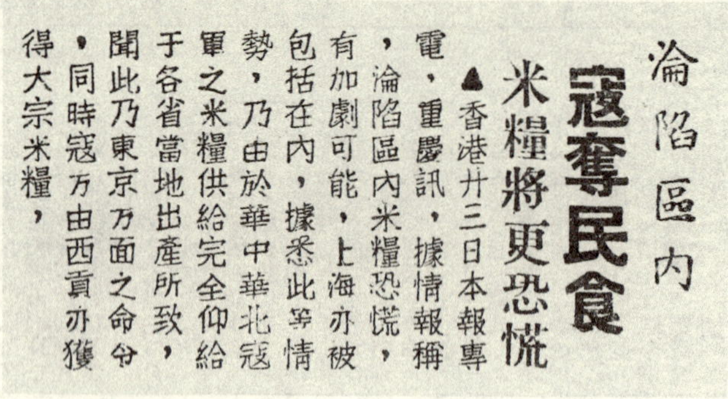

淪陷區內
寇奪民食
米糧將更恐慌

▲香港廿三日本報專電，重慶訊，據情報稱，淪陷區內米糧恐慌，有加劇可能，上海亦被包括在內，據悉此等情勢，乃由於華中華北寇軍之米糧供給完全仰給于各省當地出產所致，聞此乃東京方面之命令，同時寇方由西貢亦獲得大宗米糧，

——摘自《星洲日报》（新加坡），1941 年 2 月 24 日

汕敵禁米入內地
淪陷區餓殍載道
潮南吃草根者日凡數百
歸僑萬勿輕易返淪陷區

（興寧快訊）記者頃晤由東前線返抵興寧之第某挺進縱隊某長官，談及潮汕淪陷區情况頗詳。據稱潮澄兩地稻田絕少。淪陷後米糧仰給於汕頭。去年十二月間。汕頭日軍禁止米糧入內地。潮澄兩地米價益高貴。現每担售國幣一百二十餘元。人民有錢者亦無從購買。潮安以南一帶食草根者日數百人。因之死亡者每日卅餘起。澄海方面。搶米之風甚熾。至柴薪一項。一元國幣。僅買得枯木五斤。故所有各鄉草木均已被斬伐一空。其他物質。亦甚缺乏。因此民多挺而走險。是以盜賊蠭起。富有之家常被洗刦。近益變本加厲。在各交通要點及日軍防地。亦有公然搶刦情事。潮南一隅。且有白日行刦者。各鄉村幾全為盜賊所佔據。據調查所得。匪類在淪陷區大小有八十餘幫。潮安有四十餘。澄海卅餘。菴埠十餘。且有完密組織。更與附日『保安隊』有聯絡。其中數批由南洋歸國華僑。曾被綁刦。現挺進隊已呈省府。勸海外歸國華僑勿輕易返淪陷區。致遭損失云。

——摘自《星洲日报》（新加坡），1941年3月6日

敵機狂炸
荒涼滿目

專向我廣大村莊，作無目標的濫炸。這是敵機的唯一能事。據調查統計。僅桑浦山山麓。慘受敵機荼毒的鄉村。大小不下五六百個。死傷無辜鄉民達五千餘人。炸毀民房祠屋二千餘間。這筆血債。是深深地印在桑浦山周圍的每個不願做亡國奴者的心坎裏。他們憤恨。他們悲痛。他們咬牙切齒地握緊拳頭。準備着與敵軍清算這算血帳。記者所到每個村鎮。都有敵機轟炸的刦痕。砲台早已全成瓦礫場，其餘災情重者。全鄉被毀一半以上。輕者也毀民房三五十間。敗瓦頹垣。觸目皆是。死者血跡依稀可見。血汗財產。倏忽化成灰燼。無論男女老幼。莫不詛咒暴寇。月前有一架敵機。照例飛到砲台窺伺。因機件損壞墜地。當時在田裏耕種的農民。都荷鋤執鐮蜂擁上。把敵機師殺死。縣府據報。急忙下命令把殘機繳上去。否則怕也被粉碎的。現在民衆已能自動加緊注意防空了。

——摘自《星洲日报》（新加坡），1941年3月7日

容奇敵軍「掃蕩」霞村

（順德）容奇敵軍，爲保護大良公路運輸，乃派廿餘名駐紮內頭車站，並佔據前省營蔗糖廠，囤藏粮食及軍用品，現容奇已成爲敵軍運輸中站，救濟江會，中山各處之軍備，均由容奇給養。而沙頭之敵軍時被我潛伏馬崗，沙頭，霞村，之挺進隊余日吉部襲擊，予敵以重創。二月二日容奇敵軍據報霞村鄉內有游擊隊百餘人。由某地開到。似有向大良容奇出動企圖，於是日下午五時許派出敵軍百餘率同「聯隊防」等共二百餘人。馳抵該鄉，亂槍向村內掃射。隨即衝入村內大肆搜索。所有鷄鴨穀等悉被搜劫一空。在金龍坊綁去壯丁五名，至深夜八時始竄返容奇。

——摘自《少年中国晨报》，1941 年 4 月 6 日

粵載

台山失陷經過慘狀

△侵台日軍千三百餘人

△全縣損失不下數千萬元

本報昨接香港永盛祥號黃盛世君報告台山邑事之飛郵一通，並寄來三月廿七日香港循環日報所載「台山失陷經過慘狀」新聞一則，述台城失陷之始末甚詳，茲錄之如下。

台山失陷各情已略誌本報，此次日軍分兩路攻台。一路約七白餘人，由廣海三夾口登陸，經斗山冲蔞直入台城。一路約六百餘人，經新會陳冲在公益水口登陸，攻入三埠。計台城由三月三日失陷至十日止，被據七天，三埠由三月五日晚被佔一日夜，造成空前慘劫，全縣損失不下數千萬元，茲將詳情分紀如下。

▲台城浩劫　三月三日晨，日艦三艘，駛抵廣海海面。用汽艇廿餘隻，分載正式日軍□百餘人。台灣籍兵三百餘名，赤溪土匪百餘名，馬十餘匹，共約七百餘名，身穿黃衣，由飛機數架在空中掩護，七時半，由南灣登陸，直入廣海，肆意搜掠，當地紳耆陳匡秀等，曾率壯丁，向日軍襲擊，日軍大部乘小艇駛入三夾海口登陸。是晨十時，台城電話，只通至四九墟，廣海斗山電話不通，且有日機在台城上空低飛偵察，市民乃紛紛走避，旋日軍佔斗山市。搜掠片時，即由奸徒引導，經冲蔞墟沿台海路，直向台城進犯，用馬拖帶小鋼炮數挺，以機槍隊爲先鋒，是時天雨，道路泥濘，沿途鄉民，仍誤以爲我軍調防，日軍徒步至紅嶺時。在該處關食餅乾充飢，縣府林科長威原，赴斗山指揮。適與日軍相遇，即折回縣城報告。三日午。縣

府政警隊，曾在南門及珠峯山頂佈防，自衛團及警察，則分在東門紗帽山。及台海路洗布山佈防。下午四時，日軍抵南門，用機槍鋼炮密襲。我警隊略爲抵抗，卽向城西退却。據聞黃縣長曾在農場指揮，七時許離城時，跌傷足部。日軍入城後，卽分頭佔據台城各山崗，趕築炮位，防我反攻。至晚上七時許，大批日軍始開入城內，靴聲不絕於耳。日軍先以台中與台師爲駐兵處，隨卽以縣政府爲「皇軍」司令部。並在城東路、縣前路、正市路、台西路、革新路、東華路、通濟路各街道兩旁騎樓下，裝置土黃色電話綫。夜間，各山崗日兵不斷施放無彈大炮，震耳欲聾，虛張聲勢，并以壯胆。翌（四日）晨，日騎兵二百餘，由斗山冲蔞關抵台城，搶運穀米麵粉及鋼鐵鉛錫等礦產原料。天光放明，日軍撬開台山省銀行及光東書局鐵閘，大施搜索，又向大同報社址投擲手溜彈五六枚，營業部全被炸，各職員衣物被搶劫掠一空。此外電話局電報局亦被敵毀壞。是時日軍三五成羣，四出騷擾，撬鐵閘，撬樓脚，樓廚房厠所，亦被搜索與踐踏。如遇見我未能脫逃民衆，卽寫「寶物金錢」四字以示，索取財物，并隨意搜身，舉凡幣劵、鐘錶、水筆等値錢之物，無不被奪。隨即敵大擧拉伕，不論老少，一律拉充苦力，或替日軍由台城扛搬糧食往冲蔞。或替敵燒茶煲飯。各店戶所存之柴木油鹽及鷄鵝猪狗，盡行以手車拉回縣政府、台中校舍、台西路林夏屏醫務所、革新路小廣州茶室各處囤藏。同時敵又在通濟路口、革新路中、台西路青年會附近、縣政府周圍及各僻靜街巷，均佈鐵線，不准行人通過。通濟橋上架設木樓椅，并有日兵强迫民衆，挑擔磚石，在通濟橋頭西南茶樓路口等處，叠築機槍炮壘。入夜，敵將一班夫役，驅回太平戲院與中央茶樓內過夜。五日，又有日軍百餘開抵台城，敵不時發炮，向附近各村示威。白水鄉更樓及民屋數間，被日軍轟塌。日軍又在城內及附近鄉村大擧拉伕，共約千餘人。分隊分班替敵運輸。其被拉充當伕役者，不少深明大義，不替敵人做工，於半途中紛紛逃走。其脫逃而復被捕捉者，連續做工五六日，方有機會逃走。查敵除拉夫運輸外，復以馬隊運輸，全城馬隊約二百餘匹。每日早晨六時許出發，至晚上五時返城夜宿。以縣前路兩旁騎樓爲馬房。在街中生火取煖。并在正市路放火、公

[illegible]全部焚燬，火光燭天，日兵哈哈狂笑，引以爲樂。慘絕人寰，竊竹[illegible]。以上所述，不過僅擧數端耳。又查昨（十日）日軍潰退台城時，在通濟橋附[illegible]有一年約十七八歲之女學生，於台城陷落時因走避不及，被日軍擄獲汚辱。查該女生因驚慌過度，已神經錯亂，沿街狂奔，現由長沙鄉後方服務隊發覺，帶回女師附小，該隊難民施療處施療，又據該女生自稱係台山大江人，父名雷[illegible]某云。

▲拾埋屍體　查此次敵騎蹂躪台城，被害男女同胞數不勝計，自三月十日光復台城後，各界卽組善後委員會派出幹員帶同拾埋隊，分赴台城內外，已先後檢獲屍首二十餘具，放在北門中醫院附近，聽候死者家屬前往認領，倫自佈告後三天內，各該死者家屬仍未到領者，由會備棺木代爲拾埋，以資善後，昨十一日佈告週知。

▲槍决奸徒　此次日軍及附敵軍由斗山[illegible]關進台城，[illegible]竟有喪心病狂之奸徒，於台城陷落後，爲虎作倀，經我[illegible]勇[illegible]士協助擒獲，於本月十日將台城包圍，台城光復，并清查奸究，查清[illegible]類，曾經[illegible]指奸徒馮[illegible]、陳紹[illegible]、曾德、陳煥振等四名。於台城陷落時附敵肆虐有據，經審訊明確，[illegible]供不諱，第七挺進縱隊司令部乃於昨（十一）日下午五時三十一分，將其驗明正身，押赴刑場，執行槍决，一時人心大快。查馮九，五十九歲，順德人，住台城桔園路，以賣[illegible]老吉涼茶爲活，陳紹傳十八歲，六村鄉人。曾德，卅四歲，上閣鄉人。陳煥振，卅二歲，六村鄉人。（未完）

——摘自《少年中国晨报》，1941年4月8日

敵機廿七架
昨襲昆明

（中央社昆明八日電）此間自二月廿八日遭敵襲後，已月餘未發警報，今午敵機廿七架突又來襲，防空部根報後，於十二時十五分發出空襲警報，敵機於一時十五分侵入市空，於高空投下輕重磅炸彈及燒夷彈，市內三處起火，民房被毀者多棟，英駐滇領館及英教會育嬰堂紅會總會辦事處等亦被波及。

——摘自《华西日报》，1941 年 4 月 9 日

粵戰

台山失陷經過慘狀（二）

▲縣府佈告 台山縣政府即發出佈告云。查此次敵人乘我不備，闖進台城，現經督飭團警暨發動各鄉壯丁，於三月十日將敵人擊退，并把台城收復，惟查各機關所有公物，蕩然無餘。如有收存者，限三日內送由本府查明發落，倘敢玩違，一經查獲，即予從嚴懲處，決不姑寬。合行佈告，仰各凛遵毋忽，切切。此佈 中華民國三十年三月十一日。縣長黃[illegible]光。

（又訊）敵軍此次圖犯台城，各機關社團及各公務員原有槍枝子彈服裝公物，每有散落民間，或縣以棄職先復，而應須回應用。縣府爲此昨日特佈告縣民一體知照，如有前項槍枝子彈服裝器物遺落，限十日內報繳縣府，并由縣府酌量給回保管費，倘逾期不報，一經查獲，即以匪論處，如敢私擅買賣，即買賣同罪，決不寬貸云。

▲學校損失 台城此次遭受敵蹂躪，復被無賴地痞乘機搶掠。不只各舖戶住戶財物洗劫一空，即各文化機關遭受摧殘亦極慘。查台中教職員學生棉被衣物書籍及學校傢俬均無餘存，圖書館及理化儀器室亦被搗毀，辦公室、及課室傢俬失去大部份，凌亂不堪。該校黃校長熾芸，經率同教職員於昨十一日返校，整理一切。又台師課室傢俬、及宿舍木板，大部被敵軍焚燒生火取煖，衣被糧食書籍儀器被劫一空。李校長青蓮亦於昨日返校整理。至女師傢俬雜物一切被劫，教員及員生衣物幾一無所存。其餘任遠、居正、培英、育英、栽華、尚賢、敬修、寶用、紹熊、台英、立群及各小學，校具教具及員生衣物損失亦甚大。各該校當局及各教職員亦多已回校辦理善後。栽華學校中座復被敵軍炸毀。一切機件及材料均被毀壞，獨廣大校舍均保存，無重大損失。又居正紹熊兩校辦房，均有將六十 留校看守 亦被殺害云。

▲劫後狀況 台城淪陷一週，被敵洗劫一空。敵潰退後，復被城內及附城各鄉地痞潛歸搶掠，故現台城內糧食及日常用具非常缺乏，各商店一時未能恢復營業。市面只有十數檔小販賣蔬菜，惟價錢奇昂。查豬肉每斤售國幣三元，海鮮每斤三元六角，雞乳每盅七角，米則無處可購，故市民回城，務須自備糧食及棉被與其他用具，方不致食無米睡無被。又查道全茶室及小廣州飯店，定十四日復業云。

▲三埠實情 五日下午一時，敵軍深入犯我三埠，廬墓爲墟，物資被掠，壯丁被殺。長沙方面敵軍退出後，幸得樂副司令立刻由後方趕到，率同古貴長煌周隊長灼以及杜澄波羅專鄉團隊，力行維持秩序及撲滅火勢。新昌方面，亦同時由陳所長松朝十八區黨部書記等糾合所部維持秩序，及舉行肅清奸宄，撲滅火勢，搜索盜匪所盜贓物，交新昌商會保管待領。惟荻海方面，無人依時負責，致成燎原。查敵軍初犯三埠時，即紛向未及逃者索取銀幣，無一倖免。最慘者厥爲荻海東河圖存染紙店東洪某，身懷國幣千餘元，爲初遇之敵兵搜去，及至第二次進犯時，因無錢應付，即被慘殺。荻海醫生馬曾存夫婦兩人被殺，其餘看守店舖之壯丁，被拉充夫役，工作完竣後，即被慘殺四十餘人。將被害者屍首棄於荻海教堂前。又一卅餘歲少婦被姦斃，將該婦屍身棄於新昌尾。三埠內同胞身上所懷銀幣，均被劫一空云云。（完）

——摘自《少年中国晨报》，1941 年 4 月 9 日

▲香港惠陽商會報告敵蹂躪惠陽寶安慘狀

三藩市崇正會會長黃如華，昨接香港惠陽商會來函，報告前月敵犯惠陽寶安經過情形甚詳，茲錄原函如下：

逕啓者：本年（一九四一）即農歷正月初九日（舊曆），敵人發動步騎兵約九千人，併動機二十餘架，分三路向惠陽寶安進犯：一路由深圳沿沙深公路犯橫岡坪山；一路由澳頭墟岡登陸犯淡水；一路由大鵬登岸犯王母墟葵涌，不旋踵而墟岡、澳頭、淡水、橫岡、龍崗、坪山、大鵬、王母墟、沙魚涌、葵涌等處，先後淪陷。我惠陽寶安最精華之區，遂全部落於敵手。此次日人進兵，係先將惠寶沿海邊港路線一（鹽田大鵬沙魚涌）一佔據，然後分途進犯。我聚居淡水、澳頭、墟崗、坪山、龍崗、大鵬、葵涌、王母墟之卅餘萬民衆，當時盡被包圍，無法衝出，故損失之大，犧牲之重，實空前所未見。當敵蹤所至，先則劫掠姦淫，繼則焚燒屠殺，財物穀米貴重器具，則盡量用騾馬背負落艦，其笨重不便輸運者，則縱火焚燒，火不能燒者，則擊而毀之，務令片瓦無存而後快。其尤慘者，到處搜索婦女強姦，即十一二三歲之女童，及六七十歲之老媼，亦幾無倖免，雖野蠻之生番，無此殘暴，山澤之猛獸，無此兇狠。事變以來，各鄉之壯年男女，冒風雨，忍飢寒，相率逃入深山窮谷以避者，數逾萬衆。然日人猶苦苦相迫，時時派隊搜索，間有未能搜獲者，則用機關槍向森林掃射，雖民不死於姦淫燒殺，亦必死於槍林彈雨，嗟嗟，吾民何辜，遭此荼毒，此誠古今中外未有之慘史也。

現查日人在橫岡、坪山、澳頭至淡水，沙魚涌至叠福、大鵬至王母墟一帶，强拉民夫約萬人，修築公路，并在公路兩旁高山，建築砲壘數十座，窺其舉動，似有久據，以圖截斷粵港交通線之意。至此次被燒之數目，難民死亡之多寡，在日前日軍戒備森嚴之下，尚難確實調查，但據逃港難民所述，則橫岡之竹篙，龍村，旱塘村，溪上之大窩，坪山，子下之新塘，與及坪山墟之沙壆村，澳頭之小桂、后福徑、金肚龜、淡水之石橋、濕塘、布塘尾、桅杆嶺、沙坑梓，與及龍崗墟附近之鄉村，均已遭火或竟全村被燬，則毗連公路鄉落之碉樓，亦已被焚過半，難民之死於路旁無人埋殮者，觸目皆是，似此情形，恐鄭俠之流民圖，未能形容其悽慘於萬一也。

（未完）

——摘自《少年中国晨报》，1941 年 4 月 10 日

▲香港惠陽商會報告敵蹂躪惠陽寶安慘狀（續）

本會現爲拯救困在內地山嶺，及逃亡新界之被難民衆起見，（難民逃入新界者，計有澳約二千人，沙頭角附近約二千五百人，平湖約八千人）經已設法分別資賑，惟災區遼闊，難民衆多，杯水車薪，所補無幾，且縱橫百里之地，牛隻牲畜，悉被宰清，農具穀種，盡遭燒燬，將來綏撫流亡，辦理善後，需款尤鉅，自非擴大勸募，未足以收救濟之效，所冀海外僑團，善長仁翁，念鄉邦之浩劫，慨慷解囊，憫民衆之流離，踴躍捐助，則卅餘萬水深火熱之災黎，感德寧有涯涘，迫切陳詞，伏維垂鑒。金山崇正會會長黃如華暨列位同鄉先生公鑒：

僑港惠陽商會會長李彥彬　副會長曾榕　張季民

中華民國三十年二月十日

——摘自《少年中国晨报》，1941 年 4 月 11 日

滬市敵軍奪取美商汽油

（中央社）上海十三日電、此間美領事聲稱、德士古公司對於日方在吳淞口外扣留法商所有而在英國登記之船隻一艘、載有美商所有汽油一千四百噸之事、正予注意、據可靠方面消息、日方於美領提出交涉後、已將輪船釋放、惟汽油仍被扣留。

（中央社）香港十三日電、滬訊、英商碧老臣洋行經理之法商輪永貞號、於九日下午裝載美商德士古火油公司之汽油一千四百噸出口、在吳淞口突遭敵海軍扣留、將汽油全部卸下、運入敵軍倉庫、予以沒收、該輪經英領交涉、十二日已釋放、惟被沒收之汽油約值一百萬餘元、德士古公司已呈報美總領請求交涉發還、美總領對此正詳加調查、以便提出抗議。

滬敵斷絕虹橋區交通

（中央社）香港十二日電、滬訊、十二日上午八時許、滬西虹橋路交通突被敵軍阻斷、禁止行人車輛來往、據悉、該處有大批敵軍作軍事調動、向前線增援、迄午猶未開放。

——摘自《华西日报》，1941 年 4 月 14 日

▲寶安第五區被敵蹂躪籲請籌款急賑函

三藩市寶安社僑梓接大興災函略謂寶安五區僻處海邊陲地勢瀕海。自我抗戰軍興，泳葵交通變成國際運輸樞紐，全區敵敵覬覦，肆意轟炸。詎知變分兵進佔鴨涌，攫我泳葵孔道，鐵蹄所至，廬舍爲墟，民間細軟，沖入敵壑，衣物當街焚燒，婦女無分老幼，十歲女童，六十老媼，皆受輪姦之辱，七十老翁，迫任扛抬之役，稍不如意，先棍後殺。手無寸鐵之鄉民，避敵兇鋒，狼狽逃入山崗，身無禦寒之衣，食無隔宿之糧，乃敵詭計變本加厲，竟於三月三日以良民証誘招民眾回家，難民不察，相繼回城者數千，詎知厥後一二日，獸行復發，強姦如故，有妻室者，不許關門，夜則輪姦其妻，日則迫夫擔運。所有民宅棟樑，盡拆以建碼頭，磚石樓宇，踞作兵房，及屯貯糧食等，除建築碼頭外，又令壯丁挑掘戰壕，大有久居之勢。至難民之集中，多赴沙洲，數幾乙萬，港府令建營房，始准難民寄足，計一營座可容難民五百，每座津貼港銀四千，另每難民月食港幣六元，悲痛矣哉，吾民何辜，內受強敵摧殘，外無保命之術，慘象至此，信爲亘古未有之浩劫。同人等讀罷鄉閭烽煙，軫念被難同胞，爰組斯會，設法急賑，舉凡同鄉友好，素篤仁不讓，竭力輸將，使其黎庶得拯救之惠，實深拜禱。寶安第五區海外華僑駐港義民救濟會名譽主席幸耀榮，主任何有香，副葉盛枝，凌月卿，委員蔡寶田及全體委員十六人上

——摘自《少年中国晨报》，1941 年 4 月 14 日

倭寇偷運鴉片輸閩各地

國際社福州通訊：敵人軍事之進攻統歸失敗，政治之欺騙又不可能，因利用我一般莠民，推銷仇貨，以吸收我經濟，散布病菌，以殘殺我同胞，造謠吹噓，以破壞我統一。一切奸謀詭計，敵人無不使盡用竭，敵更深恐我禁煙毒成功，民族素質加強，抵抗力量增進，故特加緊施行其一貫的毒化政策。近因我禁煙年限已屆，陰謀破壞我禁煙計劃，除在淪陷區內強迫種植罌粟，誘惑民衆吸食，金廈兩地煙毒，由敵僞設局公賣，三步一燈，五步一毒窟，比櫛如鱗。近敵更勾結內地不肖之徒，設法偷運銷售，日前敵由台灣運到大批鴉片，并由僞公賣局長林逆滄川向敵方建議，以滿衆履僞府經濟支絀，請求分出一部已製成之烟膏一萬兩，在閩省各地發售，且已商得敵方同意，準備以該項鴉片，囤積浯嶼。按照其擬定計劃之路線，分由一、由澄海縣之島美鄉登陸，運往漳州各屬銷售；二、經惠安崇武鎮向惠北各處推銷；三、在南安四區的蓮河，分別運至泉屬各地；四、由浯嶼運往南日島轉在蒲田以南之僻處，竄銷閩東閩中閩北。至其偷運方法，仍運用走私帆船及各交通船，秘密分次挾帶。每兩售價七十元，收入完全供作漢奸活動之用。至此項煙膏，裝着於圓形銅盒中，上面印有「獅標」及「王頭」等嘜頭。與亞細亞廈門聯絡部並派僞醫院長佐厚野，僞翁間宮鈴村，僞市政府亦派台奸陳錦復，林木土等協助工作。此種毒計，早經我閩省當局洞悉，滿衆已破獲數起云。

——摘自《少年中国晨报》，1941 年 4 月 17 日

敵犯台開戰事拾零

一，此次敵軍由廣海登陸進犯台山，據私人及各方消息。我團隊在城南𤃩湖抵抗甚烈，玉懷村被焚，敵犯台城沿台荻路進犯荻海之敵僞軍，與我軍戰於潮境附近「支路口」，聞亦有數村被焚。

二，台山屬海宴白沙等區，始終未爲敵騎踏入，惟白沙區因我敵於潮境附近「支路口」作戰甚烈，秩序不無騷動。

三，台城失陷，物資損失甚重，據各方估計，囤積於廣海待運之貨物，所值不下港幣千數百萬元，以公益米機損失最大，被掠去穀石十餘萬斤。三埠方面，因爲西北江目前貨物轉運之樞紐，貨物之存積，當在廣海之上。除一部分已疏散者外，聞被敵軍劫奪運往江門者。計「牛牯桶」船百餘艘。（此訊經江門來客證實）

四，香港僑團當敵軍由廣海登陸時，曾致電向四邑當局探詢真相，始終未有回覆，即至現在亦祇有私人電訊報告。

五，三月六日敵軍急攻三埠時，有敵機數十架在空中掩護，輪迴向各市鎮轟炸，開平之樓岡，表海，羊橋，蒼城，赤坎，三埠（長沙新昌荻海）及台山屬白沙，均有落彈，聞以三埠赤坎損失最重。

六，據由都斛間關來港之難民言，當敵軍到達浮石時，強迫該村交出壯丁二百名，婦女二百口，該村團隊起而抵抗，敵憤無可洩，派機轟炸，聞燬民房頗多。

七，聞敵軍當準備進犯台山三埠時，在江門拉夫數百名，隨軍運往三埠，爲其搬運奪掠我方之物資。據其中被拉往三埠返回江門者言，彼眼見敵方用汽艇八九艘運載敵軍死屍返江門，足見我方當時抵抗之猛烈。

八，聞敵軍進犯荻海時，係由當地落伍軍人余□泉作嚮導云。

（九）據由新會逃出抵港之難民稱，我軍確已克復台城。現自三埠以上新開路線一帶敵軍陸續退至江門，新會城，此次敵軍進犯台山，所經各地鄉村，蹂躪備至，尤以新會之興和市及大澤兩墟受害最烈，大澤墟經三次敵軍之劫掠，全墟已夷爲平地，興和市現已無一片淨土，斷牆頹垣，觸目皆是，現日齊集於新開線各鄉村之難民數十萬人，待救孔亟云。

（十）斗山莘村有麥姓商人二名，三月十一日由斗山經都斛來港，據稱，彼等共八人一同走難，中有六人被殺，廣海斗山一帶敵軍仍未撤退，連日強迫鄉民趕築公路，似欲久踞意，廣海海面仍有敵艦灣泊，斗山附近麥李白甄各姓鄉村，被赤溪土匪數百人，乘機搜劫一空，鄉民略與抵抗，被殺傷甚多云。

（十一）開平赤坎商民譚某，三月七日逃難來港，據稱，當赤坎緊急疏散時，司徒關兩姓僑惹，乘機互相搶掠兩方商店。多被搶劫一空，白沙方面，因黃馬兩姓聯防，維持秩序，損失較少云。

（十二）四邑最近專訊，敵軍進犯三埠時，荻海埠商店被焚在八成以上，新昌商店被焚亦有三十餘間，長沙較爲略少。又敵軍陷台城後，派隊駐守四山仔，夜間烘火取煖，紅光燭大。爲我軍周漢鈴部所見，刻即包圍猛攻，斬殺二百餘名。又赤坎商民在緊急疏散時，僱艇載運逃走，每隻索用國幣數百元，仍求過於供云。

——摘自《少年中国晨报》，1941 年 4 月 17 日

荻海被焚慘狀續聞

（台山）查新昌，荻海，長沙，原爲四邑各縣精華所在，商業繁盛，舖戶甚多，交通利便。自敵軍進攻台城廣海以後。直趨三埠，各地墟市及繁盛地方，均爲敵軍佔據。我軍於前日分路夾擊收復以後，敵軍在三埠所駐時間甚暫，事後調查，荻海一地，所有舖戶，被敵軍放火焚燒，被燒燬者約有九成以上，所餘完整未燒之屋宇，祇剩七十餘間，故荻海難民至多，長沙方面被燒去舖戶，亦達六十餘間，現在各被燒屋宇，已經從事於蓋搭中，以期早日回復舊觀。至新昌方面，雖仍有燒炸。惟比之荻海長沙略少，瘡痍滿目，慘不忍睹云。

——摘自《少年中国晨报》，1941 年 4 月 19 日

敵軍搾取花縣人力物力

〔花縣〕敵為我持久戰所厄，泥足愈陷愈深，不能自拔，乃大發「以華制華」「以戰養戰」之囈語。近日花縣馮涌敵軍壓迫裏水附近偽「鄉長」組織護路青年團。每團至少要體魄強健之青年二十人。每名發給軍用票十元，負責巡邏公路。又編查戶口。要將每戶男女人數寫在門牌上面，以便敵兵隨時盤問。並調查各戶存根，即每造收穫情形，亦要填冊報告。衆信敵此種行為，無非搾取我人力物力，以逞其陰謀。組織護路青年團，實為征兵之張本。編查戶口，實為將來征收人頭稅之根據。調查糧食，實為征發之預備。各鄉均不肯受其所愚，一般附敵人員，雖出盡恐嚇煽騙手段，亦無成效云。

——摘自《少年中国晨报》，1941年4月21日

敵犯浙江劫掠糧食

廿日共同通訊社重慶電：國民政府中人是晚談稱，日軍進犯浙江省沿岸地方，已佔鎮海及海門兩處，隨向內地進犯，被中國軍隊猛烈抵抗……據敵軍報告，現在浙江沿岸活動之日軍似係志在劫掠糧食……或故意先向該處進犯而謀他處施行較為重要之攻擊云。

——摘自《少年中国晨报》，1941年4月22日

敵寇威脅下的滬銀行

（本報特約上海航訊）時正是三月廿一日（星期五）無光的深宵，夜十一時許，地點又是在法院被封黑暗的法租界內，霞飛路上突現黑牌汽車二輛，駛至一四一二弄口，而忽然而止，車內躍下[illegible]

[illegible]

——摘自《华西日报》，1941年4月23日

粵被敵寇封鎖釀饑災

廿二日共同通訊社香港電。粵省東部及北部，因中日戰事之影響。及最近日軍增加封鎖廣東沿岸之結果。現有饑荒之狀況。在此區域內約有居民一千萬名。恐有飢餓之虞。現時白米每百磅價值華幣約一百二十元。折合美幣約六元。美國紅十字會寄來賑濟之麥。。現因日軍嚴加封鎖。更難運到饑荒區域云。

——摘自《少年中国晨报》，1941 年 4 月 23 日

浙東淪陷區之慘況

廿三日上海電。共同通訊社訪員企勒李氏，是日曾乘日軍飛機在浙江省空際視察地方情形。。據稱日軍昨星期六日開始向浙江省沿岸進犯。現在浙江東北部已佔領城市十餘處。奉化亦在被佔之列。在鐵路附近之諸暨。經於昨日被日軍佔據。當時日軍飛機曾投落燃燒彈向諸暨樓宇放火。以致多處起火。是仍見有煙霧上騰空際。。其他地方亦仍有經過戰事之狀況。華軍則向內地撤退。寧波口岸似無甚傷害。在日軍未登陸以前之一星期內。日艦曾開砲向沿海區域轟擊。寧波之美國人工廠，醫院，與商煤油池，及其他外國人實業，尚無損害。寧波城內及附近鄉村人口。至少有一百萬名。但是日乘飛機飛行二百英里，所見寧波城外附近之人。祇有十餘名云

——摘自《少年中国晨报》，1941 年 4 月 24 日

廣東各屬新聞

台山北坑族人在台城商業之損失

旅美台山北坑黃姓僑梓昨接鄉人寄來飛郵報告族人在台城商業損失之狀況茲記之如次。此次台城被敵軍乘虛攻入。全城貨物被搶一空。查本鄉人在城市之商店受損失者。計有廣同福，正昌，五福，悅新，廣榮泰，永吉祥，永信，及台城公司等商店。每店損失約千餘元。其餘如廣益祥，利行，中和，與仿園磐石等住宅及榮欽，華湛，華灼，榮棟，等醫務所，亦在損失之列。以之比較別姓之商店及住宅。所受損失奇重者。尚算作幸運也。本鄉鄉公所當日探悉台城失陷消息，即集合武裝壯丁五十餘名為壯丁常備隊，佈防於南安亭附近等要隘，如敵敢到。決意抵抗，復由各村壯丁後備隊。枕戈候調，以為後援。各壯丁荷槍日夜防守，經過多日。地方尚稱安靜，其最令人驚皇者。係在白水碉樓被敵砲擊。敵騎闖進白水橋林等村。復沿台新公路而至日新學校。并砲轟蓮花山頂之碉樓。他如簕竹岡，倉下朝陽村附近之鄉村，均被擾劫。在此最嚴重之際。各鄉婦孺乃遷移至安全區域暫避。幸天祐北坑。敵人始終未敢侵入族境。敵軍隨即轉移向城東，白石，松梅，沙步，大亨等鄉村騷擾。或為打通五十及花瓶之路。與新會之敵取得聯絡。以為後退之計。亦未可料。不料在此三天內。最令敵寒胆者。有黃指揮連忠奉命率領十二鄉之壯丁作戰。。南坑等村壯丁發動赴援。新會袁帶彭霖生兩司令統率大軍由瓶山趕到。保安團之張翹柳團長率軍由石龍頭轉三合。直迫而至。周漢鈴由赤溪馳援。敵人乃知勢難支。乃於舊曆二月十三日四時撤退。敵軍侵犯台城僅一星期。即由我大軍克復。本鄉人民安謐，雞犬無驚。聊堪告慰。但台山經此浩劫後。百物騰貴。白米每擔漲至一百五十元。貧戶莫不叫苦。。請各昆仲注念家鄉。從速匯款回家。以應家中急需為荷。。

——摘自《少年中国晨报》，1941 年 4 月 26 日

三洪奇敵艇肆虐

▲蛋民三人遭槍斃

（順德）縣屬三洪奇海面、三月九日有敵汽艇兩艘、由石壁方面駛至、及駛經三洪奇公路時。適有由羊額過海北滘之小艇一艘、載有男客一名橫渡三洪奇。正扒至半海之際。因水流湍急。不及逃避。及敵汽艇駛近時、即以機槍掃射、當堂將該小艇擊沉、蛋民三人及一男子中槍墮海溺斃。迨敵汽艇遠去時。該小艇即沉沒。四人屍體。已隨水飄流云。

——摘自《少年中国晨报》，1941 年 4 月 27 日

敵入福州殘殺民衆
汕尾我軍與敵激戰

（中央社[illegible]二十六日電）[illegible]前敵軍[illegible]二十二日始逃出福州者談、[illegible]軍入城後、全市大小街[illegible]、[illegible]佈敵軍、手持[illegible]刀、[illegible]設機槍、任[illegible]慘殺市民、青年短衣者、或遭刀劈、或[illegible]割首、無一倖免、尤以倉前山大橋頭[illegible]君門內洪山橋、[illegible]屍枕[illegible]、血流成渠、[illegible]換[illegible]搜查婦女及公務[illegible]眷屬姦淫殘殺、無所不至。

（中央社[illegible]二十六日電）敵軍侵入閩侯後、大肆姦淫搶刦市[illegible]、[illegible]縣[illegible]遇見青年、即加以殺戮、慘遭毒手者不知凡幾、並在龍潭角一帶[illegible]機槍掃射行人、勒令市民在左臂上刺順民字樣、至其他種種暴行、尤難[illegible]述。

（中央社韶關二十[illegible]日電）敵千餘、二十一日復犯汕尾、正與我軍激戰中。

——摘自《华西日报》，1941 年 4 月 28 日

敵機九架轟炸昆明

廿六日共同電訊 昆 電。。日軍飛機九架 是日飛到昆明轟炸。平民被炸斃命及受傷害多名。。昆明自四月八日被日機大轟炸後。曾造成發出空襲之警報云。

——摘自《少年中国晨报》，
1941年4月28日

敵寇橫暴

福州同胞遭劫

無辜死者達數千人

敵蹂躪宜沙我同胞

（中央社）水口廿七日電 敵寇侵入福州後、鐵蹄踐殺、我無辜市民、死者達數千人、市內大街小巷遺屍隨處可見、日來又挨戶搜查、封奪財物、姦淫婦女、縊斃懸樑、已劫其總 四年前的、南京大屠殺、今復重演於福州。

（中央社）常德二十七日電 江北某地電、宜昌沙市等地民衆、現均由敵軍嚴加總制、每人每日僞發米六合 居民痛苦異常

——摘自《华西日报》，
1941年4月29日

敵軍復犯新會各地受創

▲羅坑石咀一役斃敵軍百餘
▲十五區大澤等鄉悉被焚燒
▲敵機炸新會上村下村各地
▲三埠市鎮被敵焚燒之調查
▲中央撥鉅款賑濟四邑災黎

（新會）犯四邑敵軍、因我大軍分頭猛烈反攻。全線崩潰、狼狽敗竄、傷亡枕藉、敵運屍骸回江共有六車、敵軍慘敗後、三月十日復進兵竄犯新會各地、我軍在新會六區羅坑石咀一帶迎擊、與敵展開肉搏激戰、斃敵百餘人、由十日晨起、雙方直血戰至十二日下午、敵勢不支、向江會回竄、刻下新開線由李苑至大澤、陳冲、公益、單水口全無敵蹤。各地轉危爲安。查敵猛犯三埠時、我艦隊以形勢危急。乃將艦兩艘自毀沉後。茲將敵軍進犯四邑、我軍反攻克復。及敵軍復犯新會各情、詳誌如下。

▲敵復犯新會受重創 在三埠慘敗之敵軍。。三月十日以敵軍三百餘。。附敵軍數百。。敵艇三艘。。藉敵機掩護進犯新會六區羅坑石咀等鄉。。企圖搶劫各鄉糧食物資、第某挺進縱隊第一支隊長周漢鈴、保安七團長張翹楣。。新會縣政警大隊長屬漢棠、趙岳雲等長官、親率團隊配合羅坑，儒資，陳冲，潭岡、等鄉武裝民衆奮勇迎擊。與敵血戰竟日、敵受重創。。至十一日、江會敵軍復增援兵數、敵艇十餘艘、冒險進犯、復遭我痛擊、斃敵百餘人。生擒敵軍一人、雙方直肉搏血戰。至十二日下午、敵勢不支、全線崩潰、向江會回竄、刻下新會六區、十五區李苑、大澤一帶今無敵蹤。。

▲大澤牛勒被敵焚燒 新會第十五區大澤小澤牛勒各鄉、近新開路前線、敵軍此次犯四邑、先竄至大澤小澤七堡牛勒陳冲牛灣等地、當地軍民紛起迎擊、頗有斬獲、敵遭截擊、老羞成怒、到處縱火焚燒、查新會第十五區大澤小澤各鄉、復被敵軍悉數焚燒、牛勒一連三鄉數百家民房。亦被焚燬、陳冲被燒去數間、被燒之各鄉民、扶老攜幼紛紛逃難、向開平蒼城一帶逃避、共難民約三千餘人

▲敵犯四邑經過情形　敵犯台城單水口三埠各情　迭誌諸報章。但因交通阻滯。消息略有出入　査敵動員敵軍二千餘　附敵僞軍四千餘人　民夫千餘　以海陸空軍分路猛犯　其竄犯路線　分新開路　台山屬台南公路。水線由會城南坦，繁魚潭，橫河推進。會台新開線之敵軍。竄犯七堡陳冲　另一路敵軍　由新鶴路迂廻新會二區杜阮響水潭。經鶴山縣屬禾穀墟　進犯單水口。由台山廣海登陸之敵軍。沿台南公路猛撲台城　台山縣城　新會陳冲，七堡　當於三月三日晚淪陷　單水口公益。五日陷落　敵軍佔據水口各地後　繼續竄進。直撲三埠　七日凌晨。敵軍藉敵機掩護强在三埠新昌長沙登陸　縱火搶掠。我軍英勇迎擊　隨卽敵擊退　至八日晨。敵軍續增援猛犯　八日竄至荻海市。燒去舖戶甚多。（未完）

——摘自《少年中国晨报》，1941 年 4 月 29 日

敵軍復犯新會各地受創（二）

▲疏散三埠物資情形　據由荻海七日來澳水客余某稱　二月廿七號　諸傳敵軍將犯三埠時。三埠商人　由是日起。多將貨物運去　人民陸續疏散　三月四日早。敵軍汽艇卅餘隻　拖帶貨船數十　突由公益駛至三埠河面。在新昌泊岸　以東河余叔英祠爲臨時司令部。卽分頭勒令各店開門　搬運貨物。如不開門　卽以手溜彈將舖門炸燬。同時並强迫未疏散之壯丁數百名　將掠得貨物　搬往叔英祠祠臺存　凡銅鐵器具糧食木料疋頭牲口衣物。均在掠取之列　同時一部敵軍乘汽艇犯長沙　一部犯荻海　犯荻海之敵軍　被我團警抗拒。擊斃敵軍數名。敵軍乃放火將荻海各街舖戶焚燬。故三埠以荻海受禍爲最慘　在叔英祠。曾將我方壯丁五十餘名斬首。至五日早　卽將掠得之物。用躉船數十艘。載往江門堤岸發賣　至十三日仍見貨物堆積如山　其搜掠之巨可知。敵軍由三埠退出多時　三埠負責長官始回。從事調查損失　敵軍及附敵軍總數。不及二千。倘當時守土長官　認眞督率軍警抗戰　斷不令敵軍掠取貨物如此之易。又敵軍竄入台山城將台城電力發電機運去。

——摘自《少年中国晨报》，1941 年 4 月 30 日

敵機轟炸昆明慘聞

三十日共同通訊社昆明電　日軍飛機廿七架　是日轟炸昆明　炸斃平民四十名。損害實棻萬多　駐昆明英國領事館附近。亦有炸彈跌落。該領事館幾被殃及。又有英人在中國內地傳教會之教堂一間　及天主教堂一間。亦被炸傷。

——摘自《少年中国晨报》，
1941 年 5 月 1 日

敵軍復犯新會各地受創（三）

▲我軍反攻勢如破竹　我最高軍事當局。爲粉碎敵軍侵佔四邑陰謀、特派大軍南下。由將軍華振中、第□軍軍長鄧洪。副軍長古鼎華、第七挺進縱隊司令彭霖生、副司令黃文田　保安七團長張翹柳等長官率領、分數路向據台城三埠單水口公益之敵軍猛烈反攻、與敵血戰多次、九日最先將三埠克復、乘勝追擊、繼向台城單水口公益相繼爲我克復、循牛灣陳冲敗退敵軍。十日下午轉犯新會羅坑石咀各鄉、亦被我新會團隊痛擊、敵軍受創狼狽逃遁　犯台城敵軍逃竄廣海落艦他駛。連日復駛上下川島及廣海烽火角之敵艦。常向沿岸發炮轟擊、係作騷擾性質、無力再犯。。

——摘自《少年中国晨报》，1941 年 5 月 1 日

敵軍復犯新會各地受創（四）

（新會通訊）新會陳冲敵軍曾於七日再度登陸後　連續增加至六百餘人　河面泊有淺水艦三艘、汽艇十餘艘。並佔領馬山建築炮壘。向我陣地猛擊、李縣長勉成、卽調自衛大隊周漢鈴部湯中隊馳援。同時發動譚岡天湖兩鄉壯丁扼守山地截擊。敵戰一日夜、附敵軍由馬千里部增援　以淺水艦三艘。汽艇十五艘繼續向岸上攻擊掩護、登陸石咀一帶亦被佔領。我方亦調自衛大隊鄧莫兩中隊增援。各鄉壯丁紛紛開赴前線助戰、袁司令帶派教導隊全部。炮兵一部星夜馳援　周副司令漢鈴派兩中隊向敵左翼截擊、九日十日爭奪山頭數座、戰況之烈、爲江南區以前所未見。十日下午。敵軍附敵軍得飛機及河面艦艇發炮相助　退至潭岡　仍據守高地抵抗。我生力軍馳至各方合圍、擊斃敵軍十餘、附敵軍數十、傷者不計其數。入黑後。戰鬥遂告暫停。。

——摘自《少年中国晨报》，1941 年 5 月 2 日

淪陷區到處米荒

萬千民衆將成餓殍

敵軍加緊搜刮軍糧人民益增苦痛

饑餓壓迫下到處發生搶米

本報特稿

饑餓給淪陷區民衆的威脅太大了飢神的蹤跡出沒在所有的淪陷區城裏，祇要日軍所到的地方，僞組織建立的地方，飢餓就跟着來到。這不是說日軍僞組織與飢餓有什麽神怪的因素，而日軍在淪陷區自「維新政府」時代起，就統籌運輸，搜括食糧，三井三菱一類的壟斷公司，收盡了江南的白米，日軍軍糧站，中國合作社，又在大量包辦軍米。南京僞組織成立了糧食管理委員會，也替着日軍採辦軍糧，整批的食糧，從長江出口，運到日本內地去，僅有的一些食糧，又給新貴們屯積居奇，好吧，饑神跑遍了淪陷區，成千萬的民衆快要白白地餓死了。

南京無米

讓記者先到南京去視察一次，三月三日，到九日，南京又像去年八九月一樣，鬧着『無米的恐慌』，去年九月京市米店絶粒，有錢買不到一升白米，今日第二度恐慌，恐慌的程度，超過了去年，因爲去年新谷登場，多少還有些農民從郊外陸續運米，而現在是專等着西貢米來接濟，西貢米要從蕪湖運來，通過日人的關係才有限定少數額量的希望，這種希望，好似生長在水面上似的，全由幸運來決定它的有無多少。

米是每一個人，每天所不能缺少的東西，住的房子可以破一點，穿的衣服可以粗一點，每個人每天却不能不吃飯，而且也不能不吃飽，南京並不是產米的地方，一切的米，都是從外方運來的，運米來源，向來依靠着蕪湖安慶一帶，因爲那邊規定是日軍軍米區，近來却不能不依靠外洋西貢的來米，由上海運入西貢米，經過很困難的運輸手續，一般商人無法搬運，南京對蕪湖採米也得經過日人的允許，好了，米的來源稀少。甚至斷絶，南京的恐慌，就不能避免。

從廢曆年起，外江如當塗蕪湖，內河如溧水，郎溪，米的來源就等於零，南京城外，河下市塲，都以雜糧貿易，內裏的小型米號，多以現貨難補，無形停業，南京要算是『國府』所在地，僞組織評定米價，不能超過每担規定限價八十餘元，暗盤的動盪，也就比任何地方厲害，有米是如此，沒有米，就談不上限價不限價，有錢也是無法買米。

南京僞組織的食糧管理

委員會・召集南京米商・也來『商討』今後食糧對策問題了・米商要求（質問）米行改稱雜貨行・它的理由是『本行根本沒有米・所堆存的祇是少量的麵粉雜糧・名不符實・請當局『原諒』『食糧管理委員會稱・『這是無可奈何的事・米商尙應原諒政府的苦衷・』米荒成爲當前社會上最嚴重的問題有些人說丁默村神通廣大・正延聘專家解決社會嚴重問題——研究抑低物價・穩定米價方策・丁默村在三月二日致函各僞報申明』目前社會嚴重問題雖多・但不完全屬社會部主管事務・自應設法改進幷推

行・其他事務另有主管機關・社會部未便于越……』・

洋米不見運京・即有・也是四百五十包・多至八百包・爲維持『首府』一些場面南京設立了若干官米代售處・它原定配給的數額・每日每處二十担至四十担・沒有來米・每日每處祇給配給二担至六担・全市最多也不過五十担・這麼一點兒・就是胡椒也不能辣死人・淸早太陽剛出山・售米處大門一開・成羣的人爭看着購米・不消一刻兒・就會賣光・關門大吉・六担米・以每人二升爲限・至多應售六百個主顧・『買米須運氣』・確是事實・

售米處的開支・也在買戶的身上剝削，它們在每石官價之外，另加二元手續費，蕪湖米官價每石七十九元，代售處，是八十三元，零購一升二升，份量上也得打個九折，

南京的人民，吃着麵條，京餅雜糧，自白米吃的僞組織的『公務人員』——有特殊的購米機會）從早到夜，看到了米舖子的空虛和那『半開門』似的門面，更看看貼着官米代售處招牌的鐵門，也同樣緊閉着，這樣子，南京市面上的情況，眞有說不出的感想了，

北平缺糧

再把眼光注視到北方去，現在也鬧着缺糧嚴重，華北在去年遭遇着少有的旱災，水災，蟲災，再加戰禍損壞，敵人搜括，在北平吃米不可能・吃麵和雜糧也成了問題，

無論南北糧價物價潮水似的漲個不休，這樣現象，一方面由於食糧統制，日人搜括所生的必然結果，一方面由於都市人口增加，淪陷農村生產減少，而釀成供不應求的恐慌，北平——這古老的城市，抗戰前人口達一百五十萬弱，抗戰後大部移到南方各大都市來，人口減少卅萬，所餘下的一百廿萬人口，在抗戰初期，食糧尙充裕，時日一久，日軍在華北，大量的軍糧消耗，以致漸感供不應求，荒災的結果，日人搜括愈積極，不談民食，就是軍糧也要由華中每年供給百分之五十，

北平全市人口，要有四分之一是薪給階級，四分之一強是商人，餘下的四分之一是工人，薪給階級的是產業界人士，因物價高漲，生活不能維持，僞組織『公務人員』兼商人，社會上謀營商的更多，資產者早有積蓄，勞動者只求兩餐，生活問題的困難波及到整個的社會，民國廿八年可說是北平民食最困苦的一年，無論貧富都受到了從未會有的食糧威脅，當時北平人口漸漸增加到一百七十萬左右，供求不能相應，恐慌就不能避免，

食糧來路減少，需要增多，商人利用機會高抬糧價，當時大米每包價格最高售到一百五十元，麵粉每袋價格最高達卅元，雖然價格飛漲。商家却仍揚言無貨。富有的雖願再出高價購買・商家始終觀望不肯出售・所以在廿八年中・許多富有之家，也要吃到粗糙米，貧苦者的困苦更一言難盡，

今日北平的民食嚴重，也如南方一樣，超過前兩年的景況有錢不能購糧，日人在北平的統制，甚於南方所謂配給限制辦法，已在開始，在僞組織的公務人員有時可以『配給』到些許米麵・平民就任憑宰割了，

普通一袋麵四十元是很『公道』的『暗盤』，每一批米麵運到，就指定市中幾家商店專賣民衆爭先恐後購買，擠死人命是常有的事，目前北平人民還能苟延它的生命，不論大家小戶改用雜糧，雜糧在米

麵漲價聲中成爲北平民衆唯一的食品，

請跑到每一家去觀看一下，差不多米麵已絕跡了，平民食糧是小米麵，玉米麵，黑麵，蕎麵，小珠高粱米，紅豆，黃豆等等，這幾種糧價也在四角到八角一斤，每人每天最低限度的生活費也要一元之多，

華北僞組織要收拾民心更有慈善機關在城內外設立粥廠，粥少僧多，如何救濟得了，『冬天雖過，夏天着急』，北平城快成飢餓之城，人民的慘遇與南方人有過之無不及，

搜括日增

維新政府時代・食糧由日軍統籌運輸・汪逆登台以後・曾一度交由南京僞市府辦理・汪精衛提出食糧由南京組織專管・在華日商多方反對・結果日閥允許南京代辦一部分軍糧・組織了『糧食管理委員會』專管辦理・不過各地物資遷動・須有特務機關等所發出的搬出證才可搬運糧食不能例外・糧食管理委員會也得通過敵人的關係・爲日軍辦理・

汪逆本想糧食自辦・來維持淪陷區人民生活・收買民心・而討好人民・那知自辦既不可能・日方的統制仍依舊・允許了代辦軍糧・反增加了它的担負・太湖產米區成爲日軍糧區・糧食管理委員會全無法過問・上半年代辦軍糧規定廿七萬担・就三月底也得交出一萬五千担・江南除無錫蘇州還可吃到本地米其他城市・都用西貢米接濟民食・民食恐慌到極點・軍糧代辦又如火急・這問題唯一的出路・祇有深入農村・深入游擊區搜括・於是南京組行政院糧食管理委員會就訂出了它搜括的方法・

一・鼓勵農民運糧入城・獎勵農村食品以雜糧代替・

二・利用米行客商向游擊區吸收・並請日軍協助・

三・廣設各縣糧食管理辦事處・有計劃的收買食糧・

除了江南・在蘇北・浙西・皖南各地糧食管理委員會分區管轄的情形・如下的分佈・

蘇北區

一・揚屬分區・江都・儀徵・東台・興化・泰縣・高郵・寶應・

二・淮屬分區・淮陰・淮安・泗陽・連水・阜寧・鹽城・

浙西區

杭屬分區・杭縣・福甯・富陽・餘杭・臨安・於潛・新登・昌化・杭州市・

二・嘉屬分區・嘉善・海鹽・崇德・平湖・相鄉・

皖南區

一・廬州分區・合肥・巢縣・無爲・廬江・舒城・

二・甯國分區・宣城・南陵。涇縣・甯國・太平・旌德・廣德・郎溪・繁昌・

三・除和分區・除縣・來安・全椒・和縣・含山・

四・當塗分區・當塗・蕪湖一部・

池州分區・貴池石泉銅陵東流至德青陽・

徽州分區・歙縣・休甯・祈門・績溪・黟縣・

江南產米最多的地區・無錫・無湖・崑山・以及江北的南通四縣・劃爲軍米區・南京僞組織不得過問・因爲軍米的採辦・有關軍事秘密・以所糧食管理委員會對江南採米完全放棄

軍糧萬急・各地搜括加緊後・民食更缺乏・米價更高漲・蘇浙皖各地鄉區・同樣的遭遇飢神的光臨・

「餓死事大」

「失節事大餓死事小」・宋儒以不失節餓死流芳百世作爲美談・今日對外抗戰・天災人禍・人民不甘餓死・而不得不餓死的到處都有・不做漢奸・不知道漢奸的苦處・做了漢奸・才知道日人的厲害・淪陷區遍地哀鴻・在漢奸傀儡眼裏看得最清楚・所以漢奸也假猩猩的發出怨言・因爲其中可以透露出一點陷淪區的苦況・所以摘錄下來大家參考・

二月廿一日新中國報第二版江亢虎・「餓死事大」・

「今日之中國・眞救死不暇之時也・北人所恃以生存之麥・南人所恃以生存之米・三年以來・加價七倍而未已・其他雜糧蔬菜亦稱是・淪陷區將餓死和運者亦將餓死・鰥寡孤獨無告者將餓死・有家實・有財產・有職業者亦將餓死・夫以瀕於餓死之人・使之提攜合作建設新秩序不可能・甚至等因奉此之公文搖旗吶喊賤役亦非飢腸雷動者所能勝任而愉快也・吃飯問題・不先解決・而日日說復與・非愚則誣而已矣・

我今大聲疾呼・敬告當道・敬告友邦者・乃此「餓死事大」四字・西諺有言曰・「飢餓不知有法律」・飢餓不知禮教教育內政外交・亦不知有善鄰友好・經濟提攜共同防共等則故欲遂行中日合作之契約・欲達到東亞聯盟之理想・欲實現廉潔政府之口號・欲着手復興民族事業・第一步當注重民食・奢侈品可以禁止・裝飾品可以廢除・娛樂費可以停支・宴會應酬可以謝絕・衣服居住可以撙節・惟以一日兩餐・必須使能果腹・駢枝機關可予裁併・閒散人員可付淘汰・大官薪俸可減成發放・國防軍需可倚賴強鄰・惟此切實辦事・夙夜[illegible]公之人必須使仰事俯畜・養生送死之道・不甯唯是・一般人民之生活・較之官吏軍警少數之生活・尤爲痛苦・尤爲重要・必使耕者能耕其田疇・商人能安于闤闠・百工能挾藝以遊・行旅能交通無阻・而後大多數之民食乃可以自營自給・而不必一一仰賴於政府之平糶・與慈善家之募捐・縱論政府無此餘力・慈善家無此餘貲・就令有之・試問傾全國以賑災、變都市爲大粥廠・尙復成何政體，成何國家・

「我國人民馴良守法・勤苦耐勞・數千年來・向以食自其力爲習慣・本不須政府之借箸・亦不煩慈善家之解囊・唯一需要・祇在因所利而利之・俾能各安其居・各樂其業而已・夫生利之途・不外農工商賈・豈豈小民・對於軍國大計・外交政策・文化思想・本不敢過問・亦不願與此・但農者得仍爲農・工者得仍爲工・商者得照常經營・賈得照常販運則民食問題自然解決・即國家命運自然興隆今也如何・農之收獲・工之出品・商之求本・賈之存貨・到處壠斷無形凍結・大規模者無論矣即鄉曲耕讀之家・道路負載之人・尋常日用之物・親友饋贈之儀・亦目爲囤積・認爲走私・舟車不能攜帶・郵局不能寄遞・銀行不能匯兌・在此情況之下・物價安得不騰漲・資源安得不缺乏・生活安得不困難・人民安得不餓且死也・嗚呼・自由獨立誠屬美名・保護附庸亦多成例・惟最低限度・必須以人民不致餓死爲前提・人民餓死・政府不能獨飽・東家餓死・西家不能長存・不爲伯夷叔齊・必爲李自成張獻忠・然而伯夷叔齊不常見・於是乎李自成張獻忠橫行天下矣・吾故曰「餓死事大」・策復興者・講親善者・當念之哉・」

從漢奸嘴裏透出的實情如此・淪陷區的一

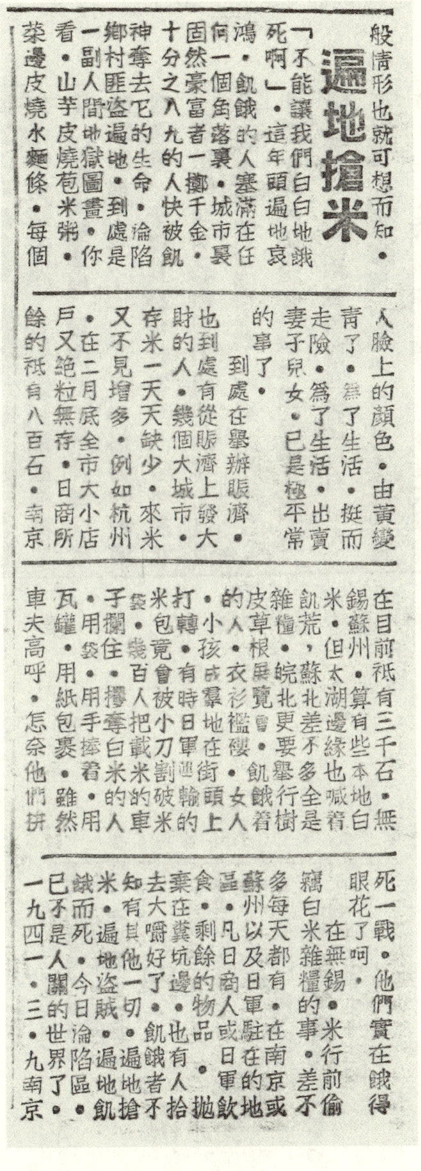

……般情形也就可想而知•

遍地搶米

「不能讓我們白白地餓死啊」•這年頭遍地哀鴻•飢餓的人塞滿在任何一個角落裏•城市裏固然豪富者一擲千金•十分之八九的人快被飢神奪去它的生命•淪陷鄉村匪盜遍地•到處是一副人間地獄圖畫•你看•山芋皮燒苞米粥•菜邊皮燒水麵條•每個人臉上的顏色•由黃變青了•爲了生活•挺而走險•爲了生活•出賣妻子兒女•已是極平常的事了•

到處在舉辦賑濟•也到處有從賑濟上發大財的人•幾個大城市•存米一天天缺少•來米又不見增多•例如杭州•在二月底全市大小店戶又絶粒無存•日商所餘的祇有八百石•南京在目前祇有三千石•無錫蘇州•算自些本地白米•但太湖邊緣也喊着飢荒，蘇北差不多全是雜糧•皖北更要舉行樹皮草根展覽會•飢餓着的人•衣衫襤褸•女人•小孩成羣地在街頭上打轉•有時日軍巡輪的米包竟會被小刀劃破米袋•幾百人把載米的車子攔住•撈奪白米的人用袋•用手捧着•用瓦罐•用紙包裹•雖然車夫高呼•怎奈他們拼死一戰•他們實在餓得眼花了呵•

在無錫•米行前偷竊白米雜糧的事•差不多每天都有•在南京或蘇州以及日軍駐在的地區•凡日商人或日軍飲食•剩餘的物品•拋棄在糞坑邊•也有人拾去大嚼好了•飢餓者不知有其他一切•遍地搶米•遍地盜賊•遍地飢餓而死•今日淪陷區•已不是人關的世界了•

一九四一•三•九南京

——摘自《星洲日报》（新加坡），1941 年 5 月 3 日

敵軍復犯新會各地受創（五）

〔新會〕三月十一日敵軍祇以大炮遙轟。我軍沉着不動，敵機盤旋竟日，亂發機槍而去。黑後我袁部周部及自衛隊各派便衣隊向敵襲擊。敵軍慌亂退走，我軍遂克復山頭兩座，袁部炮兵乘敵機離去後，佔領優勢陣地，發揮威力，連轟燬附敵軍陣地工事。十二早，我各部齊向敵陣地進擊。李縣長親率政警及石咀牛灣壯丁由敵軍後方抄擊。石咀附敵軍先自潰退，各軍乘勢合圍追擊，敵軍站足不住。即狼狽向河邊退却，以飛機掩護落艦艇。傷亡百餘人，附敵軍隊長林威（石咀人）亦受傷。附敵軍因下艦不得，落水死者無數。下午三時。河岸一帶，已全無敵軍蹤跡。我方團隊陣亡數人，傷者二十餘人。民衆被殺十餘人，但被焚屋宇則達數百間。民間損失穀米牲畜財物達二十餘萬云。

——摘自《少年中国晨报》，1941 年 5 月 3 日

敵機肆虐皖南

中央社皖南某地一日電　敵機連日肆擾皖南，昨午轟炸休寧，一日晨八時又有敵機三架侵入黟縣肆虐，在城內投彈九枚，傷我平民數人，炸毀民房十餘間。

——摘自《时事新报》（重庆），
1941 年 5 月 3 日

敵機六十三架

昨狂炸渝市

投彈二百餘枚燬房多棟

振濟委會急賑失家難胞

中央社訊　昨(三日)敵機六十三架、分兩批由鄂襲渝、計第一批五十四架、第二批九架、於十二時許先後侵入市空、經我高射部隊猛烈射擊、即在我市區附近倉惶投彈約二百餘枚後、向東逸去、我被燬房屋五十餘棟、共死五人、傷十一人、並有六處起火、旋即撲滅、所有消防警察救護人員、此次出動皆極迅速、故敵人所造成之兇慘景象、一剎那間即被吾人之血汗滌除淨盡、又復常態矣。

本報訊　「五三」的早晨、薄雲瀰漫着山城的天空、在日寇所塗抹於中國史頁上的這個血腥的日子、山城的天空罩上一層濃厚的憤怒色彩、人們記起了「五三」最初在中國日曆上開始含有了污垢的意義的一天、更深憶着在兩年前的「五三」、日寇在重慶大規模的撒下魔火、把這一個血腥的污垢日子塗抹得更加陰暗。

血債一天一天的加深、中華民族的怒火也一天一天高燃、隨着敵寇的瘋狂暴行、在今年、抗戰後第四個「五三」日、敵人又一次增加了它的罪惡意義、以狂暴的轟炸、撥弄着中華民族復仇的火焰。在數十萬陪都市民的心裏、無比的憤忿、激勵着復仇的決心。

昨天、讓靜靜的陪都在午前的二小時、人們看見了那習慣的表誌着魔獸來臨的紅球爬上了山頭的桿頂、像一個熟悉的節目、市民安定而沉着的進行着準備、馬路上、汽車和行人雖曠釋而規律的暢流着、像一個高原的湖水宣洩、波動着浪紋、蕩漾的、蜿蜒的流向沃野歸匯到堅實的堤壩。「秩序」像一頁光潔的紙勻靜的展開。

下午一點半鐘、人們從山城的各個角落的防空洞裏走出來、開始默數着敵機所留下的血債的數字。

在殘倒着的屋柱瓦礫中、人們向那被破壞了正常秩序的建築和物品投擲矜憫的眼光、物主們在沉着的整理着、像應付一個預料中的奮鬥階段、完全不是悲傷的表情、而是一個深蘊着復仇心的情緒刻劃在嚴肅的臉上、孩子們——那污滲的第二代中國主人、他們在純潔無邪的心上、也默記了這一筆血債他們把復仇說成了眞理。

這些、罪惡的行粒、像一些泡影似的幻滅了、但卻愈燃烈了民衆的怒火。

警報解除後的秩序、像潔淨的水冲洗着山城、迅速的恢復着。被災區域、空襲服務總隊的茶粥供應站普遍的設立起來、寫照着「同舟共濟」、當局把最偉大的愛撫給了受着敵彈蹂躪的市民、合衷的互助、是同一敵愾加緊了民衆的團結。晚上八點鐘、全市密羅的電線網在被紊亂後恢復了它的組織和秩序、整個山城又輝映着炬的光明。

兩年前的「五三」、敵機在重慶縱了魔火、今年的「五三」、敵機六十三架在陪都投擲了二百枚以上的彈，被犧牲的市民不到十人、受傷的也減少到最少的數目。陪都的防空是鋼鐵一般的穩立起來、開始給予敵人最森嚴的面目。

防空副司令胡伯翰氏對敵機的轟炸行爲給予了徹見的分析：「在敵人沒有能够決定它的南進與西進時、他不會多消耗它自己的實力」。這一點敵人是像釜底蟻樣的躊躇着的、更橫暴的轟炸、也解除不了它的厄運、千萬的中華國民深深的這樣自信着。

中央社訊　今(三)日敵機竄渝肆虐、民衆死傷僅十餘人、振濟委員會許委員長、衛戍總部劉總司令於警報解除時、即偕同振委會主管處孫處長亞夫、及撫濟組閻資航劉求知兩組長、親往各被炸地點視察、督導救護人員工作、並代表中央對民衆一一撫慰、當以被炸毀房屋之民衆無處棲宿、特飭撫濟組設法收容、並由許劉二氏洽商飭屬調查房屋被毀者之確數、規定每名先給急振二十元、該款於後日(五日)在各被炸地點分組發放以宣示中央及蔣委員長軫念之德意、再死亡者每人發其家屬撫卹費六十元、重傷者發給救濟費四十元、輕傷者發給十五元云。

——摘自《时事新报》（重庆），1941年5月4日

滬敵逞橫
又在閘北捕我同胞

【中央社香港四日電】滬訊，新聞報載，昨日日軍在閘北大舉查搜逮捕居民五百餘人，據釋放之居民稱，日軍因有照片數張，無從破案，乃將全區形跡可疑之人，均加逮捕，以照片對認，結果並無一人相似。

【中央社香港三日電】滬訊。今晨八時左右，日本憲兵司令部又會同法捕房在拉都路三五三弄廿七號捕去女子一名，即被引渡往虹口，聞該被捕女子年約卅歲左右，係前本市電報局長之家屬。

【中央社香港四日電】滬訊，敵方戒備下之偽中央市場，有日籍稽查員一名，被人暗殺斃命，事後敵將無辜菜販捕去數十名，并在新閘橋等處附近挨戶搜查，故連日偽市場買賣殊爲冷落。

——摘自《国民公报》（重庆），1941 年 5 月 5 日

敵在閩暴行
福州婦女千餘人慘遭蹂躪
滬敵又濫捕同胞

中央社水口四日電　暴敵入寇福州、作惡萬端、令人髮指、前昨數日、搜捕市內良家女子一千餘人、以汽車押至南台、分載五船、開往口外、轉登敵艦、聞係駛往台灣海南島、供獸軍蹂躪、又捕我幼童四五百名、分載兩船、擄回日本、我市民痛遭奇禍、哀兒哭女、慘不忍聞、日來敵於西北門外佈設電網、入夜即通以電流、防我反攻、獸軍則麕集於南台及倉前山各飯店酒樓內、酗酒取樂、各娼寮妓女及良家女子、遭其汚辱者不計其數。

中央社水口四日電　福州市內今日發生大火、東街西門一帶、火勢燎原、多成灰燼、敵寇此次入犯、連日擄殺姦刦、今復大舉縱火、造成恐怖、萬惡滔天、人皆切齒。

中央社香港四日電　滬訊、新聞報載、昨日日軍在閘北大舉查搜逮捕居民五百餘人、據釋放之居民稱、日軍因有照片數張、無從破案、乃將全區形跡可疑之人、均加逮捕、以照片對認、結果並無一人相似。

中央社香港三日電　滬訊、今晨八時左右、日本憲兵司令部又會同法捕房在拉都路三五三弄二十七號捕去女子一名、即被引渡往虹口、聞該被捕女子年約三十歲左右、係前本市電報局長之家屬。

——摘自《时事新报》（重庆），1941 年 5 月 5 日

敵寇的文化侵略

本報駐滬記者 邱誠

除了軍事硬攻經濟掠奪以外，日本又不斷放出許多「文化侵略」的匕首短劍。往往從縱剌裏襲來，這些也許是國人所不及注意的，可是文化侵略之毒辣，實深於軍事經濟侵略，凡我國人，不容忽視，略述如次。

去年冬，日方所設之「華中印書局」，印奴化教科書三百萬冊，強迫華中淪陷區內各校今春購讀，該書係僞方編審會所編。計分五十六種，其中廿種，係供中學校用，將汪日僞約，與汪寇承認僞滿的無恥口號，竟亦編入書內。

原來僞方編審委員會中委員之一，係曾任日本中學校教授之日人瀧田教諭，在日人監視下，除灌輸毒思想外，更在音樂教科書內，侵入日本音樂，極文化侵略之能事，此外興亞院又還派日語教員廿七名，於七月二十七日來滬，由華中文化局，派往華中淪陷區各地學校教日語，至於日方所設之漢奸教養所，除將江灣復旦大學舊址所設之「維新學院」準備改爲興亞大學外，又將在杭州開設，以佛教爲院，二、佈教，並辭教育中學，由日本佛教的教育

顧問日人西容順普，來滬赴杭辦理一切，擬取名爲「東亞學」，擬招曾尼十人，青年學生二十人，另請日本精教師各五人。

以上是日方自行直接散播的文化侵略毒素，只因爲中國人都嫉惡不屑，很少有甘心做漢奸的，所以漢奸養成所謂「維新學院」學生很少，不滿二百，即使今秋改爲大學，[illegible]設[illegible]興亞專科，預科也不會添

滿學生百人，又派往各處擔負監視各校重任的日籍教員，往往傲慢專橫異常，時常與有血性的青年學生起衝突，所以目前還得不到文化侵略的效果與成效。大概日方也知道這種散播文化毒素，多少有些隔膜，所以假手傀儡，擬策汪國執行，因此滬各地有所謂「中日文化協會」之設。企圖從滬齊舉辦展覽會觀光團影戲劇宣傳各方，麻醉民眾，該會並且拉攏上海一般紙業的上等流氓如銀號經理老板等參加，企圖利用之爲爪牙文謀[illegible]攫上海有的

文化[illegible]等教育團體，利用電影以麻醉思想的工具，日方也早見及此，已有所謂「中華電影公司」之設，自該公司「敵兇者」劉吶鷗被殺後，月前該公司會經改組原班，已遷到

上一次合作時，汪[illegible]日報[illegible]名單中日各半，發行宣傳，[illegible]自[illegible]敵人，[illegible]子裏機關[illegible]成東京，[illegible]領一[illegible]「[illegible]」之名，一切十[illegible]，仍然[illegible]日本任[illegible]任副董事長之日人川喜多長政，此外如[illegible]部長「經理」「事務」「調查」「營業經營」課長等，都是日人，日方[illegible]業[illegible]制，不作傀儡，由漢奸任[illegible]加此擔任，中日平等合作，豈不滑稽，該公司[illegible]文化[illegible]，因沒人[illegible]，傳[illegible]影片，[illegible]今後將少拍戲劇影片，企圖[illegible]民眾於不知不覺之中。

——摘自《华西日报》，1941年5月7日

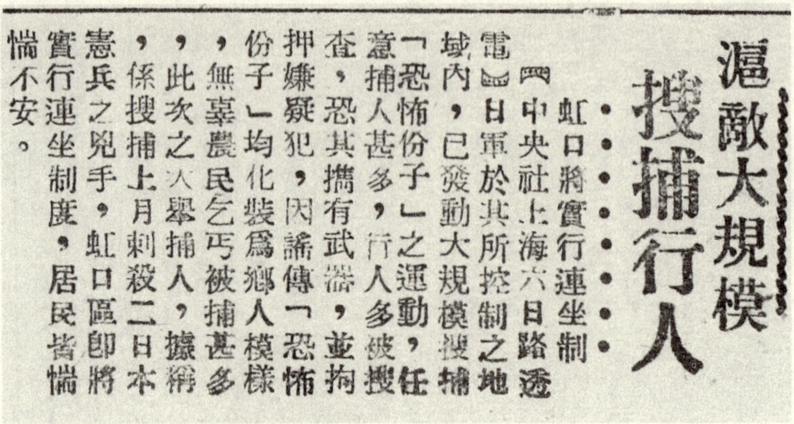

滬敵大規模搜捕行人

虹口將實行連坐制

【中央社上海六日路透電】日軍於其所控制之地域內，已發動大規模搜捕「恐怖份子」之運動，任意捕人甚多，行人多被搜查，恐其攜有武器，並拘押嫌疑犯，因謠傳「恐怖份子」均化裝爲鄉人模樣，無辜農民乞丐被捕甚多，此次之大舉捕人，據稱，係搜捕上月刺殺二日本憲兵之兇手，虹口區即將實行連坐制度，居民皆惴惴不安。

——摘自《国民公报》（重庆），1941 年 5 月 7 日

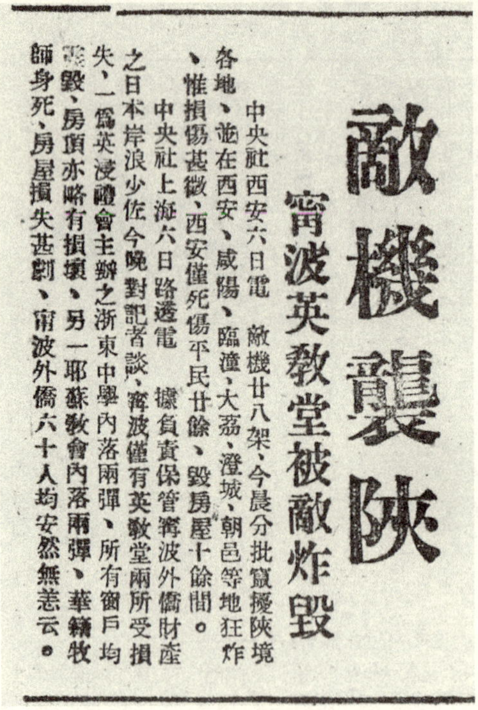

敵機襲陝

甯波英教堂被敵炸毀

中央社西安六日電　敵機廿八架、今晨分批竄擾陝境各地、並在西安、咸陽、臨潼、大荔、澄城、朝邑等地狂炸、惟損傷甚微、西安僅死傷平民廿餘、毀房屋十餘間。

中央社上海六日路透電　據負責保管甯波外僑財產之日本岸浪少佐今晚對記者談、甯波僅有英教堂兩所受損失、一爲英浸禮會主辦之浙東中學內落兩彈、所有窗戶均震毀、房頂亦略有損壞、另一耶蘇教會內落兩彈、華籍牧師身死、房屋損失甚劇、甯波外僑六十人均安然無恙云。

——摘自《时事新报》（重庆），1941 年 5 月 7 日

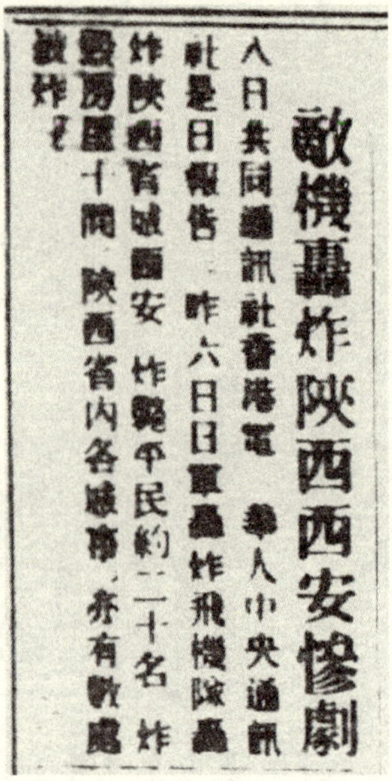

敵機轟炸陝西西安慘劇

八日共同通訊社香港電　華人中央通訊社是日報告　昨六日日軍轟炸飛機隊轟炸陝西省城西安　炸斃平民約二十名　炸毀房屋十間　陝西省內各縣亦有數處被炸云

——摘自《少年中国晨报》，1941 年 5 月 9 日

民族抗戰 播音臺

粵南東興再遭日機狂炸

南路專訊。侵犯南路日軍，自被我擊退後，各地地方漸復常態，惟日艦、日機仍四出滋擾，並擇隙派兵登陸，搶掠糧食。現沿海各縣已加緊戒備，嚴密防範。茲將最近所得各情，彙誌如下。

海口日機場之日機：最近續增至二百架左右，不時飛出演習，侵襲南路桂省各地。最近合浦，廉江，高州，遂溪，海康。徐聞各地，均有日機侵襲，惟尚無投彈情事。人心仍異常安定。防城、東興於三月二十一日被日機九架連續投彈三十六枚，死傷二十餘人，毀屋百餘間，以克強街損失最大。有燃燒彈一枚落安泰號。起火後旋經撲滅，東興去歲曾被慘炸，現重罹浩劫，商業短期內勢難恢復。

北海：高德克復後，合浦海面已無日艦蹤跡。惟二十日上午十一時許又有雙煙通單煙通日艦各一艘，由圍洲島駛至冠頭嶺海面，我岸上防軍當即嚴加戒備。至二十一日上午八時許，日艦不敢妄動，向西竄去。當日北海，高德市民曾發生虛驚，紛紛疏散，後聞日艦撤退，始相互歸家。至二十三日上午二時，電白海面發現日艦五艘，焚燒漁船十餘艘，並派兵分在縣屬竹山，爾漳，馬關等地登陸，向內地搶掠糧食物資。消息傳至北海後，人心又呈浮動，至下午二時許，日艦一艘又由圍洲方面駛來，停泊冠頭嶺海面，而下午四時許，水東方面曾聞有機槍響，情勢亦頗緊，直至黃昏後，在電白登陸之日兵已退返艦上，各地復趨常態。

▲合浦米荒舉辦平糶　北海此次遭日軍搶劫後，糧食鬧荒，米價大漲，現善後委員會除請求上峯撥款急振外，仍感救濟未遏，特於日前召集各界會商舉辦平糶事宜，經決定組織北海、高德平糶委員會，暫設北海商會，資本暫定三萬元，於二十日正式成立。又合浦縣糧食尚感不敷，現第八區專署爲救濟民食，特赴東興採辦大批洋米運抵廉城平糶，第一批爲三萬餘斤，同時縣當局亦組織「非常時期平糶軍糧委員會」統籌分配第一期提糶殷戶存穀，以供軍警食用，而便給發。該會現經成立，附設附城東鎮鎮公所。又合浦縣銀行，原定三月十日開始營業，嗣因敵侵北海，故展期至四月一日舉行開幕。

▲維持治安清勦股匪　近年來合浦縣匪風甚熾，刼案頻聞，合浦縣政府暨國民兵團爲維持治安計，特召集第一五兩區所屬鄉鎮長於二十日在縣府舉行維持治安會議，討論進行清勦股匪事宜，第八區保安司令部陳副司令親臨指導，勉勵各鄉鎮長努力健全保甲機構，根絕匪風，嗣由各鄉鎮長報告各該鄉匪患情形，及自衛隊保安隊組織概況，繼討論維持治安辦法，均有嚴密之決定。又北海淪陷時，匪徒乘機搶刼，經事主報告，呈第八區保安司令部核准執行槍決者，有黃鑾廷，龐阿三，蘇德甫，鍾亞時，譚二姐等五名。

▲陳生巡視各縣役政　高欽師管區司令陳生，自蒞任以來，推行徵政，不遺餘力。現復爲推進徵政，特由某處出發各縣視察，二十三日已由廉江抵合浦縣城視察。查該縣奉令推行徵政以來，凡適合免緩役條例之壯丁，均須依照手續呈請各鄉鎮公所轉呈，准予分別免役緩役，現經核准免緩役者，至二十二日止，共有一千六百九十八人，尚有少數在考核中云。

——摘自《少年中国晨报》，1941 年 5 月 9 日

暴日壓迫下的「上海租界」

H·Arthur Steiner著　本報資料室譯

在暴日壓迫下的上海租界、現在已成人間地獄、綁架、暗殺、幾乎無日無之。敵僞尤不惜以一切手段、企圖竊取。本文係史坦納在去年底於支加哥舉行美國政治學會第三十六屆年會之報告。載於美亞雜誌二月號、對於敵僞對上海租界所加之壓迫、作有系統的敘述、可供參閱。——譯者

上海本來就不是擁有完備的法律秩序、和高尚道德的城市。但是、今日的上海卻沒有言語足以形容其混亂、無秩序、與不安定。上海租界的法律地位從來就不穩固、行政最腐化、其自私自利的商業機構傲慢地剝削中國人。暗殺、罪惡、和貪污都成了日常的照例文章。

縱管如此、經過一世紀的商務和政治發展、在這許多混亂中也建立起一種具有公認的慣例的上海「型式」。現在、這個型式卻被戰爭打破了、上海的本身也在苟延殘喘。今天不知道明天的事、所知道的只是明天決不同于今日而已。

在一九三七年以前、「上海問題」只限于調整中國和外國政府在那一小片帝國主義者在新中國中所保有的土地中的關係。今天、這個問題就變爲成中外各國像力保持這一片土地的特殊情勢、以阻止日本控制這一片地區。這個問題的本質已經根本改變了。過去上海象徵着中國與西方帝國主義的鬥爭、現在卻象徵了西方對日本野心的抵抗。中國對于任何列強犧牲從她所得的特權、與日本妥協的趨勢、反對最烈。這就是說、一九三七年前的一切建議、不論是費居報告書的建議或是中國方面的要求、都與時勢的變遷、不合用于今日了。

日本在上海的政策顯然反映她建立「東亞新秩序」的企圖。列強和中國在上海的目的是阻止日本利用其在上海地區的軍事優勢、來統治上海、以求對其較大目的、能够更近一步。這種目的可以有幾種方法達到：㈠在英美艦隊能够有效行動可能時、以實力威脅；㈡容忍而不刺激對方地承認日本在虹口及大上海四周所造成的既成狀態；㈢在日本和西方列強權益發生衝突時、以暫時妥協的方法來緩和日本。這三種辦法沒有一個能徹底解決當前的問題、不過直到現在止、由於靈活的運用使用、卻能够避免完全決裂。上海雖然經不起日本的直接攻擊、但其努力的目標就是使上海情勢僵化、等歐洲和亞洲戰局的情勢、來決定澈底的解決辦法、上海現在正處在一個極大的社會和政治危機中。它的人口達五百萬——過去四年中增加了二百萬、許多新市民是附近中國淪陷區中來的難民、他們影響了上海的勞工市場、更減低當地中國人的生活水準。閘北的工業及住宅區在一九三七年已經全部毀壞。雖然有許多新興的工業活動、特別在法租界、仍然不足以解決失業問題、中國薪給階級的收入也追不上物價的高漲、房屋不够、家用燃料極難取得、米和其他糧食在實價格上也漲了三倍至四倍。冬天每夜都有幾十名路斃的。租界地區事實上已被日本及其傀儡所封鎖。政治暗殺幾乎每天都有、罷工、其中有許多是具有政治背景的——也日見增加與擴大。其混亂的情勢是難以置信的。

爲一般中國市民，這種情
勢造成了無可形容的困苦與貧
乏。外國人士則因爲不能控制
中國市民間的騷動，就以得過
且過的精神，取得若干暫時的
繁榮。日本人則繼續破壞整個
的上海政治及社會機構，分化
中國市民，網制上海及其四週
各地，希望它們能償付其一部
份軍事支出，並且還加强他們
自己的工業及商業地位。
　在外表上，上海仍然保持
其戰前的組織。統治法租界及
公共租界的大上海市，仍然保
持其原有的政治機構。但是自
一九三七年十一月中國軍隊西
撤之後，日本就取得完全統治
權——不論是直接通過其軍
或憲兵機關，或是經過一個完
全受他們指揮的僞市政府。現
在的僞市政府可以說是日本的
。這一點的本身並不能影響租
界本身的法律地位，但是它可
以使日本限制租界的發展，並
以壓力取得到租界行政的較大
發言權。大上海的僞組織和僞
警造成了一種恐怖，一直遇

入租界。並且，大上海的罪惡
賭博、毒品的貿易化，有顯
著的增加，其政治的惡劣影響
，租界中已有感覺。
　日本對租界當局所提的要
求，多半是「合作」阻止租界中
的中國愛國份子破壞日本對大
上海的統治，一九四〇年七月
二十六日，在他退休之前，日
本駐滬總領事三浦要求各國領
事，「應該承認中國政府（汪
記僞組織）統治租界外各地的
事實，取締重慶份子之活動，
並和新政權協力……」領事團
和上海工部局都不能承認南京
或大上海的僞政權，如果日本
在縱那種承認之後還要求對租
界行政的更大發言權，以保證
其附近僞組織的安全。

　法租界的法律地位較便于
公共租界，因爲它是一個正式
的「租界」。在一九四〇年夏季
以前法國當局對抵抗日本侵略
，比公共租界當局尤爲堅決。
但是在法國覆亡，法租界當局
承認維琪政權之後，使他們對
日本採取妥協政策。在康邊德
法停戰協定簽字後一個星期法
國軍隊即自徐家匯防區（自一
九三七年以來即由法軍駐守的
地區）「自動」撤退，由日軍填
防。又過幾天，法方接受日本
的要求，「移交」第二特區法院
，其後該法院的法官就受日本
的指揮。並且，法當局並准許
日本在租界內自由逮捕中國愛
國份子，廢止了搜捕中國人必
須由第二特區法院簽發拘票的

法律手續。法租界內若干華方
銀行的資產，亦被日本奪取。
　日本對法租界的干涉，現
在更形加緊。日本以土地權會
在中國政府登記爲藉口，否認
一九〇〇年及一九一四年法租
界擴充的範圍。現在，法當局
和日本有嚴密的合作。許多愛
國份子不得不遷入公共租界，
更增加那一方面情勢的困難。
今日的法租界比越南還不穩定
，所奇怪的倒是爲什麼日本不
完全把它奪過來。
　這就剩下公共租界本身的
問題——這個列强在中國經濟
權益的中心及日本和列强在中
國鬥爭的主要目標，却久已不
是一個單一的個體。蘇州河以
北的虹口和河南的地區是有分
別的。在一九三二年的上海戰
事中，日本海軍陸戰隊違反租
界中立的原則，以虹口各碼頭
供軍用。一九三二年以後，日
本軍隊和憲兵即與沒有實力的
工部局巡捕，共同警備虹口。
上海工部局在這個地區中的主
權，也只限于名義，上海的自
來水廠在虹口，水上交通的大
部份也用虹口的碼頭。因此工
部局既然不能把日本勢力從迅
速變成日本設防城市的虹口驅
逐出去，就自然地採取妥協政
策，承認虹口是日本的，現在
從虹口通蘇州河以南地區的橋
樑，是由日方管理，並且還管
制居民、行人、及貨物的移動
。

　日本軍用手票可以在虹口
流通。中國的公用事業由日方
統治的公司管理，中國的官方
建築物——如郵局——被奪取
，工部局學校內的教育也受日
方介紹。新聞檢查，思想管理
，以及其他日本在中國淪陷地
區中採行的壓迫，均經採用。
在日本幾年來的要求與壓迫下
，工部局終于一九四〇年三月
一日承認在虹口設立一個新警
區，由日籍警務人員負責，承
認軍用品的完全通過權，以及
日本陸戰隊對中國遊擊隊活動
的「取締權」。但是這個協定
只是既成事實的追認，對于日
本在虹口的勢力，並沒有什麼
增加。但是由于其對武力造成
的事實的追認，上海工部局正
式承認其弱點，不能維持租界
的土地完整。連租界中心的名
義也不能保持了。
　上海機構中，越界築路也
佔有重要的地位，它們在上海
租界的範圍外，事實上却受工
部局管，在法律上，它們在大
上海市的範圍內，到了一九四
〇年三月，工部局也放棄其在
這些路上的名義警備權，事實
上，在這個時期以前，滬西各
路已經是日本浪人的活動地點

、博得「歹土」之稱。在過去，越界築路問題是工部局與中國政府間的懸案，今天，工部局已經放棄了它對這些路的主權，但是它並沒有交還給中國政府，而是讓給日本統治下的傀儡們。

如此，公共租界的實際範圍自一九三七年以來已經兩度縮小，第一次是放棄虹口（以及楊樹浦），第二次是放棄越界築路。公共租界的實際統治區域現在只限于法租界及蘇州河間不到四平方英里的地區。

取得上述各項對工部局行政權的限制後，日本又推行一個使租界完全屈服的辦法，虹口及越界築路問題解決後不到一個月，日方又製造一個政治危機，宣稱將於一九四〇年四月十日至十一日的工部局選舉中，推選日籍董事五名。工部局董事原有十四名，計英董五名、美董二名、日董二名、華董（自一九三〇年起）五名，日董如果有五名，則英美董事即須自七名減爲四名，使日本能在九名外董中佔得五名。在一九三九及一九四〇年間，日方就準備逐一發，把他們的土地登記權分割支配，以增加其選舉人數，在一九四〇年三四月間，英美僑民感覺到這個危險，也如法泡製，結果，一九四〇年的選舉票數達一萬三千票以上，選舉的競爭很激烈，但是英美僑民佔勝，仍然保持北五與二的比例（每日獲得八千票左右，日籍董事也還只有二名，每名五千餘票。

但是，這個問題並沒有解決，上海日本僑民，及其佔有的土地之不斷增加，使我們可以相信一九四一年的選舉中——如果還有公共租界的話——日方將圖再舉，握工部局於其控制之下。（譯者按：本年工部局董事已決定爲英美日三國各佔三名、德國一名、其他國家二名、中國五名，共十七名，這顯然又是一個「協定」。）

選舉失敗並不能使日方束手。他們的第二部辦法是使五位華董受日方支配，華董是由納稅華人會推選的，該會歷來都是擁護國民政府而反對汪記僞組織的，自一九三八年以後，納稅華人會就沒有開過會，它所推選的五位董事即繼續在工部局任職。到了一九四〇年八月，日方組織了一個傀儡的納稅人會，要求僞上海市長傅逆筱庵招開選舉會，這個企圖也是傅逆於十月中被殺的原因之一，這個企圖是失敗的，但是這兒又是工部局的一個危機。如果日方能夠控制這五位華董，即使不增加日董，也可以造成七比七的僵局。如果再能增加一兩名日董，就可以完全控制租界的行政機構了。

日方參加選舉，似乎是承認國際管理的原則。但是一九四〇年夏天，日本開始攻擊租界的本身，利用其傀儡要求租界交還給中國（日本或其傀儡）當局。這個運動發生於英國在天津對日妥協後一個月，在英國封鎖滇緬路對日讓步後，天。汪記僞組織的機關報中華日報在一九四〇年七月十九日提出了五點要求：㈠上海工部局依照中國法律——事實上是照汪逆或日方的命令——改組；㈡工部局董事的選舉，應照各國居民包括中國人在內的人數比例推選——如此，所有外國人，將被排斥於工部局之外；㈢工部局脫離領事團的管轄；㈣工部局的資產，因係「非法取得」，應全部交出；㈤工部局警務當局不能取締恐怖行動，租界內警權應由僞組織行使。這種要求的名義是「保護租界內的中國居民，並維護中國領土及主權的完整」，根本無視在這種辦法下，中國民衆即不能保護[illegible]的事實。

過了幾天（七月二十四日），湯逆良禮代汪逆及日方發表稱：「惟有向南京政府由南京政府對全上海執行主權，纔能恢復法律統治」，敵僞報紙也要求「收回」第一特區法院，使其法官受日方或傀儡的指揮（和法租界的第二特區法院一樣），同時，該院法官錢宏業被僞組織方面暴徒暗殺。這些要求與要求驅逐若干對中國同情的美國記者同時發生，也和日本國內英國路透社記者考克斯死於恐怖風潮同時。但是，日本在一九四〇年夏天的行動，原來是建立在英帝國即將被希特勒征服的假定上，希特勒遲遲不能征服，日本的要求也就改趨和緩。

日本如此，日本及其傀儡不但表現其使日本擴張其武力的企圖，而且還表現其完全消滅的比例、取得上海的優越權的企圖，存在的列強可以在其經濟利益集中點的行政機構中發言的制度是最後的政策，如果上海問題只是租界及中國合法政府間的問題，則中國民衆要求更有力的發言權是合法的。但是現在的事實卻牽涉到承認日本控制中國的問題，則租界必須維持，以維護中國的利益，

由于地域的限制，以及認爲上海將陷于孤立並被迫尋求地方解決辦法的民權，企圖以工部局採行服從日方的政策，使上海不挑釁、不刺激，來和日本租界的最後目的。結果，工部局對界內的中國報紙加以各種限制、禁止日方所反對的宣傳，以及入中國愛國團體的活動，並以其他方式——例如虹口及越界築路問題——滿足日方的要求。即連領事團也採取同樣的政策，在駐滬英軍撤退時，美海軍陸戰隊接防公共租界「乙」區，該項決定延不實行，而由日方爭執的過渡時期，可以使日本在商團來作調停事件，都可以作爲日本在自行動的時期。

因此，上海的將來就與日本對中國及太平洋的侵略前途關係。如果日本在西太平洋方面勝利，租界與法租界的繼續存在也不會在今日野心的內成敗，能否取得大半支持，國之歐洲是否能夠和歐洲戰局的結果如何，無論如何，上海的命運是由外國人統治的完了。中國因其政治組織之堅強及軍事勝利的繼續，自一切有理由要求收回主權，並且可以要求長江下游的自然權的要求。但是在中國勝利後，上海的問題有可以來解決、列強的權益還可以有相當保證。如果日本勝利，租界就根本談不到什麼保證。因此，日本現在的租界當然是不起日本直接干涉的條件下，被地與援助中國。但是這當然不是正當辦法。這種情勢很嚴重，這種情勢已經很清楚，即英國的「死硬手段的中國通」也開始感覺的必要了。

——摘自《时事新报》（重庆），1941年5月9日

敵機轟炸重慶慘劇

九日重慶電。日軍飛機六十三架 是日轟炸重慶 平民被炸斃者至少五一名。炸傷者一百五十名，美國美以美教會所辦之中學校。有校舍兩間 被日機炸毀。但無傷人 英國駐華大使賈德之住宅 亦被炸損壞，玻璃窗均被震碎 英大使館之汽車 亦被炸傷

——摘自《少年中国晨报》，
1941 年 5 月 10 日

敵擾粵省沿岸志在劫掠

紐約太晤士西報載五日香港電。日軍近在廣東省沿岸各處雖常有登陸之舉動。表面上以截斷中國對外之交通為目的。但以大概情形而論 此等日軍。志在劫掠 每到一處地方，奪得軍用品或其他物品 即行撤退。故除在日軍設有根據之地點。此等往來無定之日軍。實無關輕重。此等日軍對於封鎖中國沿岸 亦無甚效力。華人亦能令貨物秘密輸運出入。粵省境內日軍所在之區域。華軍游擊隊亦為活動 據華人言。日軍現在廣州北部及東部。鞏固防務 係防華軍游擊隊由東江出發。向日軍攻擊之故 日軍交通路線。常有被華軍游擊隊破壞者 尤以廣州市至石龍一帶之日軍交通 受害為甚 最近有日軍火車一列。於車軌上撞觸地雷爆發。日軍死傷多名云

——摘自《少年中国晨报》，
1941 年 5 月 10 日

敵機再襲渝

燬屋二百棟死傷百餘人

本報附近落彈房屋受震

中央社訊 昨(九)日敵機八十架、分三批由鄂襲渝、第一批四十四架、第二批二十七架於十二時五十六分同時侵入市空、嗣第三批九架、於十三時許侵入市空、我高射部隊予猛烈射擊、當有一架落伍、數架散亂、乃倉慌盲目向市郊投彈約三百枚以上而去、彈落江中者極多、我被燬房屋二百餘棟、死傷百餘人、並有數處起火、英大使館受震甚烈、卡爾大使之寓邸附近、落彈甚多、門窗俱損、英參贊華伯敦中校之汽車、適停卡爾大使寓前、被炸半毀、幾不能駛、其他外僑財產如求精中學、安息會、俱直接中彈、英美會亦瀕危險。又：記者於敵機投彈後、即會隨空襲救護委員會高級指揮官專車赴郊外災區勘察、時數處火頭均經英勇消防人員撲滅、交通修復暢達、所有傷亡人民、亦已護送醫治或棺殮、參加防空救護之消防醫務、撫濟、工務、管制人員暨服務隊員、在救護委員會指揮下、咸能密切配合工作、沉着勇幹、技術上顯見優越進步、而各處防空洞秩序、亦見改良、救護委員會主任委員劉峙、秘書長彭誠孚、名譽主任委員許世英、服務總隊長谷正綱等、除曾分赴災區指導外、並曾轉達蔣委員長德意、撫慰災胞云。

又訊 昨日敵機襲渝、其第一批到達市空投彈時、本報附近落彈甚多、辦公室及宿舍損失甚巨、字架亦略有震毀。當經員工努力整頓、本報仍照常出版云。

——摘自《时事新报》（重庆），1941 年 5 月 10 日

日軍竟以茶葉築路

拒紹

日軍佔淡水。蒐索物資。無孔不入。一到卽强拉民衆。趕修由澳頭至淡水公路。將我整箱茶葉。用作塡塞路基。當日十一時淡水市淪陷。卽夜。汽車嗚嗚聲不絕。利用淡澳路將我遺下物品。捆載蒸艦。聞我茶葉損失達一萬大箱以外。其他各物亦甚夥云。日軍志切汽油機件糧食等。茶葉被視爲次要。不惜暴殄天物。以之作泥沙而供築路。惟此項茶葉。擬由內地運港。轉銷海外。俱屬名品奇種。價値不貲。具陸羽癖者聞之。當爲惋惜也。查箱茶由衡陽鐵路運至韶關。轉以汽車載達龍川。復用船艇裝往淡水。又起陸而至沙魚涌出香港。由韶至淡一大段。沿途有電話電報傳遞消息。假使該茶到淡水。因事故而不能出港。卽應通報止其來源。奮淡水迭遭擄毁。時存警惕。萬無積存如許巨量之理。乃以當事者疏忽之故。致令巨資擲諸虛牝 賜我得天獨厚 物資不匱 惟一絲一葉 俱由民衆之血汗培成 當思來處不易 今乃棄之如泥沙 當事者能辭其責耶

——摘自《少年中国晨报》，1941年5月11日

重慶兩日被炸之損失

十日聯合通訊社重慶電。。昨有日軍飛機六十三架 轟炸重慶。。損害實屬甚多 平民被炸斃命者五十名。。炸傷者一百五十名 日[illegible]日[illegible]共九十四架 向重慶轟炸 民平死傷共約三十名

——摘自《少年中国晨报》，1941年5月11日

敵機五十四架昨再襲渝市

燬房百餘間死傷十餘人

英大使住宅亦被炸

中央社訊 敵機五十四架、昨(十)日分二批由鄂竄渝每批各二十七架、於午時四十七分及十一時二十五分、相繼侵入市空、經我高射部隊射擊後、卽在市區附近投彈約二百餘枚、向東逸去、被燬房屋百餘間、死傷十餘人、英大使卡爾爵士寓邸附近、落彈甚多、房屋震毁一部份、法大使館附近亦落巨彈、一部被波及、美以美會求精中學內、今又中彈、居渝約十餘年之英教士瑞書其住宅卽在校中、被震毁不能居住云。

中央社訊 九十兩日敵機在市區肆虐、英大使卡爾爵士住宅亦遭波及、外交部王部長得訊後、特於十日下午派該部淩秘書、向英大使函致慰問云。

——摘自《时事新报》（重庆），1941年5月11日

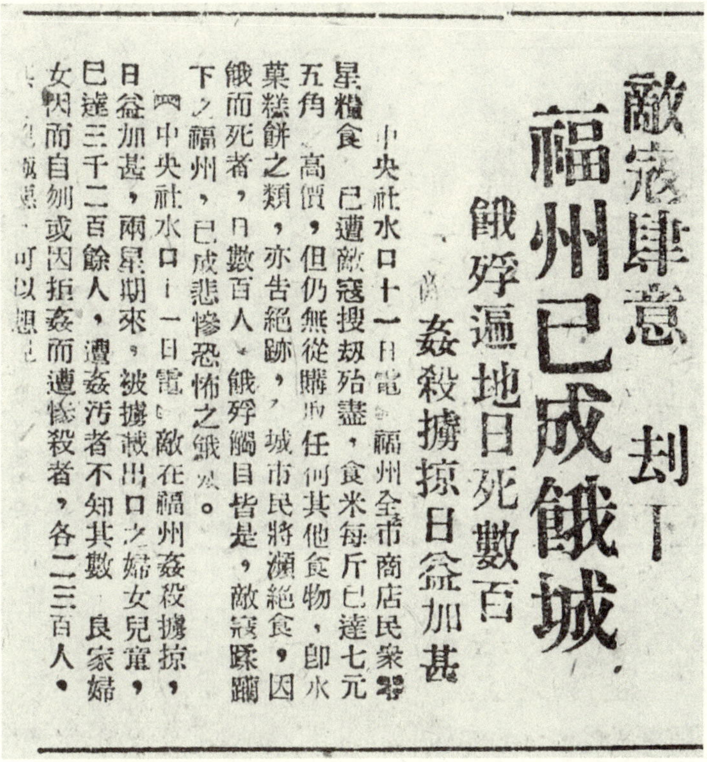

敵寇肆意刦下

福州已成餓城

餓殍遍地日死數百

姦殺擄掠日益加甚

中央社水口十一日電 福州全市商店民衆[illegible]糧食已遭敵寇搜刧殆盡，食米每斤已達七元五角，高價，但仍無從購取任何其他食物，即水菓糕餅之類，亦告絕跡，城市民將瀕絕食，因餓而死者，日數百人，餓殍觸目皆是，敵寇蹂躪下之福州，已成悲慘恐怖之餓城。

又中央社水口十一日電 敵在福州姦殺擄掠，日益加甚，兩星期來，被擄載出口之婦女兒童，已達三千二百餘人，遭姦污者不知其數，良家婦女恥而自刎或因拒姦而遭慘殺者，各二三百人，[illegible]可以想見。

——摘自《国民公报》（重庆），1941 年 5 月 13 日

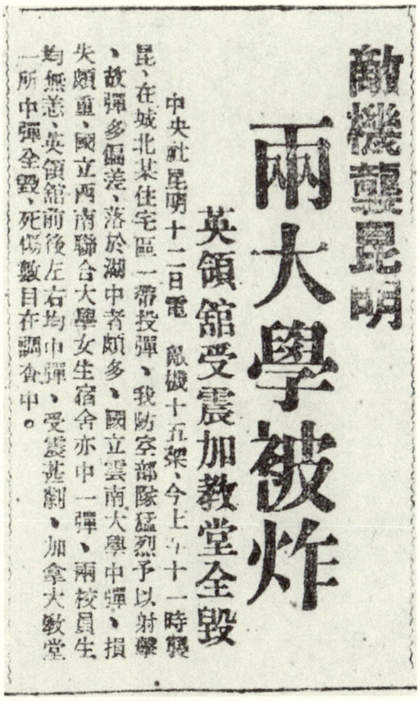

敵機襲昆明

兩大學被炸

英領館受震加教堂全毀

中央社昆明十二日電 敵機十五架、今上午十一時襲昆、在城北某住宅區一帶投彈、我防空部隊猛烈予以射擊、敵彈多偏差、落於湖中者頗多、國立雲南大學中彈、損失頗重、國立西南聯合大學女生宿舍亦中一彈、兩校員生均無恙、英領館前後左右均中彈、受震甚劇、加拿大教堂一所中彈全毀、死傷數目在調查中。

——摘自《时事新报》（重庆），1941 年 5 月 13 日

敵機五十餘架轟炸重慶

十六日共同通訊社重慶電 日軍飛機五十餘架，是日轟炸重慶 此爲自五月二日以來，日機轟炸重慶之第四次 近四日來衛無日機轟炸 係因天氣不佳所致 是日重慶被炸所受之損失 比上次略同 報界旅舍附近，投落炸彈甚多 各通訊社辦事處 包括共同通訊社在內 均受損傷。

——摘自《少年中国晨报》，
1941 年 5 月 17 日

禺北敵軍竄擾虎頭嶺

（花縣）連日禺北太和市、鐘落潭等地敵軍，頻派隊向附近鄉村劫掠。四月十八日晨，敵軍二百。。由鐘落潭竄至虎頭嶺（番禺從化邊境）一帶 企圖騷擾。。我鄉民以屢遭荼毒，紛紛武裝抵抗，與敵發生激戰，敵軍藉密集機槍向我掃射，並施放毒氣彈，向馬瀝等村內轟擊，致斃鄉民數十。我壯丁爲避免過重犧牲 迫得轉移某地。敵軍遂侵入虎頭嶺各鄉內 大肆淫掠。幷縱火焚燬民房五六十間，及至申刻 始飽掠完畢 循原路退去。聞是日各鄉損失頗重。。計劫去猪，牛，鷄，鴨，等牲畜百餘頭 穀米廿餘擔。並擄去青年婦女十餘人云。。

——摘自《少年中国晨报》，
1941 年 5 月 17 日

敵機昨襲渝

投彈二百餘燬房百棟

洛陽昨被炸六次

中央社訊 昨（十六）日敵機共六十三架，分三批襲渝，於九時五十五分竄入市空，我空軍及高射部隊當予以猛烈反擊，敵機在高空投彈二百餘枚，旋即東遁，我被燬房屋約百餘間，死二人，傷五人，防空救護消防各組，均於警報解除前，迅速出動，記者於某處彈落約五分鐘內，即見空襲服務總隊中央組、[illegible]部服務隊、市黨部服務隊、救世軍第二隊、上海[illegible]務隊、豐防護第一中隊、擔架第三營第十三連等，先後趕到工作，當地交通立經整理恢復，尤分顯示其英勇之精神，與訓練之技術，陪都空襲救濟委員會主任委員劉峙、名譽主任委員許世英、秘書長彭誠孚、服務總隊長谷正綱、副總隊長洪蘭友、黄伯度、總幹事程朱溪、防空副司令胡伯翰、均於敵機投彈後，即刻分赴災區督導指揮各隊工作，並對受災同胞親切慰問云

中央社洛陽十六日電 今晨五時起，洛陽即開始警報，至下午五時始解除，敵機竟日竄擾，敵逾百餘架，共轟炸六次，其最多一次之敵機爲三十二架，前後投彈五百餘枚，其中燒夷彈甚多，故被炸後有若干處起火，[illegible]民死傷不少。

——摘自《时事新报》（重庆），
1941 年 5 月 17 日

十六日重慶被炸之損失

十七日重慶電，昨日日軍飛機九十餘架轟炸重慶，地方上頗受損害，平民被炸斃命及炸傷者共約一百名

——摘自《少年中国晨报》，
1941 年 5 月 18 日

敵機狂炸西安渭南

【中央社西安十八日電】敵機三十七架，十八日竄擾陝境各地，一批十八架，侵入西安市空，濫肆轟炸，投彈百餘枚，數處起火，因市民疏散甚速，故死傷十餘人，一批十二架，在渭南投彈，毀房多間，死傷甚少。

——摘自《国民公报》（重庆），1941年5月20日

敵機竄陝

……龍主席救濟雲大員生……

中央社西安十八日電 敵機三十七架，十八日竄擾陝境各地，一批十八架，侵入西安市空，濫肆狂炸，投彈百餘枚，數處起火，因市民疏散甚速，故死傷僅十餘人，一批十二架，在渭南投彈，毀房多間，死傷甚少。

中央社昆明十八日電 敵機十二日襲昆，國立雲南大學再度被炸，損失甚重，龍主席昨特撥款四萬元救濟該校員生工警生活及修補內部之用，此款已由該校領取，分別支用，該校長熊慶來特於今日代表該校全體員生向龍主席致謝云。

——摘自《时事新报》（重庆），1941年5月20日

敵機擾川鄂

在梁山宜賓及五峯投彈

擊落敵機一架

中央社訊 敵機七十五架昨（二十）日上午九時許，分三批由鄂擾川，竄抵梁山、宜賓等處，投彈後北逸。

中央社恩施二十日電 敵機三架二十日飛在五峯縣屬之漁洋關投彈數枚，均落郊外。

中央社成都廿日電 敵海軍第十二航空隊及第十三航空隊飛機約六十餘架，廿日上午八時左右，分批侵入川境各地肆虐，除轟炸機隊分批在梁山宜賓兩地盲目投彈外，其先頭之驅逐機二十一架，則分兩批，向蓉竄犯，十一時十分侵入市空後，分散隊形，在市郊附近上空盤旋飛行，十一時廿分，敵機十二架，以一字隊形，由城南向南郊低飛，被我空軍警衛部隊之機槍擊中波音式「七二六號」一架，頓時墜落於雙流縣屬白羊場，全機焚毀，機上駕駛人員已焚斃，其餘敵機分批向東竄逸。事後記者馳赴白羊場視察，目睹該敵機陷入土內五六尺，機身業因油箱中彈爆炸，已大部毀壞，尾機尚完好，太陽徽猶存，機內有手槍一枝，保險傘一具，地圖二份，飛行衣一件內註有「十二航空隊木村」等字樣，另有徽章一枚，刻木村二字，當係敵海軍十二航空隊木村所駕駛，據悉，該機係三菱工廠出品，續航時間可達七小時，機上並裝有機槍及機關砲各二挺，為敵海軍航空部隊使用之最新式飛機。

——摘自《时事新报》（重庆），1941年5月21日

海口斗山又遭敵機轟炸

(台山)我收復三埠後。。日來已積極宣佈反攻方策，故敵軍對此。已爲驚恐。。連日派出偵察機飛台山開平各地偵察。。四月十四五兩日。該地均有三四次警報。。十五日下午二時。敵轟炸機三架 飛至斗山海口盤旋。。并低飛窺察。。隨放下炸彈十餘枚。死一少女 查是日爲海口墟期。。敵機在斗山海口肆虐後 又飛台城窺伺，惟未有投彈。。

——摘自《少年中国晨报》，1941 年 5 月 22 日

中山敵軍搜掠木材

▲爲蓋搭軍營及作燃料之用

(中山)中山縣自淪陷後 鄉民生活。痛苦異常 除物價騰貴 生活難以維持外。。日夕非遭賊匪强劫 即受敵軍肆意壓迫。處此水深火熱之情形中 生活痛苦 殆莫能狀 查縣屬四區小隱鄉。於中山淪陷時。。曾飽受敵機瘋狂轟炸。爲狀至慘 所有房屋之被炸毀或焚燒者 爲數不下數百家。事後難民多自將炸毀所餘杉料。。堆置蓄存。以爲他日重建故居之用。不料近日敵軍爲要需木材杉料等爲建築防衛工事。。及蓋搭軍營之用。連日前往該鄉及附近之江尾頭，神涌一帶 强刼杉料。。并用軍車前往將之載返沙涌坑尾確所等處 或爲器用 或爲燃料 并四出將鄉中所有鷄鴨牛猪等食糧 任意搶奪。對於犬類即放槍將之擊斃 更肆意魚肉鄉民 無所不用其極云。

——摘自《少年中国晨报》，1941 年 5 月 23 日

敵機昨擾川

四批六十八架分襲蓉萬

蔣委長撥款賑濟洛災民

中央社訊 敵機六十八架、昨日(二十二)分四批襲川、第一三批各十架、於竄抵成都附近後、曾用機槍掃射、第二批三十六架、內有二十七架在成都遂寧等地投彈、第四批十二架、分四次在萬縣投彈後東逸。

中央社皖南某地二十二日電 敵機四架、二十二日上午八時侵入寧國、在城內外投彈二十餘枚、我損失甚微。

中央社成都二十二日電 敵機二十一日分三批襲蓉、第一批驅逐機九架、於下午一時侵入市空、在城郊用機槍掃射、盤旋一匝、即向東遁去、第二批轟炸機二十七架、於二時十分竄抵蓉市南郊、經我高射砲猛烈迎擊、敵機倉皇投彈後逸去、第三批驅逐機[illegible]架、侵入市空後、即行分散、在城郊盤旋、并用機槍掃射後、即東逸。

中央社洛陽二十一日電 近日敵機肆虐、本市頗受損失、蔣委員長電囑衛[illegible]告後、對被災難民、極爲軫念、當電囑衛生主席即撥國幣十萬元施振、衛主席已令有關機關迅行查放。

——摘自《时事新报》（重庆），1941 年 5 月 23 日

民族抗戰 播音臺

敵機狂襲昆明市區被炸

△龍主席親督各消防人員搶救

民革社昆明通訊。四月九日上午九時十九分。敵偵察機一架。由越境侵滇境。向西北飛。十時十五分飛至祥雲楚雄一帶偵察。十時二十分折向南飛。十一時十五分竄出滇境。第二批敵偵察機一架。九時二十四分沿滇越路向北飛。十時二十四分到達本市上空盤旋。十時三十四分折回。循原路於十一時三十八分出境。第三批敵轟炸機二十七架。十一時五十分由越境侵入向北飛。十二時到達本市十三時零三分在市中心區投彈百數十枚。十三時十分離昆向東南飛。十四時零五分竄出滇境。防空部於九時三十分發出預備警報。十二時十分發出空襲警報。十二時三十五分發出緊急警報。十六時三十分解除警報。

▲各級長官指揮督救　敵機投彈後。市區數處起火。燃燒甚烈。龍主席於敵機甫離市空。即親往災區視察。偕蘇司令官。楊副司令。李廳長。李處長。孫副局長。裴市長及社會局長孟立人。工務局長宋鳳恩。國民兵團副團長金發生。各警局分局長等指揮督救。各消防隊紛紛出動。裝置邦浦及水龍。噴水灌救。歷二小時許。各處先後撲滅。其餘燼尚有未全熄處。則繼續灌救。直至深夜。猶在工作中。警局社會局并派員守夜。以防死灰復燃。參加救火者。計有警消防隊。廣帮消防隊。浙江消防隊。市府義勇消防隊。裕滇消防隊。行營警衛團。交通兵團。軍分校。憲兵學校。警察訓練所學生等。

▲市府獎賞消防人員　裴市長以各消防隊均能勇往直前。奮不顧身。特獎給警察消防隊國幣五百元。市府各區義勇消防隊國幣五百元。浙江消防隊。裕滇紗廠消防隊。憲兵學校。警察學校學生。各獎國幣一百五十元。廣帮消防隊出力尤多。獎給國幣二百元。又□□路三牌坊以上某戶起火。經警察一分局巡員卜為弼。吳鴻書。市府第二區六隊附段熾發現。立即撲滅。各獎國幣三十元。青雲街起火。經第三區區長曾紹儒發現。指揮壯丁立即撲滅。火勢得不蔓延。獎給國幣一百元。以示激動。

又救護大隊。掩埋大隊。工務大隊。亦於敵機去後。立即出動。將受傷市民拾送醫院。死者掩埋。昨市民中因老病等特殊原因。未及疏散者甚少。故傷亡人數不多。救護工作瞬息告竣。惟災區範圍頗大。難民無家可歸者。已由空襲緊急救濟聯合辦事處。指定第二第六第八三收容所限警報解除三小時內。各區應查填發給難民證。收容竣事。

▲英國領館一部被燬　大英國領事館以鄰近投有炸彈。亦有一部房屋震毀。院中樹木受震。倒出牆外。又敵機於飛經西北市郊時。在紅山一帶亂投炸彈及手溜彈多枚。但並未傷人。

——摘自《少年中国晨报》，1941 年 5 月 24 日

劫後陽江縣損失之調查

▲當局加緊善後辦理聯防
▲鄉長英勇抗日縣府嘉獎

（陽江）此次陽江縣城一度淪陷。商店損失。經由縣商會各委員挨戶調查。統計已調查之全城商店五百五十八間。損失貨物值二百七十九萬三千元。現金四十萬四千元。什物六十四萬五千元。總值國幣四百八十四萬一千元（鹽店及出入口貨商船隻除外）至各機關團體學校及住戶損失。亦在詳查統計中。陽江克復後。當局對善後工作。如救濟難民。擴充自衛班。舉辦聯防。獎勵抗敵鄉民。追悼「三三」陣亡之士兵。宣慰軍民。均悉力以赴。茲將其工作動態分述如下。

▲聯防自衛　縣府為加強抗衛力量。維持地方治安。特訂定各鄉鎮自衛班擴編及聯防辦法。提交縣自衛會議決通過。並公佈施行。現縣府為趕速完成。特分電各區鄉長。於四月十五日一律辦竣。同時委出各區聯防辦事處主任。負責籌備成立。均已次第完成。具報備核。此後民眾防衛力量。當較前加強。

▲救濟難民　此次陽江淪陷。市民損失甚巨。及收復後哀鴻遍野。待哺嗷嗷。第七區行政專員呈奉省府撥給賑款。特派保安副司令鄧俠。攜帶賑款七千元。到縣施賑。縣府接款。撥交賑濟會辦理施粥。並分別就被焚毀屋宇。及被槍殺暨受傷之民眾施賑。並同時計劃以工代賑辦法。使受難民眾得有棲息之所。

▲嘉獎鄉長　此次敵陷縣城。派兵騷擾第二區雅韶鄉代鄉長譚國寶。率同壯丁抵抗。迎頭痛擊。敵不得逞。翌日派大隊來臨。該鄉壯丁仍奮勇抵抗。卒因寡不敵眾。遂掩護鄉民向安全區避難。查是役壯烈犧牲壯丁八人。迨縣城收復後。縣長以該鄉代鄉長譚國寶。抗敵有功。特令嘉獎。以勵來茲。

▲宣慰軍民　三月三日。敵犯縣城。我保□團第□營甘營長。率同士兵在礐山奮勇殺敵。是役壯烈犧牲士兵廿五名。縣城收復後。各界經召開追悼三三陣亡士兵大會。縣政工隊亦分別派隊看附城及被災之鄉村。作個別訪問。藉以宣慰。同時携帶物品及賑款。分別散賑。除宣慰難民外。同時發動各界以生猪等物慰勞保安團第□營抗敵官兵。情形甚為熱烈。

——摘自《少年中国晨报》，1941 年 5 月 25 日

市面活躍如故[illegible]後[illegible]民衆交易如恆

屍骸數具均係炸後由瓦礫中掘出者

殘肢斷體令人慘不忍睹是誰之咎

空襲斷壁之重慶鬧市國人勿忘何人之賜

Remains of building damaged during a night raid

——摘自《少年

日賊再向霧後重慶亂施轟炸我民何辜再遭此浩劫

陪都浩刼

BOMBING OF CHUNGKING

霧季過後的陪都。又免不了和舊歲一樣的日本空軍再來轟炸和燒殺。重慶經過了幾次的火藥的洗禮。瓦礫場觸目皆是。無辜的平民又有多人喪命。日賊以為用牠的空軍能打擊我們鬥志。那是一種妄想。殊不知我們所受到的轟炸越大。鬥志越強。在重慶今天被炸成瓦礫場。明天又是高樓大廈。響日賊能有多少錢去製造炸彈來和我們拚命呢。本畫刊的這幾像片。係上月日賊轟炸後所留下的痕跡。讓我們看了。永遠印在腦海裏。來努力的驅除日本強盜。

防空洞口之民衆[illegible]

聽音機為我防空部隊偵察敵機之利器

濃烟冲天為日寇向重慶施行屠殺之轟炸情形

中国晨报》，1941 年 5 月 25 日

日賊再向昆明轟炸

日賊漫無目標之投炸。以逞其殘殺之毒心。早成世界公認之事實。毋容贅述。此次日賊再向昆明轟炸。不僅炸及敎會物業。即醫目之殘廢兒童。亦未獲幸免。令人言之痛恨。本刊左載二圖。即可證知日賊炸昆明之暴行矣。左上圖爲昆明之德國天主敎堂被炸之情形。下圖爲醫目學校炸毀後之景況也。

——摘自《少年中国晨报》，1941 年 5 月 25 日

京滬滬杭沿線
敵暴行加甚
反映敵厭戰情緒愈濃

【中央社】確息，近一月來，京滬滬杭沿線敵軍之强暴行爲，層來不窮，各地城郊時有强姦案件發生，敵軍官均置之不問，各車站之敵兵於檢查旅客時，對女性輒任意侮辱，此種暴行，頗反映敵軍之厭戰情緒，已較前愈爲濃厚，本年敵軍中之花柳病患者，亦較過去爲多。

滬敵又滋擾南市

【中央社香港二十五日電】滬訊，二十四日晨，南市福佑路敵一憲兵被殺斃命後，敵施行特別戒備，與法租界斷絕交通，並在南市大肆搜索，居民多被驅逐，露宿街頭，迄二十五日晚仍未恢復，聞將繼續三日。

——摘自《国民公报》（重庆），1941 年 5 月 26 日

敵機狂炸桐城

【中央社立煌二十二日電】（遲到）二十一日上午七時，敵機十二架，狂炸桐城，投彈五十餘枚，燬民房四十餘間。

——摘自《国民公报》（重庆），1941 年 5 月 26 日

敵機擾甘

連日被我空軍擊落兩架

中央社蘭州二十二日電（遲到）敵轟炸機二十五架、驅逐機十三架、二十二日晨先後分道經陝甘、午刻在蘭市附近上空會合、敵轟炸機九架、即分道竄擾蘭州以西之某地、餘機則於十二時半侵入蘭市上空、在市區及東郊投彈多枚、我英勇空軍曾在蘭州以西與敵機發生激烈空戰、當將敵轟炸機兩架擊傷、尾部冒烟、立時離隊、此間於當晚接獲靖遠電告、發現敵機一架墮落於靖遠附近、人機均燬。

中央社蘭州二十一日電（遲到）敵機四十七架、由晉起飛、分擾陝甘各地、第一批二十七架、於下午一時許襲蘭、遭我空軍迎頭痛擊、當有敵機一架右翼被我擊中、旋即着火墜地、尚有兩架被我擊傷、尾部冒烟、搖搖欲墜、敵機在我陸空兩方猛烈火力夾擊之中、隊形紊亂、倉皇在東郊投彈多枚而遁、至被我擊落之敵機、係單翼雙發動機重轟炸機、落於皋蘭山之焦家灣、機中發現敵屍四具、機身已全毀、另據防空部所得報告、敵機在歸途中、祇剩二十五架、足徵尚有敵機一架、業已在歸途中墜地、惟機身則迄晚猶未發現、聞第二批敵機九架、飛抵隴南某地、即行折返、第三批十一架、則飛咸陽肆虐。

中央社蘭州二十四日電 敵機兩架、二十四日晨飛甘窺察、其中一架竄蘭市上空、當經我機逐退、敵機則飛抵隴南某地後、即行折回。

——摘自《时事新报》（重庆），1941 年 5 月 26 日

中國客機被敵機炸毀

廿六日共同通訊社香港電：是日接到重慶阻運之電訊。美國教士布郎博士夫婦。及華西協和大學醫院職員。。乘飛機在四川省敘府飛機場降落。。該飛機曾被日軍飛機炸毀。當時他等與其他搭客多名。乘飛機航行於該處附近，見有日軍飛機一大隊飛來，立即降落。未幾，即有日機二十四架飛到。投擲炸彈多枚。將該載客飛機炸毀，各人幸無傷恙云

——摘自《少年中国晨报》，1941 年 5 月 27 日

敵機竄擾陝甘

中央社蘭州廿七日電：敵機三十九架、廿七日分三批襲蘭、第一批轟炸機二十四架、於上午十一時許侵入蘭市上空、經我高射部隊猛烈射擊、敵機一架被我擊中尾部、受傷頗重、餘機即倉皇在東郊投彈多枚而逃、第二批驅逐機六架、除一架中途折回外、其餘五架則於首批敵機到蘭前三十分鐘、竄抵本市上空、盤旋片刻、即行逸去、第三批驅逐機八架及偵察機一架、於正午侵入蘭市上空、曾在西郊以機槍掃射、我方無損失、此外尚有敵機八架、廿七日晨飛往咸陽投彈。

——摘自《时事新报》（重庆），1941 年 5 月 28 日

民族抗戰 播音臺

倭寇鐵蹄下廣州如地獄（一）

△情願死為他鄉鬼

△不甘活做敵順民

海外社香港航訊：廣州市本來是我國九大商埠之一。論人口之衆多，市容之繁盛，可謂盡人而知。「七七」事變後，敵寇垂涎此處物資豐饒，竟也用盡全副武力加以佔據。孰知稍有資財的人，早已逃到港澳或南洋一帶，留在城中的人，總是些老弱殘廢者，或係那些漢奸歹徒，所以敵人死了許多將士，耗了許多錢財，結果得了一座有名無實的空城市。得不償失，非常懊悔，於是派出許多漢奸，想藉此誘騙逃在海外的人返到廣州，供其人力與財力上的搾取。記者為欲明瞭最近的情形究竟如何，特週訪由廣州逃出難民某君於某旅店。記者問：「汪逆漢奸報紙上近常宣傳廣州市容如何繁盛，人口如何增加，地方如何安寧，而先生偏又以逃出為樂，何故？」某君答：「一言以蔽之，漢奸報紙不可信，它昧沒了良心說假話，老實講吧，現在廣州市的同胞，都抱着『情願死為他鄉鬼，不甘活做敵順民』的觀念，所以只要稍有辦法的同胞都設法逃出這黑暗地獄的。」某君繼續告訴了廣州目前的形形色色，茲分紀於後：

▲改良民證為公民證　敵寇佔據廣州市區後，照例第一步命令居民領取所謂「良民證」，不料這種「良民證」，竟也有真假之別，原因我同胞的身體，雖曾時陷落在敵寇佔據的區域裏，但是他們並沒有時刻把祖國忘了，他們為着要保存祖國的國格與自己的人格，都不願意到敵人的前面去領取這種侮辱性的「良民證」，但是沒有這個「證」，又寸步難行，因為遇了獸兵檢查時，拿不出「良民證」來，刺刀的滋味就得嘗嘗了，所以大家便偽造一個「良民證」來搪塞獸兵的檢查，那知這種情形，為敵寇與漢奸發覺，想把以前所發出的良民證一律廢止，另行發給一種所謂「公民證」，改由偽組織代敵人包辦，並隨徵收若干人口居留捐，如果成為事實，漢奸們又可發一筆大財了。

▲防疫注射是催命針　敵人每佔據一塊地方，都要強迫這塊地方的居民打防疫針，美其名曰「注重公共衛生」。其實我們只要用常理推想，敵人已把中國人當他的仇人，那有再幫仇人謀福利的道理，所以淪陷區的同胞，往往經過敵人的注射，當時不覺得有何異樣，但一二月後，便覺精神萎靡，四肢癱軟。非吸食鴉片紅丸不足以提起精神，因此而先後死亡者為數甚多。由此可知敵人之逼迫我淪陷區同胞注射防疫針，第一步削弱我中國人的強健身體，消滅我同胞之鬥志，最後使得我中國人的死亡率增高，人口有減無增，用心至為狠毒。

——摘自《少年中国晨报》，1941 年 5 月 28 日

倭寇鐵蹄下（廣州）如地獄（二）

△情願死爲他鄉鬼

△不甘活做敵順民

▲搜查戶口與女警察 敵僞軍警在市區搜查戶口，差不多月必數次，搜查的目的有三種：一，敵僞畏我愛國志士之窩藏。二，搜劫金銀財寶及有價值之古玩。三，綁架婦女充當軍妓。關於第一點，愛國志士可謂佈滿市區，待機而動，敵僞絕無辦法搜捕。第二點，差不多早已爲敵僞搜括殆盡。第三點，我國婦女向其注重貞操問題，每聞敵僞來搜查戶口時，均事前相率奔逃，故敵僞增僱女警。每次徵用婦女時，均先使此裝婦女警從中誘說，而此裝女警，過去多數係操神女生活者，不知羞恥爲何物，故甘於幹此醜事也。

▲敵亦設置「婦運會」 漢奸們在敵人的鞭策下自設「府」「局」之外，更發動提壺女侍與歌妓等，組織所謂「婦女會」，以資點綴。「婦女會」會長爲本市交際名花邱某擔任，邱某平日祇知周旋於交際場中，根本即不知何爲婦女運動，此次敵僞拉其出任婦女會長，當易見作用。「婦女會」并附設所謂「婦運幹訓班」，參加資格，以貌美爲合格，訓練科目爲日語、士兵心理學、生理衛生學……我們祇須於參加資格與訓練科目兩項觀之，即可明瞭此種組織之作用何者。。

▲增設醫院收容傷兵 敵寇此次侵犯台山，經我大軍迎頭痛擊，傷亡慘重，連日長堤碼頭均有敵運輸艦多艘，搬運上岸者盡爲缺手缺足之敵僞傷兵。敵人以市內傷兵醫院不敷容納，特令僞衛生局從速增設醫院一所，并爲蒙蔽居民耳目起見，美其名曰依復「市立醫院」，爲「貧民」謀福利，事實上居民對敵僞此種欺騙手段，早已路人皆知，他們不過掩醜罷了。。

▲伕力教員也要統制 敵僞每逢建築防禦工事時，向例均在市區各處拉伕前去，一般苦力深懼有去無還（因居民有時代敵人建築秘密工事完竣，事後均遭殺戮以滅口）無不咸具戒心，一聞市內拉伕，均躲藏不出，故敵人每次均不能拉得足數，近敵異想天開，特組織所謂「伕力社」，使市內勞苦居民前往登記，發給一實章，如不履行此項手續，即不准在市內各處覓找挑擔生活，其實敵僞之用心，係一日需用伕力建築工事時，即可按照登記之住址，前往拘用，用心至爲毒辣。又在市區徵教員者，大多因生活所壓迫而未及逃出之智識份子，察其心志，仍傾向祖國，不稍移動，故此等教員平日教課時，均暗中灌輸學生反抗敵僞之思想，已成蔓延之現象，敵僞頗感恐慌，近日敵僞乃對市內各學校教職員須三人聯保，始可取得教員資格，即此緣故云。

——摘自《少年中国晨报》，1941年5月29日

深圳敵軍分股犯清溪常平

（香港國際社飛郵）

（寶安）敵犯惠博，死傷重大，現由潮汕海陸豐方面抽調殘餘數千，經海道在大亞灣登陸開往增援，查敵軍後方指揮北島少將，自將原駐南頭深圳所部萬餘，傾巢出動，轉赴惠博作戰後，爲防廣九路正面我軍反攻，即由深圳派出小股敵軍三百餘人，循鐵路竄入李朗，另又轉大小型坦克車三十餘輛，開出沙深公路及沙頭角一帶，以壯聲勢，同時又由南頭調敵軍千餘，循岩口公路於五月十一日竄入烏石巖，十三日晨再東竄龍華觀瀾，當遭我游擊團隊鄧袁兩部迎頭痛擊，敵軍於十三日下午侵入觀瀾墟後，復循大觀公路北出廣九鐵路天堂圍、塘頭厦等地，圖由鐵路分兵兩股犯清溪、常平等地，被我保安團徐部截擊，十四日晨展開激戰，同時我由觀瀾退出之游擊隊，即乘機出動，向觀瀾、龍華、天堂圍等地反攻，敵軍後路被我截成數段，敵軍即向深圳求援，因此十五日上午九時，乃從大頭嶺筆架山兩陣地發出遠射程炮達百餘響，向廣九鐵路觀瀾、兩渡河一帶亂轟，隨即有敵機一隊，從廣州方面飛赴廣九鐵路偵察，掃射難民，東莞縣長李鶴齡、寶安縣長葉耀燊等，率領縣府全體職員攜備大批藥物，與衛生巡迴隊長吳澤民等，由後方出動，督率各救工人員在廣九中段某地搶救難民，敵機不斷在上空盤旋掃射機槍，民衆死傷極多。

——摘自《少年中国晨报》，1941年5月30日

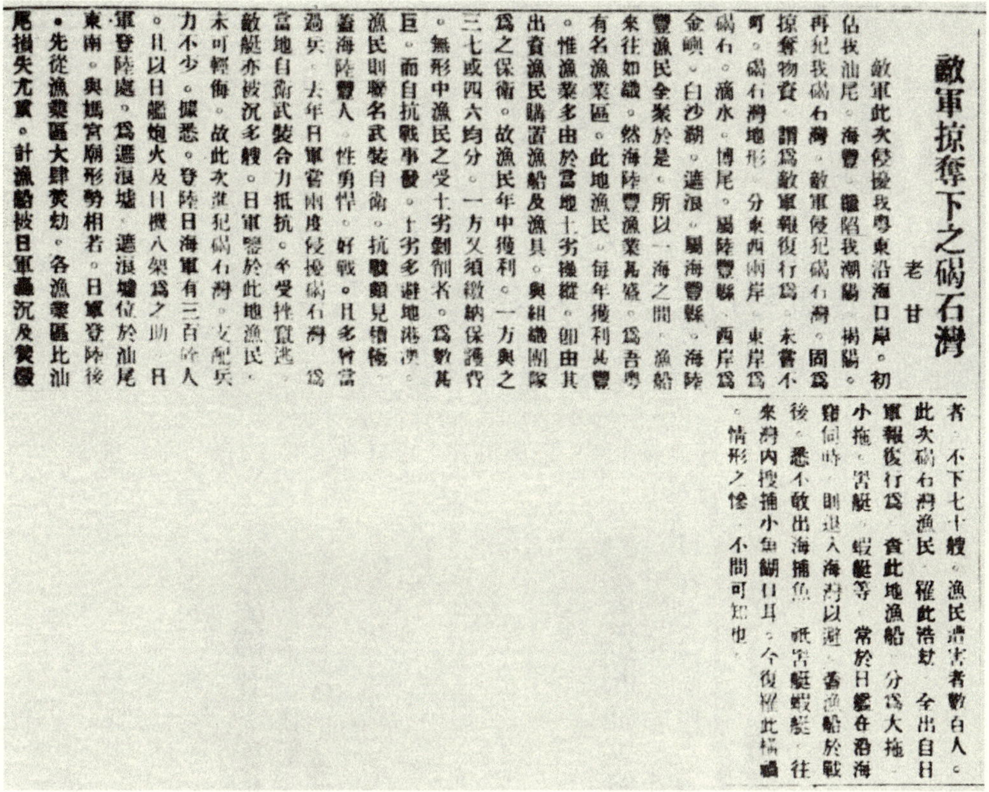

敵軍掠奪下之碣石灣

老甘

敵軍此次侵擾我粵東沿海口岸。初佔我汕尾。海豐。繼陷我潮陽。揭陽。再犯我碣石灣。敵軍侵犯碣石灣。固為掠奪物資。謂為敵軍報復行為。未嘗不可。碣石灣地形。分東西兩岸。東岸為碣石。滷水。博尾。屬陸豐縣。西岸為金嶼。白沙湖。遮浪。屬海豐縣。海陸豐漁民全聚於是。所以一海之間。漁船來往如織。然海陸豐漁業萬篷。為吾粵有名漁業區。此地漁民。每年獲利甚豐。惟漁業多由於當地土劣操縱。卽由其出資漁民購置漁船及漁具。與組織團隊為之保衛。故漁民年中獲利。一方與之三七或四六均分。一方又須繳納保護費。無形中漁民之受土劣剝削者。為數甚巨。而自抗戰事發。土劣多避地港澳。漁民則聯名武裝自衛。抗戰頗見犧牲。蓋海陸豐人。性勇悍。好戰。且多曾當為兵。去年日軍嘗兩度侵擾碣石灣。為當地自衛武裝合力抵抗。卒受挫竄逃。敵艇亦被沉多艘。日軍嚮於此地漁民。未可輕侮。故此次進犯碣石灣。支配兵力不少。據悉。登陸日海軍有三百餘人。且以日艦炮火及日機八架為之助。日軍登陸處。爲遮浪墟。遮浪墟位於汕尾東南。與媽宮廟形勢相若。日軍登陸後。先從漁業區大肆焚劫。各漁業區比汕尾損失尤重。計漁船被日軍轟沉及焚燬者。不下七十艘。漁民遭害者數百人。此次碣石灣漁民。罹此浩劫。全出自日軍報復行為。查此地漁船。分為大拖小拖。罟艇。蝦艇等。常於日艦在沿海窺伺時。則退入海灣以避。香漁船於戰後。悉不敢出海捕魚。祇罟艇蝦艇。往來灣內搜捕小魚餬口耳。今復罹此橫禍。情形之慘。不問可知也。

——摘自《少年中国晨报》，1941 年 5 月 30 日

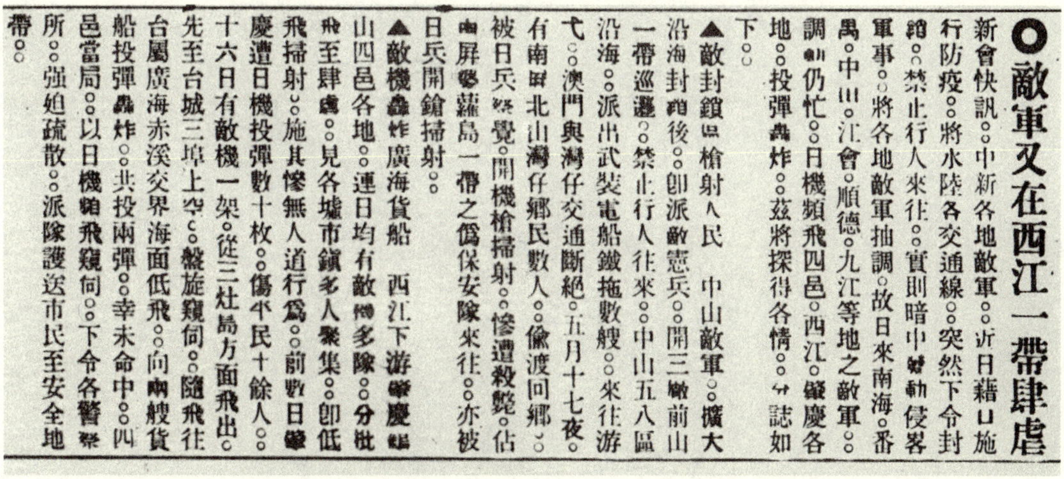

○敵軍又在西江一帶肆虐

新會快訊。。中新各地敵軍。。近日藉口施行防疫。。將水陸各交通線。。突然下令封鎖。。禁止行人來往。。實則暗中發動侵畧軍事。。將各地敵軍抽調。故日來南海。番禺。中山。江會。順德。九江等地之敵軍。。調動仍忙。。日機頻飛四邑。西江。肇慶各地。。投彈轟炸。。茲將探得各情。。分誌如下。。

▲敵封鎖口槍射人民　中山敵軍。。擴大沿海封鎖後。。卽派敵憲兵。。開三墩前山一帶巡邏。。禁止行人往來。。中山五八區沿海。。派出武裝電船鐵拖數艘。。來往游弋。。澳門與灣仔交通斷絕。五月十七夜。有南屏北山灣仔鄉民數人。。偸渡回鄉。。被日兵發覺。開機槍掃射。。慘遭殺斃。佔南屏[illegible]蘿島一帶之僞保安隊來往。。亦被日兵開鎗掃射。。

▲敵機轟炸廣海貨船　西江下游肇慶屬山四邑各地。。連日均有敵機多隊。。分批飛至肆虐。。見各墟市鎭多人聚集。。卽低飛掃射。。施其慘無人道行爲。。前數日肇慶遭日機投彈數十枚。。傷平民十餘人。。十六日有敵機一架。從三灶島方面飛出。先至台城三埠上空。。盤旋窺伺。。隨飛往台屬廣海赤溪交界海面低飛。。向兩艘貨船投彈轟炸。。共投兩彈。。幸未命中。。四邑當局。。以日機頻飛窺伺。。下令各警察所。。強迫疏散。。派隊護送市民至安全地帶。。

——摘自《中西日报》，1941 年 6 月 1 日

重慶的災黎

重慶的防空的警鐘響了。市民一個一個的匆匆忙忙的，向防空洞逃避，遺留下他們的生產事業，和起居的所在。去受日賊空軍的彈火的洗禮，所以在每一回暴日的飛機轟炸以後，中空的又讓重慶增加了無數無家可歸的難民。一旦空襲警報解除了，他們走出了防空洞口，一部的人們，都變成了衣食住毫無着落的日機彈下的犧牲者，所以每次空襲過後，我政府方面，及慈善機關，即佈置施粥的地方，讓這群難民，得到暫時的溫飽。本刊所登的兩張照片裏，可以看得出，難民們領粥和吃的時候的光景。

——摘自《少年中国晨报》，1941年6月1日

○倭傳昭通城被炸

二日香港電。。華南日本海軍司令是日宣稱。日本飛機昨由安南飛機塲起航。向滇緬公路所經雲南昭通城轟炸。。城中飛機塲有華人飛機八架被炸毀云。。

——摘自《中西日报》，1941年6月2日

○倭機廿七架炸重慶

二日重慶電。倭機廿七架。昨日向本城商業區轟炸。此爲一連兩日之第二次云。

——摘自《中西日报》，1941年6月2日

敵[illegible]

滇黔均有空襲

中央社訊 敵機二十七架昨(二日)晨由鄂襲渝、十一時許侵入市空、被我高射部隊射擊、倉慌投彈百餘枚後、向東逸去、我損害甚微云。

中央社昆明二日電 敵機二十四架、今日自晨迄午、分四批擾滇、先後在滇境東南各地盤旋窺察、十一架在昭通及黔境××橋投彈多枚、並以機槍掃射平民。

——摘自《时事新报》（重庆），1941年6月2日

敵機七架 昨日又襲陪都

外僑財產損失極重

（中央社）重慶二日電、敵機廿七架、二日由鄂境竄擾本市，十時許侵入市空，我防空部部隊當予以猛烈射擊，敵機倉惶投下大小型炸彈二百餘枚逸去，我炸毀房屋百餘棟、死傷數十人。（中央社）重慶二日電，敵機二日襲渝時、外僑房屋復遭損毀，計英大使館中六彈，其中一彈正中在該使館防空洞上，參事包克本住宅遭震毀，按包氏住宅、先後遭敵機轟炸連此次已達四次，又法駐渝領事館則全部被炸燬云。又敵一日襲渝時曾炸毀慈母堂全部、及眞原堂大部份，法天主教僧維舍之辦公室及廚下房、均被炸毀，損失達數十萬元。

（中央社）重慶二日電，敵機二日襲渝、天主教房屋受損尚大，計眞原堂前院正廳大部倒塌，主教辦公室及廚下房皆毀，又慈母堂爲渝市遭炸後僅有之教堂，亦全部炸燬，損失不下數十萬。

——摘自《华西日报》，1941 年 6 月 3 日

○暴日飛機狂炸重慶

▲防空地窨被炸中 死人六十三 傷數百

▲英大使館亦損傷

二日重慶電。。是日有二十七架倭空軍飛機轟炸重慶。。爲今春轟炸六次中之受害最大者。。城內有公衆防空地窨一處。。被一炸彈擊中。。斃命者六十三人。。傷數百名。無家可歸之人。。約數千名。法國天主教堂範圍內。有一炸彈跌落。即時爆發。但所受之損害甚微。英國駐重慶大使館之空地跌落炸彈六枚。樓宇亦有損傷。。英大使館參贊布勒賓爾士住宅附近。。被炸三穴。宅內損傷甚大。英大使辦事公署牆上之坭泥。。有被炸脫落者。玻璃窗亦被震裂。侍役人住所。。有一部份倒塌。。附近華人樓宇被炸毀者甚多云。。

——摘自《中西日报》，1941 年 6 月 3 日

CHUNGKING SUFFERS SEVERE AIR ATTACK

British Embassy Damaged in What Is Called Heaviest Raid of This Year

CASUALTIES AT LEAST 300

Japanese Retiring From Bias Bay Area—Moscow Reports Them Beaten at Chuchow

Wireless to THE NEW YORK TIMES.

CHUNGKING, China, June 2—For the fourth time within a year the British Embassy here was bombed by the Japanese today. The raid caused widespread destruction, especially to foreign property. The attack was carried out by a squadron of twenty-seven bombers.

Six bombs fell in the British Embassy compound, damaging two buildings. The embassy's bomb shelter withstood a direct hit and staff members inside were all unhurt. A few hours after the bombing the British Embassy staff was back at work within the shattered quarters.

The near-by French Consulate was virtually demolished by a direct hit. The French Catholic Hospital and the municipal hospital were also damaged in the raid.

In the previous day's raid the American Methodist Hospital, the Methodist Church and the Catholic St. Mary's Cathedral were damaged.

Casualties in today's bombing were unusually heavy. They were estimated at 100 killed and 200 injured. The authorities posted warnings throughout the city urging the people to take shelter in dugouts.

Heaviest Raid of Year

CHUNGKING, China, June 2 (UP)—Scores of Chinese were killed and hundreds wounded when Japanese bombers raided the Chinese capital today for the second time in twenty-four hours.

It was the heaviest raid so far this year and police said that casualties were at least 300.

Twenty-seven Japanese bombers participated in the raid, concentrating their attack on the downtown area. Six bombs, including one of the heaviest caliber, dropped in the British Embassy grounds. One of them hit directly on a dugout in which Ian McKenzie, the British Ambassador's secretary, had taken refuge, but Mr. McKenzie was not injured. The Ambassador and a majority of his staff were in refuge in the Ambassador's residence, which was not hit. The home of Sir ArthurBlackburn, Chinese expert of the embassy, was badly damaged, as was the building housing the offices of Ambassador Sir Archibald Clark-Kerr and his staff.

Meantime belated reports said that the Rev. M. E. Terry, American Presbyterian Mission, North, was injured when Japanese planes raided Chengtu, the provincial capital, a fortnight ago. He was recovering.

Today's raid on Chungking followed a savage attack yesterday in which eighteen planes participated.

Retreat Near Bias Bay

Wireless to THE NEW YORK TIMES.

HONG KONG, June 2—The Japanese have apparently removed most of their troops from the Bias Bay area and have shortened their lines, with a result that Tamshui has again fallen into Chinese hands.

However, the naval blockade is being rigidly enforced. Numerous cargo junks and fishing craft have been captured and burned recently on a charge of transporting goods between Hong Kong and Free China. Ship masters report the sighting of a derelict burned out craft a few miles from British waters.

Chinese sources state that the Japanese have also largely withdrawn from the Swatow hinterland and that many troops have sailed from Swatow recently.

Heavy bombings of South Fukien towns have led the Chinese to believe that the Japanese intend an offensive along the Amoy-Changchow line with the object of capturing Changchow. Civilians are being evacuated from this district in advance.

Japanese Defeat Reported

Reporting severe fighting in China, the Moscow radio yesterday afternoon announced that the Chinese forces northwest of Chuchow had inflicted "a major defeat" on the Japanese forces there. The Moscow report was recorded here by the National Broadcasting Company.

——摘自《纽约时报》（The New York Times），1941 年 6 月 3 日

敵機兩日轟炸重慶慘劇

二日英國路透社重慶電。日軍飛機隊。昨今兩日兩次向重慶商業區域轟炸。二日共同通訊社重慶電。是日日軍飛機二十七架轟炸重慶。為今春轟炸第六次中之受害最大者。有公衆防空地窖一處被一炸彈擊中。斃命者六十二人。傷數百名。此外無家可歸之人約數千名。法國天主教堂有一炸彈跌落。但所受之損害甚微。英國駐重慶大使館之空地跌落炸彈六枚。樓宇亦有損傷。英大使館參贊布勒泮爵士住宅附近。被炸三穴。宅內損傷甚大。英大使辦事之公署牆上灰泥有被炸脫落者。玻璃窗亦被震裂。侍役人住所。有一部份倒塌。附近華人樓宇被炸毀者甚多。

——摘自《少年中国晨报》，1941 年 6 月 3 日

廣州倭寇任意焚燬郵件

民革社粵南訊 法越政府近受敵人慫恿 突然訓令廣州灣政府拒絕代轉運郵件出口 致粵南各地寄港澳及外洋郵件 須由昆明寄出 久稽時間 [illegible]據南路郵局稱 近兩三月來 並未收到港澳及外洋郵件 由內地寄往港澳及外洋之掛號郵件 亦無法寄達 凡有郵件均被廣州市敵人隨意焚燬 據最近由廣州市回之郵務人員某君言 廣州市敵人 常將內地寄往港澳及外洋郵件 或由港澳外洋寄回內地郵件 共百餘大包 監視焚燬 此種舉動 意圖封鎖港澳及外洋僑胞音訊 手段至為毒辣 現在港澳及外洋僑胞郵件 除寄桂林航空轉入內地 或由韶關航空轉入內地外 似無良好通訊路線云

——摘自《少年中国晨报》，1941 年 6 月 3 日

暴日飛機炸大湖鎮

▲炸斃日本傷兵

三日香港電。中央通訊社參日消息。前禮拜六日。倭機向福州西北大湖鎮轟炸。該處有日本傷兵及俘虜。共四十餘人。均被炸斃云。

——摘自《中西日报》，
1941 年 6 月 3 日

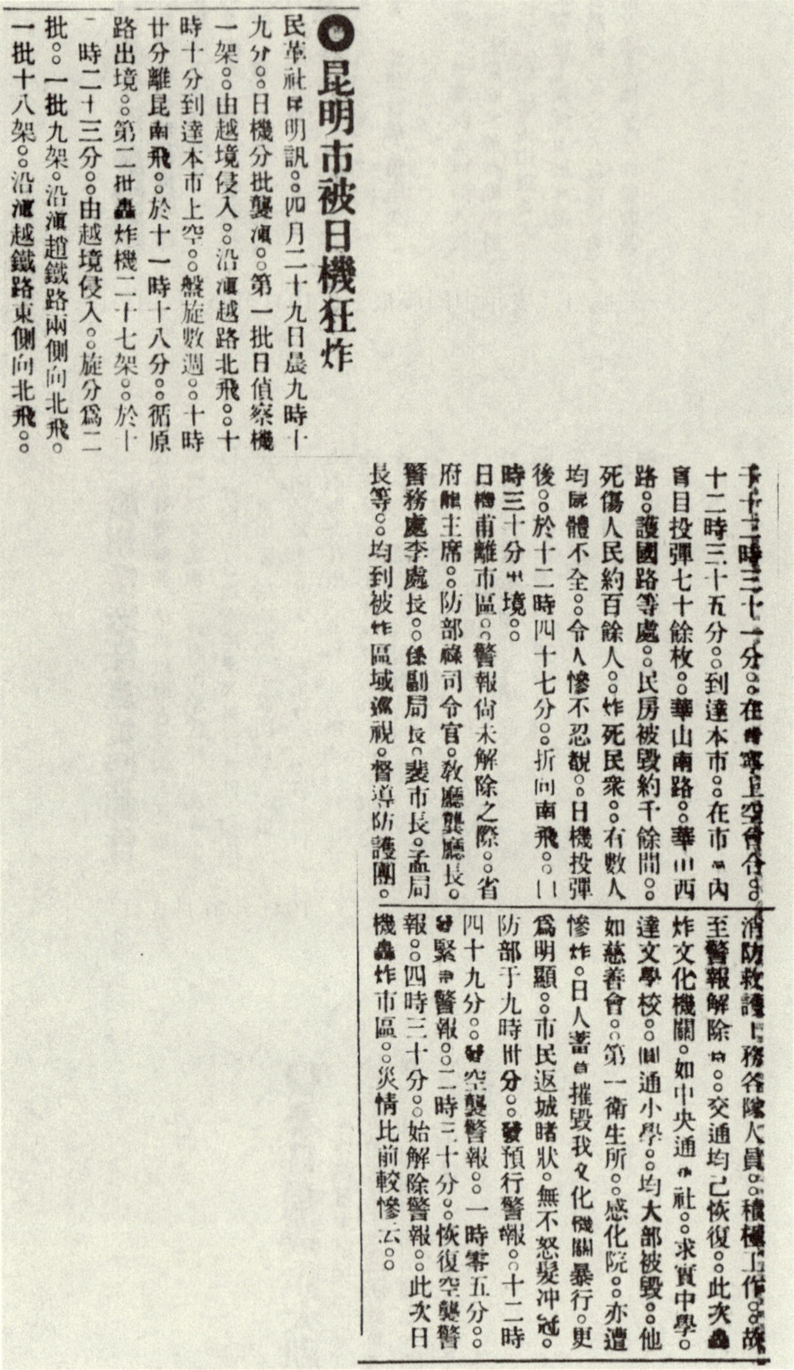

昆明市被日機狂炸

民革社昆明訊。。四月二十九日晨九時十九分。。日機分批襲滇。。第一批日偵察機一架。。由越境侵入。。沿滇越路北飛。。十時十分到達本市上空。。盤旋數週。。十時廿分離昆南飛。。於十一時十八分。。循原路出境。。第二批轟炸機二十七架。。於十二時二十三分。。由越境侵入。。旋分為二批。。一批九架。沿滇趙鐵路兩側向北飛。一批十八架。。沿滇越鐵路東側向北飛。。于十二時三十一分。。在晉寧上空會合。。十二時三十五分。。到達本市。。在市區內盲目投彈七十餘枚。。華山南路。。華山西路。。護國路等處。。民房被毀約千餘間。。死傷人民約百餘人。。炸死民衆。。有數人均屍體不全。。令人慘不忍覩。。日機投彈後。。於十二時四十七分。。折向南飛。。一時三十分出境。。日機甫離市區。。警報尚未解除之際。。省府龍主席。。防部龍司令官。教廳龔廳長。警務處李處長。。緣副局長。裴市長。孟局長等。。均到被炸區域巡視。督導防護團。消防救護各隊人員。。積極工作。。故至警報解除時。。交通均已恢復。。此次轟炸文化機關。如中央通訊社。。求實中學。達文學校。。圓通小學。。均大部被毀。。他如慈善會。。第一衛生所。。感化院。。亦遭慘炸。日人蓄意摧毀我文化機關暴行。更為明顯。。市民返城睹狀。無不怒髮冲冠。防部于九時廿分。。發預行警報。。十二時四十九分。。發空襲警報。。一時零五分。。發緊急警報。。二時三十分。。恢復空襲警報。。四時三十分。。始解除警報。。此次日機轟炸市區。。災情比前較慘云。。

——摘自《中西日报》，1941年6月4日

敵機轟炸重慶續聞

三日共同通訊社重慶電：三日軍飛機廿七架，昨日轟炸重慶，據最近調查，平民斃命者至少有六十二名，受傷者約二百五十名。

——摘自《少年中国晨报》，1941 年 6 月 4 日

廣東各屬新聞

博惠敵軍分路窺紫金河源（一）

▲平陵及古竹東南已展開激戰

（香港國際社飛郵）

（東江）敵軍攻陷惠州博羅後，經連日之喘息補充，現又圖繼續蠢動，據報惠羅一帶敵軍，已增至二萬人，并運到重兵器甚多，繼續向外圍橫瀝，七女湖，橫河，寧水墟各據點移動，五月十四午起積極伸展兩翼，（一）北岸方面由橫河向東北攻佔路溪墟，龍門東南境之敵軍千餘，續犯河源屬平陵，與我對戰激烈，北岸橫瀝，平山敵軍，亦向東侵擾，圖向紫金縣發展，十五日一股已迫近古竹東南五十里之小古（惠紫金公路線上），惟正面沿江之敵軍，刻尚無大舉蠢動，總觀連日情報，敵閥仍企圖利用兩翼迂迴向東江上游進展，俟各部抵達預定地區後，始配以主力溯江躍進，謀包圍及殲滅我軍，切斷嶺東與粵北聯絡，現戰區當局正針對敵情抽調大軍，予以有效打擊中。

▲敵軍進迫古竹東南　據軍息，惠州東北水口橫瀝梁化墟一帶敵軍，連日均有增加，並向外圍發展，其敵部數百，由橫瀝沿惠陽紫金公路進犯，五月四日晨竄抵小嵐，東山埔及大嵐墟，即續增至三千餘，附野山炮數門，蜂湧推進，經南蛇坑塘山美竄入紫金縣境十華里內之板子壩。我軍曾在鐵爐徑予以痛擊，殲敵數十，旋轉進好義墟，楊梅塘等地，與板子壩，楊陂敵軍隔河對戰甚烈，敵軍藉飛機掩護，數度企圖強行渡河，均遭痛擊，被殲二百餘，其中墮河溺斃者尤衆，敵勢大挫，惟敵軍陸續增援來犯，十五晨一股在北岸取得據點，侵入好義墟，鹿鳴山白石堂各地，謀威脅東江上游重鎮古竹，並分兵一部向東竄犯小古，有沿公路向紫金縣城推進之勢，我軍已在風門坳，下石墟之線布陣迎擊，十四日起敵機廿餘架，輪迴向惠陽紫金縣境各地狂炸，投彈三百餘枚，民房財產損失重大。查好義墟及小古距古竹僅五十華里，故紫金屬古竹一帶情勢頗緊，附近民衆已紛紛逃避。

——摘自《少年中国晨报》，1941 年 6 月 4 日

敵機向福建大湖轟炸

三日香港電 華人中央通訊社報告 昨星期六日。日軍飛機向福建省福州城西北方之大湖轟炸。有日籍受傷被俘之人被炸斃者四十餘名。

——摘自《少年中国晨报》，1941 年 6 月 4 日

廣東各屬新聞

博惠敵軍分路竄紫金河源（二）

（香港國際社飛郵）

▲平陵激戰敵受重創 博羅北部由正果橫河向龍門縣境竄擾之敵軍 自進佔路溪墟後 以實力單薄 且附近山地縱橫，距離主要交通線過遠 恐被全殲 連日仍盤踞大簕坳，龍崗墟，陳禾洞一帶。拉捕民衆趕築工事 防我反攻 並積極增援補充 五月十四日晨 敵步騎兵四百餘經邵村，下羅洞，向曾家村竄擾 圖犯河源邊境平陵 敵機兩架，我陣地轟炸掩護攻擊前進 我團隊會起迎擊，予敵重創 現仍與敵在龍門墟內西山一帶相持中 我各地壯丁紛起動員守土殺敵，曾向路溪墟反攻 殲敵頗多 敵已呈不支狀態，又竄擾羅浮山麓橫河，響水，湖鎮，長寧，福出，龍華，大和各地敵軍，連日大肆焚掠 雞犬不寧 橫河新墟及老墟均被焚劫一空 舖戶損失三四百棟 各地逃難不及之壯丁，婦孺，被殺無數、沙河河面 連日發現被敵肢解之屍體廿餘具 由上游向九子潭順流飄去 昔日稱爲嶺南名勝之羅浮 現已敵騎縱橫 腥血遍地矣。

▲惠莞我軍機動殲敵 又查惠州博羅敵軍，連日力謀掃蕩惠博莞寶間及羅浮山一帶我軍團隊，查我轉進惠州敵後部隊有□旅□□等部□團及□支隊，總數約□千人 現退守惠樟公路側及廣九路以東地區發揮機動戰術，與敵週旋，敵軍連日出動步騎炮混合隊六千餘人，附以大量飛機向我圍攻，由深圳北犯之敵軍三千餘。五月十二晚攻陷廣九鐵路中段石馬樟木頭兩地後 即以主力向東移進 企圖會合惠州敵軍，打通惠樟公路，但我軍團運動得宜，利用東莞，惠陽，寶安三縣毗連地區之南面大山一帶 憑險截擊數日來斃敵在五百以上。並奪獲敵方彈械給養甚多，現且動員廣九東側清溪，兩渡河，大安墟，黎村，鎮隆一帶武裝民衆，決展開「反掃蕩戰」繼續予敵軍痛擊 平山（惠州東南 敵軍十四午一股竄至三多祝（惠陽海豐邊境）一帶 遭我軍痛擊，傷斃敵軍甚衆，現仍在附近相持中。

——摘自《少年中国晨报》，1941 年 6 月 5 日

◎倭機炸重慶歷五小時

六日重慶電。。日軍轟炸機。。昨晚空襲重慶。令市民入防空地窖。。歷五小時之久。此爲本年度倭炸陪都最久之一次。。自五月三日以來之第七次。城內被炸地點。發生大火燒。但於解除警號之前。已將火撲滅。敵機半夜始飛去云。據當道稱。當倭機狂炸重慶時。市民紛紛走入空防洞。因有一門以人數擠擁。空氣窒塞。以致悶死七百餘名。後由紅十字會將屍體車往墳場合葬云。。

——摘自《中西日报》，1941年6月6日

◎日機數十架狂炸陪都

合衆社重慶訊。。五月三日下午十二時二十分。。有日轟炸機二十七架。。炸擊重慶近郊區域。。投下燃燒彈及炸彈多枚。。引起五個火頭。但不及三十分鐘則被撲滅。聞傷亡人數甚少。。詹姆士羅斯福　居之行館附近。。亦有一個火頭。。詹姆士羅斯福。在空襲警報發出前。則已飛往仰光。。又據續訊。。日機共有四十五架。分兩隊來襲。。俱係集中炸擊兩方里之一個區域。。破壞許多房屋。。最低限度。。落下炸彈四十枚。。

——摘自《中西日报》，1941年6月6日

Japanese Drop Lindbergh Speech Leaflets Along With Bombs in Attack on Chungking

Wireless to THE NEW YORK TIMES.

CHUNGKING, China, June 5—Leaflets reproducing excerpts from the isolationist speech by Charles A. Lindbergh in Minneapolis on May 10 were dropped, along with incendiaries and high-explosive bombs, in the Japanese air raid on Chungking last Sunday. A copy of the leaflets became available only today.

Featuring the Lindbergh talk, the leaflet stressed the "disunity" in the United States and contained a long commentary propounding the argument that China could not count on United States support because of anti-war sentiment in that country and because of its preoccupation with the European war.

One side of the propaganda sheet had a photograph of Mr. Lindbergh and the picture of the interior of a United States airplane factory, whose workers were said to be on strike because of what the caption termed labor's opposition to United States involvement in the war.

CHUNGKING, June 5 (UP)—Japanese planes subjected this capital tonight to one of the most savage raids of the war.

The attack lasted for five hours, ending at 11:30 P. M., and officials said that seventy-two Japanese bombers had taken part, coming over in eight flights of nine planes each.

Both the old city and the modern suburbs were hit, and a half dozen fires were started. Damage was over the widest area in any single raid to date.

The attack followed heavy daylight raids Monday and Tuesday and brought the week's casualties to more than 500.

——摘自《纽约时报》（The New York Times），1941 年 6 月 6 日

敵機轟炸開平蒼城

（開平）華南敵軍 自進犯四邑慘敗，時遣敵機飛各地轟炸，意圖洩憤 四月五日上午十時許 有敵機一架 從西南角飛來，向空中旋繞兩週，即向城內青雲坊投彈一枚 炸斃同安客棧伙夫一名 及傷胡其一名 及謝梁氏（係蓮塘村謝沐之妻）該敵機旋向南方飛去 當時救護隊隊長，關國雄 携帶藥品 督率隊員馳往施救 除同安客棧伙夫斃命外 查胡其傷左太陽，謝氏傷及右乳下，可無性命之虞。

——摘自《少年中国晨报》，1941 年 6 月 6 日

○倭炸重慶歷五小時續訊

六日重慶電。日軍飛機昨晚向重慶空襲。歷五小時之久。。重慶居民多人世界最大之防空洞暫避。該防空洞進口處。共有四處。。有一處因人數擁擠。。平民被壓斃及悶斃者共七百名。是日自朝至晚。仍有死屍陸續掘出。中有全家斃命者。查係因第一卅日機飛去之後。。即有數千人擁出洞口。忽再有敵機飛到。。各人聞聲。爭走回洞口。。因而互相踐踏。。致有仆倒地上。。被踐踏斃命。。洞口亦爲死屍充塞。。一時空氣斷絕。故有多人被悶死。

昨晚並有日機向重慶揚子江南岸轟炸。。美國大使館數百碼內。跌落炸彈數枚。惟美國大使館未有損傷云。。

——摘自《中西日报》，1941 年 6 月 7 日

700 CHINESE KILLED IN AIR RAID SHELTER

Suffocate or Die Fighting for Air During Night Bombing of Chungking by Japanese

U. S. EMBASSY NEAR BLAST

Invaders' Abandoning of Day Attacks Said to Be Caused by Fear of U. S. Pilots

By F. TILLMAN DURDIN

Wireless to THE NEW YORK TIMES.

CHUNGKING, China, June 6—More than 700 men, women and children are believed to have suffocated or been killed in their battle for air in a tunnel last night when the Japanese made their first night raid attack on Chungking in more than a year.

Seventy-two planes raided in three waves. Some observers believe the change to night raids by the Japanese was motivated by reports that American pilots would soon be manning the Chinese air force and that daylight bombings of Chungking would be risky.

The 700 died in Chungking's biggest public bomb tunnel, half a mile long, in which several thousand poor Chinese had sought shelter. When the air began to give out, panic seized them.

Those near the exits survived. The others were suffocated or were killed in the fight deep inside.

An official explanation of the disaster said the tunnel was unusually crowded because it was the first night raid in a long time and declared the ventilation system was "out of order." After visiting the scene of the tragedy, Generalissimo Chiang Kai-shek called a conference to discuss the prevention of such mishaps in the future.

Thousands of weeping relatives had to be kept away from the mouths of the bomb shelter when the bodies were removed today. Occasionally some one would refuse to allow the body of husband or child to be hauled away by truck and would carry it home for burial.

In another smaller tunnel more than twenty were suffocated when bombs set fire to houses near the mouth and blocked escape. Bomb casualties were few in the raid. Several bombs fell near the United States Embassy, on the south bank of the Yangtze, setting fire to the village.

Ridicule Japanese Claim

By DOUGLAS ROBERTSON

Wireless to THE NEW YORK TIMES.

SHANGHAI, June 6—Shanghai observers ridicule the Japanese report of Shansi victories in which "at least 50,000 Chinese soldiers were killed, 25,000 taken prisoners and immense amounts of guns, ammunition and war supplies were captured."

The Japanese went beyond all previous claims by declaring many Chinese divisions had been "annihilated," ten divisions had lost two-thirds of their fighting strength and only 15,000 had escaped to territory controlled by General Yen Hsi-shan, former Shansi war lord, where they were disarmed.

War experts here stress that Shansi has been "conquered" at least six times. It was said 15,000 Chungking troops could have easily cut their way through General Yen Hsi-shan's "coolie rabble."

Activities of Chinese guerrillas in the Yangtze Valley near Shanghai are causing the Japanese, especially Japanese carpetbaggers, considerable concern. Japanese garrisons in small towns are withdrawing to main centers, leaving the local peace preservation corps in control. The Chinese guerrillas closed in and took over administration.

The result is that Japanese garrisons in the entire Yangtze Valley are extremely nervous, fearing attacks by guerrillas. Japanese civilians refuse to venture beyond sight of Japanese sentries in the main centers.

Japanese commanders have given orders to two contingents, operating from cities only a few hours from Shanghai, to commence a gigantic anti-guerrilla drive. Their orders were: "Shoot everything and shoot to kill." The Japanese explanation is that they are unable to differentiate between a Chinese farmer and a guerrilla because the guerrilla hides his gun and seizes a hoe or rake and becomes a farmer when the Japanese approach.

The Japanese Army is beginning to exert further control over Yangtze Valley trade. Heretofore Japanese carpetbaggers have been able to make huge profits by forcing Chinese farmers, producers and retailers to accept their terms. Now the Japanese Army will not allow any imports or exports without a military permit, bringing all trade in the Yangtze Valley under direct military control.

Japanese Drive Is Expected

Wireless to THE NEW YORK TIMES.

CHUNGKING, China, June 6—The Japanese are expected to launch a major offensive in Central China soon. Their forces in Hupeh have been reinforced by a division recently and additional reinforcements are continuing to reach Hankow, according to the Chinese military spokesman.

Possibly preparing the way for the offensive, the Japanese last week conducted extensive operations against guerrilla units behind their lines, south of Wuchang and west and northeast of Hankow. The Chinese spokesman said the campaign had achieved little success.

The fighting in Southern Shansi is subsiding with the Japanese in control of most of the important points in the Chungtiao Mountains, the scene of the big Japanese drive last month. The Chinese have evacuated their major forces from the Chungtiao region but are continuing to attack the Japanese from new positions in the mountains in southwest and southeast Shansi.

——摘自《纽约时报》（The New York Times），1941年6月7日

敵機轟炸重慶五小時

六日重慶電 昨晚日軍飛機向重慶轟炸。歷五小時之久，為本年來日機轟炸重慶時間之最久者 查自五月三日以來，此為轟炸之第七次。當時地方上有多處中彈起火，但至中夜時 防空警報停息後 火警亦均已救熄。

又電。昨晚日機轟炸重慶時 重慶居民避入世界最大之防空洞暫避者甚衆，該防空洞進口處，共有四處 有一處因人數過多。空氣不足 以致悶斃者約七百名。經由紅十字會派出載重汽車，將死屍運往郊外墳場安葬云。

又電。五日晚重慶最大之防空洞口 平民被壓斃及悶斃者共七百名 是日自朝至暮仍有死屍陸續掘出 中有全家斃命者 查係因第一批日機飛過之後 即有數千人由各洞口擁出，忽然又有敵機飛到。各人聞警，紛紛爭先恐後走回洞口 因而互相踐踏，致有仆倒地上，致被踐踏斃命，洞口亦為死屍充塞，一時空氣絕斷 故悶斃多人。

昨晚並有日機向重慶揚子江南岸轟炸。英國大使館數百碼內。跌落炸彈數枚，惟英國大使館未有損傷云。

——摘自《少年中国晨报》，1941 年 6 月 7 日

倭機襲渝一架被擊傷

▲倭機連日到處肆虐。此一禮拜內。重慶被襲數次。昨禮拜六日又有倭機三十六架。分兩批肆擾。在下午一時許。竄入市空。我高射砲隊部集中射擊。倭機急忙在市區投下爆炸彈及燃燒彈百餘枚。即向東飛去。其中有五架倭機曾經竄往江津縣境（在重慶西南長江江岸）。復再竄回慶市。用機關槍向下掃射。該批倭機逃去時。有一架落後。在空中翻筋搖擺。想已被我高射砲擊傷。難以竄回老巢。至我方損失。計被炸燬及燒燬民房百餘間。死傷共十三人。

——摘自《中西日报》，1941 年 6 月 8 日

○敵機六十餘架犯重慶

七日重慶電。本禮拜四晚本處之空襲。平民在防空洞被悶斃及踐斃者七百餘人。是日倭機六十餘架。又于日間分兩批飛到肆虐。此為本季倭寇開始向陪都空襲之第八次。平民在防空洞內躲避凡三小時之久云。

同日重慶電。敵機是日下午分兩批飛到空襲。城之中區有十餘樓宇被炸燬。英大使館再被炸傷。此為五日內該使館被傷之第二次。其他英人樓宇受傷者。有正在建築中之英使館報務參贊辦事樓。英大使嘉爾辦公樓宇之屋面半被毀去。英使館軍事參贊丹尼少將之辦事所。與大使館相距約一英里之四分一。亦被炸傷。英大使館被四圍之火煙所遮蔽。是日無家可歸者四百餘人。英大使館已向英外交部報告損失情形。料將向日本提出抗議。並要求賠償云。

——摘自《中西日报》，1941 年 6 月 8 日

60 PLANES ATTACK CHUNGKING CENTER

Japanese Again Hit British Embassy and Protest to Tokyo Is Expected

HUNDREDS ARE HOMELESS

Destruction of the Catholic Cathedral Reported in Appeal From Bishop

CHUNGKING, China, June 7 (AP) —Japanese planes bombed Chungking this afternoon in two waves and burned dozens of buildings in the heart of the provisional Chinese capital. The British Embassy was damaged for the second time in five days.

The British buildings damaged included the new offices of the press attaché, which was in the process of construction; the offices of Ambassador Sir Archibald James Clark Kerr, partly unroofed, and the offices of the military attaché, Major Gen. Lancelot Dennys, a quarter-mile distant.

The embassy was shrouded in acrid smoke from the surrounding buildings, which were destroyed.

Hundreds Made Homeless

Hundreds of persons were made homeless, following up the Thursday night raid in which 700 Chinese were suffocated or crushed to death in a stampede into the city's largest shelter.

The British Embassy reported its losses to the Foreign Office, and it was expected that a British protest and demand for redress would be made to Tokyo.

More than sixty planes carried out the daylight attack this afternoon, coming in two waves. It was the eighth bombardment since Spring weather again made such flights possible.

The city's inhabitants spent three hours underground.

Rescue squads had worked until late yesterday removing the bodies of those killed in the previous raid, the most disastrous on Chungking so far.

Dismissals in Chungking

Wireless to THE NEW YORK TIMES.

CHUNGKING, China, June 7—Three of the highest officials in Chungking, Mayor K. C. Wu, Air Defense Commander Liu Shih and Deputy Air Defense Commander Hu Pei-han, were summarily dismissed today by Generalissimo Chiang Kai-shek as he personally acted to punish those responsible for the suffocation of several hundred persons in the city's largest bomb tunnel during a Japanese air raid on Thursday night.

General Chiang relieved the trio from their posts but ordered them to carry on their duties for the time being.

The action was coincident with the wave of public indignation over the disaster. The press has demanded the fullest investigation and a resolution by the Resident Committee in Chungking of the People's Political Council asks that responsibility be fixed and punishment meted out to those to blame.

The victims of Thursday night's tragedy died for lack of air in the bomb tunnel, which winds for a mile and a half, deep under the center of the city with exits at half a dozen widely separated points. The official explanation said the ventilation system was "out of order."

Cathedral Is Destroyed

The only Catholic Church in Chungking, St. Mary's Cathedral, has been destroyed by a Japanese bomb, it was reported today in a cable received at the United China Relief Greater New York headquarters, 285 Madison Avenue.

Bishop Paul Yupin, head of the diocese, had left his church with 500 worshippers for air-raid shelters when warning sirens were sounded just before the attack, and no casualties were suffered, the cable said. Just prior to the bombing, Bishop Yupin had cabled to America a plea that all Catholics support the $5,000,000 United China Relief campaign "as a Christian duty."

His cable, addressed to Catholics of America, reproached "the criminality of the Japanese militarists," and urged American Catholics "to contribute more effectively to the victory of the righteous and to the destruction of darkness.

"Japanese militarists did not respect the missions in their invasion of China," he said; "in fact they did their best to destroy them. Churches, Christian schools and hospitals were systematically bombed and a great number of missionaries killed.

"Bishop Yupin linked China's destiny with that of America.

"China's resistance," he said, "is not only for the world's civilization but in reality for the American future in the Pacific."

——摘自《纽约时报》（The New York Times），1941年6月8日

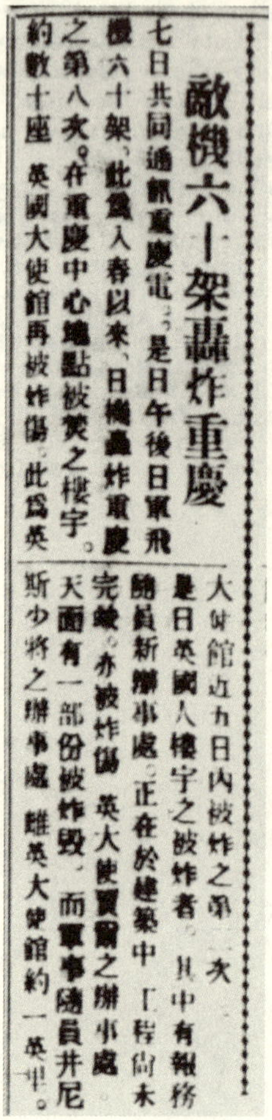

敵機六十架轟炸重慶

七日共同通訊重慶電，"是日午後日軍飛機六十架，此爲入春以來，日機轟炸重慶之第八次。在重慶中心地點被焚之樓宇，約數十座 英國大使館再被炸傷，此爲英大使館近九日內被炸之第二次 是日英國人樓宇之被炸者，其中有報務館員新辦事處，正在於建築中 工程尚未完竣，亦被炸傷 英大使買留之辦事處天面有一部份被炸毀，而軍事隨員井尼斯少將之辦事處 離英大使館約一英里。

——摘自《少年中国晨报》，1941年6月8日

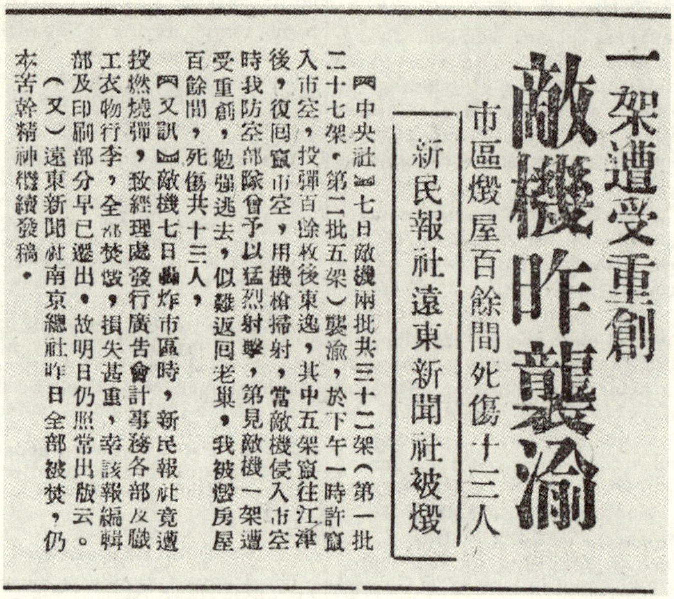

一架遭受重創

敵機昨襲渝

市區燬屋百餘間死傷十三人

新民報社遠東新聞社被燬

【中央社】七日敵機兩批共三十二架（第一批二十七架，第二批五架）襲渝，於下午一時許竄入市空，投彈百餘枚後東逸，其中五架竄往江津後，復回竄市空，用機槍掃射，當敵機侵入市空時我防空部隊曾予以猛烈射擊，第見敵機一架遭受重創，勉強逃去，似難返回老巢，我被燬房屋百餘間，死傷共十三人，

【又訊】敵機七日轟炸市區時，新民報社竟遭投燃燒彈，致經理處發行廣告會計事務各部及職工衣物行李，全部焚燬，損失甚重，幸該報編輯部及印刷部分早已遷出，故明日仍照常出版云。

（又）遠東新聞社南京總社昨日全部被焚，仍本苦幹精神繼續發稿。

——摘自《国民公报》（重庆），1941年6月8日

七日重慶被炸續聞

七日聯合通訊社重慶電　日軍飛機六十三架。是日轟炸重慶。經訪確報。現查是次日機向重慶投下之炸彈。共四百餘枚。平民死傷共三十名。商場區域所受之損失頗重。兩年前被炸焚燒之區域。經已重行建築。是次再被炸　受害甚大

——摘自《少年中国晨报》，1941年6月9日

倭寇攻福州之內幕

痛心人

福州。地當閩江下游。東連滄海。西繞羣山。上控三沙灣。下扼台灣峽。爲沿海之一大都會。軍事家皆謂其地僻處海隅。福淺迫隘。用以爭雄天下。則兵甲糧糧不足供。用以固守一隅。則山川關阻不足恃。以故日軍侵華以來。除於去歲七月間一度在三都登陸。企圖犯閩。經福建第某軍軍長兼福州警備司令。率極少數之部隊迎頭痛擊。將楠木等海軍陸戰隊五隊全部殲滅後。迄不敢再存窺伺之念。我方則以其他可攻之隙殊在而是。備前則後全。備左則右至。山海之環繞。不足以爲固。且與全戰局無甚影響。故未駐以重兵。

自三月初旬以來。(一)以厦門日軍大野司令官鑒於南日金門各島嶼兵力單薄。時被我沿海游擊隊襲擊。乃有掃蕩之謀。

(二)以侵華海軍總司令島田繁太郎主張擴大封鎖閩海。迭次派機轟炸三都。海口。浙江等處。其作用是在窺閩閩省所有各口岸。掠奪資源。

(三)以日本關東軍統帥梅津美次郎於松岡在莫斯科簽訂日蘇中立協定後。曾飛返東京與陸軍省當局接洽關東軍調動配置事宜。現關東軍似有所抽調。故有餘兵。

(四)以日軍自吹蘇日中立協定簽訂後。「滿洲國」邊境自可不至感受威脅。(?)而可能調入關內作戰之部隊有五個師團之日軍(?)與三師之偽隊。因而駐厦日軍認爲攻閩之絕好機會。

(五)以厦門日軍曾由台灣調增三千人。同時在川石島推進部亦恢復駐軍。

(六)以福州米荒機會。認爲易於進攻。

(七)以厦門日軍所設之南洋貿易公司。受某奸之慫恿。謂福州出產如茶。紙。木材。漆器。皮箱。紙傘。等甚富。倘得佔領其地。從而統制之。獲利極鉅。

(八)以大野司令自發動攻勢。分向連江。長樂推進。包圍島尾後。即積極企圖福州。

(九)以日軍本用厦門金甌爲南進海軍補給站　因慮厦門金門孤處海中。易受飛機攻勢。故發動福州攻勢。一面藉固厦門金門之地位。一面藉鞏厦門金門補給站軍實之儲存。

(十)以我閩江封鎖線之堅固。與長門炮台之火力。故變採迂迴戰略。由連江。福州推進。

(十一)以鑒於前次黃大偉迭次圖閩之失敗。乃改由他奸爲進攻路線引導。

(十二)以去歲七月海軍三都登陸之失敗。此次爲免犧牲實力計。曾於事先三個月遣派第五縱隊潛入福州。集合通曉閩語之台人秘爲內應。有此種種。於是福州被炸被攻且被佔矣。

上列攻閩十二大因。當兩軍交戰之際。不擇手段而行。吾人自無批評需要。惟有兩點不能已於言者。乘人之災而攻之。而所攻者。又屬軍事上無需要之地。此與偽軍之濫炸南國不設防城市。如出一轍。其殘暴狠忍尚可言耶。又竟有祇知個人利祿。甘使桑梓糜爛。父母墳墓被毀。親戚朋友被作几上肉。爲虎作倀引狼入室之漢奸。則更不可思議矣。

——摘自《少年中国晨报》，1941年6月9日

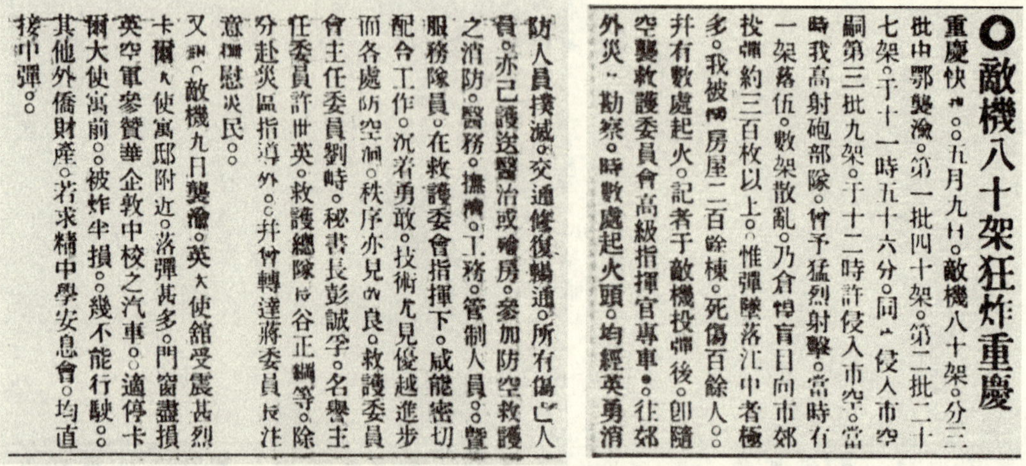

○敵機八十架狂炸重慶

重慶快訊：五月九日。敵機八十架。分三批由鄂襲渝。第一批四十架。第二批二十七架。于十一時五十六分。同時侵入市空。第三批九架。于十二時許侵入市空。當時我高射砲部隊。曾予猛烈射擊。當時有一架落伍。數架散亂。乃倉惶盲目向市郊投彈約三百枚以上。惟彈墜落江中者極多。我被炸房屋二百餘棟。死傷百餘人。并有數處起火。記者于敵機投彈後。即隨空襲救護委員會高級指揮官專車。往郊外災區勘察。時數處起火頭。均經英勇消防人員撲滅。交通修復暢通。所有傷亡人員。亦已護送醫治或殮房。參加防空救護之消防。醫務。擔架。工務。管制人員。暨服務隊員。在救護委會指揮下。咸能密切配合工作。沉着勇敢。技術尤見優越進步。而各處防空洞。秩序亦見改良。救護委員會主任委員劉峙。秘書長彭誠孚。名譽主任委員許世英。救護總隊長谷正綱等。除分赴災區指導外。并曾轉達蔣委員長注意撫慰災民。

又訊。敵機九日襲渝。英大使館受震甚烈。卡爾大使寓邸附近。落彈甚多。門窗盡損。英空軍參贊華企敦中校之汽車。適停卡爾大使寓前。被炸半損。幾不能行駛。其他外僑財產。若求精中學安息會。均直接中彈。

——摘自《中西日报》，1941 年 6 月 10 日

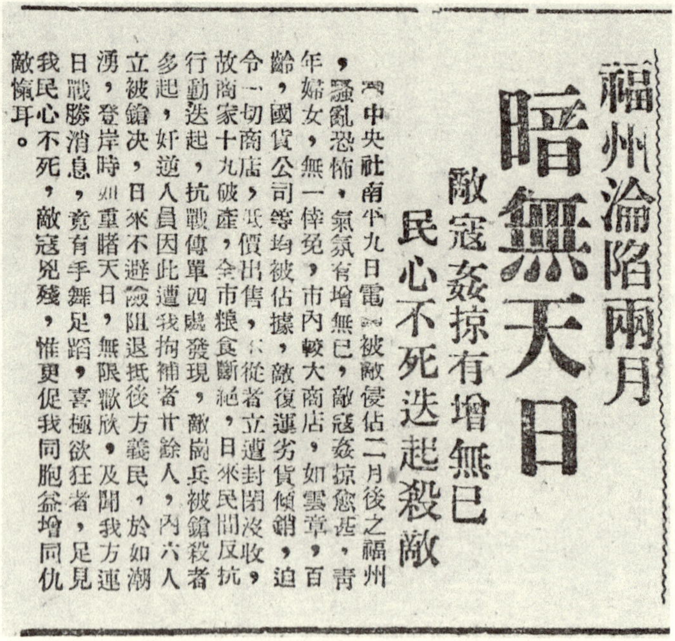

福州淪陷兩月

暗無天日

敵寇姦掠有增無已

民心不死迭起殺敵

【中央社南平九日電】被敵侵佔二月後之福州，騷亂恐怖，氣氛有增無已，敵寇姦掠愈甚，青年婦女，無一倖免，市內較大商店，如雲章，百齡，國貨公司等均被佔據，敵復運劣貨傾銷，迫令一切商店，低價出售，從者立遭封閉沒收，故商家十九破產，全市糧食斷絕，日來民間反抗行動迭起，抗戰傳單四處發現，敵崗兵被鎗殺者多起，奸逆人員因此遭我拘補者廿餘人，內六人立被鎗決，日來不避險阻退抵後方義民，於如潮湧，登岸時如重睹天日，無限歡欣，及聞我方連日戰勝消息，竟有手舞足蹈，喜極欲狂者，足見我民心不死，敵寇兇殘，惟更促我同胞益增同仇敵愾耳。

——摘自《国民公报》（重庆），1941 年 6 月 10 日

淪陷後之福州

已成人間地獄

敵人屠殺奸淫令人髮指　南京慘劇又重見於今日

一　福地淪亡

(香港通訊)正是陽春吻着南國的草茵的季節福州那面對着滔滔的東海。那落日黃昏。柳陰橋畔。為詩人遊客所流連的西子湖。和那雄偉的三□五虎，都已被隆隆砲聲所搖撼了，無數次日機的狂襲。使市區裏涔涔的鮮血，染遍了三春裏鮮豔的桃花，福州終於在苦戰三晝夜之後。於四月二十二日夜間隨着我軍的後撤。即踏上敵人的鐵蹄。

現在在敵人鐵蹄下的福州究竟變得怎樣，因為自四月廿二日失陷之後，他與各地交通，即於是日起完全斷絕。城的消息，雖間有難民從炮火中逃出，然所傳情形，言人人殊，莫衷一是。但所說姦淫擄掠之慘狀，則多大同小異。其種種殘酷之行為，實為有史以來所罕見。中央社電稱之為『三年前南京之大屠殺，今復重演於福州』。實非誇張之語。茲將從福州前線所傳到的消息分述如下。凡我同胞聞之。自當怒髮衝冠也。

二　狐羣狗黨

福州淪陷後。漢奸走狗即出而籌組偽維持會。日人利用此輩走狗。最主要兩點是。一，當福州外圍戰事。正激烈起激戰。使他們在戰區作漢奸宣傳。勸告民衆鎮靜，二。為日人領路。及日人進城時誘騙其歡迎日兵，同時施以小惠。但此種懷柔政策，僅維三日。日人之真面目遂赫然暴露。

三　慘劇開始

至二十五日。日兵三千開入福州城內市區秩序遂紛然大亂。日兵有如野獸。到處姦淫焚殺。日坦克車三十餘輛橫行市內。以機關槍向四面掃射居民。屋頂上的響聲。如降冰雹。屋瓦與子彈齊飛。沿途飲彈喪身者。霎時間遍地皆是一面日兵開始到處搜索。因受漢奸宣傳。時城中少數民衆。以為福地仍可照常安居。故油頭粉面之女同胞。又漸漸出現通街大衢。日兵之突如其來。一時走避不及。莫不慘遭蹂躪。而漢奸輩之混水摸魚。尤其活躍。二十八日。有台氓及奸狗引導日兵。在城內搜捕良家女子六百餘人。分別拘禁於城內百合公司及南台雲章百貨公司。五月一二三三日又捕去良家女子千餘人。以汽車押至南台。分載五船。開往口外。轉登日艦。聞係駛往台灣。海南島。供敵軍洩慾。入夜倉前山南台各飯店酒樓內。酗酒肉樂。各娼寮妓女及良家女子。挾入其中。恣意姦淫。又拘捕幼童四五百名。分載兩船。擄回日本。我市民痛遭奇禍。哭聲震天。慘不忍聞。青年之遺害。更難以數計。(未完)

——摘自《星洲日报》（新加坡），1941 年 6 月 11 日

中山縣八區北澳村淪陷慘況

(中山)美國加省吉華埠華商容暉如君。近接家鄉北澳村耆老宗耀，澤榮，北源，慶源等　飛函報告　原函照錄如下：

吾村不幸於元月十七晨七點鐘。被敵人登陸　駐守軍協同村人抵抗　血戰一晝夜　惟是衆寡懸殊　彈盡援絕　迫得後退　吾村攜老扶幼　隨軍而向目的地撤退　至敵人登陸時　盡將全村六十餘家　洗劫糧食耕牛衣物淨盡　隨後放火焚燒全完安而復退　所餘者七八戶　雖未焚清　亦殘爛不堪居住　亦可哀矣　吾村雖生猶死。天不佑我　適近日狂風暴雨　單衣披濕。飢寒交迫　無家可歸　餓莩遍野　瓦礫滿途　嗷嗷待哺　見者流淚　聞者傷心　目下會縣長派員調查施賑。每人發給伙食四毫　連發三天　以救燃眉　但杯水車薪　難濟於事。冀望海外村人努力救濟。並在大埠各華報登載後。懇旅美各團體社會仁人君子　解囊施救　果得生還之日　則我全村老幼三百餘人　感恩不忘矣　臨淚執筆待命之至　民國三十年三月三日　勳

——摘自《少年中国晨报》，1941 年 6 月 11 日

◎日機五十三架炸重慶

十一日重慶電。日本海軍飛機五十三架。是日向重慶西郊轟炸。。約歷二小時之久云。。

——摘自《中西日报》，
1941 年 6 月 12 日

敵機炸毀重慶天主教堂

紐約太晤士西報載七日重慶電。日軍飛機六十架是日分兩次轟炸重慶在重慶中心區域被炸樓宇數十座經誌前報重慶唯一之天主教堂聖瑪利堂。被一炸彈炸毀。該教會曾致電紐約市農地慎街二八五號全美助華聯合總會報告。。當時于斌主教與信徒五百名在禮堂祈禱。。一聞防空警報乃率領信徒赴天主教堂。。故各人均獲安全。當日機未到重慶轟炸時。。于斌主教曾致電紐約市全美助華聯合總會。敦勸美國天主教徒均宜盡力贊助籌集九百萬元之助華賑欵云。

——摘自《少年中国晨报》，
1941 年 6 月 12 日

敵機七十二架
昨三批襲渝
西郊南郊遭炸損失極微

中央社訊 昨日敵機七十二架、分三批襲渝、於十二時許第一批三十六架、及第二批九架、先後竄入市空後、其一批即在西郊某地投彈後逸去、嗣第三批二十七架、於下午二時許竄至南郊某地投彈後東逸、損失極微、死傷共數人云。

中央社恩施十一日電 敵機一架、十一日午後侵襲恩施、在城區投彈六枚、毀民房數間、三時許、復有敵機一架在北門外投彈一枚、彈落荒郊。

中央社巴東十一日電 六日下午一時許、敵機一架、飛至宜昌對岸曹家畈一帶、當被我擊中焚墜范家灣附近地區。

中央社立煌十一日電 八日晨、敵機六架襲宿松城、投彈八枚、死傷民衆四人燬房數間。

中央社皖南某地十一日電 敵機八架、十一日晨、侵至石埭盤旋窺察、並在該縣之古竹橋地方投彈二十餘枚。

——摘自《时事新报》（重庆），1941 年 6 月 12 日

淪陷後之福州

已成人間地獄（續）

敵人屠殺奸淫令人髮指

南京慘劇又重見於今日

敵寇在福州大屠殺

知識份子，一遇見穿中山裝的人，馬上處死。其他市民，亦莫不慘遭屠殺，

許多大家閨秀被日人帶去當軍妓的很多，首批被帶去的約三百人，其後陸續帶走的則更多。雖然有些家里人已當了漢奸，可是自己的妻子女兒姊妹也不免受了日人奸污，帶去，這血的仇恨，教訓了許多無知識受漢奸利用的可憐的同胞，他們將要用熱血，頭顱去爭取福州的土地了，田園，空氣。他們叫出『福州的一滴水都不讓日人喝』，『一口空氣都不讓日人呼吸』。

現在福州民衆，晚上睡眠不許閉戶，黃昏薄暮之後，日兵每一經深巷，必向巷口開槍，防我便衣隊潛匿巷內，巷口皆豎『禁止通行』之木牌，每個木牌之下，每晚必伏屍三五具，至次晨七時後，木牌方始卸去，因而大街小巷，暴露之屍身，隨處可見。非經過納賄之手續，此屍身更不許領同收埋，

四　焚掠一斑

敵騎侵入福州後，即用使流氓四出搶掠，民家商店，所有貴重物品，，金銅漆品及福州特產，均滿載卡車，堆積於台江碼頭，準備運走，福州城台，十室十空，竟無一姓一家可以倖免，本月四日，福州市內突然大火，東街西門一帶，數十間商店，多成灰燼，刦後災黎，樓身無所，凡此種種，把一個溫瑗秀麗的山河，變成哀鴻遍地，四野災區。筆者誌此，殆亦不勝其悲憤。（完）

——摘自《星洲日报》（新加坡），1941 年 6 月 13 日

〇日機六十三架轟炸陪都

▲昆明亦遭空襲

重慶合衆社卄。日機六十三架。五月九日下午一時。。轟炸此間。。估計死五十人。。傷一百九十人。毀屋宇多間。。教會學校亦在內。。英大使卡爾私邸亦有損失。。窗門震毀。。大門被炸脫。。英使館汽車亦被毀。。

昆明中央社訊。日機十八架。五月八日午十二時許襲昆明。。北郊投彈一百餘枚。多蕃荒郊。死馬二匹。傷數人。。

——摘自《中西日报》，1941 年 6 月 14 日

敵軍又炸蘆苞

（三水）三水敵軍略增後。西江情勢又較前緊張。蘆西倚四三路及馬房金利各地前線。均有接觸 四月十四日幷有敵機多架。向高要四會各地竄擾。在蘆苞投彈轟炸。各情誌下。

▲竄擾金利 盤據馬口崗之敵軍。日來不斷發炮向我高要四會前線各地轟擊。十五日上午十時 並派汽艇八艘。載兵約百名 沿河南下，向金利進竄，當地守軍據守海口迎擊 遂發生戰事 敵艇數度冒險衝進。均被我擊退 並有汽艇兩艘。在海口附近觸我水雷炸毀 傷死廿餘人 十二時半乃狼狽而退

▲轟炸蘆苞 又十四日上午七時四十二分。敵機三架 由廣州起航 向西江窺察 八時肇慶發現敵機盤旋 但無投彈 隨轉向東北飛，九時零七分侵入蘆苞上空 隨即低飛投彈九枚。當堂傷斃男女十七人。炸毀大香海樓陽盛雜貨舖及民房共廿四間 損失頗爲重大。敵機肆虐後，隨折而蔣岸馬房貝水等地窺察 但未有投彈。查西江上空敵機斂跡已久。今當三水西南各地敵軍增加之際 敵機同時四出竄擾 居心殊堪注意 故人心頗覺不安，我西路軍事當局，除分令各路繼續執行疏散，以防空襲外 並經密令前線各地守軍 嚴密戒備云。

——摘自《少年中国晨报》，1941 年 6 月 14 日

日軍攻勢愈趨下游

孝威

蘇日中立協定簽訂之後。日軍由蘇協定所得之軍事上便利。其最顯著。無過於能抽調防蘇之精銳。以加緊侵略吾國與進至南侵之「鯨吞」階段，究竟此龐大之兵力。須使用於何方面。方不背軍事上之原理。倂世軍事家。雖有見仁見智之不同。然從未有如此次攻犯浙閩沿海各地所犯過失之大者。

一部軍事學明載。兵力貴集中而忌分散。攻擊之目標。應針對政略或戰略之重要地帶。今者日軍對於浙閩之攻勢。爲分散。而非集中。爲次要地帶。而非主要地帶。由此行動而言。顯然失去追求我主力決戰之勇氣與信心。檢討過去。無怪其然。蓋日軍於二十七年十月武漢會戰之役。迄今將近二年有半。大小會戰。逾十次。無次不慘敗而逃遁。是以日軍前線士兵。莫不聞深入而心悸。今於進退狼狽之際。以流寇式之劫掠。代主力之會戰。無論任何狡辯。或於流竄寧波、福州之後。作何誇大之宣傳。苟難掩其情見勢絀。然則吾人謂日本攻勢，已趨下游。誰曰不宜。

——摘自《少年中国晨报》，1941 年 6 月 14 日

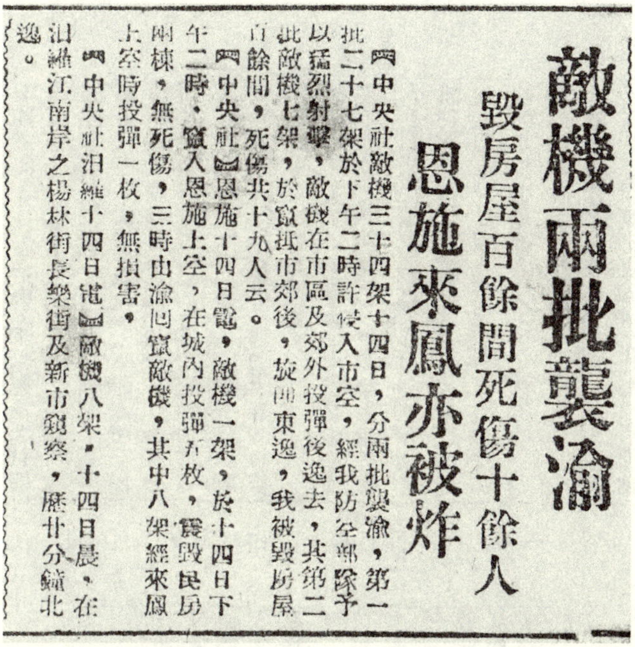

敵機兩批襲渝

毀房屋百餘間死傷十餘人

恩施來鳳亦被炸

【中央社訊】敵機三十四架十四日，分兩批襲渝，第一批二十七架於下午二時許侵入市空，經我防空部隊予以猛烈射擊，敵機在市區及郊外投彈後逸去，其第二批敵機七架，於竄抵市郊後，旋即東逸，我被毀房屋百餘間，死傷共十九人云。

【中央社】恩施十四日電，敵機一架，於十四日下午二時，竄入恩施上空，在城內投彈五枚，震毀民房兩棟，無死傷，三時由渝回竄敵機，其中八架經來鳳上空時投彈一枚，無損害。

【中央社汨羅十四日電】敵機八架，十四日晨，在汨羅江南岸之楊林街長樂街及新市窺察，歷廿分鐘北逸。

——摘自《国民公报》（重庆），1941 年 6 月 15 日

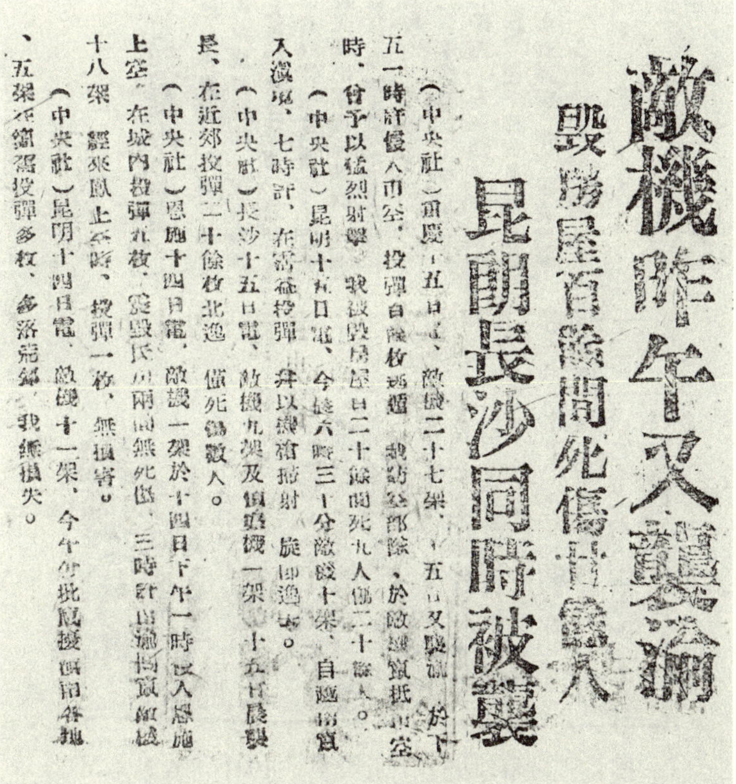

敵機昨午又襲渝

毀房屋百餘間死傷廿餘人

昆明長沙同時被襲

（中央社）重慶十五日電，敵機二十七架，十五日又襲渝，於下午一時許侵入市空，投彈百餘枚，經我防空部隊，於敵機竄抵市空時，曾予以猛烈射擊，我被毀房屋百二十餘間死九人傷二十餘人。

（中央社）昆明十五日電，今晨六時三十分敵機十架，自越南竄入滇境，七時許，在蒙自投彈，并以機槍掃射，旋即逸去。

（中央社）長沙十五日電，敵機九架及偵察機一架，十五日晨襲長，在近郊投彈二十餘枚北逸，僅死傷數人。

（中央社）恩施十四日電，敵機一架於十四日下午一時竄入恩施上空，在城內投彈五枚，震毀民房兩間無死傷，三時許由渝竄回敵機十八架，經來鳳上空時，投彈一枚，無損害。

（中央社）昆明十四日電，敵機十一架，今午分批竄擾滇西各地、五架在[illegible]投彈多枚，多落荒郊，我無損失。

——摘自《华西日报》，1941 年 6 月 16 日

○敵機轟炸公益埠之死傷

台山快訊。。五月十日晨十時二十分。。日機一架。經三埠飛至公益埠上空。低飛盤旋數匝。即在市中區投下炸彈兩枚。一枚落中興街麗生金舖。。中座被炸倒。。右鄰廣同興以至遠威鐘錶舖。。一連五間上蓋皆被毀一部。共計死傷男女八人。一枚落上環街伍碧華醫務所後座。。與其接連之空舖三間。亦同時被毀。幸無死傷。。日機投彈後。向新會方面飛去。時公益警察救護隊等。分頭出動。。搶救受傷男女。維持市面秩序。工作至為忙繁。下午八時。。由警所召集地方各機關團體學校代表開會商討關于防空事項。。即席決定辦法多宗其經費概由余氏官振款項下撥支。。該埠今後消極防空。較前倍為縝密。查是日被炸死傷男女姓名如下。。

何利。四十歲。開平人。麗生店伴。頭部受傷。當場斃命。吳炳近。七十三歲。鐵桑鄉人。在麗生舖內被壓斃命。吳起。六十歲。鐵冲人。在麗生重傷頭部。。余松。二十七歲。開平人。公益永豐玉店伴。。在海旁街被彈片重傷腿部。鄺占。五十歲。開平人。廣同興店伴。在舖輕傷手足部。。李添。五十歲。東頭鄉人。在街上輕傷足部。。伍何氏。五十歲。顧記店主婦。在舖傷頭部。鄺氏。四十歲。水口人。。在興隆街賣山草。。輕傷頭部。。查傷者除余松刻尚留醫福寧醫院外。其餘在福寧醫院敷藥後。即行返家醫理。又三埠軍警當局。為預防日機再度來襲。。特勸諭市民實行疏散。。惟居市者均甚鎮靜。。疏散時間過後。。即照常營業云。。

——摘自《中西日报》，1941 年 6 月 16 日

敵機廿七架轟炸重慶

十九日國際通訊社重慶電、日軍飛機二十七架、。是日再向重慶轟炸：曾有炸彈向美國駐重慶大使館附近投落。、幾將美大使館擊中、又有炸彈一枚、向揚子江面轟炸。其地點距美國砲艦度杜辣號 不過七十五碼。、美國軍事隨員吳也大佐所住之樓宇、亦被炸擊。

十四日重慶電、日軍飛機廿七架。是日分三批轟炸重慶。歷四十五分鐘之久 曾向揚子江邊貧民區域。投下炸彈甚多。嘉陵江面之桅船、亦多被炸毀、惟平民死傷無多。

——摘自《少年中国晨报》，1941 年 6 月 16 日

敵機襲渝

美使館一部被震毀

中央社訊 敵機二十七架、十五日又襲渝、於下午一時許侵入市空投彈百餘枚逃遁、我防空部隊於敵機竄抵市空時、會予以猛烈射擊、我被毀房屋百二十餘間、死九人傷二十餘人云。

中央社訊 敵機昨襲渝時、在以前宣傳所謂安全區之南岸、亦落彈多枚、美大使館武官辦公廳房屋前落彈、辦公廳幾全部震毀、敵彈碎片並中美軍艦「圖圖拉」號、又望龍門美紅十字會募款建築之平民住宅、亦中二彈、毀屋多間。

——摘自《时事新报》（重庆），1941 年 6 月 16 日

重慶美實業被炸已提抗議

十六日東京電。日機昨向重慶轟炸、傷害美國實業。美國駐日大使。不俟接到詳細消息，是日已先向日本外相松岡提出嚴重抗議。。

——摘自《少年中国晨报》，1941 年 6 月 17 日

重慶清除未爆發炸彈

重慶通訊：在倫敦從事發掘未爆發炸彈之「敢死隊」，其英勇精神，已為眾目所欽頌，但重慶之清除隊，從事於發掘未爆發炸彈之工作，已三年於茲，被認為係當然之工作，而無人加以稱道。過去兩年中，日本之炸彈，頗有一部份係未爆炸者，每次空襲之後，往往有許多原因不明之洞穴，必須加以探求，以視其是否係炸彈所造成。中國之清除隊，因素知敵方尚未曾使用過時爆發之炸彈，故每當敵機飛去後，即立刻開始發掘之工作，有時彼等發覺地上之洞穴，係為自高處落下之石頭所擊成，但常常有係未爆發之炸彈所洞穿者。此項未爆發炸彈之最重者，為去年在重慶城中區某路口所掘出，計深入於泥土中達二十尺，其後掘出時，稱其重量，計七百九十基羅格蘭姆，直徑凡三十寸，高六尺。此項未爆發之炸彈，其炸藥由專家移去，或則售與化學藥品商，或則用以製造中國軍火，其彈殼則作為廢鐵用。重慶之官員，常戲謂已有某種需用之化學藥品，由日本以特快航機運至。此項未爆發炸彈，在發掘時從未爆發，故發掘時并不將該區攔斷，且任令旁觀者觀發掘之情形。最近某次空襲時，曾有一彈落在重慶西郊，清除隊漏夜發掘此未爆發之炸彈時，車馬行人，皆繞此穴而過。最近襲渝有一彈曾洞穿國立圖書館之屋頂及地板內，該彈落於泥土中，距存頂及地板之洞旁有汽油之渣，且有汽油之氣味，故我方已發覺敵軍曾首次使用汽油燃燒彈

——摘自《少年中国晨报》，1941 年 6 月 17 日

敵機昨襲梁山

本市曾發空襲警報

美孚油公司前日遭損害

【中央社】昨日（十六）日敵機二十七架襲渝未逞，中途折至梁山投彈後逸去，本市曾發空襲警報，未幾即行解除云。

【中央社】敵機（十五）日襲渝時，美僑財產受損毀最重，除美大使館武官辦公廳被炸毀，及砲艦圖圖拉號遭受炸彈碎片擊中外，茲查本使之辦公室及美孚油公司辦事處亦遭損害，該公司存有美海軍之用品云。

——摘自《国民公报》（重庆），1941 年 6 月 17 日

敵人在滬罪行
敵報均招認
被勒令回國者四十七名
滬工部局日副總巡被刺

中央社香港十六日電　滬訊、據日文上海每日新聞載稱、最近查有冒充日憲兵隊密探、翻譯、或以憲兵隊爲背景實行恐嚇詐財、擄人、勒贖、吃白食、行刦等種種之犯人、極爲活躍、致一般善良人民受害者甚多、日憲兵隊當局以此舉有礙日軍信譽、故對此種罪犯、極力檢擧、並予以斷然處分、自本年一月至四月間、被勒令回國者達四十七名之多、被害人損失總值在法幣三十萬元以上、軍用票達十五萬元。

中央社上海十七日合衆電　今日有四執槍華人、在滬西越界築路地帶、將公共租界工部局副總巡日人赤木擊斃、該地帶之警察行政、由工部局及汪組織之「上海市」當局共同負責、槍殺案發生後、英籍副總巡謝洛克、將兇手一人捕殺、餘三人逃去、赤木於今晨九時三十分鐘斃命、時距被槍擊時僅五小時。

中央社上海十七日國際電　今日槍殺日副總巡赤木之兇手一人、及嫌疑犯三人、均已移交日憲兵隊、預料彼等將供認主使之人物、上海大暗殺集團組織之內幕、或有揭破之可能、今日公共租界工部局下半旗爲赤木致哀、工部局總董、亦赴赤木家中致唁、按赤木爲近來副總巡被殺之第二人云。

——摘自《时事新报》（重庆），1941 年 6 月 18 日

敵機炸美使館事
敵外務省調查中

中央社東京十七日路透電　官方發言人今日聲稱、關於十五日日機空襲重慶、美國大使格魯提出抗議一事、外務省現正在調查中、英大使克萊琪於上星期六往訪外務省、或亦提出轟炸重慶之問題、發言人對英大使此舉並無確實情報、按當日日機轟炸重慶、彈落美大使館及停泊美大使館附近之美礮艇圖圖拉號附近、日機二十七架投彈轟炸所謂安全區之南岸、美國大使館武官梅邇辦公廳炸毀、大使館四週落彈甚多、門窗及礮艇門窗震毀、該艇遭碎片擊中、英商巴利洋行倉庫貨棧亦被炸毀。

中央社東京十六日合衆電　格魯大使向日外相提抗議書中謂、據報告、日機二十七架於十五日轟炸重慶時、飛翔甚高、在距美駐華大使館辦公廳三百碼之處投擲五彈、其中一枚距大使館防空洞僅五十碼、高思大使即避在該洞內、幷將陸軍副武官之辦公廳震毀、大使之住宅與辦公室及美孚油公司辦事處亦遭震毀及炸彈碎片擊中云。

——摘自《时事新报》（重庆），1941 年 6 月 18 日

淪陷經年的中山（一）

（香港國際社飛郵）

中山（中山在廣東順德縣東南，是一個凸出海中的半島，三面環海，物產豐饒，為珠江三角洲上的富區，原名香山，民國十四年，為了紀念國父孫中山先生，特地把他冠上了一個富有意義的現名，並定為模範縣治。廣州淪陷後，此地感受了莫大的威脅，至去年二月間，瘋狂的敵軍，便殘暴地把這個新中國民族發祥地中山，掠奪在他底魔掌裏，這樣「中山」就在敵蹄中呻吟喘息一年了。一年來中山變成怎樣呢？記者得到一個偶然的機會，越過敵軍的封鎖線，眼見往昔聖潔的地方，染上了深深的污辱，無數神明子孫，當着敵寇姦淫屠殺的苦頭。現在記者且把此行調查所得走筆記之如後。

中山的失陷，因事起倉卒，當時人民多留縣境，未及逃出，而淪陷後敵僞更封鎖交通，嚴厲禁止人民離境，故逃出者甚少，平時全縣人口約有八十萬，至今估計約有八成左右，以石岐縣治來講，平時約有居民十萬，至最近則約有六七萬人了。中山淪陷之初，敵軍到處搶掠，歷五天的時光被搶物，以穀，米，油，糖，糧食等為多，並狡稱用作「慰勞品」。敵人為恢復市面繁榮計，嗾使漢奸成立傀儡組織，其始在石岐成立僞中山縣治維持會，由吳逆品楷任僞主席。後敵軍以中山為模範縣，地當珠江要衝，乃改設僞縣政府，於去年四月二十日成立。以僞行政督察專員歐逆大慶兼任僞縣長。敵僞並強迫石岐市內商店一律復業。其關閉者人民自由佔用，開設商號。一般住戶亦准人民入居，敵僞為籌集餉項，荼毒我民衆，乃廣開烟賭，四設番攤，牌九，每日賭餉收入約二千元。至僞縣政府，則藉名籌措政費，對於出入口貨物，勒令征稅，按值每百元收稅五元，中山沙田面積廣闊，敵軍垂涎該項收入，乃強迫征稅，每畝約軍票三四元。

——摘自《少年中国晨报》，1941 年 6 月 19 日

廣東各屬新聞

淪陷經年的中山（二）

（香港國際社飛郵）

敵軍自佔據中山縣境後，即積極經營，欲利用之為對海外交通及推行經濟侵略的根據地，廣州的日本商人，紛在石岐設立分行。并將大批日貨由中山登陸，轉運入淪陷區銷售，如收購穀米土產等物資，及推銷劣貨的日商「竹腰洋行」「粵南商店」等，都是敵人經濟搾取的機關。總計石岐全市日藉男女約在五百人以上。敵軍為搶奪我資源，曾授權石岐的日商行在中山強迫以賤價收購穀米，截至去年底止計共奪去穀米約五六萬担。每担祇給國幣十六元，各鄉的銅鐵五金。亦被劫奪，這可見敵在淪陷區的陰謀了。

敵軍自侵佔中山後，即強迫商店復業，現石岐市面復業的舖戶，約有九成，惟多屬看舖式的營業，冷淡異常，祇穀米糧食等業，較為暢旺，全市穀米行原有四十二家，現已增至五十餘家，且因貨價高漲，其營業數量，倍於曩昔，至在全市傾銷的仇貨，則以海味，糖，麵，火柴，鹹魚，雜貨為大宗，飲食業中的茶樓，茶室頗為鼎盛，惟酒家則甚少，查最近市面日用糧價，米每元約購十二両，柴每擔八元三角，生油每斤四角。鹽每斤四角，猪肉每斤三元。

石岐以前的工業，約有碾米，製糖，搾油數種，平時全市碾米廠共有八家，營業鼎盛，但自淪陷後，因稻穀缺乏，開機復工者祇得二家，營業衰落，且多係代客碾穀。收取碾工，製糖的工場，原有十二家，現因缺乏原料，和受不過敵僞的敲搾，俱已停工，至於搾油廠原有五家，現復工有二家，每廠約有木製搾油器六具，此外電灯廠則由敵軍強佔，這是中山淪陷後的一般狀態。

現在要談到石岐敵軍的醜態了。查駐紮中山敵軍，多為台灣與朝鮮人，他們因受敵國的奴化教育所麻醉，對我同胞諸多侮辱，殘殺。計敵軍佔中山後，據調查先後被殺者。男女老幼合共一千三百八十七名。婦女被強姦者六百多名。其中因姦致死者二百七十二名。小童被運回台灣者四百三十餘名，他如因見敵軍不「致禮」而受腿踢及打耳光者，更不可勝數。記者這次在中山，因為求工作的方便，出入均與敵僞人員併肩，眼見漢奸醜類，俯首貼耳，奉仰敵酋，其狀實屬可笑可憐了。記者潛在中山敵後，數日來均戰戰兢兢。心驚肉顫，現在呼吸着祖國的空氣，執筆為文至此，心坎裏還存着無限恐怖的影子呢。

——摘自《少年中国晨报》，1941 年 6 月 20 日

倭軍刼奪下的海陸豐（一）

陳現文

一，日人侵犯海陸豐的原因

海陸豐是粵東沿海的一個重要區域。抗戰前有香港汕頭兩處的輪船來往汕尾。汕尾為陸海豐通海口岸。此外。雖然仍有馬鬃碣石甲子諸地也是優良的海港。但對外貿易的重要性上說。牠們是萬萬不及汕尾的。抗戰後的情勢改變了。敵人宣佈封鎖沿海各處交通。汕尾的輪船一時都停航了。間或有偸渡前往的。但一年數月僅得一兩次。對於運輸上是沒有什麼可以引起日人注意之處的。但自沙魚涌失陷後。汕尾突然超過了以前的繁盛。常川從香港開去的小輪船達入艘之多。雖然每輪祇有三百噸或百餘噸不等。而由於來往次數的頻繁。使牠不能不成為港粵運輸的重要路線。何况除此之外。尚有帆船數達百艘。載重約百餘萬擔。乘風來往。

而且海陸豐究竟不是一個對於抗戰完全沒有關係的地方。為了海岸線的長遠，政府的勢力受制於日人的强大的軍艦。這地方便成為緝私網上的一處罅隙。本地及鄰邑出產的鎢砂桐油由私梟偸運經尖尾、馬鬃、汕尾、田乾、碣石、烏坎、甲子。出口的為數甚鉅。而由海陸豐運至內地的還有大量的鹽斤。他們靠藉黑夜的掩護。常會偸過日艦的封鎖線運往香港。再由香港輸入貨物如棉紗、汽油、藥材、糧食、雜貨等。而棉紗汽油大都是從此過境轉運內地的。這些來往貨物由於交通上的阻障。時常會有暫予堆積的現象。這種現象表露得最為明顯的却是汕尾。

我們明白了這一點。同時就明白日人為什麼要動用數千人力來侵犯海豐了。牠一心要存在着要令我國困乏而降的空想。於是便想盡法子來截斷你的任何一條運輸路線。同時。却也因牠已達到不能不以隨處掠奪的手段來支持這次卑鄙的侵略了。這次海陸豐戰事的引起恰就說明這一點。

——摘自《少年中国晨报》，1941 年 6 月 20 日

敵機昨擾陝甘

蘭州西安均被投彈

中央社西安十八日電 敵機二十四架、十八日上午七時半起、分三批竄擾陝甘各地、一批十四架、侵入蘭州、並在東郊投彈、一批十架、下午一時半先後竄入西安市空、濫肆狂炸、至五時十分逸去、事後調查、燬房屋三百餘間、死傷平民

——摘自《时事新报》（重庆），1941 年 6 月 20 日

敵機十六架昨分批擾川鄂

江津永川重慶被機槍掃射

一批在恩施投彈

（中央社重慶二十日電）敵機十六架、二十日分襲川鄂、第一批七架、竄對江津永川重慶、以機槍掃射、第二批九架在恩施投彈

（中央社）恩施二十一日電 二十日午後一時許、敵機九架襲恩施、盤旋數週後、即在城外東郊投彈五十餘枚、死傷平民二人、

——摘自《华西日报》，1941 年 6 月 21 日

◎大批日機襲洛陽

合衆社洛陽訊。。五月十六日。。有日本之輕重轟炸機百架。。輪流以大量摧毀炸彈及燒夷彈。轟炸本城。中日作戰四年間。。本城受炸。已歷數百次。但以此次爲最嚴重。轟炸機結隊來襲。至少五次。。而在主要襲擊之間。復有單獨之飛機。環城而飛。空襲警告歷十二小時。。爲此次戰事中最長之警報。炸彈散佈落下于本城各處。而城中之商業區及西郊。。受炸尤重。。意大利天主教堂。在一禮拜內。已被炸兩次。。共中六彈。傷亡並不重要。蓋最近人口業已疏散。且有最優之防空壕。密佈於淤積泥灰之土地中。。有數處地帶。。曾發生火災。。但迅即撲滅。。且因城內房屋係泥磚及瓦所建。。故火勢未能蔓延云。。

——摘自《中西日报》，1941 年 6 月 21 日

敵軍飛機隊轟炸西安

廿日共同通訊社香港電 華人中央通訊社是日發表消息。十八日 日軍飛機隊向陝西省城西安轟炸。歷半小時之久 平民斃命及受傷者約共四十名 房屋被毀者約三百間。。

——摘自《少年中国晨报》，1941 年 6 月 21 日

倭軍劫奪下的海陸豐（二）

陳現文

二、日人怎樣蹂躪海陸豐的

三月二十四日拂曉。那是濃霧籠罩著海陸豐沿岸的時候，日人在鲘門。馬鬃。石盤汎。碣石。同時登陸。在鲘門登陸的日兵。隨到梅隴。午後進佔海豐縣城。在馬鬃登陸的日兵。隨到長沙。在長沙原駐有我稅警一隊。即會起與日軍搏戰。但卒因日軍由石盤汎側來增援。我軍以衆寡懸殊。乃轉移陣地。青草亦隨即由此批增援日軍所佔據。登石盤汎之日軍。除以一小隊開向長沙外。另有馬隊及步兵約二百餘人。進陷汕尾東涌。午後派一小隊佔據田乾。捷勝。登碣石之日軍。亦分佔博美金廂。於是沿海地帶已悉被佔據。二十五日早。海豐縣城日軍向北推進。與我軍相持於公平。公平曾一度失守。隨即收復。二十七日陸豐縣城也告失陷了。日人從此又進逼大安。日人進抵公平大安後。即遭我軍的强烈抵抗。因爲這兩處離海已遠。而且山嶺重疊。易守難攻。我軍仍利用此種優勢之地形。發動廣大的游擊戰。卅一日陸豐縣境之日軍悉數退駐汕尾。海豐縣境日軍。亦於四月十四日由公平海豐縣城退守十三鄉馬鬃汕尾東涌一帶了。

我們看了日軍這種軍事行動。再看兩月來日軍蹂躪海陸豐的情形。就可以明瞭牠侵佔海陸豐的真意何在了。日軍一到青草。即開始搶劫糧食豬鷄魚蛋。第二天又强迫地方人士出來組織維持會。這維持會的任務只是負責派徵糧食。以供日軍之食用。并且勸告市民回來。代僱夫脚(其他各地維持會也是一樣)。由鲘門登陸往縣城日軍。經梅隴時。要各商店徵猪一百隻。麵粉一百包。以備他們從縣城再回來時之用。但當他們回來時。市民却逃一空了。日軍老羞成怒。即將各商店焚燬。尖尾方面。日軍搜索鎢砂汽油。連田土地給翻轉過來。一般的情形。日軍所到之處。一方面大開賭禁。引誘地痞傭惡日夕呼盧喝雉。一方面多方搜掠商品。所有米穀油糖山貨火水棉紗亦被刮盡。甚至棺材亦被搜去。間或有汽油鎢砂之類。亦多損失。較大的建築物。鐵料木材悉遭拆去。所劫衣物則由擄派各鄉挑夫挑落帆船。然後以電船拖運出海。種在田裏的番薯。也强迫鄉民掘起來飼馬匹。

日軍所到之處。婦女大都跑空了。但他們仍多方搜索的。僞「維持會」見民衆都跑光了。他們藉維持秩序之名。企圖欺騙民衆。同時。也沒有人給他們維持。於是便惶急萬分了。因此。據說他們會向日兵隊長提出禁止。以免民衆都跑光了。僞「維持會」建立不成。敵隊長纔應諾了。但日兵却生性如此。不能服從。這結果。海豐沙港陸豐水乾兩處的民衆。便因不甘受淫辱而起來反抗了。汕尾的女人有的因逃不出險地。爲避免日軍的搜索。迫得把那她們認爲最寶貴的頭髮都剪掉了。化粧一個成年男年的模樣。藉以逃脫。但有的終逃不出日人的查緝　仍被捕個。被凌辱至死者有之。海豐縣城也有許多婦女被刺死的或投水而死的。據說日軍退出公平時。被擄去的也有不少。

——摘自《少年中国晨报》，1941 年 6 月 21 日

倭軍劫奪下的海陸豐（三）

陳現文

駐陸豐城日軍將婦們拋在地上。引誘居民圍奪。跟着卻拋下手溜彈。把人命作兒戲。這種殘酷手段是不可想像的。汕尾一市民。因拾日軍搶搬商店貨物時遺在路上的一塊肥皂。而致被吊在騎樓柱上一整天。然後把腳底劃碎。用刺刀刺他個半死。再把大石壓碎了他的屍身。

三、日人退守汕尾以後

日人此次進犯海陸豐。所給與海陸豐人的不但是痛苦。而且是更鮮明的現實的教訓。在以前。不少遺老遺少之數。爲了對現實的些少不滿。而竟存心讓日人來改變現狀。現在。事實証明了日人所到是沒有一塊安樂土。而且汚辱了我們的土地。於是。我們明白十三鄉青坑一帶游擊鬥爭的展開。也豈不是無由的。而這中間。也曾產生了可歌可泣的英雄事蹟。

這裏有不少鄉民化成了實際的游擊戰士。他們常替日人挑槍枝子彈。而抓住了這個機會殺死了日人。奪獲得槍彈。四月底。青坑方面敵我激戰。我以衆寡懸殊後退。惟經過赤花鄉時。鄉民激於義憤。借得該隊槍彈。猝然予以反攻。斃日兵四十餘人。鄉民亦有五十餘人以身殉國。這種壯烈事蹟。已說明了目前海陸豐的民衆抗日。已發展到使人奮不顧身的程度了。

在汕尾十三鄉一帶的日人。現在仍無撤退的意圖。反而加緊趕築公路。搜刮民膏。我民衆對日軍異常憤恨。救饑的民生問題也是十分重要。被日人佔據的時候　各處糧食被掠一空。甚至種在田裏的禾稻也被掠殘。日人退後。已成赤地　際此青黃不接。掙扎在死亡線上民衆不知凡幾。這結果。就產生了一種飢餓組合的土匪。打家劫舍。截路劫掠了。這是希望當局積極設法補救。

日人退出海豐縣城後。縣府即大捕「維持會」的人物。除有些跟日人撤退外。在捕的有「維持會」長林某及劉某等。他們都是鴉片烟客。是的。惟有這種人才適合於受日人利用。而其下場也就太可憐了。

（完）

——摘自《少年中国晨报》，1941 年 6 月 22 日

○日機空襲川陝甘等省

重慶快訊。。日機六十八架。。五月二十二日。分四批襲川。第一三批各十架。。於竄抵成都附近。。曾用機槍掃射。。第二批三十六架。。內有二十七架。。在成都遂甯等地投彈。第四批十二架。分四次在萬縣投彈後東逸。。

西安訊。日機四十七架。分批竄擾陝甘各地肆虐。。一批九架。在陝境咸陽投彈。一批二十七架。。竄蘭州狂炸。。並聞日機一架。被我軍在蘭州近郊擊落。

合衆社重慶訊。。日機於二十二日。。轟炸成都及梁山。。曾發生空戰。。此兩地之被炸。在一禮拜內已屬第二次。日機八十一架。。曾向成都投下炸彈四百枚。。在城中區引起大火。財產受損害甚重。至在成都及梁山空戰中。。有無日機被擊落。。則尚無報告。二十一日有日轟炸機四十七架。自運城出動。。轟炸甘陝各城市。。甘肅之省城蘭州。。亦被轟炸。日機一架。在蘭州被擊落。此爲過去四十八小時間。日機之第三架被擊落。蓋二十日亦有日機一架。在成都被擊落也。。重慶是日在日機飛往成都及梁山。。發出空襲警報達五小時。。至下午三時四十分解除。。日機並未襲渝云。。

——摘自《中西日报》，1941 年 6 月 23 日

敵機昨襲川康

雅安廣元及陝甘被投彈

中央社訊　敵機四十四架、二十二日晨分三批襲川康、第一批十架、在西昌雅安投彈、第二批二十七架、在廣元投彈、第三批七架、於竄抵巴中後折返逸去。

中央社西安二十二日電　敵機七十一架、今晨七時一刻起、分九批竄擾陝甘各地肆虐、內並有九架竄安康、十架竄寶鷄、分別投彈、二十五架竄武威投彈、至下午五時半始分途逸去、西安竟日在警報中。

中央社成都二十二日電、敵機三十六架、於今晨八時許、分二批由鄂襲川、首批敵驅逐機九架、經川東北侵至川西某地、用機槍掃射後、復竄入蓉市上空、經我高射部隊猛烈迎擊、敵機隊形散亂、倉皇東逸、二批轟炸機二十七架、在川北某地投彈而去、本市於十二時許解除警報。

——摘自《时事新报》（重庆），1941 年 6 月 23 日

○倭炸青海四川甘肅

廿四日香港電。中央通訊社是日報告。倭機昨日飛炸青海。四川。甘肅三省重要城市云。。

——摘自《中西日报》，1941 年 6 月 24 日

敵機向西北各城市轟炸

廿三日共同通訊社香港電。華人中央通訊社是日消息。近一二日來，日軍飛機隊向中國西部及西北部其廣之區域轟炸。聞廿二日有日機七十一架。向陝西及甘肅兩省各城市襲擊。陝西省城西安。廿二日終日發出防空警報云。

——摘自《少年中国晨报》，1941 年 6 月 24 日

敵軍擾鷄洲

（順德）昨據順德水客談。大良敵軍近紛紛將盤踞市郊各鄉敵兵撤回市區，縮短防線，似有他調之勢。五月四日上午十一時左右。并派出敵兵約一百名，竄擾鷄洲，至下午三時許飽掠後，始呼嘯而去云。

——摘自《少年中国晨报》，1941 年 6 月 24 日

敵機向青海四川甘肅轟炸

廿四日香港電 華人中央通訊社報告。昨有大批日軍飛機。向中國西部青海，四川，甘肅三省各處轟炸。

——摘自《少年中国晨报》，1941 年 6 月 25 日

○日機竄擾陝境各地

▲雲南大學再度被炸

西安中央社訊。日機三十七架。五月十八日。竄擾陝境各地。一批十八架。侵入西安市空。肆狂炸。投彈一百餘枚。數處起火。因市民疏散甚速。故死傷僅十餘人。一批十二架。在渭南投彈。毀屋多間。死傷甚少。

昆明中央社訊。日機十二日襲昆。國立雲南大學。再度被炸。損失甚重。龍主席昨特撥欵四萬元。作救濟該校員生工警生活。及修補內部之用。此欵已由該校領取。分別支用。該校校長熊慶來。特于十七日代表該校全體員生。向龍主席致謝云。

——摘自《中西日报》，1941 年 6 月 26 日

倭寇鐵蹄下廣州慘況（一）

△擄劫壓搾敵僞無惡不作

△搜捕懸賞難制游擊行動

海外社韶關航訊 無論如何，敵人始終想不到直到現在，中國非但不屈服，反而更來得勇猛，這種表現真叫敵人吃驚不小。敵軍大部份本來都是征募而來的，聞當初在國內宣傳，說到中國來只要兩三個月就可回去的，豈知跨上了中國，就好像膠水把他們全部的黏住，休想再回去了，他們被東調西調，一直到當了炮灰爲止。因此敵軍的反戰和厭戰的空氣到處增長起來。敵人曾想好多方法打算撲滅這種情形。然而越想撲滅，那空氣也就更加濃厚。

▲大搜反戰份子 遠的不用說，先拿廣州來說吧，廣州自淪陷後，成了敵人的重要據點，全市各處駐了不少軍隊，小北一帶更集聚了重兵。可是無論集聚的兵有多少，根本壓制不了厭戰的情緒。上個月有兩個下士在同一天的夜晚，一個吊在樹上，一個吞煙自殺，第二天敵閥恐怕傳出去影響到士氣，趕緊的掩埋，不舉行什麼火葬，并且禁止在報上發表。從此於反戰派就更加嚴密的防備。本年在廣東的敵兵號稱有七八萬人，早就想發動進一步的軍事行動，但他們不敢，他們怕反戰派作祟，想先清反戰派，然後再大舉行動。所以曾假「會操」爲名，詐騙所有的官兵離開宿所，立刻叫憲兵翻箱倒篋實行搜查，等敵兵操罷回來，又在營門口各別檢查。如果有片紙隻字涉及反戰，就加以扣留。一面又派遣女暗探隊，隱跡在妓院內，來窺探反戰派的行動。

▲會議秘密洩漏 廣州以前的妓院，原本設在陳塘一帶，戰事以後，那里已經變成了瓦礫場。敵軍就命龜鴇改設在寶華路中約，統計坐北向南的民房，東頭自關東生大屋起，到南頭鍾仲珏故居止。又坐南向北的民房，東頭自羅奇生祠屋起，到西頭譚鶴酒家舊址止。全部被佔，花酌娼妓完全集中。在這里，笙歌叫囂沒有停時，因爲日軍的軍紀最壞，軍人離營宿娼是不受禁止的，所以每逢電燈一亮，這里戎裝的兵士就像穿花蝴蝶一樣到處亂跑，反戰份子利用這機會，時常假那里舉行會議，但沒有料到五月十三的晚上，當反戰派正在鄺家藏書樓故址的大廳中舉行會議的時候，被隱跡作妓女的暗探看破了，馬上向憲兵首腦部告密，不多時大隊的憲兵來了，把整個寶華路中約圍得水洩不通，禁絕行人來往，想要一網成擒。

▲發現反戰符號 結果一共圍住三十多個人，里面有十多個是軍官，他們雖則被圍，但是態度却很自然，沒有一點驚慌的樣子，隨後經憲兵的再三搜查，查了一點多鐘，絕沒有可疑的地方，憲兵隊長打電話到首腦部報告，並且又說不辦法，停了一會，首腦部又派來類似軍醫的德國官兵兩人，手裏拿了好像桌燈樣的東西，進到廳裏，叫那些被圍的三十多個人脫去上身的內衣，把那桌灯樣的東西裝好，然後拔開了電掣照射，這樣一來，秘密揭穿了。原來在每人的臂上都有各人寫成的標識，那是反戰派的符號，經燈光一照才現露出來。那些人立刻被憲兵套上手銬押回首腦部。事後才知道那是德國的間諜新近發明的肉色的藥水，寫在身上，肉眼是不能看見的，而且肥皂也不能洗脫，一定要用同時發明的肉色灯泡照射，才能完全發覺。由此足見反戰派的活躍，和敵人侵略陣線的動搖。雖然那些人被捕了，可是還有大批的人在繼起活動。

——摘自《少年中国晨报》，1941 年 6 月 26 日

倭寇鐵蹄下廣州慘況（二）

△擄劫壓搾敵偽無惡不作

△搜捕懸賞雖制游擊行動

▲擄去十八羅漢　其次就是掠奪。敵人對於中國的古物　素來是愛好的　尤其是有歷史的東西更加注意。那末對於淪陷地區的搜括　是不難想像了。在戰前　廣州的大佛寺相當的有名　它建自唐朝的貞觀年間　寺的中央建有大佛一尊　有好幾丈高　兩旁置有十八羅漢　高度總及不上大佛　但內部據說裝有金葉　後來因爲改建馬路　大佛寺有一部份拆毀　大佛和十八羅漢也搬了家　移放到幾座　戰後　敵人早想動手掠奪　因此藉口大佛寺年久失修　要斥資重建　實際的目的當然還在奪佔　關後　果然又改建了大佛一尊和十八羅漢　可是新建的佛像祇用金色塗身　內部的東西卻完全不存在了。主持的人在威脅之下自然不敢說什麼　目前敵人知道我軍將要全線反攻　在前幾天突然宣布戒嚴　禁絕行人來往　索性把僅有的十八羅漢用運輸汽車搬運下艦載運而去。

▲敵人禍及泉壤　敵軍被驅而來，既然不能回去　於是就無惡不作。姦淫擄掠陷害善良，已成了敵軍的拿手的好戲　但那些遭遇的苦痛還只限於生人　近來更變本加厲了　敵軍駐守的地方，因爲時常更調，舊的搜括鈔票，新的當然也想大撈　但一般市民深處在黑暗中　已經無油可搾　新調來的敵軍又不甘空手，在苦思之中忽然想出了毒計，實行盜棺。以我國的習俗　有錢的人在死後多半有附葬物的　而且附葬的東西，又多半是值錢的物品　因此敵人就一倡百和，起先在松蔭園，廣福園，義莊，以暴力啓棺將所有殉葬的東西全部搜劫而去。隨後石灣等地的寄柩所同樣遭殃。在義莊和寄柩所飽掠之餘，最後連一般的普通坟墓也不能倖免，盜毀的範圍竟蔓延到鄉村。統圍　沙坑等處。另外還有一批地痞無賴相幫合作，在敵人掠物之後　他們更要盜柩作薪發賣，因此到處可以看到屍骨狼藉　慘不忍覩

▲吸收法幣狡計　在淪陷的地方，雖然表面上是被敵人控制了，但對於我們的法幣，卻實在使它頭痛　因爲一般的民衆絕不相信什麼鬼軍用票。雖說敵人把軍用票強制行使，可是到了民衆的手裏幷不使他停留，又趕快的用了出去。對於法幣呢，情形大不相同，立刻保藏起來捨不得用出去。廣州市內固然如此，在外圍的墟場更加重視。敵人眼看着破壞法幣的陰謀不能實現，於是另外想了狡猾的方法來吸收法幣，如果中國人開的商店中積存軍票有相當的數目，想要往日人經營的商號行使的時候，那末敵人會乘機動價　使你哭笑不得　不但這樣。一方面又叫墟場的維持會自己發行一種信用票來代表。所謂信用票　不限於一定的式樣　更不限於什麼紙張　只要隨便的拿一張什麼紙，甚至大便用的草紙也可以在上面寫明當多少使用　自一仙一毫。以至一元五元一百元都說不定，這票子以地方爲名。在大墟的叫大墟信用票，在泥涌，沙口，梅圳，也都有當地的信用票，但每個墟場所發行的只許在本墟使用　不能使用到鄰墟　地方上的人頭腦簡單，以爲這是地方的信用票　總比較軍票可靠些　因此也常使用　而不知正中了敵人的奸計　敵軍利用這種弱點　密令各維持會，遇有法幣就以信用票來調換　假使有人拿五元法幣買東西。如數買盡當然不提　如果買不完。就以信用票來找補，這樣　它們用「信用」做幌子，無形中使法幣滾進了敵人的荷包。

——摘自《少年中国晨报》，1941 年 6 月 27 日

倭寇鐵蹄下廣州慘况（三）

△捕姑壓搾敵僞無惡不作

△搜捕懸賞難剿游擊行動

▲公開販賣人口　汪逆登台以後，廣州的壓搾程度也日益深刻了。他們知道怎樣的去剝削，壓搾，那方法的確高出於敵人之上。在剝削壓搾之下，民衆無業可做，鋌而走險的人多起來，盜賊簡直遍地都是。以前在廣州緊張的時候，離開的人固然不少，可是不能移動的還有十分之三四，淪陷以後，因爲四鄉的敵軍騷擾，逃來的也不在少數。人口無形中是增加了。但人口一多。僞逆的壓搾方法也多了。捐稅繁苛，物價高貴，想要維持兩餐實在不是易事。於是人口多的在想辦法打算減輕負擔，敵僞的壞人看準了這一點就大爲活動，拉攏被釋放的販賣人口匪犯合作。向鄰近各鄉鎮去進行。進行的方法是在某某地方囑託負責來打聽，如果某一家減輕人口，就立刻通知。然後用欺騙，豪奪，議價不同的手段來承受。等轉賣之後再共同分配。近來更猖獗。由各處的小規模，組織成中心的買賣人口大機關。照理是應該取締的。而日汪幷不過問。大概是得到默許了。

▲市價妍醜不同　現在的海珠路和盤福路一帶，變成了接洽的總滙，假使留意一下，不時可以看到青年的婦女在躑躅徘徊，蠢俏妍媸各色俱備。好像進了山陰道上。總機關隨時派人接洽，這種半公開的秘密，已經爲一般人所熟知，當然歹徒的用意在漁利，絕不會有高的價錢。所謂市價也分了幾級，那標準是要看妍媸而定。照目前的情形，妍俏的值國幣四五十元，無姿色的只在二十元上下。每次被賣總在半打或者一兩打之數至於去路，以前是越南，廣州灣，澳門，星洲等處。現在爲了時局關係，越廣星三處的銷路已經大減，而濠海還能不亞於從前，說到銷區的市價那就大不相同。有姿色的很容易得到二三百元港幣的代價，即使平庸的，賣到七八十元也不希奇。利潤的豐厚超出了原價甚至幾十倍因此這一批惡棍滿面春風，那些被賣的人在火坑里呻吟呼號。近來每隻出廣州出口的輪船上都裝滿了人，那些人懷了正義想奔赴後方。不願意看着敵僞的跋扈。

▲敵軍大搜豆皮　在這種壓搾，剝削，欺詐，壓迫之下。許多人參加了我們英勇的游擊行列，於是游擊的威勢更旺盛，市外的當不必說，即使是市內最熱鬧的所在，也不時有游擊隊出現，而且近來他們變了花樣，他們的目標注視到敵方的高級軍官和僞逆的首腦人物，其餘像敵人的糧庫和軍械等也包括在內。時間遠的且不提，五月初敵軍忽然實行緊急戒嚴，檢查行人，按戶搜索，據說就是游擊隊將要大舉行動的緣故。等到十日街上貼了佈告，說要搜捕「豆皮仔」，並且外加懸賞叫居民檢舉，如果藏著「豆皮仔」不去報告，經查得，亦同以窩罪。原來在九日的上午有敵軍官一人，走過大塘街，被我游擊隊員在高華里口遇到，先下手爲强，就拔出利刃威嚇，然後拖到僞監獄的門前，向敵官刺了兩刀，又指着自己的臉告訴他「我是豆皮仔，你去叫人捉我好了」被刺的敵官狼狽的走出惠愛路，叫僞警扶着坐了車子回到谷坡路團司令部，把兇手的面貌說出，等軍醫把利刃拔出的時候，因爲傷及腸臟立刻斃命，這自然很使敵軍的首腦發怒，所以才張貼佈告，大搜「豆皮仔」，可是搜來搜去，除掉有豆皮的人遭殃以外，我們的游擊隊員是老早從容退出了。

上述的不過是游擊隊員表現的一種，此外的行動當然還多，像小北的馬房被焚，觀音山的糧庫失火，應合反戰的敵軍半夜襲擊，招致動搖的僞軍反正投順，總之他們的方法層出不窮，他們聯成了緊密的網，這密網足以打擊敵僞的橫暴，使他們膽寒不能安眠。

——摘自《少年中国晨报》，1941 年 6 月 28 日

倭機炸燬英大使館

今日(廿九)倭機五十四架。。分兩批來襲重慶。第一批廿七架。在下午十二點十五分。竄入市空。在我防空部隊猛烈射擊之下。倉皇投彈後。即向東竄去。。

第二批亦廿七架。于下午一點二十分。在郊外投彈之後。。竄入市空。。發其瘋狂獸性。。對準高揚着米字旗(英旗)之英國大使館。投下許多炸彈。。在沉重爆炸聲中。在倭機疾飛轟炸之下。。我友邦英國大使館已全部被倭機炸燬。。

英國駐重慶外交人員受傷者。。有大使館參贊布拉克本爵士。被炸重傷。英大使秘書柯倫斯甫。及巴伯利兩人。被炸彈碎片打傷。布拉克本爵士私人住宅。。不用說。已完全被炸燬。。即英武官及新聞專員辦公室。亦被震壞。大使館職工。。死傷共二十七人。。

現在受傷之布拉克本爵士。。已送往(長江)南岸仁濟醫院醫治。英大使嘉爾。。幸未受傷。。亦經拍出急電將大使館被兇襲情形。向英京報告。我政府當局聞耗。。派員向英大使慰問。。

此次外國人在中國被倭機直接轟炸。。演成屠殺慘劇者。此爲初次。。又今日炸彈。落距在離＊國產＊附近不足二百英尺。。聞美國當局經向日政府提出抗議。。

——摘自《中西日报》，1941 年 6 月 29 日

敵艦炮轟陽江防城東興 形勢略緊

南路一帶南沿海■來敵艦調動甚忙，瓊崖海口方面均有敵運輸艦開出，絡繹不絕，一般人多預料其與南進軍事有關。同時敵艦敵機頻頻騷擾南路沿海岸。北海冠頭嶺海面，迭有敵機窺伺，陽江海面亦時常告警。五月十九日上午十一時至十二時三十分，海外傳來炮聲數十響，縣民頗爲惶恐，後縣府得中閘區署電話，一據由閘坡逃返漁民稱，是日上午馬尾海面，泊單烟通敵艦一艘，向閘坡發炮轟擊十餘發，對已起火，後敵艦向西南海外駛去，現該處沿海北津一帶，已無敵艦蹤跡。又二十二日上午七時許，敵機三架由廣州起航，九時許有九架由南棚島起航，相繼經過鶴山，恩平，陽江，水東，梅菉，遂溪等地竄往涠洲島，均係單翼三發動機之重轟炸敵機。又水機一架在電白海面敵艦起航，沿電白，水東，梅菉一帶偵察，十一時許，交通機一架自東來向西逸去，十二時許，轟炸機九架，偵察高要之貝水墟，下午一時，又有交通機一架，自西來向東而遁。

▲東興景象蕭條 防城之東興與越南芒街接壤，以國際橋爲界，自越南情勢改變，敵軍不時向此示威，五月四日敵機跌落芒街機場，事後敵軍虛張聲勢，曾派兵登越遊行，藉修理飛機，迭向東興威脅，現查東興當局，以敵軍企圖詭秘，爲防範未然計，經嚴令市民將物資遷移，將人口疏散，查市民遷出者已有萬人，陸續抵達欽縣，其中商人佔多數，據由該處來客談，敵軍雖退返海防，但時將修理完竣之敵機試飛，掠過東興市空，並作種種動作，以爲示威，至留境內之商店，生意極爲冷淡，市况蕭條，入夜更成死市，至目下留市居民，不過數千人而已云。

▲中央宣慰賑濟 南路四邑受敵蹂躪，災情慘重，中央及省府當局經先後撥賑款及派員督導。現查中央賑濟工作隊由參政員陸宗騏，及中央賑濟委員會第九救濟區駐粵辦事處總幹事童溥泉二氏率領，於十八日抵達廉城，另有第二組查放委員陳志■，李民雨及監放委員陳■乾，曾集廉等，負責放賑吳陽電白一帶，於日昨抵達遂溪，各委員所負之任務，爲監導放賑工作及與災區當局商討今後復興問題爲主要題材，放賑工作以公平，切實，迅速，普遍爲原則，但注意恢復災民之生產能力。又第四戰區粵南宣慰團一行七十餘人，由團長周松相率領，於十日由廿抵廉城，公演話劇，由軍委會政治部抗敵戲劇第九隊擔任，并派赴北海，高德慰問難胞，及施放賑款，分甲，乙，丙，丁，戊，等五級，共發出賑濟慰勞金一萬一千九百七十元，至十九日該團在廉工作完竣，取道公館山口轉赴雷州海康遂溪等縣，又廣東各界慰問四邑南路軍民代表團長陳教鎮抵遂溪多日，二十一日下午三時，遂溪縣各界在縣府禮堂開歡迎大會，由陳氏向縣長顏■■獻一錦旗之先，綢旗一面，及慰勞代金國幣四百元，轉發各抗戰出力團隊，情形頗爲熱烈。

▲遂溪籌建賓館 遂溪縣各界，近爲提倡體育，以原有之公共運動場年久失修，特發起重新修葺，并建築賓館，以便遠來長官居停，於二十二日下午二時在縣黨部召開籌備會，決定組織一遂溪各界修整運動場公共會場暨籌設賓館籌備委員會，推定縣黨部，縣政府，團管區，縣商會，縣教育會，縣財委會，縣民教館，附城鎮，南睦鄉等九機關爲委員，分股辦事，修築費預算六千元，分向本縣及廣州灣紳商募捐，至賓館地點，已擇定城內御史陳公祠建築云。

——摘自《少年中国晨报》，1941 年 6 月 29 日

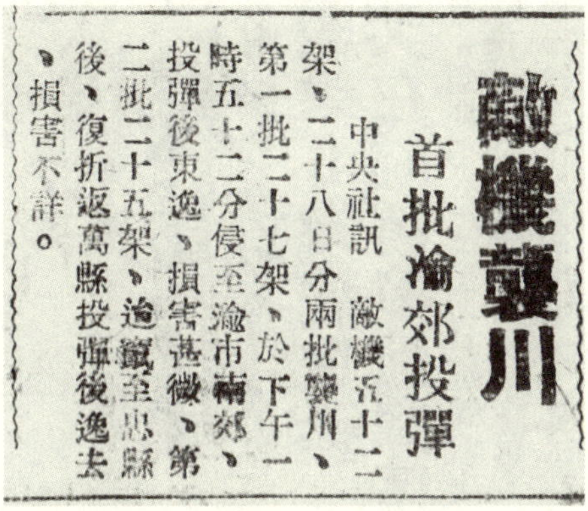

敵機襲川

首批渝郊投彈

中央社訊　敵機五十二架、二十八日分兩批襲川、第一批二十七架、於下午一時五十二分侵至渝市南郊、投彈後東逸、損害甚微、第二批二十五架、逾竄至忠縣後、復折返萬縣投彈後逸去、損害不詳。

——摘自《时事新报》（重庆），1941 年 6 月 29 日

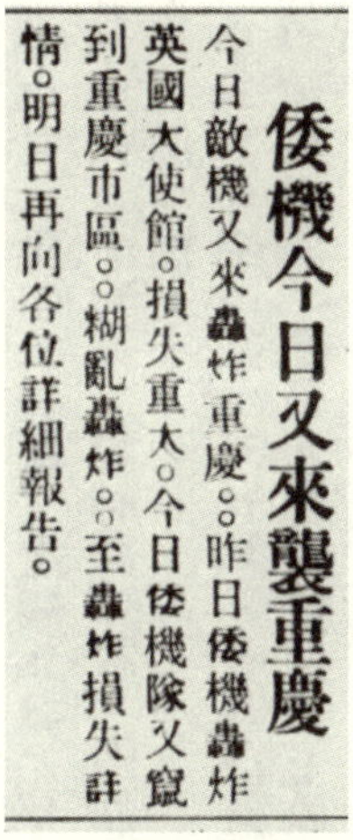

倭機今日又來襲重慶

今日敵機又來轟炸重慶。。昨日倭機轟炸英國大使館。損失重大。今日倭機隊又竄到重慶市區。。糊亂轟炸。。至轟炸損失詳情。明日再向各位詳細報告。

——摘自《中西日报》，1941 年 6 月 30 日

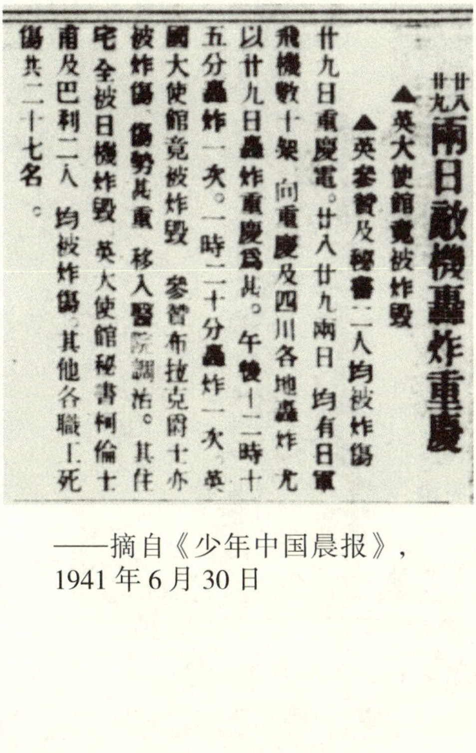

廿八廿九兩日敵機轟炸重慶

▲英大使館竟被炸毀

▲英參贊及秘書二人均被炸傷

廿九日重慶電。廿八廿九兩日　均有日軍飛機數十架　向重慶及四川各地轟炸　尤以廿九日轟炸重慶爲甚。午後十二時十五分轟炸一次。一時二十分轟炸一次，英國大使館竟被炸毀　參贊布拉克爵士亦被炸傷　傷勢甚重　移入醫院調治。其住宅全被日機炸毀　英大使館秘書柯倫士甫及巴利二人　均被炸傷。其他各職工死傷共二十七名　。

——摘自《少年中国晨报》，1941 年 6 月 30 日

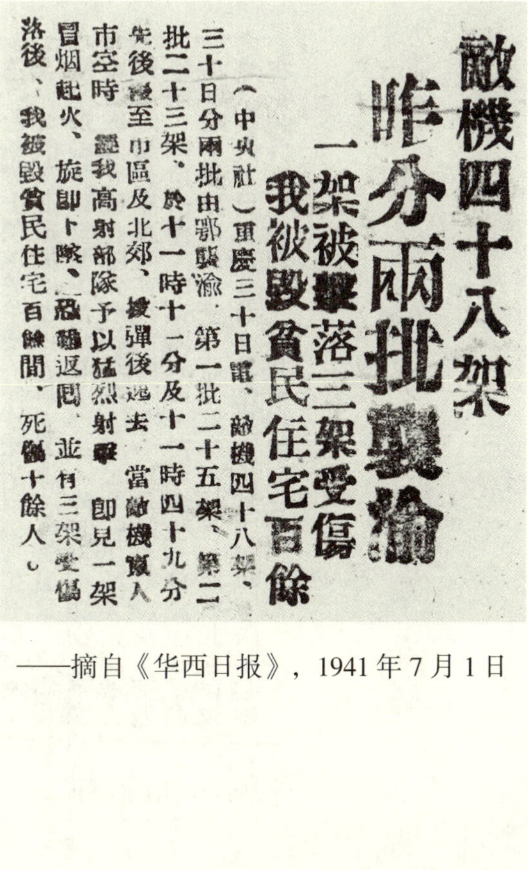

敵機四十八架

昨分兩批襲渝

一架被擊落三架受傷

我被毀貧民住宅百餘

（中央社）重慶三十日電、敵機四十八架、三十日分兩批由鄂襲渝、第一批二十五架、第二批二十三架、於十一時十一分及十一時四十九分先後竄至市區及北郊、投彈後逸去、當敵機竄入市空時　我高射部隊予以猛烈射擊　即見一架冒烟起火、旋即下墜、餘機逃返、並有三架受傷落後、我被毀貧民住宅百餘間、死傷十餘人。

——摘自《华西日报》，1941 年 7 月 1 日

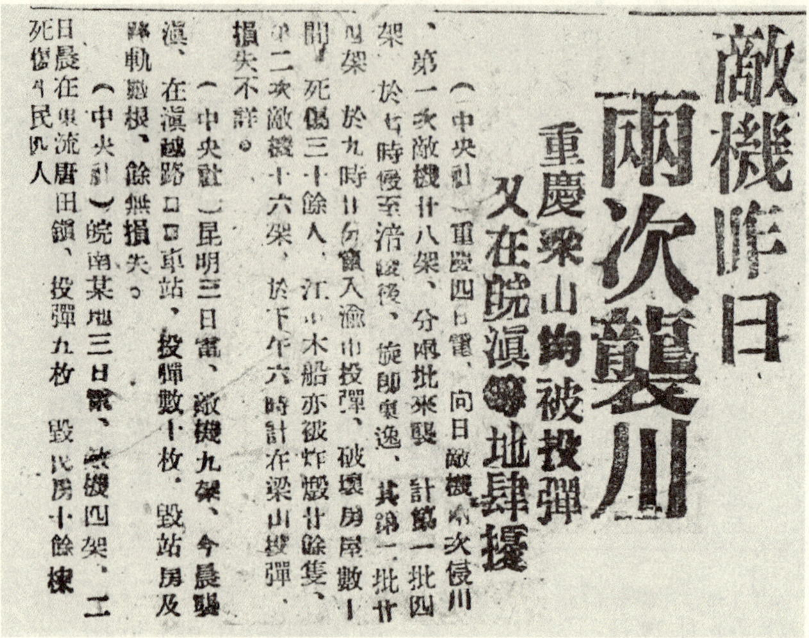

敵機昨日兩次襲川

重慶梁山均被投彈

又在皖滇[illegible]地肆擾

（中央社）重慶四日電、向日敵機兩次侵川、第一次敵機廿八架、分兩批來襲、計第一批四架、於七時侵至涪陵後、旋即東逸、其第二批廿四架、於九時廿分竄入渝市投彈、破壞房屋數十間、死傷三十餘人、江中木船亦被炸燬廿餘隻、第二次敵機十六架、於下午六時許在梁山投彈、損失不詳。

（中央社）昆明三日電、敵機九架、今晨襲滇、在滇越路□□車站、投彈數十枚、毀站房及路軌數根、餘無損失。

（中央社）皖南某地三日電、敵機四架、三日晨在東流唐田鎮、投彈九枚、毀民房十餘棟、死傷平民八人

——摘自《华西日报》，1941年7月5日

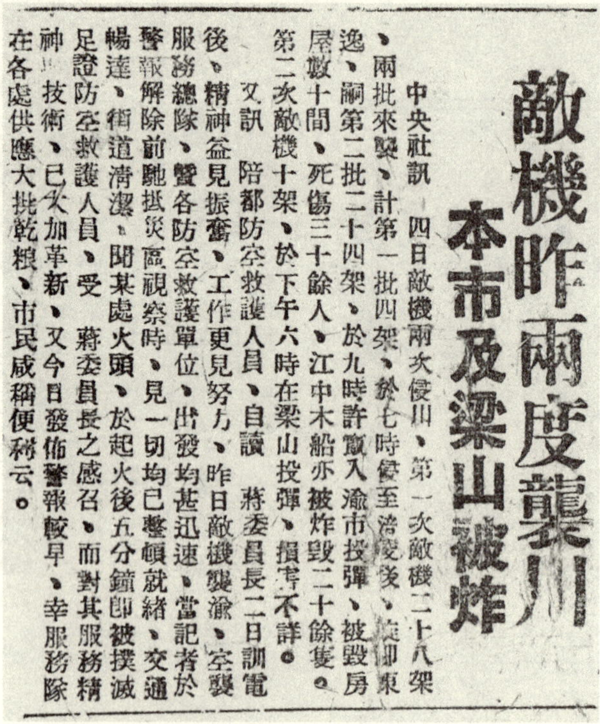

敵機昨兩度襲川

本市及梁山被炸

中央社訊　四日敵機兩次侵川、第一次敵機二十八架、兩批來襲、計第一批四架、於七時侵至涪陵後、旋即東逸、嗣第二批二十四架、於九時許竄入渝市投彈、被毀房屋數十間、死傷三十餘人、江中木船亦被炸毀二十餘隻。第二次敵機十架、於下午六時在梁山投彈、損害不詳。

又訊　陪都防空救護人員、自讀　蔣委員長二日訓電後、精神益見振奮、工作更見努力、昨日敵機襲渝、空襲服務總隊、暨各防空救護單位、出發均甚迅速、當記者於警報解除前馳抵災區視察時、見一切均已整頓就緒、交通暢達、街道清潔、聞某處火頭、於起火後五分鐘即被撲滅、足證防空救護人員、受　蔣委員長之感召、而對其服務精神技術、已大加革新、又今日發佈警報較早、幸服務隊在各處供應大批乾粮、市民咸稱便利云。

——摘自《时事新报》（重庆），1941年7月5日

日機續炸重慶

▲英大使館被投多彈損失重大

合衆社重慶訊。此間英大使館房屋。曾於一九三九年。漆成奪目之淡黄色。以防空襲之目標。但六月二日。又為日機所轟炸。日機并曾炸城中西區。及江北一帶。炸斃五十餘人。傷亡達三百餘人。為本年之最高傷亡率。英大使館房屋。本係特別漆成顯著之色。以便日機易於辨認。孰知竟為空襲最好目標。自一九三九年以來。已被炸四次。英大使館附近之法領事館。及法國教會。亦受有損害。蓋日機曾猛烈轟炸領事館之全部也。法領事之房屋。已被毀去一半。而法國教會。則受有震動。英大使館中。共有炸彈六枚爆發。其中一枚。且係重型炸彈。英大使卡爾之辦公室。大使館職員住宅。及大使館華文參贊布力克盤恩爵士夫婦所居之屋。皆受損害。炸彈一枚。曾直接命中大使館之防空壕。但幸未傷人。大使及使館職員。當時係在大使私邸之防空壕躲避。係在重慶之西某小山頂上。但大使之秘書麥更新君。則係在大使館防空壕中。渠云。對於直接命中防空壕之炸彈。並不甚覺得。但因有一炸彈。曾擊破大使館內之總水管。故有大量之水流入防空壕中。二日倭機係於兩日間第二次襲擊重慶。來襲之倭機。有二十七架。二日在城中區所投之彈。似較一日為多。空襲係于上午十時十分開始。但重慶于上午九時二十分已發出警報。至下午一時十分。始解除警報。日機大多數集中于城之西面。該處商店及住宅之被毀者。較一日遭襲時更甚。據傳有建築不良之防空壕一處。其入口處為炸彈一枚所直接擊中。以致死三十二人。傷二人。嘉陵江北之江北地帶。亦被慘炸。傷亡頗多。據防空總部稱。現在所知。死者已有二十二人。傷者六十二人。但此數尚未完盡。關於本市本部之傷亡數目。官方尚無估計。因此次傷亡之衆多。（本年之最重者）故防空總部已發出公告。警戒人民勿留于防空壕之外。以致冒性命之危險。中德合設之歐亞航空公司辦事處。亦因震動而稍有損害。警署一所被毀。天主教醫院及市立醫院。亦被擊中。英大使館中華文參贊之住宅。亦損甚重。門窗皆被炸毀。屋頂及牆壁。皆為彈片所擊穿。山泥亦落下甚多。距參贊住宅十五尺之處。皆有一大炸彈落下。在英大使館之周圍一百五十碼丈。共落下炸彈共二十枚。大使館內之總水管被擊破。水花飛濺。在轟炸後一小時。合衆社記者曾見英、使館華文參贊夫婦。欣欣然從事於收拾之工作夫。內則揩拭書籍及燈。夫人則掃地。參贊稱。此屋之被擊中。已屬第四次。幸而屋頂受損不重。故吾人仍無恙。吾人在重慶。經過數度轟炸季節後。已知吾人所需者並不多云。法國天主教聖母堂。以前為此間天主教堂中之唯一未曾受損者。但在二日之轟炸中。幾已全部炸毀。警報發出時。在該堂舉行彌撒之五百人。紛至防空壕中躲避。衆人散去後。該堂即被炸毀。并無傷亡。

——摘自《中西日报》，1941 年 7 月 6 日

敵機昨晚襲渝

在市郊投彈百餘枚

【中央社】敵機二十一架，昨（五日）下午襲渝，在市區及郊外投彈百餘枚，被燬房屋數十間，死傷二十餘人，並有一處起火，旋即撲滅云。

——摘自《国民公报》（重庆），
1941年7月6日

◎八日倭機空襲重慶

八日重慶電。。是日又有日軍飛機轟炸重慶。此爲一連四日。英大使館之書室。。被二彈擊中。。使館地面及牆壁。均被炸毀。建在山邊之英大使住宅附近。。有炸彈投下。會受損傷。重慶西郊二英里。。頹垣斷瓦。滿目荒凉。。無家可歸者約百餘名。同時缺乏自來水。更爲痛苦。昨晚有倭機廿五架轟炸本城。巴利市大旅館被炸毀。聯合通訊社。紐約時報。報界公會。。及別通信社之機關。均設在此大旅館云。

——摘自《中西日报》，
1941年7月8日

敵機多批昨襲渝

外籍記者住宅多被炸燬

炸彈多枚未爆死傷甚少

（中央社）重慶七日電，敵機三十六架，七日晚六時[illegible]分襲川，一二兩批共二十八架，八時竄抵市空，經我高射炮火射擊，先後在市區投擲炸彈百餘枚，民住宅及商店多處[illegible]，第三批敵機八架，先竄黔江、彭水、忠縣後，始投彈，[illegible]又午後六時[illegible]敵機[illegible]十架[illegible]投燒夷彈[illegible]燃燒[illegible]民[illegible]致[illegible][illegible]外籍記者[illegible]特派員[illegible]外國[illegible]行人[illegible]內之文[illegible]美國[illegible]社記者[illegible]遭[illegible]炸毀[illegible]住宅[illegible]被炸毀[illegible]批敵機九架竄入市[illegible]仍在市區投彈，共中[illegible]多枚[illegible]未爆炸。[illegible]故至[illegible]死[illegible]傷甚少。

（中央社）重慶七日電，敵機二十三架，六日晚分三批襲渝，第一、二批各七架，第三批九架，於下午七時八十七分至八時廿一分，先後在市區投彈，被燬房屋數十間，死傷各一人。

（中央社）昆明五日電，（遲到）敵機九架三日襲滇，在安寧縣投彈，共中一架被擊傷，中途墜落，墜毀于滇越邊境[illegible]附近，機師在逃。

——摘自《华西日报》，1941年7月8日

敵機日夜襲渝
分批先後在市區投彈
日前襲滇被我擊落一架

本報訊 敵機昨日夜襲渝，上午來襲敵機，第一批九架，第二批十八架，於九時後先後竄入市區投彈，十一時解除警報，昨晚來襲敵機共九架，分三批侵入市空投彈，十二時半解除警報。

中央社訊 敵機廿三架前（六日）晚分三批襲渝第一二批各七架、第三批九架，於下午七時五十七分及八時零廿二分先後市區投彈，被毀房屋數十間，死傷各一人。

中央社恩施五日電 （遲到） 今晨八時許，敵機九架，經宜昌等地沿江西飛，分在巴東秭歸兩地投彈，毀民房十餘棟，死傷婦孺四人，又四日晨，敵機襲渝時，曾有一架飛至宣恩境內，無目標投彈三枚，僅炸田壞數畝。

中央社昆明五日電 （遲到） 敵機十架，今晨襲滇，二架窺察滇境各地，八架在昆市郊外投彈多枚，我無損失。

中央社昆明五日電 （遲到）敵機九架二日襲滇，在安寧縣屬投彈，其中一架被擊傷，中途墜落，頃已尋獲，墜毀於滇越境麻栗坡附近，機師在逃。

中央社訊 敵機三十五架昨（七日）晨六時，由鄂境分三批襲川，一二兩批共二十六架，八時竄抵市空，經我高射砲火集中射擊，先後在市區投爆炸彈百餘枚，震毀平民住宅及商店多處，第三批敵機九架，自黔江竄忠縣後，即開始投彈，損害尚不詳。又午後六時許，敵機十九架，由鄂境襲川，首批七架，二批三架，先後於八時許竄入市空，在市郊投燒夷彈，炸中燃燒平民住宅數處，外籍記者住所多被燒燬，計紐約時報駐渝特派員竇丁、倫敦泰晤士報駐渝特派員史密士、紐約論壇報記者司徒華、「中國航訊」發行人史坦恩、美聯社記者慕沙、合眾社記者費思等住宅，悉被炸燬，而求精中學內之文華圖書館樓房，亦竟遭炸燬，至第三批敵機九架，竄入市空時，仍在市區投彈，其中多枚並未爆發，故死傷甚少云。

——摘自《时事新报》（重庆），1941 年 7 月 8 日

敵機再襲渝
昨炸領事巷
英大使館全部被炸燬
卡爾大使私寓亦遭震毀

【中央社訊】敵機上月二十九日襲渝，英大使館一部被燬，參事包克本，祕書艾倫夫婦等，均受重傷，英政府已向東京提出抗議，乃七日晚敵機襲擊時，李家花園落彈甚多，英大使卡爾爵士私寓竟遭震毀，損失頗重，昨（八日）晨敵機在領事巷集中投彈，致英大使館直接中彈，全部炸燬，最近敵機濫肆轟炸，在渝外人財產及文化慈善機關，受害特多，敵人顯係故意弁髦國際公法，摧毀外僑財產，其狂妄舉動，深為舉世各文明國家所嫉恨云。

【中央社訊】外交部情報司部司長鍼麟，以日昨敵機襲渝，駐渝外籍記者住宅，多被炸毀，特於八日派員前往慰問云。

【中央社訊】敵機五十二架，昨（八）日晨分兩批由鄂境侵川，九時三十分，第一批二十五架侵入市區，鄂市區投下爆炸彈百餘枚，二批敵機二十七架，於十時侵入市空，投下爆炸及燒夷彈多枚，曾有數處起火，將平民住宅若干戶被炸燒燬外，英大使館及卡爾大使私寓均被炸燬無地。

——摘自《国民公报》（重庆），1941 年 7 月 9 日

○重慶英大使住宅被炸

八日重慶電。。昨晚及是朝本京又被敵機轟炸。樓宇數十座被毀。英大使住宅受傷甚重。敵機於天明之前飛到。商場區損失尤大。所放炸彈甚猛烈。有全座屋宇爆起者云。。

——摘自《中西日报》，1941 年 7 月 9 日

敵機襲渝

英大使館全部被炸燬
警報期間茶園壩大火

中央社訊 敵機五十二架、昨晨分兩批由鄂境侵川、九時三十分第一批廿五架侵入市區、在市區投下爆炸彈百餘枚、二批敵機廿七架、午十時侵入市空、投下爆炸及燒夷彈多枚、會有數處起火、除平民住宅數十戶被燬毀外、英大使館及卡爾大使私寓均被炸燬震圯。

中央社訊 敵機上月廿九日襲渝、英大使館一部被燬、參事包克本、秘書艾倫夫婦等、均受重傷、英政府已向東京提出抗議。乃昨晚(七日)敵機襲渝時、李家花園落彈甚多、英大使卡爾爵士私寓竟遭震毀、損失頗重、今(八日)晨敵機在領事巷集中投彈、致英大使館直接中彈、全部炸燬、最近敵機濫肆轟炸、在渝外人財產及文化慈善機關、受害特多、敵人顯係故意弁髦國際公法、摧毀外僑財產、其狂妄舉動、深爲舉世各文明國家所憤恨云。

中央社訊 八日晨八時許、本市茶園壩廿二號某茶舘、突告失愼、時值空襲警報期間、附近居民多已入洞躲避、以致無法施救、加以風勢甚猛、火舌蔓延、波及對街房舍、一時火光熊熊、烟霧迷天、本市消防隊救火趕到後、敵機已臨市空、全體隊員仍冒險灌救、惟以天乾物燥、延燒極速、迄十時許、全街房屋數百棟、均已化爲灰燼、直至警報解除後始漸熄滅、居民被災者達二千餘戶之多、損失頗爲重大云。

——摘自《时事新报》（重庆），1941 年 7 月 9 日

倭機連日不斷襲渝

重慶訊。六月十四日。倭機三十四架。。分兩批襲渝。第一批二十七架。於午後二時許。侵入市空。經我防空部隊。。予以猛烈射擊。。日機在市區及市郊投彈後逸去。。第二批日機七架。復在市區市郊投彈。損失甚微。。

十四日下午。。日機分三批空襲川省。。重慶西門附近之某區域。曾遭猛襲。警報係于中午十二時半發出。。第一批日機入川省後。。卽向西北廣元飛去。。約一小時半之後。。重慶發出緊急警報。。因第二批日機。已沿嘉陵江。經合川飛向重慶。。日機由長江邊越過蘇聯大使館所在之小山。。向英大使館所在之西門一帶投彈轟炸。。第三批日機。。則飛越重慶下游之培陵。。但未出現市空。解除警報。係於下午四時發出。據十四日空襲之詳報。日機曾在下城之廣大區域投彈。。而不集中轟炸某指定區域。渝市西門附近。。曾落彈數枚。並有多彈落於下城商業區域。更東之江邊附近。亦落數彈。幸無房屋起火。。財產損失亦有限。。

日本轟炸機。。十五日慘炸重慶時。。美國陸軍參贊之新辦公處。。及用美國紅十字會欵項建造之建築物炸毀。。美國砲艦一艘。及美國海軍酒肆。亦受微傷。。新任美國駐華大使高思。。曾偕使館人員。。視察損害。並記錄炸彈曾落於揚子江南岸。所謂安全地帶之美大使館附近一百碼內。。日機二十七架。。十五日又襲渝。。于下午一時許。。侵入市空。投彈一百餘枚逃遁。我防空部隊。。於日機竄抵市空時。。曾予以猛烈射擊。。被我燬房屋百二十餘間。。死九人。傷廿餘人。

路透社重慶訊。十五日午後。日機二十七架。。空襲此間。。美大使館武官梅耶上之辦公處曾中彈。。并有數彈落於美砲艦都吐萊號停靠處約七十五碼之地。。該艦並未受損。揚子江邊。落彈如雨。。多數落於江中。。及南岸接近美大使館之處。。國際俱樂部直接中彈。房屋半數被毀。南岸若干外僑住宅中彈。沿江邊大道。曾引起大火云。。

——摘自《中西日报》，1941 年 7 月 12 日

○六月十五敵機襲渝詳情

合衆社重慶訊。。六月十五日下午。。日機二十七架。。又在重慶之商業區。。及貧苦住宅區。。肆行轟炸之工作。。由美國紅十字會。。依照「住宅計劃」撥欵建成之特別建築四座。。亦隨貧苦住宅區之房屋以俱毀。。長江南岸「安全地帶」以內。。至少落下四彈。。此四彈均在距美艦都提拉號一百五十碼以內爆發。該艦僅受輕微損害。一彈並在距美陸軍武官新官署數尺以內爆發。。該美武官署係位於都提拉號所泊處。。與美大使館間之中途。。而都提拉號與美使館。。相距不及三百碼之遠。。立於建造簡陋之防空壕入口處之華人約三十名皆罹難。。外人無死傷者。。

余立於南岸之某小山頂上。。目睹此二十七架轟炸機。。在一萬五千尺之上空。。排列成行。。有如蜻飛之蚊蚋。。然後炸彈落下。。聲如裂紙。。而正對美大使館之北岸全部。。即有塵煙飛起。震動之劇。。使余等亦爲之後退。。余與其他之觀看者。。係立於距離一千碼之處。。記者當時聞一巨大之爆炸聲。。即轉身眺望。。但見長江南岸美大使館與都提拉號間之處。。濃煙迸發。。塵土四揚。。而渝市下城上空。。均爲煙塵所彌漫。。被炸之聲。除燃燒彈之憑證外。。復有狂烈之火燄。。江中並有若干船隻炸毀。。其中若干被炸船隻。。船夫有生存者。。亦有滿船爲死傷者。。都提拉號一百五十碼之半徑以內。。落下四彈。。尚有一彈。。落于美陸軍武官新公署附近之山邊。。該公署幾完全被毀。。該彈係在一防空壕口爆炸。。炸斃華人約三十人。。

美大使高斯。。及使館人員。。于警報解除後。。即從事調查損失。。美使館之窗戶均炸碎。。牆上坭土亦鬆散。。美海軍酒肆亦受劇震。。其牆垣灰坭。。幾完全剝落。。都提拉艦受彈片之輕傷。。若干玻窗破碎。。意使館亦受輕微之損失。。高射砲頗爲活躍。。但轟炸機飛行甚高。。爲射程所不能達。。城內熱鬧區域。。約有商店及住屋四百間被燬。。其中亦有美國紅十字會所建之公寓數所。。除南岸之防空壕外。。因空襲而致死亡者甚少。。被送往醫院者。。估計有四十人。。據聞有防空監護員數人。。亦被炸斃。。並有數處火災。但瞬即撲滅。被炸區域兩端之商店。。于解除警報後。。十五分鐘內。。恢復營業。。

轟炸機飛去後。。余曾視察被毀之陸軍參贊公署。。其後復沿江而下。。視察都提拉號。。該船之官兵業已登岸。某水兵稱。在該艦七十五碼內。。落下之炸彈。。曾使該艦之尾部躍起三尺。。另有一彈。。落于岸上。。將沙石射於艦上。。有彈片一片。。擊中該艦。。致窗戶及陶器。。皆被震破。。帳幕亦受震而毀。。但受傷者。。僅有電氣機匠路易斯。。渠之手皮被擦損甚重云。。

——摘自《中西日报》，1941 年 7 月 13 日

敵寇殘暴獸性

炸我重傷醫院

日前敵機兩度投彈肆虐 院長應變有方傷胞出險

〔中央社訊〕月來敵機轟渝，迭次轟炸各國使領館、文化慈善等機關，充分暴露其殘酷暴戾之獸性。本月五日，敵機襲渝時，竟向××關附近空襲救護委員會第×重傷醫院，投下爆炸彈燒夷彈多枚，該院第一病室手術室，供藥室，立即起火焚燬，該院院長曾光叔率同全體員役，冒火搶救，所有住院治療之傷胞一百二十五人，幸皆出險，僅該院值班護士一人，勤務九人，當場殉難，護士二人重傷，一人輕傷，嗣經該會當局商准該院部隊之×××服務部房屋為臨時病室，本月十日敵機復在該處投彈，臨時病室，又被炸燬，但無死傷，現該院除另借用該部其他房屋外，並已另行興工修建新病室，該會以該院長此次應變有方，業已呈請行政院，以院令嘉獎，以資激勵云。

——摘自《国民公报》（重庆），1941 年 7 月 13 日

敵機昨襲渝
英使館又被波及
救委會督導處開始辦公

中央社訊 敵機二十七架、十八日下午一時許襲渝、在市區李家花園英大使館住宅一帶、一帶投彈數十枚、炸毀房屋二十餘棟、死傷甚微。

中央社訊 敵機二十七架、昨(十八)日午襲渝、記者於敵機投彈五分鐘後、至災區巡視、目覩防護團七區兩路口分團、上海童子軍戰時服務團、空襲服務總隊、市黨部空襲服務工作隊、紅十字會第八十八醫療隊、工務局道班、防護大隊第二中隊一分隊、第三中隊七分隊、八分隊等、均已先後趕到工作、空襲服務總隊長谷正綱、副總隊長黃伯度、市黨部主任陳訪先、市長吳國楨、警察局唐毅等、均於警報解除前、親臨災區督導一切、故多項救護善後事宜、進行甚爲迅速云。

中央社訊 陪都空襲救護委員會新設督導處、辦理救護設施整備及避難管理督導事宜、處長人選業由行政院軍事委員會令派市警察局長唐毅兼任、即日成立辦公、又調查處長人選未發表、至救護會原設之振郵處、現仍繼續工作、是否撤銷、正呈請核示中。

——摘自《时事新报》（重庆），1941 年 7 月 19 日

○倭機第廿次空襲重慶

十八日重慶電。。是日又有日軍飛機向重慶轟炸。。此爲日機是季轟炸重慶之第二十次。。是日計有日機二十七架向重慶區域投下大小炸彈及燃燒彈甚多。。此爲八以日來之第一次云。。

——摘自《中西日报》，
1941 年 7 月 19 日

○日機窺擾四邑并炸牛灣

四邑快訊。。六月十四日早七時。。有日機六架。經江會飛抵單水口。。公益。牛灣。。陳冲。。各地窺擾。。各地多被其掃射機關槍。。至七時四十分左右。。但日機再向牛灣陳冲低飛窺察。。隨在牛灣投下炸彈四枚。。另燒夷彈一枚。隨即遁去。計被炸損失。塌舖戶三間。。傷男子三人。死一人。。女子傷二人。其中一人重傷。恐有性命之虞云。。

——摘自《中西日报》，
1941 年 7 月 20 日

福清淪陷慘狀

姦淫刼殺無所不爲

五龍鄉受害最慘酷

墨登場·排演醜劇·誠不知人間有羞恥事也·

（巴城訊）福清淪陷·已有三月餘·淪陷後情形如何·無從探悉·融僑備極關懷·近有自融邑逃出之洋客多人抵爪·記者特走訪探詢·據談·敵軍入境·姦淫刦殺·無所不爲·慘絶人寰·尤其是五龍鄉被蹂躪爲最慘·該鄉婦女被姦淫·壯丁被埋活者·不計其數·敵軍防守縣城·鄉間我游擊隊極爲活躍·造成轟轟烈烈可歌可泣之驚人偉績·故敵軍夜間皆潛伏·福清僞維持會會長陳梗辰·僞縣長林思尙·僞縣府秘書陳萬青·僞市長詹淦訓·僞警察局局長謝錫奎·無恥敗類·粉

——摘自《星洲日报》（新加坡），1941 年 7 月 26 日

今昨兩日倭機兇炸四川

▲今早（廿八日）六點餘鐘至下午兩點餘鐘有倭機一百零八架。分五批兇襲四川。第一批在重慶市區投彈後竄去。第二。第三。第四。第五。。四批先後竄到重慶西北面各地投彈。。詳細情形。。俟官方公布之後。。再行報告。。

又昨廿七日上午九點餘鐘。。有倭機八十餘架。。分三批兇襲四川。先後經過重慶。在十一點四十分鐘。。飛到成都市空。。經我高射砲部隊發砲猛烈射擊。。敵機倉皇在城西北地區。盲目投彈數十枚之後。又竄到成都東北方之三台（縣）等地投彈。。并用機關鎗向下掃射。。損失正在調查之中。。

——摘自《中西日报》，1941 年 7 月 28 日

敵機八十架

昨襲擾蓉市

三台等地均被投彈

中央社成都廿七日電　敵機八十餘架、今晨分三批自鄂進襲本市、十一時四十分先後竄入市空、經我高射砲部隊猛烈射擊、敵機倉皇在城西南西北區盲目投彈數百枚、旋又竄往三台等地投彈掃射、損失正調查中。

中央社洛陽二十六日電　今晨八時四十六分、敵機六架、由皖境經西華、扶溝各地西飛、九時二十六分、竄抵本市、在城內外投彈後、即經孟津、鞏縣等處、向東北逸去、損失情形在調查中。

——摘自《时事新报》（重庆），1941年7月28日

倭機今日又狂炸重慶

▲今晨(三十)大隊倭機分批兇襲陪都。。重慶發出空襲警報經過八小時之久。。倭機在市區濫炸。投下大批炸彈及燃燒彈。被炸最烈地點。。集中于揚子江岸及嘉陵江岸各區域。。市民頗有死傷。。中美合辦之中國航空公司商用機場。亦落彈數枚。美孚煤油公司物業。。亦落下炸彈。。幸儲油庫未被炸中。。另一彈落于繁盛市區之美國長老會禮拜堂地址。。該處幷爲救濟貧病人民之服務站。以前曾遭炸毀一次。蘇俄大使館之兩傍亦落彈兩枚。。頗有損失。。其餘續詳。。

——摘自《中西日报》，1941年7月30日

⊙倭炸毀渝商店住宅數百

廿日重慶電。昨日倭軍飛機空襲重慶。發空防警號。歷八時半。。爲向來最久者。城中被炸之商店及住宅。共有數百間云。

——摘自《中西日报》，1941年7月30日

敵機九十餘架

昨四批襲川

渝新市區及自流井被炸

本市警報長達九小時

【中央社】敵機九十餘架，昨（二十九）日上午七時起，分四批飛川竄擾，其中一批飛往自流井投彈，三批侵至渝市上空，經我高射部隊猛烈射擊，敵機在新市區一帶投彈後，向東逸去，本市於下午四時始解除警報，防空司令賀國光氏，於解除警報前親赴災區視察，聞傷亡二十餘人。

【中央社衡陽二十九日電】今晨八時二十分，敵偵察機一架，經湘北衡山竄入衡市上空，窺察一週後，仍循原路逸北。

【中央社】陪都空襲服務隊，直屬第三隊，於昨（二十九）日敵機在渝市投彈後，在機影彈聲中，赴新市區某處斷垣殘壁下，挖掘搶救難胞十一名出險，送平民醫院治療，又前（二十八）日敵機在市區投彈後，考試院服務隊亦於機聲中，在某處炸毀房屋內挖掘救活難胞三名，均發揮其忠勇服務精神，聞服務總隊部已傳令嘉獎云。

蘇大使館亦被炸

【中央社】敵機今（二十九）日襲渝時，蘇聯大使館曾中彈被炸一部份，英大使館則又遭炸燬，幸損害尚輕云。

——摘自《国民公报》（重庆），1941 年 7 月 30 日

敵機昨四批擾川

渝市警報長達九小時

服務隊供應各洞乾糧

中央社訊　敵機九十餘架、昨日上午七時起、分四批飛川竄擾、其中一批飛往自流井投彈、三批侵至渝市上空、經我高射部隊猛烈射擊、敵機在新市區一帶投彈後、向東逸去、本市於下午四時始解除警報。

中央社訊　敵機昨日襲渝時、蘇聯大使館曾中彈被炸一部份、英大使館則又遭炸燬、幸損害尚輕云

中央社訊　連日警報時間甚長、關於防空洞乾糧供應一事、需要迫切、據空襲服務總隊部負責人談稱、本部連日對於乾糧供應、除各大隧道仍由供應車供應外、各大防空洞亦臨時運送乾糧、儘量供應、如以後警報時間過長時、本部決臨時以小汽車運送乾糧供應各洞、且爲事先準備起見、凡需要乾糧之防空洞、可由洞長或管理人事先至本部商洽、批購乾糧存儲備用、至關於防空洞飲水事、屢經試驗、均以清潔及燒煮儲藏等問題、不易解決、是以避難民衆、務須自行攜帶飲水入洞。

——摘自《时事新报》（重庆），1941 年 7 月 30 日

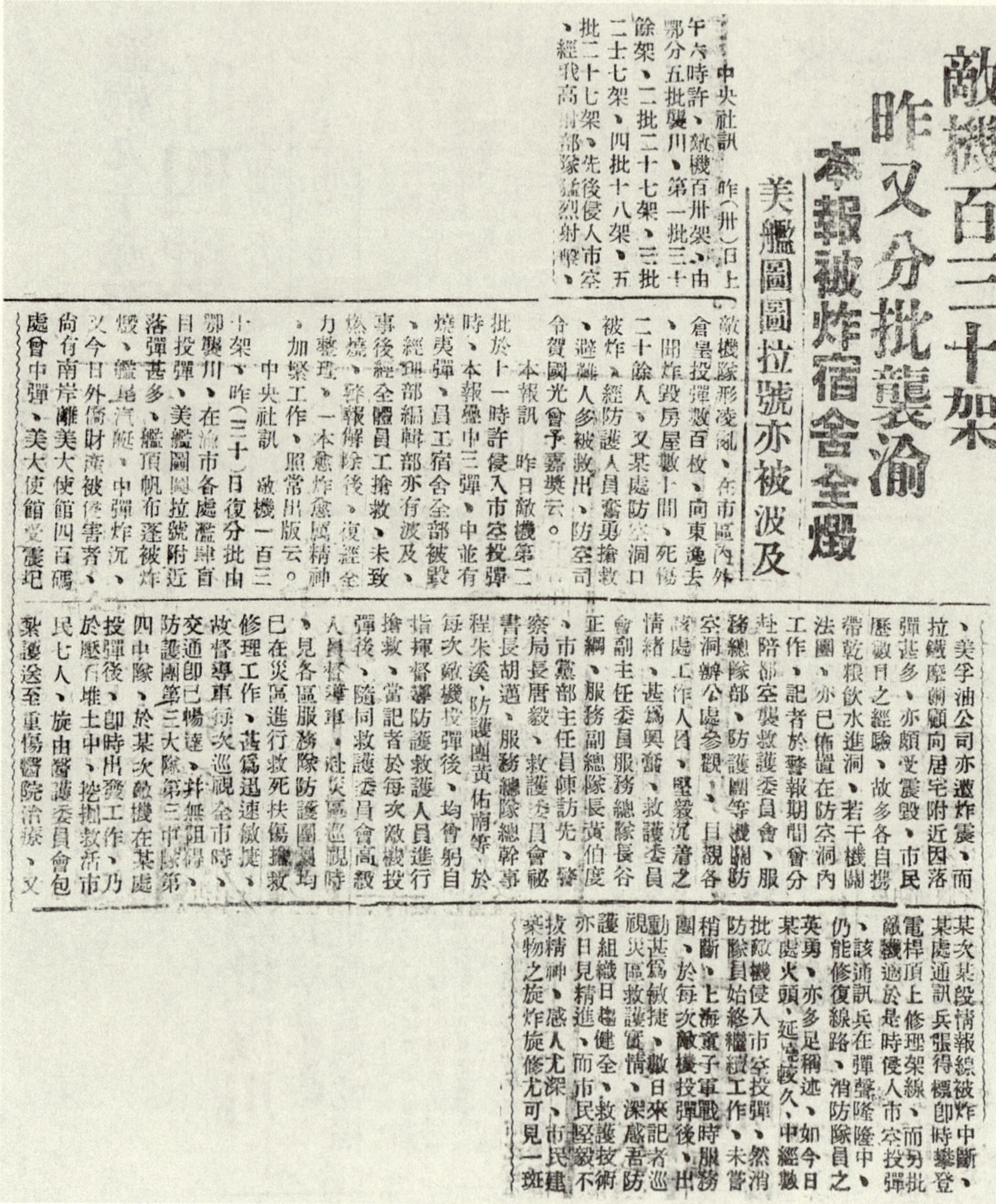

敵機百三十架

昨又分批襲渝

本報被炸宿舍全燬

美艦圖圖拉號亦被波及

中央社訊 昨(卅)日上午六時許、敵機百卅架、由鄂分五批襲川、第一批三十餘架、二批二十七架、三批二十七架、四批十八架、五批二十七架、先後侵入市空、經我高射部隊猛烈射擊、敵機隊形凌亂、在市區內外倉皇投彈數百枚、向東逸去、開炸毀房屋數十間、死傷二十餘人、又某處防空洞口被炸、經防護人員奮勇搶救、避難人多被救出、防空司令賀國光會予嘉獎云。

本報訊 昨日敵機第二批於十一時許侵入市空投彈時、本報疊中三彈、中並有燒夷彈、員工宿舍全部被毀、經理部編輯部亦有波及、事後經全體員工搶救、未致燃燒、警報解除後、復經全力整理、一本愈炸愈厲精神、加緊工作、照常出版云。

中央社訊 敵機一百三十架、昨(三十)日復分批由鄂襲川、在渝市各處濫肆盲目投彈、美艦圖圖拉號附近落彈甚多、艦頂帆布篷被炸燬、艦邊汽艇、中彈炸沉、又今日外僑財產被侵害者、尚有南岸離美大使館四百碼處曾中彈、美大使館受震圮、美孚油公司亦遭炸震、而拉鐵摩爾顧問居宅附近因落彈甚多、亦頗受震毀、市民歷數日之經驗、故多各自携帶乾糧飲水進洞、若干機關法團、亦已佈置在防空洞內工作、記者於警報期間曾分赴陪都空襲救護委員會、服務總隊部、防護團等機關防空洞辦公處參觀、目覩各該處工作人員、堅毅沉着之情緒、甚爲興奮、救護委員會副主任委員服務總隊長谷正綱、服務副總隊長黃伯度、市黨部主任員陳訪先、警察局長唐毅、救護委員會秘書長胡適、服務總隊總幹事程朱溪、防護團黃佑南等、於每次敵機投彈後、均會躬自指揮督導防護救護人員進行搶救、當記者於每次敵機投彈後、隨同救護委員會高級人員督導車、赴災區巡視時、見各區服務隊防護團員均已在災區進行救死扶傷搶救修理工作、甚爲迅速敏捷、故督導車每次巡視全市時、交通即已暢達、並無阻碍、防護團第三大隊第三中隊第四中隊、於某次敵機在某處投彈後、即時出發工作、乃於壓石堆土中、挖掘救活市民七人、旋由醫護委員會包紮護送至重傷醫院治療、又某次某段情報線被炸中斷、某處通訊兵張得標即時攀登電桿頂上修理架線、而另批敵機適於是時侵入市空投彈、該通訊兵在彈聲隆隆中、仍能修復線路、消防隊員之英勇、亦多足稱述、如今日某處火頭、延燒較久、中經數批敵機侵入市空投彈、然消防隊員始終繼續工作、未嘗稍斷、上海童子軍戰時服務團、於每次敵機投彈後、出動甚爲敏捷、數日來記者巡視災區救護實情、深感吾防護組織日趨健全、救護技術亦日見精進、而市民堅毅不拔精神、感人尤深、市民建築物之旋炸旋修尤可見一斑

——摘自《时事新报》（重庆），1941年7月31日

日機又襲重慶

合衆社重慶訊。。報界會館一帶。。及渝市西部。。七月五日下午五時五十分。。又遭猛烈轟炸。。據傳參加此次猛烈襲擊者。。有日轟炸機七架。報界會館又倖免于難。僅覺震動。。落下許多泥灰而已。。距會館一百碼之處。。曾炸成一直徑二十五尺之穴。。宣傳部董顯光所蓄之鴨四頭。。被炸斃。董君對於所受之損失。一笑置之。。并謂此穴乃新造之絕好養鴨池。。吾人不妨多蓄數頭云。。曾有一處。發生大火。另有兩處小火。。迅即撲滅。。警報係於下午七時解除云。。

——摘自《中西日报》，1941 年 8 月 4 日

敵機襲湘

湘南湘西投彈

中央社衡陽三日電 敵轟炸機七十一架、三日晨、自鄂竄湘、分[illegible]批侵襲湘西湘南、一批三十六架、於十一時五十八分侵入衡市上空、在江東岸及西岸投彈八次、餘四批共四十五架、在長沙、湘潭、株州、醴陵、芷江辰谿等處投彈、另敵偵察機一架、三日晨八時五十三分、由鄂經湘竄桂窺察。

中央社沅陵三日電 敵機十八架、今午過沅南飛、旋分兩批、一批九架、在辰谿投彈、另一批九架、飛芷江肆虐。

——摘自《时事新报》（重庆），1941 年 8 月 4 日

日機炸毀桂林美國教堂

五日香港電。華人中央通訊社是日消息。昨日倭機狂炸廣西桂林城之時。。該處美國浸信會教堂亦被炸。。有樓宇一座全被炸毀。。有一座被炸毀一半。。人有無死傷未知云。。

——摘自《中西日报》，1941 年 8 月 5 日

日機兩批轟炸渝郊

路透社重慶訊。。七月四日。。日機二十四架。。轟炸重慶西郊。。警報於上午六時發出。。時有日機四架發現。。向重慶飛來。。該四機到達重慶後。。續向西飛。。顯係前往成都。但飛至中途。即行折回。。飛返根據地。不久又有日機二十四架。由漢口起飛。空襲重慶。飛近渝市時。。曾南向江津飛去。。但又折回。在西郊投彈。華方高射砲隊。曾開火轟擊。最近此間高射砲數量已見增加。其火力頗爲有效。上次空襲中聞有日機四架已被擊毀。。

世界電訊社重慶訊。。日機二十七架。。四日晨九時三刻襲渝。。在市區東部。。沿嘉陵江一帶投彈。毀民房若干。先有日驅逐機四架。于晨六時入川。盤旋甚久。。但未至渝市上空。。故是晨警報時間甚早。。尚爲今年第一次。。

——摘自《中西日报》，1941 年 8 月 6 日

敵機肆虐

昨襲陝甘湘

中央社西安五日電　敵機三十六架、五日晨分批竄陝甘肆虐、在甘肅天水隴西及陝西武等投彈、詳情在調査中。

中央社衡陽五日電　五日晨、敵機二十三架、分兩批自鄂襲湘、一批八架於八時五十四分侵入衡市上空、在江東岸投彈後北逸、另一批十五架在常德投彈。

——摘自《时事新报》（重庆），1941 年 8 月 6 日

○日機濫炸琶江

翁源快訊。六月廿七日九時許。有日機六架。飛到琶江。。是日適爲墟期。日機在上空飛繞數匝後。在琶江沿岸。投下炸彈十八枚。。炸毀民房舖屋五六間。。船隻被炸毀數艘。傷斃無辜民衆十餘人云。

——摘自《中西日报》，1941 年 8 月 7 日

敵機襲湘

投彈範圍甚廣

中央社長沙六日電　敵機六十二架六日再襲湘境、湘潭、瀏陽、株州、甯鄉、湘鄉均被炸、敵機并在長沙投彈三枚、

中央社衡陽六日電　敵機六十二架、六日午由鄂分三批竄湘、一批二十七架、一批十七架、一批十八架、分竄長沙、湘潭、湘鄉之谷水、株州、寧鄉、瀏陽、萍鄉等處投彈。

陝皖贛亦被襲

中央社西安六日電　敵機三十五架、六日晨再度分批襲陝、一批七架、於七時三十五分在鳳翔投彈、二批一架、於下午二時侵入西安寶鷄等地窺察、三批二十七架、於下午五時五十五分侵至寶鷄投彈。

中央社立煌六日電　敵機四架、由東北竄入本市上空、盤旋一週、投彈五枚（一枚未炸）、死老婦二名、傷平民數人、毁房屋十餘間。

中央社吉安六日電　六日下午二時、敵機六架、自湘侵入贛境、在萍鄉投彈、導向原路逸去。

——摘自《时事新报》（重庆），1941 年 8 月 7 日

▲倭機百餘架兇襲重慶

倭機一百六十架。。今晨分批兇襲重慶。。擲下炸彈及燃燒彈數百枚。。除多數民房被炸起火外。。在市郊外之外國記者公寓附近四週。。亦下彈甚多。。此外倭機又到外人住宅區肆擾。。在長江南岸上端。。前經日方宣布爲安全區之地域。亦下數彈。幸無損失。。該處附近。。即美國大使館及美艦杜都拉日前曾被倭機危害之處云。。

——摘自《中西日报》，1941 年 8 月 8 日

○七十架倭機炸重慶

八日重慶电。。是日有日本飛機七十架。。分爲兩隊。。空襲重慶。。此爲七月卅日倭機炸傷美破船杜都拉號以來之初次。。最初一隊有四十三架。。由炸重慶商業區。空防警報歷兩小時云。

——摘自《中西日报》，1941 年 8 月 8 日

日機連迭狂炸茂名安舖

廣州灣粵訊。。日機久未在南路肆虐。。惟最近竟大發瘋狂。。又向茂名廉江安舖轟炸。。查六月廿四日起。。上午七時許。。有日機六架。。上午七時許。。有日機六架。。由瓊島起飛。。掠過雷州半島。。旋侵入廉江第一區安舖。。投彈九枚。。並開機槍掃射。。計彈落大后廟。。忠義街。糖行街。東街。西街尾。金瓜行街。泥沙街各處。毀屋二十餘間。。死傷平民百餘人。。其後日機竄去。。飛經遂溪楊梅北坡下蓁山腳各鄉鎮。。低飛開鎗掃射。。傷平民數人。。至上午十時許。。又有日輕轟炸機九架。。由瓊島起飛。。繞經電白水東。侵入茂名市區、連續投彈九枚。。並開機鎗掃射。。一彈落仙桂街天主教堂空地。。我無損失。。一彈落某處空地。。炸斃一人。。傷數人。。四彈落常平街茂中學校。。及協中書院。。一帶民房。。共毀十餘間。。死傷數人。。三彈落北門附近。。震毀民房十餘間。炸死數人。傷十餘。。情形甚慘。。至上午十一時。。日機逸去。。解除警報。。當地長官。。即親赴災區。。指揮搶救工作。。查茂名自廿八年九月第三次被炸後。。以此次災情為重。。計災區有常平街。北直街。小北門。。仙桂街。。及縣前空地。。災情以小北門一帶為重。。日機更番肆虐。。惟意猶未足。。於廿五日上午六時許。。又有九架。。由瓊島起飛。。掠過雷屬。。由梅蓁侵入茂名。。在市內郊外。。連續投彈八枚。。並開機關鎗掃射。。始分三品字形。。向西南遁去。。查彈落中山路。。仙桂街。永鎮街。鑑江橋畔等地。。毀民房五十三間。。傷平民數人。。至上午九時。。又有九架飛至廉江安舖。。向市卅投彈八枚。。該市東街。。南街。。油行街。。均被炸彈。。一片頹垣敗瓦。。已挖出屍體四十餘具。。情形甚慘。

廿七日七時許。。又有日機三架。。由海口起飛。。偵察化縣。茂名。吳川等地。。至九時有兩架橫過遂溪寸金橋。廣州灣赤坎。均可目睹。後日機沿雷州半島出海遁去。倘無投彈情事。。現南路防空當局。。以日機兇殘成性。。為避免無謂犧牲。。特令飭高雷廉兩陽沿海一帶縣市當局。。疏散物資。。民衆遇有日機飛至。。勿聚一隅。。及奔走往來。。致予日機轟炸目標。。

最近粵南沿海日艦頓增。。往來窺探。。綜合各方情報。。二十四日下午一時廿分。。陽江大鑊洋面。。發現一日艦。。經閘坡海陵。。向海外駛去。。至下午六時許。。在沙扒十里之青洲洋面。。追截一漁船。。後即放回。。至廿五日上午八時許。。數艦向西南外駛去。。至廿六日上午七時許。。電白水東港口。。亦發現一艘。。至下午六時。。縣屬之放鷄洋面。。發現日艦一艘。。同時陽江馬尾附近。。發現日艦一艘。。停泊其間。。後查實為武裝漁船。曾駛泊近澳口。旋向南梯駛去。。至二十七日沿海均無日艦發現。。又二十四日。。海康縣流沙港及遂溪第四區草潭地方。各發現日艦一艘。向北駛去。。似有所企圖。。現我防軍仍在戒備中。。同時軍事當局為防日軍來犯。。特將徐聞。海康。遂溪。吳川。廉江。茂名。信宜。化縣。梅蓁。。劃分為高雷守備區。。委第某師鄧鄂為指揮官。副指揮鄭軍凱。經抵高雷佈置防務。。準備日軍來犯。。即加痛擊。。刻下南路軍心民氣。。異常旺盛云。。

——摘自《中西日报》，1941年8月8日

敵機濫炸

湘贛鄂陝昨均被襲

中央社衡陽七日電　敵機三十九架、七日晨由鄂襲湘、一批十六架、在湘潭投彈、一批二十三架、於下午時三十二分侵入衡市上空、先後投彈四次、市區落彈數處起火、即被撲滅、敵機北逸後復竄長沙投彈。

中央社常德七日電　敵機五架、今晨九時飛襲藕池對岸之西碼頭、投彈數枚、我無損失。

中央社吉安七日電　週來敵機頻襲贛西、七日下午二時、敵機二十七架、又分批襲吉安、泰和等地、第一批九架侵入分宜投彈、第二批九架、先在樟樹投彈、旋竄吉安、投燃燒彈多枚、第三批九架、經樟樹吉水竄吉安、又投彈多枚、復竄至泰和投彈、旋先後北逸。

中央社西安七日電　敵機七架、七日上午五時五十分、再度竄[illegible]寶、另三架竄擾甘境分竄蘭州天水及沿河一帶窺察後東逸。

中央社立煌六日電　六日晨六時半、敵機四架竄至立煌上空投彈四枚、死三人、燬民房九間、餘無損失。

——摘自《时事新报》（重庆），1941 年 8 月 8 日

○本年重慶被炸廿六次

九日重慶電。最近二十四小時內。本城被倭機空襲五次。居民被炸斃命者數十名。自本年三月四日以來。。本城被炸二十六次云。。

——摘自《中西日报》，1941 年 8 月 9 日

敵機昨襲渝

濫炸貧民區當日放急振

常德長時空襲恩施被炸

中央社訊　敵機昨(九)日午襲渝、某區某鎮慘遭濫炸、振郵處以該鎮各街巷、多係貧民聚居之地、情形特殊、已於當日午後六時、派出大批人員逐戶發放急振、同時收容無家可歸之難胞、深夜方告竣事、至前(八日)被炸難胞、業經該處調查完畢、定於今(十日)晨起發放振款。

中央社常德九日電　敵機八日分批夜襲常德、在市空盤旋終宵、黎明始去、九日自清晨六時迄午後三時、又有敵機數批、經湘境他竄、並有敵機一架、於午後十時半在慈利投彈、又藕市口西南之茅草街、亦於昨午遭敵機轟炸。

中央社恩施八日電　八日上午八時許、敵機一架、在恩施上空盤旋達四十分鐘之久、十二時許另一架在恩施反復盤旋、我高射部隊[illegible]予猛烈射擊、敵機未敢低飛、在城內外投彈九枚、死傷市民十一人、另三架在公安投彈、一架在五峯漁洋關投彈。

——摘自《时事新报》（重庆），1941 年 8 月 10 日

○日機再炸重慶英大使館

重慶快訊。。日機於六月二十九日襲渝。。英大使館一部被燬。。參事包克本。。秘書艾倫夫婦。均受重傷。英政府已向東京提出抗議。。乃七月七日晚。。日機襲擊時。。李家花園落彈甚多。。英大使寇爾爵士私寓。。竟遭震毀。。損失頗重。八日晨。日機復在領事巷集中投彈。。致英大使館直接中彈。全部炸燬。最近日機濫肆轟炸。。在渝外人財產及文化慈善機關。受害特多。日人顯係故意弁髦國際公法。。摧毀外僑財產。。其舉動深爲舉世各文明國家所嫉恨云。。

路透社重慶訊。。八日晨空襲中。。英大使館命中兩彈。。完全炸毀。。一彈直接投中大使館主要建築中心。。英大使之書齋。。另一彈落于草地。。幸文件早經移去。。未受損失。。按英大使館共有建築兩所。。其一爲勃萊克本爵士住宅。。業於六月廿八日空襲中炸毀。另一建築。經修理完好。。亦于八日被炸。。致大使館中無可辦公之處。。

八日晨。日機二十七架。。轟炸重慶下鎮。

及西郊之揚子江濱。。下鎮大火數處。。猶未救熄。七日晚新聞界旅社遭猛烈轟炸時。紐約時報記者杜亭。。倫敦泰晤士報記者史密斯。。及基督教科學雜誌記者史坦。。爲辦公處所在之房屋。。已完全炸坍。。該社之餐室。與若與門警住屋。亦均全燬於火 日前所剩留者。祇有該社主要建築之外殼。所有門窗牆壁及屋頂。均已轟毀。。閏七日夜空襲中。。英大使寇爾住宅。。曾遭重損。炸彈落于該屋之近處。屋頂爲之飛去。惟四壁屹然未動、大使住宅。。坐落西郊山中。前數次空襲中。屢遭損毀。。惟以此次受損最重。。

台衆社重慶訊。。七日晚有日轟炸機二十五架。襲渝市西郊。在該處屢起兩處大火另又在城內。。引起一處屢次遭炸之報界會館膳堂及僕役室。亦被焚燬。而與會館相連之房屋。則因附近炸彈之爆炸。而完全傾塌。。會館被炸後。。各外國新聞社及外國報館之通訊社。七日晚皆準備遷移。紐約時報之杜爾丁君。。倫敦泰晤士報之史密斯君。。及中國航空出版人史太恩君等之辦公室。。皆毀於火。。

日機二十五架。七日晨六時。由鄂境分三批襲川。一二兩批共廿八架。八時竄抵市空。。經我高射砲集中射擊。。先後在市區投爆炸彈百餘枚。。震毀平民住宅及商店多處、第三批日機九架。自墊江竄忠縣後即開始投彈。損害不詳。又午後六時許。。日機十九架。由鄂境襲川。首批七架。。二批三架。先後竄入市郊投燒夷彈。炸平民住宅數處。外籍記者住所多處受損。文華圖書房亦竟遭炸燬、至第二批日機九架。竄入市空。。在東區投彈。。其中多枚均未爆炸。故死傷甚少。

（未完）

——摘自《中西日报》，1941 年 8 月 11 日

敵機昨六批襲渝

市區外僑財產多被炸毀

永安擊落一敵機

昆明昨亦遭空襲

【中央社訊】敵機百餘架，昨（十）日夜分六批襲渝，在市郊各處盲目投彈，我死傷二十餘人，毀民房商店數十棟，另有二處起火，當經消防人員即時撲滅，損失極微，市民雖於日夜警報聲中，然情緒甚爲鎮定，防護救護人員工作亦甚努力云。

【中央社訊】敵機昨（十）襲渝市區時，外僑財產復多被損害，計[illegible]監，會館中一巨型彈，屋頂全炸去，房屋中部炸成粉碎，其旁監理會會堂亦重遭炸毀，美以美會今復被炸毀，已中內之外，記者招待所亦被炸震損，英大使住宅及安息會之四周，復遭多數炸彈炸震。

【中央社永安十日電】敵機九架，昨午後空襲樟州投數彈，嗣襲本市，在南郊投六彈，毀屋數間，死傷十餘人，當敵機投彈時，我高射部隊發砲射擊，敵機一架中彈受傷，向東倉皇逃遁，機身被擊落數塊，經我檢護，該機已在某某叢山中墜落，現正搜尋中。

【中央社昆明十日電】敵機二十六架，今午襲滇，於十二時許竄入市空，我空防部隊予以猛烈射擊，敵機未敢久留，當在五千尺高空投彈百餘枚後逃去，毀房屋百餘間，死數人傷十餘人。

——摘自《国民公报》（重庆），1941 年 8 月 11 日

◎倭炸重慶九小時半

十一日重慶電。。是日倭機炸重慶九小時半。。初次警報。。始于晨早四時十分。。其中曾停頓片刻。。當時市民因警報而失睡覺。。許多人候至緊急警報。。八時二十分始入防空洞。昨日之空襲。歷十四小時。日機約一百架。。四次轟炸。。美國教會產業有一部分中彈云。。

——摘自《中西日报》，1941年8月12日

◎倭炸重慶西部鄉村

十二日重慶電。是日發空防警號四次倭机向重慶西部各鄉村轟炸。。此爲倭襲重慶之一連第五大云。。

——摘自《中西日报》，1941年8月12日

祖國要聞

◎日機再炸重慶英大使館

合衆社重慶訊。。日轟炸機。連日。猛炸重慶。。英大使館受損甚劇。。已不復可保持。。英大使館係于七月八日晨被毀。。而位於遠離渝市西部以外。。在某小山頂之英大使館寇爾爵士住宅。。則于七日晚受重創。。是晚空襲時之炸彈。。落下於英大使之山頂住宅甚近處。。將門窗及傢具轟破。。至無可維持之程度。英國大使館。雖漆有特別光亮之黃色。。以資辨別。。但在本次轟炸季節中。曾屢遭日方之轟炸八日又遭猛炸。。在六月二十九日。。英大使館之主要建築物三幢。。曾被擊中。。而大使館參事執拉克布恩。。三等秘書雅倫及其妻。。暨大使秘書布爾賣等數人皆受傷。。因而向日本政府抗議。。八日晨襲擊時。。位于大使館主要房屋中之英大使書室。曾被直接擊中。而不能使用。。另有一炸彈。落于主要室之附近。其震動之烈。使底層亦爲之傾塌。。卷宗保險箱及文件等。。皆因底層之地板陷落。。而墜入地下室中 因此大使館房屋。已不能供使館官員之使用。。

日機於八日晨。除投下炸彈外。。並散佈主張「和平」之傳單甚多。有一傳單。用中國詩句寫成之標語 據聞。是晨八時。。首次發，警報時。。參加襲擊之飛機。。共有十八架。集中于被毀之報界會館。至舊日城市間之地域。。其中包括英大使館所在之領事館巷戲院一所。前在武昌。現在此間某教會中學校舍內之文華書院房屋。。亦于八日晨被毀。。該校華校監之住宅亦被毀。。在過去四日中。。爲日方轟炸主要目標之西郊四方英里地域。。已變成活地獄。。數萬人無家可歸。暴露於烈日之下。。該區並無水可取。。故民衆皆極苦渴。。又無電氣。晚間在黑暗中過活。離開西郊。。而踏入渝市本部。。猶如自舊世界中。。踏入一快樂之新世界。。據與防空總部接近之各方面估計。。在過去一連四日。。轟炸報界會館四週之二方英里地域時。。所投炸彈。約有一千餘枚。八日報界會館四週之景象。足以令人憶及中國之焦土政策。多數屋房。皆已被焚或被毀。報界會館內之外國新聞機關。。及通訊員之辦公室。。其尚未完全毀滅者。皆已凌亂不堪。泥灰及塵土。。滿布於毀壞之椅桌上。。四壁亦有缺洞。報界會舘雖僅有骨骼。但合衆社員數人。亦留館內工作云。——(續完)

——摘自《中西日报》，1941年8月12日

日機轟炸西北情形

字林西報西安通訊。（遲到）自日軍進犯中條山後。黃河附近各地。即有日軍出沒惟北岸要點一處。迄今爲華軍固守。日軍無法得逞。乃在隴海路各段濫施轟炸。以致交通被毀。火車時被機槍掃射。致某西僑自洛陽至潼關。需時達四日之多。洛陽經狂炸後。房屋四分之一。已被毀壞。晉省每日亦被空襲。而蘭州一地。每日被轟炸達二次之多。西安車站甚壯麗。一部亦已被毀。該城東郊。街市房屋。蕩然無存。英國浸禮會秘書魯斯爾主教之住所。以適在該處。當日機投下炸彈時。彼與夫人及威靈頓小姐。立即蹲伏宅門。然至彼等起立後。已發覺彼等之住所。已化爲瓦礫一堆。政府當局爲顧及人民安全起見。不得不嚴厲執行撤退城中居民計劃。例如剪髮亦不得於日間從事。必須至秘密之所在。聞第八集團軍。現均奉令在日兵後方反攻矣。

——摘自《中西日报》，1941年8月12日

倭機猛炸重慶西部

十三日重慶電。重慶外國記者公寓。被倭機炸毀。令該批記者無處住宿。是日倭機猛炸重慶西郊。五日以來。倭炸西郊。以此回死傷爲最慘重。此間全日不見敵機之時間。僅有七十分鐘云。

——摘自《中西日报》，1941年8月13日

敵機百餘 昨竟日擾川

本報訊 敵機百餘架於昨晨一時許起、分批擾川、本市計發警報三次、敵機侵入、在市郊投彈、我損失甚微云。

——摘自《时事新报》（重庆），1941年8月13日

倭機繼續犯渝

十四日重慶電。倭機飛到本京轟炸。一連七日。甚少停頓。是日第一次空襲。爲六十三架。經過時間約一點半鐘。第二次二十三架。時間較短。但傷害較重。有一說謂某處防空洞壅塞。將各人困在內。又有燃燒彈一顆。跌在防空洞之洞口云。又訊。是日倭機到本處空襲。有一炸彈在防空洞口跌落。致洞口閉塞。且有火煙[illegible]入洞內。被燒死及窒氣而死者多人云。

——摘自《中西日报》，1941年8月15日

敵機襲洛陽

濫炸各國教會

湘桂昨亦有敵機襲擾

中央社洛陽十九日電　敵機竄擾、對各國教會、每肆意摧毁、日前敵機飛洛濫炸、基督教聖公會連落數彈、教堂及宿舍幾全部炸毁、大院內一片瓦礫、傳教工作業已停頓。

中央社桂林二十日電　敵機卅一架、今午由越南分兩批侵入柳州、在河南北投彈、毁民房多間、龍州今午亦有空襲。

中央社衡陽二十日電　敵機二十六架、二十日晨、由鄂襲湘、八時許竄衡投彈、經我高射砲猛烈射擊、敵機在郊外投彈後、仍由原路逃去、又敵偵察機一架、竄湘鄉、邵陽、武岡各地窺察。

——摘自《时事新报》（重庆），1941 年 8 月 21 日

敵機昨襲渝市

文化區遭濫炸

十九日我擊傷敵機一架

敵廣播承認在宜昌墜落

【中央社訊】敵機一百三十五架，昨(二十二)日復分批襲川，內八十一架在渝市郊平民住宅區及文化區濫施轟炸，毁民房百餘棟，學校教室宿舍廁所數十棟，曾有數處起火，旋經撲滅，安息會中彈被毁，商務日報被震毁，各區防護團工作緊張努力，救護委員會，服務總隊對於救死扶傷等工作，均能及時辦理，各主管人員均親赴災區指揮指導，並撫慰災民云。

【中央社訊】敵機十九日襲自流井時，我高射部隊曾予以猛烈射擊，敵機受創極重，據敵方廣播承認其中一架在宜昌附近墜落，飛行員北村中尉，三並實中尉，松浦常雄軍曹均斃命，田島勇曹長等四名重傷。

——摘自《国民公报》（重庆），1941 年 8 月 23 日

寇機昨又肆虐

蓉垣附近我空軍升空驅逐

兩批襲渝某平民住區被炸

中央社成都二十三日電 敵機百餘架、二十三日下午分批襲川、其中五十餘架、曾竄至蓉垣附近、以氣候惡劣、雲層太厚、同時又經我神勇空軍升空驅逐、故未投彈，即行折返、旋分批竄擾樂山、合川、梁山等地投彈、另五十餘架、則先後侵入陪都市郊肆虐、據悉、寇機所擾各地、我均無甚損失。

中央社訊 敵機百餘架、廿三日上下午復分批襲川、內二批共五十四架、竄抵本市市郊某平民住宅區狂炸、逞其獸行、被燬民房商店百餘棟、死傷數十人、所有被炸受害難胞、業經救濟機關收容、供應膳宿、並定二十四日晨發放全部急賑、

中央社恩施二十二日電 敵機一架今晨十時、在巴東近郊投彈數枚、下午復有三架、再炸巴東。

——摘自《时事新报》（重庆），1941 年 8 月 24 日

寇機空襲

川湘陝各城市

濫炸文化機關

（重慶二十六日合衆社電）據華方之官報稱，日機昨日繼續轟炸自由中國各城，三十七架日機曾轟炸陝西省蘭州，寶雞，潼關，渭南等地，合衆社之駐川省嘉定記者稱·七架日機曾於八月十三日轟炸一小鎮，共投下炸彈數百枚，炸毀一教會學校之宿室·武漢大學·及中國銀行分行，共死傷一千餘人云，

（香港二十七日本報專電）長沙訊，本月二十四日約有一百餘架寇機空襲長沙，湘潭、衡山，衡陽，株州，湘鄉，祁陽與零陵等地，長沙郊外被炸毀之民房，包括美國之教堂等，昨日又有二十架寇機轟炸湘潭云，

——摘自《星洲日报》（新加坡），1941 年 8 月 28 日

敵機狂炸昆明記

本報特稿

龍華

（昆明通訊）日人于南進遭受英美的嚴重警告，北進未達時機，而西進又被我重創中，於是一再施演其殘酷的本領，紛派獸機肆炸我後方各城市，這次，

八月十二日日機分兩批在昆明市內外轟炸，投下百餘彈，肆虐仍未已，而十四日又「捲土重來」，投彈一百三十七枚，毀房屋七百七十餘間，傷平民十八人，死十九人·災情頗爲慘重·一切情形均爲記者親睹，是日來襲日機共十九架，分三批投彈，第一批彈落西南聯大，第二批彈落石東路聚奎樓外，第三批彈仍落西南聯大，因石東路西區起火，黑煙漫天，頗有釀成巨災的樣子，記者便到那兒，消防人員，正集中了水龍，向烈火噴射，壯丁汲水，異常忙碌，火勢也在這時漸漸減低了，那燃燒的必剝聲，摩托動作的拍拍聲，人員工作的步履聲，指揮聲，再加上一個講防敵機迂迴的心情，精神的緊張便可以想像了，這被炸起火的地方，是永利化學工業公司運輸部昆明修理車廠，房廠的構造很簡單，如與敵彈價值相比·縱全部燬去·損失也算不了什麼，可是據敵方談，尚有五輛新入口的卡車，和卅餘桶汽油，同被焚燬，這倒令人有些難想，爲什麼在這空襲緊張的時候，還有那麼悠閒的情緒，讓車輛和油料安放在那里呢，旁的被炸地域，全是貧民居住之區，倒塌的茅屋，遍地的破爛衣，呻吟着的受傷老婦，滿面滿身泥土的童孩，血跡污染的死屍，看去眞不大順目，心里感覺到不安，總想到他們爲什麼不疏散呢，可是對這些貧愚的人民，我們究竟是應當同情還是責備呢，

然后記者趕到西南聯大，第一個印象便是災情慘重，舉目一看，屋宇的破爛，彈坑的遼闊，災區的普遍，使人發生無限的憤恨，因爲順道的關係，記者先到安全宿舍，碰見一個相識的人，問他損傷情形，他瞪目不知所答，呆呆地看着我，至少有三秒鐘，當時覺得此君對記者似將不大注意，事后想來，反覺自己愚蠢，因爲這樣大的災情，叫他從何說起，接近宿舍的廣場上，落了一個重要的炸彈，泥土撒遍了曠場，有如新工後的田畦，裏面的學生宿舍，女職員宿舍，食堂炸毀甚多，亦有一個落在空地上，所以剩下的幾間房子已是破破爛爛不堪再住，女生宿舍周圍的貧民住宅亦遭慘炸，『此路不通』，『內有未爆彈』的字條，到處皆是，記者搭着一輛笨重自行車，當時很費了一些氣力，但還得繞道到城市新校舍去，那裏同學們正忙碌着收拾他的殘物，交通要口·貼滿了學生自治會的善後通告·當中以解決『食』『宿』的爲多·北區門口·斜貼着一張告白·是爲了告訴這次受傷者僅只一人·並且還不是該校同學·表示同學們不必心焦·這自然是好辦法·

記者再到『師院』·有兩同學守於門口·不讓進去·原因是『內有未爆彈』·和正在整理內部·記者給他們一張卡片·看後他們笑一笑·這是表示允許的意思·記者便到裏面去看·然後折向北區·和蔣校委見面·向他表示慰問後·略談昨被炸的情形·他雖然並不是着怎樣老·但是臉却顯現着憎怒·記者知道這位樂育英才的師長·在此戰亂的時代·把學校從北國艱辛地搬到這一隅·再加上昨日敵機的摧殘·心裏自然會生出無限的憤怒·記者談了一會，便辭別而出·

新校舍被炸毀的有第一，二·三·四·廿八·三二·三六等學生宿舍·生物實驗室四棟·校委辦公室·訓導處·總務處，圖書館書庫·七·八教室及師院女生宿舍·教職員宿舍·

（民革社）

——摘自《星洲日报》（新加坡），1941年8月30日

敵機昨襲渝

益世報被炸燬

編輯印刷兩部全燬

決不畏葸繼續出版

（中央社）重慶三十一日電　三十一日敵機百三十餘架，分竄成都、重慶、梁山及滇境之××等地肆擾，內中五十餘架先後侵入重慶市空，在國府路大清寺、中三路學田灣、及××等地投彈後逸去。

（中央社）重慶三十一日電　敵機三十一日襲炸市區，益世報編輯部及印刷廠命中四彈，全部炸燬，幸職工均先趨避，得遭毒手、按該報於去年六月十八日曾遭敵機炸燬，在殘垣瓦礫中仍繼續出版，未中斷一日，本年屢被四周投彈，編輯謝雲鵬乃以身殉職，其餘職工雖處破壁牆漏瓦室中，仍淬勵精神，照常出版。此次損失極大，聞決仍繼續出版，惟以印刷困難，暫出一中張，俟整理就緒，在最短期間內仍當恢復一大張。該報董事長于斌主教對記者談稱，益世報創辦已二十六年之悠久歷史、誕生之日，即感黷武侵略國家之暴日、對吾國生存為一大威脅、故二十餘年、與暴日侵略勢力不斷奮鬥，其為暴敵轟炸之目標、而為暴敵所必摧毀者早在預料、惟益世報決不因暴敵之濫肆轟炸而稍存畏葸，更不能因物質之被摧毀，而中止其神聖使命，明日仍照常出版，決繼續奮鬥以盡報人天職。

——摘自《华西日报》，1941 年 9 月 1 日

敵機昨又襲渝

濫炸市區益世報全毀

成都亦被投彈

【中央社】敵機昨（三十一）日下午濫炸市區，益世報編輯部及印刷廠命中四彈，全部炸毀，幸職工均先趨避，得免遭毒手，按該報於去年六月十八日曾遭敵機炸毀，在殘垣瓦礫中仍繼續出版，未斷一日，本年屢遭四週投彈，編輯謝雲鵬且以身殉職，其餘職工雖處破壁斜牆漏瓦室中，仍淬勵精神，照常出版，此次損失雖極重大，聞決仍繼續出版，惟以印刷困難，暫出一中張，俟整理就緒，在最短期間內仍當恢復一大張，據該報董事長于斌主教對記者談稱，益世報創辦已有二十六年之悠久歷史，誕生之日，即感黷武侵略國家之暴日對吾國生存為一大威脅，故二十餘年來，與暴日侵略勢力不斷奮鬥，其為暴敵轟炸之目標，而為暴敵所必摧毀者早在預料中，惟益世報決不因暴敵之濫肆轟炸而稍存畏思，更不能因物質之被摧毀而中止，其神聖使命，明日仍照常出版，決賡續奮鬥以盡報人天職云。

【中央社成都三十一日電】敵轟炸機二十七架，在驅逐機十八架掩護下，三十一日午進襲省垣，經我高射部隊猛烈射擊敵機，倉皇在北郊投彈後東逸，我無損失。

——摘自《国民公报》（重庆），1941 年 9 月 1 日

敵機昨再襲渝

在郊外投彈　逸去

【中央社】敵機二十七架，一日由鄂四飛襲川，於下午一時許侵入本市上空，經我高射部隊猛烈射擊，倉皇在郊外某地投彈逸去。又八月三十一日敵機百三十餘架，分竄成都，重慶，梁山及滇境之某地肆擾，，其中五十餘架先後侵入重慶市空，在國府路，上清寺，中三路學田灣及某某等地投彈後逸去。

——摘自《国民公报》（重庆），1941 年 9 月 2 日

敵機昨襲

吉縣宜川

【中央社興集三日電】今晨八時許，敵機四架，由東飛吉縣宜川間黃河附岸，往返窺視，達三時許，並迭次投彈，多落河灘，我方毫無損失。

——摘自《国民公报》（重庆），1941 年 9 月 4 日

敵機曾慘炸 靈川與興安

【中央社桂林三日電】敵機八月二十四日，慘炸靈川，興安，省振濟會撥款一萬二千元，派員前往施振。

——摘自《国民公报》（重庆），1941 年 9 月 5 日

敵機昨襲陝

【中央社西安四日電】敵機十四架，四日晨分六批，竄擾陝境各地，並在咸陽，潼關，平民，華陰，渭南，韓城，朝邑，三原，涇陽等地投彈。

——摘自《国民公报》（重庆），1941 年 9 月 5 日

血的記錄

——二十二日慘炸記

錚鐸

太陽微微的透過了薄霧，顯出一張慈笑的臉孔，光芒射達到每一個角落……

當紅球高高的掛在半頭頂上，我們仍舊沉靜的繼續着考試，大家臉上都互相關照了一個微笑，好像是暗隱着一個啓示：「敵機來吧！看你躲不躲得過今天的危難，高射砲一下一架！好痛快」

空襲拉得很快，聲音漫伏在山嶺裏，由這一個山嶺傳至另一個……

×××的一個教師×××吹着口哨，集合着我們這一羣考生，踏上防空洞的途程。

嘉陵江邊岩石下面，陳列着很多的洞子，一個一個也有持序排列着，隱伏在青山綠翠叢中——

敵機沒有來時，大家都三五成羣開着小組會議，各人討論各人所喜悅的一切。小販們趁着這個時候，微撥着生意，梨子，花生米，西瓜……

兩個紅球慢慢的降下來時，同時帶一個人的心，也覺得沉重起來，像一塊懸空的石頭……

隱隱約約的馬達聲，先給我們一個通知，大家知道是敵機襲進市空了，銀色的飛機，三個品字形由對江飛了過來，在白崖上面，做着驕傲的猙獰，好像要吞食了整個的山城。

每個人進了洞時，大家就想着：「好吧！來吧不像江水一樣，來了就不能夠讓你再回首……」高射砲緊密的向敵機齊聲開始還擊，鋼炮的聲音，但是所得的反應：是投彈聲，地面爆炸聲，愈炸愈近，震動也愈大，轟轟！……轟！起了無數的音波，向遙遠的地面傳去……

每一顆心都緊緊的收縮起……

馬達聲音：漸漸地離開了市空，大家又很沉着的走了出來，首先進入眼簾的：「一股一股的黑烟，同土胃，火蛇張舞着，旋迴升，不離江邊的房子上面」。

爆炸聲倒坍聲，不斷的奏着：熊熊的火光，盤據在上面，房頂倒了，露出一片白色的「米」！火蛇接着撲去，燃燒着！使每個人聞着焦味，連想着市民的食米問題，大家都咒詛着！饑饉着！「比太陽還熱烈！還殘酷！

江面的風，拂上來的時候！一股很濃厚的硫黃煙味，鑽進鼻孔，這使我們想着；「這不是不常的火？在燃燒，在破壞，這是敵寇給我們代來的禮物滋味！」印像深深地楔進腦子裏，血債下面，又多添了一筆。

滿臉是血！但可以看清他的臉，是非常的驚惶，而且蒼白，由上面跑了下來，他的眼光，是在尋找，探視他的主人。

「老陳！幹嗎？怎麼受了傷？炸了些什麼地方」？一個重大教授向他問着：他帶着憐恤的眼光，去探取一切……

「王先生！完了！教員院炸了！理學院旁邊也爆炸了一個彈，我遙遠的看見××中學食堂，還有一個架子，還有××校××校，也被炸了！××現在還燃燒着很大的火！火很大沒延着××」。

接着，他又說：「我病了，沒有跑，我只聽見轟的聲音，房子塌了！我這受傷了！直到沒有聽見飛機的聲音，我才爬」出來。說完了，他不覺摸了一下臉上的血，看了一下扯得七零不堪的衣服。

一個孩子，拉着某教授的衣服，輕輕問着：「爸爸！炸了」！「炸了」！一個微弱的聲音，刺進了孩子的耳朵裏，他的兩個眼睛，靜大了一些，怒氣填胸內凝視着，當他被一個陌生的大人問着：「怕不怕」？他的眼睛更英武，聲音很果斷的回了一聲：「不怕」！……

孩子的聲音，深深地感動了我們使我們內心，接到愉快的安慰！「兩個紅球高高的掛起時！我們都離開了洞子代着同情的眼光，去看正在漫燒着的「××」……風勢很大，它是「助紂爲虐」的混蛋，在黃桷樹下，可以清清白白看見這一張血債的圖畫：「燒了的房子，還有幾根柱子立着，正在燃的房子，雖然防護團努力施救，但是火勢仍舊那樣猖獗，千萬條火蛇，在黑焰中對，在火光下面，努力的製造新生的火，敵滅那××們的建設，摧殘×××師生生命的泉源……

我們這一羣考生，又踏上解除的綠球升上了歸途、田野，山坡，大洞，小洞的陳列着，青山，綠樹，都抹上了，灰白色的色彩，象徵着悲哀苦痛。

「從矮矮的山巔望出去，可以看見××校的校舍黑煙彌漫了天空的一部份，火光，火石，紅的，黑的，夾雜着一片，在××校的校舍上盤旋，接着又努力的飛去……

回到市中時，還有一部份殘缺的牆孤立着、頹倒下來的寢室，亂堆着夾七夾八的東西，無論那一個角落，都充塞着灰塵，碎瓦，滿眼所見的是淒涼，……

我們這一羣考生，大家都憂鬱着，同情着，但是內心是「一個怒」……

××的師生，雖然免不掉苦痛，但是每個人的眼光，都非常炯强，英武，都仇視着東方。

殘缺的牆上，馬上有一張佈告：「解除警報半小時候，繼續考試」。我們相互的微笑了。

考試開始了……

殘缺的牆上，又顯出一張紅字寫的標語：「在廢墟上工作可見愈炸愈强！愈炸愈努力」！

我們這次又相互的微笑了，並且被感動得溢了眼淚……

——摘自《国民公报》（重庆），1941年9月7日

強拉壯丁防我反攻

廣州敵恐慌萬狀

十日內被拉充數者逾三萬人

各街道俱築工事軍器遷河南

（韶關二十六日航訊）記者於七月二十四道經敵人的外圍據點新街附近的某村落，探悉敵人最近在廣州及新街移動情形，爰爲記述如次，廣州市向來一到黃昏便是死清沉沉寂無人聲，可是到了七月二十五晚，那些虎狼般的敵營憲兵驟然呼喝喧天，整個廣州市外好像騷動起來，一般迫在敵蹄下，『安居』的市民，恰似無能羔羊一串一串牽往屠場，這是敵人感受了某種恐慌，大發獸性公開拉伕的一幕傑作，（挨戶強迫壯丁充征伕役），在短短的三個鐘頭內，根據僞府的統計，被強迫充征伕役者，數在一千二百餘人，以西關區者爲多，但另於市內中途被拉者未計，迄於是夜中午，敵司令部發出特別戒嚴令，市內任何地區，一律禁止行人來往，隨於二十六日發出正式佈告，封鎖各地交通要樞，並限令市內商戶不准開門營業，更不許任何商民行走市內街道，於是一般較爲貧苦的市民，因此而絕食者足有四天之多，廿七日敵閥又在新街各據點發出同樣的戒嚴令，同樣的大事拉伕，因此一般殘暴倭卒，乘機騷擾，極盡奸淫焚殺的能事，還要到處擄獲兒童，限令附近鄉民住戶即日遷離新街三十華里，風聲鶴唳，大有草木皆兵之概，綜計廣州敵軍自於七月廿六日起，截至八月初旬，撤往他處者，達三萬人以上，餘下的祗有少數殘兵老卒，故作疑兵，留駐該處之敵司令部，下令各破舊敵艦，全數移泊黃埔各地僻處，其餘的敵兵軍器及其所有特務機關，亦已全數遷駐河南一帶，旬日來敵不斷地趕築河南沿岸及市內各要衝之防禦工事及堡壘，並裝設各種重武器及大小砲門，根據種種情況，加以推測，倭寇實係恐我反攻廣州，而據感慌張也，

——摘自《星洲日报》（新加坡），1941 年 9 月 9 日

敵寇暴行

六十餘同胞被機槍射殺

中央社桂林九日電　上月二十九日、粵屬九江之敵、以施[illegible]粥飯爲名、誘集老幼市民六十餘人至郊外、以機槍掃射、悉遭慘殺。

中央社興集十日電　臨汾敵近在縣底村強拉民夫、修築工事、爲該村民衆拒絕、敵遂於三日由[illegible][illegible]派隊百餘、赴該村大肆燒刼、我軍刻正截擊中。

——摘自《时事新报》（重庆），1941 年 9 月 11 日

敵機肆虐
昨炸西安巴東

【中央社西安十二日電】敵機八十餘架，今晨分三批襲西安，市區民房被毀百餘間，死傷三十餘人。

【中央社恩施十二日電】敵機三批，十八架，今日襲巴東，市內民房略有損害。

【中央社老河口十一日電】敵機二十一架，十一日上午十二時許，分四批侵入市空，投彈百餘枚，多落南郊，死傷平民十餘人，內敵機五架同時在穀城投彈多枚，損失甚微，

——摘自《国民公报》（重庆），1941 年 9 月 13 日

敵機襲陝川

中央社恩施十二日電　敵機三批、十八架、今日襲巴東、市內民房略有損害。

中央社西安十二日電　敵機八十餘架、今晨分三批襲西安、市區民房被毀百餘間、死傷三十餘人。

中央社老河口十一日電　敵機二十一架、十一日上午十二時許、分四批侵入市空、投彈百餘枚、多落南郊、死傷平民十餘人、內敵機五架同時在穀城投彈多枚、損失甚微。

——摘自《时事新报》（重庆），1941 年 9 月 13 日

敵機襲湘
·······在湘陰營田投彈

【中央社衡陽十八日電】敵機四架，十八日晨由鄂襲湘，三架在湘陰營田投彈，另一架在長沙上空盤旋，良久逸去。

——摘自《国民公报》（重庆），1941 年 9 月 19 日

敵機昨襲渝
在郊外掃射

【中央社】（二十四）日敵機三架襲渝，於十時許侵入本市，在郊外××等地掃射，經我高射部隊轟擊後遁去，又據防空部負責人談，敵機詭詐異常，在下東××等地帶，因飛行甚高，雲霧亦厚，經過各地，均僅發現一架，及至梁山以西，安然發現三架，顯係敵機重疊飛行，且因飛行甚速，故發布緊急警報較快云云。

——摘自《国民公报》（重庆），1941 年 9 月 25 日

敵機狂炸長沙
並窺察吉安浮梁
橫嶺湖擊沉敵艦

【中央社長沙二十五日電】敵機數十架，二十五日晨更番狂炸長沙，午後續有敵機在嶽麓山投彈。

【中央社吉安二十六日電】二十六日上午八時，敵機一架由湘經宜春，分宜侵入本市上空窺察，旋向原路逸去，又浮梁同時發現敵機一架會竄至鄱西窺察云。

【中央社常德二十五日電】濱湖某部電告，在橫嶺湖南岸斗米咀附近被我軍擊沉之敵艦，已尋獲砲艦一，上有大砲兩門，機槍數挺，及彈藥機件等甚多，現均經我軍拆卸，解送後方，沿途民衆空巷爭觀。

——摘自《国民公报》（重庆），1941年9月27日

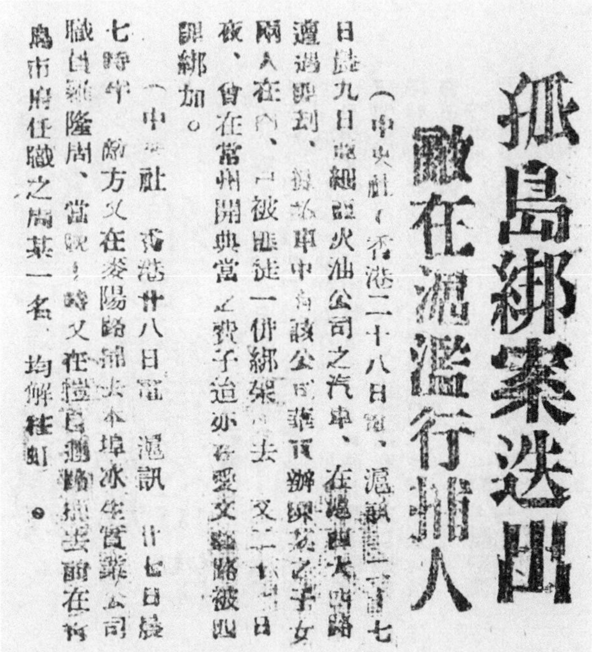

孤島綁案迭出
敵在滬濫行捕人

（中央社香港二十八日電）滬訊：[illegible]二十七日晨九時[illegible]細亞火油公司之汽車、在滬西大西路遭遇[illegible]劫、[illegible]車中[illegible]該公司[illegible]辦[illegible]之子女兩人在內、已被匪徒一併綁架而去。又二十七日夜、曾在常州開典當之[illegible]子迫亦在愛文義路被[illegible]綁架加。

（中央社香港廿八日電）滬訊：廿七日晚七時半、敵方又在洛陽路綁去本埠冰[illegible]實業公司職員[illegible]隆[illegible]、當晚[illegible]時又在[illegible]前[illegible]市府任職之[illegible]一名，均解往虹口。

——摘自《华西日报》，1941年9月29日

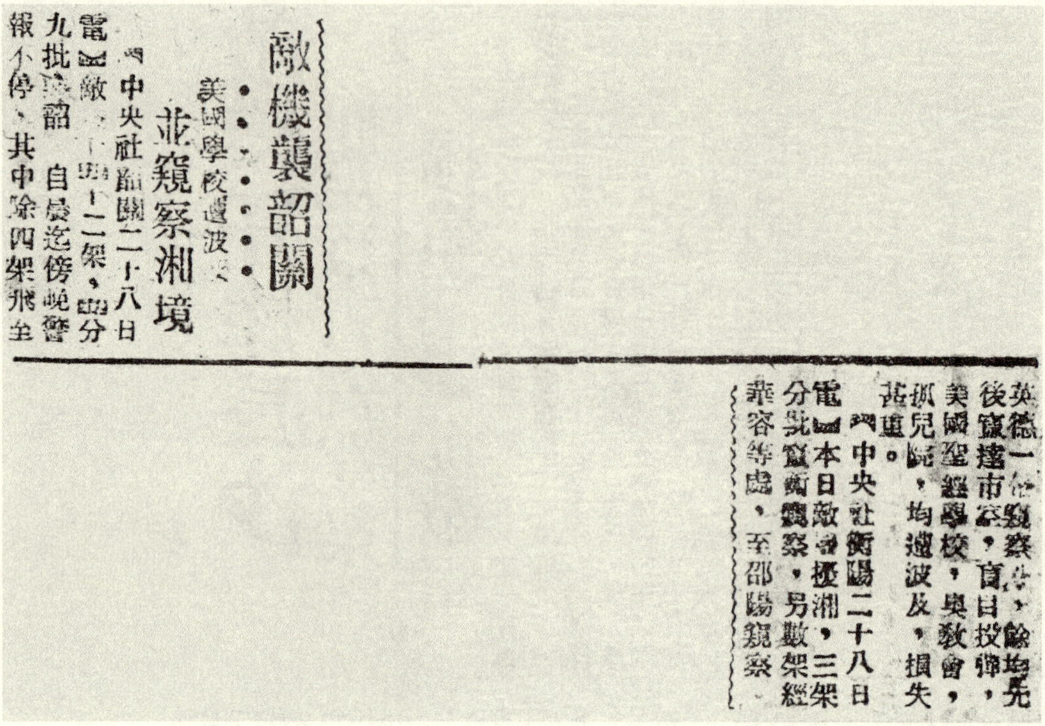

敵機襲韶關

美國學校遭波及

並窺察湘境

【中央社韶關二十八日電】敵機二十二架，分九批襲韶，自晨迄傍晚警報不停，其中除四架飛至英德一帶窺察外，餘均先後竄達市空，盲目投彈，美國聖經學校，與教會，孤兒院，均遭波及，損失甚重。

【中央社衡陽二十八日電】本日敵機侵湘，三架經分批竄衡窺察，另數架經耒容等處，至邵陽窺察

——摘自《国民公报》（重庆），1941 年 9 月 29 日

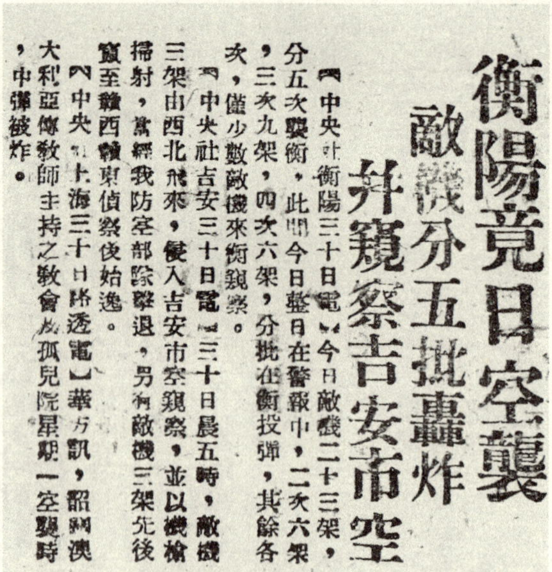

衡陽竟日空襲

敵機分五批轟炸

并窺察吉安市空

【中央社衡陽三十日電】今日敵機二十三架，分五次襲衡，此間今日整日在警報中，二次六架，三次九架，四次六架，分批在衡投彈，其餘各次，僅少數敵機來衡窺察。

【中央社吉安三十日電】三十日晨五時，敵機三架由西北飛來，侵入吉安市空窺察，並以機槍掃射，嗣經我防空部隊擊退，另有敵機三架先後竄至贛西贛東偵察後始逸。

【中央社上海三十日路透電】華方訊，韶關澳大利亞傳教師主持之教會及孤兒院星期一空襲時，中彈被炸。

——摘自《国民公报》（重庆），1941 年 10 月 1 日

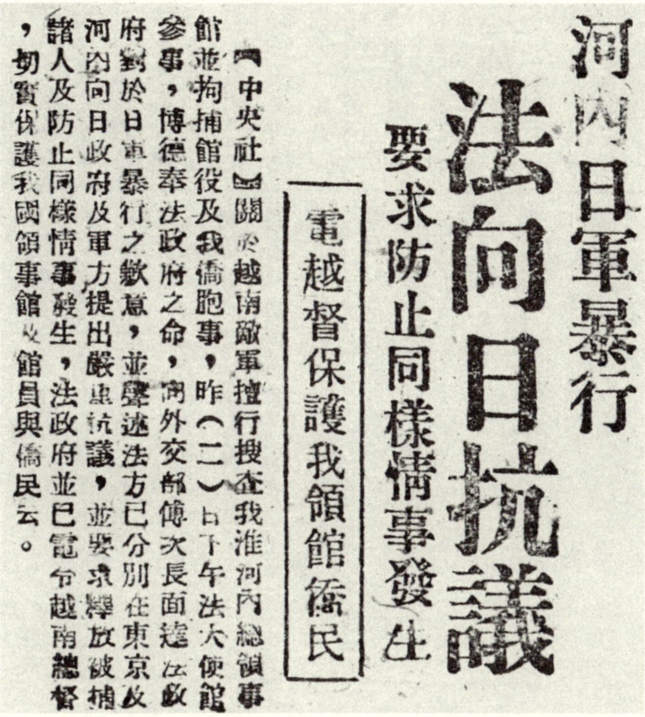

河內日軍暴行
法向日抗議
要求防止同樣情事發生
電越督保護我領館僑民

（中央社）關於越南敵軍擅行搜查我駐河內總領事館並拘捕館役及我僑胞事，昨（二）日下午法大使館參事，博德奉法政府之命，向外交部傅次長面達法政府對於日軍暴行之歉意，並聲述法方已分別在東京及河內向日政府及軍方提出嚴重抗議，並要求釋放被捕諸人及防止同樣情事發生，法政府並已電令越南總督，切實保護我國領事館及館員與僑民云。

——摘自《国民公报》（重庆），1941 年 10 月 3 日

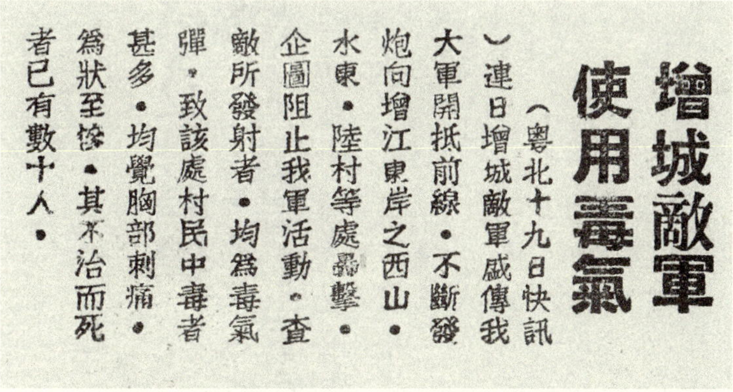

增城敵軍
使用毒氣

（粵北十九日快訊）連日增城敵軍盛傳我大軍開抵前線，不斷發炮向增江東岸之西山，水東，陸村等處轟擊，企圖阻止我軍活動，查敵所發射者，均為毒氣彈，致該處村民中毒者甚多，均覺胸部刺痛，為狀至慘，其不治而死者已有數十人。

——摘自《星洲日报》（新加坡），1941 年 10 月 4 日

台城物資被掠一空

敵僞軍二千餘人於二十二日竄入台城後，即大肆搜掠，囤藏城內之電油，鎢鐵，米石及軍用器機，其搬運不及者已全被奪去，民間糧食，金錢，被服亦被搜掠淨盡，現全城十室九空，各行商店已完全閉門停業，景象蕭條，

逃難民衆慘遭濫炸

當三埠台城各地疏散人口物資時，蒼梧至三埠之水陸路線，貨運擁塞，難民纍千盈萬，扶老攜幼，哭聲震天，其慘狀實非筆墨所能形容，惟敵竟不顧人道，派機向該列難民追炸或低飛開機槍掃射，連日被炸沉貨客船艇十餘艘，貨客車亦被炸毀數輛，難民死於敵機彈下者，不下百餘人，難民受害甚深，

——摘自《星洲日报》（新加坡），1941 年 10 月 7 日

我軍攻入宜昌後
寇機非法投毒氣彈

城內尚有千餘殘寇亟待肅清

湘北陣地全復豫北無大變化

（重慶十一日路透電）據軍事代言人，於昨日午後接見新[illegible]記者時稱，華軍於[illegible]入宜昌，但因日軍施[illegible]毒氣之故

，華方死傷甚衆，昨日午後日機卅餘架，即飛炸宜昌，投下毒氣彈三百餘枚，致市民死傷亦多，軍隊方面死傷四營人，一營長喪命，另三營長受創。

（上海十一日路透電）此間日官方尚極力否認宜昌為華軍奪回云。

（上海十一日合衆社電）日本軍事代言人，本日傍晚更正前言，謂日軍因華軍之人數過多，已由宜昌城外之前線數處，撤退至第一道防線，但宜昌本身及第一道防線，現完全在日軍之手中。

（重慶十一日合衆社電）中央社本日收聽所謂華軍已克復宜昌之言，承認仍有一千名日軍，在宜昌城內作戰，另有日軍一百名，則在長沙南岸頑抗。

日機大炸華軍，華軍則極力斷絕宜昌與漢口間

之公路，因之，斷絕日軍之增援。

至湘北之華軍，正追擊退赴岳陽附近之日軍，華軍亟總攻岳陽城，

同時，華軍之代言人稱，有日機三十六架，投毒氣彈三百枚於宜昌內之華軍上，企圖逐出華軍，幾二千華軍之大部。

（上海十一日合衆社電）據大美晚報，本日載因京滬路之鐵道，為中國游擊隊所炸，星期五晚十時半京滬車行至蘇州與崑山間出軌，但無人死傷亦未拘獲有人。

（中央長沙十日電）八日起湘北渡新牆河潰竄殘敵續向岳州及臨湘方面狼狽奔逃，我遂恢復九月十八日敵發動湘北攻勢以前之一切陣地，

（中央社十日洛陽電）自八日以來豫北敵軍除由滎澤繼續南犯鄭州以西我軍陣地外，鄭州及中牟兩區無其他變化，

（重慶十二日合衆社電）中國軍事代言人，責難日軍閥毒氣進攻，此乃違反國際公法之事。繼稱，宜昌城內寇軍抛守兩據點頑抗，故街戰仍在演進中，惟華軍同時已在宜昌東部十一英里之數據點進攻日軍，而當陽城亦已為華軍所包圍。

——摘自《星洲日报》（新加坡），1941年10月12日

獸行！

敵如此殺我青年

中央社興集十二日電　敵在晉境淪陷區、組設所謂滅共青年團、凡年在十七以上卅五歲以下之人民每村至少須有二十人受訓、中陽縣屬大成垣綉灕等村、因拒絕受訓、人民多被綑綁槍上、用鐵絲鈎穿鼻孔、強灌肥皂水或辣椒湯、因凌虐致死者衆、村民遭此荼毒、莫不恨敵入骨。

——摘自《时事新报》（重庆），1941 年 10 月 13 日

○日軍溺斃華工人數千

重慶電。此間大公報報告稱。日敵近在蘇滿邊界完成若干軍事設置。其分佈地点。多沿黑龍江岸。惟敵當局 誠恐該種軍事秘密見于外傳。。現特將曾參加建築軍事要塞之中國人數千名溺斃于黑龍江中。。彼等屍體。盡隨河水流動而飄浮。所見均屬身手被縛者。查該批中國工人。多屬河北及山東籍云。。

——摘自《中西日报》，
1941 年 10 月 13 日

寇在宜昌使用毒氣

英得確報並加調查

（倫敦廿三日路透電）外交次大臣勞氏於下院中答稱，彼確曾接得報告，謂日軍於宜昌使用毒氣，現下仍在查訪中，下院中又問稱，是種殘暴方式之戰爭，尤其爲屠殺平民者，吾人當不能默視，但吾人能否以華方所缺乏之配備供給華方，勞氏答稱，英國援華政策，爲儘可能以各種方式援助之以維繫其獨立云

——摘自《星洲日报》（新加坡），
1941 年 10 月 24 日

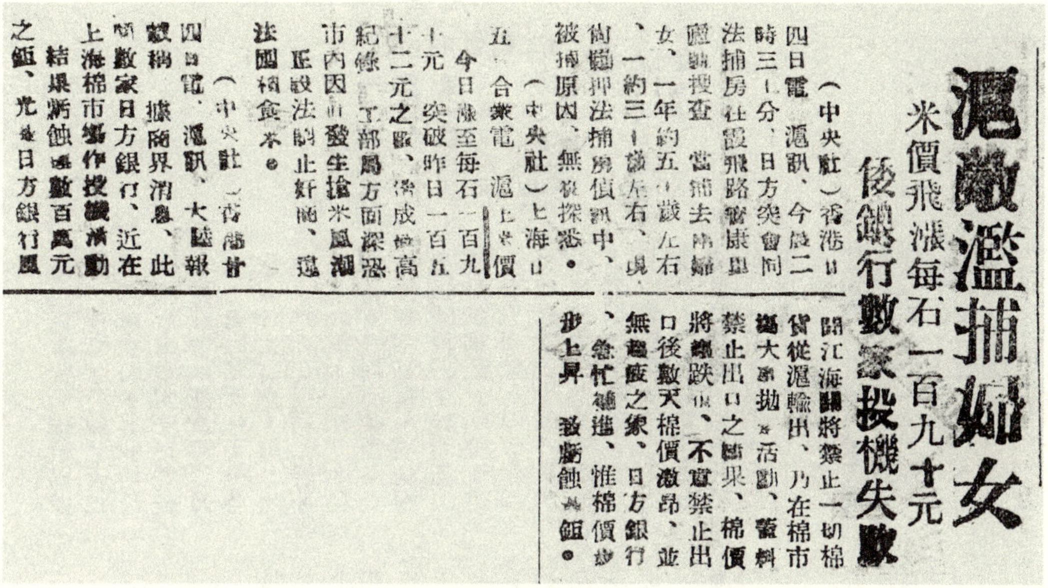

滬敵濫捕婦女

米價飛漲每石一百九十元

倭銀行數家投機失敗

（中央社）香港廿四日電　滬訊、今晨二時三十分、日方突會同法捕房在霞飛路[illegible]康里[illegible]搜查、當捕去兩婦女、一年約五十歲左右、一約三十歲左右、現尚羈押法捕房偵訊中、被捕原因、無從探悉。

（中央社）上海廿五日合衆電　滬上米價今日漲至每石一百九十元突破昨日一百五十二元之紀錄、造成最高紀錄、工部局方面深恐市內因而發生搶米風潮、現正設法制止奸商、運法國稻食米。

（中央社）香港廿四日電、滬訊、大陸報載稱、據商界消息、此間數家日方銀行、近在上海棉市場作投機活動、結果漸蝕達數百萬元之鉅、尤以日方銀行團聞江海關將禁止一切棉貨從滬輸出、乃在棉市大量拋售活動、蓄料禁止出口之結果、棉價將大跌、不意禁止出口後數天棉價激昂、並無回疲之象、日方銀行、急忙補進、惟棉價步步上昇、致虧蝕甚鉅。

——摘自《华西日报》，1941 年 10 月 26 日

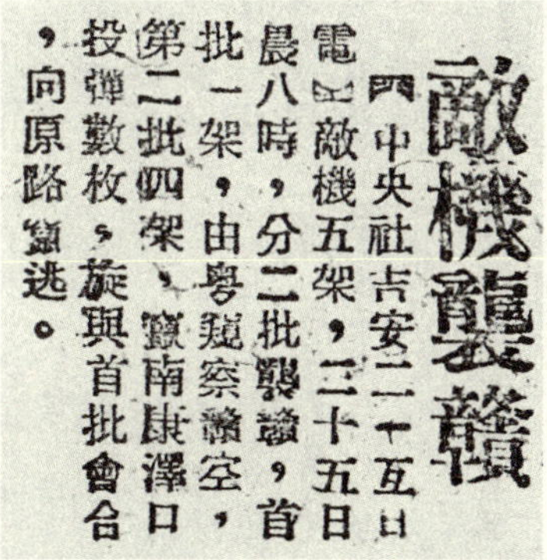

敵機襲贛

（中央社吉安二十五日電）敵機五架，二十五日晨八時，分二批襲贛，首批一架，由粵窺察贛空，第二批四架，竄南康潭口，投彈數枚，旋與首批會合，向原路竄逃。

——摘自《国民公报》（重庆），
1941 年 10 月 26 日

宜昌中毒士兵
談寇施放毒氣

（中央社重慶二十六日電）最近宜昌戰役我軍攻入城內以後，敵為挽救殘局，不顧際公法，濫放毒氣，極盡殘暴之能事，事後我軍事當局雖予以指斥，但敵方仍靦顏否認，忘廉喪恥，莫此為甚，據我軍事當局之報告，敵寇首次施放毒氣乃由十月八日下午十一時起至十二時止，第二次在十月九日凌晨二時，第三次為十月十日凌晨四時。逾兩小時後敵機復投擲毒氣彈，並施放毒氣，歷四小時始已，統計敵軍此役所投毒彈，共數百枚，其重量由二十磅至五十磅不等，前線我方士兵於中毒後，當即加緊調治，其中毒較輕者幸已依次復原。並縷述敵人施放毒氣之情形。茲特照錄如下。亦所以使敵寇無以推諉也。

毒彈爆炸後所發出之煙縷。稍一觸及。立即涕淚交流。頻發噴嚏，尋覺兩目疼痛。氣息閉塞。嘔吐不止。鼻孔流血。皮現水泡。臉色先變赤色後變黑色。受毒較輕者曾述十二小時。然後復甦。但仍須由過十小時始告完全復原。而其中毒過深者。數分鐘內即告斃命。芥子毒氣彈爆炸後。流出一種黑色油類液質隨即逐漸變成黃色由變綠色。並發出一種類似胡椒或腐爛生菓之強烈惡味。此種液質留在地上約十分鐘之久。

（重慶廿七日路透電）軍事代言人今日接見新聞記者時，曾詳述日軍在宜昌使用毒氣之事，據稱進入宜昌城三千華軍中，約有七百人中毒氣而死、六百人受創，按日軍對華軍施放毒氣彈之日，為十月八日及九日，時華軍已迫近宜昌，及至十日入城後，日軍飛機。即於四小時內。不斷以毒氣彈轟炸華軍云，

——摘自《星洲日报》（新加坡），1941年10月28日

港邊界敵軍
槍擊我孩童
港府向日提强硬抗議

【中央社香港三十日電】昨晨香港邊境發生槍擊案該地駐紮之日軍數人向中國男孩三人開槍四十發，但未擊中，傷一老年農民，該農民傷勢甚重，現在醫院內診治，據悉港政府將就此向日本當局提出强硬抗議，新界副警察總監韋爾遜發表聲明稱，該三男孩由中國界內渡河，攜帶羊五頭，赴上水市場求售，被日軍槍擊，地點在香港界內五十碼之地，但彼等並未受傷，一農民頭部中彈受傷，先是日軍曾攜帶機槍步槍檢查中國境內，並向企圖逃逸之村人數人開槍，斃十餘人，重傷二人，日軍於檢查後盡量將食糧□物洗刼而去，據醫院當局稱，受傷之農民雙目已失明，渠頭部中彈。入院後立即施手術，傷勢仍嚴重云。

——摘自《国民公报》（重庆），1941 年 10 月 31 日

皖敵暴行
在銅陵鄉南茗山冲
毒斃我同胞數百人

【中央社皖南某地一日電】敵軍曹近蜀一名，上月在銅陵南鄉茗山冲失蹤，敵遷怒當地居民，大施報復，於上月十二日偕同奸逆一行十餘人，前往茗山冲佯言開會，並換發所謂「良民證」，我同胞四百人被迫集中會場，敵將大門緊閉，施放毒氣，並以機槍掃射，除少壯者數人逃出外，餘均被難。

——摘自《国民公报》（重庆），
1941 年 11 月 3 日

敵機擾金華

【中央社金華九日電】，今午敵機一架，竄入本市上空，盲目投彈十二枚，傷九人死九人，毀屋三十三間。

——摘自《国民公报》（重庆），
1941 年 11 月 6 日

敵機炸蘭谿
窺滇桂湘境

中央社金華六日電 敵機六架今晨向蘭谿竄擾，投彈三十四枚，死八人，傷九人，毀民房九十餘間。

中央社昆明六日電 此間自八月底以來，未遭空襲，今晨突在滇桂邊境發現敵機二十三架盤旋窺測，旋即逸去。

——摘自《时事新报》（重庆），
1941 年 11 月 7 日

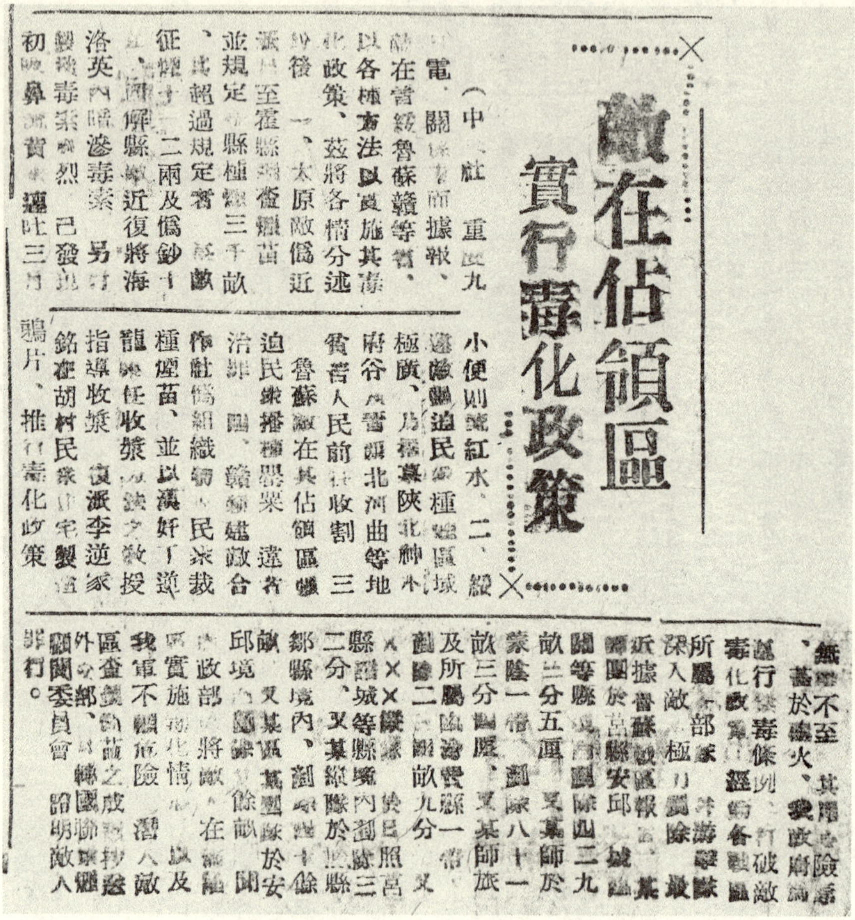

敵在佔領區實行毒化政策

（中央社重慶九日電）關係方面據報，敵在晉綏魯蘇贛等省，以各種方法以實施其毒化政策，茲將各情分述於後：一、太原敵偽近派員至霍縣強迫種煙苗，並規定每縣種煙三千畝，凡超過規定者每畝征煙土二兩及偽鈔十元。解縣敵近復將海洛英內暗滲毒素，另行製造毒品，[illegible]已發出，初吸[illegible]鼻[illegible]立吐，三月[illegible]小便則爲紅水。二、綏遠敵偽迫民種煙區域極廣，乃[illegible]陝北神木府谷及晉西北河曲等地貧苦人民前往收割。三、魯蘇敵在其佔領區強迫民衆播種罌粟，違者治罪。四、贛[illegible]敵合作社偽組織[illegible]民衆栽種煙苗，並以漢奸丁逆龍[illegible]任收煙[illegible]之教授指導收煙，復派李逆家銘在胡村民家住宅製造鴉片，推行毒化政策，無[illegible]不至，其用心險毒，甚於[illegible]火。我政府爲[illegible]行禁毒條例，打破敵毒化政策，[illegible]經飭各戰區所屬各部隊，并游擊隊深入敵區，極力鏟除[illegible]。最近據魯蘇戰區報告，[illegible]集團軍於莒縣安邱城[illegible]開等縣[illegible]鏟除四二九畝二分五厘，又某師於蒙陰一帶鏟除八十一畝三分四厘，又某師旅及所屬[illegible]費縣一帶鏟除二[illegible]畝九分，又×××縣[illegible]莒照三縣境內鏟除[illegible]二分，又某縱隊於[illegible]縣鄒縣境內，鏟除[illegible]十餘畝，又某區某團於安邱境內鏟除[illegible]餘畝[illegible]政部將敵[illegible]在[illegible]實施毒化情形[illegible]及我軍不顧危險潛入敵區查[illegible]之成[illegible]抄送外交部，轉國聯[illegible]關委員會，證明敵人罪行。

——摘自《华西日报》，1941 年 11 月 10 日

中牟寇被創入城困守
又非法使用毒氣彈
晉西寇敗竄聞喜我已克古城

（香港十日本報專電）洛陽訊，寇由黃河北岸，增援中牟縣及舊黃河鐵橋一帶寇軍，抵步後，當即向我進犯，遭我迎頭痛擊，終於潰退，惟該方面現仍在接觸中，

（重慶十日路透社電）據華方前線報告，豫北中牟縣西郊外，戰事甚劇烈，由於華軍猛烈壓迫之故，日軍已完全撤至城內死守，聞日軍曾轟射頗多毒氣彈，企圖追退華軍云，

（中央社重慶九日電）軍悉，一，退據舊黃河左岸及中牟城內，負嵎頑抗之敵，以重炮十餘門，不斷猛烈射擊，並雜有毒氣彈多枚，圖阻我軍前進，我軍咸抱殲敵決心，勇往直前，向敵猛攻，斃傷敵頗衆，刻戰鬥仍極激烈，二，舊黃河鐵橋方面我軍繼續向退處一隅之殘敵，施行猛烈圍殲，七日已攻達上下任店附近，及韓崗以北地區，敵爲圖掙扎，在其北岸，重炮轟擊，在飛機轟炸及施放毒氣掩護下，向我反撲，經我迎頭痛擊，戰鬥頗爲慘烈，敵死傷極衆，我亦有傷亡，刻敵勢已疲，我加緊向敵痛擊中，三，信陽敵一部二千餘於六日午後，經由平昌關刑集初向大山口長山頂甲陽台等地進犯，我軍各對當面來犯之敵猛烈痛擊，均將敵阻止，我乘勢向敵衝殺，戰至七日晚斃傷敵四百餘，殘敵不支向信陽四竄，四，我正陽新安店等地部隊，繼續向南掃蕩，至七日晚已將淮河北岸零星殘敵完全肅清，其由瓦崗附近地區突圍南竄之殘敵一部，復爲我在毛集一帶截堵，已將該敵悉數殲滅，刻已恢復戰前原態，是役我鹵獲戰品甚多，尚在清查中，

（中央社興集九日電）盤據古城（新絳西北）之敵，連日經我猛烈攻擊，傷亡甚多，五日晚我某部迫近該村，再度向敵猛擊，激戰迄晚十時，敵受創不支，向新絳城內潰竄，我當將古城收復，

（中央社興集九日電）晉西由河津北犯敵軍現因我軍一再反攻，無法立足，大部已向聞喜及汾城潰退，

——摘自《星洲日报》（新加坡），1941 年 11 月 11 日

敵機襲湘浙贛
分十三批擾閩境

【中央社衡陽十四日電】敵機十架，十四日午分兩次襲衡，一次一架，內[illegible]衡偵察，二次九架，先後在衡投彈，三次仍由原路逸去，另有敵機八架，在吉安城郊投彈。

【中央社金華十四日電】今午敵機八架，竄入本市上空，向城郊投彈三十二枚，傷五人，死六人，毀民房念餘間，施虐後旋又竄麗水投彈二十九枚，另一批十八架在衢州投彈百餘枚。

【中央社上饒十四日】敵機四架，於十四日午前竄上饒，當在城郊投下炸彈燒夷彈多枚，房屋多棟破毀，敵機肆虐後，向北逸去。

【中央社永安十四日電】敵機八十九架，今日自晨五時半迄下午二時半，分十三批侵入閩境各地，其中一批七架，九時許由[illegible]竄入閩，在南平市區擲彈五枚，石若干塊，死三人，傷二十餘人。

——摘自《国民公报》（重庆），1941 年 11 月 15 日

敵機活動

衡陽西安均有空襲

【中央社衡陽五日電】敵機十五架，五日午二次襲衡，一次一架窺衡窺樂，二次十四架在衡投彈，經我高射砲猛烈射擊，敵機盲目投彈北逸。

【中央社洛陽四日電】敵機十八架四日再度襲陝，六架在西安近郊投彈，八架在南鄭投彈，四架在安康等地窺視。

【中央社老河口五日電】敵機四架五日晨八時侵入鄖市空，投彈二十餘枚，死傷數人，燬屋十餘間。

——摘自《国民公报》（重庆），1941 年 12 月 6 日

日機再襲九龍

中央社香港九日上午九時台北電　九龍今晨再遭空襲，據目擊者言，日機二十七架低飛投下燒夷彈數枚，旋又向機場上之飛機掃射，某低飛之飛機係由德人駕駛。

中央社香港八日電　八日晨八時發出第一次警報，日機一隊約十架，突襲啓德機場及深水埗兵房一帶，死傷多人，當日機飛翔時，高射砲火密集射擊，當將日轟炸機一架擊落，日機似係由廣州方面飛來，按[illegible]邊境及馬士圖等處，在新界各處投彈為半小時，多彈落[illegible]，居民於警報發出後，頗為震動，紛紛準備一切，特務警察奉命出動，[illegible]各大銀行、防空洞、避難室等處服務，警報於九時五十分解除。

——摘自《时事新报》（重庆），1941 年 12 月 10 日

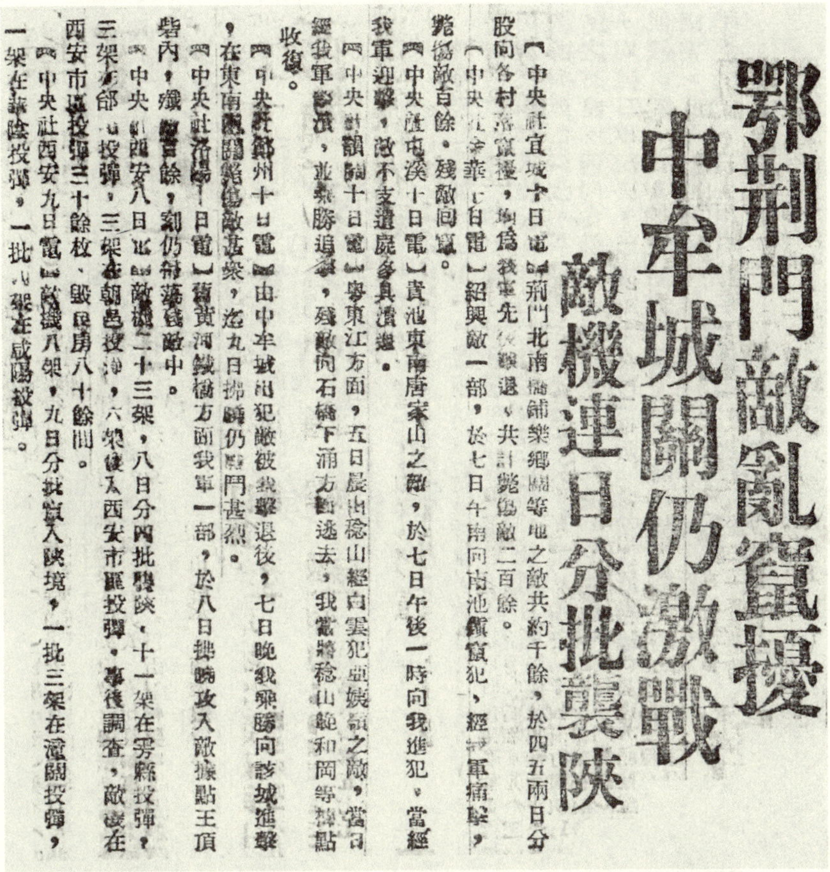

鄂荊門敵亂竄擾
中牟城關仍激戰
敵機連日分批襲陝

【中央社宜城十日電】荊門北南橋舖樂鄉關等地之敵共約千餘，於四五兩日分股向各村落竄擾，均為我軍先後擊退，共計斃傷敵二百餘。

【中央社金華七日電】紹興敵一部，於七日午南向南池鎮竄犯，經我軍痛擊，斃傷敵百餘，殘敵向[illegible]竄。

【中央社屯溪十日電】貴池東南唐家山之敵，於七日午後一時向我進犯，當經我軍迎擊，敵不支遺屍多具潰退。

【中央社韶關十日電】粵東江方面，五日晨由稔山經白雲犯亞婆角之敵，當日經我軍擊潰，並乘勝追擊，殘敵向石橋下涌方面逃去，我當將稔山鮑和岡等據點收復。

【中央社鄭州十日電】由中牟城出犯敵被我擊退後，七日晚我乘勝向該城進擊，在東南關斃傷敵甚衆，迄九日拂曉仍巷鬥甚烈。

【中央社洛陽十一日電】豫黃河鐵橋方面我軍一部，於八日拂曉攻入敵據點王頂堤內，殲敵百餘，刻仍肅清殘敵中。

【中央社西安八日電】敵機二十三架，八日分兩批襲陝，十一架在雩縣投彈，三架在郃陽投彈，三架在朝邑投彈，六架侵入西安市區投彈，事後調查，敵機在西安市區投彈三十餘枚，毀民房八十餘間。

【中央社西安九日電】敵機八架，九日分批竄入陝境，一批三架在潼關投彈，一架在華陰投彈，一批[illegible]架在咸陽投彈。

——摘自《国民公报》（重庆），1941 年 12 月 11 日

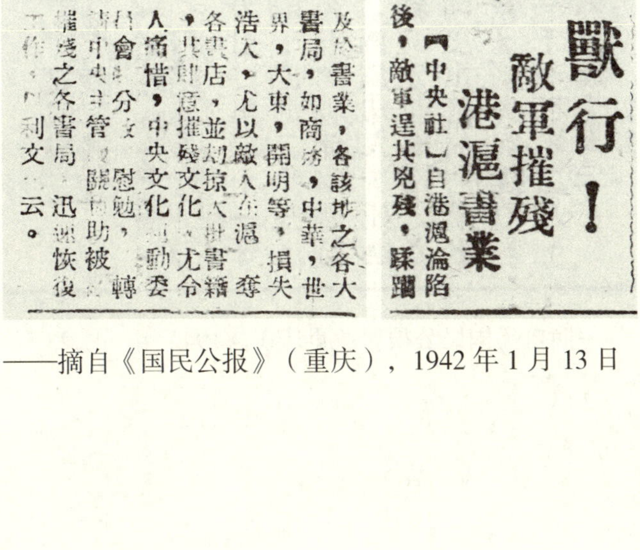

獸行！
敵軍摧殘 港滬書業

【中央社】自港滬淪陷後，敵軍逞其兇殘，蹂躪及於書業，各該埠之各大書局，如商務，中華，世界，大東，開明等，損失浩大，尤以敵人在滬奪各書店，並劫掠大批書籍，其肆意摧殘文化，尤令人痛惜，中央文化運動委員會[illegible]分[illegible]慰勉，[illegible]請中央主管[illegible]關協助被摧殘之各書局，迅速恢復工作，以利文化云。

——摘自《国民公报》（重庆），1942 年 1 月 13 日

敵在檳榔嶼
搜括居民財產
遍設賭窟娼寮
改英幣為日幣
如此「東亞新秩序」

「中央社新加坡二十一日路透電」據由檳榔嶼逃出之某中國人士稱，「自檳榔嶼被佔以後，全體居民之財產，連同食物在內，均被日軍劫去，故到有飢餓之虞，日人遍設賭窟娼寮，此乃檳榔嶼唯一繁榮之營業，日人曾召集名流組織傀儡維持會，並命令居民勿於夜間鎖門並繳其現有之英幣，改用日幣，否則槍決，各家及各商店之食糧均須售予該會，然後再向該會購買所需糧食，售出時所獲代價，均係日幣，向該會買進時，則須付英幣」云。

——摘自《国民公报》（重庆），1942 年 1 月 22 日

仰光空襲
死傷甚衆

「中央社德里二十一日路透電」十二月二十三，二十五兩日，仰光空襲時被難者大部爲印人，死傷者並未發表分別國籍之名單，據印度由緬甸所獲之最新情報，兩次空襲中，總計死一千一百零二人，傷一千六百五十人云。

——摘自《国民公报》（重庆），1942 年 1 月 23 日

敵大肆掠奪

在南洋佔領區內

【中央社倫敦二十六日路透電】西南太平洋各被佔領區內，日軍正大肆掠奪，泊於越南港口之法國商輪，已在南洋戰役中強迫徵用，佔領泰國之日軍，在曼谷組織傀儡式之秘密警察，各橡皮工廠之工資勒令減少百分之五十，俾獲廉價橡皮，泰境其他工廠工資，亦將實行減低，義大利新造之巨型運貨潛艇三艘，已經完成，但在軸心控制蘇彝士運河以前，尚不能使用，該潛艇原擬用以向日本輸送重要機械，柏林已設計新奇偽裝，使該潛艇於兩分鐘內變為漁船。

傳德助日向維琪勒索

【中央社倫敦二十六日路透電】據未證實消息，在柏林慫恿之下，東京維琪間現正越南與印度洋沿岸法國其他屬地以及法國在太平洋之委任統治地之聯防談判，期將各該地均歸日本完全統制，

——摘自《国民公报》（重庆），1942 年 1 月 28 日

所謂優待俘虜

神明子孫的德政

慘！毒！

〔中央社〕據軍令部戰訊發佈組訊：倭寇對待俘虜，頃大吹大擂，如何優待，實際狀況，可謂極人世之慘毒，茲據被俘而逃回者痛談其親身所經歷及其所見聞，言下猶不禁談虎色變之情，爰摘要分述如次：（一）初被俘時之情形，凡被[illegible]俘者，照例先以繩紮緊縛，拳足交加，無不頭昏目眩，懨懨垂斃，待訊問後，復用繩索套勒喉部，而引至背心，及縛兩手，使頭不能向下，手亦不能下垂，再緊縛兩足，綁於濕地，禁止呻吟，否則監守兵即飽以鐵蹄。（二）俘虜收容所之情形，被俘者送入俘虜收容所後，在最初一月中，須縛其兩手，令排坐，敵衛兵所，由衛兵監覷，不准足動，不准交談，如此經過一個月後，始交由俘虜中隊長（被俘軍官充任）管理每日由俘虜小隊長率領，並由敵兵監督，作牛馬之勞役，不問寒暑，不問風雨，均須整日服役，毋得休息搬運物品時，亦不論老弱及氣力之大小，由敵兵將笨重者抬加肩上，迫令負行，其不勝任者，東歪西倒，甚則以爲偷懶，重鞭立下，因而致死者，日有所聞，如[illegible]以耳光，此爲最客氣[illegible]罰，自應和顏[illegible]受，稍有忿色，則必重懲，[illegible]曾[illegible]一俘虜被罰、未以[illegible]講[illegible]度承受，遭敵兵皮鞋踢傷小腹而斃，嗣敵大隊長名松甫者，溢隊，對敵兵並未加以斥責，且說「該死」，每日飲食，多係霉濕米豆麥三者之混合物，菜蔬則糧食庫之殘餘腐朽者，而司炊者又不能細心淘洗，僅剪爲幾段，用除內汚臭井水沖洗一二次，煮熟給食，腐朽虫滓夾雜其中，眞見而欲嘔，縱在夏日，亦無茶喝，欲飲一杯清水，亦不可能，僅吸隊內汚水解渴而已，俘虜若偶有過失，敵兵卽任意懲罰，如立正通宵、或跪[illegible]橙而[illegible]碍石，且加上酒瓶、若碎瓶卽毒打，或令滾龍抱柱，卽緣梯上柱之高處而抱固，然後撤梯，使抱柱至二三小時，若自由降下，亦毒打，或用繩縛於柱上，而立至一日一夜，不能動臥等。

（三）對重大罪犯之情形：上述爲通常處罰，倘諉爲有重大罪犯，如反抗，煽動及間諜等嫌疑時，則其慘刑之酷有如左者：（一）以刀洞穿足心，用汽油浸棉花塞入其[illegible]，懸諸樑而引火燒之，有[illegible]患神經病者，名王子才，被敵如此[illegible]足，至年餘未癒，（二）將人縛作四馬攢蹄式，用竿貫之，懸入汚水池中，待淹至半死，始行救起，（3）將人高懸，燃腐草破[illegible]煙薰蒸，（4）將人捆縛柱上，以香煙火燒鼻面部，或提開領口，集[illegible]多數之香煙[illegible]灌入腹部，而燃燒之，被燒者之腹部[illegible]亦有繩捆柱上，[illegible]不能漏出，燒褂翻眼咬牙，呻吟呼號，敵寇捧腹大笑。（四）殺人情形：如須處決俘虜時，多不用槍斃，所以節省子彈也，通常將犯者捆縛於樹上，令敵人用槍刺死，蓋此舉可以練習殺人技術也，有尚未絕氣者，卽便活埋，記得南京淪陷時，敵將俘虜用鐵絲緊捆手足、每十人聯綴一起，置[illegible]房內，引火燒之，致人與房屋同歸於盡，如此死者極夥，後經各國慈善團體抗議，乃改變手段，概置於監獄中，至十餘日不予飲食，又復東斃者數百人，有一次敵兵需要九十名俘虜作工，已派定，只做工有飯可吃，有事先派定之，一人於集合時混雜其中，致清查人數多出一名，敵兵卽將末尾一名牽赴刑場槍斃云。

——摘自《国民公报》（重庆），1942年2月7日

敵機轟炸澳洲

達爾文港損失頗重

澳揆演說警惕國人 並頒佈總動員法令

（中央社）倫敦十九日路透電 雪黎廣播、澳洲北部之敵機、計有發動機之轟炸機七十二架、與驅逐機多架、昨[illegible]第一次來襲、敵機盤旋約一小時、下午復有轟炸機二十一架來襲、澳方擊落敵機四架、澳總理寇丁、事後發表聲明稱、財產損失頗大、惟死傷人數尚無報告。

（中央社）坎伯剌廿日路透電、澳軍部公報稱、達爾文今晨有空襲、詳情未悉、昨日空襲我方死十五人、[illegible]廿四、[illegible]日機事前曾於市區上空偵查、七日[illegible]達爾文上空曾發現敵機、但未獲官方報告、

（中央社）雪黎[illegible]日路透電、澳總理寇丁[illegible]康已漸恢復、今晨尤[illegible]急事赴坎伯拉、或係參加今日下午之議會秘密會議、討論戰事及澳國之被襲事宜。

（中央社）倫敦十九日路透電 雪梨訊、澳總理寇丁發表聲明稱、澳政府認日機轟炸達爾文、極嚴重之事、澳洲本土已為首次之戰門、國人所應引以自榮者、即澳洲之軍民、已有人[illegible]與[illegible]者之英勇行為、吾人決心堅決之意志、鄉村以戰爭之開始、不論今後發生何、吾人決不忘吾人乃澳人、必將堅決作戰、以獲勝利、達爾文所受之打擊、與損失及痛苦、將[illegible]吾人之意志、更加堅強、國人勿[illegible]達爾文之被炸、惟並未被征服、

（中央社）雪梨二十一日路透電 澳總理寇丁、頃發佈澳洲總動員法令、要求澳洲全體居民、應服從政府領導、以扭轉指定之工作、或處分其私有財產法令、並未投奔政府者沒收人民財產之權、總管理局可限制民利、不得超過[illegible]分以上、如逾此限、即應以征稅方法沒收之、

——摘自《华西日报》，1942年2月21日

星洲敵暴行

僑胞八萬被敵虐待

〔中央社倫敦四日路透電〕據息新加坡被日軍佔領後，當地華人八萬受日軍當局之虐待，日方稱，現在進行清除反日活動云，

——摘自《国民公报》（重庆），1942年3月5日

英官方發表
日軍在港暴行
與南京屠殺之行為無異
士兵被戳斃婦女遭侮辱

中央社倫敦九日路透電 官方聲稱、日軍在香港之暴行、現已證實而毫無疑問、政府於日軍在港之暴行完全證實以前、原不願予以發表、今不幸此事已毫無疑問之餘地、政府現獲有自港逃亡之可靠目擊者之申述、並有證據足以證明日陸軍在港對俘虜及平民所犯之罪行、與一九三七年南京大屠殺之野蠻行為無異、當時曾引起文明世界之恐怖、英軍官及士兵五十人、手足被縛、橫遭槍刺戮斃、歐西婦女遭日軍侮辱與慘殺者、比比皆是、某華人區全區被劃為娼妓區、所有生死之守軍、包括印度人、華人、葡萄牙人俱被禁於一集中營內、集中營為殘破之陋室、既無門窗、亦無燈光及衛生設備、至一月底、營內患痢疾者已有一百五十人、但迄無藥品或醫藥設備之供給、死者即埋於營內之角落、日本衛隊極為殘酷無情、英軍司令馬爾璧曾一再要求與日軍司令一見、皆遭拒絕、此料係日軍最高統帥部對其軍隊之行為佯為不知、故意放縱、日軍在二月杪聲稱香港俘虜、英軍五千零六十二人、加軍一千六百八十九人、印軍三千八百二十九人、其他三百五十七人、總數為一萬零九百四十七人、大多數歐籍居民包括患重病者在內、皆如軍人之命運、同受監禁、而無分軒輕、俘虜僅予以少量之飯水、偶然僅有其他殘肴粗飯、最近情況或微有改進、但日本政府事實上宣佈所有外國之領事、須由其佔領之一切領土內撤退、可知其對俘虜與平民之待遇、不願受獨立調查也、關於馬來亞英國俘虜及平民之情況、官方聲稱、惟一之報告、為日本官方通訊社三月三日之聲明、內稱華人七千六百九十九人被捕受所謂嚴厲之審訊、此其真象當不難想像、日方所稱其軍隊遵循武士道之莊嚴信條、乃令人作嘔之偽善云。

中央社倫敦十日路透電 殖民部大臣克蘭波頃在上院中發表關於日軍在港暴行之聲明、聲明內容及文字與艾登在下院所發表者完全相同、議員斯特拉鮑齊爵士詢稱、政府將取何種步驟、以向國內及全世界廣播者、致令人聞而失色之事、答曰、政府擬採取一切可能之步驟[illegible]從事最圓滿之宣傳、斯氏[illegible]詢稱、蘇聯政府與日本有外交關係、可否邀請蘇聯政府令其駐東京使館出面為此張不幸之人民有所盡力。答曰此為一新觀點、上院當允令人將此點提交當局云云、此問題至此遂告結束。

——摘自《时事新报》（重庆），1942年3月11日

○桂粵湘等省被敵機窺擾

桂林通訊。日機二十六架。十一月六日上午。先後侵入廣西雲南湖南等省。盤旋偵察。第一批一架。上午七時許。竄入桂省靖西南等地。旋經由欽州南飛出海。第二批二架。上午九時許。竄至憑祥偵察。第三批十六架。上午九時許。在北海發現。旋竄往桂省。侵入雲南屬之富洲廣南一帶。盤旋偵察後。仍循原路逸去。第四批八架。上午十時許。經由粵桂兩省。竄至湖南衡陽偵察。桂林曾發放緊急警報。歷三時許始行解除。又日機一批二十七架。同日午。侵入曲江投彈。損失未詳。又查昆明自八月底以來。未遭空襲。六日晨。突在滇桂邊境。發現日機廿三架。盤旋窺測。旋即逸去。

——摘自《中西日报》，1942年3月17日

○綏遠倭軍又用毒氣

十八日重慶電。中國高級司令部是晚宣布。三月十三日在綏遠省西部之交戰。敵軍曾用毒氣。華軍受毒斃命者數人。去年十月華軍向宜昌猛攻。倭軍不敵。亦曾施放毒氣以殘殺華軍云。

——摘自《中西日报》，1942年3月19日

○淪陷區內之餓殍

十八日紐約電。美國駐華傳教會書記瑪利士禾調。是日在重慶宣布。據美國助華聯合總會報告。現在倭寇操縱之淪陷區內。華人男女老幼。因糧食缺乏而致餓斃者。達數百萬名之多云。

——摘自《中西日报》，1942年3月19日

敵偽蹂躪下 魯省災重

魯臨參會電中央請賑

【中央社山東二十二日電】查魯省自倭寇入侵蹂躪遍及全省，兼之連年荒旱，人民生計已瀕絕境，去春復數月不雨，二麥歉收，六月上旬，霖雨始降，晚禾未得播種、旱魃又復虐，秋收最佳區域不過五成，餘二三成一二成不等，尚有顆粒不得者，延十一月中旬，始得透雨，種麥已晚，又兼麥價昂貴，籽種維艱，故二麥得[illegible]者為數甚少，此為全省普遍現象，魯南嶧縣，莒縣、郯城、臨沂、費縣、蒙陰、安邱、高密、膠縣、諸城、日照，昌樂，臨朐、滋陽，益都，滕縣、鄒縣，曲阜、泗水，泰安，萊蕪、新泰，博興，淄川，魯東，文登、牟平，榮城，福山，海陽、棲霞，招遠，黃縣、濰縣、即墨，萊陽，平度，掖縣，昌邑等縣，自春至夏，敵偽相繼擾，焚殺搶奪，災情尤甚，獸跡所至，村落為墟、致一般民衆服毒自盡者有之，食草根樹皮中毒而死者有之，流離失所逃亡東三省者難以數計，魯西魯北各縣情形亦復相等，而天不厭禍，臨朐，昌樂，臨沂，郯城，費縣，嶧縣，安邱、壽光、諸城，日照，莒縣、沂水，蒙陰，膠縣，濟甯、甯陽，陽信，利津，鄆城、單縣，六月下旬又大降冰雹，未被旱死之禾苗盡為雹災所毀，而淹沒各縣之諸城，日照、膠縣，即墨，秋間又遭海潮，淹地甚夥，上月間，沂水，蒙陰、臨朐，博山、莒縣，諸城，即墨，膠縣，萊陽，掖縣，海陽，牟平，棲霞，招遠，文登，惠民，利津，霑縣，陽信，蒲縣，廣饒，陵縣，樂陵等縣，敵偽大肆竊據，[illegible]我軍奮勇截擊，奸計雖未得逞，而所到之處，焚掠一空，被焚村莊每縣多至三四百，少者自數十不等，所遺民衆既無衣食，又無住所[illegible]飢餓寒、目不忍睹，中央及地方救濟機關，雖不時發放給賑，無如僧多粥少，杯水車薪，災民[illegible]萬千振款既不能長期救濟，俾得全活，即一次振濟為數亦相當甚鉅，茲者難冬雖過，春荒期長，未死災黎，極[illegible]急謀救濟，以固國本，劉山東省臨時參議會議長孔祥熙及全體參議員，山東省政府主席牟中珩，已分電中央，請迅撥賑款，一千萬元以救民命云。

——摘自《国民公报》（重庆），1942年3月23日

特載

防範敵人播毒菌

敵人不講公理。更不顧人道。爲了軍事政治經濟無奈我何。。在前線施放毒瓦斯。。在後方散佈疫菌。。希圖減削我國抗戰力量。以遂其野心。種種兇殘陰險。。叵測之居心。爲世界文明後進之國家所不忍靚。而文明先進之東亞古國。。還能噤若寒蟬而忍受嗎。。

現在舉一個最可怕而又最可恨之實例。。敵在浙東各地。。用飛機拋下小麥黃豆等物。。業經浙省衛生處化驗。。證實敵機拋下之小麥黃豆等物。。均含有多量鼠疫桿菌。以致引起浙東衢鄞兩縣。發生鼠疫多宗。。

鼠疫爲急性傳染病之一。。又名黑死病。。或核子瘟。是一種桿狀菌。此菌寄生于鼠及齧齒類動物之身上。人亦每被它傳染。在人類歷史上。。有多次劇烈之大流行。。十四世紀時。。流行於歐洲各國。。被害者約二十五百萬人。當此橫禍飛行時。文化幾被毀滅。。所有一切活動。。也都被迫停止。禍害猛烈。甚於洪水猛獸。。到十八世紀之初。。鼠疫由緬甸傳入我國雲南。。在一八九四年。我國及香港流播很甚。直達印度、馬來亞。菲律濱及南北歐洲各國。到這時才由野而生氏。破獲這殺人之惡魔爲短桿狀。。兩端鈍圓。或孤立。或數個連續。。無鞭毛。。不形成胞子。。常由皮膚創傷處侵入。。犯淋巴腺。。入血行而起敗血病。此菌由鼠而蔓延。再由鼠蚤傳染於人體。。從此寓于人家屋脊瓦礫墻角間之鼠類。原來就是禍胎災源。故應不容情地灌穴羅捕。。

鼠菌疫桿不能自由運動。。宜於黑暗潮濕之環境中。就是離開動物身體。。仍可歷數月不死。。在病人之膿痰裏。。也可活至兩禮拜。如在春季。遍地起蟄。。百虫滋長之時候。疫菌之蕃殖力就最強烈。。而敵人有如狗入窮巷。。勢必反噬。他之反噬。便用這種疫菌之散佈。。以彌天大禍。。殺我同胞。廣東爲防患於未然。。衛生處曾切實滅鼠運動。而滅鼠預防一端。尤爲用力推行。。況北江一帶。鼠類向多。前數月廉江已有鼠疫發生之情報。。故廣東省衛生處●格外注意。

大約防範之方法。。在食的方面。。不要給老鼠偸吃食物。爲着「漫藏誨盜」之明訓。把吃剩的東西。。好好地弔掛起來。。倉廩庖廚。。要光線充足。距地面高出。如有破洞。隨即修補。在住居方面。。磚瓦木材石塊。要安放得整齊。不讓隙縫。。給老鼠藏匿。家裏之破壞器物。把它燒掉。。不要讓鼠子做窩。。衣箱物件。。避免放在黑暗地方。總之。。第一就是防鼠類之進路。。第二要斷絕鼠類之食糧。。第三就是捕殺之方法。這方法又可分爲㊀捕殺法。㊁毒殺法㊂薰殺法。。

其次就是對於日機散播鼠菌。。應行注意之事項。也有五種。子。日機行動之監視。丑。事後報告。寅。。對於空中擲物之搜索與檢查。卯。。降落處所之消毒。辰。。事前防預。如水井水缸加以封蓋等。

今日之敵人。。鬼計多端。。更常用金錢利誘。或威脅民衆爲奸細。形同狐鼠。。暗地作祟。爲傳播毒菌。洩漏秘密之媒介。。這般狐城社鼠。。他的爲禍。與鼠疫有同等嚴重。。故記者更希望同時來撲滅城狐社鼠之肅奸運動。。

——摘自《中西日报》，1942 年 3 月 23 日

敵軍在華北强徵民工

▲先後驅迫千萬人赴東北受苦

重慶訊。據西北研究所報告。日軍在佔領區內。强徵民工。。送往東北四省。從事開發。自一九三六年至今。已有千萬人。。連家眷被迫往東北。。此數約當戰前華北人口十分之一。據天津僞組織庸報消息。一九四零年上半年。。日軍徵工數爲十三萬五千六百八十九人。。平均每日被徵者在七百以上。。日軍徵工之法。。横蠻空前絕後。凡壯丁皆被勒往。常有全村壯丁皆被縛去。所餘惟有婦女。。另一較和平方法。即爲招募無衣食之農人。。而日軍之有系統掠劫農家。蓋爲便利招工而出。且日軍横征聚斂。過於搶掠。農民惟有破產之一法。。而每鷄每月須收稅九分。。而同蒲鐵路沿線之婦女。更須納頭髮稅。長髮者每月稅七毛五仙。短髮者每月一元半。實聞所未聞云。。

又據該研究學會之調查。凡被徵之華工。均前往滿洲各地。專從事於墾殖。彼等之生活。一如奴隸然。。至淪陷區內之人民。任其魚肉。情況亦苦。河南各淪陷區之糧食。一律被敵人劫奪而去。其他之苛捐雜稅。巧立名目。無所不至云。。

——摘自《中西日报》，1942 年 3 月 29 日

倭寇施放疫菌已證實

卅一日重慶電。據中宣部長王世杰宣稱。現已得有充份憑據。。證明倭軍確用疫菌向中國境內施放云。。

——摘自《中西日报》，1942 年 3 月 31 日

滬敵之掠奪

重要商業產業機構 一律强佔沒收接管

本報訊　據頃自上海來人談：敵寇進軍公共租界後、現已將各大商業公司及產業機構、不論其屬於華籍人士、或爲外籍人士所有、均强佔沒收、南京路之永安、大新、先施、新新四大公司、由敵軍接管、申新紡織第二廠、第九廠、永安紡織第三廠、新裕第一、第二廠、鴻章、恆豐、等紗廠、中興、中南兩化學工業、均爲敵方强佔將轉由日商經營、英商電車公司及公共汽車公司亦均由敵寇全部接管。此外、英美籍人士產業登記後、均分別封存、不准繼續經營業務活動。

——摘自《时事新报》（重庆），1942 年 4 月 4 日

○香港九龍陷敵之前後

韶關訊。大公報總經理胡政之。已於一月十九日抵韶。據談港戰及出險經過如下。㈠十二月八日開戰。翌日九龍即失守。兩日後敵大兵方到。余于十二日移居。大公報港版。十三日停刊。自是敵機恒終日空襲。但迄無應戰者。十七日夜。。敵小部在港登陸。。入據商務印書館工廠。。其前哨十八日晨進駐余所居之四樓。。其前爲機關鎗陣地。。英軍已先撤。。敵因人少不敢進。亦無阻擊之者。惟炮戰極烈。。余寓中一彈。死傷四人。四週落十二彈。。掠余頭上過者何止千發。。至後隊續至。。敵始前進。僅兩日。港戰即解決。余見少數敵兵。押英印俘虜二三千。衣裝多整齊。日兵配備簡陋。年齡由二十至五十。極參差。。軍紀甚壞。僅中區大街敵憲兵較多。秩序較好。他區則多滋擾。余寄居處三日間被搜十五次。巨細無遺。强姦事亦不少。。

㈡港九市面。迄未恢復。敵辦事人少。。無力整理。惟盡量搶運物資。僅汽油即得十七萬桶。以十四艘運輪艦起運。各銀行均被查賬。并點查庫存。各行保險庫及公私倉庫概被封。市面先禁用十元以上港紙。近禁令稍弛。。仍打六七折。。故富者多變貧。糧食尤缺。九龍已有食麥麩者。。港九敵無多。賭禁大開。土劣横行。。敵人對汪逆亦不信任。故汪逆爪牙在港。未見大活動。。

㈢港九交通。余等冒險離港九。於敵匪交錯中。步行三百餘里。行旅被刦者十有八九。余等幸安全。

㈣敵對英美荷人。刻意虐待。常人分禁香港之大觀美洲南屏三大小旅館監視。。俘虜概押九龍工作。。對西人婦女。。甚多侮辱敵某憲兵曹長言。搜捕英美人時。曾手殺强硬不服者十數人。語時拔刀示人。血跡猶新。意態驕妄。余等經過公路。。除兩橋破壞外。殊少戰蹟。足証日人得港九之易。然據宣布。日兵死亡千九百人。。當係英方大砲威力所致。又足証敵實力有限。僥倖得利。非戰鬥力之功也。

——摘自《中西日报》，1942 年 4 月 10 日

四年來重慶被炸之報告

十五日重慶廣播訊。據官方發表報告。重慶過去四年。。受敵方飛機轟炸共一百一十七次。投彈二萬二千三百一十二枚。市民被炸斃者二萬零一百三十六人。。傷者九千一百四十一人。平均每次轟炸。投彈一百八十一枚。每投彈百枚。炸斃九十四人。傷四十九人。

又去年轟炸重慶之敵軍飛機。。共二千五百六十七架。投彈六千二百九十六枚。市民被炸斃者二千零二十三人。。傷者二千五百八十四人。。一九三九年被炸斃者三千八百一十三人。。傷者四千九百四十九人。是年死傷人數最多。一九三八年僅死傷五十三人。爲數最少。

——摘自《中西日报》，1942 年 4 月 17 日

敵機五批昨日轟炸衢縣

中國戰場之敵機。。連日加緊活動。。昨日晨早有敵機三十六架。。轟炸浙江省西部之衢縣。來襲敵機。分爲五批。。共投彈五十三枚。另敵機五架。轟炸浙江省東南部之麗水。。投彈十　枚。。但尚無死傷民衆之報告。相信損失甚微。

——摘自《中西日报》，1942年4月22日

敵機昨又空襲贛浙各地

日本東京各地遭受空襲後。。仍在風聲鶴唳當中。。因此日來敵機。。不斷向我國東南各地空襲。。意在搜索我國機場及施行破壞。昨廿二日。敵機五架又轟炸浙江西部之衢縣。。及江西東部之玉山。。該兩地均浙贛鐵路所經。。此次被炸。。係敵機連續來襲之第三日。。同時敵機亦常飛到該兩地上空偵察。。

此外江西東部接近福建邊界。。浙贛鐵路以南之南城。昨日亦被敵機七架空襲。又本月十八晚。有敵機六架。飛過安徽南端贛皖邊界之發源。。有敵機一架。。在該縣以南十啓羅密達之地點失事跌落。。全機已毀壞。。生存之敵機師一人。。企圖兎脫。。已被該地團隊圍捕。。

▲廣西桂林擊落敵機一架｜本月廿日。。有敵機兩架。。飛到桂林上空偵察。。其中一架。被我高射砲隊擊中下墜。其他一架。啣尾上前。企圖援救。。在環飛盤旋中亦因機件損壞在桂林以南之陽朔附近。。被迫降落。結果。兩機後先完全毀壞。。敵機師降地後潛逃。、當局已在搜捕中。。

——摘自《中西日报》，1942年4月23日

○香港倭寇暴行之又報告

廿二日重慶電。。前駐香港路透社訪員軒利包治。由香港逃去。現抵本處。據稱被困在香港三個月。。見日人將香港弄到變爲人間地獄。。有大部份之居民。。將要受餓。敵人佔據香港之時。港中貯有足供九個月之糧食。。其後倭軍已將大部份運載出境。其所給與俘虜之食品甚劣。且又不足。。致各人疾病發生。。被囚之平民。。所受待遇稍佳。間或有魚肉之類。其對待戰事俘虜則僅有飯及豆。外間所得報告。謂香港倭軍恣意殘殺强姦。乃屬事實。許多兇殘之事。在日本軍官面前做出。有許多婦人被强姦之後。復被槍斃。倭軍初到香港之時。大劫特刼。攔途截搶。。藉口搜軍器。將銀物搜去。又入私人住宅中打刼云

——摘自《中西日报》，1942 年 4 月 23 日

敵機昨日再襲贛浙各地

敵機昨日又空襲贛浙各地。江西中部之吉安昨廿三日整日在警報中。敵機十九架。於是日凌晨五時起。分九批來襲。此外江西東部各地同日亦遭受空襲。。敵機在吉安空際除投彈外並以機關槍向下掃射。。但因當局事先已有防備。我方無若何損失。又敵機七架。。昨日繼續空襲浙江西部之衢縣。。在城郊一帶擲下炸彈多枚。。但我方損失甚微。同時。贛浙邊界地方上空。。發現聯隊飛行之敵機廿二架。。顯然係敵方偵察飛行。。又有敵機兩架在江西上饒縣上空盤旋。旋被我高射炮火逐退。

——摘自《中西日报》，1942 年 4 月 24 日

彭澤敵活埋我鄉民

中央社皖南某地三十日電：彭澤沈仲村之敵、二十七日傍晚在附近鄉村中、搜捕居民五人、嚴刑拷打、翌日晨復竟將各該鄉民予以活埋、其殘酷之情、令人髮指。

——摘自《时事新报》（重庆），
1942 年 4 月 30 日

○敵機犯再西安

一日東京播音。日機今日大炸西安（陝西省會）及渭南（離隴海路之東三十五里）爲四日內之再度往炸者。。此兩城及西安之東北與西南二機場。。於四月廿八日已遭襲擊云。。

——摘自《中西日报》，
1942 年 5 月 1 日

敵機擾湘贛閩

分次竄沅陵芷江偵察 另以兩架竄贛州投彈

（中央社衡陽七日電）敵機二架、今午由湘南飛分四批襲湘、以九架竄衡投彈、其餘三架、分次竄沅陵芷江各地偵察、另有敵機二十架、分兩批先後竄贛州投彈

（中央社吉安七日電）敵機三十七架、七日分批襲贛、二十架在贛縣、九架在泰和投彈、兩地均無損失

（中央社永安七日電）今日本省四境、均有敵機擾，建甌被炸兩次、第一次敵機兩架、於八時許，由贛省竄來、向城區投彈七枚、第二次一架、循原路侵入、在西郊投彈四枚、兩次共死傷十餘人

——摘自《华西日报》，1942 年 5 月 8 日

益智錄

飛機施放之毒氣

敵機轟襲後之災區、倘聞得有異味入鼻、如芥子辛辣味 與腐敗萍菓味者、則必是毒氣彈 、須速離開、、以面具戴之、、或以手巾吸水掩鼻、切勿深呼吸、以免中毒更深入肺也、、以下所舉、不過係其大概、

▲人工霧　是用無水硫酸和硫酸、、爲主體之混合物而成、如用這種混合物、裝于特製水筒中、從飛機上 把這種液體散落下來、這點點之液體、、在落々之刹那間、卽變成白霧、被風吹揚、漸漸擴大、、毒害居民至衆 、

▲光氣　爲一養化炭和氣之混合物、、在日光中晒之、、成爲透明之液體、、這種毒氣、、比炭酸更劇 、光氣作爲放射用最合宜、、也可作毒氣彈用、因他富于發揮性、能發生濃厚毒氣、、散似雲霧、、如在毒物內、稍混合以液狀之綠氣、、毒性最大、故防毒面具乃保命者也、、

▲毒烟　爲四綠氣所製成、 如將這種毒烟、、裝在槍彈內、發射出去、可使敵人一嗅、卽中毒而遭害、在野戰中、、往往多用這種毒氣、在飛機上之機關槍、亦可用此毒氣彈以殺人、、

——摘自《中西日报》，1942 年 5 月 8 日

○倭軍在豫北用毒氣作戰

九日重慶電。據是日正式宣布。四月廿九日。敵軍在河南省北方曾用毒氣作戰（華軍死傷數人云。。

九日重慶電。據華軍司令部宣布。湖北省中部（漢口西南方。。現時繼續有劇戰。倭軍得飛機助戰。。欲破華軍防線。。迭被擊退。。河南省北部之倭軍。。被華軍擊敗。付於四月廿九日用毒氣作戰爲報復。。但華軍已有預備。。死傷甚微。。敵軍反死傷衆多。達三百人云。

——摘自《中西日报》，
1942 年 5 月 10 日

▲敵投疫彈湖南發現新症

（重慶電訊）湖南西部常德，自去年十一月間日軍以瘟疫毒菌彈投落之後，曾有九人發生疫症，最近兩月，不見此症蔓延，惟現時又聞有此症發現。查浙江省於一九四〇年十一月，日軍將傳染疫症之狗虱，向衢州投落，地方居民因而發生疫症，至一九四一年春間，再有此症發現云。

——摘自《三民晨报》，
1942 年 5 月 13 日

▲敵機騷擾中國東部各地

（重慶廣播電訊）昨八日午間，有敵機九架，空襲湖南南部之衡陽，另有三架飛到湘西沅陵，芷江上空窺探，又有敵機二十架，分兩隊空襲江西省贛縣，我方損失甚微。

（共同通訊社重慶電訊）華東方面，日本飛機約共四十三架，分爲八隊，八日向江西，浙江，福建等省沿岸轟炸，企圖阻止同盟國飛機由此等地方飛機場出發，飛往日本轟炸，江西有城市多處被炸，尤以向吉安投下炸彈爲多，又有日機多架，向湖南上空窺探云。

——摘自《三民晨报》，
1942 年 5 月 13 日

祖國要聞

△敵寇南進後越南回國僑生談

西貢寇軍動態及暴行實錄

偽逆纂徒假借虎威欺迫僑胞

（重慶華僑社專訊），西貢某中學肄業生吳某何某等君，此次激於義憤，抱着最後勝利的決心，投進祖國懷抱，到邕寧升學，在河內，海防途次曾稍事逗留，對記者作如下談話。

〈南圻倭寇暴行實錄〉 本年（一九四一）七月廿八日，西貢陷入寇手，到處獸行畢露，無惡不作，筆墨難書；茲記其犖犖大端者，西貢新吉加支那街皇后酒店，第一天倭寇登陸即被盤據，以為陸戰隊司令部，日常有小型砲艦一艘泊於西貢河，該酒店前面，以便利倭酋之來往，並預防不測，隔幾天，東方銀行也被佔據，倭軍三萬多人陸續到齊，飯田酋長，也開設司令部辦公了，跳梁舞劍，向法國人，安南人，及我僑民一步步的摧殘下去，法文學校盡數佔領，僑校知用中學也被佔一部份，最痛心是一位法籍安南人（留法人）拒絕敵兵霸佔住眷房屋，被倭寇刺刀殺斃，全家罹難，一星期後，寇卒在金邊殺一法人，二法商，二法探，共死五名，有一次，又到我西貢領館生事，經尹領事鳳藻先生，義正詞嚴的警告，寇乃卒逃之夭夭，自太平洋大戰揭幕後，我領館已被封鎖，倭寇以強盜的作風，不守交通方向「右上左下」的規定，行車輾斃百數十人（多是安南人），甚至黃包車夫亦被毆死，至被拉替其建築防禦工事的工人，不許片時休息，稍不服從，即行殺戮，良善工人多數被害，因日軍壓迫着力之大衆太慘，被迫流亡或死亡者日有多起，尤其是以「大年七」和「茶膠」之間，新開機場的萬餘工人，慘聲連天，至日寇登陸後，對我愛國分子，大事摧殘，凡熱心僑領，或愛國青年，在南圻救國總會，國民黨，童軍團工作者，盡行緝捕，如陳立人，譚永昌，黎立柔，林鶯央，張良，張振帆，朱織輿，陶對旋，劉增，香玉堂，林澤臣，黃積熙等百餘人，皆為敵寇注意，惟以上諸僑機警過人，事前已秘密離境，未被於難，凡不能離境之愛國青年僑胞，或熱心的僑商，被捕者甚夥，查日寇半年來，在西貢拘捕我僑民多次，每次被難者百數十人，計先後被拿者在二千人以上，其中保釋者固多，但被殺害及拘禁於集中營者凡數百名，海防，河內各地被捕之難僑尚未計在內。

△法倭交毆僑胞受殃 日寇往往與法越當局啓隙交毆，結果，我僑民慘遭浩掠，十一月間，西貢五倫街盧山冰室因雙方醉打，法兵吃虧多次，店主□□□被法當局捕去殺死滅屍，店主之婦身懷六甲，也被法探打中要害，「一二人三命」慘亡一旦，十二月間，西貢新市□□酒店也因寇卒毆傷法兵，被法偵緝局罰款並迫停業七天，諸如此類的事件，天天都有，毫無紀律可言。（未完）

——摘自《三民晨报》，1942 年 5 月 18 日

祖國要聞

西貢寇軍動態及暴行實錄

▲敵寇南進後越南歸國僑生談

僞逆纂徒假借虎威欺迫僑胞

△僞逆奸徒欺迫同胞　汪逆爪牙，得日寇勞力掩護下，異常猖獗，如我中央所派人員李，孫，徐諸先生，先後來越服務，而寇僞「特工」人員，無時不監視我人，且脅迫法當局制止我人在越服務，以去年寇軍未登陸之前，已有如此嚴密的特務勢力，何況敵人登陸後，那倭僞的「特工」已公然行動，參加第五縱隊訓練組，去做挑撥離間的工作。

·香越南漢奸首——林逆娜錚李次妻者——徐□□，周□□，黃一亞，陳□□，王□□，簡道長等來往，在西貢，海防，河內之間活動，強顏苦笑，向敵人搖尾乞憐，一面則恫嚇僑商，搜索殷僑銀物，飽肥私囊，如指派救災捐，海防方面，已募出萬餘元，西貢方面大約捐有二三萬元，尤其是——西貢僞領事周逆□□，居心狠毒，以我僑民並不承認關逆是什麽怪物，故對我僑胞甚爲發怒，不惜以摧殘手段，密告敵方，捕我僑胞，一面又向我僑民假裝人情，凡請求担保者，他就對僑胞說，你們要認我是領事，我乃保釋你們，一般反動的刊物，發現在市面者很多很多，往往看見的是——南洋旬刊，廣州僞中山日報，僞大公報，民心論，僞民意週刊，香港朝報等，大多均被我僑胞讀者摒棄，置之火炬，僑教科書，搜查甚緊，童軍教育及童軍團不得組織和訓練，有民族性，抗戰性的歌樂，也不許寫教材，可知課本檢查，是相當利害的，同時挾制輿論，收買報紙機關，掌握僑衆喉舌，華文報紙，遠東日報，民報，華僑報，僑衆報，華商日報，乃海防僑聲報，當已自行停刊外，還有中華日報，中國報的無恥文化人，中國報社長之流，已受敵人津貼，爲虎利用，表演它宣傳傀儡，欺騙僑胞的怪劇，誠爲可惜。

△西貢敵軍最近動態　太平洋大戰爆發後，日寇防備極嚴，但其兵力多調前線，西貢防務大感空虛，「新兵來，舊兵去」，是日軍一貫的動調作風，本月七日，舉行防空演習，市上燈火管制，海上海軍「照空燈」五支大照天空，市民頗感張皇，七日夜派特務隊散發傳單，大致謂，皇軍向英美宣戰，望中法越人要維持現狀，八日凌晨包圍滙豐銀行，渣打銀行，東亞銀行，東方銀行等，——將英美商人概行拘拿，男女老幼，大多遭難，沒收其銀行資金，在泰國方面，也用一樣殘酷手段，寇軍軍事的佈置，大多側重泰越邊區方面，達（日旁）咋嗟市數百間鋪戶，已被佔去三分之二，臨時指揮部在「茶膠」與「大年」之間，長途電話線，由西貢通到此間者，已架有二十多種，在「新山」及「榕來」之間，開闢機場以外，又在「茶膠」與「大年」之間，新闢較大規模的機場，每天有越工萬人工作，大小工資每日五角，工程最近可完成，據一位越人羅□池在敵司令部充法文書記——月薪二百餘元，對吾人頗表同情，語述日軍於事變前後情形，（卽太平洋大戰前後）他代日司令部向法洋行買東西，只寫單據，沒有現銀交易的，動十萬數十萬元，每次都由東方銀行領款，故市場大多數爲日方壟斷買空賣空，括盡資源，不論越，華，法商，皆遭重創，十一月間已由華力海南島及各地秘密調遣寇軍達二十五萬人，內新兵三萬人，大戰以後，多數移動到泰國，星洲方面前線，僅留少數機械化及憲兵部隊巡衞市區。令留駐西貢寇軍——陸戰隊司令部在加支那街皇后酒店，海軍司令部在西貢街中國旅行社，隔壁爲敵第二司令部），設在法國商會內，空軍辦事處和海軍司令部，隔壁海軍警備隊，在西貢潮洲街法國馬會辦事處，槍械兵器子彈皆具充實，電油庫多在兵營附近，但自八月以後，通通移調前哨陣地，十一月間，西貢土德市日油船二艘被炸，敵大損失，而電油來源缺乏，軍用車有二千多架，用油耗大，以戰事攸關，車輛未足應用，且收買法國舊車，或木炭車行駛市區，裝石塊做工事，及運輸軍食多以酒精代替汽油。（未完）

——摘自《三民晨报》，1942年5月19日

敵機襲桂林

中央社桂林十九日電 敵機一架，十九日晨八時，竄擾桂市上空偵察，盤旋數週後逸去，十時許敵機一架，在陽朔發現，嗣經懷集賀縣侵入桂市上空盤旋數匝，在西南郊投彈廿餘枚，燬落荒山野壙中，其中十三架，向陽朔平樂原路逸去，另八架循鐵路線飛至柳州，殆向懷集方面逸去。

中央社興集十九日電 敵機四架今晨七時四十分竄襲吉縣，在城關投彈十餘枚，炸毀房屋十餘間，死傷民衆數人。

——摘自《时事新报》（重庆），1942 年 5 月 20 日

祖國要聞

西貢寇軍動態及暴行實錄

▲敵寇南進後越南回國僑生談

偽逆暴徒假借虎威欺迫僑胞

△寇酋花寨往往出醜 倭軍紀律極壞，淫佚無度，除在敵寇本國搜集大批娼妓外，並在西貢擄去越女或華妓，充當軍妓者凡有五百人，名爲俱樂部實即是花寨，陸軍妓寨在西貢教堂後面，海軍妓寨在新市大舞廳內，佐戰隊「花寨」舊市日丸食堂，空軍的「妓寨」未詳，這是官佐的淫慾場合，至士兵方面，多數是到正式妓館去「尋花問柳」的，往往發生擄掠女性，慘無人道的醜事出來，有一位少尉敵兵說出，最可怕的是「去那嗎，廣東仔，殺死我太和許多弟兄，我也報復殺死十一個中國人」，他是怪說中國官話，從華中調來的，也是淫蕩的獸卒，又有一位一五六歲的上士「日卒」，也懂些中國話，某次，和我僑胞某君談話的暗示，皇軍用票，將在整個越南通行了，這昊亂未脫的小卒，也慘遭日軍押迫，入伍送死，足見日軍兵源恰竭的實在性。

△中越戰士並肩苦鬥 我國對日德意正式宣戰後，越南人民（越奸除外），無論男女老幼，大多是表同情的，渴望中國早日戰勝日本，同時熱望中英美蘇荷各民主國家反侵略戰線，加速撲滅法西斯匪徒——希特拉，莫索里尼，東條，以及其爪牙，越南獨立革命運動，已深在越南的每個角落裏——大衆基層，尤其是中國大地——昆明，靖西，桂林，重慶，也有越南的革命戰士，直接間接，配合着中國的英勇弟兄並肩作戰，特別希望中國扶植越南獨立，越南四十多萬僑胞（少數漢奸敗類除外），已抱着犧牲決心，一面機警地應付日寇，一面應付法方當軸，一面又要聯絡安南人士直接間接援助我人，分頭沉着應戰，分道減敵人力 物力，財力，同心協力，發揚「華僑爲革命之母」的至上榮譽。（未完）

——摘自《三民晨报》，1942 年 5 月 20 日

祖國要聞

西貢寇軍動態及暴行實錄

▲取道南寧後返同國僑生談

偽逆華僑假借虎威欺迫僑胞

尤爲足以敬慰國人者——噴佛僑胞□□□，爲人忠貞愛國，意志堅强，個性純剛過人，寫有「打倒日本鬼，消滅大和魂」等對聯，貼在住脊的空戶上，被日憲連續三次的强迫抓去，他却不理采（日旁），後被敵司令傳訊，他老人家用着「不痴不聾，不作阿翁」的諷刺的幽默的話語，「我不懂中國字，我只認以此對是慶賀貴（鬼）國來解除我們痛苦的字，東亞人愛好東亞人，你們也極好意地在中國，在越南，給了許人「恩惠」與我們，我老杳亦是感謝你皇軍如這的德威」，於是也得脫禍無事，一位瓊僑林□□君結婚的賀禮屏鏡上，有一方屏鏡上刻着「台灣、朝鮮、琉球」等版圖，寫的「新的中國」字樣，也被日寇傳去問話，林君婉詞駁說，安全歸來，西貢一位僑胞汽車王林某，某次與敵車相碰，林君據理與敵車好意交涉，敵裝甲兵汽車夫，當場自知理屈，向林君道歉。

△取道越南到邕寧去　最後由道三位僑生報告沿途見聞，並將取道東興到邕寧去升學的話，在安南京都看見有一部份倭兵，駐於車站附近，大概是由海防調到西貢的，又在海防看見日寇的獸行，漢奸的活躍，河內五十餘青年僑胞，七月八日被拿，海防百餘僑商本月，五日晨被押勒索，今尚在囚牢中，九重地獄，不見天日，至僞機關向北圻僑商勒捐之款，成績極低，僅有萬元，同時也在西貢勒捐二萬餘元，可見北圻僑商的消極應付倭寇辦法，以及痛苦重重，我三位是同鄉，而且是同校同學，四海之內皆兄弟也，我們本着「風雨同舟」，抱着一致決心，於行前在西貢辦妥各種回國手續，如出口護照（出口書）、回國升學證明文件，以及華僑登記證等等，於太平洋大戰後第二天離開西貢的，日內就由此間搭輪赴芒街，由芒街踏上「一衣帶水」的國際邊東興鐵橋，就投進祖國懷抱裏來，東興是粵越交通孔道，從東興取道欽防到「邕寧」去，擬在邕寧轉入桂林後再作決定措之，我們此次歸去，也要倍加努力攻讀，增强智能，「學以致用」，爲國家盡忠，爲民族盡孝，以報累仇宿恨，而盡國民一分子之天職云云。（續完）

——摘自《三民晨报》，1942 年 5 月 21 日

日寇濫用綠氣炸彈犯陜

廿日重慶電，中央通訊社是日報告，陝西方面敵軍飛機曾用綠毒氣炸彈，向我軍轟炸，曾有一炸尚未爆發，而由防空隊掘起，移往總部檢驗，該毒氣彈重二百磅，高一百四十一仲地米突，厚廿七仲地米突云。

——摘自《三民晨报》，
1942 年 5 月 22 日

浙東戰事益激烈

敵增援達十萬人

敵機輪番轟炸金華城郊

我人民建築物頗有損失

（中央社）重慶二十四日電 軍訊：一、浙東前線戰[illegible]、浙[illegible]戰事益趨激烈，我軍對各路來犯敵節節阻擊，[illegible]以極大打擊，[illegible]各路敵均陸續增援，總數達十萬人，二十三日晨其經由東陽、義烏、浦[illegible]、[illegible]向我猛撲之敵，仍[illegible]我阻止於金華以東地區，[illegible]激戰中，同時敵[illegible]架輪番向金華[illegible]郊轟炸，[illegible]民建築物頗有損失。二、浙東前[illegible]戰地電，[illegible]至浦[illegible]西南[illegible]溪[illegible]之敵，於二十二日[illegible]犯，經我軍[illegible]擊，戰鬥至[illegible]烈，敵我均有傷[illegible]，[illegible]我[illegible][illegible]宅[illegible]一金華[illegible]，以北血戰未已、三、浙東前線[illegible]地[illegible]、鐵[illegible]西[illegible]溪[illegible]後[illegible]部隊[illegible]量增援後，在[illegible]掩護下，向[illegible]猛撲，於二十[illegible]晚先後竄入義烏及其西[illegible]之義亭市，二十二日[illegible]向孝順[illegible]、金華東進撲，迄[illegible]仍被我[illegible]於其[illegible]止[illegible]該地[illegible]近地區，戰門正酣。四、浙東前線戰地電，東陽[illegible]東，及東南地區之敵，[illegible]該城[illegible]撲，曾以一股經南馬[illegible]北[illegible]後續由[illegible]、[illegible]後方迂迴，形成包圍態勢，[illegible]日竄入城內，我[illegible]當與敵在城內作激烈之巷戰，敵我死傷均重，嗣[illegible]以敵後續全[illegible]，[illegible]因脫[illegible]，向預定地點轉進，五、浙東前線戰地電，由東陽向永康進犯敵，於二十二日侵入[illegible]內，[illegible]行分[illegible]竄犯，一股[illegible]一股[illegible]犯[illegible]，[illegible]分別增[illegible]中，六、浙東前[illegible]戰地電，[illegible]金華東[illegible]之[illegible]下柳附[illegible]地區，[illegible]股經我軍奮勇[illegible]擊，戰門[illegible][illegible]敵[illegible]，七、浙東前[illegible]戰地電、犯[illegible]順附近敵，於二[illegible]三日晚以一部向[illegible]宅[illegible]一[illegible]東[illegible]繞犯，經我軍奮勇[illegible]本[illegible]敵[illegible]、八、浙西前線戰地電，竄至溪口乾潭[illegible]之敵，繼[illegible]建[illegible]犯，與我[illegible]門[illegible]烈，[illegible]建[illegible]北迄以西[illegible]募埠一帶[illegible]浦[illegible]，經[illegible]溪口[illegible]舞[illegible]附近之一股敵，繼[illegible]南[illegible]大[illegible]村[illegible]，于[illegible]十三[illegible]向建德以西[illegible]溪[illegible]犯，被我[illegible]擊，即折[illegible]東[illegible]。

——摘自《华西日报》，1942年5月25日

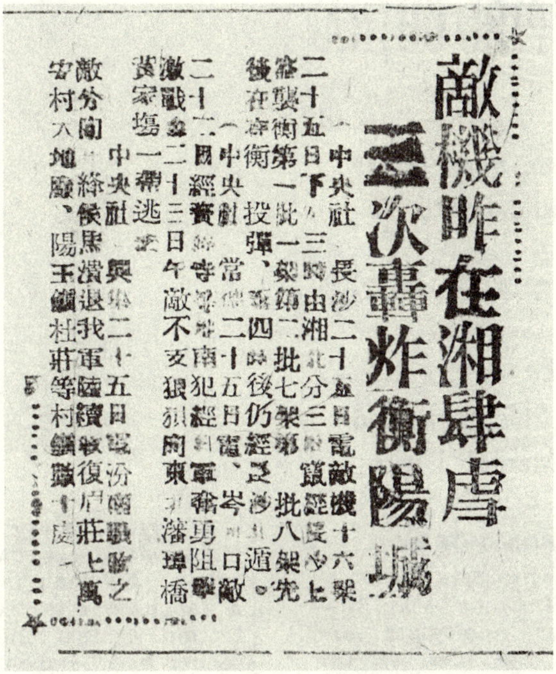

敵機昨在湘肆虐
三次轟炸衡陽城

（中央社長沙二十五日電）敵機十六架二十五日下午一時由湘北分三路竄經長沙上 [illegible]

——摘自《华西日报》，1942 年 5 月 26 日

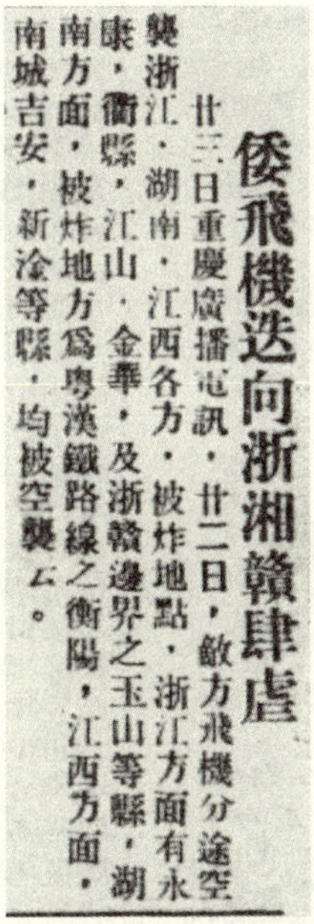

倭飛機迭向浙湘贛肆虐

廿三日重慶廣播電訊，廿二日，敵方飛機分途空襲浙江，湖南，江西各方，被炸地點，浙江方面有永康，衢縣，江山，金華，及浙贛邊界之玉山等縣，湖南方面，被炸地方爲粵漢鐵路線之衡陽，江西方面，南城吉安，新淦等縣，均被空襲云。

——摘自《三民晨报》，
1942 年 5 月 26 日

JAPANESE PLUNDER ALL OCCUPIED CHINA

Move in as 'Partners' and Oust Chinese Proprietors of Shops and Factories

BEST FARMS ARE SEIZED

Owners Forced to Turn Over Tools and Livestock and Work at Menial Tasks

By HARRISON FORMAN

Wireless to THE NEW YORK TIMES.

CHUNGKING, China, May 27—While Japanese apologists are propagandizing the idea of the "Greater East Asia Co-Prosperity Sphere," ronins and adventurers, encouraged and protected by the military, are swarming over occupied China and penetrating trade and agriculture so thoroughly that merchants and farmers face bankruptcy and slow starvation, according to refugees reaching Free China.

When the Japanese first took over Shanghai, all shops were ordered to continue business with assurance that there would be no interference. After a few weeks, however, they ordered a general survey of stocks and took over those dealing in hardware, electrical appliances, bicycles and other goods useful for military purposes. As if this were not enough, a 50 per cent tax is levied on all merchants by the military. The monthly revenue from this tax is estimated at $30,000,000.

"Observers" were sent into factories "to see that nothing is removed or concealed." Later the Japanese began to "borrow" machinery and materials and finally took over plants and used machinery and materials for their own purposes.

A typical story is that of a Hankow Chinese, owner of a bathhouse. He took into partnership a Japanese who offered him protection against interference. No sooner had he spent several thousand dollars repairing and improving his establishment than he was driven out by Japanese gendarmes on a trumped up charge, leaving his "partner" in full control.

In Hankow the Japanese are said to have seized the Yangtze, Pacific and Palace Hotels and turned them into brothels.

In Nanking the whole length of beautiful, wide, modernized Chungshan Road is now exclusively Japanese, with all Chinese shops taken over.

In Peiping the French-owned Peking Hotel has been "bought" by Japanese as well as the Capitol and other theatres, which now show Japanese-made films. The former site of the Sitang Market is now covered by the Takajima Department Store, but the owner has received no compensation.

Fertile rice fields in the western suburbs of Peiping have been taken over by Japanese and Koreans. Hundreds of Chinese whose forefathers had worked on these farms for generations were ruthlessly driven out, and many are now pulling ricestalks or doing other manual labor for a livelihood.

——摘自《纽约时报》（The New York Times），1942年5月28日

敵在浙江建德用毒氣

我軍事發言人在今日下午招待記者席上發表談話。。謂敵軍此次侵犯金華。。使大量空軍助戰。猛烈轟炸。但我軍有防空保障。。死傷尚不甚重大。。但敵軍在建德方面。用毒氣作戰。我守軍犧牲者達三分之一。。（下略）

——摘自《中西日报》，1942年5月28日

敵在金華施放毒氣進攻

廿八日重慶電，今日我軍事發言人指斥日敵施用毒氣，圖攻陷浙江金華，發言人稱，敵軍在金華西北施放毒氣，我軍中毒死傷者約三份之一，金華刻被敵軍數面包圍，但倭方所宣傳攻陷金華，實屬不確，星期三晚，金華尚在我軍手中。

我發言之披露我軍用地雷阻遏敵軍來犯，此為我軍以地雷為防守戰略之第一次，從前我軍在華北用地雷炸毀交通線，此次我軍能固守金華，由於該處防務鞏固，且我力砲火較敵軍為猛烈。

關於雲南戰場，我發言人稱，我軍又已收復騰越附近村鄉多處，其一點我前鋒離騰越僅二里，我軍在敵後仍佔有多點，每破壞敵方交通線，我生力軍源源開到滇緬邊界，衝進敵防線，除非敵方增援，否則能陵及騰越敵軍，將被我肅清云云。

——摘自《三民晨报》，1942年5月29日

日機突襲西安
三原及富平亦遭炸

（本報專譯）某空軍基地廿九日同盟社電，日陸軍機昨日上午突襲西安之敵軍軍事根據地，該處係在山西省中部隴海鐵路，并炸西安以北五十公里之三原及百公里之富平，日機全部安然返防云。

（本報專譯）山西前綫廿八日同盟社電，日軍部隊在山西省東南將敵陣地逐一佔奪，并向該等共產軍加緊包圍，現計被圍共產軍約有一萬，殲滅之期當不在遠，日軍此次攻勢，係由飛機協助，據邏到之消息揭露，日軍部隊於本月二十四日擊潰渝新軍第六旅，渝軍遺屍四百，被俘八十，被奪獲機關槍二十一挺，長槍一百八十桿。

——摘自《南华日报》（香港），1942年5月30日

贛敵無惡不作

姦淫搶掠合人髮指

中央社訊 據軍委會發表，最近有由贛北淪陷區星子縣逃出步行抵渝者，據談其四年來目擊敵寇獸行，誠非人類所爲，茲將事實摘錄於下：㈠僞縣府之縣長遇敵兵須敬禮，民衆尤然，㈡民衆挑負柴米鷄蛋蔬菜等日用品，敵兵照例藉詞檢查而掠去十分之一二，即小兒手怕內之菓餌，亦不能例外，㈢人民如過婚姻喜慶，敵寇往往有六七人前來，勒令男女來賓裸體跳舞，敵則鼓掌大笑，如不從必受其荼毒，㈣敵每星期例向僞縣府索取年在二十五歲以下十五歲以上之青年女子一二十人，解送敵軍，以供獸慾，僞縣府則於每保推派四人，輪流供應，㈤某次敵兵竟迫某氏之子與其母交媾以取樂，㈥某次敵兵醉後，在星子龍潭灣强姦一婦人，其夫及子均在側，忍無可忍，當用柴刀將敵頭顱砍下，碎屍埋沒。

——摘自《时事新报》（重庆），1942 年 6 月 9 日

敵機擾皖贛湘

桂市西南郊被炸

中央社吉安九日電 該機五十八架，今分批竄擾贛境各地，並在贛縣南城上轟投彈。

中央社立煌九日電 一日上午十時許，敵機五架侵入績溪上空，投彈七枚，毀民房廿餘間，死平民一人，下午復有敵機來襲，投彈二枚，同日有敵機八架竄至蘇境內，在城內投彈八枚，毀房三十餘間，平民略有傷亡。

中央社衡陽九日電 敵機二十二架，九日分襲浙贛，七架由浙北竄衡內，六架在衡投彈，另十二架在贛州投彈，三架分竄零陵、芷江、桃源各地窺察。

中央社桂林九日電 敵機十一架今午飛桂肆虐，在桂市三西南彈擲投十餘枚，並散發荒謬傳單後逸去。

——摘自《时事新报》（重庆），1942 年 6 月 10 日

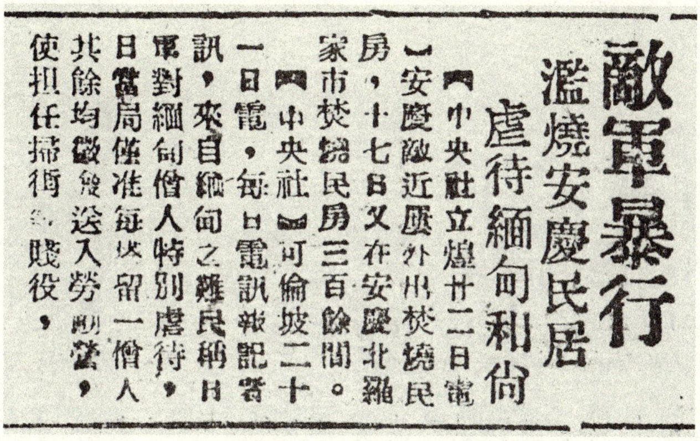

敵軍暴行
濫燒安慶民居
虐待緬甸和尚
【中央社立煌廿二日電】安慶敵近屢外出焚燒民房，十七日又在安慶北羅家市焚燬民房三百餘間。
【中央社】可倫坡二十一日電，每日電訊報記者訊，來自緬甸之難民稱，日軍對緬甸僧人特別虐待，日當局僅准每[illegible]留一僧人，其餘均徵發送入勞働營，使担任掃街[illegible]賤役，

——摘自《国民公报》（重庆），1942年6月23日

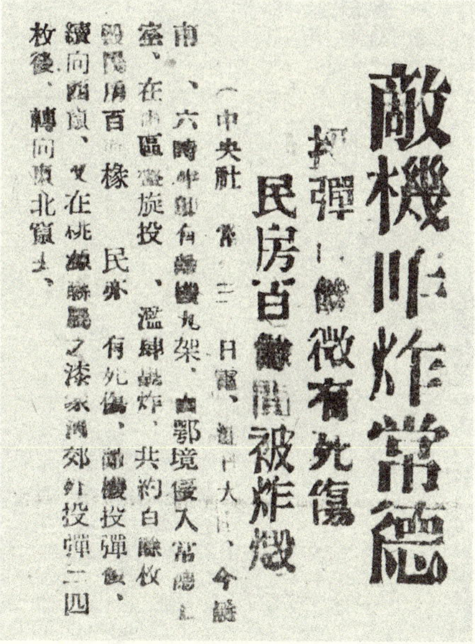

敵機昨炸常德
投彈[illegible]微有死傷
民房百餘間被炸燬
（中央社常[illegible]三[illegible]日電、[illegible]大[illegible]、今[illegible]南、六時許敵有敵機九架、由鄂境侵入常德上空、在[illegible]區盤旋投[illegible]、濫肆轟炸、共約[illegible]枚[illegible]毀民房百[illegible]椽[illegible]民[illegible]有死傷、敵機投彈後、續向西竄、又在桃源縣屬之漆家河郊外投彈二四枚後、轉向東北竄去、

——摘自《华西日报》，
1942年7月1日

日寇暴行

追逼滇邊難胞 五十人遭慘殺

中央社昆明二十日電，滇西[illegible]談，敵人五月十[illegible]日佔領騰衝，當地人民相繼繞道渡江，以避[illegible]，惟因五月十八日[illegible]渡船沉於江底，難[illegible]人民至此大部露宿，二十二日敵人竟跟蹤追至，[illegible]同胞五十餘人，綁於樹上，用机刀亂殺亂砍，本人幸[illegible]槍聲，[illegible]同胞呼救，捨命奔避，[illegible]之聲不[illegible]，[illegible]見婦女攜抱幼兒投於江中者不知凡幾，尤可憐者，[illegible]父無母之小兒女，見其父母被敵人殘害，輾轉江邊，哭不成聲，其孤苦流離之生活，種種情形令人寒心，敵在江邊[illegible]，[illegible]眼見難民[illegible]退，本人乃偷[illegible]江，一路行來時聞被敵人[illegible]之[illegible]呻吟聲，

——摘自《华西日报》，1942年7月22日

日軍進行文化侵畧

東京廣播：雖日本文字及其發音極為困難，即日人本身亦不易精通，但日本軍閥已決定日文應為東亞之語言，並已開始將日語強迫被征服地之人民學習，又印發大批日文課本及字典，以適合馬來，緬甸，安南，泰國等地人民學習日文之用，但該廣播又稱，此普及日文計劃，極不易一時實現，目前不能不於南洋各地，暫時通用英語云。

——摘自《三民晨报》，1942年9月5日

敵機數架向福建省肆虐

六日中華新聞社重慶電，昨日敵機一架，突襲福建北部之建甌，投落炸彈四枚，死傷平民二十餘名，福建西部之長汀，亦被敵轟炸機三架襲炸，投下炸彈十二枚，該城內外之房屋，被毀多間云。

——摘自《三民晨报》，1942年9月8日

▲敵在浙贛兩省焚殺暴行

（聯合社重慶電訊）五日中央社消息，最近敵軍在浙江江西兩省佔據各處城市，在未退出以前，殘殺中國青年人，至少有二萬一千名，此等青年人，係在臨川，廣豐，上饒，及衢縣等處被日軍殘殺者，此外日軍又在上述各城市及附近之鄉村，放火焚燒房屋甚多，致令浙贛鐵路一帶，無家可歸之難民，有數十萬名之衆云。

——摘自《三民晨报》，1942年9月9日

▲敵在淪區施行毒化政策

（重慶電訊）國民政府內政部禁煙委員會常務委員李仲公，四日向中國淪陷區廣播稱，自一九三一年敵侵東三省以來，施行鴉片毒化政策，其結果三千萬居民中已有一千三百萬中此惡毒矣。

李委員報告倭寇鴉片販之活動地區甚廣，包括東三省，華北，華中，廣東，福建，及上海南京一帶。

倭寇鴉片毒化政策有三大要點，㈠強迫種植煙苗，㈡公開鼓吹食鴉片，㈢鼓吹吸食其他麻醉劑。

在僞滿十八省中，已有十二省劃定爲種植煙苗之地，該種植地區之總面積爲二十七萬七千七百九十畝，每年可產鴉片一百二十七萬一千公斤。

自華北僞政府成立以後，國民政府於一九三五年所頒行之禁煙綱領爲被廢除，在倭寇監視下公開販賣麻醉品之商店，儼若雨後春筍。

現北平煙窟之數目爲五百間，濟南一百三十間，天津一千間，此外，尚有製造鴉片及麻醉品之工廠一百間，單以天津之工廠而言，每日開足二十四小時工作，中國工人數千名，而倭監工數目到達一千人。

在河北省某數個縣中，倭寇實行一種強迫吸食鴉片之政策，每晨倭寇所僱爪牙，沿門送派鴉片數盎士，晚間再度沿門收拾殘物，以偵察所送鴉片已否完全用罄。

在山西省，倭寇設立一種以物易物之制，以棉布，米，肉，油，鹽，及其他商品交換鴉片煙，最近已有二十六縣劃定爲種植煙苗之地。

綏遠及察哈爾兩省，共六十二萬畝之地，已被劃爲種植煙苗。

在華中之河南與湖北省份，已有十八縣面積共二萬七千畝，被劃爲種植煙苗之用，此外，在安徽省沿鐵道一帶縣份，亦爲倭寇用作該毒品之耕種。

在華南，廣州市爲製造及推銷中心，倭已組織一公司，資本六十萬元，爲販賣該毒品之機關。

南京有四十個煙窟，每月收入三百萬元，相信南京人口中已有三分之一吸食鴉片。

上海公共租界內倭寇開設煙窟七十間，在鎮江，也開設二百間。

——摘自《三民晨报》，1942 年 9 月 10 日

▲浙贛線倭寇之焚劫暴行

（聯合社重慶電訊）八日可靠消息，浙贛鐵路區域一帶地方，日軍於撤退時，均施行焚劫暴行，先將中國城市及村落之糧食與財物掠劫一空，其笨重不能攜帶者，則盡火焚燒，致令人民發生經濟困難，國民政府則多一困難之問題處理，中國軍隊亦須多運糧食前往接濟云。

——摘自《三民晨报》，1942 年 9 月 11 日

▲敵軍迫被俘盟軍作苦工

（十日重慶廣播電訊）駐高麗敵軍總部昨九日宣佈，在馬來亞被俘之盟軍一萬六千名，不日即將押運到高麗境內，強迫在礦場作苦工，敵方已設有臨時收容場所。

——摘自《三民晨报》，1942 年 9 月 16 日

日寇奪取上海一切資源

（重慶電訊）北平前任市長袁良，近從上海逃出，據其談稱，日軍去年十二月八日，佔上海租界之目的，一係奪取英美利益，二爲藉上海對華作經濟戰。日軍除強攫一切英美財產外，並奪華人貨物三百萬元，及中國法幣三十萬萬元，上海一切工商業，已盡爲日本人操縱。

袁良續云，日人希望佔據上海租界後，能對中國實行長期經濟戰，使中國戰後，難以恢復大部分工業，消滅英美在中國之勢力，並如東京大阪等地工廠被炸，日本能利用上海之輕工業，繼續生產，惟中國當局，刻已籌有對策，反而對日不利，袁氏復云，日人雖竭力在淪陷區禁使中國法幣，結果失敗，日軍佔上海租界後，即開始將居民二百五十萬，逐出上海市區以外，至四月間，被逐出上海者，已有百餘萬。

日軍當局，需要重慶所發行紙幣，以購買中國農民之出產品，故日寇之爪牙及漢奸們，每每渡過揚子江，到非佔領地區，兌換重慶政府所發行之鈔票，將之盡購糧食，以及其他物件，以爲供給駐屯中國，馬來亞，及其他南洋各地日軍之用。

所有英美商家，都不肯使用僞紙幣，故在日軍佔領區內之英美商號，均被迫關門，在日美正式宣布戰爭以後，日賊攫發美國商業之計劃，至爲明顯，在戰事未爆發前，外交關係尚未斷絕，美當局抗議日軍干涉商務進行，仍得多少解釋，但在宣戰以後，形勢一變，日軍爲所欲爲，美國商人，束手無策。

[illegible]日軍攫取所有英美銀行及各行商業，並派其特務人員，監視所有英美商家，對內及對外貿易，均操諸此等人之手，有些英美商人，希望戰事結束後，能將商務恢復，但當日寇宣佈苛刻條件，以迫英美商人，將在上海天津青島及其他中國通都大邑之商品交出以後，此種希望，遂爲之煙消，就是英美私人所有之汽車，亦爲日寇所搶去云。

——摘自《三民晨报》，1942年10月1日

上海日寇強迫民衆捐款

一日中華新聞社重慶電，據中央通訊社由安徽屯溪遞來消息，上海民衆處於敵軍鐵蹄下，苦不堪言，現日寇再向民衆勒索大宗捐款，其名稱爲「和平秩序」捐，將沿門挨戶，强迫市民認捐，如民衆畏其逐戶騷擾，則須自動認捐，計公共租界攤派一千二百萬元，北區三百萬元，及法租界八百萬元，現該項攤款，已開始勒捐，除此之外，尚有其他苛捐雜稅，名目繁多，現又有「零沽稅」名目出現，凡賣出一件物品，即須抽稅百分之二十，日敵又向上海民衆搜索廢鐵，附近鄉村每家須出廢鐵三斤（每斤重一磅），上海市中之雙中板巴士車中座位之鋼架子，均被日寇拆去運回其本國云。

——摘自《三民晨报》，1942年10月3日

劫後浙東

滿目瘡痍正謀善後處置

本報永安特約通訊　經過一百多天的浙東戰事，目前雖然已近尾聲，殘敵亦已被我軍掃蕩得難以立足，然而浙東的損失，一時難以恢復，我們同胞所受的災難恥辱，更是永遠難以忘卻的，此時，劫後浙東，正在亟謀善後的處置，記者謹將浙東戰事的前前後後，報導讀者。

戰區災情

本年五月十四日開始的敵寇對浙東攻勢，是在月廿一日永康即告失陷，同廿八日金華蘭谿之失守，到六月九日連浙境以內的浙贛鐵路最後一縣——江山，亦告棄守了，從五月半到九月下旬，四個月中間，我浙境縣城曾經淪陷敵手者，計有臨安、分水、新登、桐廬、建德、壽昌、浦江、諸暨、義烏、金華、蘭谿、湯谿、龍游、衢縣、江山、常山、新昌、嵊縣、東陽、永康、武義、宣平、遂昌、松陽、縉雲、麗水、青田、永嘉、瑞安、象山等縣，此外一部份縣境遭敵竄擾者，爲天台、磐安、淳安、平陽、樂清等縣，如果連從前曾經淪陷或縣境遭敵竄擾，浙西及寧紹所屬廿七縣市合併計算，橫被敵寇鐵蹄竄擾的地方，幾佔浙江全省面積五分之四以上。據省當局接到被災各區專員縣長的報告及調查所得，各縣災情的慘重，眞可說是空前未有。如麗水松陽等縣城區房屋及浙贛路沿線鄉村，大多數都遭敵人的大火，並且毀壞非巷，殺人盈城，其他寇跡所至之處，無不擄掠焚殺，恣意淫殘，弄得瓦礫榛榛，雞犬無遺。至於糧食生產情形，起初有若干縣份，因戰事關係不及耕種，致令荒蕪，繼則霪雨成災，沿富春江浦陽江各縣田舍，復遭淹沒，及至秋熟時節，敵寇又加任意踐踏，麗松遂龍等縣田禾，因而損毀者不計其數，戰區災情的廣大和嚴重情形，實比已往任何一次的戰役都屬害得多

敵寇目的

這一次敵寇發動浙東攻勢的目的，是在於掠奪我方物資和破壞地方政治經濟組織。所以這一次的戰事情形，和已往略有不同，可以說是完全以軍事做手段的。因此，自從敵寇將主要目的地衢縣攻陷以後，就開始分途竄擾，他們的把戲是這樣的，即每攻陷一地，隨以少數武裝部隊，不過幾十個人，配合挑夫百餘人，一齊出動，劫運我方各種物資，不能挑運時，即放火焚毀，金華的茶山下，存放着好多物資

、敵人曾派隊前往包圍搜索、其不及運走的物品均全部被焚燒了。至如敵寇的不惜重大兵力、分路進窺永嘉、麗水、松陽以及石倉源等偏僻之地、其目的即在於掠奪物資、所以永嘉爲敵盤踞、雖時不過兩個月左右、但是、被運輸物資出海的數量、雖無詳確統計、惟據浙省當局表示、數目至可驚人。

善後問題

浙東的損失、既然如此慘重、所以中央和省府當局對於善後問題、都異常注意、本年六月間中央曾撥款百十萬元、該省更另撥三十萬元、會同進行撫卹工作、惜當時因戰事正在激烈進行、無從發放、現在、因戰事已有轉變、省府方面已積極着手進行、同時、並由省府另行籌款四百萬元、連同中央前撥之款項、辦理急振。此外、省府並會同省黨部參議會組織撫慰團、分兩路出發、辦理調查撫慰振濟等事宜省府當局以此次該省所撥款數目雖較歷次爲巨、但鑒於此次災情之重、災區之廣、此項振款數目、仍屬杯水車薪、離補大局、擬會同省黨部電請中央加撥巨款、以濟眉急、一面並分電各省、喚起同情。

該省戰區善後的第二個問題、就是恢復地方秩序問題。因該省經此大劫、大部份失地、雖已收復、但已種下若干惡果如散兵土匪勇等等、假借名義、千百成羣、嘯聚滋事、遍地皆是、故善後工作、刻不容緩、聞該省當局已責令所屬軍政機關、嚴行制止。

第三個善後問題爲交通電訊的恢復、因刼後浙東、所有交通電訊、大半均被敵寇毀壞、而自動破壞者亦多、目前正極力設法修復、此外、如學校教育、衛生防疫、亦在分别進行善後之中、浙東同胞、刻已紛紛返還鄉里、目睹廬舍蕩成瓦礫、無不更起顛沛之情、甚當有之戶、甚至傾蕩辦理無方善後、亦所在多有、民氣旺盛、可見一斑、記者親視浙東在全省上下積極辦理之下、把地方元氣、早日恢復過來。（九月二十九日）

——摘自《时事新报》（重庆），1942 年 10 月 18 日

▲敵在河南南陽散播疫菌

據中央航空建設委員會消息。本年八月三十日。有敵機三架。飛到河南省南陽地方。由空中投下大批高粱及粟米。經當地醫藥專家加以化驗。証明所擲下之穀物。均含有黑死病之疫菌。（即鼠疫徵菌）此爲敵人到處放疫。殘害人民之又一証。

——摘自《中西日报》，1942 年 10 月 18 日

▲香港倭寇虐待俘虜英軍

美國人馬施門述在香港被日寇囚禁及虐待經過，茲將錄誌如下。

日軍圍攻淺水灣酒店軍營結果，英軍失敗，吾人惟坐候日人收降，吾人永未料及降服後所得之恐怖　比被圍時之日夜激戰爲尤甚，自英上校領軍深夜離酒店突圍往赤柱後，吾等數人圍坐樓下，其中有明納上尉，香港股商矢尉酒店司理馬秀女士，歐戰時看護扶里庵女士，總統船公司經理威衡遜等．其他避難中西人民睡息酒店樓上，關於英軍離去酒店及吾等預備向日軍降服之事皆隱而不告，以免他們驚慌發生意外，時已夜深，萬籟無聲，坐候良久，聞有人行近酒店，吾等乃疾聲呼曰，「此處無軍隊，皆是非武裝平民，勿開槍」，繼而日軍二人入酒店，面目猙獰，命吾等皆舉起兩手，並曰，「我們稍退即回，如有一兵士在此，則盡殺你等」，遂日軍去後　兩青年英兵士進酒店，明納上尉揮之使去，勿稍留，並告英軍大隊已離店，他等走出門後，隨聞槍聲，次日吾等見此兩可憐青年英軍之屍骸已棄在路旁矣，不久小隊印兵又到，明納上尉又揮之使走，各速逃生，惟印隊長已受傷，留之，即更平民服裝　扶里庵女士爲之裹傷　適完畢，大隊日軍已進酒店，樓上各人亦相繼下樓，日軍並列隊將各人戒指手鐲頸鍊及貴重物品掠奪無遺．

——摘自《三民晨报》，1942 年 10 月 20 日

▲香港倭寇虐待俘虏英軍

當時各人恐慌萬狀，孩童更加號哭顫慄，日軍復命吾等一百五十餘人列隊步行，往距酒店約一英里之山邊堡宮，沿途見英海陸軍死屍遍地，及達該堡宮，則見夜間離淺水灣之英軍官兵士在此慘受日軍毒刑，刀刺擊殺，殘忍不堪，不久短小之日本軍官偕一傳譯向吾等訓話，多用各種恐嚇戲罵之語，復命軍隊舉槍，將所執之英軍兵士在吾等之前執行槍決，未死者再用刺刀擊殺之，又使吾等回酒店候命處置，在途中一老年英人因病不能行，日兵用槍刺刀戲弄，刺其臂部，將到酒店時，一中國侍役驚愕趨前接吾等，日兵徵笑，即回之猛刺，直穿其腹，擲之於地，抵酒店，即命將各軍械軍用品全部交出，越宿清晨，祇許吾等五分鐘檢點行裝離開酒店，吾等再步行十二英里，越山渡水，道路崎嶇，婦孺老弱不勝其苦，自清晨至下午四時，不許飲一滴水，飢渴交迫，沿途所見中若印加軍隊屍骸甚多。

又見無數中國人尸首綑綁一處，皆被日兵慘殺者　在途中日兵稍不如意，即用刀刺擊吾等，被傷者甚多，每遇中國人日兵即以刀刺之，或用柔術擲入空中跌下而死，以開玩笑，及抵太古船塢，各人皆飢渴疲倦，困苦不堪　惟志氣不餒，表現大國民精神，不使日人心快，吾曾問一日軍官給些清水與嬰孩解渴，他叱余曰，「此處無外人之水」，吾憤及當戰事爆發之初，港當局將日本人民拘留集中營，甚爲優待，且由其領事簽字證明此事，今戰事失敗，吾等被虐待如是，慘，吾人不勝浩嘆而憤恨之。（續完）

——摘自《三民晨报》，1942年10月21日

倭機從安南境竄炸蒙自

廿二日聯合社重慶電，今日中央通訊社報告，星期二日，倭輕轟炸機從越南根據地襲炸雲南蒙自，隨又低空開機關槍掃射市街，死傷人數未詳云。

——摘自《三民晨报》，1942年10月23日

敵在晉南殘殺幼童

中央社興集廿一日電　敵近在洪洞趙城一帶，焚燒民房，搶殺無辜民衆無算，所有糧食均被搜括殆盡，又趙城附近幸府等地敵，將無數幼童塡塞水井內，卒遭淹死，慘不忍睹。

——摘自《时事新报》（重庆），1942年10月22日

▲敵軍飛機向我各地肆虐

（重慶廣播電訊）洛陽來電，本月十九日晨，敵機廿三架，再度轟炸鄭州西北之廣武，敵機于投彈後，有敵機一架在該城上空盤旋良久，然後向西北飛去。

昆明來電，本月二十日下午二時半，敵偵察機一架及輕轟炸機九架，由越南方面飛入雲南之蒙自縣境，在東門外投彈一枚，並開機關槍掃射，燬民房多間，即經由滇越邊之河口方面　飛返越境。

又中央社消息，日軍輕便轟炸飛機九架，飛至蒙自轟炸，並開機關槍向街道掃射，有無傷人，未有報告。

據重慶防空司令部發表公佈　昨廿一日晚，有未能認明之飛機一架，飛入四川境內之洞坪地方，重慶於是晚九時十五分，發出準備空襲警報，但隨後發現該可疑之飛機，中途折回，至十時乃解除警報。

又據重慶電訊，廿一日晚，有日軍飛機八架，向重慶方面進發，當時重慶曾發出防空警報，但日機不曾向重慶轟炸，此爲一九四一年八月以後，重慶發出防空警報之第二次。

——摘自《三民晨报》，1942年10月26日

重慶播音

▲敵機昨日兩次空襲桂林

昨廿九日晨間。敵機兩次空襲桂林。第一次敵機若干架。在廿八晚半夜過後。乘着月色。。在桂林西南郊。。擲卜炸彈二十枚以上。。到廿九日上午六時。。敵轟炸機數架。。又空襲桂林。。當卽遭盟機截擊。。在市郊上空發生激烈戰鬥。。敵機隊形立被盟機衝散。未及投彈。卽倉皇飛遁。。我盟機無損失。安全返防。

▲敵機昨日飛湖南偵察 據中央通訊社湖南常德電。有敵偵察機若干架。於昨廿九日天明以前。飛到湘西數處市城偵察。又同日上午三時。有敵機一架。飛往零陵偵察。。在上空盤旋後。。向廣東省境方面飛去。零陵距衡陽西南一百七十公里。爲公路交通要點。。

——摘自《中西日报》，1942 年 10 月 30 日

▲倭機十一架襲擊廣西

（重慶廣播電訊）倭機十一架，於廿四日晨由廣州起飛，分三路襲擊廣西各地，五架向柳州投彈，三架在桂林西南郊上空用機槍掃射，三架則在延西（寶源）上空偵察多時，卽行飛去云。

——摘自《三民晨报》，1942 年 10 月 30 日

敵軍慘殺人民一頁血帳

據福建永安電訊。敵軍於夏間浙贛戰役。組織破壞隊在我國西南地區。。焚殺擄掠破壞地方。屠殺平民。無所不爲。。頃得福建省主席劉建緒最近赴戰區視察歸來之報告。敵軍之兇殘行爲。。實足令人髮指。有等地方。人民被敵軍屠殺後。盡將死屍投入河中。又有某地方。發現敵軍將平民殺斃後。以斧頭肢解屍體。逐件切碎。。置於缸中。。敵軍之此種行爲。。欲以最兇殘之恐怖手段。壓服佔領區之人民。但此舉適足以增長人民對寇之痛恨。。而益堅其抗敵之心。。

▲江西泰和來訊。。據江西省政府接到第三戰區司令長官顧祝同將軍報告。。贛東玉山縣城於敵退時。受敵蹂躪甚慘。玉山城週圍十五公里半逕內之地方。。所有民房鋪戶完全夷爲平地。。該縣人民之慘被屠殺者。。達數千人。至於平民之流離失所無家可歸。無衣無食。勢成餓殍者。。達十萬人以上。。江西省政府現已撥款五萬元。連同中央分撥之一萬元趕辦急賑。

——摘自《中西日报》，1942 年 10 月 31 日

▲倭機在我各省肆虐近訊

（重慶廣播電訊）敵轟炸機六架，以戰鬥機數架掩護，由越南方面飛來，於五日下午，空襲雲南省南部之蒙自，在郊外投彈後，未幾又有敵戰鬥機廿架，在自開遠上空，盤旋偵察，昆明曾于當日下午三時發出空襲警報。

廿七日下午二時四十五分，敵軍轟炸機五架，由緬甸方面出發，向雲南西部保山襲擊，又有敵機十架，向蒙自襲擊，我美機隊凌空，與敵機作空軍，擊落敵機兩架，餘卽飛遁，我機均安全飛返原防。

又訊，敵機廿架，昨日再度襲擊雲南要鎮之蒙自，當時有美機六架，飛至蒙自南郊四十二里外將之截擊，擊落零式敵機二架，及145敵機一架，另四架被擊重傷，諒必在附近降落，美機則無其損失云。

中央社報告，雲南蒙自於廿五日被日軍飛機六架轟炸，此爲近二十四小時內，日軍向蒙自轟炸之第二次，廿四日則有敵機十五架，向蒙自轟炸，此等敵機均由安南飛機場起航云。

又本月廿二日晨，山西北部要鎮之榆林，發現敵偵察機一架，未有投彈，綜計兩月來敵機共飛來七次之多。

——摘自《三民晨报》，1942 年 10 月 31 日

敵機兩處肆擾

（中央社）桂林三十一日電　三十一日晨．時四十分敵機二架由粵竄桂在西部郊投彈後逃去

（中央社）贛縣三十一日電、敵機昨今兩日分別轟炸贛縣，三十日有一批共八架，由西郊投彈八顆、三十一日又有兩批共十二架，至二十八日來襲、先後市區投彈四十顆、死亡二十餘人、毀屋五十間

——摘自《华西日报》，1942 年 11 月 2 日

▲倭寇蹂躪我浙贛之慘況

（重慶廣播電訊）據福建永安電訊，敵軍於夏間浙贛戰役，組織破壞隊在我國西南地區，焚殺擄掠破壞，屠殺平民，無所不爲，頃得福建省主席劉建緒最近赴戰區視察歸來之報告，敵軍之兇殘行爲，令人髮指，有等地方，人民被敵軍屠殺後，盡將死屍投入河中，又有地方發現敵軍將平民殺斃後，以斧頭肢解屍體，逐件切碎，置於缸中，敵軍此種行爲，欲以最兇殘恐怖手段，懾服佔領區之人民，但此舉適足以增長人民對倭寇之痛恨，而益堅其抗敵之心。

據江西省政府接到第三戰區司令長官顧祝同將軍報告，贛東玉山縣城，於敵撤退時，受敵蹂躪甚慘，玉山城週圍，所有民房舖戶，夷爲平地，該縣人民之慘被屠殺者，達數千人，至於平民之流離失所，無家可歸，無衣無食，勢成餓殍者，達十萬人以上，且兵禍之後，繼之以水災，田園被浸者達三萬畝，現江西省政府已撥款六萬元，連同中央分撥之一萬元，趕辦急振。

又訊，廿九日重慶收到天主教某神父來信，聲稱去夏倭寇佔領江西省東北部，曾殺數華人天主教徒千餘人，破毀教堂二十餘所，來函人國籍不詳，並稱在餘江有一意國神父，爲倭寇所殺，該神父所調護之中國孤兒及老人三十五名，均遭毒手，且棄屍於露天坑中，李家渡華人桂神父，爲倭寇斬首，玉山法神父寶薩，則爲日賊殘暴刺斃，至今病尚垂危云。

——摘自《三民晨报》，1942 年 11 月 4 日

▲日寇最近經濟侵略陰謀

（重慶電訊）日寇現在我淪陷區，陰謀對華經濟侵略，操縱我各項大工業情形，略列如下。

紡織業，大興紗廠，豫安紗廠，彰德，石開，廣益紗廠，華新，汲縣，巨興紗廠，武陟，魯豐紗廠，濟南，仁豐紗廠，成通紗廠，濟南。

打包操棉業，磁縣操棉工廠，磁縣，正定工場，豐潤工場，正定，豐潤，中棉軋棉工場，彰德，彰德打包公司，彰德，天寒村操線工場，彰德。

麵粉業，聚豐麵粉，石門，順德電氣製粉工場，順豐，怡豐麵粉，邯鄲，晉潤製粉，新鄉，大豐麵粉，開封，徐豐，開豐，德豐開豐，美聚恆麵粉，六河溝，寶豐，濟南，豐年，成豐，濟南，成記，濟南濟 濟寧，濟南，東興，徐州。

洋炭業，致敬洋灰廠，濟南工廠固有四十餘家，但是無關重要的。

此外，「爲使中日的物質交流可以活動進行，並且爲使中國人之資本可以活動運用」，日賊對華之貨幣政策，也將自動而降低其軍票法幣比價，日寇之所謂「經濟交涉之重點主義，據漢奸報自供，「因爲日本需要運用中國之資本，以彌補其投資力短絀，又因爲太平洋危機的迫近，日本國內關係又起了根本的變化，這不但使日本國內之產業要來一個「再編成」滿洲之產業，中國之產業，在其與日本之配合上，也將要隨之而來一個「再編成」，日方所說之另行建立產業重點主義與緩和統制，就是這個意思。

由此足見日敵對我的經濟侵略，是有計劃有步驟的，作長期的打算，所以我們之政策，應是加緊團結，力量集中，粉碎敵人軍事，政治，經濟陰謀，準備反攻，驅逐日軍出中國云。

——摘自《三民晨报》，1942年11月6日

▲倭軍犯浙平民死傷數萬

（重慶電訊）浙江省府主席黃紹雄十月三十一日報告，由本年五月十五日起，共一百日之期內，日軍由杭州出發侵犯浙江省中部，計平民死傷共達三萬二千名，實業損失共美幣二千萬元，平民被殺者一萬五千名，其中婦孺甚多，受傷者五千名，失踪者一萬二千名。

——摘自《三民晨报》，1942年11月6日

盤踞越南倭軍虐待法人

重慶廣播電訊，中央社三日桂林電：越南關順高平有法人數名，被日軍指爲反日嫌疑，加以逮捕，嚴行拷問，越南法當局屢同日方交涉，均未獲釋放。

——摘自《三民晨报》，1942年11月7日

敵飛機十三架襲炸贛州

重慶廣播電訊，昨三日晨，有敵機十三架由廣東方面飛來，空襲江西省南部之贛州，在城郊投落炸彈及夷燒彈三十餘枚，惟僅炸傷平民一名。

中華新聞社重慶電，十月廿七日，綏遠包頭附近敵軍，從大佘灣向西大新騷擾，我軍迎擊，數小時後敵軍不支，狼狽竄逃，三日，敵機十三架從廣東飛襲江西贛州，在市郊投彈約三十枚，傷平民一人，十月廿六晨，安徽東流敵東犯我陣地，被我軍中途截擊，敵軍卒被擊退云。

——摘自《三民晨报》，1942年11月7日

敵在湘殘殺平民二千餘

廣東我軍突襲三水敵軍

八日聯合社重慶電，據湖南平江來電，敵軍於十月廿日至廿六日在湖北岳州及臨湘一帶，發動所謂「綏靖」戰，傷斃該處平民約二千餘人，民房千餘間夷爲平地，敵軍將所家畜及糧食，盡行掠去，敵軍復指該處人民收藏游擊隊員云。

八日重慶電，一日粵西我軍突襲三水敵陣地，鐵路及水道交通，敵軍猝不及防，傷斃甚衆云。

——摘自《三民晨报》，1942年11月11日

▲贛省敵人出犯焚燒民房

（重慶廣播電訊）據軍事委員會十三日發表戰訊，江西方面，南昌之敵一部份，於一日竄擾南昌以南之三江口，並縱火焚燒民房，被我軍驅逐，殘敵向原來路逃遁去。

——摘自《三民晨报》，1942年11月18日

▲敵軍飛機肆虐湘桂兩省

（重慶廣播電訊）十二日晨八時，敵機四十四架，由廣東及湖南敵機場起飛，往襲湖南醴陵，敵轟炸機一架，被聯軍戰鬥機擊落。

同日上午八時後，敵機一隊十架由湖南飛入廣西，另一隊十四架，則來自廣東方面，聯軍機隊凌空截擊，卽於桂林發生空戰，敵機不支而遁，隨後敵機一隊十一架，另一隊八架，再襲桂林，亦爲聯軍戰鬥機隊擊退，敵機損失未詳。

——摘自《三民晨报》，1942年11月20日

▲倭寇殘殺岳陽附近鄉民

（重慶電訊）據湖南常德消息，最近敵軍曾在岳陽附近之彭里及沛江等處，殺斃鄉民千餘名，及擄去鄉民四百名，以爲報復，係因我近曾在該處向日軍突然反攻，殺斃敵軍數百名之故云。

——摘自《三民晨报》，1942年11月25日

▲淪陷區敵軍施行毒政

李仲公講播調查實況

山西境內，敵寇爲便利推銷毒品，規定可以用棉化，布疋，米，肉，油，鹽等日常用品換取煙毒，到處煙館林立，人民吸食者幾達半數，甚至九歲兒童亦有出入毒品店者，最近敵僞更明令制定介休，平遙，離石，汾陽，交城，文水，太谷，趙城，霍縣，陽曲，榆次，靜樂，忻縣，清源，太原，神縣，嵐縣，代縣，繁峙，寧武，神池，定襄，五寨，平定，青陽，孟縣等二十六縣爲種煙地區，此外察綏兩省之敵，亦強迫農民種煙，察南十縣，及綏遠之歸，薩，包，清等地，共種煙苗十二萬畝，並設清查署，專理其事。

▲華中遍地罌化大批提煉毒品

三，華中各省毒化情形，敵僞在河南之信陽，羅山，安陽等地，發給農民罌粟種子，強廹種植，僅安陽一地，每年種植煙苗卽有三千畝之多，最近更明令規定彰德，湯陰，武定，臨漳，濬縣，滑縣，清化，鹿邑等八縣爲種煙區域，共計煙苗六萬餘畝，湖北敵僞近似擇定漳州，武昌，漢陽三處爲種煙區域，計地二十萬畝，實行民種官督之法，此外敵僞在宜昌，孝感，陽新，鍾祥等地，及安徽沿津浦，淮南兩路一帶之縣份，均強廹農民種植鴉片，公開售賣煙毒，皖北之敵，近更大批收買鴉片，提煉海洛英，運售各地誘民吸食。

——摘自《三民晨报》，1942年11月28日

日寇暴行

在新加坡屠殺我僑胞

九千少女被廹入妓院

（加爾各答航訊）十一月八日孟買星期標準報載稱、據目擊者談、[illegible]

——摘自《华西日报》，1942 年 12 月 1 日

▲上海倭寇拘捕美國教士

（重慶電訊）四日可靠消息，美教士二名，等候調遣交換回美，被上海倭寇當局拘捕，此二教士一名舒勒士，籍蘇州大學教授，一名卜氏，年高七十九歲，在華居留五十年

——摘自《三民晨报》，1942 年 12 月 11 日

▲敵機向我陵零桂林肆虐

（重慶廣播電訊）據湖南衡陽電，昨十五日晨，有敵偵察機一架，飛到距衡陽西南七十四公里之陵零窺探

又中央社桂林電，敵機十四架，於十五日下午空襲廣西桂林，在郊外投彈多枚。

——摘自《三民晨报》，1942 年 12 月 19 日

遭敵刧掠後 浙贛災情重

（中央社鉛縣二十二日電）戰區政治部主任鄧文儀、定二十三日赴閩、鄧此次在浙贛戰地勘察災情、撫慰流亡、為時三月、據談、敵秋間竄擾、[illegible]里為墟、而浙東之江山、贛東之臨川、罹禍尤慘、臨川民眾被屠者在萬三千人以上、江山則大鎮小村殘存不及十之二三、惟江山民氣激昂、悲壯故事頗多、該縣人民先後殺敵五百餘人、為民眾殺敵之紀錄、劫後各地民生凋敝、疾病流行、中央已予救振、尤望各地人士全力振濟、敵軍潰退後、我軍推進、沿途民眾自動協助合作、至為密切。

——摘自《华西日报》，1942 年 12 月 23 日

敵兵源已枯竭

在我淪陷區抽壯丁

圖在蘇浙皖抽六十萬人

汾陽人民多遭敵寇捕殺

【中央社上饒二十二日電】敵國以戰場日益擴大，年來敵兵轉戰各地，死傷慘重，因此兵源已感枯竭，乃企圖在我各淪陷地區抽征壯丁，混編部隊，以供其侵略之用，除僞滿征兵法案早由敵强迫公布施行外，最近敵復企圖在蘇浙皖各淪陷地區內，抽調壯丁六十萬人。

【中央社興集二十二日電】自十月初，日寇發動强化治安運動以來，汾陽人民被敵捕殺者不下千數百人，尤以略達河一帶知識份子被逮捕者爲多，富商賈紹祥全家遭敵洗刦，損失在二十萬元以上，駐汾屬各區敵指導官金澤平旬西寺柳寧等，勾結漢奸，强迫人民捐送銀盾，被捕者家屬多變賣家產，賄賂敵人以求活命，有時家產已盡，人亦被害，而贖回贓費、亦需數千元之鉅又訊，僞晉北自治政府及該大同縣公署職員十八人，爲敵暗殺。

——摘自《国民公报》（重庆），1942 年 12 月 23 日

▲湖南岳州敵軍大肆焚殺

（重慶電訊）中央社五日報告，湖南敵軍曾於數星期前，在岳州郊外殘殺平民二千名，大半是鄉間平民，被指爲在新牆河一帶，協助我軍對敵軍作戰者，敵軍並在此區域，將村落十餘處燒爲平地云。

——摘自《三民晨报》，1942 年 12 月 24 日

敵機竄擾雲南祥雲一帶

廿八日聯合社重慶電，今日昆明中國空防司令部發表，聖誕節星期木，美日空軍接戰，昨日倭轟炸機廿一架襲炸雲南，八架被擊落。聖誕節前夕，美機一隊自緬飛炸雲南西部騰越倭營房及貨棧，各機均安全返防，參加聖誕節慶會。

中央通訊社稱，聖誕節日倭機八十架竄炸薩爾河一帶，昨日倭轟炸機二十一架復來竄，似以祥雲爲目標，祥雲附近已尋獲敵機殘骸五架，祥雲在昆明西一百三十五里，聖誕倭機八十架亦竄炸該處一帶。

廿八日聯合社倫敦電，今日東京倭方無線電台報告，昨日晨倭機襲炸泰國曼谷，傷平民十人云。

——摘自《三民晨报》，1942 年 12 月 29 日

敵搶掠華北物資

北平物價大漲民不聊生

傀儡大小官員貧乏不堪

【中央社倫敦二十八日路透電】據最近北平歸客談稱，日本目前作戰資源極感缺乏，佔領華北之日本軍，爲適應其日益增長之需要起見，乃以軍用票及「傀儡「銀行」鈔票搶購貨物，物價因之大漲，華人多已瀕於飢餓之境，雖日本及傀儡政府之官吏，亦貧乏不堪，乃至要求辭職云。

——摘自《国民公报》（重庆），1942年12月30日

今日上海！人間何世？

每日每戶只准購米升半

餓斃滿街日有三百餘具

【中央社屯溪四日電】據上海來人談，敵近在滬嚴格限制米糧入口，居民憑市民證購米，每日每戶僅能購得白米一升，碎米半升，闔家老小終日難得一飽，且價格昂貴，貧民尤無力購買，是以餓斃貧民之事，日有所聞，閘北南市及公共租界，一日間餓斃街頭之屍體，即發現有三百餘具之多。滬上憑證購買之物品，除米糧外，油糖等日常必需品亦然，數百人列隊依次購買物品之現象，滬上已到處可見云。

——摘自《国民公报》（重庆），1943年1月5日

粵桂空襲

敵機炸梧州韶關

韶關志銳中學中彈

【中央社衡陽九日電】敵偵察機一架，由湘北竄衡盤旋片刻，即行逸去，粵北敵機六架飛韶關投彈。

【中央社韶關九日電】連日敵機四出肆虐，專以文化機關及平民區爲投彈目標，韶關志銳中學五月曾遭轟炸，損失頗重，今晨敵機襲韶時，復向該校更番投彈，學生宿舍被毀大半，總計敵機今投三十二彈，中有二十二枚係向該校投擲，其蓄意破壞文化事業，於此更得顯著證明。

【中央社韶關九日電】今晨敵機四架襲梧州，在市區對河投彈，另一架飛滿遠盤旋後，折返曰會肆虐。

——摘自《国民公报》（重庆），1943年1月10日

劫後贛東

粮食被掠一空又遭旱災
省府撥放農貸二千萬元
國際救濟會在贛設分會

【中央社上饒十八日電】贛東遭敵寇蹂躪後，迄今半載有餘，各地因遭受敵寇嚴重之燒殺，依然百孔千瘡，殘破不堪，我地方當局正努力從事復興工作，上饒城全城房屋被毀一千數百間、昔日所有之繁華市街，已蕩然無存，但在瓦礫堆上，重新築起新市街，贛東原為產糧之區，自被敵軍竄擾之後，糧食損失甚重，而且秋冬之交，二月未雨，以致秋作物及冬作物均未及時播種，致使該地千里，米價已見增漲，現省府已將請准中央之農貸專款二千萬元，派員撥放，以期贛東各村早日復蘇，現贛糧管局為平抑糧價，救濟平民，即將在上饒成立糧食公賣處，辦理平糴，又浙贛鐵路已決定設法復車，中中交農四行辦事處已遷回復業。

【中央社上饒十九日電】國際救濟中國難民協會，係于廿七年在重慶創立，各項經費，均由美國國民自動捐助，由美聯合援華委員會彙齊匯華，每月

捐款達二三百萬元，總會于年前分別在金華、贛縣兩處先後成立分會，專司救濟難僑難民，此次浙贛兩遭敵擾殘之後，各地難民，亟待救濟，總會特派贛南特派員陳明德、于去年八月初由贛縣出發，歷經寧都，廣昌城等川餘縣，轉贛數月，于日前抵饒，陳氏將的情形，在寧都、廣昌，南城，臨川，鄧家埠、鷹潭，弋陽，餘千，貴山等地成立救濟難民分站，並在寧都，南昌，南城設立施粥廠，發給難民衣服，難民深受嘉惠，現正在上饒籌設分會，開展救濟工作。

——摘自《国民公报》（重庆），1943年1月20日

一筆血債！

晉敵殘殺知識份子實錄

【本報第×戰區某地特約通訊】一件駭人聽聞的大屠殺在大同發生了。晉北的知識份子五百餘人被敵寇殘殺，另有一千二百餘人被囚禁於秘密監獄中。那日寇天天叫囂着「共存共榮」「王道樂土」的大同縣，灑上了成千成百的同胞們的斑斑血跡寫着一筆永久難忘的血債。

敵寇殺害雁北知識份子，和其他地區殘殺我廣大的無辜人民一樣沒有任何理由，隨便加以莫須有的罪名。自民國三十年冬到現在，幾乎每天都有三個五個，十名八名的同胞被活埋，而在去年內更有過兩次驚動晉綏人民的大屠殺：農曆三十一年的元旦，大同敵憲兵司令部假藉請客的名義逮捕了三百九十七名知識份子，在霽門廳的辦公桌上，放了幾本商務出版的「模範英語讀本」，令每個被捕人去唸，凡能唸下去的都站在一邊。等到所有的人都唸過後，大同敵特務機關長田中實便用[illegible]宣布了：「懂得英語的，都是親英美的，是「皇軍」的敵對人物，你們統統都要殺掉的。」於是在元旦的晚上，正在大同北街「新民戲院」放映「東亞新秩序建設成績」影片的時候，一隊獸兵押送十五輛軍用汽車，載着三百九十七名中華兒女，通過「新民戲院」門前奔向郊外，將他們活活的埋在三條深溝里。

另一次是最近才發生的。敵寇以破壞大同我方機關作幌子，在十月三十一日逮捕了一百數十名知識份子，當時即被「判決」處死三十三人，其餘被拘禁獄中。特務機關還在偽「蒙疆新報」聲明：「他們都係事變前在中等學校或大學攻讀，受過抗日教育，懷有熾烈抗日思想之份子……今對上述罪犯，斷然嚴懲不貸。」

起初是敵人盡量吸收知識份子參加偽組織，以親戚朋友關係拉攏，用金錢地位收買，對初中教育程度的給以偽街鄉長，對高中程度的給以科長股長，如你不願工作，敵寇就對你施行威脅，使你慢慢上鈎。然後，經常利用座談會的形式，進行思想檢查。座談會是以國內外大事件作討論的題目，而每次都有日本人或政治警察參加，每人都非發言不可，發言中稍有不妥，就被憲兵帶到特務機關裏，一去便不見蹤影了。對於居家賦閒的知識份子，敵寇用密探和政治警察或者小商人和大烟鬼進行秘密的調查，有「思想不良者」，就公開逮捕或暗殺。所以不管你是窮的或富的，無論你是從事農業或工商業，或者是在家賦閒，只要是受過中等教育，敵寇就可以隨時把你的腦袋砍掉。

大同城附近有一家姓段的士紳，父子七人都是大中學畢業生，長子曾留學日本。這位段先生爲人剛直不阿是頗富於正義感的。他教訓他的兒子們：「寧願賦閒在家，挨餓死不能無恥偷生，當敵人的走狗！」敵寇認爲他們有智有才而不用于「社會一定有「不」良的企圖，於是段家父子全被捕去而失蹤了。

敵人不但屠殺「事變前受過抗日教育」的知識份子，並且還屠殺正在受着「興亞教育」麻醉的青年學生。有一次敵憲兵隊找了三十多名僞「大同中學」學生問話，問一個十六歲的學生馬樹邦是那國人？答是中國人。問他愛中國嗎？他說當然愛中國。問他怎樣能使中國復興？他瞪着兩顆怒得發火的眼睛，很激昂地說：「要中國獨立富強，只有全國團結統一趕走在中國領土內的日本軍隊」。敵寇認爲他所說的「團結」，「獨立」這乃是共產黨常用的術語，於是就把他當成共產黨徒殺掉了，並且株連了他的國文教員江茂。

僞組織人員姜某在僞「晉北政廳」當農林科員，常閱讀英文的農林雜誌。因此敵寇認爲他努力讀英文，一定是國民黨的英美派，是國民黨派他來做特務工作的，是「紊亂的危險者」，結果，被活埋了。

尙有一切曠古未聞的酷刑，都被日寇劊子手對我知識份子採用了。用鐵鈎穿着舌頭把人吊起來，這樣鈎死叫做「釣鯉魚」。把一張鐵床架在一堆熊熊的炭火上，將人綑放在鐵床上，這樣烤死叫做「烤全豬」。各種殘酷暴行，實在不勝枚舉。按近敵寇又自大阪運來一架殺人機器，一個人踏進這殺人機器宮，不要五分鐘，就會被切成肉醬。這些殘酷的暴行在「東亞新秩序建設成績」影片裏是不會找到的，然而這還不是這部影片的最好的材料嗎？

（一月十一日寄）

——摘自《时事新报》（重庆），1943年2月17日

敵機昨襲川

有二十四架在萬縣投彈
蓉今年初次發注意情報
倭深懼我機報復

（中央社）重慶十六日電，敵機廿四架、十六日下午由鄂竄川在萬縣上空分批投彈、並用機槍掃射，嗣循原路東竄。

華西晚報消息：昨日午後一時許有敵機四十架，分乙批侵川，省防空部得悉後，即於一時半發出預行警報，市民均能依序疎散，商店貨物均趕運出城外，秩序佳，敵機旋一批二十四架，飛至萬縣附近盤旋，被我某地空軍迎擊後，即向川外逸去，另一批十六架敵機有入川…… [illegible]

——摘自《华西日报》，1943 年 3 月 17 日

羅斯福極爲注視
敵在華使用毒氣

（中央社華盛頓二十三日合衆電）羅斯福總統，今在招待記者席上談稱：關於日軍在華使用毒氣，彼尚未獲有新例證，但謂，彼將調查，非來自中國方面關於日軍使用毒氣之報道，去年日軍在華使用毒氣，羅斯福總統曾提出嚴厲之警告謂，日本如堅持此類戰爭，美國將施同樣之報復。

——摘自《南京晚报》（重庆），1943 年 3 月 24 日

防空部訂定
毒氣緊報暫行辦法

各防毒分隊設備皮鼓警戒旗
敵機施放毒氣在毒氣區擊鼓

本報消息　重慶防空司令部發佈毒氣警報，過去規定係以鼓或敲洋鋼三聲，並另以旗旛表示，但此項辦法，似欠週詳，難資亦予確定，該部有鑒於此，特依航委會頒佈之防空警報信號，實施細則，並參酌重慶環境之需要訂定毒氣警報暫行辦法，業經當局准予備案，公佈實施。

（一）本辦法根據軍委會頒佈辦法，並參酌重慶環境之需要訂定。（二）重慶防空司令部設防毒總隊，下依重慶市警局各分局之範圍，設若干區隊，並依各派出所分駐所之範圍，設若干分隊，負責發放轄區內之毒氣警報。（三）每防毒分隊暫各設皮鼓兩面，毒氣警戒旗燈若干。（四）防毒分隊於敵機在某地施放毒氣，偵知確實時，應即在毒區周圍擊鼓爲「東，東，東」——「東，東，東」——三分鐘之久，並於毒化區外豎立毒氣戒旗，夜間則懸燈，（五）防毒分隊發佈警報時，除報告司令部外，並派員通知毒襲區各防空洞洞長，及指揮本分隊消毒人員，實施防毒。（六）在防毒工作未完竣前防毒分隊應派員通知在下風或其他有毒襲可能地區擔任警戒，並指揮市民作適宜之躲避。（七）防毒總隊應將偵毒情形報告司令部，以便指揮。（八）防毒圖目，空服總隊員，憲警，國民兵團，及其他空服人員，皆有傳遞毒氣消息之義務，並須與防毒人員取得密切聯絡。（九）其他消毒救毒部隊，及防毒人員聯繫辦法另行訂定

——摘自《南京晚报》（重庆），1943 年 4 月 20 日

日殘慘殺飛行員

美朝野痛加譴責

羅斯福發表譴責文告

美報主張炸暴日本土

（中央社華盛頓二十一日合衆電）白宮宣佈日方曾[illegible]害美國俘虜，被害者[illegible]一年以前空[illegible]日本之美飛行員，羅斯福所發表之聲明全文如次：余宣佈日政府以蠻行動處決我軍隊，中國作戰中之偶然事件，入於日方[illegible]中之若干人員時，感覺極度悲痛，余深信一切文明民族，亦必同感悲戚，各報甫發表一年前美機轟炸日本之詳情，有美轟炸機兩架人員爲日方所俘[illegible][illegible]國政府於一九

四二年[illegible]月[illegible]九日[illegible]日方之無線電所指中德悉，等美[illegible]行員被俘受審，並遭嚴厲懲處，然直至一九四三年三月十二日，美政府：接[illegible]日政府之[illegible]會，謂此等美飛行員已受審判，並被宣[illegible]死刑，並將其中有若干已換較[illegible]刑稍輕，餘者則處[illegible]刑，日本國[illegible]府或辯護[illegible]，[illegible]政府在正式[illegible]命中之是[illegible][illegible][illegible]動本政府於吏照會中，本政府[illegible]吏在私人[illegible][illegible]方負責任，在時機未臨時，將以此[illegible]吏提付庭審判[illegible]人[illegible][illegible]人消[illegible]此種恐嚇行動[illegible]野蠻已國，日軍[illegible][illegible]嚇吾人之企[illegible]，必[illegible]失[illegible]或將令美民[illegible]致[illegible][illegible][illegible][illegible][illegible]

之自軍閥，余已訓令國務院發表吾人致日政府之照會。

（中央社）華盛頓二十一日合衆電，安諾德將軍，今日向各地美國陸軍航空隊發表文告稱，日本甘冒一切軍事規則與人類觀念，將參加首次轟炸東京之汝等英勇同志數人處死，我人不應自安靜，我人應加倍努力，直至此大罪惡視人道之軍閥毀滅而後已，汝等發動轟炸機時，即應念及此同志，汝等對日本根據地猛烈轟炸時，即應憶及此等同志之犧牲，汝等應表示國人在空戰或轟炸時，非汝對手，汝等應破壞日軍之交通線及生產，使彼等無機會再繼續此種暴行，以為日人對待汝之同志之報復。

（中央社）華盛頓二十一日合衆電，日方證殺美飛行員之消息公佈後，國會人士大為震怒，痛詆日本軍閥為兇暴野蠻人與「腐鼠」，衆院議長雷朋稱，日寇報復手段之可怖，非言語所能形容，渠贊成羅斯福總統之譴責謂，日本軍事領袖之負此項罪行之責者，必須伏法。

（中央社）紐約二十一日合衆電，紐約前鋒論壇社評，痛詆日寇之殘殺美飛行員，並謂吾人將以大隊飛機轟擊日本本土，每一個軍事及工業目標。

（中央社）舊金山二十一日合衆電，據此間合衆社收聽東京電台廣播，警告美國飛行員之妄圖日本本土者，將蒙受與上次墮落中國淪陷區被日方處死之飛行員同樣之厄運，該電台並恫嚇空襲美國，以報復美機之襲日。

——摘自《华西日报》，1943 年 4 月 23 日

台灣敵橫征暴斂

去年被征壯丁一萬五千

調往南洋前線充當砲灰

中央社南平一日電 台灣息：目前台灣所有物產，均由敵設立組合統制，近復組所謂「蛙鱔供給組合」，並至一便桃棗「一（即用以縛魚之細絲」，亦[illegible]徵組合統制，台中名紳林烈堂，因不堪敵中種種剝削，曾自殺三次未遂。又台北富戶林伯壽，每年收入不足繳納租稅，其產業遂被敵人所組之製糖會社及產業法團所分佔，而彼等所繳租則甚輕，此外敵人又規定台灣同胞年在五十以上者，均須志願服役，否則拘禁或受酷刑，去年年底，被征之壯丁約一萬五千名，均調往南洋前線，不敢調至中國。蓋恐其中途反正云。

——摘自《南京晚报》（重庆），1943 年 6 月 1 日

暴行慘劇！

敵在南縣大屠殺

柳林懸屍四千餘

中央社長沙十八日電　南縣電話：此次敵擾侵南縣，所有縣屬藕池河以西各鄉鎮，如三仙湖，中魚口廠窖等地，均化爲一片瓦礫之場，戰前尼寮五萬人口之南縣縣治亦全部被敵焚燬。其中廠窖及附近之[illegible]嶺，丁家洲，蕭家鋪一帶，幾爲敵大屠場，被殺軍民，在萬人以上，最悲慘一幕，係[illegible]嶺下柳樹中之懸屍，當時被捕我同胞四千餘，以繩連貫繫於柳樹之間，再以機槍掃射，待我軍收復後，前往掩埋，發現此項懸屍，有如市肆中待售之板鴨，使人目不忍睹，此次四千餘懸屍中，頗多可歌可泣之壯烈事蹟，如廠窖中心學校教員楊肖儒，被敵縛懸柳樹之際，奪敵槍向前反殺，立斃數敵，然後就義，即其一例。現南縣當前急務，防疫重於救災，至南縣附近稻禾暢茂如往年，祗極少部份區漬水浸久，略受損害，但可種晚稻，仍有補償之方云。

——摘自《时事新报》（重庆），1943 年 6 月 19 日

滇西敵暴行

我被俘副保長遭焚斃

二十餘村寨燒掠一空

中央社昆明二十五日電　龍陵訊：龍陵縣龍山鎮第十保副保長楊紹强，平日服務勤慎，龍陵未淪陷前，辦理地方公務及收容傷兵，救濟難民甚著功績。該地淪陷後協助縣境駐軍及龍潞區游擊支部運輸糧秣，去歲十二月十五日夜，敵突竄至該保所屬地區，大肆搜索，楊副保長亦不幸被俘，遭敵酷刑拷訊，楊氏始終不屈，並乘敵不意，將被綁右手伸取地上石[illegible]，向審訊敵酋猛擲。敵大怒，將楊腹部挖一洞，並將汽油灌入，燃火焚燒，卒至身化灰燼。敵寇慘無人道之暴行，亘古未有。刻我龍潞區游擊司令兼龍陵縣長李嘉揚，除去函撫恤，並分呈行營省府明令褒揚，用資矜式，而慰忠魂。

中央社昆明二十六日電　滇西龍潞區游擊隊，於五月十八日分股竄擾平戛時，當地民衆紛起協助我軍作戰，予敵重創。敵惱羞成怒，於退卻時，將平頭李家及官寨等二十餘村寨全部焚毀，並將財物刼掠一空，刻正由我龍潞及龍陵縣府辦理善後中。

——摘自《时事新报》（重庆），1943 年 6 月 27 日

滬人祖先遺骸 被敵軍蹂躪

本報消息 上海來人談：上海敵海軍當局以軍事上需要為理由，圖將上海江灣公墓，遷移他處，佔用墓地，滬上無數同胞祖先遺骸，至是乃遭鐵蹄蹂躪，消息傳出，群情憤慨，一致表示反抗，乃偽當局竟為敵辯護謂「市民對此應予協力，亦即對大東亞戰爭之協力」現悉，市民對此雖強烈反對，但日軍當局已決定實行，公墓下無數滬人祖先白骨，即將遭受浩劫云。

——摘自《南京晚报》（重庆），1943 年 8 月 22 日

滬存棉紗棉布 被敵全部攫奪

二百餘家銀樓歇業 金融界陷入混亂中

中央社屯溪三十一日電 滬訊：敵偽封閉調查全滬倉庫結果，發現各倉庫中存有棉紗棉布六十萬包，乃興起攫奪毒心，以穩定物價緊急措施之名義，將所有棉紗棉布全部扣留，飭各棉布商將寄存他處棉布，即日向偽方登記收買，否則一經查獲，充公嚴懲，同時發表收買條例，以低價強購，而此價款，又須於半年後發給六分之一，於三年後始得全部付清，所謂收買，無異掠奪，全滬八百家紗號，已有數百家宣告破產，棉布商號二千六百家中，有二千家以上被迫倒閉，並有酒業，金康，布業，瑞華，成康，綢業，大亞、民生、浙江企業等銀行，因對棉布業放款，被累倒閉，全滬二百八十家銀號，亦有百家以上已停頓營業，金融界又陷入極度混亂中。

——摘自《南京晚报》（重庆），1943 年 8 月 31 日

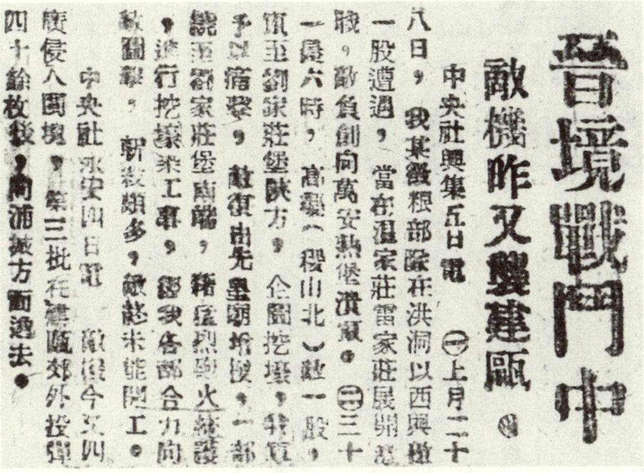

晉境戰鬥中
敵機昨又襲建甌

中央社興集五日電 ㈠上月二十八日，我某徵糧部隊在洪洞以西興樹一股遭遇，當在溫家莊雷家莊展開惡戰，敵負創向萬安村潰竄。㈡三十一晨六時，高殿（稷山北）敵一股竄至劉家莊壁村方，企圖挖壕，我當予以痛擊，敵復由先壘頭增援，一部繞至劉家莊堡南端，雙方猛烈激火線護，進行挖壕築工事，經我各部合力向敵圍襲，斬獲頗多，敵迄未能開工。

中央社永安四日電 敵機今又四度侵入閩境，第三批在建甌郊外投彈四十餘枚後，向浦城方面逸去。

——摘自《南京晚报》（重庆），1943 年 9 月 5 日

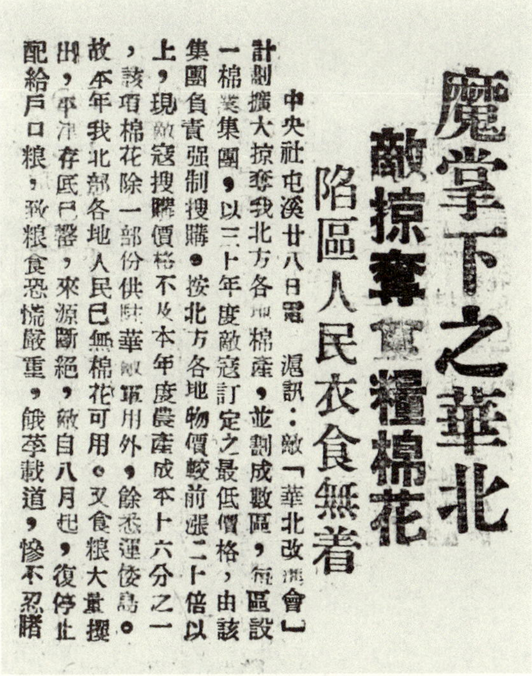

魔掌下之華北
敵掠奪食糧棉花
陷區人民衣食無着

中央社屯溪廿八日電 滬訊：敵「華北改進會」計劃擴大掠奪我北方各地棉產，並劃成數區，每區設一棉業集團，以三十年度敵寇訂定之最低價格，由該集團負責强制搜購。按北方各地物價較前漲二十倍以上，現敵寇搜購價格不及本年度農產成本十六分之一，該項棉花除一部份供駐華敵軍用外，餘悉運倭島。故本年我北部各地人民已無棉花可用。又食糧大量提出，平津存底已罄，來源斷絕，敵自八月起，復停止配給戶口糧，致糧食恐慌嚴重，餓莩載道，慘不忍睹。

——摘自《时事新报》（重庆），1943 年 9 月 29 日

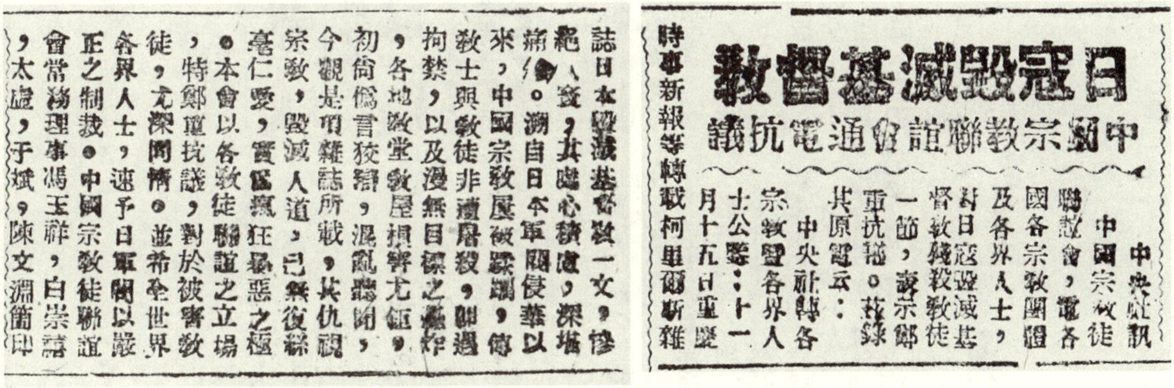

日寇毀滅基督教
中國宗教聯誼會通電抗議

中央社訊 中國宗教徒聯誼會，電各國各宗教團體及各界人士，對日寇毀滅基督教殘殺教徒一節，表示鄭重抗議。茲錄其原電云：

中央社轉各宗教暨各界人士公鑒：十一月十五日重慶時事新報等轉載柯里爾斯雜誌日本毀滅基督教一文，慘絕人寰，其處心積慮，深堪痛恨。溯自日本軍閥侵華以來，中國宗教屢被蹂躪，傳教士與教徒非遭屠殺，即遇拘禁，以及漫無目標之轟炸，各地教堂教屋損毀尤鉅，初尚偽言狡辯，混亂聽聞，今觀是項雜誌所載，其仇視宗教，毀滅人道，已無復絲毫仁愛，實屬瘋狂暴惡之極。本會以各教徒聯誼之立場，特鄭重抗議，對於被害教徒，尤深同情。並希全世界各界人士，速予日軍閥以嚴正之制裁。中國宗教徒聯誼會常務理事馮玉祥，白崇禧，太虛，于斌，陳文淵箇印

——摘自《时事新报》（重庆），1943 年 11 月 22 日

日機襲加爾各答
死三百三十四人

加爾各答十四日電 最近一次日機空襲結果，此間有三三四人殞命。

——摘自《南京晚报》（重庆），1943 年 12 月 15 日

一篇血債

敵在常德蹂躪紀錄

殘害擄掠男女共萬餘人

中央社常德二十二日電　據此間軍政機關依據各種報告估計常德爭奪戰中，被敵殘害人民約二千三百人，被姦婦女約五千零八十人，被擄婦女約一百八十人，因姦致死婦女約一百八十人，被擄男子約三千四百人，被擄兒童約三百二十名，總計一萬一千四百六十餘人。

中央社常德二十二日電　此次常德爭奪戰之勝利，我軍固曾付出相當代價，而我民衆所受之損害，目前尚無精密統計，僅就湖南第四行政區而言，包括常德，桃源，慈利，石門，臨澧，澧縣，安鄉，南縣，華容等九縣，共面積約十萬方公里，當全省面積十分之一，居民在三百萬以上，均曾遭受戰爭之影響，各縣城受災之衆，據估計當在三十萬至四十萬之間。就常德一隅言，被毀民房約一萬棟，值十四萬萬元。稻谷二十五萬擔，約一萬萬元。雜糧四萬二千擔，約三千七百八十萬元。耕牛一萬二千頭，約四千八百萬元。農具十一萬件，約三百三十萬元。商家七千餘戶，共貨物損失約二萬一千萬元，公物損失約一萬八千五十萬元。公務員一萬二千戶之損失，約七千二百萬元。人民衣物，四萬九千戶之損失約值九萬八千萬元。棉花六千石，約四千八百萬元，肥猪四萬頭，約十二萬萬元。雞鴨四百萬隻，約二萬四千萬元。總計當在四十七萬萬五千七百六十萬元以上。

毀損財物四十七萬萬元

中央社常德廿二日電　本縣敵騎所至，鄉鎮鄉民家飼牛猪鷄鴨等，被敵遇即殺食無數外，搶走殺死之耕牛，估計據萬頭以上，對明年春耕，不無影響。

——摘自《时事新报》（重庆），1943 年 12 月 23 日

禽獸不如之倭寇！

社評

常德之捷，舉世歡騰，其意義之重大及其對於整個戰局所發生之影響，中外朝野均已有所評述。而此次戰爭中，我最高統帥部運用戰略之高明，我軍將士作戰之英勇以及湘省軍民合作之密切，實爲我克敵制勝之主因，尤能博得舉世之讚揚。現在敵寇節節潰退，中外記者及盟邦武官業已抵達戰區實地考察，當可使戰地真象更易宣揚於中外。我們從戰區源源傳來之報道中，獲悉戰區破壞之烈，軍民犧牲之重，實屬空前未有，而其中可歌可泣之事，尤爲罄竹難書。最使我們憤慨無已者，敵人於此次戰爭中，充分暴露其傳統的野蠻民族性，殘殺老幼，姦淫婦女，罪惡滔天，慘絕人寰，實禽獸之不如，爲人類之蟊賊！

薛長官於招待記者武官戰地考觀團時聲稱：「敵人每佔一地，即大肆屠殺，雖老弱兒童也不能免，婦女不分老少，均於被姦後而被刺死」。僅常德一隅，據當地軍政機關估計，被害被姦被擄之男女兒童，數達萬餘人，「被姦婦女約五千零八十人……，因姦致死婦女約一百八十人」。至於整個戰區我民衆所受之損失，尚無法予以統計，僅就湘省第四行政區而言，受災民衆當在三十萬至四十萬之間，仇深似海，不共戴天！我們必須向敵人一筆一筆的清算血債，我們要以牙還牙，以血還血，絕對不能寬恕這一個禽獸不如的野蠻民族！

在現代集體戰爭中，國際公法上之戰鬥員與非戰鬥員，雖然不易區別，但是老弱婦孺，無參加作戰之能力，自應享受非戰鬥員的待遇。就人道立場言，保護老弱婦孺更是文明人類一種神聖的義務。六年半以來，倭寇歷次在中國戰場上，殘殺老幼，強姦婦女，不僅爲公法所不許，亦爲人道所不容。中央社二十一日消息，常德戰區中「羅姓之女，年十一歲，遭姦污，事後復將該女分屍兩段，懸掛路旁樹上」。這還能算是具有良知良能的人類之行爲麼！納粹的罪行，見於蘇聯官方之報告者，至多亦不過是慘絕人寰的殘殺無辜，但姦污屍解幼女之獸行，則未之前聞。盜賊尚知以姦淫爲恥，足見倭寇實盜賊之不如，簡直是一羣滅絕人性的野獸！故我們堅决主張戰後聯合國懲罰倭寇，必須較懲罰納粹及其附庸更爲嚴厲，澈底。

盟邦領袖業已一再宣告懲罰戰爭暴行是聯合國作戰目標之一，實際上懲罰暴行也就是「無條件投降」一個重要的含義。美國前駐日大使格魯於本月二十一日向美國廣播稱：「日本暴行於一定時期內必將被提付審判，並予以適當之懲罰」，確可代表聯合國一致的意見。但是所謂「適當之懲罰」，作何解釋？何種懲罰始得謂之適當？倭寇在中國戰場上所作所爲，例如姦殺幼女等，絕對不是文明人類所能想像得到的暴行，故格魯認爲「我文明之懲罰方式，無一足以報復其已作之暴行。」那就是說，日寇所犯暴行，喪盡天理，滅絕人性，罪惡滔天，禽獸不如，任何文明之懲罰方式均不是對倭寇「適當之懲罰」。格魯所言，意義深長，頗足發人深省。我們希望聯合國特別注意及此，務使敵寇暴行獲得「適當之懲罰」，以慰中國萬千死難同胞在天之靈！我們可以坦白的敬告友邦，中國億萬民衆對於不共戴天之倭寇祇有一個意志：以牙還牙，以血還血，不使一件暴行赦免，不讓一個罪犯漏

——摘自《时事新报》（重庆），1943年12月24日

常德刼後見聞

全城難見一片未破之瓦
幼女老嫗亦被敵寇姦淫

【本報特派員常德廿一日專電】（遲到）常德保衛戰之激烈，空前未有。余師戰至最後，炊事兵傳令兵皆參加戰鬥，余程萬師長刻下仍在城內。記者於廿日到達，城內外碎瓦頹垣，淒愴滿目，全城僅東門堤街一帶，可見房屋，城內幾無一棟完好之建築，難見一片未破之瓦，獸軍去後，居民相率歸來，睹目家園，悲喜交集，多將斷木殘瓦搭棚而居，道旁尋覓子之招貼，隨處皆是。兒童在廢墟相晤，嗚嗚道逃難經過，血海深仇，已印入幼小純潔之心靈矣。各機關逐漸恢復工作，放賑施粥，搶救災胞，美教會援華救濟委員會視察員畢思敦，已由渝抵常，協助賑濟。此間人士將以極大速度重建常德。敵軍入境，燒殺姦掠，變本加厲，中立國西班牙天主教堂亦被搶掠一空，修道士數十人被姦淫，敵軍姦我婦女，更屬慘無人道，八歲幼女，六十歲老嫗，無一倖免。老教士文政德，對記者涯述獸軍罪行時，痛心疾首，對我軍作戰之英勇，則讚佩備至。

——摘自《时事新报》（重庆），1943 年 12 月 26 日

敵僞強迫我民衆獻金

▲寇女乘勢搜奪男女身上金飾物

重慶電訊 據報 日寇經濟缺乏 總向中國及南洋佔領區搾取 強迫民衆獻金 北平僞聯委員會 最近舉行嘉勉戰事二週年紀念 強迫市民獻金 惟市民多不願以財力資敵 結果毫無所得 敵僞大爲失望 遂敵寇近假名人民儲蓄運動 不時在公共場所 戲院 車站等重要進出口地方。派兵檢查儲蓄證 並行搜去男女身上飾帶之金屬飾物 民衆怒氣吞聲 不敢反抗 免被毆辱云。

——摘自《少年中国晨报》，1944 年 1 月 1 日

倭寇蹂躪常德罪惡史

卅一日聯合通訊社重慶電。湖南常德縣長是日正式報告，日軍佔據常德期內。殘殺及擄去平民六千名以上。事實上常德全城被毀，城內被殺之男子二千三百名。婦女被姦淫者五千零八十名。因而殞命者一百六十四名。被擄之男子三千四百名及幼童三百二十名，均被強迫作工或擔任雜事。有婦女一百八十一名，被迫爲隨軍娼妓。被毀之房屋，共二萬三千間。令全城無家可歸者占百分之九十。被搶掠之米二千六百萬磅，麥五千五百八十六磅，棉花七十九萬八千磅，牛二萬頭，豬四萬隻，雞鴨共四百萬隻，損失約值華幣二萬萬一千五百萬元。

——摘自《少年中国晨报》，1944 年 1 月 1 日

劫後常德巡禮

劉定券

在常德收復後的第三日，我要求魯軍長帶我同去視察，我們由德山老碼頭北渡沅水，循鄧公堤經東關進城，東關堤堤下十餘里低窪地帶，雖是齊整綿密的菜園菜圃，菜園裏金黃色成熟的蜜桔纍纍欲墜，使樹枝微微下垂，菜圃裏的菜蔬，欣伸着豐滿嫩葉，遮住了乾軟的鬆土，一幅農村太平景象，看不出是一個經過二十四天惡戰的城郊。

東關是教會區域，其中天主堂的三個建築，懸有羅馬教庭特別標識，所以受砲火光顧較少，還保存一部不完整的房屋，進了東門以後，這個漢唐以來即居重鎮的名城，幾是滿目瘡痍，一片廢墟，昔日燈光輝煌的大慶街，已成瓦礫之場，歷史上聞名的春申君墓，變為一溝血水，在城中央和四週，偶而存留幾所殘破不全的平房，祇算大海中之孤島，荒山中之古刹，使人異樣感覺寥落凋零，我們看到成千[illegible]還城[illegible]的[illegible]對壘上辨不出自己的敵屍的位置，找不到自己親切的骨肉，而瓦礫場中終天徘徊，一種無家可歸，孑然一身的慘痛情景，會為之潸然落淚。

常德縣城在沅水北岸，東南兩面城牆為防水來折西北則賴堤身為障之形勢，隨沅水向北突出而成一弧形，南面有上下兩南門，西面有大小兩西門，東北各祇一門，我軍保衛常德，係分五個圈，一個核心作戰，五個圈在城外，核心則城垣戰與巷戰，十一月十八日至二十五日，在城外作戰十一月二十六至十二月三日，在核心作戰，前八天因砲兵支援得力，給[illegible]後八天因砲彈罄盡，兵員又有傷亡，漸入苦戰狀態。

核心作戰期內，屬城垣戰者兩天，屬巷戰者六天，敵攻城垣時，首選定上下南門之間入手，上下南門外之河街。有瑞記洋行常德商場，水星樓三大建築，高於城牆兩倍，敵利用此三大建築以阻礙城垣守軍視線，並藉煙幕飛機大砲掩護，於十一月二十六拂曉前由對河南站向北強渡先行佔據此三大建築的最高層，以瞰制全城，一位一等兵閻時富發明竹竿撐擲手榴彈的戰法，把敵人居高臨下的詭謀，擊成粉碎，接着敵人採用雲梯爬城的老辦法，少尉排長陳少強指揮一個聯絡處揮戰例，又使敵人對城與噴，末了，敵人躲飛平射砲，對著城牆城門，作最近距離亂轟城門雖被打穿數洞，城腳抑毫無損，敵人想從每個的城門鑽入，又貪生怕死，有的把兩脚先進來，有的把臂先進來，兩脚先進來的被活捉，臂部先進來的被刀砍，敵人知道從南面無法攻進，到二十七晚上，才改攻東北角，突破土堤，進入城內。

敵攻衢市，手段更為毒辣，第一步飛機轟炸，第二步發射排砲，第三步施放催淚性瓦斯，第四部火攻，守軍官兵一面救火，一面防害，一面搶修工事，一面襲敵作戰，軍孤城，人人懷必死心，個個個與城共存亡，然後，政工人員勤務，都是戰鬥員，團長當班長，營連長。參謀，副官作兵用，以中央銀行為核心，佈作據點的師司令部被敵衝鋒達二十六次直至十二月三日晨突圍前，猶未攻破我們在斷壁垣中，在廢墟灰燼內，看到忠烈遺骸，或狀似拚刺力，或姿如擲手榴彈，碧血丹心之氣，令人肅然起敬。

一城陷敵手時期，敵搜索守衛負傷官兵集中殺害外，並在城內農民銀行及下關頭細亞火油公司，活燒平民三百餘，敵性殘暴，誠如西班牙籍之常德區王德純主教宣言，中國婦典上無適當詞句，可以形容，敵曾向主教大肆搜括，並強索女人，隨主教二十年之自來水鎗與呢絨大衣，既被劫去，天主堂中之中外女修道多人，亦幾遭姦污，主教為維護修女道安全，左耳右手均被敵用刺刀砍傷，迄今猶有創痕。

今日常德城內，正替記着無數為敵人所屠殺同胞冤魂，它們將以被敵人摧毀森然挺立的斷垣殘垣，像紀念碑似的教訓我們後代子孫，不要忘記濃血海冤仇，還是我訪問常德後的深刻回憶。（中央社稿）

——摘自《国民公报》（重庆），1944年1月6日

○敵方施放毒氣陰謀揭露

「三十八號作戰命令」原來如此

國內特航。國際紅十字條約。。國際約章。俱有規定作戰時不得施放毒氣一事。。惟敵人橫悍成性。既不以人道爲懷。亦且藐視國際約法。。在我國戰區內 。曾屢次施放毒氣。。毒斃我軍民者殊衆。。抗戰七年間。上海會戰。南潯攻守戰。。廣濟黃梅之戰。以迄鄭州之戰。。宜昌之役。皆曾悍然施用毒氣。。我已獲有確實物證文證。。向國際宣示。。羅思福總統并曾一再向敵警告。。至我所敵獲寇文件中。。多已攝成照片。存檔並對外宣示。。其中黃梅之役。敵人使毒氣之所謂「第三十八號作戰命令」國內外人士多未覩及。記者現得窺其文。簡譯如下。。以餉讀者。。

「第三十八號作戰命令。」一。毒氣使用之時機。不論何時何地。或任何戰役。。凡遇必要時得使用毒氣。二。使用毒氣時。。務須謹愼。。亦應秉承過去徐州會戰使用特種煙之經驗(特種煙三字敵寇隱語。卽指窒息性毒氣 。徐州會戰時。。敵寇於被圍時施放。竟因風向關係。曾自毒其將兵。)三。保守秘密。甲。。凡有第三國僑民居留之地。均勿使用毒氣。以免洩漏於國際。。乙。凡遇受毒氣傷殘之華軍。。立卽處死。丙。。使用毒氣後之殘餘物具。。須立卽滅迹。丁。毒氣之隱語。須保守秘密 四。。注意華軍防毒情形。。

此項作戰命令。。有數特點。。卽敵人將各種毒氣編語別號。俾躲避將來國際裁判。再則畏懼第三國人之發覺。用心殊苦。其行爲悍也云。。

——摘自《中西日报》，1944 年 1 月 6 日

敵寇搜括江西淪陷區

▲每保月繳大小麥二十二石

重慶電訊。敵寇因糧食缺乏 在各淪陷區大事搜括。江西北部南昌等地。搶劫糧食 搜括物資 更見積極。迫令民衆每保月繳大小麥二十二石。[illegible]民衆日用品云。

——摘自《少年中国晨报》，
1944 年 1 月 7 日

敵機襲炸河南省廣武城

七日中華新聞社重慶電。據洛陽消息 河南省南部廣武城 昨五日被日機空襲 當日上午先有日飛機一架、在上空飛繞窺察 迨至午時。再有日機一架飛來 投落炸彈多枚。

——摘自《少年中国晨报》，
1944 年 1 月 8 日

湘鄂戰役敵用毒氣七十四次

九日晨重慶廣播電訊。敵寇此次侵犯湘鄂 曾大量實用毒氣 除零星施放者不計外 經前方統計。敵前後共用毒氣達七十四次之多。常德及其附近、共有三十九次 人和坪附近八次。宜昌外圍七次。其他地區二十四次。毒氣種類 計分催淚性 噴嚏性。窒息性 糜爛性等 我守軍受毒最多部份 爲常德守軍 計被毒者有廿二次。人和坪某師陣地 被毒者七次。

——摘自《少年中国晨报》，
1944 年 1 月 10 日

敵機屢向豫南廣武肆虐

十日中華新聞社重慶電。。河南省南部廣武縣。近來曾被日軍轟炸數次 日軍昨又派出飛機十架 分爲三批 由信陽大本營出發。飛往廣武肆虐 由上午八時至下午一時 投落大批炸彈。

——摘自《少年中国晨报》，
1944 年 1 月 11 日

河南廣武被敵機轟炸

十一日中華新聞社洛陽電。日軍飛機近來迭向河南省北部各城市偵察及轟炸。十日晨有日軍偵察機一架，向鄭州廣武及附近各城市窺探，至正午有日機兩架，向廣武轟炸。投落彈炸甚多。

——摘自《少年中国晨报》，1944 年 1 月 12 日

香港倭軍虐待盟國人民

曲江航訊。據新自香港逃歸內地之某教士談及香港近況甚詳。日寇駐軍之種種非法行爲，尤令盟國留居人民苦痛萬分。玆特誌錄，以証明暴日之窮極無聊及淪陷區人民之苦難。

一，「炸彈」——中國人民有携雞蛋一籃過檢查站者，敵軍取其雞蛋一枚，塞入中國人之頸領，突然拍之，雞蛋粉碎，液質流至背腰，即操生硬之中國語曰：你好你好。拍掌大笑。此殊令人啼笑皆非。

二，「碰頭禮」——來往行人，不論任何國人，須一對對排好，行至敵軍前。由敵軍將甲乙二人之耳朵拉住，相對行一碰頭禮。始得自由通過，英美人士恥之，多竭力避免外出。

三，「共榮圈」——敵軍在行人道上以粉筆劃一圓圈，如行人不愼踏之，即罰以頭頂砂包十五分鐘。

四，「特別檢查」——此爲敵軍專門汚辱各國婦女之法，凡婦女經檢查站時，必須經「特別檢查」，於一秘室中，任其撫摸。甚有剝開內衣查看者。

——摘自《少年中国晨报》，1944 年 1 月 17 日

敵劫持民營工業

百餘公司被迫造飛機
指定後即受政府管理

中央社訊　敵第八十三屆臨時議會中所通過之軍需公司法，已於昨年十二月十七日公布實施。該法實施後予敵國民營工業以極大之束縛。玆據東京廣播：第一次指定與敵國軍部，陸軍，海軍，運輸，四省有關係之軍需公司，以三菱重工業公司爲首，共爲一百五十家。本月十七日舉行指定令授予式。敵酋東條於致詞中，強調增產飛機爲今爲敵國軍需工業之重點。此次被指定之一百五十家公司，爲從事飛機與飛機有關之軍器，一般軍器，造船，鋼鐵，輕金屬機械，化學油脂，石油，車輛等之生產，凡接受指定令之軍需公司，并應於一週內，選出生產責任者，以便負責執行其敵府所預定之計劃。凡被指定爲軍需公司者，等於受政府之管理。

——摘自《时事新报》（重庆），1944 年 1 月 19 日

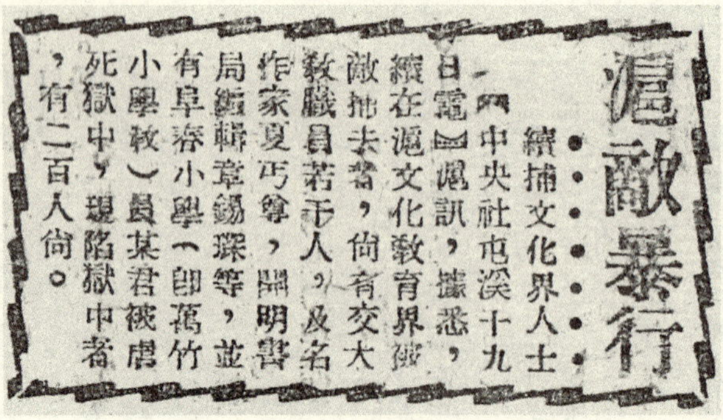

滬敵暴行

‧‧‧‧‧‧續捕文化界人士

【中央社屯溪十九日電】滬訊，據悉，續在滬文化教育界被敵捕去者，尚有交大教職員若干人，及名作家夏丏尊，開明書局編輯章錫琛等，並有阜春小學（即萬竹小學校）員某君被虜死獄中，現陷獄中者，有二百人尚。

——摘自《国民公报》（重庆），1944 年 1 月 20 日

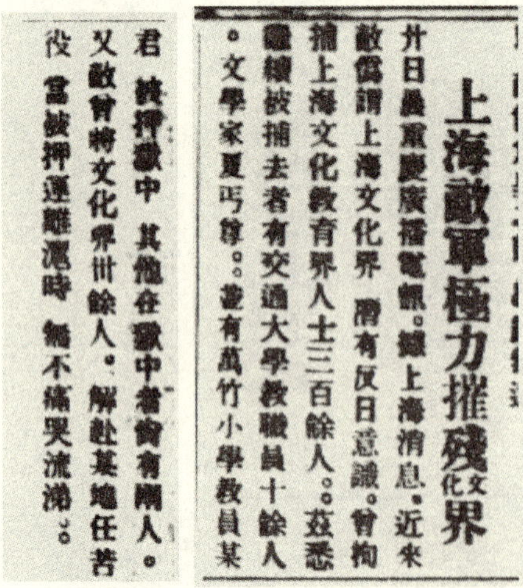

上海敵軍極力摧殘文化界

廿日重慶廣播電訊。據上海消息。近來敵偽謂上海文化界潛有反日意識。曾拘捕上海文化教育界人士三百餘人。茲悉繼續被捕去者有交通大學教職員十餘人。文學家夏丏尊。。並有萬竹小學教員某君被押獄中 其他在獄中者皆有關人。又敵曾將文化界卅餘人。解赴某地任苦役 當被押運離滬時 無不痛哭流涕。

——摘自《少年中国晨报》，1944 年 1 月 21 日

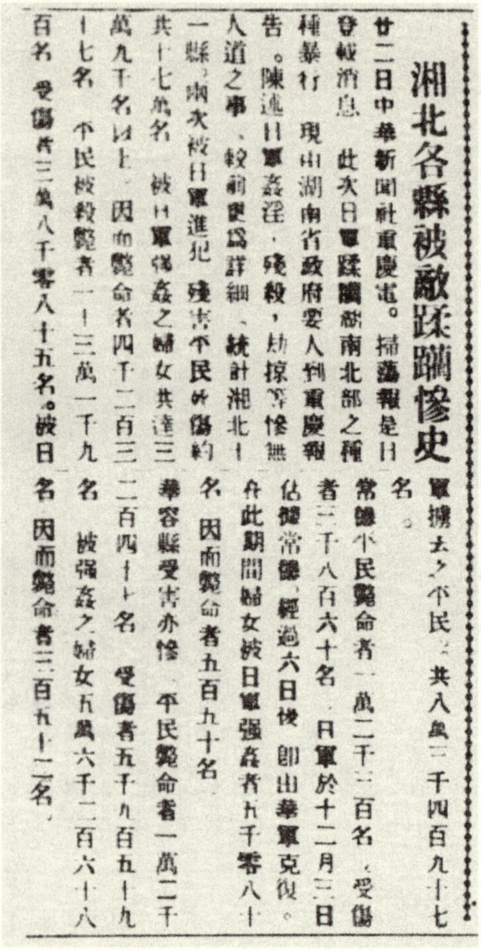

湘北各縣被敵蹂躪慘史

廿二日中華新聞社重慶電。掃蕩報是日登載消息 此次日軍蹂躪湖南北部之種種暴行 現由湖南省政府要人到重慶報告。陳述日軍姦淫，殘殺，劫掠等慘無人道之事、較前更爲詳細、統計湘北十一縣，兩次被日軍進犯 殘害平民死傷約共十七萬名 被日軍強姦之婦女共達三萬九千名以上 因而斃命者四千二百三十七名 平民被殺斃者一十三萬一千九百名 受傷者三萬八千零八十五名。被日軍擄去之平民，共八萬二千四百九十七名。

常德平民斃命者一萬二千二百名，受傷者三千八百六十名，日軍於十二月三日佔據常德，經過六日後 即由華軍克復。在此期間婦女被日軍強姦者五千零八十名 因而斃命者五百九十名。

華容縣受害亦慘 平民斃命者一萬二千二百四十七名 受傷者五千九百五十九名 被強姦之婦女五萬六千二百六十八名 因而斃命者三百五十二名。

——摘自《少年中国晨报》，1944 年 1 月 23 日

暴敵毒化閩粵
強迫沿海居民種鴉片
閩東南一帶受害頗烈

【中央社永安二十三日電】據悉，敵毒化閩粵沿海各地，進行益亟，現由沿海各島僞警察保甲挨戶勒種鴉片，每一壯丁限令每年至少應種一畝。本月初旬並由台灣運來鴉片一大批，分配廈門南竿塘等地，圖向沿海各縣偷運傾銷。

【中央社南平二十三日電】內政部派駐閩檢查煙毒專員鍾憲鍪，頃發表閩省去年進行，禁煙禁毒情形，據謂，去年經檢查十九縣市。多數對肅清煙毒尚稱認眞，惟閩東南沿海施行毒化政策，源源偷運物品入口，流毒迄未絕跡，尤以莆田一縣受害最深。去年破獲煙毒案先後數百起　該縣現有毒煙犯五百人，其中毒犯佔百分之二十一二，煙犯佔百分之八九，足徵爲禍之烈，渠已擬具辦法，報部請核。

——摘自《国民公报》（重庆），1944 年 1 月 24 日

敵人積極毒化閩粵各地

廿四日曲江廣播電訊　敵寇毒化福建廣東沿海各地　進行益見嚴厲　現又由沿海各地僞警　挨戶勒種鴉片。每一壯丁限令每年至少應種一畝　本月初旬。并由台灣運來鴉片一大批　分配於廈門南山塘等地　圖向沿海各地傾銷。

——摘自《少年中国晨报》，1944 年 1 月 25 日

日寇殘忍

●●●●●●●●●藉詞槍殺被俘美軍

【中央社華盛頓二十三日合衆電】陸海軍新聞報載稱，據非官方傳，身着隱蔽衣之美國射擊手，被日寇俘獲後，日方每以其衣著僞裝衣服爲理由，指爲間諜，而整批槍殺。此種處決被俘射擊手之行爲，實違反國際公法，由此可知日內瓦及海牙公約之未能與戰爭方式配合並行，使美國士兵受害不淺。

——摘自《国民公报》（重庆），1944 年 1 月 26 日

○伊靜報告日軍殘殺俘虜

廿八日倫敦電。外相伊靜今日向下院報告。日本殘殺英軍俘虜數千名。謂日本不獨不顧國際公法。且毫無人性。在緬甸被俘之印度兵。嘗被以繩綑紮後。用刺刀從背後刺斃。。日軍館禁俘虜八百名於李斯賓丸船艙內。該船爲潛艇轟沉。俘虜全數被溺斃云。。

——摘自《中西日报》，1944 年 1 月 28 日

○日寇虐害美菲俘虜逾二萬

廿七日華盛頓電。。海陸軍今晚聯合發表日軍虐待在菲律濱被俘之美菲軍經過。。其事實由俘虜營逃出之美軍官數人簽名證實。文長四千言。謂美菲軍在巴盾被俘時。被迫步行數日至俘虜營。傷兵亦不能免。沿途死傷不能行者。日軍不理屍首而爲軍車輾爛。。至一九四二年四五兩月內斃命者二千二百名。。十月份死三千人。。身中各物均被掠去。。美菲軍如藏有日本銀幣者。。即被砍首。。俘虜無不被毒刑毆打。。一萬二千人俘虜同囚於丁方百碼之地。嘗有一禮拜內絕不供給餐食者。且恆爲日軍剝去衣服。。在猛烈日光下曝晒。。祇給以些少飲水。美軍死亡率。每日由廿人至五十名。。非軍由一百五十名至五百名。。紅十字會運輸俘虜接濟品抵日本後。。每經過七個月始到俘虜手中。。日軍少尉一名。管理俘虜營。彼慣於毆打俘虜。。常謂美國人慣於享樂生活。現在須必捱苦工。又訊。日本俘獲之美菲軍共計五萬，其中二萬五千人料已被害云。。

——摘自《中西日报》，1944 年 1 月 28 日

RUIN JAPAN! IS CRY

Hull Says Tokyo Even Balks Red Cross Aid to War Prisoners

BOMBING OF TOKYO URGED

Senator Hatch Proposes Isolating Japanese on Homeland Forever

By JOHN H. CRIDER
Special to THE NEW YORK TIMES.

WASHINGTON, Jan. 28—Shocked and enraged over the official accounts of Japanese atrocities against American prisoners, the national capital was full of a spirit of revenge today which brought calls from Congress for acceleration of the war against Japan.

Demands such as that of Representative Andrew J. May, chairman of the House Military Affairs Committee, that the fleet be sent at once to blow Tokyo off the map evidenced the prevailing spirit. Others expressed their profound disgust in such words as those of Senator Carl A. Hatch, who called the Japanese acts a "throwback to barbarianism."

[The Associated Press said Senator Hatch suggested isolating the Japanese on their small islands forever.]

Intensity of feeling at the Capitol was equaled in the Executive offices, where sentiment was typified by the statement of Secretary of State Cordell Hull:

"According to the reports of cruelty and inhumanity, it would be necessary to summon, to assemble together, all the demons available from anywhere and combine the fiendishness which all of them embody to describe the conduct of those who inflicted these unthinkable tortures on Americans and Filipinos as the report recites."

Feeling at High Pitch

Feeling also ran high around the city that if, as one official observed, it could have been immediately translated into military action, the war with Japan would have been over in short order.

With the presentation to Parliament of parallel British experience with Japanese atrocities by Foreign Secretary Anthony Eden, it appeared that the British and American Governments had agreed beforehand to make the authenticated accounts public at approximately the same time.

Stephen T. Early, the President's secretary, explained why it was suddenly decided to make public information which had been in the Government's hands for some time. He said it was thought advisable to do so when it became evident that we could no longer get medical and other supplies through to American prisoners Answering a question as to why the change of policy had come about, Mr. Early said:

"The time had come to release these factual reports—carefully investigated and authenticated—no hearsay evidence contained in any of them, because we cannot expect to get further relief to our prisoners of war in the hands of the Japanese."

It was learned from Government information sources that the publications this morning exhausted the supply of such stories for the time being and that no series of such releases was now planned. However, this was held no bar to isolated subsequent publication of atrocity stories when they become available.

Relief Supplies Withheld

Indications were strong that American prisoners of war held by the Japanese, of whom there are approximately 30,000, may not have received the medical and other supplies sent them aboard the mercy ship Gripsholm.

Secretary Hull told his press conference that efforts to obtain information concerning the disposition of such supplies had proved unavailing but were continuing.

Secretary Hull also said that this Government had repeatedly protested to the Japanese Government through the Swiss Govern-

Continued on Page Two

RUIN JAPAN! IS CRY OF AROUSED NATION

Continued From Page One

ment whenever it had received information of maltreatment of war prisoners.

There also were official suggestions that further exchange of American prisoners of war was out of the question, Secretary Hull said in reply to a question on this point that he could not tell what the chances were that our publication of the atrocity stories would end that further prospect of exchanges but that he would continue efforts to obtain exchanges.

Protests Are Ineffective

As to the effectiveness of our protests to the Japanese, Secretary Hull said he did not get satisfactory responses. He said it was something like our efforts to get food in there. We finally got them to agree to it, he said, but only in rare instances do we find out what took place.

Asked whether he was compiling a list of Japanese officers in the Philippines who were responsible for the atrocities at Bataan so that they might be punished after the war, Mr. Hull replied that he could not speak specifically without checking with his associates but he could say with certainty that his department had been ascertaining everything possible about all phases of the imprisonment and refugee problems.

The statements by Messrs. Hull and Early regarding the lack of success in getting supplies through to our men held by the Japanese suggested that the 15,000 tons of relief supplies recently sent from the West Coast on Russian ships to Vladivostok, in the hope they could be sent from there into Japan, probably would never reach their destination.

The American Red Cross disclosed that it had never received any official information from prison camps in the Philippines because the Japanese had refused to permit the International Red Cross to send a delegate there. A delegate aboard the Gripsholm was allowed only to watch the Japanese unload Red Cross parcels for prisoners at Manila, but was not permitted to visit the prison camps.

Joseph C. Grew, former Ambassador to Japan, declared that the reports left him unable to express his feelings any more than any other American could find words sufficient to describe his emotions.

Kilsook Haan of the Korean National Front Federation, said he had told Secretary Hull six months ago that thousands of American prisoners of the Japanese were in danger of dying because of inadequate food. His reports, he added, were based on information from agents in the Far East.

Of the many comments made today on the floors of the House and Senate, one which drew considerable attention came from Senator Richard B. Russell of Georgia, who was one of the delegation of Senators who toured the battlefronts last year. He reminded the Senate that he had talked in the south Pacific to many American boys fighting there.

He said they "tell stories which even surpass the horror of this morning's account."

"Those men have heard of awful happenings to their comrades," Senator Russell declared. "Indeed, the American Indian with his scalping knife and fiery stake was a chivalrous cavalier when compared to the Japanese and their diabolical methods of torture of helpless prisoners of war. They are brutish beings in human form.

"Senators have expressed the hope that when the war is over these atrocities will not be forgotten. I tell you, sires, that they will not be forgotten because the men and women in the uniform of the United States who have been engaged in battle with the Japs and know the depths to which they have sunk, will not let them be forgotten. They will insist that the United Nations keep faith with those who fell in the 'March of Death.'"

Chairman Sol Bloom of the House Foreign Affairs Committee expressed a strong body of opinion in the following words:

"Let these Japanese know in plain and no uncertain terms that we're going to hold them responsible for this nasty, damnable, despicable business. We'll hold the rats—from the Emperor down to the lowest ditch-digger—responsible for a million years if necessary."

Hang Mikado, Clark Demands

WASHINGTON, Jan. 28 (AP)—A demand that the United Nations "bomb Japan out of existence" and hang the Mikado in retaliation for atrocities committed on American and Filipino prisoners of war was voiced today by Senator Clark of Missouri.

Democratic Leader Barkley (Ky.) said it was almost incredible that any civilized nation could condone such treatment of war prisoners, adding:

"I am impatient for the time to come when retribution can be meted out to these heathens—brutes and beasts in the form of man, but only in form. I hope that the United Nations will see to it that every one guilty of these revolting atrocities is punished—punished as though caught red-handed in murder upon the streets of our cities."

Other Congressional comments were:

Representative Courtney (Tennessee)—"After having seen the splendid treatment we are according the (Japanese) internees it makes the blood boil to read that our prisoners in Japanese hands have been tortured, starved, bayonetted and even beheaded."

Senator Hill (Alabama)—"Gut the heart of Japan with fire."

Senator Murdock (Utah)—"To Tojo, to Hirohito, I want to say: Some day a morning will come when the sun will not rise on Japan."

Congressmen Are Bitter

WASHINGTON, Jan. 28 (U.P.)—Congressional reaction to the report of the atrocities committed by the Japanese in the Philippines was more bitter today in many cases than after Pearl Harbor.

Typical of the remarks heard were:

Senator Andrews (Florida)—"Japan will have to understand that to live in this world it will have to live up to accepted standards of civilization, in war and in peace."

Senator White (Maine)—"There is a law of retribution for violence against the laws of God and man, and I hope it will be visited not alone on the Japanese Army, but on the authorities and the people of Japan."

Senator Murdock (Utah)—"American planes will blot out the sun over Japan and bombs from those planes will wreak a vengeance that will satisfy the hearts of mothers and fathers that have been wronged today."

Senator McFarland (Arizona)—"The Japs will pay and pay dearly, through their blood and the ashes of their cities. We will not resort to torture. But, let them be lined up and shot—and suffer the tortures of hell."

Report Propaganda, Foe Says

In the first Japanese reaction to United States and British disclosures of brutal Japanese treatment of war prisoners, the Tokyo Domei agency said last night, in a wireless dispatch for American consumption, that the charges were "a mere recurrence of the enemy's vicious propaganda."

The English-language transmission, recorded by the Federal Communications Commission, attributed to "competent military quarters" in Tokyo a counter-charge of "bestial acts of terrorism and inhumanity repeatedly perpetrated by the enemy."

"These quarters," Domei declared, "said they rather 'marvel' at the Anglo-American authorities' audacity to make such groundless accusations as they now freshly are making after the cold-blooded butcherings of our wounded soldiers perpetrated at Guadalcanal by enemy troops.

"The same quarters also suggested that the Washington and London authorities found it necessary to resort to their favorite tactics of vicious allegations to cover up their own brutal assaults on our helpless hospital ships, regarding which the Japanese Government recently protested most vigorously.

"They declared that, while the enemy's present accusations are not worth paying attention to, they should not be surprised to see another recurrence of similar Anglo-Americans' vicious accusations in the future whenever the enemy cares to resort to inhuman attacks, which are quite to be expected."

Hops for Brewing Restricted

WASHINGTON, Jan. 28 (AP)—The War Food Administration issued an order today limiting brewers' 1944 purchases of hops and their production of hops products, such as beer, to last year's level to help assure adequate supplies of malt for food and other essential wartime uses.

——摘自《纽约时报》（The New York Times），1944 年 1 月 29 日

JAPAN BLOCKS AID TO WAR PRISONERS

British Red Cross Chairman Says 'Horrible Little Japs' Refuse to Permit Help

By Cable to THE NEW YORK TIMES.

LONDON, Jan. 28 — Contributions to the joint war organization of the British Red Cross and the St. John's Ambulance Corps have reached a total of £30,730,246, the Duke of Gloucester announced today at the annual meeting. The record month was January when £1,456,000 was subscribed, and the average since June, 1943, has been more than £1,000,000 a month.

Field Marshal Sir Philip Chetwode, chairman of the war organization, reported:

"We are now spending more than £1,000 an hour. We have not yet touched on the fringe of work for prisoners in Japanese hands. Those horrible little Japs have refused to let us do anything."

The statistics for 1943, made public, were as follows:

The penny-a-week fund increased from £3,200,000 in October, 1942, to more than £9,000,000 today.

Average collections went up from £50,000 weekly to £126,000 in the last four weeks.

Rural house to house collections produced £13,000 a week and the factory and house to house appeal in urban and rural areas produced £140,000 weekly.

The agricultural fund has risen in the course of the year from £1,500,000 to £3,750,000.

Children have contributed £258,000, churches £183,500, flag days £2,000,000, sports events £1,220,000, stamp collectors £4,000 and numismatists £9,000.

The Mrs. Churchill Aid to Russia Fund stood at £4,413,046.

Out of the total of £30,000,000 received £26,000,000 had been spent.

The Duke of Gloucester, brother of the King, announced his intention to remain as president of the joint organization after he has assumed his new duties as Governor General of Australia in the near future. "I could hardly fail to do so having journeyed with it for four years from debt to credit and having witnessed the gradual build-up of the most widespread and certainly the most successful money-raising machine for voluntary organization ever devised in this country," he said.

"We Won't Forget," Says Canada

Special to THE NEW YORK TIMES.

OTTAWA, Jan. 28—Adding to the reports officially issued by the Office of War Information in Washington and the statements in the British House of Commons regarding Japanese brutality and organized sadism toward prisoners, Prime Minister William L. Mackenzie King told Parliament today that the Japanese had ignored or made hypocritical or cynical replies to all protests addressed through the protecting power, Switzerland. There are, he said, between 500 and 600 Canadian prisoners still in Hong Kong who are suffering from the neglect of the Japanese to provide clothing, food and medical care.

Extending Canadian sympathy to those of all the United Nations who have suffered, Mr. King said:

"Whether the Japanese Government in Tokyo is unable or unwilling to induce the military authorities outside Japan to act like human beings the responsibility for inhuman treatment of prisoners rests nonetheless at Tokyo. This guilt will not be forgotten."

——摘自《纽约时报》（The New York Times），1944 年 1 月 29 日

倭寇苛待菲島美俘之暴行(一)

▲美軍官二名逃回實證倭之陳訴

廿八日電合通訊社華京電 美國海陸軍部是日宣佈 菲律濱戰役 美軍被日軍俘獲者。共七千七百餘名 其因慘被日軍施行飢餓 苛待。殘殺之各種暴行。以致斃命者。約占菲島美軍俘虜全數三分之一。日軍此種暴行。誠為世界有史以來所僅見。美國國會議員聞訊 均發表言論。誓與 本復仇

據前任戰時情報處長海德氏宣稱。估計菲律濱之日軍。將投降之美軍及菲律濱軍殘殺者。約共二萬五千名。

據白宮秘書伊利氏言 美政府曉時不得已乃將此消息宣佈 係因此等美軍俘虜尚被日人囚禁 曾特美政府無法將藥品。衣服 及其他供給品 寄到他等取用。

日軍此種暴行。施行於在菲律濱及巴丹與高利紀杜砲台所俘獲之美軍。係根據美國陸軍軍官兩名 海軍軍官一名 官階後所陳訴之事實。該三人被日軍俘獲 幽禁三百六十一日後 卒從菲律濱大和幽禁營中逃出。本身曾備受日軍虐待之慘苦者 據該三人述稱 日軍違背一切國際公法。對於防守巴丹半島之英雄。加以慘無人道之待遇。我美軍如先知日軍如此殘暴 則寧死不降

國會上下議院議員聞此報告。均表示憤激態度 下議院外交委員會主席布隆 紐約省民主黨人。所發言論 足以代表大多數議員之意見 布隆氏謂。余今向此等日人明白聲明。他們施行此種慘無人道罪無可逭之暴行 我人必要他們負責。他們上至天皇。下至賤工。均是性同小鼠。如至必要時 雖在於一百萬年。亦要令其負責」等語。

在事實上言 自戰事發生以來 美軍所俘獲之日軍 不過三百七十七名。並無一人斃命。據白宮秘書言 目前美政府已無再與日本交換俘虜之希望

據日方向紅十字會報告。美軍俘虜因疾病及缺乏滋養料斃命者一千四百名 。因戰時受傷以致斃命者三百名

據脫險逃出之陸軍中校濟斯。陸軍中校美路匿。及海軍司令官麥麒。三人報詞中所陳訴 美軍俘虜在日軍幽禁營內 大多數係因飢餓 強迫操作苦役 及曾遭苛待而致斃命 斃命之人數 較於日人向紅十字會報告人數。尚多數倍。

菲律濱部實那幽禁營一處 。一九四二年四月及五月 。美軍俘虜斃命者約共二千二百名。又在加寶匯傾幽禁營一處 截至一九四二年十月底。美軍俘虜斃命者三千名，菲律濱軍俘虜斃命者 比諸美軍更多。

自日軍攻下巴丹半島之後。對於美軍及菲軍俘虜。均施行殘酷及侮辱之待遇。往往所受痛苦 至於不能抵當而仆倒。

據陸軍中校濟斯陳訴 。在於一九四二年四月十日晨 日軍迫令美軍俘虜數千名集中於瑪利委飛機場 開始作「死亡之步行」。間有携帶食物者 均不准食 且每人均被日軍詳細搜查。私人物品 悉被搜去 如搜有日本銀幣或代幣。即時被日軍施行斬首刑。

上述搜查工作完畢。乃令每隊分為五百名或一千名 由巴丹起程。而向曾經加者之山寬寧度進發。步行六日之久 當時天氣炎熱 日光猛烈如火。濟斯所携之水壺 亦被一日兵奪去。其時空中少塵甚多 在醫院內俘獲之傷兵。亦迫令共同步行。

——摘自《少年中国晨报》，1944 年 1 月 29 日

敵寇殘殺美美戰俘

美國抗議迄無效果

國會議員主張對日充分報復

衆院軍委會主席主立攻東京

【中央社華盛頓二十八日合衆電】赫爾國務卿今日與記者論及日暴行曰：「所有各地惡魔（指日人）應有搜羅一處之必要，藉以其所有之邪惡性格，形容其令人難以想像殘殺暴行」。國務卿暗示美國已向日方提出抗議，惟承認各項抗議迄今毫無效果。記者詢以美國是否已列舉日方軍官之姓氏，藉於戰後與之清算。國務卿答稱：美國現正調查菲律賓之各種眞相，俾供戰後解決戰罪問題之參考。衆議院軍事委員會主席梅氏主張：「立時動員所有艦隊直搗東京，而將其全部毀滅」。

【中央社華盛頓二十八日合衆電】白宮秘書歐爾利於記者招待會中宣稱，美國現已不存以醫藥物品服裝及其他供應品接濟現爲日方拘禁之美國戰俘之希望。渠解釋宣布日方暴行之原因稱：「今日已爲宣布根據事實詳細調查所作日方暴行報告之時」，美政府現已不能以供應品接濟美國戰俘。官方人士指陳：美國方面除其作戰部隊於前線戰地盡力殺戮日兵外，並不對現被拘禁於美國之日本戰俘施以報復行動。彼等並解釋稱：若謂美方擬降低身份，採取同樣行動。殺戮戰俘，吾人誠無理由可以置信。美國捕獲日本戰俘與日方捕獲美方戰俘之比例，爲一與七，美國拘禁之日籍戰俘僅二百七十七名，此與於戰役中擊斃日兵之數字相差遠甚。

【中央社華盛頓二十八日合衆電】美國會議員獲悉日軍暴行後，極表憤怒，斥其虐待美國戰俘之暴，爲日人野蠻成性之鐵證，並宜誓太平洋戰爭，必將繼續進行至對日充分報復之時爲止。參衆兩院之知名議員，在閱讀詳細報告之前，不願表示意見，惟一部議員之表示，已暗示全體議員，時有普遍之反應。衆議院民主黨議員馬丁稱：「日人之暴行將刺激美國人民以最大之決心進行戰爭，使日本償付其野蠻之代價」。衆院外交委員會主席白魯姆稱：「必要時吾人在一百萬年之內，將令上自昭和，下至販夫走卒之鼠輩，負其責任也」。

——摘自《国民公报》（重庆），1944 年 1 月 30 日

日寇慘殺虐待戰俘
英美朝野極表憤怒
一致誓爲死難者復仇

中央社倫敦廿八日專電　英外相艾登本日於議會宣佈，日本以無可形容之殘忍，虐待英國俘虜後，即於民間引起極大之憤怒及憂慮。與論一致支持外相艾登之警告，「使日本政府反省其所犯之暴行記錄，於未來時日亦將永不被人遺忘。」

中央社倫敦廿八日合衆電　英外相艾登宣稱，日方所執英籍戰俘，因饑餓及缺乏醫療設備而殞命者，已達數千人。（同時美方宣稱，日本應對死亡之七千七百英籍俘虜負責）。英方經中立國向日方提出極强硬之抗議，然僅得含糊護諷及不完滿之答覆。英國及自治領以及盟國政府，感覺惟有將此等事實公諸全世界人士，而此舉終將使日當局明白其責任所在。艾登列舉日方暴行，如以繩綁縛綑印士兵，將刺刀自背後刺入。拘於菲島之英僑，因企圖逃逸而遭鞭打以槍殺。上海英警官受刑至不省人事，旋即殞命。泰國方面之俘虜，瘦骨嶙峋，被迫在熱帶叢林區工作。衣食住及醫藥均不週全。敵船里斯本丸中盟方之魚雷後，閉於艙下之俘虜八百人均告溺斃。敵並以手槍擊斃若干俘虜。（該上海市警官，因得罪日本憲兵被控有政治陰謀嫌疑，與其他三百人同被拘入集中營，受刑至不省人事，手足因繩索綑綁而腫爛體重減輕四十磅，被釋後之二日即畢命。）

——摘自《时事新报》（重庆），1944 年 1 月 30 日

目擊殘暴一斑

刺殺，斬首，活埋，裸曝，鞭笞，禁食，苦役，碾屍……

脫險美軍官立誓作證

中央社華盛頓廿七日合衆訊　美陸海軍兩部今日聯合公布自菲島拉佛拘留地逃出之美軍官三人，立誓爲證之聲明，據云：美僑之因飢渴苦刑及殺害而死於菲島日方兩俘虜營者，超過五千二百人，菲軍死者更衆。海軍中校麥孜伊及陸軍少校梅尼克與戴逸斯等三人，敍述共在巴丹與柯里幾多爾陷落時所目擊，日方對俘虜之難以形容及難於置信之虐待與殘暴情形。該軍官等遭受三百六十一日之苦刑後，逃出該地。據云：在其離開以後，至少再有二千五百人死於苦刑。日方之待遇俘虜，至堪痛惧。布巴丹與柯里幾多爾之人民早知如此，必不投降。據云：美國士兵之體重，自二百磅減至九十磅，渠等本已在疲憊疾病及饑餓交迫之下，且有多數受傷，嗣復無飲無食，被置於烈日之下，迫至死境。凡在身邊搜出日本錢幣，或紀念物者，一律斬首。至少有美人菲人各三名曾被活埋，且下若干俘虜當其奄奄待斃，呼求食物或飲水時，復遭木棒馬鞭之笞打，或被開槍射擊。有時竟裸曝於烈日之下達數日之久，在其投降後之七日內，日方絕不予以飲食，嗣乃略給以少許之米與沙丁魚。曾有菲籍軍官一人斬首，又有軍官二人雙手反縛，懸諸日中，凡經兩日，始槍決。有二菲人因索飲水而槍槍決。又挖腸者一，死於遭刺之下者，亦不乏人。其倖免者，悉驅作苦工，卒皆不堪其苦，勞瘁以死。至所居囚室，則皆偪仄湫隘，穢奄奄息與饑渴，死之人於其中，故無穢臭薰天，宛如地獄。巴丹戰役最後數小時內，死亡之美菲軍民屍體，日軍悉以卡車碾平之。柯里幾多爾饑餓欲死與漏體沾污之俘虜一萬二千人，被迫經行馬尼剌市中，菲人之擬予以食物或飲水者，悉遭鞭打或射擊，至少曾有俘虜四百名（技術人員）被遣往工廠工作，另有俘虜一千，當三軍官啓程赴達佛時，亦正解往該地。其中一俘虜營之日籍司令官曾告諸俘虜云，渠等並非戰俘，故不能受戰俘之待遇，且無各種權利或特權。據陸軍及海軍兩部聯合聲明稱：該軍官等立誓爲證之聲明，絕無任何道聽塗說之詞，「純係身經目擊之事實」。

——摘自《时事新报》（重庆），1944 年 1 月 30 日

○鮑委路謂日暴行警惕國人

廿九日紐約電。。前在上海任中國週報編輯鮑委路受日軍毒刑失去雙足。。現在醫院休養。。今日對伊前在上海女秘書法蘭沙士朗宣稱。伊對海陸軍發表日軍殘殺俘虜事實。更感憤激。。其實自開戰以來。日軍恆將中英美人士毒打。慘斃甚多。海陸軍此次發表。。俾國人更深認日敵對待遠東美僑。。伊眼見耳聞炸東京杜列度將軍機師。爲日軍在近閘北之橋舍監牢。被日軍毒打。後有二名。因日軍欲得軍事秘密不果。而被刑斃云。。。

——摘自《中西日报》，1944 年 1 月 30 日

JAPANESE EMPLOY TORTURE AS SPUR

Use Suffering of Allied Captives to Incite Their Own Men to Fight to the Death

By FRANK L. KLUCKHOHN
By Wireless to THE NEW YORK TIMES.

ADVANCED ALLIED HEADQUARTERS in New Guinea, Jan. 28 (Delayed)—The Japanese authorities are employing the torture of American and British prisoners, as described in the joint United States Army and Navy reports and in Foreign Secretary Anthony Eden's statement, to keep their own men fighting to the bitter end, it is reliably reported.

The Japanese war leaders tell their soldiers that they will be tortured as they have seen their prisoners tortured if they do not fight to the death. For months it has been apparent in this theatre that many Japanese would like to surrender but fear to do so. Countless responsible eyewitnesses have told of Japanese prisoners who, brought back to Allied bases for questioning, trembled like leaves because they expected to be killed in a horrible manner at any moment. One Japanese, being brought above deck on an American combat ship to get a good meal, fell on his knees and begged not to be taken up and "killed."

The theory that Japanese peasants drafted for military service are sent into action inspired with the Samurai tradition of the upper class and are willing to die for their Emperor rather than be captured has worn very thin, indeed. Those fighting them—both the Americans and the Australians—are convinced that many Japanese blow themselves up with hand-grenades, not because they prefer not to be captured, but because they fear that they will be tortured if they are taken, as their junior and senior officers have warned them.

Anyone who has heard Japanese troops squealing like frightened animals under artillery fire and crying like babies as machine guns drill home finds it hard to believe that Emperor-worship is the basis for their reluctance to surrender. The last-moment "suicide charges" of recent months in the Aleutians and the South and Southwest Pacific areas bore visual evidence of having been organized by officers who had not only whipped up their men not to surrender but have probably doped them as well, it is said.

Everyone in the battle area has been aware of the Japanese fiendishness to prisoners. It has had two effects, as far as our own forces are concerned. The policy mentioned above has been so obvious that our men have become contemptuous of the early war tales of Japanese courage and religious willingness to die. Knowing how the Japanese act has made our men so furious that they fight with redoubled spirit.

——摘自《纽约时报》（The New York Times），1944年1月30日

倭軍強迫戰俘築路慘況

廿九日共同通訊社重慶電　曉讀曾目睹日軍暴行之人在重慶發表消息，日軍在緬甸備戰，曾迫令英俘及中國僑民，建築由泰國至緬甸南部鐵路，經過山林地方，為向來白人足跡所未到者，有許多澳洲人、英人、印度人、及華人，被日軍強迫作工，直至倒斃於地上與犬無異云

——摘自《少年中国晨报》，1944 年 1 月 30 日

倭寇苛待菲島美俘之暴行（二）

在此長途步行中，半夜時候，每隊美俘則用鐵絲網圍困在一隅，地方過狹，各人幷無地可偃臥，又無食水，祇准各人向濁水沼中飲水止渴。明日天未破曉，再令步行，均無食品供給，至午則准向路旁水渠飲水，入夜再用鐵絲網圍困，途中因疲倦倒地者，不准他人協助其繼續進行，祇聞後方有槍聲發作而已。

在於步行之第三日，我們則慘受一日光刑，終日須坐在猛烈日光之下，所得食水甚少，其中因渴極而瘋狂者甚多。不能抵受此慘苦而斃命者數人，又有美國兵士二名及菲律濱兵士二名，尚未氣絕，竟被日軍生葬。

步行時路旁有水井甚多，俘虜中有菲律濱兵士六名，因渴甚欲向一井取水止渴，該六人均被槍斃。

四月十九日天未破曉時，余等一百一十五人被迫而入於一甚狹之卡車內，車門被鎖，余等在內，並無餘地活動，且有多人已患痢症，因而暑氣與穢氣交迫，令人難堪，行抵加比士他力地方時，又令余等出外，受「日光刑」三小時，然後繼續步行，始抵鄔智昵之美菲俘虜幽禁營。

余由巴丹步行至此，計程凡八十五英里，費時六日，途中所得食品，祇係一盅爛飯而已，間有步行十二日始到者，沿途缺乏足以充飢之食品。

日軍在菲島高利紀杜炮台俘擄之美軍七千名，菲軍五千名，未曾參加步行此八十五英里之路程。惟他們共同被困於丁方一百尺之士敏土建築物中，經過一星期之久，並無食物，祇有一水喉，供給一萬二千人之食水。平均每人須候十二小時，方能輪到放滿一水壺之水，經過七日之後。每人乃得一盅飯及一罐沙甸魚而已。

——摘自《少年中国晨报》，1944 年 1 月 30 日

港緬馬來等地日寇殘暴罪行

成車婦女迫充營妓

教堂住宅洗劫一空

中央社倫敦二十九日路透電　據自馬來亞及緬甸逃回中國之中國人士獲悉之情報稱：馬來亞及緬甸之拘留營情況特別惡劣，某次日兵數人至香港某醫院，欲將該院中國籍之年輕女看護數人擄去充作營妓，該院英國籍女看護數人，為救免中國籍看護計，乃在救免中國籍看護之條件下，自動隨日兵而去。日軍佔領香港後，不久成車之外國婦女，被日軍運去，迄今音訊毫無。日軍佔領香港時，軍官及士兵濫殘殺者以百計，印度人，澳洲人，及加拿大人之待遇稍佳，此蓋完全出于宣傳作用。英人在中國境內日本集中營內之待遇，間屬尚佳，惟彼等之住宅及教堂，已被日軍劫掠一空。某中國人士于其外國友人被日軍捕去後，往視其住宅，據云：室內一空如洗，稍有價值之物品均被劫去，餘者咸遭破壞。中國佔領區內之英人，分別拘禁于若干集中營內，若干英人因被控以間諜罪已遭分別拘禁。日人常以苦刑拷問，追逼情報或口供，其中若干人現已斃命。

中央社新德里三十日專電　印度情報部廣播公報稱：此間迭自香港馬來及緬甸，接獲日兵斬去戰俘及平民之頭，或以刺刀刺殺，姦淫婦女，及其他暴行之報告，根據確鑿之證據，日方至今尚無管理戰俘之適當措置，戰俘中途有多人被餓死或病死。遭拘囚者之情況不一，惟一般均甚惡劣。日人曾准許國際紅十字會人士訪問若干集中營，據稱：營中情形，「據日本之標準論尚可」。惟日方拒絕視察情況著名惡劣之其他集中營，我方之經常不斷接獲此類報告，及日政府對於代管國建議之冷漠答覆，以及日本當局之從未明白否認日方之暴行，在在證明日人確視恐怖為作戰武器，以達其軍事目的。

——摘自《时事新报》（重庆），1944年1月31日

社論

嚴懲倭寇暴行

若波

美國海陸軍部日昨聯合公佈倭寇虐殺俘虜之暴行。或則死於飢渴。或則死於鞭撻。或則迫令擔負勞役中致死。。或則着於酷日曝晒下待斃 傷者無醫藥之救治。病者有生瘞之可虞。年前於巴盾與哥力幾多被俘美菲軍數約五萬。。虐殺者已及其半。此蓋根據三數海陸將領逃脫歸來之目擊報告。繪聲繪影。幾令人不忍卒讀。友邦朝野因而一片憤恨聲。。紛作爲死者復仇之誓言。倭寇之野蠻咀臉。至是似始爲美洲人士所熟視。

國際公法有保護戰時俘虜之規條。向爲世界各國所共守。倭寇狡詐成性。巧言令色。其文明面具之存在。固嘗誘惑一時。然自襲東京飛行員被害之消息傳來後。。究已激動美民公憤。今乃復有俘虜大屠殺之事實。無怪友邦舉國若狂。猶憶珍珠港事變之前。美國對日政策原極寬容與友善。潘尼艦於揚子江無故爲倭機炸沉。輸日之煤油廢鐵未嘗少減。即在太平洋戰爭爆發之後。。尚不乏曲諒日本之輿論。。最近對數萬不忠日僑之待遇。。尤爲小心翼翼。。乃日寇不但以怨報德。且極盡慘無人道之能事。是可忍也。孰不可忍。

吾人對友邦俘虜之慘遭毒手。自不勝其同情。然一念及倭寇蹂躪我國之暴行。又爲之悲憤塡膺矣。由東三省淪陷而至淞滬抗戰。由蘆溝橋烽火而至華南侵畧，其間戰士之犧牲。建設之破壞。此自由獨立之代價。。有爲吾人所不容顧惜。但婦孺何辜。慘遭摧殘。平民何辜。恣意虐殺。單就最近湘北一役而論。平民死傷十七萬衆。。婦女被姦淫者逾三萬九千。是故各國人士對倭寇恐怖暴行之體認 實無有如吾人之透切。我國過去之斤斤以及早制裁倭寇爲言者。固爲世界和平計 爲人類正義計。。

日寇本武士道之傳統。。造就英雄主義之驕橫。其征服世界之野心。。既見於北進南犯之事實。其慘無人道之暴行。復爲舉世人士所共覩。。予打擊者以打擊。事有不容或緩。而力助中國及利用中國根據地以轟炸扶桑。尤爲嚴懲倭寇之捷徑。

——摘自《中西日报》，1944 年 1 月 31 日

言論

倭賊戕害被俘之美軍

唯我

昨日美京公佈在菲島被倭軍俘獲之美軍，因被敵方之虐待鞭笞，飢寒交迫，困苦萬狀，以致每日死者由二十人增至五十。我人讀全部報告書之後，不禁怒髮衝冠，悲憤塡胸，深感夫世界中有此種野蠻之種族存在，則人類之文化文明，終受嚴重之威脅也。而倭賊之豺狠成性，蛇蝎爲心，從此盡情暴露於美國人士之前，而無所隱蔽矣。考去年曾發表倭賊戕害被俘之美機飛行員，一時輿論沸騰，主張重懲暴日，而現在再公佈此種慘無人道之事實，余知全美人士，從此必益奮起，以謀迅速爲死者報仇之方也。

余以造成日本此種罪行者，其要因有二：一爲「尊王攘夷」之狂妄觀念，深印於每一倭民之腦海中，故一有機會，卽盡情發洩。一爲軍閥之鼓動殘殺行爲，使日人儘量發展其惡性，欲以恐怖之手段，達其宰制人類之野心。暴日侵略我國，到處姦淫擄掠，無所不用其極，世界人士，凡曾目睹者，已莫不知其殘酷。然在珍珠港事變以前，友邦人士，僅知一時之苟安，助長其滋蔓之毒燄，遂使人類增加犧牲之慘禍，撫今思昔，當有無限感慨之情緒。然懲前毖後，戰後處置日本之方，惟有以其人之道，還治其人之身，庶可令其有幡然悔禍之誠，若徒惑於人道主義之思想，而錯過澈底消滅其暴力之機會，無殊與野獸講義理，安不讚其殘殺，人類和平終無保障也。

（未完）

——摘自《少年中国晨报》，1944 年 1 月 31 日

倭寇苛待駐菲美俘之暴行（三）

俘虜中有軍官三名企圖逃脫。被捕囘後剝脫去其上衣 將兩手反縛於背後 令其跪仰上 在於猛烈日光之下 露曝兩日之久 并指定時間。由日兵用一木棍毒打。經過兩日後，此三名軍官。一名慘被斬首。除一名均被槍斃，余於十月廿六日。與麥餒及美籍醫三人離去加賓醫頓時。該處美軍俘虜斃命者 已達三千名之衆。余等被俘者 有軍官三名 軍士九百六十六名 被日軍解往細井那島之大和港 操作苦工。食品比前略佳 然余等所賴以生存者。爲英美兩國紅十字會所供給之衣服與食品

余等在於操作苦役時 日軍對待余等之凌辱，苛待，毆打，與殘殺 繼續施行。至一九四三年四月間。大和港二千名之俘虜。尚可以作工者僅有一千一百名而已。余與麥餒及美籍醫等 乃於一九四三年四月四日將逃脫險。但脫險之經過 目前仍須嚴守秘密云云 。

（完）

——摘自《少年中国晨报》，1944 年 1 月 31 日

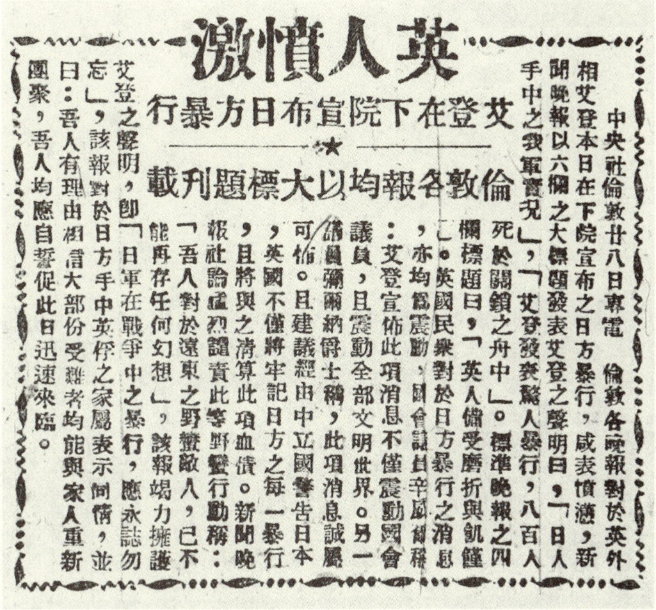

英人憤激

艾登在下院宣布日方暴行

倫敦各報均以大標題刊載

中央社倫敦廿八日專電　倫敦各晚報對於英外相艾登本日在下院宣布之日方暴行，咸表憤激，新聞晚報以六欄之大標題發表艾登之聲明曰，「日人手中之我軍實況」，「艾登發表驚人暴行，八百人死於關鎖之舟中」。標準晚報之四欄標題曰，「英人備受磨折與飢饉」。英國民衆對於日方暴行之消息，亦均震動，國會議員辛威爾稱：艾登宣佈此項消息不僅震動國會議員，且震動全部文明世界。另一議員彌爾納爵士稱，此項消息誠屬可怖。且建議經由中立國警告日本，英國不僅將牢記日方之每一暴行，且將與之清算此項血債。新聞晚報社論痛烈譴責此等野蠻行動稱：「吾人對於遠東之野蠻敵人，已不能再存任何幻想」，該報竭力擁護艾登之聲明，即「日軍在戰爭中之暴行，應永誌勿忘」，該報對於日方手中英俘之家屬表示同情，並曰：吾人有理由相信大部份受難者均能與家人重新團聚，吾人均應自誓促此日迅速來臨。

——摘自《时事新报》（重庆），1944 年 2 月 1 日

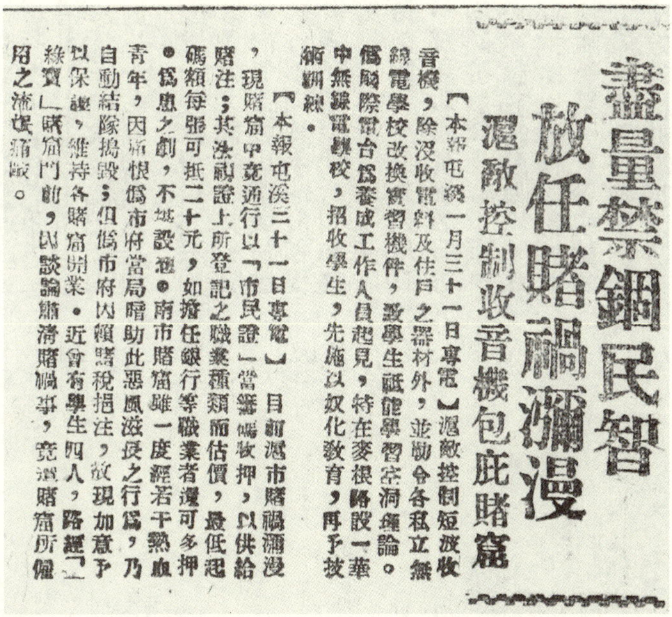

盡量禁錮民智

放任賭禍瀰漫

滬敵控制收音機包庇賭窟

【本報屯溪一月三十一日專電】滬敵控制短波收音機，除沒收電料及住戶之器材外，並勒令各私立無綫電學校改換實習機件，致學生祇能學習空洞理論。偽國際電台爲養成工作人員起見，特在麥根路設一華中無綫電學校，招收學生，先施以奴化教育，再予技術訓練。

【本報屯溪三十一日專電】目前滬市賭禍瀰漫，現賭窟中竟通行以「市民證」當籌碼收押，以供給賭注；其法視證上所登記之職業種類而估價，最低籌碼額每張可抵二十元，如擔任銀行等職業者還可多押。偽患之劇，不堪設想。南市賭窟雖一度經若干熱血青年，因痛恨偽市府當局暗助此惡風滋長之行爲，乃自動結隊搗毀；但偽市府因賴賭稅挹注，故現加意予以保護，維持各賭窟開業。近曾有學生四人，路經「綠寶」賭窟門前，以談論肅清賭禍事，竟遭賭窟所僱用之流氓痛毆。

——摘自《时事新报》（重庆），1944 年 2 月 1 日

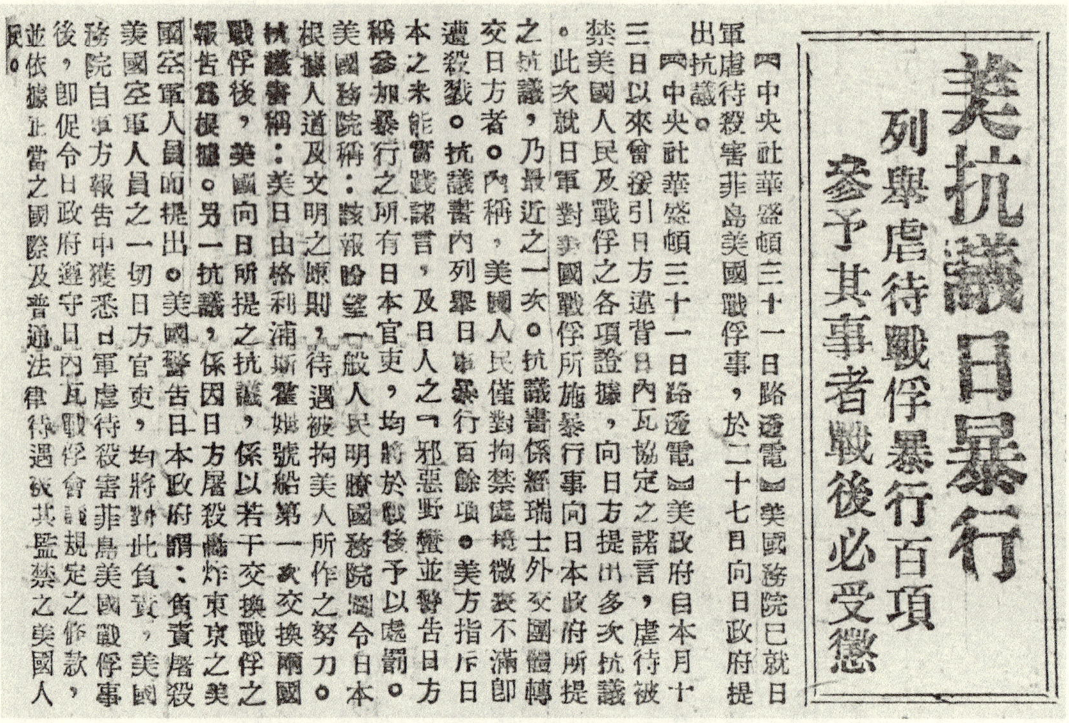

美抗議日暴行

列舉虐待戰俘暴行百項
參予其事者戰後必受懲

【中央社華盛頓三十一日路透電】美國務院已就日軍虐待殺害菲島美國戰俘事，於二十七日向日政府提出抗議。

【中央社華盛頓三十一日路透電】美政府自本月十三日以來曾援引日方違背日內瓦協定之諾言，虐待被禁美國人民及戰俘之各項證據，向日方提出多次抗議。此次就日軍對美國戰俘所施暴行事向日本政府所提之抗議，乃最近之一次。抗議書係經瑞士外交國體轉交日方者。內稱，美國人民僅對拘禁處境微表不滿即遭殺戮。抗議書內列舉日軍暴行百餘項。美方指斥日本之未能實踐諾言，及日人之「邪惡野蠻並警告日方稱參加暴行之所有日本官吏，均將於戰後予以處罰。美國務院稱：該報盼望一般人民明瞭國務院圖令日本根據人道及文明之原則，待遇被拘美人所作之努力。抗議書稱：美日由格利浦斯霍姆號船第一次交換兩國戰俘後，美國向日所提之抗議，係以若干交換戰俘之報告爲根據。另一抗議，係因日方屠殺轟炸東京之美國空軍人員而提出。美國警告日本政府謂：負責屠殺美國空軍人員之一切日方官吏，均將對此負責，美國務院自日方報告中獲悉日軍虐待殺害菲島美國戰俘事後，即促令日政府遵守日內瓦戰俘會議規定之條款，並依據正當之國際及普通法律待遇被其監禁之美國人民。

——摘自《国民公报》（重庆），1944 年 2 月 2 日

英報嚴厲斥敵暴行
主張戰後日寇隔離

【中央社倫敦二十九日專電】英外相艾登昨在下院宣佈日本對俘之暴行後，英國各報均以極嚴厲之言詞加以指斥，各報所用詞句雖不相同，憤怒之程度亦彼此互異，但皆一致主張在戰爭結束以後，對於日本此種不人道之罪行，必須予以應得之懲罰，各報對日本之暴行均怒不可遏，惟仍有若干報[illegible]，如曼哲斯特導報之[illegible]則採比較審慎之態度，深惡日本對其餘之俘虜將再加以虐待，該報認爲對日本一類野蠻之民族，雖無法變更其頭腦，但須再設法交換戰俘，其他各報主張戰後予以最嚴之懲罰，每日前鋒報極力主張在日本戰敗以後，將其實行隔離，一如對付患痲瘋者然，且「不許日本與世界其他部分通商，不許日人在日本國境以外旅行，並不許其有任何一種友好交際之交通工具」。日本僑民之在世界其他部分者，均應遣送回籍。

【中央社倫敦二十九日專電】英國各地報紙對宣佈日本暴行一訊之反響，可概括如下：（一）擊至日軍屈膝澈底消滅日本軍國主義之決心益爲堅決。（二）有向罪魁復仇之必要。（三）對日方不人道之醜行了解益深，新聞紀事報之社論曰，英國一俟與德國清算後，即將以全力對付日本，此事毫無疑義，日本酷待所俘英人及平民之事實，益足增強英方之決心，每日快報論稱：或有對英國擊潰希特勒後，即以軍事威力對付日本一事表示懷疑者，今閱艾登於下院之報告，當可深信之矣，每日郵報建議，在戰後使日本孤立，勿予以通商交往及旅行之便利，因日本顯已自降爲劣等民族，在文明國家間及人類關係中，無彼等之地位，利物浦每日郵報稱：對日本之報復必須嚴厲而有效，此等劣根性雖不易根除，惟人類有消滅該項劣性之義務，故責罰必須嚴厲，每日見聞報稱：世界輿論公斷，日本謀殺者之罪辜，當時機到臨時，吾人將向犯殘酷之罪者充分報復，倫敦每日電訊報稱；此等暴行更足以證明日本所謂東亞共榮圈之虛僞，日方之殘暴行爲，實已司空見慣，如日本之無故進攻中國即其初例，倫敦泰晤士報稱：唯一之補救方法，在消滅促成此等醜行之政權，敵方暴行公布後益顯光復遠東之重要。

——摘自《国民公报》（重庆），1944年2月2日

日寇猙獰醜惡

梁部長談敵軍暴行
戰後澈底除敵軍閥

【中央社訊】中宣部梁部長二日在外國記者招待會中發表談話稱：自日寇虐殺美國被俘空軍後，其對英美戰俘及被拘之盟國僑民之殘暴行爲，即不斷倂來，尤以最近將菲島被俘美軍七千□百人，菲律賓一萬四千人及香港馬來亞緬甸等地英國戰俘與平民之横遭屠殺爲最可痛恨，敵寇此種野蠻暴行，均已證據確鑿，由美英官方宣布，但未經洩露和無從査

明的慘絕人寰的暴行，實尚不知幾許，無怪該府人士的意見，認爲是作戰以來最醜惡的報道了。

中國政府和人民聽到這些悲慘故事，既愈益增加了與盟邦同仇敵愾的決心，但並未感到絲毫的詫異，因爲中國人了解日本人，同時受日本人最深切，也是最慘烈的禍害。

中國對日抗戰之七年間，戰俘遭受日本軍閥的屠殺和虐待，固不待言，尤可痛心切齒者，如南京淪陷時平民之慘遭屠戮，中國駐菲律賓總領事楊光泩博士及華僑多人之被慘殺，中國淪陷區各地婦女之被姦淫，兒童之被擄運往日本，財產之被劫掠，在戰區之施放毒氣毒菌等等，凡此種種不顧人道公法的罪行，實舉不勝舉，世人初尚有未肯完全相信者，時至今日，日本人醜惡猙獰的面目，乃更大白於世界了。

故中國此次戰爭早即堅決主張必須澈底解決日本殘暴軍閥，才足以維護中國的生存和保障東亞與世界的和平，遵照着我們蔣主席的指示，日本軍閥必須根本剷除，不能使其預問日本的政治，赫爾國務卿主張應調查全世界各地日本軍閥所造成罪行眞相，作爲戰後膺懲的清算，自爲中國人所贊同，至

日本軍閥崩潰後，吾人又可給予日本人民以組織新政府之自由與經濟無匱乏之自由，但萬萬不能容許其復有保留或秘密製造戰爭工具之自由，否則必使吾人的子孫留下噬臍莫及的悔恨。

今日我們盟國所不容忽略者，東條正在困獸掙扎之時，萬不可更多給他以喘息時間，使將來我們竟要多受非必要的犧牲，才獲得最後的勝利。

——摘自《国民公报》（重庆），1944年2月3日

日寇在華暴行

中宣部新聞處編

美國陸海軍事局，最近宣佈日寇在巴丹半島及柯里幾多爾屠殺美軍七千七百人，及非律賓人一萬四千人，消息傳來，反侵略各國人民，無不萬分震怒。中國政府和人民聽到這些悲慘的故事，誠如梁部長寒操昨日所說的；「既感憤增加了與盟邦同仇敵愾的決心，但並未感到絲毫的詫異。」因爲中國人了解日本人最深切，同時受日本的禍害也是最慘烈的。中國抗戰，迄今七年有半，被佔領土達數百萬方公里，在此數百萬方公里的遼闊原野中，日寇七年半間，不知表演出多少人類史上最卑劣最野蠻的暴行與慘殺，這一篇滔天的血債，我們實不忍一一追溯。

俘虜

七年半來，火線上的抗戰將士，人人咸抱「不作降將軍，甯爲斷頭鬼」的決心，所以被俘軍人，爲數絕少。日寇對此僅有之若干俘虜，其待遇之苛虐，較諸對待英美戰俘，有過之而無不及。我們先說日寇如何對待上海四行孤軍，四行孤軍的忠貞與英烈，任何有良心有血性的人對之應該只有欽敬，日寇最初想以絕糧方式將他困死，幸賴國際友人的救助，沒有中他毒計。太平洋戰事爆發後，滬上形勢全非，孤軍便被日寇押赴南京集中營，據最近逃出的孤軍將士談：營中生活直牛馬不如，每日僅兩餐糠粥，而一切非人的勞役，則恣意其驅策，稍不遵從，輕則令其裸體任意鞭撻，重則「插秧」（即活埋）。日寇還不以此爲滿足，更時時抽調一批出所謂「不穩份子」，集中槍殺。

活肉靶子，狗吃

在山西太原，日寇特務機關所設置的「工程隊」，是專爲監禁俘虜的虎穴。在「工程隊」裏，我們戰俘，一批來建壯點的，不時要被迫「抽血」，一任上個把月，便個個變成病鬼。病重時，期限是七天，過期不愈，有的脫去衣服，推進茅廁溺斃，有的則一拉到城外活埋。沒有病的常一百或七八十的被送到東北，叫做「活肉靶子」。所謂「活肉靶子」，是把我們戰俘排列在預先掘好的土坑邊緣上，然後敵衛兵一個個舉起刀猛中劈殺，這於日寇認爲訓練新兵最好的辦法。日寇對戰俘的審訊，多半也在「工程隊」中舉行，我忠勇不屈的民族將士，便一個個被奇特的酷刑燬死。其中最新穎最毒辣的花樣是「狗吃」刑，就是將我忠勇將士下半身埋在地下，而令狼犬撲食上身，血肉淋漓，人世間還有比此更慘的嗎。

廠窖一地 被殺三萬餘人

日寇在中國的暴行，不獨限於戰俘，對于無寸鐵的平民，也同樣殘毒，而且範圍之廣，數量最多。去年夏間，敵寇侵犯湘北，鄂西，我濱湖若干縣份淪入敵手。敵人每至一地，姦掠之後，即繼以屠殺，廠窖一地被害尤烈。廠窖位於安鄉南縣以南，南縣淪陷之初，該地成爲難民集中之區，不意敵人迅速而至，二萬五千餘難民，便在敵人五日大屠殺之下，成爲刺刀下的冤魂。事後兩湖監察使苗培成曾赴該地視察，據談，該地原有一千餘住戶，現則幾無一人。地方政府收埋了屍體萬餘具，其葬身水中順水漂流者，當不只此數。可見廠窖一地被慘殺者，確實數字爲三萬餘人，這數字不謂少。同時南縣方面被[illegible]平民，亦有萬餘人。其中[illegible]慘的一幕，則爲[illegible]下樹中之縣屍，敵陷南縣時，捕我同胞四千餘，以繩聯貫，繫於柳樹之間，再以機槍射殺，及至我軍克復南縣，發現此項縣屍，有如市肆中待售之板鴨，慘不忍睹。

——摘自《时事新报》（重庆），1944 年 2 月 4 日

倭寇鐵蹄下的香港（一）

▲百萬同胞度着非人生活

▲盼望國軍反攻拯民水火

曲江通訊　[illegible]由香港逃出的同業某君語記者，香港自前年聖誕節前夕被敵寇攻陷後，住留該處的百萬同胞，都無一不在恐怖、凌辱、流血、饑饉、死亡、火燒、傾家。流亡和一切不幸之下，過着牛馬的生活。他們無日不盼望國軍反攻，驅逐敵寇，使無數民衆得以重睹天日，現在把某君所談的香港情況，分別記載於下。

▲一羣豺狼野獸吃人花樣翻新　這塊樂園。自從闖進了一羣吃人的野獸，許多

事情是非人們可以想象得知。而野獸抓着了人吮血嚼啖。以至吞下肚子裏的技術，也時時有着新的花樣。敵人自從燃着太平洋的火燄，就豎起了「大東亞戰係爲了解放東亞民族」的幡旗。佔領了香港，更將「東亞人的香港還諸亞東人」和「驅逐白種人拯救黃種人」的口號，唱得雲天價響。

爲了自行配合，曾導演「英國人當紅頭阿三推車」「印警押英軍遊市示衆」等喜劇。就算對待我們中國人和在其他淪陷區內的措施，有些不同，比較減少了屠殺。後來敵人似乎覺得懷柔手法已不大需要了，就得把統治政策來一個變更，狐狸揭開了面具，還是狐狸。留港的中國人，一樣在剃刀下生活。生命一樣地失掉保障。

——摘自《少年中国晨报》，1944 年 2 月 4 日

日寇在華暴行（續昨）

中宣部新聞處編

三光政策

在華容，敵人於屠殺平民之外、對我年老同胞、則施以種種侮辱慣技。或令其頭戴罎子、伏地互撞，俟罎破血流而後已；或握其鬚髮猛力下扯，使口張開，旋復向上猛推，至於鬚落齒斷始肯放手。或使其伏地作馬狀，敵人騎其背上，揚鞭賽跑取樂。凡此種種，迫辱備至。在晉西一帶，敵人的暴虐，更甚於此，「殺光、燒光、搶光」三光政策，兩年前就開始實行。敵騎所到，盡夷廬舍爲墟，雞犬不留。青年婦女，多被蹂躪。並常舉行「赤體大會」，捕集男女人民，逼令脫光衣服，然後開明關係，強使母子或公媳姦淫，彼則鼓掌歡笑，稍不如意，即破腹刈乳，絞斷下部，滅絕人倫，莫此爲甚。

踏橋，祭爐

讀過歷史的，都知道原始部落民族，會有殺人做祭祀的。這種人類的蠻性，想不到日寇還完全保留着。在平定，敵人最近於護城河建造石橋，橋成之日，舉行「踏橋典禮」，強迫當地找出三代不同的三對的青年男女「踏橋」，踏橋後，須砍去一對婦女的頭，作爲祭橋禮。陽泉某鋼鐵大爐開工時，敵寇亦搜捕一對十二歲男孩和九歲女孩作爲祭爐犧牲品，將男孩童全身以鐵板纏起，再塗以膠泥，擲入熊熊烈火中活活燒死。其他各地類似的情形還有，實在不忍多加敘述。

鈎鯉魚，烤全猪

敵寇對我國知識份子，尤恨之刺骨，我們現在單舉山西大同爲例：有一次大同敵憲兵司令部藉詞請客爲名，逮捕三百九十七名知識份子，在審問廳的辦公桌上放幾本商務版的「模範英語讀本」，令每個被捕的人去唸，凡能唸「去」的都站在一邊，驗完後，特務機關長田中實便宣佈：「懂得英語的，都是親英美的，是皇軍的敵對人物，我們都要全部殺掉。」這一群知識份子的命運，又可想而知了。現在大同的知識份子，無不人人自危，不但過去受教育的人如此，即現在正受奴化教育的青年，也不能例外。「大同中學」便常有五六人一批的被綁，而以「思想不穩」判處死刑。死刑執行的慘酷，尤爲曠古未聞，有用鐵鈎穿着舌頭把人吊起來，這叫做「鈎鯉魚」。有用一張鐵床架在一堆炭火上，將人綑置於鐵床上，這叫做「烤全猪」。這兩種酷刑，目前已運用到其他淪陷區去了。

日寇在中國的暴行，單根據這些有限的材料，已是一篇寫不盡的血債。

——摘自《时事新报》（重庆），1944年2月5日

濱湖災重
民衆死傷十七萬
湘省府請政院善後

中央社耒陽四日電　據官方初步調查估計，敵寇兩度進犯湘省濱，湖各地：南、華、澧、安、常、桃、慈、石、臨、漢、沅等縣，人民死傷損失情形如：下人民死亡十三萬一千九百人，受傷三萬八千〇八十五人，被姦婦女三萬五千一百八十五人，姦斃婦女四千二百卅七人，擄去男女八萬三千四百九十七人，被燬房屋七萬三千三百八十三棟，損失糧食一千六百五十八萬九千四百八十四石，耕牛八萬六千五百一十二頭，刻人民均陸續歸來，惟河山依舊，廬舍已非，湘省府已電請政院迅撥急振三千萬元，善後救濟七千萬元，以資救濟。

——摘自《时事新报》（重庆），1944 年 2 月 5 日

中國要聞

倭寇鐵蹄下的香港（二）

▲百萬同胞度着非人生活
▲盼望國軍反攻拯民水火

可憐那些曾一度扮過英雄的小丑，加倍地感覺悲哀。同時教他們明白了，被拖進了屠場的羔羊，劊子手給你豐滿的食糧的幻夢，是沒有可能的。「無常的臉譜」磯谷廉介代替了酒井，登了「香港佔領地總督」的寶座，一切搾取，掠奪，屠殺的任務，都交他去執行。「總督府」設在匯豐銀行裏，軍事方面，立足做了警防司令官。駐防軍有海部第八一二及八六一〇隊，另有海軍陸戰隊等，統統都由立足負責指揮。政治方面，市來接長「民政部」。「民政部」組織系統表如下：總務課松本，文教課長尾，衛生課相林，財務課中西，產業課渡邊，土木課蓬島。交通課高松。香港派出所所長藤田。九龍派出所所長松葉，另外設有香港，新界，九龍三個地區事務所。正所長是日人，副所長是漢奸。報道部部長西川，內分新聞班（松井）。戲劇電影班（和久田），幹着那卑鄙，虛僞，誇大的宣傳工作。和負責監視漢奸報，憲兵隊隊長野間，內轄東地區，西地區隊本部，九龍，水口，新界各隊，還有一羣敵人的特務隊，簡直是一羣瘋狗，他們好像離璪的游魂，出現人間，爲非作歹，無惡不作。他們曾辦過殺人技術比賽，獲奬的是一個月內殺過三百餘人的一個中國人當他們是「黑無常」被黑無常見到的，死亡是無可倖免。

倭酋磯谷廉介，在台兒莊是吃過我們苦頭的，他好像要報復，對待中國人特別殘忍暴戾。在灣仔把三十六個中國青年聯在一起，用機槍掃射，叫做「機關槍點名」。將十二個學生斬首，指爲「危險份子」在香港未逃出的居民，在他的羅網下，見不到光明，呼吸不到自由的氣息。

▲糧荒問題嚴重餓莩遍地可見　糧食問題，本來是使敵人傷腦筋的事情，敵人曾想過許多辦法，嗾使漢奸在自由區內高價收買糧食，用木船插上一支中國旗來掩飾偸運，可是杯水車薪，又有什麼用呢？要向南洋一帶運進米來，本是可以大量的，然而吃不過盟國潛艇的威脅，香港是不會產米麥的，你可以想象到糧荒所發生的慘象了。

在馬路上，在小巷中，有着不少活骷髏出現，看來不知是幽靈，還是餓莩，眼窩陷塌，眼珠縮進，兩頰的飢肉消失了，嘴唇烏青，露出兩排嚇人的牙齒，兩腿像雙蠟燭，饑餓啃去全身的肌肉，這是我們的同胞嗎？這簡直是人體骨骼系統圖。

小巷的角落，赤裸裸放着三兩童嬰，讓餓狗去吃一頓飽。曠野的小丘上新添着的土堆，烏鴉去撥了薄土，啄着腐肉，烏糞，樹皮是他們唯一的食糧，爲了爭奪這類的食糧，還發生過不少命案。

敵人對於糧荒還有對策，曾將二千餘名饑民用船載赴大嶼島，由他自生自滅。又曾拘捕過千餘名乞丐，困於一倉，由他餓斃，曾下令疏散二十萬人，敵人自己說。「對於糧荒我們不能「開源」祇有「節流」」

▲威脅利誘婦女達其洩慾目的　敵人在香港強姦婦女，算是減少了。這不是他們停止了暴行，而是他們用了更高明的手法，達到洩慾的目的。

他們對美貌的女子是「威迫」，對貧窮的女子是「利誘」，你不肯和他同居嗎，恐怕不久會遭受苦難的來臨，說不定你的父親要坐牢子，你的家，會有藏匿游擊隊嫌疑，你要想象挨苦日子的滋味，你休得固執的抗拒。

（未完）

——摘自《少年中国晨报》，1944 年 2 月 5 日

中國要聞

倭寇鐵蹄下的香港（三）

▲百萬同胞度着非人生活

▲盼望國軍反攻拯民水火

你認爲與禽獸爲侶可恥，寧死不屈嗎。恐怕又挨不過父親母親和親戚朋友的勸告，爲了他們的安全，他們不能不苦口婆心地忠告你，你是貧寒之家嗎，他可以三四包白米。二三千塊錢作聘禮，你的哥哥，你的弟弟，還可以找到「小狗子」的職位。你休得要反對，你那抵受不了飢餓的母親，會見到甜頭垂涎。

汝洲街三號二樓的陳姓少女爲了反抗。父親死於牢子裏。洛克道某號唐癸之女滿十六歲，爲了兩斗白米，就埋葬了她的青春。

敵人在港娶中國女子的不止百千了，據敵人自己說，「在中國佔領區內「成家立室」的，不思再回日本去，願做一個中國的日本人」。

據報敵人娶中國女子多的緣因，一則是他們爲了洩慾，一則是敵國的移民政策。他們國內的相士，是受過特殊訓練，相士鼓舞他們要到中國來，要娶中國女子的。

▲集中營內俘虜生活不如牛馬　在敵人集中營裏，有英軍，有加軍，有印軍，有政府人員，有傳教士，有工人，他們都一塊兒不分階級，性別，囚在鐵圍裏。無論白晝，無論黑夜，都蟄伏在房子裏，那一套俘虜服裝，十天也不給他更換，五天不給他洗澡，蚊虫，虱子，都做了他們一刻不離的良朋，疥疾，皮膚病，曾還把他們纏着，吃到的是半肚子粗糙的麵包。牛肉，魚肉這些名詞，恐怕他們感覺到生疏了，敵人有時要証實他「壓迫你們的人」要給我們壓迫了，這是爲了你們」的話。對待他們特別地毒狠，有時派出一隊來勞動服務，洗厠所，掃水渠，這不幸的一羣，臉孔上找不到絲毫快樂，在他們身體上更找不出一些健康。

有一次，敵人要向國際宣傳，拘出了俘虜，換上了清潔的衣服，手持着書報，要他們坐着，立着，臉部還要表露着笑容，等着敵人的電影報導班拍照。事後十幾個俘虜受懲罰，爲了他們笑容不够。

總之，香港的俘虜，不止是囚徒，不止是馬牛，他們的痛苦眞比囚徒馬牛更甚，他們的生命，比囚徒牛馬還賤。

敵人殺戮轟炸東京的美空軍，大家曉得憤激，敵人換一樣手法的殺戮，却被人疏忽了。

（未完）

——摘自《少年中国晨报》，1944 年 2 月 6 日

敵機向鄂北老河口肆虐

六日晨重慶廣播電訊，五日上午十時許，有敵機四架，飛到湖北省北部老河口上空。在郊外投彈十餘枚，另敵偵察機一架，四日下午及五日上午，飛至鄂北安康一帶偵察。又五日敵偵察機一架，偵察皖北一帶。又敵機一架於四日上午九時，兩度飛入西安上空盤旋偵察後竄去。

——摘自《少年中国晨报》，1944 年 2 月 7 日

敵僞壓榨原料缺乏
上海工業瀕絕境
新由孤島逃來之某君談話

【本報訊】一位剛從孤島逃到大後方來的工商界的朋友，他對記者談起上海工業界的情形，作了如下的敘述：

上海：這工商薈集的都市，如今已失去了它的繁榮，成爲名副其實的「孤島」。敵僞搜括與統制的結果，各業都急遽地走下坡路。僅僅因爲投機的氣焰高，銀行業出現畸形的繁榮狀態，上海人都說：「這是骷髏戴的鮮花」。而上海工業則異樣的消瘦下去，將變成孤島上的骷髏。

原料的恐慌是上海工業的致命傷，自太平洋戰事發生後，英美的來路斷絕，南洋方面也始終因爲運輸困難，無法購進。淪陷區物資又受敵軍搜括，上海工業僅能食其餘唾，敵僞自身及相互間的矛盾，上海工業簡直是涸轍之魚，一般而論，火柴，造紙，及其他化工橡膠等業尚能勉强掙扎，其餘則全部快要關門大吉。

據上海工部局統計去年底的工業調查報告，去年五月份爲公共租界西區的工廠總數爲二〇六八家，年底只剩一二〇八家，其中有五一家完全關閉，四〇九家停工。西區紡織廠前有二百三十六家，工人五萬六千三百三十名，現在只剩一萬六千零七十一名，前者機織廠五百九十九家，工人一萬六千名，現在只剩六千九百名。這只是主要的工業狀況，其餘的小型工業則更糟，更無辦法。

既是原料恐慌，自不能不加以統治，請看他們的成績吧！

敵僞爲統一收購和分配原料，命令各工業設立原料統制會。棉紡織業，由上海的棉業界和紡織界共同成立棉花統制會，基金四百萬，後來又額外集資一萬萬，大量收購江北棉花，但是收買事務則歸日本商人，華商無權過問。收購後的分配，則運到日本的多，分配到上海的少，在分配到上海的數量中，又是日本的商人多，華商所得的少。以前年而論，敵僞在江北收購棉花預定爲一百二十萬擔，實際上僅購進七十萬擔，江南及其他地區得六十萬擔。但分配後華商僅得二十萬包，有八十萬包運日本，三十萬包分配日本商人。去年購進的棉花僅及前年百分之七十。但運往日本的八十萬包一包也少不得，華日紗廠共配給二十萬包，其中華商廠家所得之微，自不言而喻。華廠開工者，有申新，新生，新裕，大同數廠，日廠開工者僅有內外、同興、日華，上海等廠。紗廠開工率不過百分之一二。而且都是在吃不飽，餓不死的狀況下苦撐。

麵粉工業的原料，概由華中粉麥專業委員會統一收買配給，後又由華中製粉聯合會負責收買與分配，前年年底與去年春天，上海麵粉業的情形尚好，但到去年秋天小麥登場時，麵[illegible]麵粉反突然紛紛停工歇業，原因是敵僞强制收購麵粉，廠家無利可圖。

繅絲業因繭產減少，運滬困難，繅絲廠原有七十家，靠存底開業，後來終以有去無來，相繼停工，至今僅有公大等四家苟自勉强維持。

榨油業原料由華中製油聯合會統一收購，現在改由油糧專業會收購，但油籽的購買又是大問題，滬上榨油業九家，有機無籽，陷於停頓狀態。毛織業，捲烟業也害上一個通病，缺乏原料，一蹶不振。

遠在敵人佔領之前，上海的英美工廠佔有雄厚勢力，日本人老早就看得眼紅，其中除公用事業及公司堆棧外，如棉紡織業中的怡和三廠，綸昌一廠，中紡三廠，申新一廠，毛紡織廠二家，機械金屬工業七家，化學品工業七家，火柴業一家，製紙工業一家，玻璃工業一家，飲食糖果冷飲業十二家，印刷業二家，捲烟業一家。太平洋戰爭發生後，這些英美工廠或被管理或指定停工。全部紡織廠及二十二家毛織廠均無一倖免。

敵僞掠奪英美工廠分兩種方式，一爲「委託經營」即是由日本公司代辦，這一類的工廠有上海造船廠，馬勒造船廠，黃浦機器造船廠，永備電筒廠，留聲機械製造廠，愼昌公司工廠，華懋工業製造廠，白歐氏洋燭公司，利華肥皂公司，永光公司，平和洋行酒精廠，頤中烟草公司，怡和啤酒廠，昌華玻璃廠，上海皮革廠，上海啤酒公司。另外有一種「指定管理」的方式，即是指定日方某會社嚴密管制，雖美名曰管理亦與美其名曰「委託經營」一樣，骨子裏同樣是掠奪强佔而已，這一類的英美工廠有安迪生電料公司，五洲固本肥皂廠，中國化學工業社，江蘇藥水廠，美光火柴廠，中國紙板製品公司，正廣和汽水廠，海寧洋行，沙利文餅乾廠，怡和紗廠。

——摘自《时事新报》（重庆），1944 年 2 月 7 日

敵寇推行飢餓政策
陷區同胞仰待國軍
監察委員何基鴻談話

【中央社訊】近自陝豫皖鄂各省視察歸來之監察委員何基鴻，將于兩週後北上巡視西北各省，據何氏談述所調察各地之教育概況稱：鄂省教育已甚普及，每鄉鎮至少有完全小學二所，畢業後考入中學者得享公糧待遇，陝豫兩省民風純樸，所辦學校向屬完善，皖省教育深受戰事影響，然負責當局努力不懈，改良之處亦多，所經各省民氣澎湃，雖窮鄉僻壤、莫不知 領袖辛勤，國難正殷，故人民雖遠款收，納稅服役仍無難色。次言敵人在淪陷區之暴行，其犖犖大者，莫滿資行飢餓政策，蓋淪陷區敵人只顧用兵便利，恣意糟踏耕田，溝渠淤塞，水利俱廢，以河北一省而論，如大名，長垣、濮陽，東鹿各縣，收穫僅有二成，有達五成者，如灤灤、歸海等地，則敵人劃「軍事重點縣」，強以低價收購，使民衆淪陷於飢餒，冀

省受災區域巳達三分之二，災民二千萬餘敵人既以飢餓爲手段，迫發民衆井離鄉，就食鄰邑，復在邯鄲彰德各城設立「勞動協會」誘騙飢民以火車運往海州、蘇嶺運往路礦地點，驅如奴役，淪陷區同胞身陷水火，對敵人暴行莫不切齒痛恨，故咸仰首引領，以待國軍。何氏返

留洛陽時，曾與河北中學師生盤桓數月，見該校管理頗嚴格授課認眞，經費拮据，設備簡陋，何氏深盼該省在後方各同鄉組織能集資予以補助。

——摘自《国民公报》（重庆），1944年2月8日

敵迫東北學生
從事軍事生產

中央社老河口七日電 據自淪陷區來人談：敵近將對其在東北僑民返國限制極嚴，原因爲恐動搖其軍心，並受國內物資缺乏之影響。又敵近強迫東北中等以上學校停課，迫令全體學生從事軍事生產，已普遍引起東北青年强烈抗拒。

——摘自《时事新报》（重庆），
1944年2月8日

敵艦擄刼帆船
迫裝木材運倭

中央社上饒八日電 滬甬洋面最近時有敵艦擄刼帆船，迫令裝載木材，或係裝運赴倭，以作造船之用。

——摘自《时事新报》（重庆），
1944 年 2 月 9 日

數不盡的血債
日寇暴行錄

下面選些血淚構成的事蹟，不過是千百萬筆血債中的幾筆罷了，爲使每位中華的兄弟姊妹們永不忘此恥此辱，我們再忍痛地記出下列幾項。

一、三十年四月二十五日，湖北鳳台敵人，以裸體少壯男女滿跑六人，綁縛竹梯，放在茅屋上，再縱火焚燒，火焰達屋頂時，哀號慘叫的呼聲，令人痛不忍聞，羣寇鼓掌狂笑。

駐香北五縣敵兵，如遇容貌佳麗女胞，即將她們的衣服先令脫去，推倒在地上，然後站在肚上踐踏，口中吐血不止，或倒提兩腿，把她們插入陰溝中，以爲兒戲。

三十年四月十九日深夜，黃市寇兵三名，出東街口，醉後猖獗于街頭，喊，花姑娘，至一小貨店中，因找不見女人，即要少老板燒開水一壺，取大鐵釘四個，並迫他將上衣脫出，緊近板櫈站立，釘其兩脚于地下，兩手張開釘于板上，再用沸水從口中灌入，少老板即刻胸腹紅腫潰爛而死。

[illegible]州淳[illegible]鄉新道村兩家，有女孩子梅翠，性情貞淑，在家侍奉爹媽，五月十六日下午，遂被日兵跑來施暴，梅翠見寇來，逐奪門而出，沿江上奔，[illegible]後有強敵，自度不免，遂縱身躍入長流，隨波而沒。

前年敵佔福州，在大街小巷，城郊鄉村，處處姦淫，當遇敵寇進入民家，多着皮鞋，故小巷中婦女，凡聽到皮鞋咯咯聲，即閉門匿避，以後敵人即穿車胎[illegible]鞋，以[illegible]翻牆而入，在福州城隍廟附近，有一家姓林的主人任職中央軍部，有母親妻子及女兒二人在家，七月二十一日，敵兵兩名翻牆而入，欲強姦女[illegible]，由祖母大呼救命，男僕趕至，見此情景，拚命格鬥，即爲[illegible]斃，復將其祖母，母親等綁於椅上，用槍托力[illegible]，然後輪姦兩女，其[illegible]號[illegible]的呻吟聲，一直拖到天明。

星子縣人民如遇婚姻喜慶，敵寇往往竄來六七人，強迫容貌美好男女來數人，勒令脫去衣褲裸體跳舞，敵軍鼓掌大笑，如不從，必受荼毒。

三十年三月十五日，南昌寇兵兩名，在酒店後房內，至距江口約半里的[illegible]，見一年約二十餘歲少婦，身懷有孕，竟大動獸慾，強行輪姦後，復以少婦腹胎猜賭是男是女，各出軍票八十元，途將少婦綁縛樹上，用棉絮塞入口中，舉刀剖腹取之，爲一男孩，勝者急取賭款，負者將胎兒使力拋擲於地上，用刀割去胎兒之生殖器，擲勝者面上，相與鼓掌獸笑。

舒舜蓮，因陽[illegible]皮畝人，年十五歲，因賴家寒苦，十歲即爲[illegible]家作童養媳，婆家住崇陽東門橋，二十九年七月十五日，被獸兵伍長強姦，並誣其丈夫爲游擊隊員，強行殺死，隨後又強迫該女入崇陽西門橋敵軍慰安所，據稱該所計有白妓二十三人，華妓六十餘人，均屬良家婦女，初入慰安所者，照例須學幾曲諸歌及跳舞，送經下流訓練後，按月身價七十元，作伙食脂粉元，華妓每月除[illegible]每月四十等費外，祇剩[illegible]元，接客無限制，不[illegible]月，即骨瘦如柴，翻體梅毒。

敵由[illegible]州市，南公圍水部門設警戒哨所處，來往商人入其警戒線後，用鐵絲捆縛兩[illegible]，用刺刀刺倒[illegible]其受過軍事訓練，認爲我方游擊隊，而刺殺之，倘鞠躬九十度時，則謂頭部過低，有意開玩笑，將行人面部[illegible]鬼臉，使人受盡嘲笑難堪。

三十年十二三月份，敵在泌陽共焚燬房屋三萬三百三十四棟，三十一年在河西焚民房三千四百餘間，第三次長沙會戰時，所過長樂街，白沙，汪家橋，林舖，新市，黃沙街一帶，無一處不成了一片焦土。

三十年二月，敵[illegible]東淪陷縣，見我鄉愚男女同胞，均認爲游擊份子，男子活埋，女子一律強姦，後殺害，以刀戳破陰戶或小腹，或以羅[illegible]填戶中，擱置途中。

三十年六月十三日，福州周永清，因穿中山服，被割去頭頂，點天燈，同年六月二十九日，城中陳惠祖，因身上帶黨徽一枚，被敵用鬼刀碎成肉泥。

（中宣部新聞處）

——摘自《国民公报》（重庆），1944 年 2 月 10 日

日本幽禁英俘十四萬人

九日國際通訊社倫敦電。。英外相秩頓是日在下議院報告。英國軍民在日軍俘虜營受幽禁者約計十四萬人　英政府曾託萬國紅十字會及中立國調查其待遇情形。今英政府又經託蘇俄斡旋　可能將食物及郵件寄往在日軍俘虜營中之英國軍民云。

——摘自《少年中国晨报》，1944年2月10日

敵機轟炸陝西南城

十日中華新聞社重慶電。昨九日有日軍飛機十四架由山西方面飛至陝西南部向南城轟擊　我軍開高射炮轟擊　日機迫得維持高空航線　祇向南城郊外投落炸彈廿餘枚　即行飛遁。

——摘自《少年中国晨报》，1944年2月11日

敵機空襲陝西西安

十一日晨重慶廣播電訊 敵機七架昨十日晨空襲西安 在城郊之西。投彈三十餘枚。又九日 敵機十四架、由山西方面飛來。空襲陝西南部之南鄭。遭我高射砲火猛烈攻擊 敵機不敢低飛 在城郊投彈廿餘枚[illegible]大。

——摘自《少年中国晨报》，1944年2月12日

敵機八架空襲粵北南雄

十二日晨重慶廣播電訊。十一日下午敵機八架空襲粵北南雄 投下炸彈多枚 同時粵南各地。有多處發現敵機飛到偵察

——摘自《少年中国晨报》，1944年2月13日

敵毒化閩粵
勒令挨戶種烟

中央社南平十二日電 敵著謀毒化閩粵沿海，早在各島嶼勒令民衆每戶種植罌粟一畝，閩海以金門等地，粵海以南澳栽種最多各達五六萬株，並以金門五里海爲「示範罌粟園」，實行大規模種植，現已屆長成，苗高五六寸，將於三月內收割，刻在厦組織南方株式會社，製造烟膏，圖向內地銷售。

——摘自《时事新报》（重庆），1944年2月14日

敵在粵閩沿海散佈毒種

十四日晨重慶廣播電訊。敵人散毒政策在閩粵沿海一帶。變本加厲 限令沿海淪陷地區人民。每戶最少種罌粟一畝 其中尤以閩省之集美及粵省之南澳島爲最甚。。集美遍地罌花。。不啻爲一典型之罌粟花園。敵人特在厦門設有公司 專製煙土販銷。流毒各地。

——摘自《少年中国晨报》，1944年2月15日

倭寇捕殺東北大學學生

十五日中華社重慶電：現有學生十名由東北脫險，行抵重慶談稱：一九四二年秋間，日軍在長春大同大學調查學生組織之「領袖俱樂部」，原屬文學團體，惟日軍硬指爲反日機關。後又調查哈爾濱、奉天及其他各處大學，均有同樣組織，遂於一九四二年十二月卅日在東北各省各處大學搜捕學生。被拘之學生共二千七百餘名，至去年夏間被槍決者已達千餘名，被判監禁由六年至終身者有千餘名，其餘六百名仍囚禁獄中，尚未判決云。

——摘自《少年中国晨报》，1944年2月16日

敵機十八架向河南肆虐

十八日中華社重慶電：十七日有日軍飛機十八架，分爲數隊，向河南各城市狂炸，此等日機，係由河北省日軍飛機場起航云。

——摘自《少年中国晨报》，1944年2月19日

敵寇罪行益厲

鄂中強迫推銷毒品
在滬大肆搜括金屬

【中央社訊】鄂中敵毒化我陷區民衆日益加厲，近復以毒性極烈之鴉片一種積極推銷，名爲「金花紅」。此物可不經煎熬而直接吸食，且成癮後無法戒除。均由武漢運來，每兩價格一萬六千元。以荊門當陽、宜昌及各市鎮集場推銷最多。敵爲擴大毒化範圍計，乃以鴉煙推銷此項毒物作爲僞組織經費之來源。每月由各僞縣長在僞省領取轉發僞區鄉負責人售給民衆，並派吸毒成癮爲敵軍所信任者爲僞組織負責人。

【中央社上饒十九日電】滬訊，敵又在滬組織所謂「金屬收回委員會」，凡鐵銅鉛錫及其他金屬均包括在內，分期收刮，第一期鐵類三萬噸，銅類七千噸，其他金屬儘多不限，第二期以後再予遞增，第一期於去年十二月初起，迄今年三月底止，對街頭公共設備，一般家庭，一般工場，實行所謂「強制提供」，如拆卸停工工廠設備，業已委派敵方，「駐上海公使」田尻主辦，積極進行，在敵所謂「清掃運動」「強制提供」之下，上海民衆之所有金屬，即將全部運往敵國。

——摘自《国民公报》（重庆），1944年2月21日

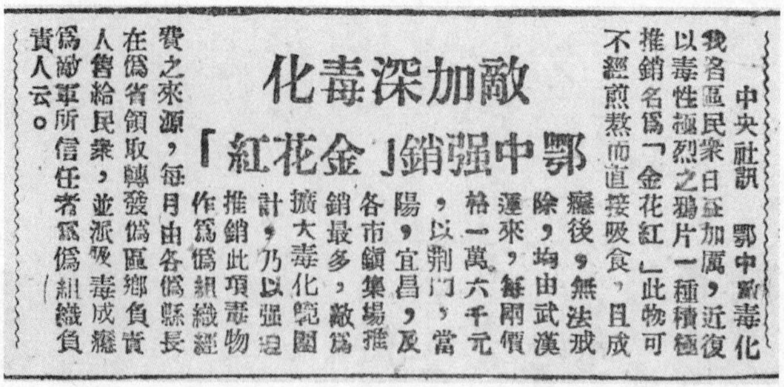

敵加深毒化

鄂中强銷「金花紅」

中央社訊　鄂中敵毒化我各區民衆日益加厲，近復以毒性極烈之鴉片一種積極推銷名爲「金花紅」，此物可不經煎熬而直接吸食，且成癮後，無法戒除，均由武漢運來，每兩價格一萬六千元，以荆门，當陽，宜昌，及各市鎮集場推銷最多，敵爲擴大毒化範圍計，乃以强迫推銷此項毒物作爲僞組織經費之來源，每月由各僞縣長在僞省領取轉發僞區鄉負責人售給民衆，並派吸毒成癮爲敵軍所信任者爲僞組織負責人云。

——摘自《时事新报》（重庆），1944 年 2 月 21 日

敵人在湖北推行毒化政策

廿二日晨重慶廣播電訊。湖北中部敵人毒化我淪陷區民衆。變本加厲。近又以特性毒液之鴉片一種。積極推銷。命名曰「新花紅」此種鴉土，可以不經熬煮，而直接吸食，一經上癮之後，無法戒除，每兩價格定爲一萬六千元，以在荆門，當陽，宜昌，各市鎮發行推銷最多。敵爲實行擴大毒化範圍計劃，復强迫推銷此項毒物，作爲僞組織經費及來源，每月由各僞縣長。向僞省府領取，轉發各僞村鄉負責人，售賣與民衆。

——摘自《少年中国晨报》，1944 年 2 月 23 日

敵虐待我戰俘

每月百名中死數十人

周副營長脫險歸來談

中央社訊　我某部前副營長周某於浙境戰役中被俘，最近乘隙逃回，據談，所親敵對我被俘者虐待情形稱：在火線被俘者，如身體强壯，堪充勞役，生命尚得保全；如受傷則均被敵就地刺死。在武漢之我被俘者每日被派往倭軍×部隊作苦工，並時遭打駡侮辱，每日雖給三餐，每餐僅給飯一碗，稍有小病，即使臨斃，既不醫治，亦不予飯吃，每奄奄自斃，如此被虐死者每月百名中總佔數十人。

——摘自《时事新报》（重庆），
1944 年 2 月 27 日

敵在華北

加緊掠奪物資

鐵道貨車增載

（中央社）皖北某地二十七日電，敵寇以在華水路運輸困難，決整備陸運，首將所有鐵道貨車增載，自二月一日開始實行，計十噸貨車增載十一噸，十五噸貨車增載十七噸，二十噸貨車增載二十三噸，二十五噸貨車增載二十七噸，三十噸貨車增載三十六噸，四十噸貨車增載四十六噸，其增載運輸之貨物，以煤及其他重要物資為主，又飭華北交通公司路加緊華北物資對敵[illegible]之輸送力，決將一部客車停開，增開貨車。

——摘自《华西日报》，1944 年 2 月 28 日

敵偽統治下之青島

物價暴漲商業凋敝

全市人口大見減少

客自山東來，與談青島陷後情形，特誌錄如次：

青島雖入敵手，但敵偽勢力僅能及市區，近郊四鄉仍為我方游擊部隊控制我青島市政府仍保有相當武力，在不時游擊敵人。廿八年以前曾不斷闖入市內，敵偽防不勝防，乃在市鄉之間築「惠民壕」一道，由南海直至北海，以為可阻我游擊隊之進擊，但我便衣隊仍時常潛入城中活動。敵偽每年春秋兩季照例舉行所謂「掃蕩」戰，但每次掃蕩必帶回不少屍灰，而我游擊隊則仍活躍如故。

敵偽深懼轟炸，最近加緊防空演習，每月初八及十八（「興亞奉公日」）（「防空日」）兩天舉行，演習時全市商號均須關門停止交易，使全市人民不安，反盼盼我機之來臨。

——摘自《时事新报》（重庆），
1944 年 3 月 2 日

敵機向贛湘粵桂肆虐

十五日重慶廣播電訊 過去數日間 敵機恢復活動 分批空襲江西。湖南 廣東。廣西各地。一，敵機十餘架，十二日晨空襲江西省會之遂川，投彈數枚 。二，十三十四兩日。敵機分批空襲湖南衡陽五次 投彈甚多，多數落在城東郊之農田上 三，敵機數架 於十四日晨一時半。偷入桂林市空 。企圖轟炸桂林附近我空軍基地 所投炸彈 均落於城之西南郊，我幷無損傷 四，十四日敵機另一隊空襲梧州及肇慶。。

——摘自《少年中国晨报》，
1944 年 3 月 16 日

滬敵虐待英美僑民

橫加侮毆並迫令自殺

揚州設有集中營三所

（中央社[illegible]溪十六日電）滬訊：據甫自敵憲兵隊脫險內來之某君談，滬英美僑民備受敵寇虐待，渠曾於獄中目睹一年五十餘歲之美僑，因私藏美金三千元，被囚於隔室以不堪虐待，將襯袴撕裂成帶，自縊於獄中。並有怡和洋行某部經理，被敵猛擊，齒牙盡落。渠並曾目睹大批英美僑民在敵寇監督呵叱下，於軍工路上任搬運敵物資之苦役，並聞揚州有英美僑民集中營三所，待遇極惡劣，如有違反敵定條例者，則迫令自殺。

——摘自《国民公报》（重庆），
1944 年 3 月 17 日

緬敵罪惡一斑

以僞組織掠奪壯丁物資
桑泰緬路犧牲盟俘兩萬

敵人攻佔緬甸以後，第一步是盡量吸收糧秣，常堂的「皇軍」幾至變成了土匪軍。第二步是普遍的從各鄉村徵調年富力強的壯丁，加以訓練後，分配前線作運輸工人。第三步是僞傀組織普及鄉村，由新委的村長對百姓徵集米，魚，肉，菜蔬等給養，再用極低的價值收買，還美其名曰「軍民合作」。緬甸全境使用的是印落「大日本政府」的緬甸盧比，不惟紙張容易破損，使人奇怪的是在上面跟本找不出發行的號碼，足證敵人是「儘」無限量發行的。各處百姓，因忍受不了這種剝削，大部不安生活，於是生產減少，敵軍無法掠奪資源，便反而增加他們自身的苦痛。

他們的娛樂問題，在往昔常常有音樂班，演劇班等由櫻花之島運來各部隊演唱，近來因為交通出艱，國內人員不敷應用，這種音樂班和演劇班就告斷絕。現在只有「慰安所」巍然林立四處，以「鼓舞官兵精神」。慰安所多數是朝鮮的淫窟或由其國內徵調而來的，官兵之間，傳染梅毒者為數實不算少。對於體操游泳等運動，敵軍內一向極為重視，近來因盟國飛機頻繁轟炸，常常不能實行。他們的火車

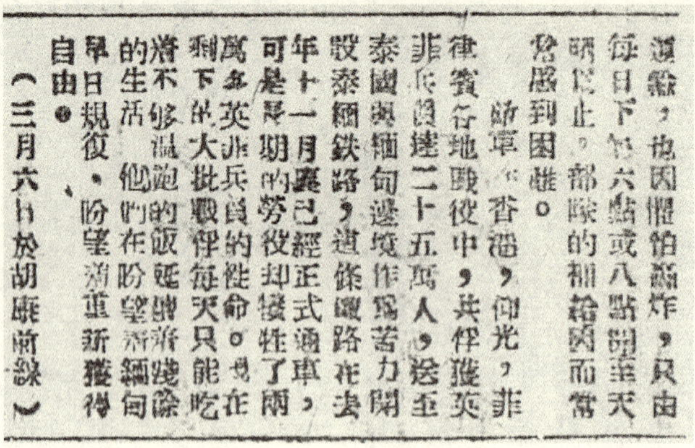

運輸，也因懼怕轟炸，只由每日下午六點或八點開至天明停止，部隊的補給因而常常感到困難。

敵軍在香港，何光，非律賓各地戰役中，共俘獲英非兵員達二十五萬人，送至泰國與緬甸邊境作爲苦力開設泰緬鐵路，這條鐵路在去年十一月裏已經正式通車，可是這一期的勞役却犧牲了兩萬多英非兵員的性命。現在剩下的大批戰俘每天只能吃着不够溫飽的飯，維持着殘餘的生活，他們在盼望着緬甸早日規復，盼望着重新獲得自由。

（三月六日於胡康前綫）

——摘自《时事新报》（重庆），1944 年 3 月 20 日

敵偽劫持下 上海新聞界近況

【本報桂林通訊】某君在滬從事新聞工作，今春不甘敵偽壓迫，輾道來桂。據稱：自太平洋大戰爆發，租界由敵接收後，整個上海簡直無新聞事業可言，所餘報紙，全由敵偽利用以麻醉民衆。現滬上除申新兩報外，尚有敵方直接主持之「申新報」，「大陸新報」，以及偽組織之「中華日報」，「新中國報」，「國民新聞」等。發行數量均極有限，廣告亦少，發行區域全受限人限制。申新兩報僅能在租界區售賣，偽方報紙可以分銷蘇、杭，至於敵方之新申報則在淪陷區到處銷行，並強迫上海民衆每戶必須訂購，但誠心閱讀者寥寥無幾，一般全作燃料包裹之用。偽方報紙銷數更少，「國民新聞」每日僅出數百份奉送偽逆或其他關係方面。至於通訊社則有所謂及「偽中央社」。塔斯及海通雖亦在滬發稿但敵方禁止華文日報任意登載，必須經過同盟社轉發始能採用。敵人統制新聞來源，但仍嚴厲檢查，凡報上所載，不論新聞，社評，副刊，廣告，須一律打好小樣送檢，檢查標準不一，機構亦極複雜。「新申報」，新中報「大陸新報」由敵海陸軍報道所檢查，「偽中華日報」等由偽宣傳新檢所檢查，至申新兩報因係商辦，其稿係送往他方機關之檢務處檢查實亦由日人主持。又敵偽對新聞工作人員，控制甚嚴，爲「上海記者聯合會」迫令各報負責人參加每週由「海軍報道部」派人赴各報館講解其所謂「海上勝利」，並考察各編輯對於「皇軍勝利」是否確實了解，此外強行「思想檢舉」，即新聞檢查。遇不合「標準」時，除將稿件扣發外，該稿及編發之人甚至被傳往嚴刑訊問，往往連累全家，隨同入獄。去年申報因登載文天祥精神，新聞報刊出「天快亮了」等文，今被視有「諷意」引起一次大的檢舉。

上海同業受此痛苦，除極少數無恥叛徒，甘作奴隸，爲虎作倀，此外大多數人宣誓永與效忠祖國，忍痛含冤，苦心積慮，希望字裏行間能予市民一點刺激，維持原有的一條精神陣線。

——摘自《时事新报》（重庆），1944年3月21日

倭機九架襲炸湖南衡陽

廿日中華新聞社重慶電 日軍飛機五架於昨十八日上午經過長沙上空。飛往湖南南部之衡陽 向其東郊投落炸彈數枚。但未有損失云

——摘自《少年中国晨报》，1944年3月21日

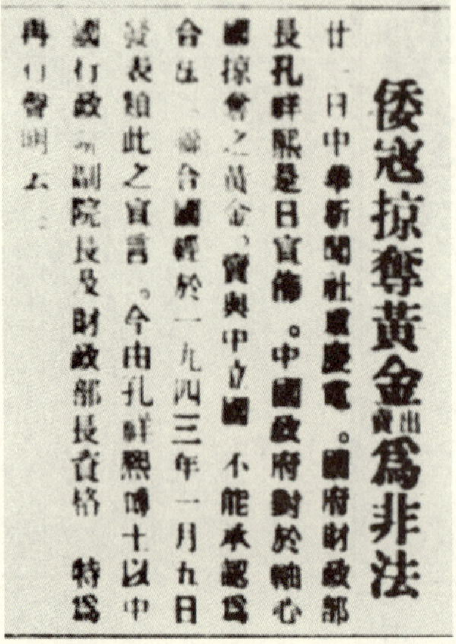

倭寇掠奪黃金(出賣)爲非法

廿一日中華新聞社重慶電。國府財政部長孔祥熙是日宣佈。中國政府對於軸心國掠奪之黃金，賣與中立國 不能承認爲合法。聯合國經於一九四三年一月九日發表關此之宣言。今由孔祥熙博士以中國行政院副院長及財政部長資格 特爲再行聲明云。

——摘自《少年中国晨报》，1944年3月22日

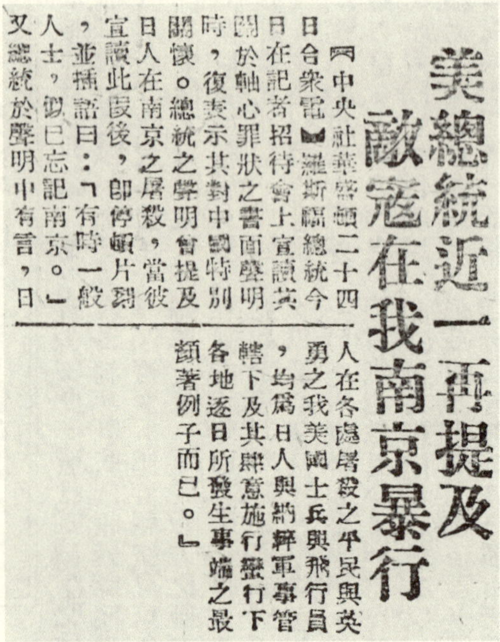

美總統近一再提及敵寇在我南京暴行

〖中央社華盛頓二十四日合衆電〗羅斯福總統今日在記者招待會上宣讀其關於軸心罪狀之書面聲明時，復表示其對中國特別關懷。總統之聲明曾提及日人在南京之屠殺，當彼宣讀此段後，即停頓片刻，並插語曰：「有時一般人士，似已忘記南京。」又總統於聲明中有言，日人在各處屠殺之平民與英勇之我美國士兵與飛行員，均爲日人與納粹軍事管轄下及其肆意施行蠻行下各地逐日所發生事端之最顯著例子而已。」

——摘自《国民公报》（重庆），1944年3月26日

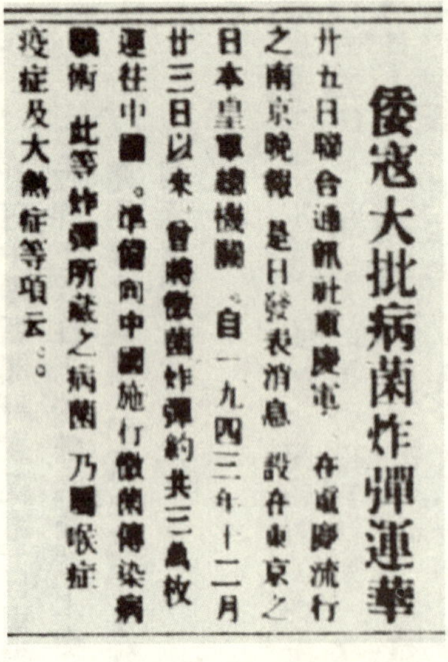

倭寇大批病菌炸彈運華

廿九日聯合通訊社重慶電 在重慶流行之南京晚報 是日發表消息 設在東京之日本皇軍總機關。自一九四三年十二月廿三日以來，曾將微菌炸彈約共三萬枚運往中國。準備向中國施行微菌傳染病戰術 此等炸彈所藏之病菌 乃爲喉症疫症及大熱症等項云。。

——摘自《少年中国晨报》，1944年3月26日

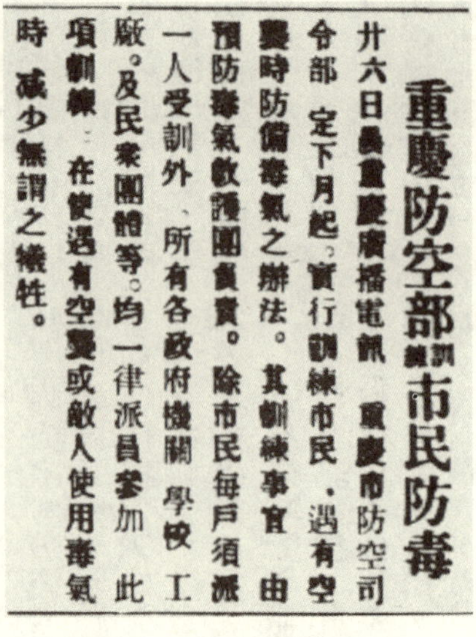

重慶防空部(訓練)市民防毒

廿六日晨重慶廣播電訊 重慶市防空司令部 定下月起，實行訓練市民，遇有空襲時防備毒氣之辦法。其訓練事宜 由預防毒氣救護團負責。除市民每戶須派一人受訓外、所有各政府機關 學校 工廠。及民衆團體等。均一律派員參加 此項訓練：在使遇有空襲或敵人使用毒氣時 減少無謂之犧牲。

——摘自《少年中国晨报》，1944年3月27日

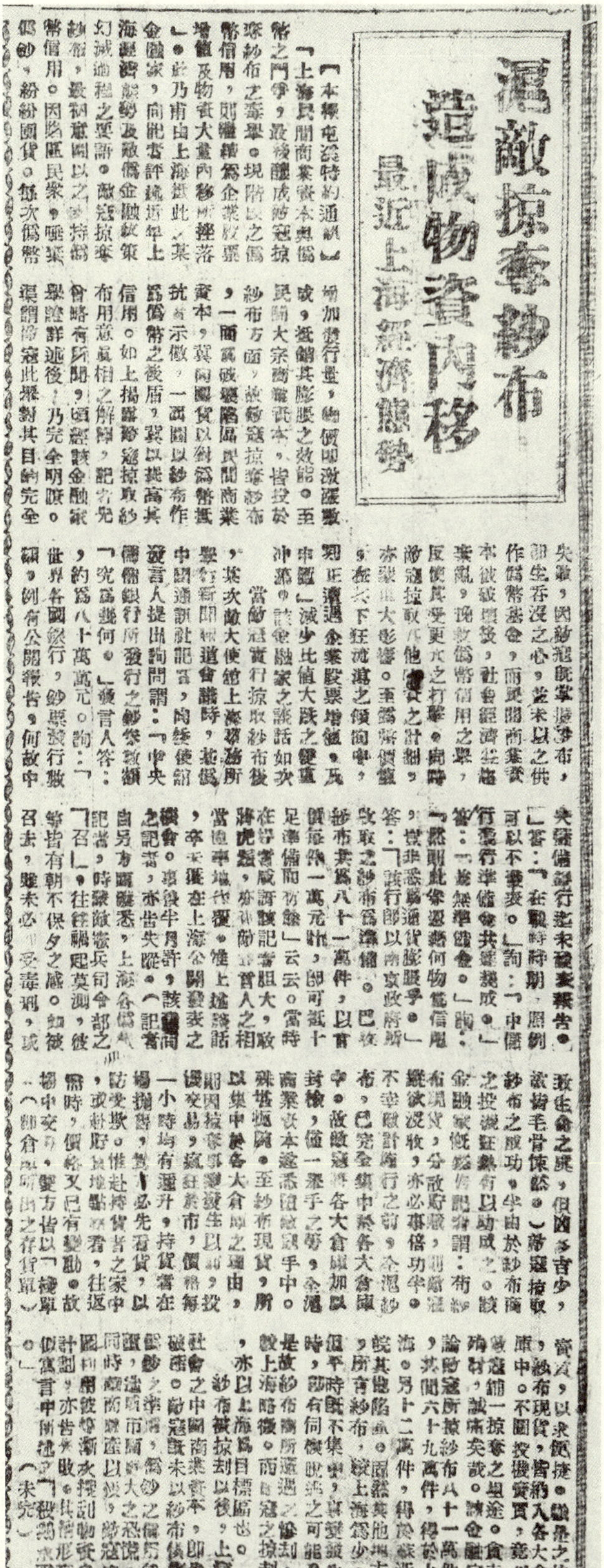

滬敵掠奪紗布 造成物資內移

最近上海經濟態勢

【本報屯溪特約通訊】「上海民間商業資本與偽幣之鬥爭，最後釀成敵寇掠奪紗布之舉。現階段之偽幣信用，則繼續為企業股票增值及物資大量內移所控落」。此乃甫由上海抵此之某金融家，向記者評述近年上海經濟[illegible]及敵偽金融政策幻滅過程之要語。敵寇掠奪紗布，最初意圖以之扶持偽幣信用。因陷區民眾，唾棄偽鈔，紛紛囤貨。每次偽幣增加發行量，物價即激漲暴成，益顯其膨脹之效能。至民間大宗商業資本，皆投於紗布方面，故敵寇掠奪紗布，一面為破壞陷區民間商業資本，冀向國貨以對為幣抵抗示威，一面圖以紗布作為偽幣之後盾，冀以提高其信用。如上揭露敵寇掠取紗布用意真相之解釋，記者先曾略有所聞，頃經該金融家舉證詳述後，乃完全明瞭。渠謂偽寇此舉對其目的完全失敗，因紗布既掌握手中，卻生吞沒之心，並未以之供作偽幣基金，而民間商業資本被破壞後，社會經濟益陷紊亂，挽救偽幣信用之舉，反使其受更大之打擊。同時敵寇掠取其他物資之計劃，亦發生大影響。至偽幣價值，在[illegible]下狂流瀉之傾向中，則正遭遇企業股票增值，及「中國」減少比值大跌之鉅重沖擊。該金融家之談話如次：

當敵寇實行掠取紗布後，某次敵大使館上海辦事處所舉行新聞記者會議時，某偽中國通訊社記者，向該使館發言人提出詢問謂：「中央儲備銀行所發行之鈔券數額「究為幾何。」發言人答：「約為八十萬萬元。」詢：「世界各國銀行，鈔票發行數額，例有公開報告，何故中央儲備銀行並未發表報告。」答：「在戰時時期，照例可以不發表。」詢：「中儲行發行準備金共若幾成。」答：「並無準備金。」詢：「然則此係憑藉何物維信用，豈非必惡通貨膨脹乎。」答：「該行即以南京政府所收取之紗布為準備。已收紗布共為八十一萬件，以時價每件一萬元計，即可抵十足準備而有餘」云云。當時在座者咸訝該記者膽大，敢捋虎鬚，亦[illegible]人之相當[illegible]覆。惟上述談話，本未獲在上海公開發表之機會。事後半月許，該詢問之記者，亦告失蹤。（記者自另方面獲悉，上海各偽報記者，時被敵憲兵司令部之「召」，往往禍起莫測，彼等皆有朝不保夕之感。如被召去，雖未必即受毒刑，或致生命之虞，但因多吉少，故皆毛骨悚然。）敵寇掠取紗布之成功，半由於紗布商之投機狂熱有以助成之。該金融家[illegible]謂：「布紗布現貨，分[illegible]，[illegible]縱欲沒收，亦必事倍功半。不幸敵計劃行之前，全滬紗布，已完全集中於各大倉庫中。敵寇將各大倉庫加以封檢，僅一舉手之勞，全滬商業資本遂悉落敵寇手中。殊甚惋惜。至紗布現貨，所以集中於各大倉庫之理由，則因掠奪事變發生以前，投機交易，瘋狂於市，價格每一小時均有漲升，持貨者在場揭曉，買者必先看貨，以防受欺。惟赴持貨者之家中，或赴貨棧驗看，往返需時，價格又已有變動。故場中交易，雙方皆以「棧單」（即倉庫所出之存貨單）資，以求便捷。職是之故，紗布現貨，皆納入各大倉庫中。不圖投機買賣，竟為敵寇鋪一掠奪之坦途。貪夫殉財，誠痛矣哉。」該金融家論，敵寇所掠紗布八十一萬件，其間六十九萬件，得於上海。另十二萬件，得於蘇浙皖其他陷區。[illegible]方，所有紗布，較上海為少，值平時既不集中，事變發生時，即有伺機脫逃之可能。是故紗布商所遭遇之慘劫，較上海略微。而敵寇之掠劫，亦以上海為目標區也。紗布被掠劫以後，上海社會之中國商業資本，即告破產。敵寇既未以紗布作偽幣之準備，偽幣之信用益[illegible]。同時[illegible]圖利，彼等漸次攫取物資之計劃，亦告失敗。其[illegible]似為言中所述之「殺雞取蛋」。」（未完）

——摘自《时事新报》（重庆），1944 年 4 月 13 日

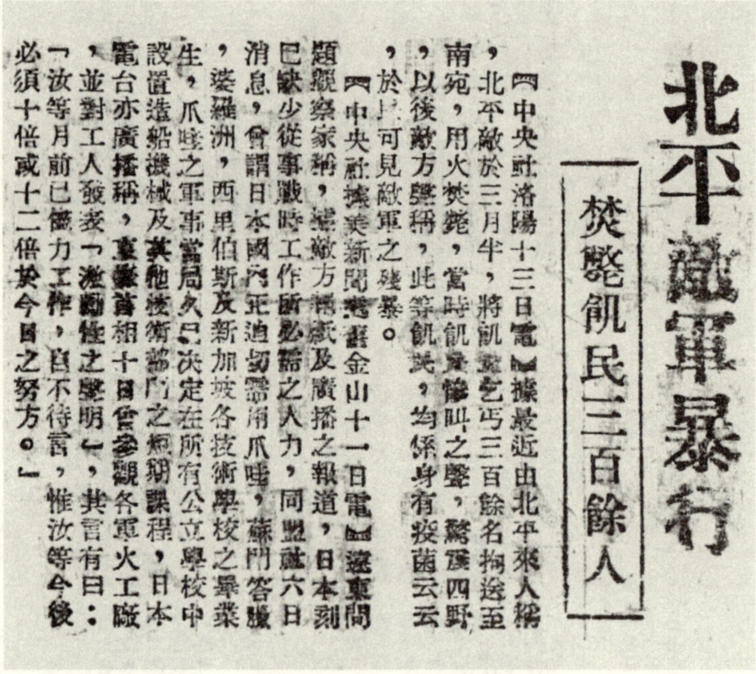

北平敵軍暴行

焚斃饑民三百餘人

【中央社洛陽十三日電】據最近由北平來人稱，北平敵於三月半，將饑餓乞丐三百餘名拘送至南苑，用火焚斃，當時饑民慘叫之聲，震撼四野，以後敵方聲稱，此等饑民，均係身有疫菌云云，於此可見敵軍之殘暴。

【中央社據美新聞處舊金山十一日電】遠東問題觀察家稱，據敵方播音及廣播之報道，日本刻已缺少從事戰時工作所必需之人力，同盟社六日消息，曾謂日本國內亟迫切需用爪哇，蘇門答臘，婆羅洲，西里伯斯及新加坡各技術學校之畢業生，爪哇之軍事當局久已決定在所有公立學校中設置造船機械及其他技術部門之短期課程，日本電台亦廣播稱，東條首相十日曾參觀各軍火工廠，並對工人發表「激勵性之聲明」，其言有曰：「汝等月前已儘力工作，自不待言，惟汝等今後必須十倍或十二倍於今日之努力。」

——摘自《国民公报》（重庆），1944 年 4 月 14 日

在敵偽宰割下的東北

劉 元

一、「父子之邦」

在偽滿誕生的時候，有位偽滿闊官排了一副遊戲？畫的是，一個人在登山，登到山頂他還要登，於是一腳踏空跌下山去，山的形狀正和日本所常誇耀的富士山一樣；這遊戲的意義顯然象徵着日本的命運。這副遊戲被一個日本教授看見了，於是，憤憤地向我們『諒解』了一套「日本精神」，說是日本的脚步決非那樣不切實的。最後說：『日本對「滿洲」之關切，絕對不是你們所想像的那樣單純！』意思是：你們休想日本會一步跌倒，你們休想日本會輕易放棄東北。他在激憤之餘，竟坦率的說出他們的野心。

然而，在東北，一般日本人像這位教授一樣赤裸裸地將他們的真面目露出來的似乎很少。他們總是帶上花言巧語的欺騙面具。九一八事變時，他們說日「滿」是「同文同種」，「兄弟之邦」，嘴上說得甜蜜蜜的。不久，溥儀到東京去拜了一次「天皇」，回來說：「我們精神如一體」，不久，溥儀又去日本拜了一次「天照大神」，還大說日本的祖先就是「滿洲國」的祖先，「日滿」是「父子之邦」。這樣，關係是更密切了，不過事實上「滿洲國」却從「兄弟」降到了「兒子」的地位。

二、「優秀的民族」

日本人在東北是以「優秀民族」自居的。日本人在「異民族」之間，是必須居於「優越」地位的；處處要給「異民族」「示範」的。他們說：日本雖然不像日耳曼民族那樣卑視「異民族」；然而大和民族却比日耳曼民族還要優秀。

三、傀儡們的姿態

被稱爲「皇帝」的溥儀，是不必勞心「國事」的。他一聲不響的住在長春的「帝宮」裏，讀讀四書五經。每年幾次的「國家大典」時，他穿得金翅銀鱗，到特意給他預備「御座」上站一會，裝裝威嚴，讀一番「臣不勝惶恐之至」云云後，他就回「宮」去。此外便只有每年春秋季的「天照大神」的祭祀，是他的大事了。他要率「文武百官」盡他的「孝道」。平日，他徘徊在「宮」裏，據說時常呆呆地偷望術士們的歡笑，打鬧。大概也感得一些寂寞吧。

聽說溥儀的「國務總理大臣」，至今已經有八九年了，他大概是最適宜的人物。去年有人說，因爲日寇要加緊徵糧，張通因此一怒打死過日本大員，自己也自殺了。但現在他還活着，也未被撤職。

九一八事變以後四五年的期間內，各偽機關裏的主管官在表面上還都是中國人（日寇所謂「滿人」），而日本人副之，握實際的權柄。例如「大臣」是中國人，「大臣」之下的「次長」是日人掌權。「省長」「縣長」是中國人，而一省之長「副縣長」總由日人掌握。但是，以後却搬了這樣一套大道理：「凡是住在「滿洲國」的都是「滿洲國人」」。那麼，在東北，日人，也便是一「滿洲國人」了，何以不能當主官？於是，「大臣」，「省長」，「縣長」也由日人來充當了。他們玩着這樣的花樣。

但，日本人當「大臣」「省長」「縣長」也好，「次長」「省次長」「副縣長」也好。東北同胞們的遭遇是一樣的。

另外一些「大臣」，「省長」之流，他們都過着差不多的生活。對於自己的職務，絲毫不必過問，自有日本人負責料理。表面上閒暇的時候當儲面就是了，是太多了，於是他們大都「信佛」，讀佛經，有時還吃素。

九一八當時，擁兵一時的丁超，據說因爲「老母」被日寇扣住了，爲了盡孝，沒能澈底做民族英雄，便被安插在偽國務院裏當了數年無事做的「參議」。後來放出做偽「通化省長」，但他爲「析村」事大發脾氣，和「省次長」鬧起來，於是被調爲「安東省長」，還去，他又多嘴說征糧不應太狠，於是又和一「省次長」打架，仍調回「國務院」當「參議」去了。

四、兩種生活

在東北到處實行着配給制度，而配給日本人的和配給中國人的大不相同。日本人可按時領到充分的米，麵，油，鹽，糖，大米

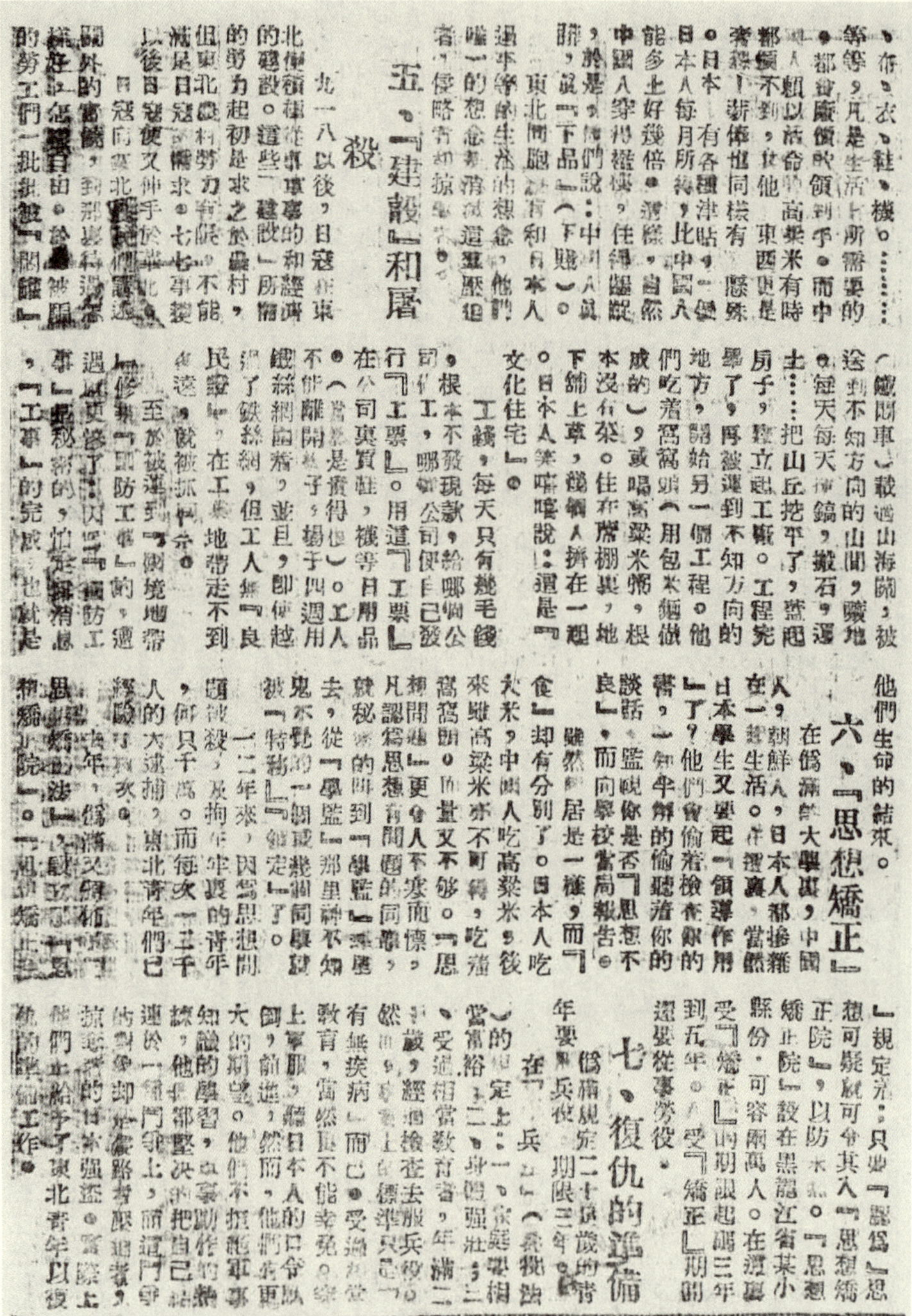

、作、衣、鞋、襪。……等等，凡是生活上所需要的，都由廠領取到手。而中國工人賴以活命的高粱米有時都領不到，其他東西更是奢侈！薪俸也同樣有懸殊。日本有各種津貼，一般日本人每月所得，比中國人能多上好幾倍。誰說，自然中國人穿得襤褸，住得醃臢，於是，他們說：中國人是髒，說「下品」（下賤）。東北同胞沒有和日本人過平等的生活的想念，他們唯一的想念是消滅這些壓迫者，侵略者和掠奪者。

五、「建設」和屠殺

九一八以後，日寇在東北便進行種種軍事的和經濟的建設。這些「建設」所需的勞力起初是求之於農村，但東北農村勞力有限，不能滿足日寇需求。七七事變以後日寇便又伸手於華北，日寇向華北[illegible]關外的[illegible]，到那裏[illegible][illegible]自由。於是被關的勞工們一批批被「[illegible]」（鐵路事）載過山海關，被送到不知方向的山間，曠地。每天每天掄鎬，搬石，運土……把山丘挖平了，蓋起房子，建立起工廠。工程完畢了，再被運到不知方向的地方，開始另一個工程。他們吃着窩窩頭（用包米麵做成的），或喝高粱米粥，根本沒有菜。住在席棚裏，地下鋪上草，幾個人擠在一起。日本人笑嘻嘻說：這是「文化住宅」。

工錢，每天只有幾毛錢。根本不發現款，給哪個公司作工，哪個公司便自己發行「工票」。用這「工票」在公司裏買鞋，襪等日用品。（當然是貴得很）。工人不能離開廠子，場子四週用鐵絲網圍着，並且，即使越過了鐵絲網，但工人無「良民證」，在工業地帶走不到多遠，就被抓回來。

至於被運到「國境地帶」修築「國防工事」的，遭遇就更慘了，因爲「國防工事」是秘密的，怕走漏消息，「工事」的完成，也就是他們生命的結束。

六、「思想矯正」

在僞滿的大學裏，中國人，朝鮮人，日本人都摻雜在一塊生活。在這裏，當然日本學生又要起「領導作用」了？他們會偷着檢查你的書，一知半解的偷聽着你的談話，監視你是否「思想不良」，而向學校當局報告。

雖然同居是一樣，而「食」卻有分別了。日本人吃大米，中國人吃高粱米，後來雖高粱米亦不可得，吃着窩窩頭。而量又不夠。「思想問題」更令人不寒而慄，凡認爲思想有問題的同學，就秘密的叫到「學監」那裏去，從「學監」那裏神不知鬼不覺的一個或幾個同學就被「特務」拘走了。

一二年來，因爲思想問題被殺，及拘年半裏的青年，何只千萬。而每次一千千人的大逮捕，東北青年們已經歷了好幾次。[illegible]思想[illegible]根據「思想矯正法」規定：只要「[illegible]」思想可疑就可令其入「思想矯正院」，以防未然。「思想矯正院」設在黑龍江省某小縣份，可容兩萬人。在這裏受「矯正」的期限起碼三年到五年。受「矯正」期間還要從事勞役。

七、復仇的準備

僞滿規定二十歲的青年要服兵役，期限三年。在「兵」[illegible]）的規定上：一、家庭要相當富裕；二、身體強壯；三、受過相當教育者，年滿二十歲，經過檢查去服兵役[illegible]然而[illegible]上標準只是[illegible]有無疾病而已。受過[illegible]教育，當然更不能幸免。穿上軍服，聽日本人的口令「[illegible]國，前進」，然而，他們更以大的期望。他們不把軍事知識的學習，與動作的[illegible]練，他們都堅決的把自己運於一個鬥爭上，而這鬥爭的對象卻是侵略者壓迫者，掠奪者的日本強盜。實際上他們已給予了東北青年以復仇的訓練工作。

——摘自《时事新报》（重庆），1944 年 4 月 15 日

敵機七架昨襲西安
在市區投彈

【中央社西安二十五日電】敵機三十二架，二十五日上午六時襲陝，除一架竄至藍田附近外，餘在佛坪後，分三批竄向東北，一批十一架，往西安北郊逸去，二批十三架，往東郊逸去，三批七架，侵入西安市空，在中正門內外投彈後，經臨潼東逸去。據調查死傷平民十餘人，毀房二十餘間，又一架經寧商陝安康等地竄擾後，仍循原逸去。

——摘自《时事新报》（重庆），1944 年 4 月 26 日

敵停止配給
港民食恐慌

【盟訊社曲江通訊】據由淪陷區來人談：自四月十五日起，停止米糧配給，數十萬同胞，甚感恐慌。各團體風起商討糧食問題，擬設合作社，以求自給。

——摘自《时事新报》（重庆），1944 年 4 月 26 日

日寇暴行變本加厲
殘殺我戰俘二百餘

【中央社訊】據緬北某地官方訊：二月中旬有自騰衝歸來之士兵三名，據稱：彼等於騰衝作戰時被俘，敵初相待尚無惡意，嗣後騰衝城鄉各地方壯丁及零星散兵被敵俘二百餘名，敵藉編訓之名，盡用汽車裝運抵騰成附近某山谷內，於夜晴之時，令之下車，敵寇即以預置之機槍將此二百餘人悉數射殺，彼等於敵以機槍掃射時，乘機匍伏屍內，未遭毒手，得以逃回報告此身歷目極之慘事。

——摘自《国民公报》（重庆），1944 年 5 月 12 日

日寇如此待遇俘虜

【中央社】英籍軍人班柯羅福頃由敵方乘隙逃回，至我國某地，據渠所談之日寇待遇俘虜情形稱，在西貢集中營之戰俘官兵經常被迫鋤地或運貨，或清除道路上之污泥等苦役，每日通常工作九小時（即上午七時至十二時、下午二時至八時），如事多則無限定時間。又俘虜送入集中營時，不僅將軍用品搜去，私人衣服亦被剝奪，僅餘襯衣一件，褲一條，鞋襪一雙而已，對醫藥僅有皮膚病之膏藥，紅束繃帶，如患其他病症，則無藥品，英國被拘禁於西貢第一集中營死於痢症者達三十名，又二名被槍斃，大部被解至緬甸之毛淡棉，在曼谷至毛淡棉間之鐵路上作苦工。又有美國人五名，被捕後之開始三日中，迫使靜坐，不准睡眠，嗣有四人解往毛淡棉。最可慕者為新加坡陷落後，日軍曾捕大批華人，經訊問後選少年者約三百人，問入水中溺斃。日人待俘虜之殘酷，已為世所共知，對待其本國人亦有與此同樣之獸行，如有一日逃兵，忍受日軍官以鐵鎚敲打其頭，至頭破血流下仍須受監禁。日軍在登輪前及登輪後，須受搜查各一次，日人雖表示對越人為忠實之友人，然其所能賜給越人者，僅係表面之保護而已，實際則迫令越人為其工作。

——摘自《国民公报》（重庆），1944 年 6 月 2 日

敵搜括我淪陷區物資

濟徐等地倉庫貨棧遭查封

【中央社皖北某地十三日電】敵竭力搜括物資。近將濟南，徐州，商邱，開封等地倉庫貨棧，一律查封。存貨均照統制價格收買。

——摘自《国民公报》（重庆），
1944 年 6 月 14 日

日寇搾取下之河北

搜括物資奴役我同胞

百孔千瘡災情極嚴重

詹朝陽張寶樹對燕友社報告

【本報訊】河北旅渝同鄉所組之燕友社，於二日下午二時假社會服務處交誼室舉行大會，歡迎最近抵渝之冀省府秘書長張寶樹，民政廳長詹朝陽。主席王培源致歡迎詞後，即請詹朝陽氏報告河北近況。詹氏首就日寇侵略華北之步驟加以概述，略謂日寇一本統治朝鮮及東北四省之故技，施諸華北各省，奴役百姓，搜括物資，稍違其意，即加殘害，遭其殺戮之人民及毀壞之村莊，不可數計。日寇更廣事徵募壯丁，參加僞軍，或運至東北四省，供其驅使，協助開發資源。據統計，自蘆溝橋事變迄今，華北壯丁被征調赴東北四省從事苦工者，已達數百萬人，其中以河北省被征調者最多。被征同胞，至東北後，則在敵人鐵鞭下度其牛馬生活，備受虐待，死者極夥。其不死者，亦奄奄待斃。日寇僞便利統治，更廣事發展交通，迄今在河北省築成之鐵路公路甚多，但屢遭我軍破壞。最後詹氏謂河北民衆因連年天災人禍及敵僞殘酷之蹂躪，已陷於水深火熱。百孔千瘡，災情之重，遠超其他各省，而敵寇之榨壓有加無已，深望後方人士加以注意及救援。繼請張寶樹氏報告河北省政府最近工作情況，張氏首代表馬法五主席向旅渝同鄉致意，謂省府目前之工作雖極艱苦，但決秉承領袖意旨，在前方不屈不撓抵抗暴日及推行各種工作。張氏次述及深入敵後之地方工作人員，百屈不折，出生入死，爲國效勞，殊堪敬佩。最後張氏希河北旅渝同鄉多與省府發生聯繫，共負艱鉅。後由各社友自由發言，並討論會務，全體聚餐，六時許散會。

——摘自《时事新报》（重庆），1944年7月3日

商震在美報告

敵使用毒氣

我非不得已不以毒氣報復

望美以防毒供應品援華

【中央社訊】據軍委會發表戰訊：敵寇進犯衡陽，違背國際公法，不斷使用糜爛性毒氣，助其步兵作戰，迭據我保衛衡陽之指揮官報告，均經一一予以公布，以喚起全世界人士之注意。茲復據該指揮官報告，我中毒之官兵中毒部份，均如灼傷，發生水泡，大如銀圓，隆高半寸，內爲黃水，較小之水泡爲綠色，其中毒之兩腿不能直行。已經美空軍十四航空隊之美國化學戰情報軍官湯姆生上尉詳爲研究，以黃色水泡顯係芥子氣所致，綠色水泡係路易氏氣所致，湯姆生氏並信此種毒氣係芥子氣與路易氏氣之混合物，由七公分五砲彈所散佈者。

【中央社紐約六日合衆電】商震將軍六日接見記者，證實日軍曾施放毒氣。據稱：一九四三年日軍在湘省西北部肆意使用芥子氣，華軍死三百，傷八百。中國非至不得已時，將不以毒氣報復。中國目前對於防護敵人使用毒氣，並無準備，惟本人將以中國軍事代表團資格，設法使此防護供應品儘速運華。

【中央社紐約六日專電】我軍事代表團團長商震，六日午自華盛頓抵紐約作三日之訪問，團員與陸軍武官朱世明隨行。商團長抵車站時，紐約市政府派摩托車警隊護送至亞斯托里飯店，亦即昔日蔣夫人至紐約時所寄寓之處也。

【中央社華盛頓六日合衆電】第十四航空隊司令部所傳日軍在衡陽使用芥子氣一事，據非官方觀察家指出，羅斯福總統曾於去年保證對於任何軸心國使用毒氣者，將立即以同樣方法予以報復。

——摘自《时事新报》（重庆），1944年7月8日

日寇又施暴行

聲言處决被俘美空軍

【中央社紐約十五日合衆電】新加坡日方電台廣播稱：被日方所俘之美空軍人員（顯係上月超級空中堡壘首次空襲九洲時被俘者）已被處决，美政府收聽廣播之人員稱：是時收音極其困難，日方發言人之英語，僅有數段可解。該廣播係對西南太平洋美軍方向播發。據稱：任何同盟國空軍人員墜落或跳傘降落日本，均將被處决，此乃軍令云。

【中央社華盛頓十六日合衆電】自日方廣播宣布：被俘之B－29式超級空中堡壘美國飛行人員已經斬首後，美政府官員，認爲此乃日本野蠻行爲及不顧文明習慣之又一明證。據參議院軍事委員會主席雷諾爾斯云：「此乃野蠻行爲之又一明證」。但渠等必將獲得其應有之懲罰。

——摘自《国民公报》（重庆），1944年7月17日

敵獸性行動

廣播稱美空軍俘虜被斬
傘兵如落倭境均將槍决

【中央社紐約十五日合衆電】新加坡日方電台廣播稱：被日方所俘之美空軍人員（顯係上月超級空中堡壘首次空襲九州時被俘者）已被處决，美政府收聽廣播之人員稱：是時收音極其困難，日方發言人之英語僅有數段可解，該廣播係對西南太平洋美軍方向播發，播稱：任何同盟國空軍人員墜落或跳傘降落日本，均將被槍决，此乃軍令。

【中央社華盛頓十六日合衆電】自日方廣播宣布被俘之B—29式超級空中堡壘美國飛行人員已經斬首後，美政府官員認爲此乃日本野蠻行爲及不顧文明習慣之又一明證。自太平洋戰爭爆發以來，日方對於文明習慣早已置諸度外，該官員雖未忽視新加坡廣播消息之宣傳作用但承認日方頗有採取此種行動之可能。據某官員稱；日方此項廣播消息，足以證實吾人已知日人爲禽獸之不誣。據參議院軍事委員會主席雷諾爾斯云；「此乃野蠻行爲之又一明證，凡屬文明之人類，斷難了解日人竟以此種殘酷手段待遇俘虜。但渠等必將獲得其應有之懲罰。

——摘自《时事新报》（重庆），1944年7月17日

敵放毒事實昭彰

我軍事發言人談話

【中央社訊】此次湖南會戰，敵寇不擇手段，大量施放毒氣，使我官兵中毒致死者甚多，我軍事當局曾根據事實對外發表，以引起國際對此非法行爲之注意，乃敵寇「中國派遣軍」當局，竟圖抹殺事實，淆亂聽聞，于十五日發表聲明，對其全盤罪行，予以否認，並謂「道義之皇軍不僅在過去全無此種事實，即將來在「敵」不行使用之範圍內，亦無採用如此非人道之戰鬥方式」等語，記者特就此事走謁我軍事委員會發言人，叩詢眞相，承發表談話如次：

倭寇在我國各戰場使用毒氣已於歷次各大戰役中屢見不鮮，蓋敵寇每當戰況緊急，攻堅不下，或被我軍圍剿時，恆以施放毒氣爲唯一挽救其垂危失敗之最後卑劣手段。就過去如民國二十九年十月我軍反攻宜昌時，敵寇對我攻入城內之部隊，曾大量使用魯易氏毒氣，我受傷官兵運抵後方當經盟我兩方專家予以檢驗證實，並攝拍照片公佈世界，是敵寇所謂「過去全無此種事實」之語，其虛僞無恥，固已昭然若揭。此次敵寇進犯長沙時，曾於六月六日在寗鄉施放毒氣，十七日在長沙東南郊施放毒氣，及至環攻衡陽曠日持久，終不獲逞，又行大量使用各種毒氣，幾無日不以此爲進攻之掩護，此種罪行業由我盟方軍官予以證實，現我方亦正盡量收集各種證據，準備將來對全世界作全盤之公佈、事實具在，敵寇何能狡辯。總之，敵寇自在我國發動侵略以來，其殘暴野蠻虛僞無恥及違背人道正義與國際公法之種種暴行，實罄竹難書，其不齒於人類已久，現復侈談「人道戰鬥方式」，並謂「將來在敵不行採用之範圍內則亦無採用毒氣必要」，其欺人自欺，無有甚於此者，多行不義必自斃，似此虛僞之申明，實不值一顧。

——摘自《时事新报》（重庆），1944 年 7 月 18 日

日寇處決美俘
美人極度憤懣
美報主張以毒氣攻倭

【中央社據美新聞處紐約十七日電】美國民衆於聞悉日方處決空襲日本本土被俘之美飛行員之餘，均表極度憤懣。日方對美軍廣播是項野蠻舉動，顯然認爲此舉可使美飛行員不敢再行空襲日本，紐約時報十六日社論稱：「日方不能認爲此舉可阻吾人轟炸日本，此舉僅足以表現日人之獸性，且將使吾人加速並加強攻擊：八幡方面今日未熄之大火，將延及日本各島，直至製造軍火俾此瘋狂民族得以製造戰爭之每一城市盡被摧毀而後已，羅斯福總統已警告日本軍閥云：吾人將令參與此種罪行之日本政府一切官吏，在私人及官方兩方面，負其責任，且將在適當期間內，提付法庭審訊，決不寬貸。

【中央社紐約十七日合衆電】每日新聞報主張對日本之島嶼堡壘使用毒氣：「如日方所有之毒氣較我所有者既多且佳，渠等必將用。吾人則將徒喚不公平耳。實際上吾人所有之毒氣，數量既較多，品質亦較優，吾人自宜用之，聽其高呼不平，此次戰爭並非遵照規章條例或運動道德所舉行之壘球賽可比，乃摧毀敵人之戰爭。」該報又謂：社立特上次空襲東京時，曾避免轟炸皇宮，但下次「我B—29式超級空中堡壘飛赴東京時，將以皇宮爲主要之轟炸目標，吾人如能炸死日皇，即應炸死之。吾人如不能炸死日皇，亦應令其倉皇逃至安全處所並見其藏於避彈室內，使日人亦知其國人爲難免於死之人其情操皆與人同也。」

——摘自《国民公报》（重庆），1944 年 7 月 19 日

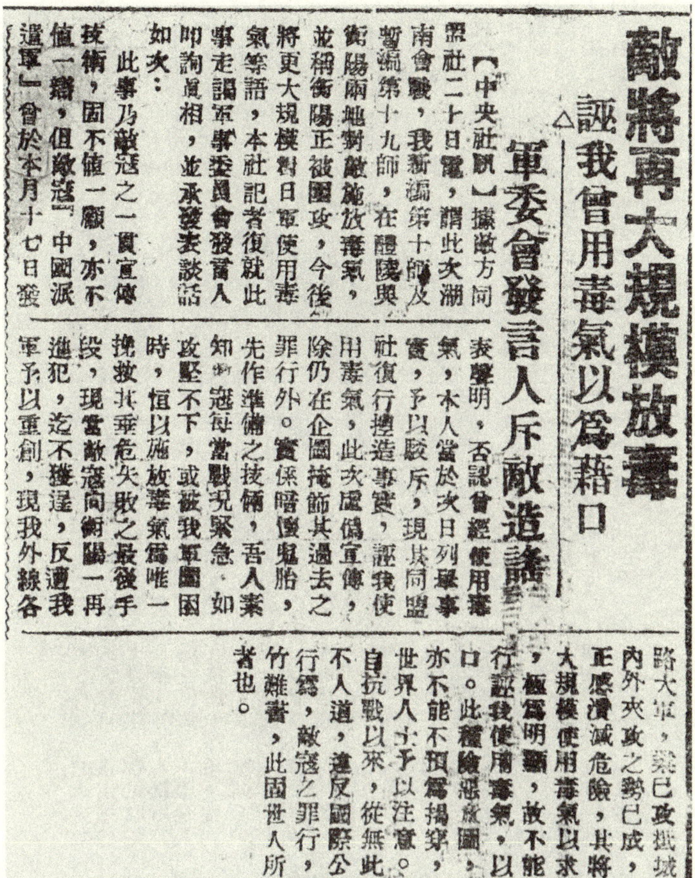

敵將再大規模放毒

誣我曾用毒氣以爲藉口

△軍委會發言人斥敵造謠

【中央社訊】據敵方同盟社二十日電，謂此次湖南會戰，我新編第十師及暫編第十九師，在醴陵與衡陽兩地對敵施放毒氣，並稱衡陽正被圍攻，今後將更大規模對日軍使用毒氣等語，本社記者復就此事走謁軍事委員會發言人叩詢眞相，並承發表談話如次：

此事乃敵寇之一貫宣傳技術，固不值一顧，亦不值一辯，但敵寇「中國派遣軍」曾於本月十七日發表聲明，否認曾經使用毒氣，本人當於次日列舉事實，予以駁斥，現其同盟社復行捏造事實，誣我使用毒氣，此次虛僞宣傳，除仍在企圖掩飾其過去之罪行外。實係暗懷鬼胎，先作準備之技倆，吾人素知敵寇每當戰況緊急，如攻堅不下，或被我軍圍困時，恒以施放毒氣爲唯一挽救其垂危失敗之最後手段，現當敵寇向衡陽一再進犯，迄不獲逞，反遭我軍予以重創，現我外線各路大軍，業已攻抵城郊，內外夾攻之勢已成，敵寇正感潰滅危險，其將再行大規模使用毒氣以求一逞，極爲明顯，故不能不先行誣我使用毒氣，以爲藉口。此種險惡企圖，吾人亦不能不預爲揭穿，以使世界人士予以注意。吾國自抗戰以來，從無此種極不人道，違反國際公法之行爲，敵寇之罪行，則罄竹難書，此固世人所週知者也。

——摘自《时事新报》（重庆），1944 年 7 月 23 日

日寇控制下之緬甸

……中宣部新聞處……

編者按：本文係遠征軍劉成鈞同志自動寄來，文中報導緬甸之今昔頗詳，當此我軍在緬北大勝之際，本文是有參考價值。

最近從合印無線電台方面，到一些關飭緬甸現狀的廣播，還是一個緬甸政府官員報告的。

他說緬甸現正遭遇着嚴重的苦難，缺乏食糧，缺乏牲畜，進出口貿易完全停頓了，一個每年可供給印度三，〇〇〇，〇〇〇噸稻米的國家，在去年竟連自給也不足，而且在某一個區域內，戰前僅值三盧比的東西，現在已經漲到一百六十盧比了，烹調油的價格，在戰前祇值八盧比一挺，現在下緬甸要二百四十盧比，上緬甸也要一百三十盧比，公共衛生方面也急激地惡化了，原因是沒有醫藥，比方「奎寧」已經絕跡，「阿士比林」要一盧比一片，鋼帶也要六十盧比一捲，其他日用消耗品，更不用提了，棉線要四安拉一碼，人們都用荊棘來代替了針，一個腳踏車的內管要三十盧比，一個摩托輪胎要三千（可是日本人幾乎佔有了全地生產的橡膠與蠶寧）衣服完全是粗麻布做成的，蚊帳是很少看見的。

運輸方面，不論陸路鐵道和航運都在混亂狀態中，現在就是日本人也找不出汽油了，他們的最好的汽油，有百分之八。是戰前緬甸的產物，貨幣方面，有的是大量的日本軍用鈔票可惜有錢臣有地方用——在幾個月前，在一般緬甸人中流行着這麼一句俏皮話，「十安拉喲獨立」。

日本人對於緬甸的居民，盡量使其與劃界隔絕，所有民間的無線電裝置，都被日本人統治着只准收聽中波廣播，不過緬甸居民，却並未因此而對外溷易生隔膜，他們每週都可以得到十萬份以上鈞從空軍擲下來的東風日報，即使捨報告被禁止的，但那些大標題，就是在快跑中也容易辨認得出。

現在的緬甸，完全被法西斯主義者把持，以巴毛為甚最高首腦，他專權指揮，並左右內閣一切的祕密會議，不過緬甸的人民却沒有不反對這種作風的，他們不甘被迫去作工，甚至有的為了避免此種苦後，都紛紛逃往山中叢林裏。

在緬甸，現時尚無大規模的殘暴事[illegible]發生，因為一般日本兵的行動，都被嚴密的命令管制着，但是日本人攻打一般懷抱獨立自由思想的和對同盟軍同情的緬甸人民，不是監禁，就用刀刺。

緬甸人[illegible]恨日本人恨巴毛，他們正以每五個日本紙盧比掉換一個銀盧比的賭博行為，來胡[illegible]着同盟軍的勝利，他們的支族很多，現在都很好地生活在緬北山林中；欽德人最驃悍，是很好的刺捧能手，他們已經自動地大部份武裝起來了；他們最善於叢林戰鬥，常常用笨掘的陷阱來對付敵人，其次是拉加人，他們不僅替同盟軍挑送給養行李，他們還可能地護送那些身染瘧疾，痢疾的德欽軍士，再其次是喀欽人，他們的性子比較保守，現在也開始開始組織隊伍，只等同盟軍的軍火與裝備到來，不難成為一支有力的生力軍。

最後，廣播者還說，不幸得很，緬甸放一些不了解他們，並且不能用他們語言來交談的戰爭通訊員所蔑視，因為在過去的歲月中，在緬甸人民所傳的故事裏，完全充滿着他們的誠實和慈愛，他們的文官，有很多是堅守崗位，置生死於度外，他們的許多村[illegible]，經常引領盟軍的傷兵，通過敵人的防線，也有人送茶送水給我們的士兵。總之，事實勝於雄辯，如果敵人願意知道緬甸人的一切，那很簡單，請問德欽人吧。

——摘自《国民公报》（重庆），1944年8月10日

敵寇暴行愈厲

在桂境焚殺我民衆數千

陷區台籍居民被敵強徵

【中央社桂林六日電】據由資源逃回後方之全縣籍難民談，敵陷全縣之際，我民衆萬餘人逃匿於資源附近之三天寨山洞中，被敵包圍縱火焚燒，遇逃出者，於剝刦衣服後，即予槍殺，所有難民死傷過半。

【中央社屯溪六日電】滬訊：在陷區各地之台灣籍居民，年在十六歲以上，五十歲以下者，於上月間一律被敵強行徵發補充兵員缺額。

——摘自《国民公报》（重庆），1944 年 10 月 6 日

敵毒化淪陷區

鼓勵種植誘迫售吸

廣設機構強行配給

【中央社訊】內政部息，據報：（一）廣州淪敵後，憲兵班長哈樂近唆使敵憲兵第二密偵組，組長柯逆萃生，與鄒次棄，李慶等逆，共集資二百餘萬元

，在廣江嘉溪兩縣交界處之菲□嶺，栽種煙苗一百餘畝，並設福利公司，以鄒逆次棄為經理，專事經營種煙及收買煙土。（二）偽方於今春成立偽禁煙總局，於上海北四川路，隸屬偽內政部，偽局長係章逆駿，（曾任偽實業部之駐滬辦事處長，係梅逆思平之親信）接收盛逆老七，為背景之偽戒煙局，蘇州，鎮江，杭州，無錫，寧波，嘉興，南京，蚌埠，蕪湖等處，均設有分

局，實行煙土配給制，並於總局下設有煙土公棧，由偽副局郭某兼任主任，核定各地土膏行，一次一家均在數百萬元之運動費，而配給煙土，及發給煙民執照，又黑幕重重，聞偽內政部長梅思平，每月收入達二三百萬元，而各地偽治安負責者，亦月有津貼，自二三十萬至四五十萬元不等，同時偽內政部復成立偽煙毒查緝處，

任馬嘯文為偽處長，無錫，揚州，鎮江，南京，浦口等地，均有分處，專事奪取私販而變成公[illegible]，為一變相之檢土機關，（三）華北敵軍近勾結[illegible]逆宗興。與蒙疆偽軍李[illegible]信，王英等部，以飛[illegible]煙土，所有盈利，均[illegible]敵方，偽逆不過稍的餘[illegible]，而惡名則由彼等背負，因此諸逆對極表憎恨，不欲再為敵利用之。

——摘自《国民公报》（重庆），1945 年 1 月 5 日

敵人鐵蹄下上海之狀況

重慶航訊，關於上海情形，最近報章雜誌上很少消息。記者最近接到上海友人七月二十四日發的快信，雖目前的郵程計算，這封快信還算快到了。關於上海各種情況，信上敍述極詳，特將原函節錄如下，想來也是讀者所歡迎的吧。

▲物價　上海今年來的米價，漲得驚人。去年年底的米價，每石僅二千元。今年五月間還祇三千多元一石。六月後則昂漲到一萬一千五百元的高峯。最近稍回跌了些，然仍在一萬元上下盤旋。小麥價尚不甚高，每石一千五百元左右。布自春天以來沒有大漲。目前布價，好的不過一百元上下一尺，次的五十元左右。最近上海已發配給布，不論男女老少中外人士，每人一丈五尺，價六元至十元一尺（布的優劣及其價目由主管機關評定）。

（未完）

——摘自《少年中国晨报》，1945 年 1 月 7 日

敵人鐵蹄下上海之狀況（二）

這種配給布比市上布價總算低了幾倍。食油三四個月來未大漲，仍是一百二十元一斤。燒餅油條每件五元。豬肉每斤一百元以下。普通小牛皮皮鞋每雙一千五百元。紋皮則在三千元以上。火柴十元一盒。固本肥皂五十元一塊。其他日用品及電車票等不算價高。

▲一般生活　目前上海最苦的是沒有外塊的公務員，指偽政府機關職員，與中小學教員及大學教授。他們的薪金反不及普通沿街叫賣的小販或黃包車夫。一個小販苦力每月賺一萬五千元的很多。但公教人員每月不滿五千元的占絕對多數。其中要算郵務人員最苦。上海自今年起，已有過多次警報。當放警報的時候，上海的人們還很希望中美飛機光臨的。

▲教育　上海的大中小學，除一部分尚能堅持信心，在惡勢力下替國家爭氣。其他都受敵偽的利誘威脅一起附逆了。附逆學校均受敵偽的監督指揮。本年起，奴化教育已實行一元化了。江灣的偽國立上海大學，其中教授大部是日本人，據說對於學生管得很緊。

▲交通　上海市內的交通，仍以電車及公共汽車維持，但因車輛減少了，因此乘車時很擠。上海到杭州的鐵路，謠傳快要拆去了，這恐怕真是一種謠傳，事實上不會成功，因為錢塘江鐵橋依舊在重造，并且橋分上下兩層，上層行汽車，下層開火車。

（未完）

——摘自《少年中国晨报》，1945 年 1 月 8 日

敵人鐵蹄下上海之狀況（三）

蘇嘉路自四月一日拆去。拆下的鐵軌，據說是去接通上海到郊外的一個大飛機場。又金華到武義的新鐵路在本年春間已經完成。但杭州到金華的客車每天祇有一班。滬杭線每天也只有對開一次。餘均為貨車來往。京滬線也減少行車次數，目前每日祇行七次，故來往上海南京間的旅客，乘車之難有如上天。因此火車票的黑市盛行，票價在十元者黑市竟售一千五百元。

▲滬人心境　在上海，關於戰事的報道很多。歐洲消息比我國內消息要多。在偽報如中華日報上也可看出軸心的在若失利。上海市民對於國際大局看得很清楚。自前年所羅門及史達林格勒大戰以後，他們知道軸心國即每況愈下了。但是他們不滿的是五月間的河南戰況及最近的湘南情形。他們曉得國內戰事雖然有些不利，從大局上看，軸心終是失敗定了的。一般的推測，都以為歐戰如能今年結束，抗戰勝利明年就會實現的。還有一個笑話，最近偽中華日報登載偽南京政府公告，居然舉行了第一次高等考試，並分在南京上海金華漢口四處舉行……

——摘自《少年中国晨报》，1945 年 1 月 9 日

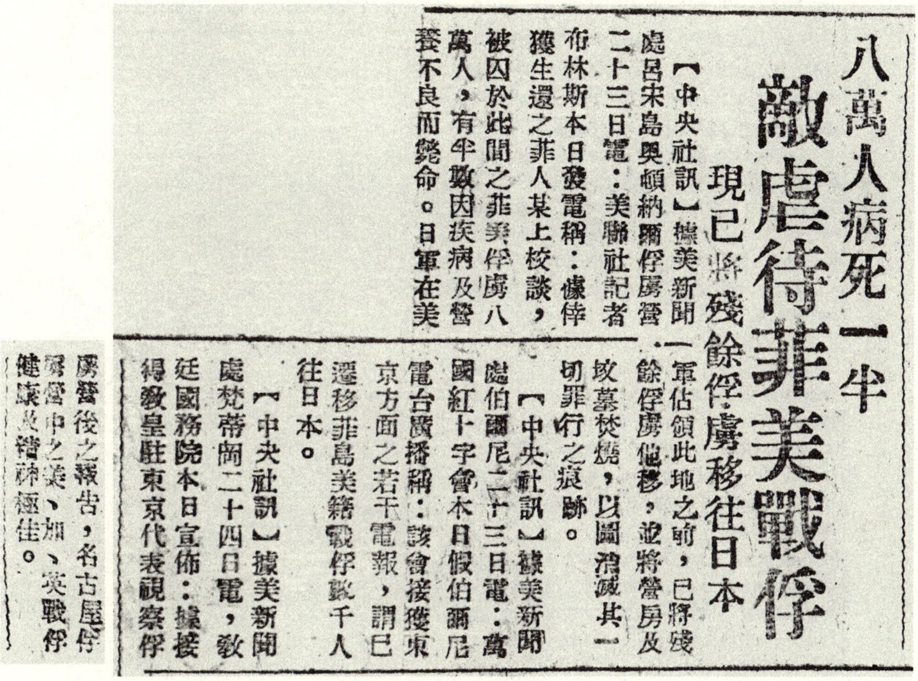

八萬人病死一半

敵虐待菲美戰俘

現已將殘餘俘虜移往日本

【中央社訊】據美新聞處呂宋島奧頓納爾俘虜營二十三日電：美聯社記者布林斯本日發電稱：據倖獲生還之菲人某上校談，被囚於此間之菲美俘虜八萬人，有半數因疾病及營養不良而殞命。日軍在美軍佔領此地之前，已將殘餘俘虜他移，並將營房及墳墓焚燒，以圖消滅其一切罪行之痕跡。

【中央社訊】據美新聞處伯爾尼二十三日電：萬國紅十字會本日假伯爾尼電台廣播稱：該會接獲東京方面之若干電報，謂已遷移菲島美籍戰俘數千人往日本。

【中央社訊】據美新聞處梵蒂崗二十四日電，教廷國務院本日宣佈：據接得教皇駐東京代表視察俘虜營後之報告，名古屋俘虜營中之美、加、英戰俘健康及精神極佳。

——摘自《时事新报》（重庆），1945 年 1 月 26 日

Manila's Business District Burned by Trapped Enemy

By LINDESAY PARROTT
By Wireless to THE NEW YORK TIMES.

ADVANCED HEADQUARTERS, on Luzon, Wednesday, Feb. 7—American troops probed southward into Bataan, the scene of the gallant stand of Gen. Douglas MacArthur's outnumbered army in 1941-42, while in Manila mopping-up operations continued with fierce hand-to-hand fighting under a pall of smoke from the blazing business district, today's communiqué announced.

General MacArthur's communiqué announced the penetration of Bataan without details, saying only that troops were moving southward along the coast and making no mention of enemy resistance.

Unofficial estimates of the Japanese strength in the rugged mountainous Bataan Peninsula have varied widely and it is a matter of speculation whether the enemy intends to attempt to duplicate the heroic stand made there by the Americans.

General MacArthur's communiqué announced, however, that the movement into Bataan was made from Dinalupihan. This was a bastion of our first defense position in 1941 in a line running from Dinalupihan to Hermosa with a flank covered by the extensive Pampanga River marshes.

Thus the movement southward along the coastal road down the shore of Manila Bay apparently has already penetrated the first possible defensive line at the base of the peninsula.

The next line chosen by the Americans in their 1941-42 retreat ran from Abucay on the east coast

Continued on Page 2, Column 2

MANILA DISTRICT BURNED BY ENEMY

Continued From Page 1

of the peninsula to Moron on the west coast. The communiqué did not make clear whether General MacArthur's returning troops—in this area the men of Maj. Gen. Charles P. Hall's Eleventh Corps—had penetrated that far.

The advance of patrols into Bataan was made from Dinalupihan, where the Eleventh Corps made a junction with elements of the Fourteenth Corps.

Lieut. Gen Walter Krueger's Sixth Army is pushing toward Manila, now occupied by three divisions—the First Cavalry, which was first to reach the city, the Thirty-seventh Division and the Eleventh Airborne Division, moving up from Batangas beachheads and the Tagaytay ridge, where paratroopers dropped from the air last week. They fought in the flames of the burning Escolta district, the section just north of the Pasig River where the city's principal department stores and business offices were.

In his communiqué General MacArthur charged that the firing of the Escolta district was a "wanton" act by the "frustrated" Japanese garrison, who also are practicing general sabotage in Manila without relation to the needs of military operations.

In the extreme northern edge of our position on Luzon, stubborn fighting continued in the Rosario area, where the Forty-third Division of the First Corps repulsed a night counter-attack, inflicting heavy casualties. The battle was at distant approaches to Baguio, summer capital and possible seat of the Japanese puppet government, for which the enemy has waged his hardest fight on Luzon.

Farther south, on the eastern perimeter of our lines, Americans captured San José and most of Lupao and were clearing the enemy from rolling hills near Rizal. The enemy strongpoint near Muñoz, which has been under a three-day attack, has been isolated, General MacArthur's communiqué said, and steady progress is being made against stubborn enemy resistance as the Japanese fight to keep open their north-south communications toward the Cagayan Valley and Baguio.

Eleven enemy tanks were destroyed in the northern area.

Americans Tighten Trap

MANILA, Wednesday, Feb. 7 (AP)—Liberated Manila's business district was set ablaze by Japanese torches, Gen. Douglas MacArthur announced today, but three American columns still are liquidating the desperate enemy in a tightening three-way trap.

By yesterday morning the flames began to die down, but it still was impossible to assess the actual damage.

Flames soared from building to building in the business section and spread toward ancient Bilibid prison, from which 800 prisoners of war and 500 civilian internees were freed by American troops Sunday.

Water mains were empty and the Manila Fire Department was helpless. The enemy blew up water-pumping stations several days ago.

Japanese suicide units Monday night began the work of destruction. They planted explosives along the city's Calle Escolta and put the torch to department stores, banks and office buildings. Fanned by a stiff breeze from Manila Bay, the flames spread wildly.

All of the prisoners, who included many women and children, were removed from Bilibid prison ahead of the flames. Men strong enough to fight the flames remained to help the troops.

Fire-Breaks Dynamited

ADVANCED HEADQUARTERS, on Luzon, Feb. 6 (U.P.)—To prevent Manila's fires spreading, Maj. Gen. Robert S. Beightler, Thirty-seventh Division commander, ordered some areas dynamited to create fire-breaks.

The Americans had driven to the north bank of the river yesterday, but the fierce fires forced them to retreat during the night. Today they swept back to their original lines through areas blackened by the flames.

The Americans swept through charred districts along the north bank of the Pasig River and seized at least one bridge leading to the southern half of the city. The daring work of a young Navy demolition expert—Lieut. James P. Sutton of Lawrenceburg, Tenn.—saved the Jones Bridge from destruction, and it was in American hands.

Lieutenant Sutton removed sixty 110-pound bombs. One had been set with a time fuse. A few minutes later the Americans reached the river at a number of points.

——摘自《纽约时报》（The New York Times），1945 年 2 月 7 日

MANILA IS RAVAGED BY FIRE AND SHELL

Many Landmarks Destroyed While Looting Adds to Misery of Hungry Populace

By GEORGE E. JONES

By Wireless to THE NEW YORK TIMES.

MANILA, Feb. 8—Mopping up still goes on in Manila and every passing hour adds to the destruction of its aged walls and edifices. Japanese resistance north of the Pasig River has been generally broken and American troops have pushed across the stream in strength.

But the city's suffering has not lessened with the enemy's slow retreat. New fires spring up when old ones die out and the explosion of dynamite charges goes on day and night. Enemy artillery ranging up to ten and fifteen centimeters—equivalent to our 1.05 and 1.55—shoots explosives and incendiaries into the northern section of the city. There's no front line in Manila.

By now there is conclusive substantiation of earlier indications that the Japanese garrison would not spare parts of Manila. The city's main business district, the Escolta, has been largely destroyed by set fires; farther south the walled city of Intramuros, whose buildings date back hundreds of years, is damaged and one can only guess what has happened to its overcrowded population; to the west can be seen the skeleton dome of the Tondo Cathedral and smoke is still rising from the railroad station; and to the east fires arise from Quezon City.

The low pressure of the water supply has resulted in only trickles in northern Manila since our entry.

Today is Thursday. Yesterday the First Cavalrymen swung eastward across the San Juan River toward Quezon City and Thirty-seventh Division troops punched across the Pasig River in amphibious craft—assault boats and buffaloes and by last night had driven eight blocks south of the river and held a front several blocks wide.

At every big building they met enemy machine-gun, mortar and artillery fire. Snipers posted in upper story windows shot indiscriminately at Americans and fleeing civilians. Concrete or steel pillboxes guard important intersections and on these little battlefelds mingled bodies of Americans, Japanese, Filipinos and Chinese.

Our Big Guns Are Busy

As this is being written, American troops should be near Itramuros, which the Japanese are expected to defend. By now, too, Army engineers should have flung pontoon and Bailey bridges across the Pasig River. When tanks and halftracks can support the infantry, our progress should be speeded. Also we now have heavy artillery hurling hundreds of shells into known enemy positions.

Meantime the American troops driving toward Manila from the south are fighting around the outskirts of Nichols and Neilson Fields. Somewhere between the Manila Hotel and Intramuros our forces should make contact. But the mopping up will not be over for Manila until the enemy artillery is cleaned out of the hills to the east.

That is the general picture of war against the Japanese. It does not deal with another war we have not yet begun to fight but which will go on for weeks and months—the war against misery in Manila. Before our arrival Manila was food-hungry. The Japanese had confiscated most of the rice, which is the staple food of these people. The little that seeped into Manila entered under the auspices of profiteers who extorted as much as 3,000 Japanese pesos for five pounds of rice.

This has not ceased in the occupied zones of Manila. Indeed, in the absence of any large amounts of American-backed currency, Japanese pesos still are being used by those who possess them, and even the previously fantastic prices now are being doubled, tripled and quadrupled.

Looting Breaks Out in City

MANILA, Friday, Feb. 9 (AP)—Starvation and an outbreak of looting increased Manila's suffering today in her ordeal of liberation by fire and sword.

Filipino and Chinese residents of the explosion shattered and fire blackened city were reported dying from starvation at the rate of several hundred a day.

The looters included the retreating garrison of destroy-and-die Japanese, who already had burned and blasted the business heart of the city into ruins.

As the Japanese retreated, the dazed and hungry people of Manila reported, they ransacked even private homes for hidden food.

Other looters took what they could, said Felipe Buencamino, former Manila newspaper man, after a tour through the liberated parts of the war-torn city.

"Not only furniture, but even walls and floors are being carted away," he told an Associated Press correspondent. He said those participating in this form of desperation looting included women and children.

Buencamino reported these buildings destroyed: the city's Opera House on Avenida Rizal; the Ideal, Avenue, State, Life and Grand Theatres; the Great Eastern and Marco Polo Hotels; Heacock's, Manila's largest department store; the Philippine National Bank, Philippine Trust Building, Chartered Bank, Bank of India and the Hong Kong-Shanghai Bank.

Half of Chinatown, one of the most densely populated parts of the city, was in ruins. Many lives were lost there, Buencamino said.

——摘自《纽约时报》（The New York Times），1945 年 2 月 9 日

JAPAN IS ASSAILED ON PRISON CAMPS

Arbitrary Course in Allowing Red Cross to Visit Only Few May Stiffen Our Policy

Special to THE NEW YORK TIMES.

WASHINGTON, Feb. 8—Japan was said by the State Department today to have been sporadic and arbitrary about permitting representatives of the International Red Cross to inspect her internment and prisoner camps where Americans are being held captive. The Red Cross has been allowed to visit only a few.

There were indications that the United States would in consequence adopt a stiffer policy in allowing the transmitting to Japan of reports on American centers where Japanese prisoners are held.

The department announced that Japan had made a limited offer for visits to Americans in her prisoner of war camps and expects to reply to it soon. However, the circumstances do not indicate that the offer is satisfactory.

"In the course of exchanges since last summer the State Department has proposed an arrangement on a reciprocal basis for all camps where Americans are held prisoner to be visited by representatives of the International Red Cross and the Swiss Government, which represents us with Japan. In return Japan would be permitted to have representatives visit all of our camps where Japanese are held.

Japan's Offer Restricted

Under its latest offer Japan is prepared to authorize visits to her camps solely by the International Red Cross but only to the Santo Tomas Camp in the Philippines, which now has been freed by American troops, and to a hospital in Thailand. She has proposed Singapore as another place, but no Americans are held there.

Furthermore, the Japanese offer is contingent upon the state of military operations and on our offering complete reciprocity for visits to all places where Japanese are held, in particular with respect to Saipan, New Caledonia, Guam and Tinian.

"From the outbreak of hostilities," the State Department said, "the Japanese Government consistently refused, despite the continued representations of the United States Government, to authorize visits by representatives of the protecting power or the International Red Cross Committee to prisoners-of-war and civilian internment camps where American nationals were held in the Philippine Islands and in other occupied territories.

Many Camps Unreported

"The Japanese Government authorized visits to camps in Japan, Formosa, China and Manchuria, but the permissions which the Japanese Government has actually granted to the representatives of the protecting power and the International Red Cross Committee have been sporadic and arbitrary. The United States Government has also learned that there are numerous camps in Japan proper whose locations have never been reported and which the representatives of the protecting power and the International Red Cross Committee have never been able to visit.

"The United States Government has faithfully abided by its commitments under the Geneva Prisoners of War Convention and has accorded the representatives of the International Red Cross Committee and the protecting powers in charge of Japanese interests complete authorization to visit regularly the camps in the continental United States and Hawaii and to report on the conditions under which Japanese nationals are held in custody by the United States."

——摘自《纽约时报》（The New York Times），1945 年 2 月 9 日

JAPANESE BRUTAL IN RULING MANILA

Son of Osmena, in City All the Time, Tells of Slappings in Clubs, Graft, Murders

By GEORGE E. JONES

By Wireless to THE NEW YORK TIMES.

MANILA, Feb. 8 (Delayed)—Among the latest arrivals from the Japanese-occupied area of Manila is Nicosia (Nick) Osmena, eldest son of the President of the Philippines. He spent three years in the city during which time he saw a great deal of Japanese officialdom and its ways, and his insouciance seems unimpaired by the experience.

He left the enemy-held section of Manila a few days ago when a battle neared the five-story building in which he lived in an elaborate penthouse. Flames also were closing in on the building and he left in such a hurry that he brought only the clothes he was wearing.

"When the Japs came to live with us we found the missing link," he said. Probably few Filipinos are in a position to judge the enemy character as well as he, for the Japanese spent considerable effort in cultivating him, largely due, no doubt, to his father's high position in the exiled Philippine Government.

Mr. Osmena says he found no difficulty in avoiding a Government post during the enemy occupation.

"They were always after me to do this and do that in the Laurel Government but I told them I was no politician," he said. "The average Japanese big shot was full of wine and liquor but I haven't found a Japanese who can hold his liquor. In our night clubs they acted as if they owned them. There was always tenseness whenever they came in, especially if they were drunk, because they started slapping Filipinos."

Invited to Enemy Clubs

He occasionally was invited to Japanese army and navy clubs, where he said the officers brought girls imported from Japan. Both men and women would take off their shoes and "women even left the night clubs without shoes because they were so unused to wearing them."

Mr. Osmena said that the Japanese continually preached that the Filipinos had "degenerated" under American culture, yet their favorite loot was American whisky, clothing and automobiles.

Even those who occupied positions in Japanese-controlled Government or industry were constantly in fear of physical punishment, economic confiscation and imprisonment, he said. For many months after the Japanese entered Manila "people were scared to go out of their houses; girls from prominent families took refuge in hospitals, pretending to be sick and trying desperately to appear ugly by not using powder or lipstick."

"New Jap civilians began to come into Manila, taking over every conceivable activity worth taking," he went on. "Nobody could do business except the Japanese. Even bars had to hire interpreters for Jap officers who came in drunk, paid nothing and slapped Filipinos."

Japanese clubs about a year ago abandoned dancing, and kimonos replaced Western dress.

Grafting of Officials

The Japanese military administration, which supervised all business interests, was indescribably confused, Mr. Osmena said. One Japanese firm bought the same spare parts from some Filipino firm ten times because the Japanese had no executive or bookkeeping sense, according to the President's son.

He said that the Philippines' sugar crops were replaced by common crops—which were an outright failure—because a clerk put one too many zeros on the right-hand side of the figures supposedly representing the Philippine sugar output.

Japanese business officials were limited to a salary of 500 pesos, Mr. Osmena said, but they lived well on their rake-off from sales and on looting.

He said that during the early part of the Japanese occupation many Filipinos wondered if the Americans would ever come back.

"Guadalcanal was the turning point in our feeling and the Japanese were not nearly so confident after that, either," he related.

After Leyte landing, he said, the Japanese officials became glum and jittery, although outwardly assuring the people that Japan would win the Battle of the Philippines, adding that "whoever wins the Battle of the Philippines wins the Battle of the Pacific."

When the Americans landed a month ago on Lingayen Gulf, he said, all Japanese civilians were ordered to evacuate Baguio and Bayombong in northern and eastern Luzon, respectively.

Evacation of Army personnel from Manila had started after the Leyte landing, he said. Later all dumps were moved to convents, cemeteries, churches and movie houses.

Mr. Osmena has not seen his father since before the Japanese entry into Manila. Of the four Osmena sons two are now known dead—one, Amelio, was killed by the Japanese; the other, José, by guerrillas—and another, Sergio Jr., is missing. Nicosia himself was shot at in a Manila night club in what he describes as a hold-up, one bullet penetrating an arm and lodging in his abdomen, the other in his collarbone.

Mrs. Osmena Safe in U. S. Lines

WASHINGTON, Feb. 9 (AP)—Mrs. Sergio Osmena, wife of the Philippines President, and three of their children have reached the safety of American lines in their native islands after a thirty-mile hike over mountainous trails.

——摘自《纽约时报》（The New York Times），1945 年 2 月 10 日

FILIPINO CIVILIANS MASSACRED BY FOE

Bayoneted Bodies Abound in Streets—Homes Fired and Fleeing Inmates Shot

By GEORGE E. JONES

By Wireless to THE NEW YORK TIMES.

MANILA, Feb. 13 (Delayed)—A beaten enemy is wreaking his vengeance on Manila and its people and we are obtaining a glimpse of the same wanton cruelty and pillage that the Japanese military visited upon other oriental cities.

There are established facts to support this conclusion, facts known to American soldiers and correspondents who have seen the

Continued on Page 9, Column 1

Continued From Page 1

evidence at first-hand. The evidence is not pretty to see. Yesterday American infantrymen, picking their way along the Marques de Comillas Street in the Ermita district, came across a horrible sight—approximately twenty Filipino women, with their hands tied behind their backs, lying dead in pools of their own blood. They had been bayonetted.

A few minutes later the Americans came across two Chinese with severe saber wounds in the neck. There were also bodies of dead children.

Today in one compound south of the Pasig River advancing American troops found thirty bodies of Filipino civilians who had been shot or burned. The bodies of a woman and her suckling child were among them. They had been killed by rifles.

An officer told correspondents today that a Piper Cub artillery spotter flying over Intramuros saw Japanese using civilians as shields fo: their battery. The Japanese mortar opened up on the American-occupied zone in Manila, he said. When the American guns began replying to the fire the Japanese were seen to herd many civilians into the building where the mortar was located with the evident intention of forcing the Americans to cease fire or hit the helpless populace.

Examples Termed Typical

These things are typical of blazing Manila as the enemy wields fire and sword against the helpless civilians, just as he did in Nanking, Hong Kong and Singapore. Homes have been burned, while Japanese soldiers, slowly retreating before the American advance, fire rifles and machine guns into men, women and children who try to escape. There have been cases of men who have been taken away for questioning, imprisonment and, in many cases, mass execution. Japanese shells fall indiscriminately into civilian residences.

We have seen enough of this destruction and talked with enough victims to establish this terrible pattern. We have walked up and down hospital corridors with haggard faced doctors and nurses and looked upon the broken, burned and maimed bodies of civilians, many of whom were brought there by American Army ambulances. The victims' stories are the same, no matter the district from which they come, and they have been verified by doctors and priests who have helped us question them. It is a sober warning to those who would have us believe that we can live in peace with a militaristic Japan.

As the Americans approached the city Japanese soldiers, who had been instructed to fight and die to the last man, told civilians:

"We will die, but we will take you with us. The Americans will take Manila, but few of you will live to see them."

This was the design, whether or not the enemy has been able to carry it out as completely as he intended.

The design of destruction so carefully planned by the enemy began to emerge as he retreated block by block. In the first few days of our entry into Manila there were many reports from refugees fleeing into our lines. We saw flames burgeoning into the night and illuminating the skies. Those fires died out, but others started, and a continual ceiling of smoke hung over the city.

French Consul a Victim

Then the American soldiers began to see for themselves evidence of this wantonness. Civilian casualties began to arrive at the hospitals. One of them is the widow of the late French Consul, Louis L. Rocque, who was killed by a Japanese saber in the New Manila subdivision last Thursday. The widow suffered a shrapnel wound from a shell that exploded near her home.

A French merchant by the name of Hirsch was shot when he tried to pick up his daughter who had been hit by shrapnel.

"We never believed people could be so cruel," Mme. Le Rocque moaned as she talked from her hospital bed. Her four children, the oldest of whom is only 7 years old, are living now with Mrs. André Bernard, who helped to supply the facts of this case.

M. Le Rocque, who had served in the French diplomatic service in the Far East for several years and came to Manila in January, 1941, no longer held consular status after the Japanese occupation, but acted as head of the French colony here. He lived with his family in New Manila. He stayed on in New Manila to look after the French still living there.

The Japanese had left behind one company of troops there in a wooden building and they resisted strongly as our troops entered the district.

On Thursday afternoon at 3 o'clock the consul's body was brought to the Carmelite Convent by four of his friends. Father Charles Beurms of the Belgian Friars had a coffin made from a bench of the St. Joseph Academy and the body was interred temporarily in a niche in a cement grave ordinarily reserved for the sisters.

A doctor's examination showed two saber cuts across M. Le Rocque's forehead, one penetrating the brain and the other behind the ear and nearly severing the head.

John Ramirez, a Filipino, said he was walking along the Granadas at 9 A. M. Thursday and saw the consul rush to the gate of his house yelling: "Joe, Joe, do you speak English?"

Ramirez called out: "What do you want?" while trying to point out that two Japanese officers and three men with bayonets were hiding in a roadside ditch. He received no answer from M. Le Rocque and continued along the road, which was then being shelled.

That afternoon he saw some

American soldiers and they brought him over to identify the body of Le Rocque, which he was able to do. The body was then taken to Carmel Church.

Two other Filipinos, Hermogine Arisgado and Felice Novesteros living in a house on Castillas said that about 2 o'clock the latter looked out the window and saw Japanese attacking someone believed to have been the consul. Novesteros told his companion: "They are chopping up Spaniards."

Other residents said that Le Rocque had been trying to intervene on behalf of the civilians in New Manila district so as to save their property from destruction but that the Japanese paid no attention to him.

Little Sleep for Doctors

That is one story we learned at St. Luke's Hospital in downtown Manila where an undersized staff of doctors and nurses, with dwindling supplies of medicine, is working day and night treating hundreds of incoming major casualties, most of whom are suffering from shrapnel wounds, or from burns and bullet wounds.

Dr. Jose y Fores said that many of the doctors and nurses have had about a total of ten hours' sleep in four days. American food and medicines are augmenting the hospital facilities.

Dr. Manuel C. Magboo, a surgeon, said he performed as many as eight operations in one day, sometimes by lamplight. One patient is a carpenter named Isabello Kabotin who lived in the Intramuros district. Kabotin, who is suffering from first, second and third degree burns, said that all the men in the district were taken to the dreaded Fort Santiago prison on Tuesday, Feb. 6. He estimated the total at 4,000.

Speaking slowly under the careful questioning of Dr. Magboo, the carpenter said that the women and children in the district had been taken to the "old cathedral" in Intramuros after a house-to-house search by armed soldiers. A masked woman, escorted by soldiers, pointed out suspected guerrillas who were headed into a separate enclosure at Santiago where, Kabotin said, he saw many shot and bayoneted during an eight-hour period.

All the remaining men, after being taken to Santiago, were placed in a large wooden garage that was divided into several compartments. Several wounded men were assigned to each compartment. The fortunate ones received occasional packages of food from their families.

On Friday night at 7 o'clock the Japanese closed the doors of the garage and sprayed gasoline over the building. Then, according to Kabotin, the Japanese set fire to the building.

The terrified men inside began screaming and looking for an escape route. Kabotin saw a chimney and hoisted himself atop a ledge, broke through the fragile ceiling and dropped about twenty or twenty-five feet to the ground below. He then ran and crawled to the Pasig River, twenty yards away and swam across. There he was taken prisoner by guerrillas and held until his identity was established.

Woman Doctor Tells of Horror

Then there was a slender, graceful woman, Dr. Josephina Bulatao, whose father heads the Department of Psychology and Biochemistry at the University of the Philippines. When we saw her at St. Luke's she was crying softly, looking away from us. She lived in the Paco district.

"The Japanese," she said, "started shelling the district and fires started among the houses. We tried to get out, but there were Japanese soldiers guarding the streets and they shot at us whenever we got to the end of a street. On Thursday night our house was hit and two of our family were injured.

After three more hits we moved to another house. The whole street was ablaze with burning houses.

"We went to a school yard and stayed there. Sparks kept flying overhead and shells were overhead, so we dug a hole in the ground for our patients. Around 6 A. M. there was a severe barrage and my father was hurt by shrapnel. A boy standing two yards from us just blew up in the air."

Dr. Bulatao said that the shelling continued all that day, with shell fragments destroying the family's only sustenance—one half sack of rice.

That night the family reached the Sacred Heart Hospital and entered only after near-by Japanese soldiers had fired at them without hitting anyone.

Conditions were little better at the Sacred Heart, she said. During the evening Japanese soldiers came up and ordered the nuns out. That night the entire hospital was forced to go without water although the well was only three yards away from the door.

A similar story of destruction was told by Buddy Franco, 32, a Spanish resident of the Paco district. In his neighborhood, he said, fires were started on Monday, Feb. 5. The Japanese forces let the civilians take a handful of their possessions with them and ordered them to leave their houses. Franco said all those who remained behind were shot and he saw several persons killed in this fashion because they did not want to leave.

Entire Blocks Razed by Fire

He said that entire blocks were burned. He saw a friend trying to put out a fire in his house. A shot rang out and the civilian fell. Machine gun and rifle fire echoed in and over the throngs as they moved from one place to another ahead of the flames. None had food or water. Families became separated in the confusion and one of Franco's four young children is still missing.

Franco finally reached the Sacred Heart Hospital and was then taken to St. Luke's.

A similar situation prevails now in the Malate district south of Intramuros. A young girl in her twenties, the wife of an interned American named Collins, said the fury of the Japanese broke loose on Friday night in their neighborhood. A sniper shot at her mother as she leaned out of a window. Two Japanese riflemen then continued shooting at the house whenever the girl or her mother could be seen, even as they attempted to crawl downstairs past an aperture in the house. By Saturday persons trying to cross San Marcelino Street were being shot and killed, she said, and fires raced through the flimsy wooden houses and the new Nipa huts, giving the occupants the hard choice of death by fire or by bullets.

These accounts are typical of those you get from patients and refugees from the south side of Manila. They are not the most horrible of the stories being told here, but they were told more coherently and exactly. None of these accounts is a hearsay story of these people. They all tell what they saw and when there is time to dig out the facts of the worst stories it may well be that many of them will be verified.

In the meantime we have gained an idea of what to expect.

——摘自《纽约时报》（The New York Times），1945 年 2 月 15 日

敵軍在韶關肆行刼掠

七日晨重慶廣播電訊。據廣東來人談述粵北狀況。韶關自淪陷後。日軍到處刼掠民間財物及店舖存貨。城中成爲無政府狀態。日軍殘暴事件。每日均有發生。市郊地區。尤鮮見行人。米價亦銳漲不已。

——摘自《少年中国晨报》，1945 年 3 月 8 日

敵僞蹂躪下四邑近態（一）

國內航訊。四邑我軍當局。於八月初通令前線各鄉村長。切實領導民衆協助軍隊武裝抗敵。我軍分數路向開平寇僞進擊。三埠方面。八月初我方已攻克石龍頭。緊迫新昌荻海市。距市區僅八華里之遙。反攻台城之我軍部隊。是時亦克復石花山及台中附近之山嶺各要點。長沙新昌寇僞。因軍事緊張。大事拉夫。搶掠民船。加緊搜刼物資。用汽船他運。三埠寇僞復勒令附近各縣鄉民。每間每畝田繳稅穀廿六斤。須一次繳足。更巧立名目。組織所謂「台開四業銀行」。資本金額五千萬元。強迫每保繳資本五千元。惟各鄉均予拒絕。寇僞二百餘人。一度向開平赤水墟侵擾。該墟蒙受損失極爲慘重。當寇僞經過牛欄村。長唐市等地時。恩開交界之金雞墟亦遭蹂躪。八月十五日。赤水已無敵跡。惟侵金雞墟之寇則仍未退出。至盤據水口之寇僞一股。共一百餘人。分向龍唐逕及牛山等處進攻。曾被我軍團隊痛創而後潰退。恩平縣政府。以侵犯縣屬之金雞墟之敵寇。該墟距恩平縣城約二十華里。似有伺窺縣城模樣。爲防患未然計。於八月中旬。下令全城澈底疏散。

（未完）

——摘自《少年中国晨报》，1945 年 3 月 8 日

敵僞蹂躪下四邑近態（二）

又三埠寇僞。於八月十一、十二兩日。向北窺擾台城。新寧縣當局。爲防備萬一。特舉行人口物資緊急疏散。並積極檢查戶口。肅清奸宄活動。鶴山沙坪墟經再度疏散後。迄今九江寇僞雖未有異動。但一般商店仍如驚弓之鳥。未敢恢復營業。大量交易極少。只有些少外來客商。冒險前去搶購洋貨而已。三埠寇僞在荻海組織僞區政治委員會。僞委員有余聚霞。余欣甫。三八鄉劣紳受余欣甫誘惑。於七月二十四日曾召開僞組織籌備會。應之者寥寥。又僞軍師長陳子容。於十月十八日印通知書。限令長沙各商店復業。該通知書不知在何處印刷。其背底竟被愛國份子加印抗日標語。寇僞竟不能察覺。見之者無不捧腹。可見淪陷區民氣之激昂。

——摘自《少年中国晨报》，1945 年 3 月 9 日

倭寇在荷印殘殺平民

九日美利濱電。現有被解放之荷屬婆羅洲荷蘭人行抵澳洲。據稱日軍現知在佔領區不能持久。故在荷屬東印度施行令人恐怖之行動。自去年四月以來。將十人斬首處死者已達二千名以上。日軍曾在爪哇查有十人組織反日團體。卽將平民肆行殘殺云。

——摘自《少年中国晨报》，1945 年 3 月 10 日

慘絕人寰

羅慕洛氏談

敵在菲暴行

【中央社舊金山十五日合衆電】駐菲島華府專員羅慕洛稱：馬尼刺日軍對該城所施之澈底破壞，係直接奉東京命令而爲者。渠抵達華府後，將向國會就此提出報告。羅慕洛現在返美途中，尚未到達華府。渠稱：南京浩刼規模雖大，然猶不能與馬尼刺之慘刼無比。日軍自稱南京之刼，係最初進行者，而馬尼刺方面進行破壞，則已極其經驗。彼等於城中將平民一千七百人驅入一堡壘內，然後澆以煤油，縱火燒殺，僅有三人逃去，唯亦經彼等發槍射擊。此事乃脫出敵閘泅水逃出之一西班牙人所報告者。婦孺均自美軍大炮所轟開之缺口處逃出，日軍當時即以機槍掃射，死者千計。凡此暴行，均係遵照東京直接發出之命令。吾人已奪獲足資證實此事之文件。日軍盡力所及，屠殺菲人，其所以如此激怒者，乃因不能自菲島人民獲得供應接濟，日人心目中欲使菲島人民作爲東亞其他人民之模範也。

——摘自《时事新报》（重庆），1945 年 3 月 17 日

福州厦門倭寇搜刼物資

廿四日中華新聞社重慶電。。日軍現在福州厦門等處。盡量搜劫人民財産與物資。運往日本以爲軍事之用。。福州厦門兩處僞組織。。奉僞令增收稅餉。。及將平民物業沒收。近三個月來。各商店貨物被强奪以致歇業者。已達千餘家。居住滬寧鐵路一帶市鎮之日本僑民。。一律奉命遷往華北。。滬寧鐵路被聯軍飛機轟炸後。僞幣價値狂跌。現僞幣每元祇値法幣十五仙。。

——摘自《少年中国晨报》，
1945 年 3 月 25 日

敵寇虐待戰俘

英籍戰俘返國後報導真象 願再來遠東與日軍決雌雄

中央社倫敦三日專電 日軍如何以東亞「主人」身份待遇歐美戰俘，今經甫自馬尼剌解放歸來之英籍戰俘予以首次翔實報導後，眞象業已大白，取道美國返國，一日返抵英國某北部海港之英籍戰俘共七十一人，其中大多數係於一九四二年新加坡陷落時被敵所俘，後被運往泰國任建築通往緬甸鐵路之奴隸勞工，多數歸來戰俘昨日追述過去被俘期間之驚人經驗稱：在熱帶叢林中，以數月時間建築曼谷至緬甸鐵路，乃彼等「最艱辛工作」。一姓斯密士者稱：日軍衛兵視彼等「如狗」常以竹桿鞭韃，食物不良，醫藥或等於零，舉例以言，俘虜三十二人被驅入一車運往泰國時，所給予彼等之食物僅少許食米及一聽沙丁魚。另一戰俘稱：在泰國集中營中，以醫藥不良患病者佔百分之七十，以惡劣營養病斃者達二百五十人，另以患痢疾或其他病症而死者亦達四十人，多數戰俘以缺乏維他命，脊骨乃漸收縮，不僅體重減輕二十至八十磅不等，身高亦縮短一二英寸，集中營中最普遍之談話日軍，對於餘死俘虜置若無睹，某戰俘稱：「吾人於熱帶驕陽下赤足工作十小時至十二小時之久除米水外毫無所食余曾目睹有人因飢餓倒斃者，大多戰俘承認曾聞有故施刑罰之處，但大多數

俘虜虐待，其中有一種懲罰因不從日兵之命令，即以燃著之火炬伸入渠之口內，此外尚有「水刑」，當日軍心感不快時，即令俘虜向上舉起雙手達數小時，後迫其吞飲橡皮管內之

大量飲水，俘虜倒地，日軍即以脚踢之，並以槍桿毒打，俘虜死亡率之估計不同，有人估計造路期間在叢林斃命者定有四萬人，有人估計二萬七千人，被俘期內，日人間亦對彼等施以宣傳，例如兩年前

某日軍曾召集俘虜稱，日軍亦參加德攻英國之戰事，已到達距倫敦僅二十八英里等等，俘虜等雖飽經酸辛，但精神仍甚健旺，彼等在非島由美方照護承養兩月後，營養業已恢復，某戰俘稱，「重返故國實感愉快，稍經休養願再赴遠東與日軍一決雌雄」。

——摘自《时事新报》（重庆），1945年4月5日

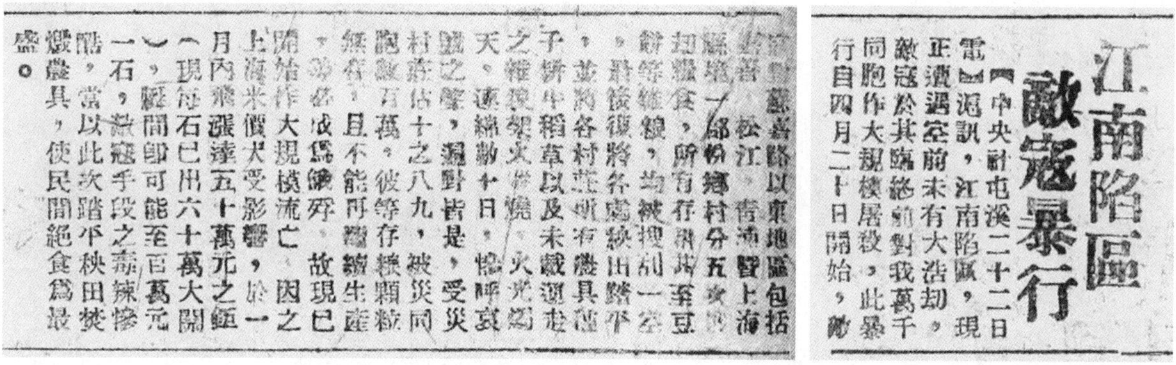

江南陷區 敵寇暴行

【中央社屯溪二十二日電】淪訊，江南陷區，現正遭遇空前未有大浩劫，敵寇於其臨絕前對我萬千同胞作大規模屠殺，此暴行自四月二十日開始，敵寇着蘇嘉路以東地區包括嘉善松江、青浦暨上海縣境一部份鄉村分五次搜扣糧食，所有存米甚至豆餅等雜糧，均被搜刮一空，其後復將各處繳出贓予，並將各村莊所有農具連同耕牛稻草以及未藏運走之雜物架火焚燒，火光燭天，連續數十日，慘呼哀號之聲，遍野皆是，受災村莊估十之八九，被災同胞數百萬，彼等存糧顆粒無存，且不能再繼續生產，勢必成為餓殍，故現已開始作大規模流亡，因之上海米價大受影響，於一月內飛漲達五十萬元之鉅（現每石已出六十萬大關），短期間即可能至百萬元一石，敵寇手段之毒辣慘酷，當以此次踏平秧田焚燬農具，使民間絕食為最盛。

——摘自《国民公报》（重庆），1945 年 6 月 23 日

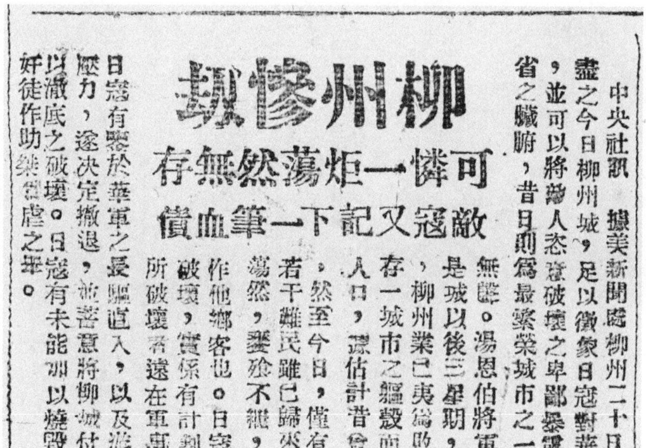

柳州慘劫

可憐一炬蕩然無存

敵寇又記下一筆血債

中央社訊 據美新聞處柳州二十日電：燒毀殆盡之今日柳州城，足以徵象日寇對華野心之摧毀，並可以將敵人恣意破壞之卑鄙暴露無遺。此桂省之臟腑，昔日則為最繁榮城市之一。今則殘留無幾。湯恩伯將軍之部屬解放是城以後三星期，據記者所見，柳州業已夷為敗瓦頹垣，僅存一城市之軀殼而已。該城之人口，據估計昔曾達十萬之眾，然至今日，僅有數千而已。若干難民雖已歸來，然而屋舍蕩然，饔飧不繼，仍不得不暫作他鄉客也。日寇對於柳城之破壞，實係有計劃之行動，其所破壞者遠在軍事性質之上。日寇有鑒於華軍之長驅直入，以及游擊隊伍頻施壓力，遂決定撤退，並蓄意將柳城付之一炬，施以澈底之破壞。日寇有未能加以燒毀者，必付諸奸徒作助桀為虐之舉。

——摘自《时事新报》（重庆），1945 年 7 月 21 日